JN412156

한국사회보장법론

[제 13 판]

전 광 석 저

집 현 재

Korean Social Security Law

13th Edition

Cheon, Kwang–Seok Dr. Jur.
Professor of Public Law
Yonsei Law School

2024
JypHyunJae

제 13 판 머 리 말

2019년 제12판이 발간된 후 5년이 지났다. 이번 제13판은 2023년 말까지의 법령 개정, 헌법재판소의 결정 및 법원의 판결을 반영하였다. 지난 5년간 사회보장법 전 분야에서 법령이 계속 개정되었고, 이를 서술하였다. 부분적으로 사회보장법의 체계를 보충하는 필요도 있게 되었다. 우리 사회에서 노동빈곤과 노인빈곤의 문제는 이미 보편화되었다. 이에 노인빈곤을 보호하기 위한 기초연금법에 이어 실업을 공공부조의 방법으로 보호하기 위하여 2020년 '구직자 취업촉진 및 생활안정지원에 관한 법률'이 제정되어 2021년 시행되었다. 이는 한편으로는 가입대상이 한정되어 있고, 수급기간이 짧은 고용보험법을, 그리고 다른 한편으로는 적극적 노동시장정책의 기능이 제한적인 국민기초생활보장법을 보충하여 구직자, 특히 청년의 취업을 증진할 것으로 기대된다. 이에 제13판에서는 공공부조법을 일반 공공부조법과 특별 공공부조법으로 다시 분류하였다. 국민기초생활보장법과 긴급복지지원법이 전자에, 기초연금법과 구직자 취업촉진 및 생활안정지원에 관한 법률이 후자에 해당한다.

복잡한 개정작업을 신속하고 정확하게 처리해준 집현재 위호준 사장의 배려에 감사한 마음을 남긴다.

2024년 4월 5일

전 광 석

머 리 말

I

연구를 직업으로 삼은 사람이라면 누구나 자신의 연구대상인 한국의 현실과 이에 대한 제도적 대응이 어디에서 시작하여 어디로 흘러가고 있는가, 또 어떻게 발전하여야 하는가 하는 문제에 대해서 체계적으로 논하는 이론서를 써 보고 싶어한다. 이 책의 최초의 의도 역시 여기에 있었다. 사회보장법적 대응을 필요로 했던 우리 사회의 문제는 무엇이며, 이에 대해서 어떠한 형태로 법적 대응이 이루어졌는가, 또 이는 적합하였는가, 그렇지 못하였다면 대안적인 해결방법은 무엇인가 하는 등에 대한 대답을 체계화하여 독자에게 소개하고 싶었다. 그러나 사실 위와 같은 집필의도를 관철하기 위해서는 역사학·사회학·정치학·사회복지학 등 각 학문분야에서 이루어지고 있는 사회보장을 대상으로 한 논의를 정리하고 평가하는 작업이 필요하다. 그리고 이는 연구자 한 사람의 능력에는 벅찬 것이었다. 이 책이 위와 같은 내용을 담은 종합이론서는 아니다. 필자는 법학의 시각에서 사회보장의 현실과 문제점 등을 체계적으로 정리하려고 노력하였다. 그러나 사회보장법과 같이 정치적인 성격이 강한 법을 사실적인 상황을 도외시한 채 논한다는 것은 불가능하였다. 그렇기 때문에 이 책에서는 사회보장법을 체계화하고, 사회보장법에 속하는 각종 법령을 문제해결에 적합하게 해석하는 노력을 하였을 뿐 아니라 기존의 법률의 내용으로는 문제해결에 한계가 있다고 판단되는 경우 정책론적인 대안을 제시하는 작업을 동시에 하였다.

사회보장법은 비교적 최근에 논의가 활발해진 분야로서, 다른 전통적인 법학의 학문분야에서의 이론적 성과에 기초하여 논의하여야 할 필요성이 특히 크다. 민법·형법·헌법·행정법 등의 분야에서의 기존의 학문적 성과를 소화하고 이를 사회보장법적 문제의 해결을 위해서 적용하고, 또 그 타당성을 검증하여 나름대로의 이론을 형성하는 고단한 작업이 요청된다는 것이다. 또 정책론적인 대안을 제시하기 위해서는 사회문제에 대한 사실과학적인 인식과 평가를 할 수 있는 안목을 가지고 있어야 한다. 비교적 연구경험이 짧은 필자가 이 두 가지 문제를 충실히 다루었는지에 대해서 두려움이 앞선다.

위와 같은 연구의 한계 속에서도 이 책을 출판하게 된 이유는 다음과 같다.

먼저 지난 몇 년간 학부와 대학원에서 사회보장법을 강의하면서 학부생이나 대학원생이 사용할 수 있는 적합한 교재를 찾기가 어려웠다. 그래서 이러한 현실적인 수요를 충족시키는 것도 의미있는 일이라고 생각했기 때문이다. 둘째, 사회보장을 전공하거나 혹은 사회보장에 관심이 있는 사회과학도들과 대화를 하면서 최소한의 사회보장에 대한 법적 접근을 하기 위한 자료를 제공하는 것이 사회보장법을 공부하는 사람의 의무라고 생각되었다. 셋째, 물론 위와 같은 당위적인 요청만으로 책을 쓸 수 있었던 것은 아니다. 지난 몇 년간 필자는 사회보장법의 중요한 분야에 자랑스럽지는 못하지만 여러 편의 논문을 발표하여 왔다.[1)] 또 모범적인 사회보장법의 입법례를 찾기 위한 노력을 하기도 하였다.[2)] 이제 이를 기초로 하여 충실하지는 못하더라도 어느 정도 모양은 갖추어진 책을 출간한다 해서 학문적 양심을 저버렸다는 평가를 받지는 않으리라는 생각을 할 수 있게 되었기 때문이다.

결국 당초의 의도에 비해서 소박한 외형을 갖는 책이 되었다. 깊이 있는 연구가 없어서 모호한 입장을 취한 부분이 있는가 하면, 아예 다루지 못한 부분도 남아 있다. 그러나 이 책에서 필자는 적어도 사회보장법을 충실히 체계화하려는 노력을 하였다. 그 노력에 대한 평가는 독자의 몫이며, 독자의 비판적인 평가를 겸손히 받아들이고, 필자의 계속적인 연구를 통해서 이 책을 보다 충실하게 꾸려나갈 것을 약속한다.

II

이 책을 만드는 데에는 여러 분의 도움이 있었다. 먼저 법문사 최복현 상무님과 위호준 씨는 「독일사회보장법론」에 이어 이 책을 기획하는 데 중요한 도움을 주었다. 편집부의 장은미 씨는 편집실무를 정성스럽게 수행해 주었다.

이 책이 아버님께 조그마한 위안이 되었으면 한다. 또 계속 건강하시기를 바라면서 이 책을 아버님께 바친다.

1997년 7월 30일

한림대학교 법학과 연구실에서

전 광 석

1) 1992년까지 발표된 이들 논문은 하나의 책으로 엮어져 있다. 전광석, 사회보장법학(한림대출판부, 1993).

2) 예컨대 전광석, 독일사회보장법론(법문사, 1994).

차 례

제 1 편 사회보장법 일반이론

제 3 편 한국사회보장법의 형성과 발전

제 4 편 사회보장기본법

제 5 편 사회보험법

제 6 편 사회보상법

제 7 편 공공부조법

제 9 편 국제사회보장법

제 1 편

사회보장법 일반이론

제 1 장 사회보장법의 형성

제 1 절 사회문제의 발생과 제도적 대응

사회보장은 국가의 핵심적인 과제가 되었다. 사회보장이 보호하는 사회문제의 현상 자체는 현대국가에서 비로소 제기되는 새로운 것은 아니다. 다만 오늘날 사회보장은 양적으로 포괄적이며, 또 질적으로 보면 정책의 목표가 변화되었다는 점에서 이전 시기와 뚜렷하게 구별된다. 현대 사회보장을 이해하기 위해서는 먼저 사회보장정책을 탄생시킨 원인이 된 사회문제에 대한 설명이 필요하다(본절 Ⅰ). 이때 비로소 오늘날의 사회문제를 기존의 이념과 제도에 의하여 해결하는 데에 한계가 있었으며, 사회보장이 국가의 새로운 과제로서 자리잡게 되었고, 또 지속적으로 발전해 온 역사를 이해할 수 있기 때문이다(본절 Ⅱ).

사회문제에 대응하는 유형은 각국이 처한 정치적·경제사회적 및 문화적 배경에 따라 차이가 있다. 사회문제에 대한 제도적 대응의 유형화를 통해서 각국의 사회보장정책을 비교하고, 이로써 우리 제도에 대한 이해를 증진시키며, 또 보다 넓은 시각을 가지고 정책론적인 논의를 할 수 있다(본장 제3절). 마지막으로 서구사회를 중심으로 보면 1970년대 중반 이후 복지국가의 위기 혹은 복지국가개편론이 활발하게 전개되어 왔다. 우리나라에서도 1990년대 이후에는 '재정위기'에 직면하여, 그리고 '세계화'로의 발전을 계기로 사회보장에 대한 보다 심화된 논의가 이루어지고 있다. 이러한 논의는 우리 사회보장법의 나아갈 방향을 제시하는 기초가 될 수 있다(본장 제4절).

Ⅰ. 사회문제

사회문제의 기원을 역사적 배경과 경제질서와 관련하여 나타나는 구조적 배경으로 나누어 설명해 본다.

1. 사회문제의 역사적 배경

(1) 사회적 위험에 대한 전통적인 이해방법

질병·노령·장애·빈곤·실업 등의 위험은 산업화 이전의 시대에도 개인의 정상적인 생활을 저해하는 문제였다. 다만 이 시기의 위험은 사회구조적인 성격을 띤 것이 아니라 개별적인 원인관계에 의하여 발생하는 개인의 위험의 차원에 머물러 있었다. 또 적어도 그와 같이 인식되었다. 따라서 국가과제와 관련하여 다음과 같은 두 가지 측면에서 현대적 사회보장과는 다른 특징이 나타난다.

첫째, 사회문제가 개별적인 것으로 인식되었기 때문에 이에 대한 해결이 민간부문에 맡겨져 있는 경우가 많았다. 또 국가가 이러한 과제를 부담한다 해도 체계적이지 못하고 개별적·단편적이었다. 둘째, 이러한 국가의 정책은 개인의 생활보장 자체가 아니라 공동체의 질서유지와 같은 목적이 보다 중요한 동기로서 작용하였다. 예컨대 빈곤정책은 빈민의 인간다운 생활을 보장하는 것 자체를 목표로 하지 않았다. 오히려 빈곤은 잠재적으로 사회질서를 위태롭게 할 우려가 있기 때문에 사회질서를 유지하기 위하여 빈곤정책이 필요하다고 인식하였다. 또 아동은 성장과정에 있는 인격체로서 신체적으로 건강한, 그리고 정신적으로 건전한 성장을 보호하기 위한 대상이기보다는 국방력을 증강하기 위한 인적 자원으로서 이해하고, 이러한 객관적 목적에서 아동정책을 실시하였다. 외국의 예를 보면 빈곤문제를 관할하는 정부부서가 오랫동안 국내 치안을 담당하는 부서였고, 또 아동보호가 국방부에서 강력히 건의되었다. 이는 사회보장 그 자체가 목적으로 인식되지 못했던 시대의 산물이다.

위와 같은 상황에서 개인의 생활위험은 무능력과 불운에 그 원인이 있다고 이해하였다. 이에 따라 보호대상자에게는 사회적 낙인이 따랐다. 또 국가가 명시적으로 불이익을 주는 것이 당연하게 받아들여졌다. 국가의 시혜를 받는 빈민에게 참정권이 박탈되었다. 1869년 3월 31일자 「북독연맹 제국의회선거법」(제3조), 그리고 일본의 1934년 「구호법」 등이 이에 해당하는 예이다. 또 강제적인 노동을 통해서 빈민을 정신적으로 개조하려는 것이 당연시되었다.

역사적으로 보면 1834년 영국의 개정구빈법(Poor Law Amendment Act)은 빈곤 그 자체를 보호하였다는 점에서 인식의 전환을 가져왔다. 그러나 이 법도 아직 개인의 속성, 즉 예컨대 무능력과 태만 등을 빈곤의 원인으로 이해하였다. 이에 보호가치 있는 빈민(worthy poor)과 보호가치 없는 빈민(unworthy poor)이 구별되고, 열등처우의 원칙(less eligibility)이 적용되었다.

(2) 산업구조 및 사회 · 가족구조의 변화

산업혁명으로 인한 산업구조의 변화, 그리고 이에 따르는 사회구조의 변화는 새로운 사회문제가 발생하는 가장 중요한 역사적 배경이었다. 산업혁명의 결과 농업사회가 산업사회로 변화하였다. 우리나라의 경우 이러한 구조적 변화는 식민지시대에 나타났다.

대가족구조가 해체되기 시작하였다. 대가족은 생산·소비 및 부양의 기능이 수행되는 다기능공동체였다. 대가족구조에서 성인은 현재의 부양의무자이며, 아동은 한편으로는 부양대상자이지만 다른 한편으로는 잠재적으로 부양을 담당할 세대이다. 아동은 성인이 된 후에도 가족구성원으로 남아 부양을 담당할 것이 당연히 기대되었고, 또 그것이 현실이었다. 노인은 부양대상자이고, 소득활동을 통해서 가족의 유지에 기여하지는 못한다. 그러나 노인은 아동양육과 같은 지원을 할 수 있기 때문에 부양제공자의 위치에 있다. 이와 같이 가족구성원들은 기능의 적정한 배분을 통해서 각자에게 발생하는 문제를 가족 내부에서 해결할 수 있었다.

산업화시대에 농촌의 경제활동인구가 도시로 유입되어 공장근로자가 되면서 노인과 자녀 모두에게 사회문제를 발생시킨다. 첫째, 농촌에 잔류한 혹은 (도시산업에서 수요가 없기 때문에) 잔류할 수밖에 없었던 가족에게는 가족 중 경제활동인구가 이탈하면서 문제가 발생한다. 물론 노인부모와 자녀 간에 여전히 민법상의 부양관계가 존재한다. 그러나 부양이 실제 실현되는 정도는 약해졌다. 둘째, 도시의 핵가족, 즉 소득활동능력이 있는 부모와 자녀로 구성된 가정에서도 역시 문제가 발생한다. 가족 내부에서 수요의 크기는 작아지지만, 보호의 공백이 발생한다. 즉 부부가 모두 소득활동을 하기 위해서는 아동양육을 위한 인력을 시장에서 구입하든가, 아니면 부부 중 일방이 소득활동을 포기하고 양육을 담당하여야 한다.

이러한 가운데 도시로 대량유입되는 인구가 노동시장에서 수요를 초과하면서 도시에서는 대량실업, 그리고 대량빈곤이 발생한다. 그렇다고 도시에 이러한 사회적 문제를 해결할 수 있는, 예컨대 전통적인 가족 등과 같은 기능을 대체할 연대공동체가 형성되어 있는 것도 아니었다. 이전에는 가족 내부에서 어느 정도 보호될 수 있었던 생활위험들, 즉 질병·노령·장애 등에 대해서 도시 근로자는 더 이상 보호될 수 없게 된다. 이전시기에 가족 등과 같은 공동체로부터 어떠한 이유에서건 이탈하여야만 했던 자에게 닥친 운명에 이제 모든 근로자가 처하게 되었다. 새로운 사회문제의 출현이다.

2. 개인의 생활유형과 사회문제의 발생

사회문제는 경제질서에서 개인의 전형적인 생활유형이 정상을 이탈하기 때문에 발생한다. 헌법은 기본적으로 자본주의 시장경제를 채택하고 있다. 헌법 제15조 직업선택의 자유, 제23조 재산권 보장, 제119조 경제질서 등이 자본주의 시장경제를 구성한다. 이러한 경제질서에서 개인의 생활유형과 사회문제와의 관계는 다음과 같다.

(1) 자본주의 시장경제질서에서 경제생활의 정형

자본주의 시장경제질서는 정도의 차이가 있지만 다음과 같은 개인의 정형화(定型化)된 생활상(生活象)을 가정하고 있다. 즉 모든 개인은 성인이 되면 '노동'을 제공하고, 노동시장에서 노동에 대한 대가로서 '임금'을 취득하며(노동과 임금의 교환), 임금은 근로자 자신과 근로자가 '부양하는 공동체'(부양관계), 즉 주로 가족에게 필요한 '재화 및 서비스'를 '시장'에서 구입하기에 충분하다(수요조달). 시장경제에서 이와 같은 노동과 임금의 교환관계, 부양 및 소비는 각각 독자적인 원리가 지배하면서 기능한다. 그러나 이러한 가정은 어디까지나 '원칙'일 뿐, 무수한 '예외'를 안고 있다. 오히려 원칙과 예외가 뒤바뀔 만큼 많은 예외가 일상적으로 발생한다.

(2) 정형 일탈과 사회문제의 발생

위와 같은 예외는 '개인의 운명'과 '시장의 불균형'에 의하여 발생한다.

장애 등의 이유로 성인이 되어도 노동능력을 갖지 못하는 불운, 산업재해로 인하여 노동능력을 상실하게 되는 불운, 그리고 주된 부양자가 부양가족을 남기고 사망하게 되는 가족의 불운, 다산(多産) 등으로 인하여 가족의 규모가 지나치게 커지게 되는 불운(?) 등이 개인 운명의 문제이다. 아동양육과 관련하여 보면 사실 보다 근원적으로 인간은 다른 동물에 비해서 자기생존능력을 갖기까지 오랜 시간이 소요되고, 또 자기생존능력을 상실한 후에도 장기간 생존한다는 점이 인간이 갖는 일종의 불행(?)이라고 할 수 있다.

시장경제에서 필연적으로 나타나는 수요와 공급의 불균형으로 인하여 시장경제가 가정하고 있는 생활상이 기능하지 못할 수 있다. 노동력의 공급이 수요를 초과하면서 노동의 기회를 갖지 못하는 문제, 기존의 노동관계가 종료되는 위험(실업), 임금이 충분치 못하여(저임금) 부양공동체의 수요를 충족시키지 못하는 위험, 가족의 유지에 필요한 재화나 서비스의 가격이 지나치게 높은 문제 등이 여기에 해당한다.

Ⅱ. 사회문제에 대한 제도적 대응

1. 문제발생영역에서의 문제해결

위에서 분석한 생활위험의 발생구조는 곧 문제의 해결방법에 일정한 시사를 한다. 먼저 예외적인 상황이 발생한 영역 자체에 적용되는 원칙을 사회적 관점에서 어느 정도 수정하는 방법이 적용될 수 있다. 노동시장과 소비시장 및 부양관계에 적용되는 법원칙에 어느 정도 수정을 가하여 문제를 해결한다는 것이다. 이에 대한 구체적인 방안과 그 한계에 대해서 살펴 본다.

(1) 구체적인 방안

가) 노동관계법의 조정

노동시장에 개입하여 일정한 조정을 하는 방법으로 사회문제를 어느 정도 해결할 수 있다. 구체적으로는 고용계약의 당사자인 사용자에게 일정한 수준 이하의 근로조건을 계약내용으로 하는 것을 금지시킬 수 있다. 우리 헌법은 이를 명시하고 있다(헌법 제32조 제1, 3항). 이를 위하여 「근로기준법」과 「최저임금법」이 시행되고 있다. 근로자를 해고로부터 보호하여 안정된 생활보장에 어느 정도 기여할 수 있다. 해고사유를 제한할 수 있으며(근로기준법 제23조), 절대적인 해고보호는 아니더라도 예컨대 해고 예고제도(근로기준법 제26조)를 도입하여 해고의 경제적 파급효과를 최소화하는 기회를 제공할 수 있다. 또 사용자에게 해고 근로자를 우선적으로 재고용하는 의무를 부여하기도 한다(근로기준법 제25조). 임금지급이 중단되는 퇴직 후에도 임금에 상응하는 급여를 계속 지급하여 생활수준을 유지할 수 있도록 사용자에게 퇴직금 혹은 퇴직연금제도(근로기준법 제34조; 근로자퇴직급여보장법 제4조 이하)를 실시할 의무를 부과할 수 있다. 이들 방안들을 보다 세밀하게 발전시키는 것은 기본적으로 '노동정책의 과제'이다.

나) 소비(공급)관계법의 조정

소비시장에서도 시장의 원칙을 부분적으로 수정하여 사회문제를 해결하는 시도를 할 수 있다. 가격정책이 대표적인 방법이다. 이로써 개인은 필요한 상품 및 서비스를 적정가격으로 구입할 수 있다. 주택 혹은 그 밖의 생활필수품에 대한 가격안정조치들이 여기에 해당한다. 전기 · 수도 · 통신시설 및 교통시설과 같이 생활에 필수적인 공공재를 정부가 직접 공급하고 가격결정에 소비자의 입장을 반영하며, 이로써 모든 국민의 생활보장에 기여할 수 있다. 또 대량으로 주택을 건설하여 주택가격을 안정시키는 구조정책 역시 사회문제의 해결에 기여한다. 특히 영구임대주택을 대량 건설하여 이용권을 부여하는 방법은 저소득층의 주택문제를 해결하는 데 유용하다. '배려(공급)행정' 혹은 '구조정책의 과제'이다.

다) 부양관계법의 조정

부양의무의 범위를 확대하여 부양관계 당사자들의 기능분배를 통해서 가족수요를 충족시킬 수 있다. 오늘날 가족의 규모가 핵가족화되었고, 또 우리 민법도 이를 반영한 개정을 한 바 있다. 1962년 민법 개정으로 법정분가제도가 신설된 바 있다. 이에 부양관계도 현실적으로 조정되어야 한다. 이때 비로소 부양의무가 현실적으로 이행될 수 있기 때문이다. 부양의무가 비현실적으로 넓게 형성되어 있는 경우에는 부양의무가 법적으로 존재함에도 불구하고 실제 이행되지 않는 이른바 부양권과 관련된 암수(暗數)가 발생하는 정도가 높아진다.

가족 간에 정서적 유대가 엷어지면서 노인빈곤에 대해서 새로운 시각이 필요하게 되었다. 빈곤을 보호하는 「국민기초생활보장법」은 민법상 부양의무를 대체하는 것이 아니라, 이를 보충하도록 구상되었다. 그러나 민법상 부양의무가 실질적으로 이행되지 않는 경우에도 부양의무자가 있다는 이유로 급여를 거부할 경우 노인빈곤은 심화된다. 2007년 제정된 「기초노령연금법」(현재 「기초연금법」)은 이와 같은 문제상황에서 부양의무자의 존재 여부에 관계 없이 소득을 기준으로 보호함으로써 노인의 빈곤을 완화하기 위한 목적을 가졌다.

부양의무의 범위를 사회보장법의 특성을 반영하여 현실화하고, 부양의 내용을 차등화하는 방법이 강구되어야 한다. 부양의무의 확대가 요청되는 분야가 이혼배우자의 부양영역이다. 오늘날 이혼은 가족해체의 일반적인 원인으로 커다란 비중을 차지하고 있다. 따라서 이혼배우자의 생활보장문제가 주목되어야 한다. 1990년 민법에 도입한 이혼시 재산분할청구권(민법 제839조의 2)은 혼인중 증가한 재산에 대한 지분을 이혼배우자가 청구할 수 있도록 하여 이혼배우자의 사회문제를 가족법을 통해서 해결하는 의미가 있었다. 민법상의 재산분할청구권의 이념은 1998년 「국민연금법」에 도입되었다. 이에 따르면 「국민연금법」상의 노령연금수급권을 취득한 자의 배우자는 이혼한 경우 혼인기간 중 보험가입기간에 기초하여 형성된 노령연금액을 균등하게 나누어 받을 수 있다(국민연금법 제64조). 이후 「공무원연금법」과 「군인연금법」이 분할연금제도를 도입하였다(공무원연금법 제45조; 군인연금법 제22조). 이러한 제도를 효율적으로 운영하고, 이로써 개인의 생활위험을 가족 내부에서 기능분배를 통해서 해결하는 것은 기본적으로 '가족정책의 과제'이다.

(2) 세법의 사회보장기능

가) 세법의 특유한 기능

세법은 사회보장의 구조적 흠결을 보충할 수 있다. 공공부조는 개인의 구체적인 수요를 보호하지만 급여는 최저수준에 머물러 있다. 이에 비해서 사회보험은 개인에게 적정한 수준의 생활을 보장하지만 이는 추상적인 보호이다. 사회보험은 사회적 위험을 극복하기 위하여 구체적으로 필요한 급여를 제공하는 것이 아니라 법률에 정해진 급여를 지급하기 때문이다. 따라서 개인에게 사회적 위험으로 인하여 발생하는 구체적인 수요를 사회보험의 추상적인 보호급여가 충족시키지 못하는 경우에는 보장의 공백이 나타난다. 그런데 세법은 이러한 '구체적인 수요'에 대해서 '적절한 수준'의 세제상의 배려를 하여 사회보장의 기능을 수행할 수 있다. 기본적으로 '조세정책의 과제'이다.

나) 사회보장을 위한 세법의 방법론

a) 세법과 사회보장법의 기능 보완

세법은 기업의 직업훈련을 위한 비용 혹은 근로자의 사회보장비용에 세제혜택을 부여할 수 있다. 또 세법은 저소득자에게 조세감면의 혜택을 주거나 혹은 근로자가 부양하는 가족수를 고려하여, 또는 교육 · 자녀양육 · 노부모부양 · 의료와 같은 가족의 특별 수요에 드는 비용을 과세대상에서 제외하여 사회문제의 해결에 기여할 수 있다.

세법에서 최저생활비용은 과세대상에서 면제되고 이를 통하여 소득근로자가 조세납부 후 생활보장을 위해서 사회보장급여에 의존하도록 해서는 안 된다.[1] 이러한 관점에서 보면 최저생활의 보장을 위한 세법적인 방법과 사회보장법에 의한 급여의 방법 중 입법자는 우선 세법적인 방법을 적용하여 최저생활을 위하여 필요한 소득을 과세대상에서 제외하여야 한다. 이 경우에 개인은 자신의 소득을 국가의 간섭 없이 자유롭게 처분할 수 있다. 반면, 국가가 개인의 소득에 먼저 과세권을 행사한 후 남은 가처분소득이 최저생활비용에 미치지 못하는 경우 그 차액을 사회보장급여로서 보충하는 것은 헌법적으로 타당하지 않다. 이 경우 개인은 해당 사회보장급여를 통하여 비로소 최저생활을 할 수 있다. 이는 국가의 일방적인 급여로서 소득 및 부양의무 조사 등 여러 조건을 충족시켰을 때 비로서 지급받을 수 있다. 그런데 이와 같은 조건은 개인에게 부담이며, 경우에 따라서는 기본권을 제한할 수 있기 때문이다. 이와 같은 세법과 사회보장법에서 기능보완의 문제는 자녀양육지원의 경우에도 적용되어야 한다.

b) 사회보장 재원 및 급여에 대한 세법적 배려

개인이 납부하는 사회보험 보험료는 현재의 수요를 충족하는 것이 아니며, 미래에 지급될 급여의 재원이다. 따라서 보험료는 과세의 대상에서 제외되어야 한다. 이에 비해서 사회보장급여는 일종의 (사회)소득이기 때문에 원칙적으로 과세의 대상에 포함하는 것이 체계적이다.

현행 「소득세법」은 보험료 지출 전액을 과세의 대상에서 제외하고 있다.[2] 이에 비해서 노령연금은 기본적으로 종합소득인 연금소득으로 보아 과세의 대상이 된다.[3] 다만 「소득세법」은 연금의 일부를 소득에서 공제하도록 하고 있다.[4] 이때 연금액의 수준에 따라 공제비율을 달리하여 재분배효과를 의도하고 있다. 노령연금 이외에 가입자의 장애 혹은 사망시 지급되는 장애연금 혹은 유족연금은 비과세대상이다. 이 밖에 공무원연금법 · 공무원재해보상법 · 군인연금

1) 헌재 1994.7.29, 92헌바49등, 6-2, 95면 참조. 독일의 연방헌법재판소는 이와 관련하여 명시적으로 최저생활수준을 유지하기 위하여 필요한 비용이 조세부과의 대상이 되어서는 안 된다는 결정을 한 바 있다. *BVerfGE* 92, 60; 82, 198; 87, 153; 89, 346(352); 99, 216; 99, 246 등 참조.

2) 소득세법 제51조의 3(연금보험료), 제52조(국민건강보험법, 고용보험법, 노인장기요양보험법에 의한 근로자부담 보험료).

3) 소득세법 제20조의 3 제1호 참조. 각종 공적연금소득이라고 표현하고 있으나 이는 정확한 용어 사용은 아니다. 왜냐하면 장애연금 및 유족연금 등은 비과세대상으로 하고 있기 때문이다. 소득세법 제12조 제4호 가. 참조.

4) 과세대상인 연금소득은 2002년 1월 1일 이후 불입된 연금기여금 및 사용자부담금을 기초로 한 연금소득을 말한다. 이는 기존에 과세하지 않았던 연금소득을 2002년부터 과세하도록 하면서 취한 경과조치이다.

법 · 군인재해보상법 · 사립학교교직원연금법 또는 별정우체국법 또는 국민연금과 직역연금의 연계에 관한 법률에 의하여 지급받는 유족연금 · 장해연금 · 상이연금 역시 과세의 대상에서 제외된다.[5] 사회보장급여 중 보상급여의 성격을 갖는 급여는 과세의 대상에서 제외된다. 이는 특히 특수직역연금법의 급여에 대해서 적용된다.[6] 「산업재해보상보험법」의 급여는 본인연금과 유족연금에 관계없이, 그리고 연금뿐 아니라 일체의 급여가 비과세대상이다.[7]

다) 이른바 부(負)의 소득세와 사회보장

조세는 개인의 경제적 부담능력을 기준으로 부과된다. 이에 비해서 사회보장법은 개인의 수요를 보호한다. 이러한 인식에 착안하여 기본적으로 개인의 부담능력과 소득능력을 연계하여 사회보장법을 독립체계로 하지 않고, 조세법을 중심으로 단일체계를 구성하는 구상이 있다. 이른바 부의 소득세제도(negative income tax)이다. 이에 따르면 세법은 개인에게 경제적 부담능력이 있는 경우 생활보장을 위하여 필요한 비용을 제외하고 나머지 소득에 대해서 과세하며, 소득능력이 제한적인 개인에게는 자신의 소득능력과 실제 생활에 필요한 비용과의 차액을 지급하여 사회보장의 목표를 달성할 수 있다. 이와 같은 단일의 조세법체계를 통하여 조세법과 사회보장법이 완벽한 조화를 이룰 수 있다는 것이다.

위와 같은 시도는 다음과 같은 기본전제에서 출발한다. 즉 조세법은 개인의 부담능력을, 그리고 사회보장법은 개인의 최저생활보장을 기준으로 형성된다. 그런데 이러한 전제는 조세법, 그리고 사회보장법에 대해서 모두 타당하지 않다. 조세법은 오늘날 재정기능뿐 아니라 어느 정도 유도 · 조정적 기능을 수행한다.[8] 보다 근본적인 문제는 인간다운 최저생활의 보장이 사회보장의 유일한 목표가 아니라는 것이다. 예컨대 사회보험은 사회적 위험을 추상적으로 보호하며, 그만큼 입법형성의 여지가 넓다. 사회보장의 목적은 다양한 방법과 수단을 통하여 실현되며, 결코 조세법을 보충하는 데 그치는 것은 아니다. 이와 같은 이유에서 이른바 부의 소득세를 통하여 조세법과 사회보장법을 조화시키는 구상은 조세법과 사회보장법의 독자적인 기능을 간과한 시도이다.

5) 소득세법 제12조 제4호 가. 참조.
6) 소득세법 제12조 제3호 사. 참조.
7) 소득세법 제12조 제3호 다. 및 제4호 다. 참조.
8) 헌재 1994.7.29, 92헌바49등, 6-2, 95면 참조.

(3) 문제해결의 한계

문제가 발생하는 영역을 규율하는 법질서를 수정하여 문제를 해결하는 방법도, 그리고 이를 보충하는 세법도 사회문제를 해결하는 데에 한계가 있다. 기능적·헌법적 및 사회정책적 한계를 나누어 설명한다.

가) 기능적 한계

노동과 임금의 교환관계, 상품 및 서비스를 공급하는 관계 및 부양관계를 규율하는 법질서는 독자성을 갖는 각각의 생활영역을 규율하는 데 본래의 입법목적이 있다. 사회적 위험의 보호가 이들 법질서의 1차적인 입법목적은 아니다. 노동법은 기본적으로 노동과 임금의 정당한 교환관계를 규율하는 목적을 갖는다. 노동력의 양과 질에 관계 없이 노동자의 생활을 보호하려는 데에 노동법의 입법목적이 있지 않다는 것이다. 민법은 거래관계의 안전을, 그리고 가족법은 기본적으로 가족의 사적(私的) 자율성을 보장한다. 공기업을 규율하는 행정법은 기본적으로는 공공재를 안정적으로 공급하는 목적을 갖는다. 물론 공법(公法)인 행정법은 사법(私法)에 비해서 개인의 생활을 배려할 여지가 넓기는 하다. 그러나 이것도 정도의 차이일 뿐 행정법이 사회적 약자의 생활을 보호하는 목적을 갖는 것은 아니다. 공공재의 공급을 규율하는 법이 사회보장법적 성격을 갖기 위해서는 필연적으로 소비자의 생활수준에 따라 차등가격제를 시행하여야 한다. 그런데 이는 공공행정에서는 이질적인 요소이다.

세법은 국가의 재정을 확보하는 데 목적이 있다. 또 무엇보다도 세법은 개인의 부담을 덜어주는 역할은 할 수 있어도 적극적인 급부행위의 수단이 될 수는 없다.

나) 기본권적 한계

문제가 발생하는 생활영역의 독자성은 주관적으로는 법률관계 당사자의 기본권에 의하여 보호된다. 따라서 개인 생활을 보호하기 위해서 사회적 요소를 투입하는 경우에 그 정도에 따라서는 법률관계의 다른 당사자의 기본권을 침해할 수 있다. 노동시장의 예를 들어보자. 임금은 어느 정도 근로자의 생활을 배려하는 기능이 있다.[9] 그런데 그렇다고 해도 근로자의 생산성과 관계없이 근로자의 생활상황을 기준으로 임금을 결정하는 것은 사용자의 영업의 자유와 조화

9) 이에 대해서는 이철수, 임금에 관한 법리(한국노동연구원, 1993), 16면 이하 참조. 유사한 판례로는 대판 1992.3.27, 91다36307 참조.

될 수 없다. 임금의 산정에 어느 정도 가족수요를 반영하더라도 여기에는 한계가 있다는 것이다.

오늘날 개인의 가장 중요한 경제적 생활의 기초는 노동에 대한 대가로 취득하는 임금이다. 그렇기 때문에 실업(失業)은 개인 및 그가 부양하는 가족에게는 치명적인 사회적 위험이다. 이러한 상황에서 국가가 노동법을 매개로 개입하여 해고사유를 제한함으로써 어느 정도 해고보호를 하고(근로기준법 제23조), 또 해고의 파급효과를 줄이기 위해서 해고예고 의무를 사용자에게 부과한다(근로기준법 제26조). 이는 사용자의 영업의 자유에 대한 제한이다. 그러나 해고를 절대적으로 금지한다든가, 혹은 해고가 불가피한 경우 다른 사용자에게 채용의무를 부과하는 방법을 택한다면 이는 이미 시장경제질서, 그리고 사용자의 영업의 자유, 특히 투자 및 인력배치에 대한 결정권을 침해한다.[10] 따라서 예컨대 「근로기준법」상 해고근로자를 우선적으로 재고용하는 사용자의 의무(근로기준법 제25조)는 법적으로 관철될 수 있는 의무는 아니다. 국가는 모든 국민에게 노동의 기회를 부여하여야 한다. 그러나 이를 근거로 기업에 직업훈련의 의무를 부담시키고, 이를 통해서 구조적 실업을 예방하려는 시도는 과도할 경우에는 헌법적 정당성을 갖지 못한다.

다음 소비시장의 예를 들어보자. 생활에 필수적인 소비재에 대해서 어느 정도 가격통제를 하는 것은 혼합경제질서에서 허용되는 국가의 시장개입이다. 그러나 생산비가 아닌 소비자의 구매력을 기준으로 가격을 결정하도록 강요한다면 사용자 혹은 생산자의 영업의 자유 또는 재산권과 같은 기본권은 의미를 잃어버리게 된다. 또 지나친 가격정책은 아래에서 살펴보듯이 객관적으로 바람직하지도 않다. 시장이 이러한 개입수준에 맞추어 저질의 상품 및 서비스를 제공할 것이기 때문이다.

부양관계 역시 마찬가지이다. 분가(分家)하여 독립한 세대를 형성하고 있는 경우 민법상의 부양관계가 존재한다는 이유로 제한없이 부양의무를 이행할 것을 요구할 수는 없다. 부양의무자가 부양의무를 이행한 결과 스스로 정상적인 생활을 유지할 수 없게 될 수 있기 때문이다. 이 경우 사회문제를 해결하는 방안이 또 다른 사회문제를 야기하는 원인이 된다. 따라서 친족관계의 원근(遠近)에 따라 부양의무의 범위는 차등화되어야 한다. 결국 민법상의 부양의무에 기

10) 이전 사회주의 동독에서는 이러한 해고보호가 제도화되었었다. Kunz/Thiel, *Arbeitsrecht*(1986), Randnummer 45 참조. 그러나 이러한 해고보호가 국민경제적으로 실업을 방지할 수는 없었다. 필연적으로 기업내 과잉노동력을 낳고(이른바 기업내 실업의 문제〈innerbetriebliche Arbeitslosigkeit〉), 이로써 생산성이 저하되고, 경쟁력이 떨어지기 때문이다.

초하여 부양관계에 있는 자 간의 기능분담을 통해서 가족구성원의 문제를 충분히 해결하는 데에는 한계가 있다. 실제 「국민기초생활보장법」은 가족관계의 변화를 반영하여 부양의무의 범위를 축소하고, 부분적으로는 이를 수급조건에서 제외시키는 발전을 하여 왔다.

다) 사회정책적 한계

문제가 발생한 영역에 적용되는 원칙을 수정하여 문제를 해결하는 방법은 다음과 같은 사회정책적 한계가 있다. 노동시장에 적용되는 법원칙을 수정하여 개인의 사회문제를 해결하는 방법은 노동시장에 진입한 자에 한하여 적용될 수 있다. 따라서 예컨대 장애를 원인으로, 혹은 실업으로 인하여 시장에 진입하지 못하였거나 시장에서 퇴출된 자에 대해서 노동법은 원천적으로 적용될 수 없다. 부양의무자가 사망한 경우에는 남은 가족에게 노동법적 방법은 아무런 도움이 되지 않는다.

상품 및 서비스시장에서 어느 정도의 가격통제는 문제의 해결에 도움이 되겠지만 장기적으로 다음과 같은 문제가 발생한다. 지속적인 가격통제는 국가가 생산시장마저 완벽하게 통제하지 않는 한 생산자 혹은 서비스 제공자는 해당 상품의 생산이나 서비스 제공을 중단하거나, 혹은 생산비를 낮추어 저질의 상품을 시장에 내놓는 형태로 대응할 것이다. 그 결과 장기적으로는 사회 전체의 사회보장수준이 퇴보할 수 있다. 파급효과는 여기에 그치지 않는다. 예컨대 시장에서 높은 효능의 의약품에 대한 수요가 더 이상 없다면 의학 발전은 퇴보하게 된다. 무엇보다도 이러한 국가통제는 가정(假定)에 불과하다. 생산시장마저 국가가 완벽하게 통제한다면 이미 사회보장이 전제하고 있는 시장경제질서는 존재하지 않기 때문이다.

부양관계에서도 이와 같은 한계는 나타난다. 민법상 부양관계가 존재하더라도 현실적으로 실현되지 않을 수도 있기 때문이다. 두 가지 상황을 예상할 수 있다. 첫째, 민법상의 부양관계가 비현실적으로 넓게 획정되어 있어 실제 부양을 행할 정서(情緖)가 없는 경우에는 부양의무를 법적으로 강제하는 데에 한계가 있다. 또 부양의무자 본인의 생계를 위협할 정도로 부양의무를 강요할 수도 없다. 이에 「국민기초생활보장법」은 부양의무자의 범위를 좁게 규정하고 있다. 즉 부양의무자는 수급권자의 1촌의 직계혈족 및 그 배우자로 한정되어 있다(법 제2조 제5호). 둘째, 부양의무자 자신이 부양능력이 없다면 부양의무가 존재한다는 사실은 아무런 도움이 되지 않는다.

2. 독자적인 목표를 갖는 법영역에 의한 문제해결

문제가 발생한 영역에 적용되는 법원칙을 수정하여 사회문제를 해결하는 방법은 위에서 살펴본 바와 같이 입법목적적(기능적)·헌법적, 그리고 사회정책적 한계가 있다. 그렇기 때문에 다음과 같은 방법에 의해서 보충되거나 혹은 대체될 필요가 있다.

문제가 발생한 생활영역의 자율성을 제한하지 않으면서 개인의 생활위험을 보호하는 입법목적을 갖는 법에 의하여 문제를 해결하는 방법이다. 여기에서는 개인의 생활위험이 문제가 발생한 영역에서 분리되어 독자적으로 정책이 형성된다. 즉 노동시장, 상품 혹은 서비스시장, 그리고 가족관계의 당사자로부터 분리되어 독자적인 조직과 법원칙에 의해서 개인의 생활위험이 보호된다.

위와 같은 과제를 국가가 직접 담당할 수도 있다. 또 동일한 확률로 생활위험에 처해 있는 개인들을 사회보험과 같은 연대공동체에 조직하여 이를 통하여 개인의 사회문제를 해결할 수도 있다. 이러한 기능을 민간경제에게 담당하게 할 수도 있다. 예컨대 민간보험을 통해서 개인이 스스로 생활위험에 대비하도록 하고, 국가는 이에 대한 제도적 윤곽을 마련하는 경우이다.

제 2 절 사회보장법의 거시구조

사회문제가 발생하는 역사적 및 구조적 배경, 그리고 이에 대한 다양한 해결방법에 대해서 살펴보았다. 그러나 사회문제가 인식되었다고 해서 사회정책이 활성화되고, 사회보장 입법이 활발해지는 것은 아니다. 사회문제의 발생은 이를 해결하는 사회정책을 형성하고 사회보장법을 제정하는 계기가 된다. 그리고 이제 새로운 사회문제를 해결하기 위해서 필요한 정책을 수립·집행하는 데 작용하는 주변 상황이 성숙되어 있는가를 검토하여야 한다. 다음과 같은 사실이 좋은 예이다.

산업화는 사회문제가 발생하는 대표적인 계기이다. 그렇다면 유럽에서 선발산업국가인 영국이 후발산업국가인 독일에 비해서 사회정책 및 사회보장 입법을 선도하였어야 한다. 그런데 역사는 그렇지 않았다. 이는 사회정책의 수립 및 집행을 둘러싼 상황조건에 있어서 양국의 차이로 설명된다. 이러한 상황

조건은 사회정책의 형성에 긍정적인 혹은 부정적인 영향을 미친다. 아래에서는 사회보장법의 형성을 둘러싼 거시구조를 몇 가지 예를 들어 설명해 본다.

Ⅰ. 사회보장과 민주주의

1. 사회보장의 전제로서 민주주의

사회보장은 민주주의를 정치적 기반으로 하여 비로소 형성·실현될 수 있다. 즉, 사회문제가 개인의 생활에 미치는 파급효과를 민감하게 인식하고 정치적 정당성을 유지하기 위해서 이에 정책적으로 대응하는 정치환경이 존재하여야 한다. 또 사회문제에 대한 인식과 대응이 적절히 이루어지지 않는 경우 정치적 정당성을 박탈하는 기회가 국민에게 보장되어야 한다.

1961년 5·16 군사쿠데타의 주체세력은 정치적 정당성의 흠결을 보충하기 위하여 적극적인 사회정책을 구상하였다. 그런데 이러한 사회보장의 구상은 현실화되지 못했다.[11] 민주주의의 기반이 결여된 복지국가의 구상은 경제성장에 정책의 우선순위가 두어지면서 쉽게 후회 혹은 소멸하였다. 전체주의 정치체제에서도 사회보장이 형성될 수 있다. 그러나 이때 사회보장은 소수에게 독점되어 있는 의사결정의 산물이다. 그렇기 때문에 사회문제에 대한 객관적인 평가와 이에 기초한 정책적인 대응이 이루어지지는 않는다. 경우에 따라서는 사회보장이 특정 계급에 대한 정치적 보상의 성격을 갖는다는 것이 역사적 경험이다. 예컨대 통일 전 동독에서 일정한 범위의 당원 및 국방부, 내무부 등의 일부 국가공무원이 가입되어 있던 부가부양제도 혹은 특별부양제도(Zusatz- oder Sonderversorgungssysteme)가 여기에 해당한다. 통일 후 이 제도들은 폐지되었다.[12] 또 객관적인 정책판단에 기초하여 사회보장이 형성된다 하더라도 민주주의의 기반이 취약한 정치체제에서 사회보장급여는 은혜적 성격을 띨 뿐 권리의 성격을 갖지는 못한다. 1960년대 초반 우리의 경험이 보여주듯이 정치권력의 자의적인 판단에 의하여 사회보장 급여체계는 언제든지 퇴화할 수 있다.

---

11) 이에 대해서는 손준규, 사회보장·사회개발론(집문당, 1983), 특히 54면 이하 참조.

12) 이에 대해서는 전광석, "동서독통일과 사회보장법", 전광석, 사회보장법학(한림대출판부, 1993), 295면, 302면 참조. 이에 관한 독일연방헌법재판소의 결정으로는 *BVerfGE* 100, 1; 100, 59; 100, 138; 111, 115 등 참조.

2. 민주주의의 사회화

사회보장은 민주주의에서 의미있게 형성될 수 있고, 또 존재의의를 갖는다. 그러나 반대로 사회보장이 균형있게 형성되기 위해서는 민주주의 자체가 사회화되어야 한다. 민주주의는 대의제, 권력분립 등 제도적 장치뿐 아니라, 제도화될 수 없는 사회구성원들의 민주주의에의 의지가 함께 갖추어졌을 때 비로소 실현될 수 있다. 그리고 민주주의는 국민 전체의 의사라는 규범적이고 동태적(動態的)인, 그리고 의지적인 요소에 그 정당성을 의존하고 있다. 그런데 정치과정의 실제에서는 국민 전체의 의사는 유권자 다수의 의사로 나타난다. 이 경우 사회보장 및 사회보장법이 사회적 약자보다는 국민 다수의 보호와 그들의 이익에 기여하고, 경우에 따라서는 그것이 결정적인 정책기준이 되는 문제점이 나타난다. 특히 사회보험을 중심으로 사회보장이 시행되는 나라에서는 빈곤문제가 소홀히 되고, 중산층이 중심적인 정책대상이 되는 불균형이 나타나기도 한다. 빈곤정책의 대상자는 사회보험 가입자에 비해서는 수적으로 소수일 뿐 아니라, 그들은 현실 정치에서 정치권의 의사결정을 좌우할 만한 영향력을 갖지 못하기 때문이다.

이러한 문제점이 대표적으로 지적되고 있는 나라가 독일이다. 독일은 최초로 노동자를 대상으로 하는 사회보험을 도입하였다. 이로써 당시 노동자의 사회적 위험이 사회보험을 통해서 보호되었다. 그러나 사회보험의 가입자가 아닌 빈민을 위한 공적 부조는 소홀히 되었다.[13] 이러한 역사적 전통은 위에서 언급한 정치적 이유와 함께 작용하여 독일에서 빈곤문제가 사회보험에 비해서 상대적으로 주목을 받지 못하여서 "복지국가의 (사회보험 가입자와 빈민인 공적 부조 대상자 간의) 분열"이라는 주제로 활발하게 논의된 바 있다. 이러한 점은 우리나라에서 사회보장에 관한 연구에서도 관찰된다. 즉 1977년 도입된 의료보험과, 1973년 제정되어 1986년 전면 개정된 후 1988년 시행된 국민연금의 성립을 둘러싼 노동자단체, 사용자단체 등 이익집단과 정부관료 등의 정책형성에 있어서의 영향력은 지금까지 여러 각도에서 분석의 대상이 되었다.[14] 그러나 「생활보호법」(1999년 폐지)과 같은 빈곤층을 보호하기 위한 사회보장제도의 성립과정은 거의 알려져 있지 않다.

13) 이에 대해서는 전광석, 독일사회보장법과 사회정책(박영사, 2008), 36면 이하 참조.
14) 이에 대해서는 예컨대 전광석, 한국사회보장법과 역사(집현재, 2019), 189면 이하 참조.

사회보장이 균형있게 형성되기 위해서는 민주주의가 기능하는 과정에서 객관적인 상황에 대한 공개적인 논의가 이루어져 정치적 논리와 정책적 논리가 상호작용을 하여야 한다.

3. 민주주의와 사회보장의 관계유형

사회보장과 민주주의의 관계를 다음과 같이 유형화할 수 있다.

첫째, 정치세력이 다른 정책목표에 우선순위를 두고 사회문제를 전혀 의식하지 않으려는 경우이다. 우리나라에서 경제개발의 초기에서 1970년대 중반까지 나타났던 정책기조였다.

둘째, 국민의 객관적인 상황과는 관계 없이 정치적 정당성을 유지하기 위하여 필요한 범위내에서 최소한의 사회보장을 실시하는 경우이다. 이를 '외견적 사회보장'이라고 부를 수 있다. 이러한 경우 사회보장 그 자체가 목표가 아니고 사회보장은 다른 정책목표에 종속된다. 위에서 지적한 사회보장과 민주주의의 첫번째 관계는 일반적으로는 두번째 관계와 중복하여 나타난다. 정치권력이 사회보장의 의지가 없다는 점을 직설적으로 표현하지는 않기 때문이다. 이 경우 다양한 사회적 기본권 중 최저생활보장의 권리를 실현하는 정책을 추진하는 대신 국가는 국민에게 다른 기본권에 대한 기대를 유보하도록 설득하는 현상이 나타나기도 한다.

셋째, 국민의 객관적인 상황과는 관계 없이 체제유지에 영향을 미치는 특정 이익집단을 중심으로 사회보장을 형성하는 경우이다. 이를 '정치종속적 사회보장'이라고 부를 수 있다. 이전 동유럽 사회주의국가의 사회정책 및 남미 각국의 사회정책이 이러한 범주에 속한다.

넷째, 민주주의의 현실정치적 이유에서 유권자 다수를 지향하는 사회보장을 실시하는 경우이다. 이 경우 위에서 언급했듯이 빈민 혹은 사회적 약자를 위한 사회보장의 이념은 퇴색한다. 민주주의 종속적 혹은 '유권자 종속적 사회보장'이다. 서구 민주주의 국가에서도 지속해서 이러한 사회보장의 불균형에 대한 반성이 제기되고 있다.

다섯째, 사회보장이 민주주의와 상호 작용하면서 실현되는 유형이다. 민주주의의 합의에 기초하여 사회보장이 실시되지만, 사회보장은 독자적인 가치로서 민주주의의 실현에 영향을 미치는 경우이다. 예컨대 스웨덴에서 보편적인 사회보장이 지속적이고 안정적으로 실현되고 있는 것은 스웨덴의 정치구조와 밀접한 관련성이 있다. 노동계급을 대변하는 사회민주당의 존재, 노동계급과 지배정당과의 긴밀한 협력관계, 노동조합에 대한 노동계급의 높은 지지도 등이 민주주의가 균형있게 실현되는 환경이다. 역사적으로 보면 이러한 시도는 예컨대 독일 바이마르헌법의 위원회민주주의(Rätedemokratie)를 통해서 시도된 바 있다. 그러나 바이마르공화국의 역사가 말해 주듯이 사회보장의 가치를 민주주의에 제도화하는 데에는 한계가 있으며, 그만큼 실현에 어려움이 있다.

Ⅱ. 사회보장과 정치과정

1. 사회보장에 영향을 미치는 다양한 정치과정적 요소들

민주주의 의사결정의 제도와 관행이 확립되어 있는 경우에도 사회보장의 현실은 정치과정의 실제 운영에 따라 다양하게 형성된다. 국가형태에 있어서 연방국가와 단일국가, 정부형태에 있어서 대통령중심제와 의원내각제, 국회 구성에 있어서 단원제와 양원제, 정당구도에 있어서 양당제와 다당제, 선거제도로서 비례대표선거제도와 다수대표선거제도, 직접민주주의적 요소의 가미 정도, 정당의 분포에 있어서 사회주의 혹은 사회민주정당과 자유민주주의 정당의 관계, 노동조합을 포함한 이익단체의 활성화 여부 및 이들의 정치적 의사결정에의 참여 정도 등이 모두 사회보장의 형성에 복합적으로 영향을 미친다. 이들 요소들을 단순화해서 평가하면 다음과 같다.

2. 연방국가와 단일국가

연방국가에서는 단일국가에 비해서 주(州)의 이해관계가 의사결정에 장애 혹은 지체요소로서 작용한다(이른바 '경쟁적 연방국가'(competitive federalism)). 연방정부가 사회보장의 헌법적 권한을 결여하고 있거나, 또 주들 간의 경쟁으로 인하여 사회지출을 줄이는 경우 특히 그러하다.[15] 미국과 스위스가 여기에 해당하는 예이다.[16] 또 연방국가의 구조는 오늘날 제기되는 복지국가의 합리화에 있어서도 장애가 된다는 것이 경험적인 연구의 결과이다. 경쟁적 연방국가에 특유한 위와 같은 장애가 존재하지 않는다면 연방국가의 의사결정구조가

15) 이에 대해서는 전광석, 복지국가론 – 기원 · 발전 · 개편(신조사, 2012), 113면 이하 참조.
16) 이에 대해서는 예컨대 Herbert Obinger/Stephan Leibfried/Francis G. Castles(편), *Federalism and the Welfare State*(Cambridge University Press, 2005), 31면 이하 참조.

복지국가의 형성에 부정적 영향을 주는 것은 아니다. 이른바 협력적 연방국가(intra-state federalism; cooperative federalism)의 유형이 여기에 해당한다. 독일이 이러한 유형에 해당한다.[17)]

국회의 구성이 양원제 혹은 단원제인가 하는 문제는 연방국가적 구조와 밀접히 연관되어 있다. 양원제에서도 상원의 권한이 약하다면 이는 정치적 의사결정에 거의 영향을 미치지 않는다. 영국과 일본이 대표적인 예이다. 반면 하원과 대등한 권한을 갖는 상원이 존재하는 경우, 특히 상원이 하원과는 다른 방법으로 구성되는 경우에는 하원과 상원에서 독자적인 기준에 따라 의사가 결정되며, 그만큼 복잡한 요소가 작용한다. 선거에 의해서 구성되는 대의기관인 연방의회(Bundestag)와 함께 주정부의 대표로서 구성·기능하는 연방참사원(Bundesrat)이 입법에서 중요한 역할을 수행하는 독일이 대표적인 예이다.

3. 정부형태와 정당구도

대통령중심제에서 대통령은 독임제 최고의사결정기관이다. 따라서 이 경우 비교적 단순한 의사결정이 가능하다. 이에 비해서 의원내각제에서 총리는 국회에 대해 직접 정치 및 정책책임을 부담하며, 따라서 국회의 구도가 정책결정에 있어서 결정적인 변수이다. 비례대표선거제도와 다수대표선거제도는 정당구도와 직결되어 있다. 전자의 경우 다당제구도를, 그리고 합의형 의사결정의 현실을 가져온다.

양당제와 다당제의 정당구도는 사회보장에 있어서 중요한 환경이다.[18)] 양당제에서 정당은 다수를 획득하는 데 필요한 중심적인 계층의 지지를 획득하려는 노력을 한다. 이 경우 다수결의 원칙에 의하여 비교적 신속하게 의사가 결정된다. 그러나 다당제에서는 연립정권이 구성될 가능성이 크며, 이 경우 연립정권을 구성하는 정당들은 각각의 지지기반을 모두 배려하여야 한다. 그만큼 합의에 의한 의사결정이 이루어지며, 의사결정의 신속성은 감소된다. 실제 연방국가에서 연립정권이 구성되고, 또 상원이 하원과는 다른 방법에 의하여 구성되는 경우에는 의사결정은 여러 단계의 합의과정을 거쳐야 한다. 연립정권 내부에서 참여정당 간에, 하원에서는 연립여당과 야당 간에, 그리고 다시 하원과

17) 전광석, 위 각주 15의 책, 115면 이하 참조.
18) 정당구도에 따른 의사결정과정의 다양한 유형에 대해서는 전광석, 한국헌법론(집현재, 2023), 570면 이하, 577면 이하 등 참조.

주정부대표인 상원 간에 합의과정을 거쳐야 한다. 이는 사회보장의 구축 및 조정에 있어서 모두 신속한 의사결정을 저해하는 요인으로 평가된다.

4. 직접민주주의적 요소

민주주의는 기본적으로 대의제원리를 통해서 실현된다. 그런데 나라에 따라서 직접민주주의의 요소를 가미하고 있는 경우가 있으며, 이는 일반적으로는 현상유지의 경향을 보인다. 그만큼 사회보장의 형성, 그리고 기존의 사회보장을 합리화하는 데에 있어서 의사결정을 어렵게 하는 원인으로 작용한다. 스위스가 대표적인 예이다. 실제 1874년에서 2000년까지 스위스에서 사회보장과 관련된 63개의 의안이 국민투표에 회부되었으며, 이들은 대부분 부결되었다. 구체적으로 보면 임의적으로 회부된 국민투표 27건 중 사회보장의 확대를 내용으로 하는 의안은 3분의 2가 부결되었고, 복지의 축소를 내용으로 하는 국민투표는 모두 부결되었다.[19)]

5. 정당이념의 분포

정당이념의 분포 역시 사회보장에 영향을 미친다. 자유민주주의정당이 지속적으로 집권하는 경우 이는 사회보장에 부정적인 요소로서 작용한다. 미국과 일본, 그리고 뉴질랜드 등이 대표적인 예이다. 특히 주로 고용관계에서 복지생산이 이루어지는 경우에는 국가에 대한 불신이 함께 작용하여 공적 사회보장은 지체된다.[20)] 반면 사회주의 혹은 사회민주주의정당이 장기적으로 집권하는 경우 이는 사회보장에 우호적인 환경이 된다. 스웨덴이 대표적인 예이다. 물론 보다 일반적으로 보면 북부 유럽국가의 합의적 의사결정의 정치적 전통이 이와 같은 복지국가유형을 성립시키는 요소였지만 사회민주주의의 정치이념이 오랫동안 지배하면서 보편적 복지생산이 보다 공고히 되었다.[21)] 사회주의정당은 국민 전체의 사회통합을 지향하는 반면 사회민주주의정당은 고용관계를 중심으로

---

19) 이에 대해서는 Herbert Obinger, “Wohlfahrtsstaat Schweiz: Vom Nachzügler zum Vorbild?”, Herbert Obinger/Uwe Wagschal(편), *Der gezügelte Wohlfahrtsstaat*(Campus, 2000), 261면 이하 참조.

20) 이 점에 대해서는 전광석, 위 각주 15의 책, 117면 이하 참조.

21) 이에 대해서는 Stein Kuhnle, “The Nordic Model: Ambiguous, but Useful Concept”, Herbert Obinger/Elmar Rieger(편), *Wohlfahrtsstaatlichkeit in entwickelten Demokratien*(Campus, 2009), 286면 이하 참조. 이 밖에 송호근/홍경준, 복지국가의 태동(나남, 2006), 76면 이하 참조.

사회보장을 형성하는 것이 일반적이다.

거대정당들이 전통적으로 복지정책에 우호적인 경우에는 정권의 교체가 복지정책에 근본적인 변화를 가져오지는 않는다. 독일의 기독교민주당(CDU)과 사회민주당(SPD)이 모두 기독교 윤리 혹은 노동조합과의 연계 속에서 복지정책에 적극적이었던 것이 좋은 예이다.[22)]

Ⅲ. 사회보장과 경제정책

1. 사회보장의 경제정책적 관련성

사회보장이 경제성장에 부정적인 영향을 미치는가는 사회보장에 관한 거시적인 환경 중에서 가장 중심적인 쟁점이었다. 여기에는 국내 산업발전뿐 아니라 국내 산업의 국제경쟁력을 보호하는 관점 역시 작용하였다. 실제 국제무역에 있어서 공정경쟁의 관점은 국제사회보장의 형성에 중요한 계기였다.[23)] 사회보장은 경제성장을 저해하는가, 아니면 오히려 긍정적인 효과를 갖는가, 혹은 사회보장은 경제성장에 중립적인가 하는 문제가 구체적인 질문들이다. 이에 대한 대답은 쉽지 않으며, 또 이에 대한 권위적인 답이 있는 것도 아니다.

2. 경제성장중립적 사회보장의 가능성

사회보장이 경제성장을 저해한다는 오해에 대해서는 해명이 필요하다.

첫째, 사회보장은 시장경제를 대체하는 것이 아니라, 시장경제를 전제로 이를 보충한다. 극단적으로 표현하면 사회보장은 시장종속적인 이념과 제도이다. 이에 상응하여 사회보장은 시장경제를 정당화하는 효용성을 갖는다. 특히 사회보험을 중심으로 사회보장을 형성하는 경우 사회보험은 시장에서 형성된 소득수준을 사회적 위험이 발생한 후에도 어느 정도 유지시키며, 따라서 시장의 원칙을 충실하게 지지한다.[24)] 이 점에서 보면 미국이 자유주의적 복지국가의 유형에 속하지만 사회보장방법론으로서 유럽 국가들과 마찬가지로 수혜자가 재원을 부담하는 사회보험을 도입한 것은 우연이 아니었다.

22) Manfred G. Schmidt, "Reformen der Sozialpolitik in Deutschland: Lehren des historischen und internationalen Vergleichs", Stephan Leibfried/Uwe Wagschal(편), *Der deutsche Sozialstaat*(Campus, 2000), 158면 이하 참조.

23) 이에 대해서는 예컨대 전광석, 국제사회보장법론(법문사, 2002), 69면 이하 참조.

24) 이에 대해서는 예컨대 전광석, 위 각주 15의 책, 71면 이하 참조.

둘째, 사회보장은 국가의 일방적인 급여를 규율하는 제도만으로 구성되어 있는 것은 아니다. 특히 사회보험은 근로자 및 사용자가 사전에 납부한 보험료를 재원으로 운용된다. 그렇기 때문에 경제정책에 중립적으로 운영될 수 있다. 어느 나라나 사회보장의 초기에는 근로자를 대상으로 사회보험이 시행되는 이유가 여기에 있다. 국제노동기구(ILO) 협약은 개발도상국의 경우 현실적으로 사회보험을 도입할 수 있도록 일정 규모 이상의 기업에 고용되어 있는 근로자에게 사회보험 가입자격을 우선 부여하는 것을 허용하고 있다.[25] 우리나라 역시 의료보험 시행 초기에는 경제적 파급효과를 최소화하기 위하여 대기업을 우선적용 대상으로 하였다. 이후 점차 중소기업 및 일반 주민으로 적용범위를 넓혀 나갔다. 국민연금 역시 이러한 방법으로 적용대상을 확대해 갔다. 1995년부터 시행되고 있는 고용보험 역시 적용대상을 기업의 규모를 기준으로 하여 점차적으로 확대하여, 1998년 전체 사업장에 적용되었다.

셋째, 사회보장이 경제성장에 미치는 부정적 영향이 과대평가되고 있기도 하다. 사회보장의 비용, 즉 사용자가 부담하는 보험료 지출은 기업에서 생산비의 극히 일부를 차지할 뿐이다. 또 사회보장비용은 사용자의 부담을 덜어주는 효과도 있다. 예컨대 고용보험을 통해서 직업교육과 관련된 비용을 절감할 수 있으며, 산업재해보상보험을 통해서 사용자의 배상책임이 면제된다. 이 점은 국제무역에서 실질적인 자유거래를 실현하기 위해서는 이에 참여하는 국가 간에 사회보장수준이 통일되어야 한다는 주장을 비판하는 논거가 되기도 한다. 생산비용에는 사회보장비용보다는 임금 · 입지조건 · 노동력의 질 등이 복합적으로 영향을 미치기 때문이다. 예컨대 유럽공동체 설립초기에 사회보장의 통합을 둘러싸고 독일과 프랑스가 대립한 바 있으며, 독일의 주도하에 사회보장의 통합에 반대하는 논리가 제시된 바 있다.[26]

넷째, 사회보장은 결과적으로 노동력을 보호하며, 따라서 경제성장에 순기능을 수행한다. 특히 고용보험은 노동력이 산업구조의 변화에 적응하는 데 기여한다. 그 밖의 사회보험 역시 실질적인 소득활동능력의 잔존 여부 및 정도를 급여의 지급 여부 및 산정과 연계시키는 경우 노동력의 효율적인 이용에 기여한다.

다섯째, 사회보장은 어느 정도 경제정책을 보완하는 기능을 수행한다. 시장

25) 이 점에 대해서는 전광석, 위 각주 23의 책, 154면 참조.
26) 이에 대해서 자세히는 전광석, 위 각주 23의 책, 97면 이하 참조.

에서 분배의 불균형에 대해 사회보장은 소득재분배를 통해서 경제정책의 정당성을 보충해 줄 수 있기 때문이다. 또 사회보장은 경기변동을 조절하는 기능을 수행한다. 경기가 침체국면에 있는 경우에는 사회보장급여를 확대하여 구매력을 높이고, 이로써 경기활성화에 기여할 수 있기 때문이다. 특히 기금이 장기적으로 운용되는 연금보험에서는 경기변동과의 상관관계가 중요한 정책결정의 변수로서 고려된다. 예컨대 미국에서 대공황의 시기에 사회보장이 구상된 것은 이와 같은 경제적 효용성을 주목한 측면이 크다.[27]

여섯째, 사회보험과 같이 고용관계를 중심으로 사회보장이 형성되는 경우에는 고용관계는 현재 개인생활의 경제적 기초일 뿐 아니라 미래 생활보장을 위한 매체이다. 그만큼 사회보장은 근로자가 고용관계에 충실하도록 유인하는 효과가 있으며, 그 결과 시장경제를 지지하는 기반이 된다. 기업의 복지조치는 시장에 대한 순기능이 보다 강하다.

3. 사회보장과 경제정책의 독자성

위와 같이 사회보장이 경제정책과 조화될 수 있는 접점이 있더라도 경제정책의 논리와 사회보장의 논리는 각각 독자적이다. 따라서 경제성장에 따라 사회보장이 팽창되는 것은 미래에 대한 부담이 될 수 있다. 특히 연금보험에서 부과방식으로 재정이 운영되는 경우에는 현재 소득근로자의 부담은 이중적이다. 현재 소득근로자는 한편으로는 연금재정의 부담자이면서, 다른 한편 미래 긴축재정이 이루어지는 경우에는 본인들의 사회보장이 불안정하게 되기 때문이다.

사회보장이 경제정책에 종속되면 경제성장이 정체될 때에는 필연적으로 사회보장이 축소된다. 그러나 기존에 증가된 급여의 수준을 낮추거나 적용대상자를 축소시키는 것은 쉬운 일이 아니다. 첫째, 사람은 원래 급여의 증가에는 둔감하지만 급여의 감소에는 민감하다. 이러한 정치심리적인 요소는 경제상황이 악화되어 급여수준이 하향조정되는 경우 정치적 정당성의 문제를 야기시킨다. 주기적으로 정당성을 심사받아야 하는 정치세력들이 선거 전 연금인상 혹은 연금인하를 배제하는 공약을 발표하고 선거 후 연금을 인하하는 이른바 과잉연

27) 이 점에 대해서는 예컨대 Edward D. Berkowitz, "The Historical Development of Social Security in the United States", Eric R. Kingson/James H. Schutz(편), *Social Security in the 21st Century* (Oxford University Press, 1997), 22면 이하 참조.

금공약(연금사기)을 행하는 것도 긴축사회보장의 어려움을 보여 준다. 둘째, 급여의 삭감은 재산권 등을 기준으로 헌법심사의 대상이 될 수 있다. 이 문제는 특히 사회보험에서 특유하게 나타난다. 사회보험급여는 가입자가 납부한 보험료에 대한 반대급여로서 재산권 보호의 요건인 자기성취성을 충족시키기 때문이다.

Ⅳ. 사회보장과 노동조합의 역할

노동조합은 근로자의 이익을 대변한다. 노동조합의 조직률이 높고, 전통적으로 노동조합이 정책결정의 중요한 변수로서 기능하는 경우에 이는 사회보장에 긍정적인 영향을 미친다. 노동조합이 국가 주도의 사회보장의 추진에 긍정적이고 적극적인 역할을 수행하는 대표적인 나라가 스웨덴이다. 스웨덴에서는 노동조합이 사용자의 기업경영권을 받아들이고 파업을 자제하는 대신, 사회보장을 약속받고 이를 국가가 담보하는 내용의 국가·사용자 및 근로자 간의 합의가 이루어졌다. 1938년 스웨덴 노동조합연맹(LO)과 경영자총연맹(SAF) 사이에 체결된 살츠요바덴협약(Saltsjöbaden Agreement)이 대표적인 예이다. 이러한 방법은 사회보장을 구조적으로 안정화시키는 장점이 있다. 다만 이와 같은 노동조합과 사회보장 간의 상관관계가 항상 타당한 것은 아니다. 다음과 같은 몇 가지 사실과 관련하여 유보가 필요하다.

노동조합은 필연적으로 노동자 중심의 사회보장에 집중하기 때문에 일반 국민에 대한 사회보장은 노동조합의 역할과 직접적인 상관관계가 있지 않다. 강력한 노동조합이 형성되어 있는 국가에서도 노동조합 자신의 정치적 영향력 및 노동자에 대한 영향력을 유지하기 위하여 국가 주도의 사회보장에 소극적인 유형이 발견된다. 영국이 대표적인 예이다. 영국의 노동조합은 유럽에서 가장 일찍 발달하고, 또 조직률이 높다. 그런데 영국에서는 노동입법이 발달하기 전에 노동조합은 근로자를 위한 사회보장의 운영주체가 되어 적극적인 역할을 수행하였다. 이러한 상황에서 노동조합의 입장에서 보면 국가 주도의 사회보장은 노동조합을 중심으로 하는 노동연대를 감소시킬 것을 우려하였고, 따라서 국가 주도의 사회보장에 대해서는 소극적이었다. 이는 미국의 노동조합에 대해서도 어느 정도 타당하다.[28] 이 밖에 예컨대 호주와 뉴질랜드에서는 노동조합이 주

28) 이에 대해서는 Gerhrad A. Ritter, *Der Sozialstaat*(Oldenbourg, 1991), 141면 이하 참조.

로 최저임금제도와 같은 노동법적 해결방안에 주력한 결과 공적 복지의 발달이 지체된 바 있다.[29]

우리나라의 경우 1973년 「국민복지연금법」이 제정될 당시 노동조합은 국민연금의 시행에 부정적이었다. 당시 근로자의 임금이 낮은 상태에서 임금의 일부를 보험료로 납부하는 것이 부담스러웠기 때문이었다. 또 근로자가 납부하는 보험료가 당시 국가가 강력히 추진하고 있었던 중화학공업의 육성에 필요한 설비에 투자되어, 그 회수가 불투명하다는 국가정책에 대한 불신도 작용하였다.

Ⅴ. 사회보장과 국제관계 - 국제적인 연대, 다른 국가 및 국제기구의 영향

사회문제의 출현과 이에 대한 정치적 대응이라는 요소 외에 이에 관한 국제적 동향은 사회보장의 형성에 적지 않은 영향을 미쳤다. 이를 세분화해서 보면 다음과 같다.

1. 국가 간 영향

사회문제에 대한 특정 국가에서의 적극적인 대응은 세계노동자연대를 이상(理想)으로 하였던 노동운동에 영향을 주었고, 국내에서 노동자문제에 적극적으로 대응하는 중요한 계기가 되었다. 또 사회문제에 대한 각국의 정책을 비교연구하는 학문적 업적이 이에 관한 노동운동을 유인하였다.

이에 비해 2차 세계대전 종료 후 승전연합국이 패전국인 독일 및 일본 등에 사회보장의 재건과정에서 영향을 미치려던 시도는 대부분 현실화되지는 않았다. 이는 이미 형성·확립된 사회보장의 체계는 어느 정도 존속력을 가지며, 기존의 체계로부터 이탈하고 새로운 체계로 전환하는 것이 쉽지 않다는 사실을 보여준다.[30] 1990년 이후 동부 유럽의 사회주의가 붕괴된 이후 복지국가개편에

---

29) 이에 대해서는 예컨대 Nico A. Siegel, "Der nachzügelnde Pionier: Sozialpolitik in Australien zwischen lohnpolitischer Intervention und sozialstaatsinduzierter Dekommodifizierung", Herbert Obinger/Uwe Wagschal(편), *Der gezügelte Wohlfahrtsstaat*(Campus, 2000), 161면 이하; Gaby Ramia, "Arbeitsbeziehungen und Wohlfahrtsstaat: Warum ist Neuseeland ein Nachzügler?", 위 같은 책, 210면 이하 등 참조.

30) 독일의 역사적 예에 대해서는 예컨대 Lutz Leisering, "Kontinuitätssemantiken: Die evolutionäre Transformation des Sozialstaates im Nachkriegsdeutschland", Stephan Leibfried/Uwe Wagschal(편), *Der deutsche Sozialstaat*(Campus, 2000), 91면 이하 참조. 일본의 예에 대해서는

있어서 다른 나라의 영향 역시 독자적인 연구의 대상이다.[31)]

2. 국제적인 연대의 영향

특히 19세기 후반 유럽의 노동운동은 국제연대를 모색하였으며, 이 과정에서 노동자보호를 위한 대회가 개최되었고, 또 다양한 국제기준이 채택되었다. 여기에서는 사회보장의 국제협력을 위한 기준뿐만 아니라 국내법을 형성하는 기준 역시 제시되었다. 이러한 기준들은 각국에서 적극적인 노동자보호 혹은 사회보장의 목표가 되었다.

3. 국제기구의 영향

국경을 초월하여 복지국가를 지향하는 노동운동은 1차 세계대전 이전 이미 1890년 노동자보호를 위한 베를린 국제회의(Internationale Konferenz zur Regelung der Arbeit in gewerblichen Anlagen und Bergwerken)로 발전하였으며, 이 회의는 다시 국제기구로의 발전을 예정하고 있었다.[32)] 이는 1차 세계대전 기간 중에는 정체되었지만 이후 전후문제(戰後問題)를 규율하기 위한 평화회담에서 국제노동기구(ILO)의 설립으로 이어졌다. 1919년 설립된 국제노동기구는 복지국가에 적용될 각종 기준을 협약(convention)과 권고(recommendation)의 형태로 제시하였다. 이러한 입법작업은 1952년 「사회보장 최저기준에 관한 협약 제102호」로 결실을 맺었다. 이후 국제노동기구는 협약 제102호에서 채택된 사회보장 최저기준의 내용을 점차 향상하는 새로운 협약과 권고를 채택하여 왔다. 특히 개발의 시대인 1960년대 이후에는 개발도상국과의 직접적인 접촉을 통하여 이들 국가에서 사회보장을 위한 하부구조를 구축하는 활동을 통하여 사회보장의 보급에 중요한 역할을 담당하여 왔다(technical cooperation).[33)]

사회보장에서 국제적 영향과 관련하여 주목할 만한 실험은 유럽연합(EU)에서의 입법이다. 다만 유럽연합의 입법은 주로 노동력의 이동으로 인하여 발생

박광준, 한국사회복지역사론(양서원, 2013), 205면 이하 참조.

31) 이 점에 대해서는 예컨대 Eberhard Eichenhofer, “Die Rolle des Sozialrechtsvergleichs im Transformationsprozeß”, Bernd von Maydell/Angelika Nußberger(편), *Transformation von Systemen sozialer Sicherheit in Mittel- und Osteuropa. Bestandsaufnahme und kritische Analyse aus der Sicht der Rechtswissenschaft*(Duncker & Humblot, 2000), 351면 이하 참조.

32) 이에 대해서 자세히는 예컨대 전광석, 위 각주 23의 책, 특히 75면 이하 등 참조.

33) 국제노동기구의 이러한 활동들에 대해서 자세히는 전광석, 위 각주 23의 책, 87면 이하 참조.

하는 사회보장법적 불이익을 방지하는 목표를 갖기 때문에 유럽연합 각국의 사회보장에 관한 권한을 제한하는 것은 아니며, 따라서 국내 사회보장의 형성에 결정적인 영향을 미치지는 않는다. 1990년대 중반 이후 세계화가 진전되면서 유럽연합은 회원국 간에 균형 있는 복지형성을 위하여 보다 적극적인 정책을 제도화하기 시작하였다. 이에 유럽연합은 사회적 보호에 관한 정책과 목표를 공동으로 형성하기 위한 권고를 발하였다. 이러한 경험을 기초로 유럽연합은 2000년 복지정책에 관한 협력을 위한 새로운 구상을 제시하였다(이른바 "open method of coordination"). 이는 다음과 같은 내용을 포함하고 있다.[34] 첫째, 사회정책의 경제적 기능에 대한 평가를 위하여 회원국에 적용될 지표가 개발·제시되어야 한다. 이는 인구학적·고용관련적·재정적 및 구조적 지표를 포함한다. 둘째, 이러한 기초 위에서 회원국은 사회보장의 상황에 관한 국가보고서를 작성한다. 이는 평가를 위한 기초가 된다. 이때 필연적으로 법 및 정책 비교의 작업이 이루어진다. 비교의 대상은 회원국의 제도가 아니라, 해당 제도에 대한 경제적 분석의 결과이다. 또 비교의 대상은 기본적으로 회원국들의 사회보장이지만 비교의 범위를 넓혀 예컨대 국제노동기구(ILO)의 사회보장입법도 고려된다. 셋째, 이러한 평가를 기초로 유럽연합은 회원국에 권고를 발한다. 이로써 모범적인 정책방향이 제시될 수 있다.

최근 국제노동기구와 같이 사회보장에 특유한 과제를 갖지 않는 국제기구가 각국의 사회보장에 중요한 지침을 제시하고 있다. 세계은행(World Bank)의 연금보험 민영화 권고와 칠레의 실험이 대표적인 예이다.[35] 우리나라도 1997년말 이후 국제통화기금(IMF) 등의 지원을 받는 과정에서 노동시장 구조조정, 고용보험제도 등의 권고를 받았으며, 이는 부분적으로 정책결정에 영향을 주었다.

34) 이에 대해서는 Eberhard Eichenhofer, *Sozialrecht der Europäischen Union*(Erich Schmidt Verlag, 2006), 270면 이하 참조.

35) 이에 대해서는 예컨대 전광석, 위 각주 15의 책, 178면 이하 참조.

제 3 절 사회문제에 대한 제도적 대응의 유형 -사회보장의 국제비교-

Ⅰ. 유형화의 시도와 한계

사회문제에 대한 정책적 대응의 필요성이 인식되었다고 해도 그 내용 및 실현방법과 관련하여 만병통치의 특정한 처방이 있는 것은 아니다. 사회문제에 대한 인식, 여러 사회세력 간의 경쟁 및 협력관계, 국가관 및 사회적 가치관, 경제발전단계, 법과 제도, 전통적인 의식 등에 있어 차이가 있기 때문에 각국은 상황에 적합한 사회보장의 유형을 발전시켜 왔다.

사회문제에 대한 각국의 대응을 보다 잘 이해하기 위하여 거시구조와 관련하여 사회보장을 유형화하려는 시도가 있다. 잔여적 사회보장(residual welfare states)과 제도적 사회보장(institutional welfare states)의 유형화가 한 예이다.[36] 잔여적 사회보장에서는 국가의 책임은 가족 혹은 시장의 기능에 보충적이며, 공적 사회보장은 사회의 소수 주변집단을 주요 대상으로 한다. 이에 비해서 제도적 사회보장에서는 전국민이 보호의 대상이며, 따라서 보편적인 사회보장이 형성된다. 또 고용 및 노동 등의 문제 역시 사회보장에 포섭되어 사회보장정책은 전체 사회질서로서의 성격을 갖는다.

1990년대 이후 이른바 탈상품화(de-commodification)의 여부 및 정도를 기준으로 사회보장을 유형화하여 설명하려는 시도가 복지국가연구를 이끌었다.[37] 산업화는 노동을 상품화하는 계기가 되었으며, 개인의 복지는 전적으로 시장에 종속되었다. 이 점이 사회문제가 출현하는 구조이다. 이 점에 착안하여 개인의 복지가 시장에서 노동상품에 대한 평가와 관계 없이 실현되는가의 여부 및 정도를 복지국가를 유형화하는 기준으로 적용하였다. 이에 따르면 국가와 시장, 그리고 가족의 기능관계에 따라서 자유주의적 복지국가(liberal welfare state), 조합주의적 복지국가(corporatist welfare state), 그리고 사회민주주의적 복지국가

36) 이에 대해서는 Richard Titmuss, *Essays on the Welfare State*(Allen and Unwin, 1958) 참조.
37) 이에 대해서는 Gϕsta Esping-Andersen, *The Three Worlds of Welfare Capitalism*(Princeton University Press, 1990), 특히 21면 이하 참조.

(social democratic welfare state)로 구분될 수 있다.

위와 같은 시도는 단순히 국내총생산 혹은 예산에서 복지지출이 차지하는 비율 등을 중심으로 복지국가를 분류하는 경향에서 벗어나서 복지국가의 거시구조를 이해하는 데에 기여했다. 그러나 이러한 유형화가 복지국가의 역동성에 비추어 지속적으로 유지될 수 있는지는 의심스럽다.[38] 또 탈상품화의 기준이 유용한지도 의문이다. 탈상품화는 상품화된 노동의 생산활동을 전제로 하지 않고는 불가능하다.[39] 탈상품화된 복지생산의 재원은 상품화된 노동이기 때문이다. 또 탈상품화된 복지생산은 국가의 일방적인 급여일 가능성이 많다. 이로써 복지와 자유는 인위적인 성격을 강하게 띠며, 그만큼 복지와 자유의 안정성은 약하게 된다. 위와 같은 시도는 복지국가 연구에 새로운 학문적 시각을 제공한 것은 사실이지만 복지국가의 현실과 기능을 지나치게 단순화하거나 혹은 간과하였다.

아래에서는 사회보장의 거시적인 유형화를 시도하지는 않는다. 사회보장법이 규율대상으로 하는 중요한 쟁점을 유형적으로 검토하는 데 그친다. 이는 우리 사회보장법에 입법적 선례를 제공하는 유용성도 있다.

Ⅱ. 대상계층에 따른 분류

1. 노동(자)문제 중심의 사회보장

노동자를 사회보장의 주요 대상으로 하는 유형이 있다. 이러한 유형의 사회보장은 산업구조의 변화로 인하여 노동이 자본에 종속되었으며, 노동자는 사회적 약자이기 때문에 역사적으로 보면 당연한 발상이었다. 그러나 노동자를 사회보장의 중심으로 한 데에는 정치적 배려가 깊이 고려된 경우도 있다. 독일이 대표적인 예이다. 19세기 후반 독일에서 저임금노동 및 실업으로 인하여 노동자의 생활이 악화되고, 장래의 생활에 대한 불안으로 인하여 현실비판이 점증하였다. 이는 당시 노동자해방이라는 구호를 내걸고 정치세력으로 떠오른 사회

38) 이에 대해서는 예컨대 Stephan Lessernich, "Relations matter: De-kommodifizierung als Verteilungsproblem", Stephan Lessernich/Ilona Ostner(편), *Welten des Wohlfahrtskapitalismus* (Campus, 1998), 91면 이하 참조.

39) 사회권 혹은 복지권의 개념을 보편화하는 데 공헌한 영국의 사회학자 마샬(Thomas H. Marshall) 역시 이러한 개념에는 노동의 의무를 포함한 권리주체의 사회공동체에 대한 의무가 내재해 있다는 점을 명확히 하고 있다. Thomas H. Marshall, *Bürgerrechte und soziale Klassen*(Campus, 1992), 33면 이하 참조.

민주주의와 관심을 같이 하는 것이었다. 이러한 움직임은 군주정에 대한 위협으로 받아들여졌다. 비스마르크(Bismarck)를 중심으로 지배세력은 이에 대한 유화책으로 사회정책의 시행을 구상하였다. 노동자계층의 장래, 즉 퇴직 후 노후생활을 국가가 보장한다면 노동자들은 사회민주주의로부터 등을 돌리고 국가에 충실하게 될 것이라는 발상이었다.[40]

이 밖에 노동자가 사회보장의 중심이 된 데에는 다음과 같은 역사적 및 재정기술적인 고려가 있다. 첫째, 19세기 중반 이후 유럽에서 노동운동이 국제연대적 성격을 띠면서, 사회보장의 국제기준이 활발하게 논의되었고, 이는 국내에 적극적으로 수용되었다. 특히 국제노동기구(ILO)는 1919년 창설된 이후 2차 세계대전이 끝나기 전까지 노동자를 위한 사회정책의 보급에 중요한 역할을 하였다.[41] 둘째, 노동자 대상의 사회보장은 고용을 매개로 실현되기 때문에 행정적 편의가 있고, 무엇보다도 재정관리가 용이하다. 특히 이 점은 우리나라에서 자영인집단을 사회보험의 가입대상으로 하면서 나타나는 행정적 및 재정적 어려움을 보면 쉽게 이해할 수 있다.

2. 빈곤문제 중심 · 전체국민대상의 사회정책

빈곤문제를 사회보장의 주요대상으로 이해하고 발전한 유형이 있다. 여기에서는 규범적으로 보면 전체 국민이, 그러나 현실적으로는 사회의 주변집단이 대상이 되고, 이들에 대한 최저생활의 보장을 목표로 하였다. 영국이 여기에 속하는 대표적인 국가이다. 빈민법의 전통이 오래 지속되었고, 또 1942년 발간된 '비버리지 보고서' 역시 전체 국민을 사회보험을 통해서 보호할 것을 주창하면서 이러한 전통에서 크게 벗어나지 않았다.[42] 영국에서는 현재에도 사회보험수급자에 대한 보충적인 보호의 필요성이 중요한 의제이다. 이는 사회보험급여가 기초보장을 목표로 하고, 그러한 급여가 실제 수급자에게 최저생활을 유지하는 데 충분치 못한 현실이 예외적인 상황이 아니기 때문이다.

미국 역시 전체 국민을 사회보장의 대상으로 하였다. 미국의 사회보장은 1930년대 미국 전역을 휩쓴 경제대공황을 극복하기 위해서 당시 대통령 루즈벨트(Franklin D. Roosebelt)가 제안한 뉴딜(New Deal)정책의 정치강령인 'Social

40) 이에 대해서 자세히는 전광석, 위 각주 15의 책, 62면 이하 참조.
41) 이에 대해서 자세히는 예컨대 전광석, 위 각주 23의 책, 특히 79면 이하 등 참조.
42) 이에 대해서는 전광석, 위 각주 15의 책, 88면 이하, 97면 등 참조.

Security Act'에 그 기원을 두고 있다.[43] 'Social Security Act'는 경제공황의 처방책으로 등장하였다.[44] 그렇기 때문에 경제공황으로 인하여 일자리와 생계를 동시에 잃은 전체 국민이 대상이었고, 이들의 최저생활을 보장하는 목표를 가졌다. 'Social Security Act'가 사회보장의 기능은 물론이지만 구매력의 향상이라는 경제적 효과를 위하여 실업보험을 우선적으로 시행했던 것도 이와 같은 발생기원의 차이에서 유래한다.

국제노동기구 역시 1944년 필라델피아 선언을 계기로 포괄적인 사회보장의 구상에 기초하여 근로자뿐 아니라 전체 국민을 보호의 대상으로 하게 되었다.[45]

3. 사회적 평등의 실현

전체 국민을 사회보장의 대상으로 하면서 사회적 평등의 실현을 목표로 하는 유형이 있다. 위에서 언급했듯이 스웨덴은 빈곤문제를 복지국가의 이념적 출발점으로 하였지만 제도적으로는 영국과는 달리 국민연금을 창설하여 이른바 국민부양제도를 정착시켰다. 여기에는 산업화 이전 시기 농민들의 정치적 영향력이 강했고, 복지정책이 노동자에 집중되는 것을 반대했다는 역사적 배경이 작용하였다.[46] 모든 국민을 대상으로 하는 국민부양제도는 사회민주당이 집권하면서 빈곤문제를 넘어서서 소득상실을 보상하는 제도로 진화되었다. 이러한 유형에서는 사회적 평등과 사회통합의 이념이 추구되기 때문에 소득보장뿐 아니라 서비스급여가 정책적 중요성을 갖는다. 사회보장 대상은 노인에 한정되지 않고, 청소년 및 근로세대가 모두 정책의 중심에 있다. 이로써 사회보장에서 시민권의 이념이 실현된다. 이 밖에 사회적 평등은 일찍이 남녀평등의 영역으로 확대되면서 여성의 고용 및 사회보장이 발전하였다.

---

43) 이에 대해서는 Edward D. Berkowitz(편), *Social Security After Fifty*(Greenwood Press, 1987); Eberhard Eichenhofer, *Recht der sozialen Sicherheit in den USA*(Nomos, 1990); Axel Murswieck, *Sozialpolitik in den USA*(Westdeutscher Verlag, 1988), 11면 이하 등 참조.

44) 이 점은 1934년 루즈벨트의 사회보장에 관한 의회연설 후 이를 구체화하기 위해 설치된 위원회가 "Committee on Economic Security"라고 명명되었고, 이 위원회에 "Economic Security"에 관한 연구가 위탁되었다는 사실에도 잘 나타나 있다. 이 연구결과가 후에 "Social Security Act 1935"로 이름으로 바꾸어 공포되었다.

45) 이 점에 대해서 자세히는 전광석, 위 각주 23의 책, 82면 이하 참조.

46) 이에 대해서는 예컨대 송호근, "스웨덴의 사회정책", 송호근, 시장과 복지정치(나남, 1997), 144면 이하 참조.

4. 상대화의 발전

위와 같이 대상계층별로 사회보장을 유형화할 수 있지만 오늘날 이러한 구분은 점차 의미를 상실해가고 있다.

사회보험제도를 중심으로, 그리고 노동자들을 주로 사회보장의 대상으로 하였던 국가에서도 이제 사회보험이 거의 전체 국민에 적용되면서 노동자보험의 성격을 점차 상실하고 있다. 특히 노동자 외에 자영인과 농어촌주민을 사회보험이 포섭하면서 사실상 국민보험이 실현되었다. 우리나라도 이러한 역사를 밟아왔다.

전체 국민을 대상으로 최저생활의 보장을 목표로 사회보장을 시행하던 국가에서도 노동자의 소득상실을 보장하기 위한 부가적인 사회보험이 개발·시행되고 있다. 이들 제도는 기존 생활수준의 일정한 정도를 보장하는 목표를 갖는다. 영국 및 스웨덴 등에서 도입·시행되고 있는 부가연금제도가 이러한 발전방향을 반영하고 있다.[47] 사회보험이 기초보장을 목표로 하는 경우 부가적인 보험은 의무제도로서, 그리고 사회보험이 적정한 생활을 보장하는 경우에는 부가적인 보험은 임의제도로 형성되는 경향이 있다.

Ⅲ. 보호되는 위험의 종류와 내용에 따른 분류

노동자를 사회보장의 대상으로 하는 유형의 국가에서는 노동자에게 전형적으로 발생하는 생활위험을 보호하였다. 산업재해가 대표적인 사회적 위험이었으며, 이후 질병·장애·노령 등이 보호되었다. 여기에 실업이 사회구조적 성격을 띠면서 실업이 보호의 대상이 되었다. 그리고 고령사회가 심화되면서 각국은 장기요양을 보호하는 제도를 도입하고 있다. 이들을 보호하는 사회보장제도는 다양하다.

1. 질 병

질병의 사회적 위험구조는 다양하다. 질병은 치료를 필요로 하며, 정상적인 소득활동을 불가능하게 하고, 또 이에 상응하여 노후보장을 위한 자기배려의 능력을

47) 이에 대해서 자세히는, Ulrich Becker, "Alterssicherung im internationalen Vergleich", *Festschrift für Franz Ruland*(2007), 580면 이하 참조.

감소시킨다. 이 중 치료만을 보호하는 입법례가 있는가 하면(medical insurance), 소득상실의 위험을 동시에 보호하는 입법례도 있다(sickness insurance). 소득상실에 대한 보호가 반드시 사회보장법을 통해서 이루어지는 것은 아니다. 예컨대 「근로기준법」을 통해서 이러한 위험을 보호할 수도 있다. 우리 「근로기준법」의 요양보상이 부분적으로 이러한 기능을 하고 있다(근로기준법 제78조). 다만 요양보상은 업무상의 사유에 의하여 발생한 질병만을 대상으로 하기 때문에 질병에 대한 보편적인 보장은 아니다. 또 「고용보험법」은 상병급여제도를 통하여 질병을 어느 정도 보호하고 있다(고용보험법 제63조).

질병으로 인한 소득감소 혹은 상실은 예컨대 연금보험에 보험료를 납부할 수 없게 하여 노후보장을 위한 자기배려능력을 감소시키며(이른바 sekundäres Risiko), 이를 정책적으로 배려하여야 한다. 이러한 위험에 대해서 각국에서 논의가 활발히 이루어지고, 또 제도화가 모색되고 있다. 예컨대 고용보험은 실업자가 국민건강보험과 연금보험에 대한 기여를 할 수 없다는 사실을 배려하여야 한다. 「국민연금법」은 「고용보험법」에 의하여 구직급여를 받는 기간을 국민연금 가입기간으로 산입하고 있는데(국민연금법 제19조의 2 제1항), 이때 고용노동부장관은 국민연금의 보험료를 25% 범위 내에서 지원할 수 있다(고용보험법 제55조의 2).

2. 업무상의 재해

재해보험은 업무상의 재해, 그리고 업무상 재해의 특별한 형태인 직업병을 보호한다. 이 밖에 업무상의 재해는 아니지만 일반적으로 통근 중에 발생한 재해를 보호한다. 우리의 경우 2016년 헌법재판소에서 업무상의 재해에 출퇴근 재해를 포함시키지 않는 「산재보험법」의 규정이 헌법불합치로 결정되어 2017년 법률 개정을 통하여 출퇴근 재해를 보호하도록 하였다.[48]

산재보험은 고용관계에의 종속성이 가장 강한 사회보험이다. 그런데 산재보험법도 입법례에 따라서는 고용관계로부터 독립하여 형성되는 경우가 있다. 다음과 같은 두 가지 유형이 있다. 첫째, 근로자의 일상생활에서 발생하는 재해를 모두 산재보험이 보호하는 유형이다. 스위스가 이러한 입법례에 속한다. 둘째, 산업재해를 특별히 보호하는 보험이 존재하지 않고 일반 사회보험에 의하여 산업재해를 보호하는 유형이다. 예컨대 네덜란드는 이미 1901년 산재보험을

48) 헌재 2016.9.29, 2014헌바254, 28-2(상), 316면 이하 참조.

도입하였으나 1967년 근본적인 변화를 겪었다. 이에 따르면 재해보험은 규율대상에 따라 노동자보험(Wet Op de Arbeidsongeschiktheidsverzekering: WAO)과 노동자 이외의 국민을 대상으로 하는 보험(Algemene Arbeidsongeschiktheidswet: AAW)으로 분류될 뿐 위험의 원인에 따른 분류는 더 이상 의미가 없게 되었다. 뉴질랜드도 유사한 유형에 속한다. 뉴질랜드에서는 통근상의 재해는 자동차 보유자가 납부하는 보험료에 의하여 형성된 기금(Motor Vehicle Account)에 의하여, 그리고 업무와의 직접적인 연관성이 없는, 근로자 및 자영인의 일반적인 재해는 근로자와 자영인이 정액으로 부담하는 보험료에 의하여 형성된 기금(Earners' Account)에 의하여 보호되고 있다.

이 밖에 특정한 인적 집단이 공공이익을 위하여 행위를 하던 중 발생한 재해를 재해보험법에 의해서 보호하는 입법례가 있다. 독일의 이른바 비진정재해보험(unechte Unfallversicherung)이 여기에 속한다.[49]

3. 노령 · 장애 · 사망

노령과 장애, 그리고 유족의 부양상실은 연금보험을 통해서 보호된다.

노령의 내용은 각국에 따라서 다양하다. 초기 노령급여의 조건은 신체적으로 실제 소득활동을 할 수 없는가를 기준으로 형성되었다. 독일 사회보험이 초기에 70세를 연금수급연령으로 한 것이 좋은 예이다.[50] 그러나 이후 노령은 경제적 관점뿐 아니라 사회적 및 제도적 관점에서 완화되었다. 즉 사회적 관점에서 일정 기간 노동을 행한 노인은 이제 은퇴생활을 향유할 수 있어야 한다는 논리가 적용되었다.[51] 나아가서 퇴직연령이 일반적으로 적용되고 있기 때문에, 퇴직 이후의 소득보장은 사회보장이 담당하여야 한다는 논리가 지배하게 되었다. 1980년대 이후 실업의 사회문제가 깊어지면서 청소년 고용을 지원하기 위하여 조기에 퇴직하는 근로자에게 연금보험이 소득을 보장하도록 하였다.

일반적으로 65세를 퇴직연령으로 하고 있다. 다만 최근 연금수급연령을 상

---

49) 이에 대하여 자세히는, 전광석, 독일사회보장법과 사회정책(박영사, 2008), 178면 이하 참조.

50) 사회보험 도입 당시 남성 인구 100명 중 70세 이상의 생존자는 17.75%에 불과하였다. 이에 대해서는 예컨대 Gerhard A. Ritter, *Der Sozialstaat*(Oldenbourg, 1991), 83면 이하 참조.

51) 이미 1935년 미국에서 사회보장법이 연금제도를 도입하면서 제시한 논거 중의 하나였다. 이에 대해서는 Jill Quadagro/Joseph Quinn, "Does Social Security disencourage Work?", Eric R. Kingson/James H. Schutz(편), *Social Security in the 21st Century*(Oxford University Press, 1997), 140면 참조.

향조정하는 추세에 있다.[52] 우리나라도 1998년「국민연금법」개정을 통하여 연금수급연령을 60세에서, 2013년부터 점차적으로 상향조정하여 장기적으로 2033년에 65세가 되도록 하였다. 최근 국민연금의 재정고갈을 막기 위하여 연금수급연령을 더 늦추는 논의가 진행 중에 있다.

장애에 대해서는 장애로 인한 실제 소득의 감소 혹은 상실을 직접 보호하는 입법례가 있는가 하면, 장애발생으로 인하여 의제되는 소득의 상실 혹은 감소를 보호하는 입법례도 있다. 후자의 경우 실제 소득의 상실 혹은 감소 여부가 아니라 신체의 완전성이 훼손된 정도가 보호의 여부 및 보호수준을 결정하는 기준이 된다.

유족보호와 관련하여 주목할 만한 추세는 이혼배우자에 대한 사회보장법적 배려이다. 이에 따르면 오늘날 이혼이 일반적인 혼인해체의 사유가 되면서 배우자의 가사활동에 의한 기여가 이혼 후 배우자 간의 재산분할에 반영되어야 한다. 구체적으로는 혼인기간중 형성된 사회보장법적 기대권이 이혼배우자에게 배분되어야 한다. 이러한 기대권의 조정은 민법의 이혼시 재산분할규정을 통해서, 혹은 별도의 사회보장법적 규정을 통해 시행되고 있다. 독일이 전자, 캐나다가 후자에 속하는 입법례이다. 우리나라에서도 1998년「국민연금법」개정을 통하여 이혼배우자에게 상대방 배우자가 혼인기간중 취득한 노령연금청구권의 분할을 청구할 수 있는 권리가 인정되었다(국민연금법 제64조). 이후「공무원연금법」과「군인연금법」이 이혼시 분할연금제도를 도입하였다(공무원연금법제45조, 군인연금법 제22조).

연금보험이 아동양육의 부담을 어느 정도 배려하여야 한다. 이는 연금보험이 세대 간 계약의 성격을 띠고 있다는 사실과 밀접한 연관이 있다. 현재의 아동이 차세대 연금수령자 전체에 대한 재원을 부담하기 때문에 인구균형을 유지하는 것은 연금보험이 기능하기 위한 조건이며, 따라서 아동양육은 연금보험에 내재해 있는 과제이기 때문이다.「국민연금법」은 아동양육기간의 일부를 보험가입기간에 산입하고 있다(국민연금법 제19조).

4. 노인요양

노인요양문제는 노인에게 전형적으로 나타나는 위험이 되었다. 노인이 신체적·정신적인 기능의 감퇴로 인하여 혼자의 힘으로는 정상적으로 일상생활을

52) 이에 대한 비교정책적 연구로는 Ulrich Becker, 위 각주 47의 논문, 589면 이하 참조.

영위할 수 없다는 문제는 오늘날과 같은 가족구조에서는 보편화되어 가고 있다. 요양문제를 보호하기 위하여 조세를 재원으로 하는 방법이나 민간보험에 의한 보호가 대안으로 논의된 바 있으나, 일반적으로 사회보험의 방법이 채택되고 있다. 예컨대 오스트리아가 1993년, 독일이 1995년, 일본이 2000년에 요양문제를 보호하는 사회보험을 도입하였다. 우리나라는 2007년 「노인장기요양보험법」을 제정하였고, 2008년부터 시행하고 있다.

5. 노인 · 아동 · 장애인 보호

오늘날 사회보장에서는 목적론적 성격의 급여가 중요한 비중을 차지하고 있다. 노인·장애인·아동 등 신체 및 정신적 상황 때문에 특별한 수요를 갖는 집단에 대한 보호가 여기에 해당한다. 이러한 보호는 전통적인 사회보장과 구별된다. 인격의 실현을 지원하는 조치의 성격을 갖기 때문이다. 이들은 가족단위의 수요에 영향을 주며, 따라서 가족의 보호와 직접적인 연관성을 갖는다. 이들에 대해서는 사전기여를 전제하지 않고 지원하는 제도가 형성되어야 한다. 아동수당이 대표적이다. 또 가족의 주거수요를 보호하기 위해서 주택보조금이 지급된다.

이들 급여의 조건으로 수급권자의 소득 등에 대한 자산조사를 하지 않거나, 혹은 공공부조에 비해서는 완화된 기준을 적용하는 것이 일반적이다(아동수당법 제4조). 이들을 위한 제도형성에 있어서 보편적 복지와 선택적 복지의 논쟁이 이루어지고 있다. 그러나 특히 자녀양육지원 등은 위에서 설명한 바와 같이 연금보험이 기능하기 위한 필수적인 요소이고, 또 오늘날 깊어지고 있는 저출산을 방지하는 중요한 수단이기 때문에 양육활동 자체가 지원의 여부를 결정하는 기준이어야 하며, 따라서 보편적으로 시행되어야 한다. 이에 비해서 부모의 소득의 다과(多寡)에 따른 지원 여부를 결정하는 것은 타당하지 않다.

Ⅳ. 급여의 종류와 내용에 따른 분류

사회보장은 모든 국민에게 인간다운 생활을 보장하여야 하지만, 이로 인하여 개인의 생활이 전적으로 공적 급여에 종속되어서는 안 된다. 따라서 개인의 생활형성과 관련하여 공적 부분과 민간 부분 간의 기능분담이 필요하다. 이에 따라 국가의 사회보장의 목표는 다양할 수 있다. 이는 기본적으로는 정책적 선택의 문제이다. 다만 법적 독점 등과 같은 극단적인 경우에는 직업의 자유를 기준으로 헌법적 판단이 필요하다.

국가는 적어도 모든 국민에게 최저생활을 보장하여야 한다. 또 국가는 사회보장제도를 통하여 질병·산업재해·노령 등 사회적 위험으로부터 개인을 보호하고, 기본적인 서비스를 보장하여야 하며, 사회적 평등을 도모하여야 한다. 나아가서 개인 간의 복지격차를 해소하고, 소득활동기간중 성취한 생활수준을 노후에도 연장하여 보호하여야 한다.[53)]

1. 공공부조

공공부조는 모든 국민에게 인간다운 최저생활을 보장하며, 그에 상응하여 급여수준이 결정된다. 그러나 이러한 결정에 있어서도 나라마다 기준에 차이가 있다. 물질적인 최저생활을 보장하는 입법례가 있는가 하면, 빈민의 사회통합을 목표로 하는 입법례도 있다. 나아가서 급여의 수준을 노동임금의 발전과 연계하여 빈민에게 사회발전에 참여하는 기회를 보장할 수도 있다.

급여의 종류와 관련하여 주로 현금급여를 지급하는 입법례가 있는가 하면, 주로 시설보호를 행하는 경우가 있다. 전자의 경우 법적 청구권의 성격이 강하고 법제화(Legalisation)의 정도가 높다. 반면 후자의 경우 법적 청구권의 성격이 약하고 서비스가 주로 제공되며 법제화의 정도가 필연적으로 낮다. 일반적으로 공공부조급여에 대해서는 법적 청구권을 인정하는 경향이 뚜렷하다. 대법원은 노인수당에 대해서 급여조건을 시행령이 강행규정으로 형성하여 행정청의 재량의 여지를 남겨 놓지 않았다면 이에 대해서는 청구권이 인정된다고 판결한 바 있다.[54)] 이 판결은 공공부조급여에도 적용될 수 있다.

2. 사회보험

사회보험의 급여수준은 나라마다 다양하다. 사회보험에서는 가입자가 납부한 보험료에 대한 반대급여로서 급여가 지급되고, 보험료의 산정은 일반적으로 소득과 연계되어 있다. 그렇기 때문에 사회보험은 기존 생활수준을 사회적 위험이 발생한 후에도 어느 정도 보장하는 목표를 갖는다. 다만 나라에 따라서

53) 이에 대해서는 예컨대, Hans F. Zacher, “Das soziale Staatsziel”, Josef Isensee/Paul Kirchhof (편), *Handbuch des Staatsrechts*, Bd. II(C. F. Müller, 2004), 683면 이하 참조.

54) 대판 1996.4.12, 95누7727 참조.

생활수준보장의 정도에 차이가 있다. 보장수준이 가장 높은 오스트리아를 비롯해서 독일과 같이 생활수준보장을 목표로 하는 연금보험이 있다. 이에 비해 정도의 차이는 있지만 우리나라, 네덜란드, 영국, 스웨덴, 스위스 등에서 연금보험은 기초보장을 목표로 하고 있다.[55] 위에서 언급했듯이 공적 연금보험이 기초보장을 목표로 하는 경우 이를 보충하기 위한 부가적인 보험에 의무적으로 가입하게 하거나 혹은 이를 유인하기 위한 조치를 취하는 것이 일반적이다. 기존의 생활수준을 보장하는 목표를 갖는 연금제도는 가입자의 최종소득 혹은 최종 몇 년 간의 평균소득을 기준으로 연금을 산정한다. 1990년대 이후 인구구조의 불균형이 심화되면서 급여를 조정하는 방법으로 연금산정의 기준이 되는 소득기간을 확대하는 경향이 있다. 이로써 연금은 소득활동기간에 형성된 생활수준이 아니라 소득활동기간중 가입자가 평균적으로 가졌던 생활수준을 보장하는 것으로 목표를 전환하게 된다.[56]

건강보험과 관련해서는 다음과 같은 분류도 가능하다. 질병의 진료를 위한 비용만을 보장하는 나라가 있는가 하면, 진료비용 이외에 질병으로 인하여 상실되는 소득을 보장하는 나라도 있다. 진료급여를 하는 경우에도 서비스급여를 포함하여 현물급여를 행하는 입법례와 비용보상을 행하는 입법례가 있다. 프랑스와 스위스가 후자의 예에 해당한다. 진료비용을 보장하는 경우에도 진료비용의 전부 혹은 일부를 지급하는 차이가 있다. 우리 「국민건강보험법」상의 일부본인부담제도가 후자에 해당한다. 이는 급여의 남용을 방지하고, 또 건강보험재정을 안정시키거나 혹은 악화를 방지하는 데 취지가 있다. 다만 이 경우 본인부담 때문에 가입자에게 적절한 시기에 진료를 받을 것을 억제하는 부작용이 발생할 수 있다. 또 가벼운 질병이 본인부담 때문에 진료를 주저하는 동안 시간이 경과하면서 중병으로 발전할 수도 있다. 본인부담이 없던 국가에서 건강보험재정의 안정을 위하여 새로이 본인부담을 도입하는 것이 논의되지만, 주저하는 이유이다. 국제노동기구의 「사회보장 최저기준에 관한 협약 제102호」는 본인부담 자체는 허용하고 있다. 다만, 이로써 의료보장의 기회가 박탈되는 경우를 배려하도록 하고 있다(협약 제102호 제10조 제2항).

55) 이에 대해서는 Ulich Becker, 위 각주 48의 논문, 580면 이하 참조.
56) 이에 대해서는 예컨대 Ulrich Becker, 위 각주 48의 논문, 591면 이하 참조.

3. 예방과 재활

사회보장은 사회적 위험이 발생한 후 이것이 개인생활에 미치는 파급효과를 보호하는 조치에서 한걸음 더 나아가 사회적 위험이 발생하기 전후(前後)의 단계를 보호하도록 과제를 확대하고 있다.

오늘날 사회보장은 사회적 위험의 발생 자체를 사전에 방지하는 조치를 급여목록에 포함하고 있다. 건강보험에서 건강진단 등 예방급여를 통하여 질병을 조기에 발견·치료하여 중병으로 악화되는 것을 방지하도록 하고 있다. 1995년 「의료보험법」(1999년 폐지)은 급여목록에 건강진단을 추가하였다. 또 1999년 제정된 「국민건강보험법」은 예방과 재활을 명시하였다. 산재보험에서는 산재예방을 위하여 산업안전시설을 의무화하고, 또 산업현장에서 응급조치를 필수적인 급여내용으로 하고 있다. 예방적 보호는 공공부조에서도 필요하다. 공공부조의 수급요건을 충족시키지 못하는 경우에도 보호를 행하지 않으면 빈곤이 발생할 염려가 있을 때, 이를 보호하는 조치가 널리 채택되고 있다. 「국민기초생활보장법」은 수급조건을 충족시키지 않는 경우에도 보호의 필요성이 있으면 수급권자로 선정할 수 있도록 하고, 또 차상위계층제도를 두어 아직 수급조건을 충족시키지 못한 경우에도 보호를 할 수 있도록 하고 있다(국민기초생활보장법 제14조의 2, 제7조 제3항). 다만 이러한 급여는 재량급여이다.

오늘날 사회보장은 수급자가 사회적 위험이 발생한 후에 사회에 다시 복귀하여 정상적인 일상생활 및 직업활동을 할 수 있도록 지원하는 경향이 있다. 특히 장애, 산재 등을 장기적으로 보호하는 사회보험에서 급여는 소득보장뿐 아니라 노동력 자체를 보호하여야 한다. 따라서 사회보험은 가입자에게 직업재활급여 등을 통하여 위험발생 이전에 가입자가 행했던 것과 동일한 혹은 유사한 업무를 계속 수행할 수 있도록 하여야 한다. 이러한 정책적인 관심은 공공부조에서도 예외가 아니다. 이미 급여를 받고 있는 자가 수급조건을 충족시키지 않는다면 보호의 대상에서 제외되어야 한다. 그러나 이 경우에도 보호를 중단하면 대상자가 다시 빈곤에 처할 위험이 있다고 판단되면 일정 기간 계속 급여를 하여야 한다. 2014년 개정 「국민기초생활보장법」은 개별급여체계를 도입하여 예컨대 생계급여의 요건을 더 이상 충족시키지 못하는 경우에도 생계급여에 비해서 완화된 급여요건을 두고 있는 의료급여를 계속 지급받을 수 있도록 하였다. 또 국민기초생활보장은 자활급여를 활성화하여 수급자가 수급자의 지위를 벗어나 스스로의 능력으로 인간다운 생활을 형성할 수 있도록 지원하여야 한다(탈수급, 탈빈곤).

Ⅴ. 재정방식에 따른 분류

1. 보험료와 조세

사회보장 재정방식은 조세 혹은 보험료 등 재원에 따라서 유형화할 수 있다. 이 문제는 사회보장이 국민 전체를 대상으로 하는가, 아니면 주로 노동자 집단을 중심으로 하는가에 따라서 구분된다.[57)]

노동자를 사회보장의 중심으로 하는 경우 일반적으로 사회보험에 의하여 사회보장이 시행된다. 이 경우 재원은 가입자 및 사용자가 납부하는 보험료이다. 이와 같은 제도는 다음과 같은 장점이 있다. 첫째, 보험료는 임금 혹은 소득을 기초로 산정된다. 따라서 보험료를 재원으로 하여 형성된 급여는 기존의 생활수준을 보장하게 된다. 둘째, 사회보험급여는 보험료에 대한 반대급부이며, 따라서 재산권적 보호의 대상이 된다. 그만큼 사회보험급여는 법적 안정성이 있다. 또 보험료는 목적기속적인 공과금으로서 보험사업 이외의 국가사업에 투입될 수 없기 때문에 재정적 안정성이 있다.[58)] 따라서 가입자에 한하지 않고 국민 전체의 이익에 기여하는, 사회보험에 이질적인 과제의 경우 그 비용은 보험료가 아닌 조세를 재원으로 하여야 한다. 사회보장이 소득재분배효과를 갖더라도 조세를 통하여 실현되어야 할 과제에 보험료를 투입하는 경우 이는 헌법적으로 허용되지 않는 소득재분배이다.[59)]

조세가 사회보장의 주요 재원인 경우에도 장점이 없는 것은 아니다. 조세는 반대급여를 예정하지 않은 공법상의 채무이다. 따라서 국가는 개인의 구체적인 상황에 적합한 사회보장을 시행할 수 있다. 즉 구체적 타당성이 있는 사회보장이 실현된다. 반면 조세는 반대급여를 예정하지 않은 공법상의 채무로서 그 부과에 대해서는 어느 정도 헌법적 통제를 할 수 있지만(조세법률주의), 지출에 대

57) 사회보장재정의 전체적인 구도에 대해서는 예컨대 전광석, "사회보장재정의 논의구조", 사회보장법학 제4권 제1호(2015), 7면 이하 참조.

58) 사회보험보험료를 비롯하여 각종 공과금의 성격에 대해서는 전광석, 한국헌법론(집현재, 2023), 675면 이하 참조.

59) 전광석, "사회보장의 소득재분배구조에 대한 헌법적 접근", 전광석, 사회보장법학(한림대출판부, 1993), 78면 이하 참조.

한 헌법적 통제는 제한되어 있다. 그렇기 때문에 조세를 재원으로 하는 사회보장급여에 대해서는 구체적인 급여의 종류와 내용에 대한 헌법상의 청구권이 인정되지 않는다. 그만큼 급여의 안정성이 결여된다.

위와 같이 보험료 혹은 조세를 재원으로 하는 경우 각각 장단점이 있기 때문에 재정방식은 정책적 선택의 문제이다. 적어도 법적인 견지에서 보면 개인에게 안정적으로 청구권을 부여한다는 점에서는 보험료를 재원으로 하는 사회보장이 뚜렷한 장점이 있다. 다만 이러한 평가에도 다음과 같은 유보가 필요하다. 즉 사회보장급여의 안정성을 법적 기준만으로 평가할 수는 없다. 해당 국가에서 사회보장에 대한 공식적·비공식적인 통제가 실질적으로 이루어지는 현실적인 여건이 갖추어져 있다면 법논리적 단점은 충분히 상쇄될 수 있다. 예컨대 영국에 헌법이 존재하지 않지만, 국가권력에 대한 정치적 통제를 통해서 권력의 남용이 저지되는 것과 같은 맥락이다.

2. 적립방식과 부과방식

연금보험의 재정방식은 크게 적립방식과 부과방식으로 분류된다. 적립방식에서는 가입자가 납부한 보험료를 적립하고, 가입자에게 급여사유가 발생했을 때 적립된 보험료를 재원으로 급여가 제공된다. 반면 부과방식에서는 가입자가 납부하는 보험료는 현재 연금수급자에게 지급되는 연금의 재원이 된다. 그리고 현재 가입자가 수급자가 되는 미래에 연금재원은 미래 가입자가 부담하게 된다. 단기적인 보호를 내용으로 하는 건강보험에서 재정운영은 필연적으로 부과방식에 의한다.

각국은 사회보험 시행 초기에는 적립방식을 채택하는 것이 일반적이다. 우리나라 역시 기본적으로는 적립방식으로 국민연금의 재정을 운영하고 있다. 그러나 적립방식은 인플레이션의 경우 화폐가치가 하락하여 연금재원이 감소되는 위험이 있다. 또 보험자에게는 적립된 보험료를 효율적으로 운영하여야 하는 부담이 있다. 그렇기 때문에 연금보험이 도입된 후 일정 기간이 지난 다음에는 부과방식으로 전환하는 경향이 일반적이다.

부과방식에서 연금보험은 세대 간 계약의 성격을 띠게 된다. 따라서 미래세대의 연금재원을 확보하기 위해서는 필연적으로 인구구조가 안정적으로 유지되어야 한다. 그렇지 않는 경우에는 현재 수급자의 연금청구권은 안정적으로 실현되는 반면 현재 가입자, 즉 미래 수급자의 안정적인 사회보장은 어렵게 된다. 실제 인구고령화와 출산율의 감소로 인하여 인구구조의 불균형이 심화되는 상황에서 기존의 세대 간 계약이 실현되기 어려운 상황이 현실이 되고 있다.

이에 각국은 두 가지 대응방향을 보이고 있다. 첫째, 미래세대의 안정적인 사회보장을 위하여 보험료와 함께 조세를 통하여 재정을 보충하는 경향이다. 둘째, 인구구조의 변수를 연금산정에 반영하는 방법이다. 예컨대 스웨덴에서는 보험료납부자와 연금수급자의 비율이 연금산정에 반영되도록 하였다. 후자가 전자를 초과하는 경우에는 적용되는 지수가 1 미만으로 떨어져 연금산정에 부정적인 영향을 미친다. 독일도 같은 목적으로 연금산정에 인구요소를 고려하는 지수를 도입하였다(Nachhaltigkeitsfaktor). 이 밖에 자녀양육을 사회보장법에서 지원하는 조치가 필요하다. 아동보호는 아동의 인격실현을 도모하는 데에 1차적인 목표가 있지만 부수적으로 연금재정의 안정화에도 기여하기 때문이다. 이러한 이유에서 부과방식에서 적립방식으로의 전환에 대해서 심도 있는 논의가 이루어지고 있다.

Ⅵ. 관리운영주체에 따른 분류

국가가 사회보장법관계의 직접 당사자가 되어야 하는 것은 아니다. 국가가 사회보장의 과제를 실현하는 유형은 다음과 같이 다양한 형태로 나타난다.

1. 적극적 국가유형

(1) 내용 및 평가

첫째, 국가는 직접 사회보장을 관리운영할 수 있다. 예컨대 질병은 일반적으로 건강보험에 의하여 보호되지만 국가가 운영하는 시설을 통해서 질병을 보호하는 유형도 있다. 후자의 경우 국가가 직접 관리와 운영의 주체가 된다. 영국의 의료보장제도인 국민보건제도(National Health Service: NHS) 혹은 이탈리아의 국민의료보험조합제도(Istituto Nazionale per l'Assicurazione contro le Malattie: INAM) 등에서의 국가의 역할이 여기에 해당한다. 이러한 유형은 다시 중앙정부가 관장하는가, 혹은 지방정부의 과제로 하는가에 따라 세분화될 수 있다. 주로 공공부조 및 사회복지서비스에서 논의되는 쟁점이다.

둘째, 국가는 공법상의 법인을 설립하여 사회보장을 담당하도록 할 수 있다. 사회보험에서 국가의 역할이다. 공법상의 법인이 사회보장의 과제를 수행하는 경우 가입자가 정책결정에 참여할 수 있어 민주성이 제고되고, 또 이로써 합목적적인 결정에 이를 수 있다는 장점이 있다. 이때 개인은 참여를 통하여 기본권을 실현하는 계기를 갖고, 집약적인 연대의식에 기초하여 효율적으로 재정이 운영될 수 있다. 또 공법상의 법인에 운영책임을 부여함으로써 국가가 부담을 덜 수 있다.[60] 이때 자치운영의 원칙을 적용하여 공법인의 자율성을 넓게 인정하는 경우가 있는 반면, 공법인이 국가의 업무를 위탁 받아 수행하게 하는 경우도 있다. 후자의 경우 공법인의 자율성은 제한적이다. 전자의 선택을 하는 경우에는 국가의 감독은 합법성 심사에 한정된다.

국가가 직접 관리운영의 주체가 되거나 혹은 공법상의 법인을 통하여 간접적으로 참여하는 방법에 대해서는 다음과 같이 평가할 수 있다. 먼저 국가가 사회보장의 최종적인 책임을 지게 된다. 이는 두 가지 측면에서 그러하다. 첫째, 국가는 가장 확실하게 재정을 보장할 수 있다. 우리 사회보험은 아직 이에 대한 명시적인 규정을 두고 있지 않다. 독일의 연금보험은 국가의 최종적인 책임을 법에 명시하고 있다(Bundesgarantie).[61] 둘째, 국가는 의지만 있다면 중립적인 관점에서, 또 사회적 조정의 권한을 가지고 사회보장을 실현할 수 있다. 극단적으로 보면 국가가 시장을 완전히 장악하고 있다면 적어도 규범적으로는 사회문제가 발생하지 않을 것이다. 이미 소득분배과정에 사회적 관점을 충분히 배려할 수 있으며, 사회적 위험으로부터 개인을 보호하기 위한 별도의 재분배 장치가 필요하지 않기 때문이다. 기존 사회주의국가에서 복지생산은 이러한 이념에 기초해 있었다.[62] 이러한 국가에서 사회보장은 국가의 계획이 얼마나 정교하게 예측력을 가지고 수립·시행되느냐에 달려 있다.[63]

그러나 이 두 가지 점은 동시에 사회보장의 주체로서 국가의 역할을 불안정하게 만드는 요소이다. 따라서 역설적으로 국가는 가장 취약한 사회보장의 주체이기도 하다. 다음과 같은 이유이다. 첫째, 국가가 여러 헌법적 과제 중 지

60) 이에 대해서는 예컨대 전광석, "사회보장법에서 자치행정의 문제", 김철수교수 정년기념논문집(1998), 1142면 이하 참조.

61) 독일 사회법전 제6권(SGB VI) 제214조 참조.

62) 사회주의국가의 복지생산구조에 대해서는 Franz-Xaver Kaufmann, *Variante des Wohlfahrtsstaats* (Suhrkamp, 2003), 54면 이하; Hans F. Zacher, "Sozialpolitik in den sozialistischen Ländern Osteuropas", *Jahrbuch für Ostrecht*(1982), 331면 이하 등 참조.

63) 실제 사회주의국가의 복지생산의 조건과 현실에 대해서는 예컨대 Guy Standing, "Social Protection in Central and Eastern Europe: A Tale of Slipping Anchors and Torn Safety Nets", Gφsta Esping-Andersen(편), *Welfare States in Transition*(Sage Publication, 2000), 227면 이하 참조.

속적으로 사회보장에 우선순위를 두리라는 보장은 없다. 국민의 요구가 정치과정에 투입되는 가능성이 낮은 정치체제에서 특히 그러하다. 둘째, 국가가 사회보장의 주체인 경우에도 정책수행에는 민주주의적 한계가 있다. 즉 중립적인 사회정책의 과제가 유권자의 정치적 지지에 따라 좌우되는 현실정치에 매몰될 수 있다. 특히 정치적 정당성에 영향을 미치는 input 수단을 결여하고 있는 빈곤정책의 대상자가 사회보장에서 소홀히 될 수 있다. 민주주의의 사회화가 필요한 이유이다.

국가 혹은 공법인이 법률관계의 당사자가 되면서 개인 생활이 공법관계에 편입되고, 여기에는 자유와 사회보장이 교환되는 위험성이 내재해 있다. 그리고 무엇보다 국가는 공적 제도를 통해서 기본적인 수요를 보장하여야 하지만, 이를 넘는 부분에 대해서는 개인이 스스로의 설계에 의하여 생활보장을 형성할 수 있도록 하여야 한다. 그 구체적인 경계점이 헌법적으로 확인되는 것은 아니지만 적어도 개인의 모든 소득을 사회보장에 의한 재분배대상으로 하는 것은 분배와 재분배의 이원적인 구조를 출발점으로 하고 있는 헌법상의 경제질서와 조화되기 어렵다.[64]

(2) 건강보장의 예

건강보장에서는 국가가 직접 관리운영의 주체가 되어 의료서비스를 제공하는 경우와, 공법인이 관리운영의 주체가 되고 의료서비스를 민간 의료인에게 위탁하는 경우가 있다. 전자는 영국의 국민보건제도, 후자는 일반적인 건강보험의 운영형태이다.

후자의 제도가 뚜렷한 장점이 있다. 첫째, 국민보건제도하에서 의료인은 고용근로자의 법적 지위를 갖는다. 이러한 지위에서 의료인은 자신이 제공한 진료에 대한 대가로 임금을 받는다. 이에 비해서 건강보험에서 의료인은 자유직업인으로서 진료에 대한 비용보상을 받는다. 따라서 국민보건제도에서는 의료인의 소득을 보장하는 주체가 국가인 데 비해서, 건강보험에서는 진료를 받는 가입자가 보상을 결정하는 중요한 요소이다. 그만큼 의사와 환자 간의 신뢰관계가 형성될 수 있다. 둘째, 국민보건제도에서는 거시구조에서 처분가능한 재원의 크기가 진료의 내용과 수준을 결정한다. 그만큼 국민보건제도는 정치적 성격을 강하게 띤다. 이에 비해서 건강보험에서는 공급자의 진료의 필요성에

64) 이에 대해서 자세히는 전광석, 각주 60의 논문, 특히 55면 이하 참조.

대한 판단과 보험자의 재정능력이 상호작용을 하면서 효율적인 진료가 제공된다. 셋째, 국민보건제도에서는 국가가 진료과정 전체를 통제하여야 하는 반면, 건강보험에서는 국가와 함께 의약계 단체가 자체적으로, 그리고 자율적으로 진료 및 보상기준 혹은 윤리규범 등을 통하여 건강보험의 기능에 참여한다. 그 결과 기능의 분배와 상호통제를 통하여 효율적으로 건강보험을 관리·운영할 수 있다.

(3) 민영화의 문제

사회보장의 관리 및 재정 부담이 커지고, 국가관리의 효율성에 의문이 제기되면서 사회보장의 민영화가 활발하게 논의된 바 있다. 이 논의는 크게 두 가지 방향으로 전개되었다. 첫째, 기존에 사회보장에서 보호되었던 사회적 위험의 일부를 다시 개인의 부담으로 전환하거나 혹은 적어도 비용의 일부를 개인에게 부담시키는 방향이다. 둘째, 사회보장의 정책목표를 실현하는 데 있어 민간조직이 참여하는 기회를 확대하는 논의이다. 개인이 민간보험에 가입하는 경우 공적인 건강보험에의 가입이 면제되도록 하는 조치가 대표적인 예이다.[65)]

사회보장 민영화는 일부 국가에서 부분적으로 시도되었다. 또 각국에서 앞으로 사회보장의 발전방향으로 적극적으로 논의되었다. 특히 1980년대 후반 이후 민주화과정을 겪었던 동구권 국가들은 사회보장을 시장원리에 기초하여 재편성하였으며, 이때 민영화 문제가 중심적인 쟁점으로 논의되었다.[66)]

2. 소극적 국가유형

사회보장의 관리운영과 관련하여 국가의 개입 여지가 적은 다음과 같은 유형이 있다. 첫째, 비영리법인으로 하여금 사회보장의 과제를 수행하게 하는 방법이다. 자선단체, 복지단체, 교회 등의 사회사업이 그것이다. 사회보장의 역사 초기에 나타나는 유형이다. 둘째, 사기업의 사용자에게 근로자에 대한 사회보

65) 건강보험민영화의 다양한 유형에 대해서는 예컨대 이준영, "의료보험민영화에 대한 비판적 고찰", 사회보장연구 제19권 제2호(2003), 137면 이하 참조.

66) 이 점에 대해서는 예컨대 Bernd von Maydell/Eva-Maria Hohnerlein(편), *Die Umgestaltung der Systeme sozialer Sicherheit in den Staaten Mittel- und Osteuropas: Fragen und Lösungsansätze* (Duncker & Humblot, 1993); Bernd von Maydell, "Transformation von Systemen sozialer Sicherheit als Gegenstand rechtlicher sowie wirtschafts- und sozialwissenschaftlicher Forschungen", *Zeitschrift für ausländisches und internationales Arbeits- und Sozialrecht*(1998), 5면 이하 등 참조.

장의무를 부과하고 국가가 이를 감독하는 방법이다. 퇴직금제도, 기업연금제도 등에서 국가의 기능이다. 적극적으로 보면 고용관계에서 임금이 실제 가족의 수요를 충족시킬 수 있도록 유도하고, 이러한 임금협상에 국가가 강력한 중재자로서 기능하는 경우도 있다(wage earner welfare). 호주와 뉴질랜드가 이러한 예에 해당한다.[67] 마지막으로 사회보장을 목적으로 설립된 민간(보험)기업에 기본적 질서를 마련하여 최소한 사회적 배려를 하는 방법이다. 미국의 의료보장은 빈민과 노인을 대상으로 하는 medicaid와 medicare를 제외하면, 일반 근로자의 경우 아직 민간보험의 방식에 의존하고 있다. 미국은 선진국 중 공적 건강보험을 가지고 있지 않은 유일한 나라이다.

기업의 사용자 혹은 민간(보험)기업이 사회보장의 주체가 될 때 국가가 사회보장의 주체가 되는 경우에 나타나는 불안정은 어느 정도 해소될 것이다. 그러나 다음과 같은 문제점은 여전히 남아 있다. 우선 기업의 사용자에게 근로자에 대한 사회보장의무를 부과하는 것은 헌법적으로 한계가 있다. 민간기업의 사회보장은 근로의 대가로서의 성격을 갖는다. 그렇기 때문에 노동과 임금의 정당한 교환관계를 넘어 근로자의 수요를 중심으로 사회보장이 형성될 수는 없다. 예컨대, 임금에 가족수당 등을 통하여 사회적 배려를 하더라도 여기에는 한계가 있다.

유럽 각국에서는 사회보장이 확대되면서 사용자의 추가부담이 헌법적으로 허용되는 한계를 넘고 있다는 주장이 제기되고, 활발히 논의되었다. 우리나라에서 1986년 「국민연금법」이 제정되던 당시에도 기존에 사용자의 퇴직금 적립의무에 추가하여 보험료 부담을 지우는 문제가 가장 중요한 쟁점이었다. 또 기본적으로 이와 같은 사회보장의 방법은 근로자에 한하여 적용되기 때문에 전국민의 사회보장이라는 목적을 달성하는 데에는 한계가 있다. 이 점은 민간보험기업을 매개로 하는 사회보장에도 그대로 적용된다. 민간보험의 방법은 기존의 생활수준을 개인의 책임하에 보장하기 때문에 시장경제에 친화적이지만 모든 국민을 포괄할 수는 없다. 근로자만을 대상으로 하지는 않지만 이러한 방법은 보험료 부담능력이 있는 자만이 이용할 수 있기 때문이다. 국민 대다수가 민간보험을 이용할 수 있더라도 민간보험에서는 보험급여가 인플레이션에 적응할 수 있는 제도적 장치가 없으며, 보험회사가 지불능력을 계속 갖는다는 보장도 없다. 사회보장의 불안정성은 여기에서도 발견된다.

---

67) 이에 대해서는 전광석, 위 각주 15의 책, 106면 이하 참조.

제 4 절 복지국가개편론과 사회보장법

Ⅰ. 논의의 배경

지금까지 19세기 후반 이후 사회보장법이 형성되는 미시적 및 거시적인 구조에 대해서 살펴 보았다. 이제 사회보장법이 특히 1990년대 이후 변화하는 새로운 환경에서 지속하기 위해서는 어떠한 대응이 필요한가 하는 문제가 제기된다. 사실 이러한 복지국가에의 도전은 1990년대에 비로소 새로이 등장한 것은 아니다. 다만 논의의 구조가 새로운 차원을 띠고 있다. 편의상 1990년대 이전까지의 논의를 복지국가한계론 혹은 위기론, 그리고 1990년대 이후의 논의를 복지국가개편론으로 지칭하기도 한다. 아래에서는 1970년대 이후 제기된 복지국가의 발전과 관련된 상황들을 시대구분 없이 정리하고, 이에 대한 대응을 개괄적으로 살펴본다.

복지국가를 위협하는 상황들은 복지국가에 내재해 있는 문제와 복지국가의 외부에서 가해지는 요소들이 있다. 복지국가 내부에서 제기되는 문제들은 각국의 사회보장의 현실이 다양하기 때문에 이에 상응하여 다양한 논의구조를 띠고 있다. 이를 모두 비교하여 설명할 수는 없다. 여기에서는 복지국가가 성숙하면서 나타나는 공통적인 문제, 즉 복지국가의 독자적인 발전과 관련된 문제를 지적하는 데에 그친다. 이에 비해서 외부로부터 복지국가에 닥치는 상황들은 비교적 유사성을 갖고 있다. 고령사회의 심화, 인구구조의 불균형, 세계화, 그리고 가족구조의 변화와 여성의 의식 및 역할의 변화 등이 대표적인 논점들이다.

Ⅱ. 복지국가개편론의 요인들

1. 복지국가에 내재적인 요인: 복지국가의 독자성을 중심으로

근대국가에서 사회 전체는 하나의 체계를 이루며, 이는 다시 부분체계로 나뉘어 상호작용을 하면서 기능한다. 복지국가가 경제질서를 보충하는 기능을 하는 경우 복지국가는 경제적 결정의 대상이다. 그러나 복지국가가 개인생활의 중요한 기반으로 발전하면서 복지국가는 더 이상 경제질서에 종속되는 관계에 있지는 않다. 현대사회에서 복지국가는 독자적인 가치체계를 형성하고 있다. 즉 독자적인 발전의 동력과 판단기준을 갖게 되었다. 이에 복지국가의 형성에 있어서 다음과 같은 문제들이 제기된다.

첫째, 복지국가가 독자적인 체계를 형성하게 되면서 이는 다른 체계와 상호작용을 하면서 진화하게 된다. 즉 복지국가가 더 이상 경제질서만의 문제는 아니며 복지국가의 현실은 다른 부분체계와의 상호작용 속에서 비로소 파악될 수 있다. 이로써 복지국가의 현실을 파악하기는 그만큼 어려워졌다. 복지국가가 발전하면서 이러한 어려움은 더해진다. 국가의 복지생산적 결정으로 인하여 이익을 받는 집단과 불이익을 받는 집단에 대한 면밀한 분석이 더욱 필요한 이유이다.

둘째, 복지국가의 자기동력성은 복지국가의 개편을 어렵게 하는 요소이기도 하다. 복지국가가 다른 사회체계와 밀접히 연계되면서 복지국가적 관점만을 기준으로 복지체계를 급격히 변혁시킬 수는 없게 되었다. 이는 사회과학에서는 이른바 경로의존성(path dependency)이라는 주제로 활발하게 논의되고 있다. 따라서 복지국가는 점진적으로 개혁될 수 있을 뿐이며, 기존의 체계를 전면적으로 변화시키는 개혁은 거의 찾아볼 수 없다. 체계전환을 행한 예로 칠레의 연금보험민영화를 들 수 있다. 그러나 이는 복지국가 자체의 기준에 따른 결정이기보다는 외부, 특히 세계은행으로부터 강요된 개혁의 성격이 보다 강했다.[68]

셋째, 복지국가가 자기 동력을 갖고 발전하게 되면서 복지국가의 본래의 이념, 즉 자유로운 인격실현의 조건을 창출하는 이념은 희석되었다. 이제 거의 모든 국민의 거의 모든 생활국면이 복지생산에 의존하게 되고, 이러한 복지생산이 정치적 의사결정의 대상이 되면서 국가로부터의 자유를 내용으로 하는 '자연적 자유'에 비해서 정치과정에서 비로소 형성되는 '인위적 자유'가 개인의 생활을 구성하게 되었다. 그리고 이는 정치적 결정의 결과라는 의미에서 인위적이기 때문에 개인의 정치적 영향력에 따라서 균형을 상실하는 위험이 있다. 복지의 사회성과 효율성의 왜곡, 그리고 복지의 남용이 논의되는 맥락이다.

넷째, 복지국가는 일정한 역사적 단계에서 특유한 사회문제를 극복하기 위한 수단으로 형성·발전하여 왔다. 그런데 점차 다음과 같은 문제가 인식되기 시작하였다. 즉 사회문제에 대한 복지국가의 처방은 처방의 원인이 되었던 사

68) 이에 대해서는 전광석, 위 각주 15의 책, 178면 이하 참조.

회문제를 해결하였지만 동시에 이는 또 다른 사회문제를 발생시킨다는 것이다. 복지국가는 가족의 부양기능이 약화되는 상황에서 개인의 위험을 사회화하여 보장하였다. 이러한 경향은 곧 가족의 존재, 그리고 가족의 복지생산기능을 소홀히 하는 원인이 되었다. 이는 의도하지 않았지만 복지국가의 발전으로 인하여 야기된 상황이다. 다음과 같은 점도 좋은 예이다. 사회보험을 중심으로 복지생산이 이루어지는 경우 복지생산의 가장 중요한 기반은 고용관계이다. 이에 복지는 고용관계를 중심으로 생산되면서 고용관계에서 배제되어 있는 계층은 주목을 받지 못했다. 여성 및 아동의 문제가 대표적인 예이다. 복지생산이 고용관계에 치우치지 않고 모든 국민을 대상으로 하며, 그 결과 복지생산에 시민권적 참여가 보장되는 유형에서는 이러한 불균형의 정도는 약하다. 북부유럽국가들이 여기에 해당하는 예이다.[69]

다섯째, 위와 같은 복지국가의 문제는 민주주의가 불균형하게 기능하는 결과이기도 하다. 고용사회가 일반화된 상황에서 고용관계를 중심으로 복지를 생산하는 것은 국민 다수의 지지에 의존하는 정치권력의 이해관계와 일치한다. 고용관계에서 소외된 자가 배려되지 못하는 복지국가의 불균형은 이들의 정치적 영향력이 제한적이기 때문에 민주적 정당성에 타격을 주는 것은 아니다.

2. 외재적인 요인

(1) 인구구조의 불균형, 고령사회

충실한 의료보장, 보건의료 일반 그리고 특히 노인의료의 발달은 인간의 수명을 연장시켰다. 선진국의 경우 오래 전부터 평균수명의 연장, 그리고 출산율의 저하로 인하여 인구구조의 불균형이 나타났으며, 이는 의료보장 및 연금재정의 안정화에 저해요소가 되었다. 우리나라 역시 2023년 65세 이상 노인의 비율이 약 18.7%, 2035년에는 30%, 그리고 2070년에는 46.4%에 달할 전망이다. 이에 비해서 출산율은 인구구조를 유지하기 위하여 필요한 2.2명에 한참 미치지 못하는 0.7명 내외에 불과하다.

주로 보험료를 재원으로 운영되는 사회보험 중심의 국가는 물론이거니와 조세를 재원으로 복지생산을 하는 유형에서도 장기적인, 그리고 안정적인 복지생

69) 이 점에 대해서는 John D. Stephens, "The Scandinavian Welfare States: Achievement, Crisis and Prospects", Gøsta Esping-Andersen, *Welfare States in Transition*(Sage Publication, 1996), 35면 이하 참조.

산을 위해서는 복지생산자와 복지수혜자 간의 적절한 인구비례를 유지하여야 한다. 따라서 인구구조의 불균형은 미래세대의 복지생산에 대한 불안감을 주고, 세대 간 복지분배의 문제를 제기한다. 또 그동안 성장의 한계로 인하여, 그리고 세계화가 진행되면서 증가한 실업은 소득활동의 기간을 그만큼 단축시켰다. 이는 이중으로 사회보장에 부담이 되었다. 한편으로 사회보장의 재정을 부담하는 능력이 약화되고, 다른 한편 보험급여의 필요성은 증가하기 때문이다.

(2) 세계화의 문제

1990년대에 들어오면서 세계질서는 중대한 변화를 겪었다. 1980년대 초에 시작된 동구권의 자유화운동은 1990년 동서독 통일로 이어졌고, 소비에트연방이 해체되면서 이념과 체제가 대립하였던 전후(戰後)시대는 종결되었다. 이를 계기로 국경을 초월한 국가간의 협력이 활발해졌고, 정보통신기술과 운송기술의 발달은 이를 활성화하였다. 이러한 과정을 거치면서 특히 노동력의 국가 간 이동과 생산기지의 자유로운 선택이 가능해졌다. 그리고 자본의 자유로운 이동이 보장되면서 경제에 대한 국내정치적 통제의 가능성은 현저히 감소하였다.[70] 이는 전통적인 복지국가의 기초를 근본적으로 변화시켰으며, 이에 1970년대 및 1980년대와는 또 다른 관점에서 복지국가에 대한 논의가 전개되었다.

가) 노동환경의 변화와 사회보장

세계화는 노동환경의 변화에 결정적인 영향을 미치고 있다. 이는 다음과 같이 정리될 수 있다. 첫째, 세계화는 근로자 간 소득수준의 차이를 심화시킨다. 세계화에 수반되는 정보·통신 및 운송기술의 발전은 첨단기술에 대한 수요를 증가시켰으며, 이에 비해 비숙련노동에 대한 수요를 감소시켰기 때문이다. 특히 비숙련노동에 있어서 저임금과 실업이 널리 퍼졌다. 둘째, 세계적인 단위에서의 경쟁에서 생존하기 위하여 기업은 상황변화에 신속히 적응하여야 하며, 이에 노동시장에서는 신기술을 갖춘 노동력의 수요가 증가하였다. 이로써 한편으로는 교육기간이 연장되고, 또 교육훈련을 위한 고용의 중단이 일반화될 것이다. 이제 전일고용과 종신고용은 전형적인 고용형태로서의 위치를 상당부분 상실하였다. 셋째, 비숙련노동에 대한 수요가 점차 감소하게 되며, 이들은 주로 서비스산업에 투입된다. 그리고 이때 사용자는 노동력의 유연성을 유지하기

70) 이외에 세계화의 개념이 함유하고 있는 다양한 의미에 대해서는 예컨대 Franz-Xaver Kaufmann, *Herausforderungen des Sozialstaates*(Suhrkamp, 1997), 118면 이하 참조.

위하여 주로 시간제 및 기간제 고용, 그리고 비정규직이 일반화되었다. 취업과 실업이 반복되는 현상도 나타났다. 이로써 고용과 소득의 불안정은 깊어 갔다.

시간제 고용과 서비스산업의 확대를 통해서 성공적인 고용정책을 이룬 대표적인 예가 미국과 네덜란드이다. 그러나 이들 국가에서 고용관계가 필연적으로 불안정하고, 또 저임금임을 고려하면 평가는 유보적이다. 다만 네덜란드의 경우 사용자와 노동자 간의 지속적인 사회적 합의를 통하여 비정규직 근로자가 정규직 근로자와 평등한 보호를 받을 수 있도록 하면서 고용과 복지의 안정을 유지할 수 있었다는 평가를 받고 있다(이른바 '네덜란드의 기적').[71)]

나) 자본의 자유로운 이동과 사회보장

자본의 자유로운 이동은 보다 근본적인 문제를 제기한다. 다음과 같은 두 가지 점에 대한 검토가 필요하다.

첫째, 기존에는 자본의 이동은 일반적으로 생산에 투입되는 노동력의 이동을 수반하였다. 그리고 자본의 국가 간 이동을 국내정책적으로 통제할 수 있었다. 그런데 이제 자본의 국가 간 이동이 자유로워지면서 투자결정과 이에 따르는 노동력에 대한 수요는 생산성을 고려한 자본의 독자적인 판단에 맡겨지게 되었다. 그만큼 국내정책의 입지가 약화되었다. 생산성의 중요한 요소들에는 임금수준과 사회보장비용이 포함된다. 사회보장비용이 높은 경우 자본의 유입을 저해하고 생산기지로서의 매력을 상실하게 된다. 그만큼 노동력에 대한 수요를 감소시킬 염려가 있다. 이에 기업에서 사용자의 사회보장 재정부담을 축소하고, 국가는 노동자와 사용자의 보험료에 의존하는 사회보험의 재정을 재검토할 필요가 있다. 노동자 역시 고용의 안정화를 위해서는 자본의 유입을 유도하여야 한다. 그만큼 노동자는 자본과의 관계에서, 또 노동자 상호 간의 이중적인 경쟁을 겪어야 한다.

둘째, 자본은 지금까지 노동을 투입하여 부가가치를 창출해 왔다. 그런데 이제 자본의 이동성이 커지면서 자본 자체가 수익을 창출하게 되었다. 고용을 매개로 복지를 생산하는 기초 위에서 발전해 왔던 복지국가가 새로운 도전에 직면한 것이다. 따라서 자본 자체가 복지생산에 기여하는 방법이 적극적으로

71) 이에 대해서는 네덜란드에서 보편적 사회보험의 구상과 제도발전에 대해서는 예컨대 이승윤/남재욱, "네덜란드 근로시간 유연화와 사회보장제도에 대한 사례연구", 사회보장연구 제34권 제2호(2018), 125면 이하 참조. 이밖에 Jelle Visser/Anton Hemerijck, "Die pragmatische Anpassung des niederländischen Sozialstaats", Stephan Leibfried/Uwe Wagschal(편), *Der deutsche Sozialstaat*(Campus, 2000), 452면 이하 참조.

고려되어야 한다.

(3) 가족구조의 변화, 여성의 의식 및 역할변화

사회보험은 가입자가 소득활동기간에는 소득을 기초로, 그리고 사회적 위험이 발생한 경우에는 보험급여를 기초로 가족을 부양할 것을 전제로 하고 있다. 그런데 가족구조의 변화로 인하여 단독세대가 점점 높은 비중을 차지해 가고 있다. 이러한 상황에서는 가족구성원 간의 역할분담을 통한 부양이 실현될 수 없고, 보험급여만으로는 사회적 위험을 보호할 수 없는 문제가 나타난다. 한편으로는 점차 노인단독세대가 필요로 하는 서비스를 공급하여야 한다. 다른 한편으로는 사회보험급여를 보충하는 수단이 적극적으로 개발되어야 한다. 가족의 복지생산을 재조명하여 가족의 기능을 유지 혹은 회복시키기 위한 다원적인 접근이 필요하다.

가족구조가 변화하면서 여성의 역할 및 의식이 변화하였다. 여성의 취업률이 높아지면서 여성이 취업활동과 가사활동을 함께 할 수 있도록 하여야 한다. 이에 우리나라에서도 2007년 기존의 「남녀고용평등법」은 「남녀고용평등 및 일·가정 양립 지원에 관한 법률」로 개칭·개정되었다. 또 여성의 가사활동이 넓은 의미에서는 가족의 기능유지에, 그리고 좁은 의미에서는 복지생산의 중요한 요소로 평가되면서 여성에게 독자적인 사회보장청구권을 인정하는 문제가 중요한 과제가 되었다. 실제 일반적으로 전통적인 사회보장이 남성인 소득근로자를 중심으로 형성되어 왔으며(male bread winner model), 여성은 파생적인 권리를 가졌기 때문에 특히 1980년대 여성의 역할과 복지국가적 배려에 대한 새로운 쟁점이 활발히 논의되었으며, 부분적으로 입법으로 이어졌다.

Ⅲ. 복지국가개편론의 내용들

이론적으로 보면 위와 같은 상황에 처하여 다음과 같은 두 가지 대응이 있을 수 있다. 첫째, 복지국가폐지론이다. 그러나 실제 이러한 길을 가는 유형은 존재하지 않는다. 복지국가의 정당성에 대한 광범위한 합의가 존재하기 때문이다.[72] 둘째, 복지국가는 새로운 환경에 적응하는 방법을 모색하여야 한다. 이를

72) 복지국가의 정당성에 대해서는 예컨대 전광석, 위 각주 15의 책, 46면 이하; Franz-Xaver Kaufmann, 위 각주 70의 책, 34면 이하 등 참조.

정리하면 다음과 같다.

1. 일반적인 경향: 사회보장의 목표 개편 – 수혜자 축소, 급여 축소, 수급조건 강화

복지국가의 목표가 부분적으로 수정되었다. 개인이 포괄적으로 공적 사회보장에만 의존할 수 없으며 국가는 최저보장 혹은 기초보장에 한하여 직접 책임을 부담하고, 이를 초과하는 부분에 대해서는 고용관계 혹은 개인의 자기배려에 의존하도록 하여야 한다. 이때 국가는 생활수준보장의 문제를 완전히 사회에 부담시키는 것은 아니며, 국가가 이에 대한 규범적 윤곽을 마련하여 보호하는 형태로 책임을 진다. 이러한 논의는 부분적으로 체계의 변화를 수반한다. 그러나 공적 사회보장이 오랜 역사를 두고 발전해 온 국가에서 체계전환은 현실정치적으로, 그리고 기존의 급여에 대한 권리 때문에 규범적으로도 실현에 어려움이 있다.[73] 이에 복지수혜자의 축소, 급여의 축소, 그리고 급여의 조건을 강화하는 방향으로 논의가 이루어지고 있다. 이를 다시 유형화하면 다음과 같다.

2. 재정안정화조치

사회보장 재정의 안정을 위한 조치들이 취해졌다. 사회보험국가에서는 재정수입을 늘리기 위하여 보험료가 인상되었다. 그리고 동시에 재정지출을 줄이기 위하여 급여를 삭감하는 조치가 취해졌다. 개별영역별로 보면 다음과 같은 경향이 발견된다.

첫째, 건강보험에서 재정긴축을 위한 조치가 공급과 수요면에서 모두 취해졌다. 수요의 측면에서는 치료와 약재비용에 대한 환자의 본인부담을 도입하였거나 혹은 도입하려는 시도가 있었다. 이와 동시에 환자에게 같은 성능인 경우 저렴한 약재를 선택할 유인이 주어졌다. 공급의 측면에서는 경제성과 효율성 심사가 강화되었고, 총액예산제 등을 통하여 건강보험예산을 고정시키려는 시도들이 있었다. 예컨대 독일 질병보험법은 보험자단체와 요양기관단체 간에 총액계약을 체결할 때 보험료율의 안정적 유지라는 기준을 존중하도록 하

73) 이에 대해서는 예컨대 Paul Pierson, "The New Politics of the Welfare State", *World Politics*, Vol. 48. 2(1996), 143면 이하 참조.

였다.[74] 의료보장에서 공급자 간의 경쟁으로 인하여 발생하는 과다진료를 방지하기 위하여 요양기관 지정을 억제하는 조치도 같은 맥락에 속한다. 예컨대 독일은 질병보험법 개혁을 통해서 요양기관 지정을 제한하는 규정을 도입하였다. 다만 이전에 연방헌법재판소는 요양기관 지정을 인구비례에 따라 규제하는 규정에 대해서 위헌결정을 한 바 있기 때문에 새로운 규제조치의 합헌성 여부는 좀 더 기다려 보아야 한다.[75]

둘째, 연금보험에서는 연금수급연령을 늦추어 연금수급기간을 단축하는 경향이 있었다. 다만 이는 실업률이 높은 상태에서 또 다른 문제를 낳는다. 이 경우 필연적으로 실업의 시기와 연금수급 시기 사이에 보장의 공백이 발생하기 때문이다.

셋째, 공공부조에서는 수요 및 자산심사가 일반적으로 강화되었다. 특히 노동유인을 강화하는 경향이 있으며, 이에 따라서 공공부조 수급자에게 강한 노동의 의무가 부과되었다.

사회보장비용이 국내 경제의 국제경쟁력에 부정적인 영향을 미친다는 사고가 지배하기 시작하였다. 이는 사용자의 재정부담의 한계라는 주제로 논의되었고, 부분적으로 예컨대 건강보험비용의 일부를 사용자의 보험료가 아닌 조세로 이전하는 움직임도 나타났다. 프랑스가 좋은 예이다. 이는 기본적으로 사용자의 부담을 축소시켰지만, 부수적으로는 보험료와의 연계를 줄이면서 사회보장에 대한 국가의 형성을 강화하는 효과가 있기도 하다.[76]

3. 경쟁적 사회보장, 복지생산의 다원화

사회보장의 재정안정을 위한 조치는 특히 건강보험에서 가입자에게 보험자를 선택할 권리를 부여하여 공급자 간에 경쟁을 유발하고, 이로써 비용을 감축할 수 있다는 이념과 제도로 이어졌다.[77] 공적 체계내에서 경쟁유도뿐 아니

74) 독일 사회법전 제5권(SGB V) 제85조 제3항 참조. 다만 이러한 요청이 엄격한 의미에서 총액계약에서 합의되는 요양급여비용의 상한은 아니며, 주의규정이라고 해석되고 있다.

75) *BVerfGE* 11, 30 참조. 이 결정에 대해서는 예컨대 전광석, 독일사회보장법과 사회정책(박영사, 2008), 89면 이하 참조.

76) 이 점에 대해서는 Anton Hermerijck, "The Self-Transformation of the European Social Model(s)", Gøsta Esping-Andersen(편), *Why we need a New Welfare State*(Oxford University Press, 2002), 198면 이하 참조.

77) 이에 대해서는 예컨대 전광석, "독일건강보험법의 기본모형과 개혁논의", 한국의료법학회지 제12권 제2호(2004), 39면 이하 참조.

라 보다 근본적으로는 사회보장의 일부를 민간 영역에 위임하는 경향도 있다. 예컨대 의료보장에서 공사(公私)보험 간에 선택제도를 도입하거나,[78] 혹은 연금보험에서 공적 연금의 급여수준을 하향조정하고, 기업연금의 기능을 강화하였다. 예컨대 독일은 2001년 연금개혁을 통하여 공적 연금의 부담을 감소시키고 기업연금과 개인 연금의 기능을 강화하여 3층 구조의 모형에 다가가고 있다(Riester-Rente).[79]

4. 인구구조의 변화에 대한 대응

장기적으로 안정적인 사회보장을 저해하는 가장 중요한 요소는 인구구조의 불균형이다. 이에 다음과 같이 몇 가지 대응방안이 구상되었다.

첫째, 연금보험의 재정방식을 부과방식에서 다시 적립방식으로 전환하는 방법이다. 그러나 이 방식은 적립방식의 문제, 즉 기금관리 및 이에 대한 국가적 규율의 문제가 발생하며, 무엇보다도 연금수급자의 지위가 불안정하게 되는 등 부과방식과는 또 다른 문제가 있기 때문에 아직 일반적으로 채택되지는 못했다. 둘째, 부과방식을 그대로 유지하면서 연금 수준을 법적으로 확정하여 운영하는 방식(확정급여방식; defined benefits)으로부터 보험료의 수준을 법적으로 확정하고 급여수준은 개방하는 예가 있다(확정보험료방식; defined contribution). 1998년 스웨덴의 연금개혁이 이에 해당한다.[80] 셋째, 인구구조의 변화를 유도하는 방법이다. 자녀양육지원이 대표적인 예이다. 이에 따르면 부모가 자녀를 양육하는 기간에 이를 원인으로 상실 혹은 감소되는 소득을 보상한다.

이 밖에 자녀양육기간에 상실되는 사회보험기대권을 보상하는 조치가 취해졌다. 보다 적극적으로는 노인장기요양보험에서 자녀를 양육하지 않는 부모에게 추가적으로 보험료를 납부하도록 하여 미래세대로부터 받을 부양에 대한 재원을 부담시키는 방법이 구상되고 있다.[81] 이로써 그동안 개별화로 인하여 정책적 관심에서 멀어졌던 가족 자체의 사회보장 기능에 주목하게 되었다. 또 다른 시각에서 인구구조의 불균형이 궁극적으로는 외국인 노동력에 의하여 해결

78) 이 점에 대해서는 예컨대 Andreas Hähnlein, Soziale und private Krankenversicherung – Konkurrenz und Konvergenz. Eine rechtsvergleichende Skizze", *Schweitzerische Zeitschrift für Sozialversicherung und berufliche Vorsorge*(2000), 214면 이하 참조.

79) 이에 대해서는 예컨대 전광석, 위 각주 15의 책, 217면 이하 참조.

80) 이에 대해서는 전광석, 위 각주 15의 책, 216면 이하 참조.

81) 이는 독일 연방헌법재판소의 판시이기도 하였다. *BVerfGE* 103, 242면 이하 참조.

될 수밖에 없다는 인식이 자리잡기 시작하였다. 그러나 이 문제는 단순히 사회보장의 문제가 아니고 여러 사회경제적 및 정치적 문제를 수반하므로 아직 본격적인 논의로 이어지지는 못했다.

보다 적극적으로 고령인구에게 신체적 및 정신적 능력에 적합한 취업의 기회를 보장하는 방법을 개발하고 있다. 이 경우 고령인구가 고용을 통하여 생활을 유지하여 연금수급시기를 늦출 수 있고, 또 고용을 매개로 (연금보험에 보험료를 납부하여) 자신의 노후소득보장을 충실히 할 수 있기 때문이다.

5. 탈정치화, 재사회화, 최저보장 강화

지난 성장의 시기에 사회보장의 이념이 정치화되어 본질이 희석되었다는 반성이 이루어졌다. 사회보장의 탈정치화가 해법으로 제시되었다. 이때 비로소 보호를 필요로 하는 자에게 사회보장이 집중될 수 있고, 동시에 국가가 자신의 과제에 충실할 수 있기 때문이다. 그러나 이미 보편화된 평등을 위한 국민의 요구, 기존의 사회보장청구권에 대한 헌법적 보호, 그리고 무엇보다도 유권자의 지지를 포기할 수 없는 민주주의의 한계 등은 사회보장의 탈정치화에 극복하기 어려운 장애인 것이 현실이다.

6. 새로운 사회문제－실업, 여성, 노인요양

복지국가 위기론 및 한계론이 논의되던 시기에도 새로운 사회적 문제가 계속 복지국가에 대한 도전으로 다가왔다. 다음과 같은 세 가지가 대표적인 새로운 도전이다.

(1) 실 업

실업은 이중적으로 복지국가를 압박하는 요소이다. 실업은 소득상실를 가져오며, 따라서 전통적인 사회보장의 과제이다. 실업의 파급효과는 여기에 그치지 않고, 가입자가 질병·노령 등을 보호하는 다른 사회보험에 보험료를 납부할 수 없는 원인이 된다. 이에 각국은 고용과 복지를 연계시키는 새로운 방법을 개발·적용하여야 했다. 적극적인 노동시장정책의 필연성이 인식된 것이다. 다만 그 구체적인 방법론에 있어서 다양한 유형이 존재한다.[82)]

82) 고용과 복지의 유형에 대한 다음과 같은 분류는 참고할 만하다. 첫째, 복지국가의 고용확대전략을 통한 ‘스칸디나비아의 길’이다. 둘째, 국가복지를 축소하면서 임금과 노동시장의 규제완화전

세계화로 인하여 진행된 고용환경의 변화는 소득분배의 불균형을, 그리고 특히 비숙련 노동자에게는 이중적인 시련을 가져왔다.

이러한 새로운 상황에서 복지국가의 대응은 다음과 같은 네 가지이다. 첫째, 전일고용이 아닌 시간제고용의 일자리를 대폭 증가시키는 방법이다. 이는 전통적인 복지생산이 기본적으로는 전일고용을 전제로 형성되었기 때문에 새로운 적응이 필요하게 되었다. 1990년대 이후 네덜란드의 고용신화는 바로 이와 같은 시간제고용의 일자리를 대폭 창출한 데에 힘입은 것이다. 미국 역시 같은 예에 속한다.[83] 둘째, 노동계는 고용안정을 목표로 하였지만 이는 실현되기 어려웠고, 따라서 이에 집착할 수 없게 되었다. 결국 노동조합 역시 탄력적인 고용유형을 수용하고, 또 이에 상응하여 임금의 하향조정을 받아들여야 했다. 이러한 변화를 모든 노동조합이 수용한 것은 아니다. 따라서 노사교섭의 기속력의 범위는 전국적인 혹은 산업단위에서 점점 직장단위로 축소하는 경향을 보였으며, 이러한 과정에서 노동조합의 영향력은 약화되었다. 셋째, 전통적인 산업에서 고용의 기회가 줄어들면서 새로운 고용의 기회를 서비스산업에서 창출하는 정책으로 변화를 가져왔다. 지금까지 복지국가에서 소홀히 되었던 노인 및 장애인 등을 위한 사회보장에서 서비스 고용이 창출될 것이 기대되었다. 또 여가산업 등에서 서비스 고용을 적극적으로 발굴하는 필요성이 제기되었다.

마지막으로, 전일고용과 종신고용 대신 시간제고용과 기간제고용이 일반화됨에 따라서 고용은 생활유지를 위하여 필요한 적정한 임금을 제공하는 기반이 더 이상 될 수 없었다. 이에 적극적인 고용정책에는 동시에 낮은 임금에 대한 노동법 및 사회보장법적 지원이 필요했다. 특히 최저생활보장을 위한 배려에 중요한 비중이 두어졌다. 최저임금이 충실히 제도화되어야 했고, 국민기초생활보장 등 사회적 안전망이 강화되어야 했다.

(2) 여성복지

전통적으로 여성은 복지생산의 주체가 아니었다. 가족의 주부양자인 남성을 중심으로 사회보장이 형성되었으며, 여성의 복지는 주부양자인 남성에 종속되

략을 통한 '신자유주의의 길'이다. 셋째, 사회보장의 수준을 유지하면서 노동공급의 축소를 유도하는 '보수주의의 길'이다. 이에 대해서는 Gøsta Esping-Andersen, "After the Golden Age? Welfare State Dilemmas in a Global Economy", Gøsta Esping-Andersen(편), *Welfare States in Transition*(Sage Publication, 1996), 10면 이하 참조.

83) 위 각주 71 참조.

었다. 그런데 이제 여성의 사회 및 가족에서의 역할분담이 변화되면서 여성의 사회보장이 독자적인 의제가 되었다. 앞에서 언급한 자녀양육지원은 가족기능을 제고하는 목적을 가지며, 여성에 대한 독자적인 보호는 아니었다. 특히 여성 노동이 여전히 일반적으로는 전일고용이 아니라 시간제고용, 그리고 종신고용이 아니라 기간제고용의 형태이기 때문에 전일고용 및 종신고용에 기초하여 형성된 기존의 사회보험을 통한 사회보장이 여성에게는 제한적이라는 것이 문제였다.[84)]

(3) 노인요양

의료기술의 발전과 건강보험의 기능으로 인하여 개인의 수명이 연장되면서 노령에 이르러 스스로의 능력으로는 거동할 수 없는 상황이 일반화되었다. 이 점을 기존의 사회보장에서는 전형적인 사회적 위험으로 인식하지 않았고, 따라서 비전형적인 위험을 보호하는 공공부조 혹은 노인복지법에 의존하였다. 그런데 이제 노인요양을 새로운 전형적인 위험으로 보호하여야 했다. 1990년대에 들어오면서 각국은 사회보험을 통해서 노인요양문제를 보호하기 시작하였다.

84) 1994년 Nancy Fraser는 전통적인 성인 남성 중심의 사회정책이 새로운 생활유형에 충실한 사회정책(이른바 "postmodern social policy")으로 발전하는 데 적용될 5원칙을 제시한 바 있다. 여성 빈곤 및 빈곤화의 극복, 착취적 대우의 금지, 평등 및 차별금지, 주도적 역할 부여, 남성 중심주의의 극복 등이 여기에 해당한다. Nancy Fraser, "Die Gleichheit der Geschlechter und das Wohlfahrtssystem: Ein postindustrielles Gedankenexperiment", Axel Honneth(편), *Pathologien des Sozialen: Die Aufgaben der Sozialphilosophie*(1994), 351면 이하 참조.

제 2 장 사회보장법의 개념

사회문제가 발생하는 역사적 배경, 그리고 사회보장법의 형성과 발전, 유형 및 새로운 문제상황에 대한 논의 등에 대하여 앞에서 살펴보았다. 사회보장법은 단순화해서 말하면 사회문제를 예방하고, 사회문제로 인한 파급효과를 최소화하여 모든 국민에게 인간다운 생활을 보장하는 목적을 갖는다. 그런데 사회보장의 목표 및 범위가 다양하기 때문에 사회보장법의 개념을 정의하는 방법 역시 다양하다. 또 사회보장법은 실정법적 용어가 아니기 때문에 더욱 개념정의와 관련된 논란이 있다. 그럼에도 불구하고 사회보장법에 대한 개념정의는 사회보장법의 독자성을 확립하는 데 유용하다. 또 부수적으로는 이 책의 서술대상을 획정하는 데에도 필요한 작업이다. 아래에서는 사회보장과 유사한 개념과 사회보장의 관계를 밝히고, 이어 적극적으로 사회보장법의 개념을 정의한다.

제 1 절 유사개념의 정리

Ⅰ. 사회정책과 사회법

사회정책(Sozialpolitik)은 독일에서 산업화 이후 발생하는 사회문제의 현황, 발생원인 및 대처방안 등을 연구하기 위하여 슈몰러(Gustav Schmoller) 등이 중심이 되어 설립된 사회정책학회(Verein für Sozialpolitik)가 활동하면서 일반화된 개념이다.[1] 사회정책의 개념을 적극적으로 정의하기는 쉽지 않다. 우선은 사회문제를 해결하기 위한 새로운 정책분야라고 정의할 수 있다. 독일에서는 사회정책을 실현하기 위한 규범의 총체를 사회법(Sozialrecht)이라고 지칭한다.[2]

사회정책의 개념은 다른 유사한 개념과 비교할 때 뚜렷해진다. 첫째, 공공정책과의 구분이다. 공공정책은 사경제정책에 비교되는 표현으로, 국민 전체

1) 사회정책의 기원과 발전에 대해서는 Franz-Xaver Kaufmann, *Sozialpolitisches Denken*(Suhrkamp, 2003), 40면 이하 참조.

2) 이에 대해서는 Hans F. Zacher, “Was ist Sozialrecht?”, *Festschrift für Horst Schiekel*(1978), 371면 이하 참조.

의 생활에 필수적인 전기 · 수도 · 통신 · 교통 등 공공재를 원활히 공급하는 것을 목표로 한다. 여기에 사회보장과 관련된 서비스가 포함된다. 그러나 공공정책은 개인의 개별적인 상황을 보호하는 목적을 갖는 것은 아니다. 이 점이 공공정책과 사회정책의 중요한 차이이다. 다만 사회정책의 개념을 넓게 파악하는 경우에는 사회정책과 공공정책의 구별은 상당 부분 상대화된다.

둘째, 사회정책과 사회보장의 구별이다. 사회정책은 사회문제를 해결하기 위한 국가의 포괄적인 정책이다. 이에 비해서 사회보장은 개인의 사회적 위험을 국가의 직접적인 급여에 의해서 보호한다. 사회정책은 사회보장뿐 아니라 가족정책 · 환경정책 · 주택정책 · 조세정책 등 그 범위가 넓다. 방법론과 관련해서도 사회정책은 규범적 · 경제적 및 재정적, 그리고 교육적 · 구조정책적 방법을 다양하게 포괄한다.[3] 사회정책은 사회보장을 포함하지만 사회정책이 사회보장에 국한되는 것은 아니다.

사회정책과 사회보장의 관계는 국가의 사회적 과제에 대한 헌법적 태도를 구명하는 데에도 유용하다. 독일헌법 제20조 제1항과 제28조 제1항에 국가목표규정, 혹은 입법위임규정으로 도입된 사회국가원리(Sozialstaatsprinzip)는 국가에 '일반적인 사회정책의 의무'를 부과한다. 반면 우리 헌법의 사회적 기본권은 헌법의 사회적 과제를 실현하기 위하여 입법자가 적극적으로 활동해야 할 영역으로서 교육 · 노동 · 사회보장 · 환경 · 혼인과 가족 등을 '구체적'으로 지시해 주고 있다. 사회적 기본권이 해당 영역에서 입법자의 과제를 구체적으로 지시하는 것은 아니다. 그러나 사회국가원리는 1차적으로는 국가, 특히 입법부에 부과된 과제로, 그 내용이 개방적이어서 전통적인 사회보장뿐 아니라 교육 · 주택 · 환경정책 등을 포괄하는 반면, 사회적 기본권은 사회국가원리보다는 상대적으로 구체적인 내용을 갖는다. 단순히 사회국가원리를 선언하고 있는 헌법에서 국가과제를 '사회정책'이라고 한다면, 우리 헌법 제34조와 같이 사회적 기본권으로 구체화된 인간다운 생활을 할 권리를 규정한 경우 국가는 '사회보장정책'의 과제를 갖는다.

---

3) 사회정책의 개념적 및 방법론적 다양성에 대해서는 예컨대 Franz-Xaver Kaufmann, "Steuerung wohlfahrtsstaatlicher Abläufe durch Recht", *Gesetzgebungstheorie und Rechtspolitik. Jahrbuch für Rechtssoziologie und Rechtstheorie*, Bd. 13(1988), 65면 이하; Heinz Lampert/Franz-Xaver Kaufmann/Hans F. Zacher, "Sozialpolitik", *Staatslexikon*, Bd. 5(Herder, 1989), 51면 이하 등 참조.

Ⅱ. 사회법과 사회보장법

19세기 후반 이래 독일에서 사회정책에 대한 논의는 법학의 분야에서는 '사회법(Sozialrecht)'이라는 새로운 법영역을 둘러싸고 일어났다. 이러한 용어의 전통은 독일에서 아직도 계속되고 있다. 19세기 말에서 20세기 초에 걸쳐서 있었던 이러한 논의는 '새로운 법영역'이라기보다는 '새로운 법사상'의 대두로 표현하는 것이 보다 정확하다. 이 당시의 이른바 '사회개혁가들'이 주목하였던 것은 특정한 실정법이 아니라, '시민적·개인주의적 법사상'에서 '사회적·단체주의적 법사상'으로의 전환, 그리고 '추상적·자유로운 인격(Person)'에서 '구체적·사회적인 인간(Mensch)'으로의 법인류학적인 인간상의 변천이었다. 이 논의는 독일민법이 지나치게 로마법적·개인주의적 요소를 띠고 있다고 비판하면서 전통적인 게르만법에 내포되어 있던 사회적·단체주의적 요소를 배합할 것을 주장한 기에르케(Otto von Gierke)에 의해서 시작되어, 우리에게도 널리 알려져 있는 라드브루흐(Gustav Radbruch)에 와서 징짐을 이루었다.[4)]

독일에서 이와 같은 포괄적인 사회법에 관한 논의는 세분화하면서 경제법·노동법 등 각각 독자적인 법영역으로 발전하였다. 아직 독일에서는 '사회보장법'보다는 '사회법'이라는 용어가 일반적으로 사용되고 있다.[5)] 독일에서 사회법의 개념은 그동안 독립된 법영역으로 자리잡으면서 각각 실질적 의미와 형식적 의미, 그리고 넓은 의미와 좁은 의미로 분화를 겪으며 발전하여 왔다.[6)]

사회법이 독일에서 기원하는 용어인 반면, 사회보장법의 용어는 미국에서 기원하여 보편화되었다. 본래 사회보장이란 용어는 1930년대 미국에서 경제대공황을 타개하기 위하여 당시 대통령 루즈벨트(Franklin D. Roosebelt)가 제안한 뉴딜(New Deal)정책의 정치강령인 'Social Security Act'에 그 기원을 갖는다. 독일에서 사회법은 노동자 문제와 같은 사회문제를 극복하기 위하여 등장하였고, 따라서 그 대상계층도 한정되었다. 이에 비해 'Social Security Act'는 경제공황에 대한 처방이었기 때문에 경제공황으로 일자리와 생계를 잃은 전체 국민

4) 이에 대해서 자세히는 Felix Schmid, *Sozialrecht und Recht der sozialen Sicherheit*(Duncker & Humblot, 1981), 67면 이하; Eberhard Eichenhofer, "Gustav Radbruch: Theoretiker des sozialen Rechts", *Zeitschrift für Sozialreform*(1983), 393면 이하 등 참조.

5) 독일에서 대표적인 사회보장법 교과서 혹은 전문연구서로 읽히고 있는 Eberhard Eichenhofer, Wolfgang Gitter, Igl/Welti, Ruland/Becker/Axer(편)의 저서는 모두 그 서명이 "(*Einführung in das*) *Sozialrecht*" 혹은 "Sozialrechtshandbuch"이다.

6) 이에 대해서 자세히는 예컨대 전광석, 독일사회보장법과 사회정책(박영사, 2008), 13면 이하 참조.

을 대상으로 하였다. 또 급여수준은 이들의 최저생활을 보장하기 위하여 형성되었다. 독일에서는 재해보험이 사회입법의 선구이었던 데 비해(실제 입법은 질병보험에서 먼저 이루어졌지만) 'Social Security Act'가 사회보장의 기능은 물론, 구매력의 향상이라는 경제적 효과를 위하여 실업보험을 우선적으로 시행했던 것은 위와 같은 발생기원의 차이에서 유래한다.[7)]

미국에서 기원하는 사회보장법은 2차 세계대전 후에는 국제적으로 논의의 대상이 되었다. 종전(終戰)을 앞두고 전후(戰後) 국제질서의 재편성에 관한 연합국간의 일련의 회담에서 전후 국제평화질서의 유지라는 인류의 공동목적을 위해서는 국내적 혹은 국제적 사회보장의 구축이 필수적이라는 인식에 공감하였기 때문이다. 국제평화질서와 사회보장의 상관성을 Franklin D. Roosebelt는 1944년 ILO 총회에서 다음과 같이 웅변하였다. "Poverty anywhere constitutes a danger to prosperity everywhere".[8)] 국제사회에서 여러 사회보장강령이 채택되었으며, 1952년 국제노동기구(ILO)에서 「사회보장 최저기준에 관한 협약 제102호」를 통해서 사회보장의 국제기준이 구체화되었다.[9)] 다만 사회보장의 국제기준은 규범적으로 일정한 한계가 있었다. 각국은 사회보장의 전통에 현저한 차이가 있었으므로 사회보장의 국제기준이 실용성을 갖기 위해서는 일반성과 탄력성을 가져야 했기 때문이다. 이러한 과정을 거치면서 사회보장법은 '전국민대상'과 '최저생활보장'이라는 대상과 급여수준에 관한 기원상의 특징에서 벗어나 개방개념화되었다.

독일에서 기원하는 사회법은 그동안 특정계층 중심에서 벗어나 전국민을 대상으로 하는 사회정책으로 발전하였다. 또 미국에서 기원하였던 사회보장 역시 그 내용과 적용범위에 있어서 탈미국화하면서 발전하였다. 이로써 사회보장법과 사회법의 엄격한 구분은 사실상 어렵게 되었다. 다만 우리나라에서 사회보장 사항을 규율하는 법을 사회법이라고 지칭하는 것은 적합하지 않다.[10)] 사

7) 이 점에 대해서는 예컨대 Edward D. Berkowitz, "The Historical Development of Social Security in the United States", Eric R. Kingson/James H. Schutz(편), *Social Security in the 21st Century*(Oxford University Press, 1997), 22면 이하 참조.

8) Samuel I. Roseman, *The Public Papers and Address of Franklin D. Roosebelt*, Vol. IX(Victory and The Threshold of Peace, 1950), 127면 참조.

9) 국제노동기구는 이미 1946년 사회보장의 개념을 사용하는 협약을 채택한 바 있다. 협약 제70호 선원의 사회보장에 관한 협약(Convention concerning Social Security for Seafearers)이 그것이다. 이에 대해서 자세히는 전광석, 국제사회보장법(법문사, 2002), 82면 이하 참조.

10) 이러한 예로는 예컨대 이상광, 사회법(박영사, 2002) 참조.

회법 사상의 전통을 겪지 않았음에도 불구하고 사회법의 용어를 사용하는 것은 법의 규율대상을 모호하게 할 수 있기 때문이다. 더욱이 우리나라에서 사회보장이라는 용어가 실정법에서 보편적으로 사용된 시기는 1963년「사회보장에 관한 법률」이 제정된 이후이다. 그렇다면 우리나라에서 사회보장에 관한 논의는 미국에 기원을 갖는 사회보장의 개념 및 본질이 국제적으로 보편화된 후 도입되면서 시작되었다. 그렇기 때문에 우리나라에서 사회보장법 이외에 사회법이라는 용어를 사용하는 것은 역사에 충실한 표현이 되지도 못한다.

Ⅲ. 사회복지와 사회보장

사회복지(social welfare)의 개념 역시 뚜렷이 정의하기가 쉽지 않다. 사회복지는 사회정책과 마찬가지로 사회문제를 해결하기 위한 총체적인 정책영역이다.[11] 또 사회복지는 사회보장의 한 방법으로 이해되기도 한다. 즉 신체적 · 정신적 · 사회적으로 불리한 여건 때문에 정상적인 일상생활을 하기 어려운 아동, 노인, 장애인 등을 지원하기 위하여 필요한 급여, 그 중에서도 특히 서비스급여를 제공하는 영역으로 이해된다. 사회복지를 이와 같이 이해하는 경우 이는 사회사업(social work)으로 지칭되어 왔던 영역과 동일성이 있다.

우리 실정법에서 사회복지라는 용어가 사용되는 대표적인 법은「사회복지사업법」이다. 이 법에 의한 규율대상은「국민기초생활보장법」,「아동복지법」,「노인복지법」,「장애인복지법」,「청소년복지지원법」,「장애인활동지원에 관한 법률」,「발달장애인권리보장 및 지원에 관한 법률」,「한부모가족지원법」,「영유아보육법」,「사회복지공동모금회법」,「장애인 · 노인 · 임산부 등의 편의증진보장에 관한 법률」,「의료급여법」,「기초연금법」,「장애인연금법」,「긴급복지지원법」 등이다(법 제2조). 사회복지의 개념을 위에서 지적한 두번째 방법으로 이해하는 것이 실정법의 태도와 조화될 수 있다. 다만 이 법들이 사회보장의 이념을 같은 방법으로 실현하고 있는 것은 아니다. 예컨대「기초연금법」과「장애인연금법」은 현금급여를 지급하여 대상자를 지원하기 때문이다. 따라서 이 법들이 사회보장법에 포섭될 수 있는가에 대해서는 별도의 논의를 필요로 한다.

생각건대 사회복지가 실정법적인 용어가 아니기 때문에 그 개념에 대한 이해방법은 다분히 주관적이라고 할 수 있다. 사회복지의 개념을 사회정책과 같

11) 이러한 이해방법으로는 예컨대 남세진/조홍식, 한국사회복지론(나남, 1995), 20면 이하 참조.

은 범주로 넓게 이해할 수도 있고, 이 책이 다루는 사회보장으로 이해할 수도 있다. 또 보다 좁게 보면 대인적인 서비스를 필요로 하는 사람에 대한 보호체계로 이해할 수도 있다.

Ⅳ. 사회행정법과 사회보장법

행정법에서는 사회보장을 규율하는 특별행정법을 사회행정법이라고 부른다.[12)] 그러나 사회행정법이라는 용어는 독립된 법영역인 사회보장법을 지칭하는 적절한 용어례가 되지 못한다.

사회행정법은 급부행정법의 한 분야로 분류된다.[13)] 전통적으로 행정법이론은 국가가 개인의 자유를 침해하는 조건·절차 및 효과 등을 중심으로 발전하였다. 반면 현대에 이르러 행정은 사회경제적 생활영역에 적극적으로 개입하여 개인의 생활을 안정화하는 과제를 갖게 되었다. 그런데 후자에 속하는 대표적인 분야가 이른바 배려(공급)행정(Vorsorgeverwaltung), 조성행정(Förderungsverwaltung)과 더불어서 사회행정(Sozialverwaltung)을 포괄하는 급부행정법이라는 것이다. 사회행정법이 개인생활을 보호하기 위한 급여관계를 규율하는 법분야인 것은 사실이다. 그러나 여기에는 다음과 같은 제한적인 설명이 필요하다. 즉 사회행정법이 '주로' 국가의 급여관계를 규율하지만, 이 밖에도 법률관계의 성립·계속관계에 있어 전통적인 침해행정의 모습을 적지 않게 띠고 있다.

사회보험에는 강제가입, 보험료 납부의무, 그 밖의 각종 신고 혹은 보고의무, 지시에 따를 의무, 질문에 응답할 의무 등 여러가지 협조의무가 예정되어 있다. 이러한 의무에 위반하는 경우 과태료 형태의 행정벌 혹은 급여제한 및 급여정지 형태로 사회보장법에 특유한 제재가 따른다. 특히 공공부조에서 보호대상자의 협조의무는 그의 자산 및 부양관계를 포괄적으로 공개하는 형태로 이루어진다. 이러한 의무에 반하거나, 혹은 그 밖의 지시 혹은 지도에 따를 의무를 위반한 경우에 급여가 제한되며, 이는 사실상 개인의 최저생활을 불가능하게 한다. 그러한 의무가 주는 심리적 강제의 정도가 극히 큰 것을 염두에 두면

12) 김남진, "사회국가와 사회행정법", 행정법의 기본문제(법문사, 1989), 749면 이하; 홍정선, 행정법원론(하)(박영사, 2016), 826면 이하 등 참조.

13) 예컨대 홍정선, 행정법원론(상)(박영사, 2004), 20면 참조. 이러한 분류는 기본적으로 Wolff/Bachof의 분류방법과 그 맥락을 같이한다. Wolff/Bachof, *Verwaltungsrecht*, II(C. H. Beck, 1978), 185면 이하 참조.

여기에는 전통적인 침해행정의 법리가 적용된다.

결론적으로 말하면 사회행정법에서 국가는 급여의 주체로서 기능하지만, 부분적으로는 침해행정의 측면도 나타난다. 그렇기 때문에 사회행정법을 급부행정법이라고 부르는 경우 사회행정법에서 개인의 생활이 '보장'되는 대신, '자유'가 제한되는 측면이 간과된다.

사회행정법은 사회보장의 규율대상을 설명하기에 적합한 용어례는 아니다. 사실 '사회'란 용어를 공동체 혹은 공동체 관련성이라는 의미로 해석하게 되면, 모든 법이 사회법의 성격을 갖는다. 따라서 사회행정법의 독자적인 의미를 밝히는 데에 도움이 되지 않는다. '사회'란 용어를 헌법에서와 같이 시장경제의 (사회)기능적 한계를 배려하는 수식어로 해석할 때에도 정도의 차이가 있을 뿐 오늘날 거의 모든 공법분야는 사회행정법으로서의 성격을 띠고 있기 때문에 독자적인 법영역을 지칭하는 용어례가 될 수 없다. 따라서 사회행정법을 사회보장법으로 이해하기 위해서는 사회행정법의 '사회'란 용어는 특정한 사회상태를 지향하는 것으로 해석하여야 한다.

사회행정법이 규율하는 특정한 사회상태는 헌법, 특히 경제질서에서 예정하고 있는 개인의 생활상과 그 생활유형에 발생하는 위험을 보호받는 상태라고 할 수 있다. 헌법 제34조의 의미이다. 결국 이 작업을 구체화하는 것은 사회행정법의 개념에 접근하는 길이기도 하다. 이와 같은 방법을 통해서 사회행정법의 개념을 사회보장법의 그것에 접근시킨다 해도 여전히 다음과 같은 차이는 있다. 사회행정법은 사회보장의 기능을 수행하는 공법만을 포함하기 때문에 사회보장의 기능을 수행하는 모든 법을 사회보장법이라고 개념정의하는 경우(넓은 의미의 사회보장법) 이러한 사회보장법에 비해서 사회행정법의 범위는 좁다. 사회행정법은 직접 급여를 지급하여 개인의 생활위험을 보호하는 법이라고 이해하면 사회행정법은 아래에서 설명하는 좁은 의미의 사회보장법과 그 범위에 있어서 일치하게 된다.

제 2 절 사회보장법의 개념

위에서 사회문제의 발생구조, 또 사회보장과 유사개념과의 차이를 밝혀 사회보장법의 개념을 정의할 수 있는 기초지식을 얻게 되었다. 이에 다음과 같이 사회보장법에 대한 개념을 정리해 본다.

Ⅰ. 넓은 의미의 사회보장법

사회보장법의 개념은 먼저 다음과 같이 접근할 수 있다. 즉 주체와 방법을 불문하고 개인의 사회적 위험을 보호하는 '기능'을 수행하는 모든 법영역을 사회보장법이라고 할 수 있다. 이러한 의미의 사회보장법에는 헌법의 사회적 기본권을 구체화하는 모든 법이 포함된다. 예컨대 사회보장법을 '규범화된 사회정책'이라고 정의하는 입장이 여기에 속한다.[14] 이러한 이해방법에서는 사회보장의 기능을 수행하는 모든 공법상의 조치와 사법적(私法的)인 조치들이 사회보장법에 포함된다. 또 실현방법에 있어서도 개인에 대한 직접급여의 방법뿐 아니라, 구조정책적 방법, 조세정책적 방법에 의한 배려를 모두 포괄한다.

사회보장법의 개념을 이와 같이 넓게 파악할 때 뚜렷한 장점이 있다. 즉 문제가 발생한 영역에서 문제를 해결하는 방법은 시장경제에서 법률관계 당사자 간의 자율성을 존중하는 범위내에서 가능하기 때문에 사적 자치(私的 自治)의 원칙이 충실하게 남아 있다. 그리고 이와 같은 방법은 어느 정도를 넘어서면 헌법적 한계에 부딪히게 된다. 이 경우 국가가 직접 사회보장의 주체가 되어야 한다. 그리고 개인의 생활위험을 보호하는 국가의 과제는 이 두 방법이 조화를 이루면서 실현되어야 한다.

위와 같이 사회보장법을 기능적으로 이해할 때 사회적 위험이 보호되는 현황을 종합적으로 관찰·평가할 수 있다. 또 이로써 입법자에게 활동영역이 다양하게 제시될 수 있다. 예컨대 「국민연금법」은 노령의 생활위험을 보장하는 가장 중요한 제도이다. 그러나 노령보장을 위한 제도가 「국민연금법」에 한정되어 있지는 않다. 국민연금 및 국민기초생활보장을 보충하는 기초연금, 「근로기준법」상의 퇴직금, 세법상의 노인부양에 대한 소득공제, 사법(私法)관계에서 운영되는 개인연금 등 역시 노후소득보장에 기여한다. 넓은 의미로 사회보장법을 이해할 때 이와 같은 다원적 제도, 그리고 제도 간 조정의 문제를 종합적으로 평가하여 합목적적으로 정책을 형성할 수 있다.

그러나 넓은 의미로 사회보장법의 개념을 정의하는 방법은 다음과 같은 단점이 있다. 즉 넓은 의미의 사회보장법은 다양하고, 부분적으로는 이질적인 입

14) 위 각주 2의 문헌 참조.

법목적을 갖고 있는 법규의 총체이다. 또 여기에는 공법과 사법이 혼재해 있다. 따라서 넓은 의미의 사회보장법은 독립된 법분과로서 성립하기 위해서 필요한 일관된 체계가 있는 것은 아니며, 독자적인 법영역으로서의 속성을 가질 수 없다.

Ⅱ. 좁은 의미의 사회보장법

넓은 의미의 사회보장법이 갖는 개방성·비체계성 때문에 보다 세분화된 기준을 제시하여 사회보장법을 독립된 학문분과로 정립하기 위하여 좁은 의미로 사회보장법의 개념을 정립하여야 한다. 좁은 의미의 사회보장법 역시 넓은 의미의 사회보장법과 마찬가지로 사회보장의 목적과 기능에 착안한다. 그러나 다음과 같은 기준에 의하여 그 범위가 좁혀진다.

첫째, 개인을 생활위험으로부터 보호하는 것을 '직접적인 목적'으로 하는 '급여관계'를 규율하는 법을 사회보상법으로 분류한다. 따라서 사회보장의 기능을 수행하지만 1차적인 목적은 노동과 임금의 정당한 교환관계를 규율하는 노동법, 공공재를 안정적으로 공급하는 목적의 행정법, 국가재정의 확보를 1차적인 목적으로 하는 세법 등은 넓은 의미의 사회보장법에는 포함되지만, 좁은 의미의 사회보장법에는 속하지 않는다. 이러한 관점에서 보면 예컨대 자녀양육에 따른 추가적인 가계부담을 덜어주어 가족을 보호하는 노력에는 소홀하고, 일반적인 아동보호를 위한 조치들을 규율하고 있는 「아동복지법」 등은 엄격한 의미에서 사회보장법에 해당한다고 보기에는 적합치 않게 내용이 형성되어 있다.

둘째, 사회보장의 기능을 수행하지만 개인의 생활을 보호하는 목적보다는 사회환경을 구조적으로 개선하는 목적을 갖는 각종 구조정책 등은 좁은 의미의 사회보장법에는 속하지 않는다. 다만 사회보장 목적과 구조정책적 목적이 혼재하는 제도가 있다. 독일의 농민연금(Alterssicherung der Landwirte)이 여기에 해당한다. 여기에서는 연금수급요건으로 농민이 일정한 노령에 달할 것과 동시에 농업경영구조의 개선을 위하여 젊은 세대에게 경영을 이양할 것을 요구하고 있다. 우리나라에서도 1995년 농어촌에 국민연금을 확대 실시하는 방안으로서 이와 같은 구조정책적 관점을 고려한 바 있지만 실제 채택되지는 않았다.[15]

15) 이에 대해서는 유광호 외, 농어민 연금제도에 관한 연구(한국사회보장학회, 1989); 이혜경, "농업구조개선과 사회복지정책", 「사회보장연구」 제5권(1989), 80면 이하; 정명채 외, 농어민 연금제

셋째, 좁은 의미의 사회보장법은 국가 혹은 공법상의 법인이 주체가 되어 개인을 생활위험으로부터 보호한다. 그렇기 때문에 사회보장법은 공법으로 분류된다. 따라서 사회보장을 1차적인 목적으로 하지만 사법(私法)에 속하는 민간보험을 규율하는 법률은 좁은 의미의 사회보장법에서 제외된다.

위와 같은 논의를 정리하면 사회보장법은 다음과 같이 개념정의될 수 있다. 즉, 사회보장법이란 "국가 혹은 공법인이 주체가 되어 개인을 생활위험으로부터 보호하는 것을 1차적인 목적으로 제공되는 급여관계를 규율하는 공법체계"이다.

Ⅲ. 실정법적 의미의 사회보장법

「사회보장기본법」은 사회보장에 대한 입법적 정의를 시도하고 있다. 즉 사회보장이란 '출산·양육·실업·노령·장애·질병·빈곤 및 사망 등의 사회적 위험으로부터 모든 국민을 보호하고 국민 삶의 질을 향상시키는 데 필요한 소득·서비스를 보장하는 사회보험, 공공부조, 사회서비스'를 말한다(법 제3조 제1호).

도의 연구(한국농촌경제연구원, 1988) 등 참조.

제 3 장 사회보장법의 체계화

제 1 절 기존의 체계론

사회보장법에 대한 기존의 체계론은 일반적으로 사회보장제도를 공적 부조, 사회복지, 특별원호, 사회보험, 근로보호, 보건위생 등으로 나누고 있다.[1] 이때 특별원호는 사회원호(Sozialversorgung)와 같은 의미로 사용되고 있다.[2]

그러나 위와 같은 분류 혹은 나열은 다음과 같은 두 가지 문제가 있다. 첫째, 그 나열 자체가 현재의 사회보장의 범위를 설명하기에 부적합하다. 둘째, 사회보장법을 좁은 의미로, 즉 체계성을 갖는 학문분과로 파악할 때 포섭될 수 없는 요소들이 포함되어 있다. 우선 기존의 분류에는 범죄피해자보호제도, 기초연금 등을 포섭할 여지가 없다. 또 사회복지 관련제도가 독립된 하나의 체계를 형성하고 있는지, 아니면 사회부조,[3] 혹은 사회원호[4]의 한 분야로 포섭되는지에 대해서 설명해 주지 못한다. 근로보호 혹은 보건위생은 좁은 의미의 사회보장법의 범위에 속한다고 할 수 없다. 추측건대 이 견해는 일본의 영향을 받은 것이 아닌가 한다. 일본헌법 제25조 제2항은 국가의 사회적 과제를 열거하면서 사회복지, 사회보장과 함께 공중위생을 들고 있다. 이러한 관련에서 일본의 사회보장법에서는 공중위생이 같이 논의되는 것이 일반적이다.

근로보호가 「근로기준법」에 의해서 시행된다고 설명하려는 시도가 있다.[5] 그렇다면 근로보호는 노동법의 전형적인 과제이지, 사회보장법에 포섭되는 것

1) 근로보호를 포함시키는 견해는 석종현, 일반행정법(하)(삼영사, 1991), 478면; 보건위생 역시 포함시키는 견해는 김도창, 일반행정법론(하)(청운사, 1990), 530면 이하 등 참조.
2) 김도창, 각주 1의 책, 531면 참조.
3) 실제 사회복지를 공적 부조의 한 분야로 이해하는 견해로는 김남진, "사회국가와 사회행정법", 김남진, 행정법의 제문제(법문사, 1989), 756면; 홍정선, 행정법원론(하)(박영사, 2016), 828면 이하 등 참조.
4) 김도창, 각주 1의 책, 531면 참조. 아동보조금(Kindergeld), 장애자 보호급여(Behindertenversorgung) 등을 사회원호(부양)의 한 분야로 분류하는 태도는 독일에서 오랫동안 통용되는 분류방법이었다. 예컨대 Wolff/Bachof, *Verwaltungsrecht*, III(C. H. Beck, 1978), 260면 이하 참조. 그러나 이것이 법학적으로 의미있는 분류인가에 대해서는 의심이 간다. 이에 대해서는 아래에서 자세히 설명한다.
5) 김도창, 각주 1의 책, 538면; 김남진, 각주 3의 논문, 755면; 석종현, 각주 1의 책, 478면 이하 등 참조.

은 아니다. 또 근로보호에 산재보호를 포함시키는 견해도 있다.[6] 그러나 「근로기준법」상 근로보호는 기본적으로 사용자와 근로자 간의 관계에 국가가 일정한 기준을 제시하는 방법으로 실현된다. 반면 산재보험은 국가(근로복지공단)가 주체가 되어 직접 급여를 통해서 근로자의 업무상의 재해를 보호하는 사회보장의 수단이다. 그렇기 때문에 「산업재해보상보험법」은 「근로기준법」과는 체계를 전혀 달리한다. 따라서 근로보호에 산재보호가 포섭된다면 근로보호는 독립된 사회보장의 한 분과라고 하기에는 이질적인 구성내용을 갖게 된다. 마지막으로 보건위생은 국민 일반의 건강을 증진시키기 위한 정책이며, 직접 개인과의 법률관계를 매개로 실현되는 것은 아니다. 따라서 보건위생 역시 좁은 의미의 사회보장법에 포섭되지 않는다.

제 2 절 사회보상체계의 독자성

「국가유공자 등 예우 및 지원에 관한 법률」, 「범죄피해자보호법」 등 이른바 사회보상(社會補償)에 대해서는 설명이 필요하다. 이들 법률은 기존의 사회보장체계론에서는 전혀 다루어지지 않거나, 혹은 공적 부조의 일부로서 취급되었다.

우선 사회보상은 사회보장의 속성을 가지며, 또 사회보장의 기능을 수행한다. 두 가지 측면에서 그렇다. 첫째, 급여의 원인관계에 관한 문제이다. 사회보상은 엄격하게 보면 국가에게 보상의 법적 책임을 부과하는 구성요건을 충족시키지는 못한다. 예컨대 전쟁에서 전투행위 중 적의 공격에 의해서 사망한 경우에 법적 책임이 국가에 있는 것은 아니다. 그럼에도 불구하고 국가에 대한 피해자의 보상청구권을 인정하기 위해서는 국가의 정치적 책임을 법적 책임으로 승화시키는 독자적인 논리가 필요하다. 그 논리가 국가의 사회적 책임이며, 이를 통해서 국가는 피해자에 대한 사회보장의무를 갖게 되었다. 둘째, 급여의 종류와 관련된 문제이다. 사회보상은 일반적으로 연금의 형태로 계속급여로 지급된다. 그런데 이는 피해자의 생활을 장기적으로 보장하기 위한 조치이다.

사회보장법에서 사회보상의 체계론적 위치에 대해서 살펴보자. 사회보상은 우선 사회보험과 체계적 동질성을 가질 수 없다. 사회보험은 사전에 보험법

6) 김도창, 각주 1의 책, 542면; 김남진, 각주 3의 논문, 755면; 석종현, 각주 1의 책, 480면 등 참조.

적 관계를 형성하고 이를 기초로 가입자에게 사회적 위험이 발생했을 때 급여를 지급하는 관계를 내용으로 한다. 그런데 사회보상의 경우 이와 같은 사전적인 법률관계가 존재하지 않는다. 사회보상은 공공부조에도 포섭될 수 없다. 공공부조는 수급자의 상황을 절대적인 기준으로 하여 생활유지능력이 없는 것으로 확인되면 이를 극복하기 위해서 필요한 급여를 제공하는 목적론적 성격을 갖는다. 그런데 사회보상은 개인에게 발생한 희생이 공동체의 책임에 귀속되는 경우 공동체책임에 기초하여 지급되는 급여이다. 따라서 사회보상급여는 희생에 대한 반대급여로서의 성격을 갖는다. 다만 희생에 대한 보상의 성격에는 차이가 있다. 예컨대 전쟁희생보상은 보상의 성격이 강한 반면, 범죄피해에 대한 지원에서는 희생에 대한 보상의 성격이 매우 약하다.[7] 사회보상은 사회복지관련법과도 구별된다. 사회복지관련법 역시 수급자의 물질적 및 비물질적 기여를 전제로 하지 않고 수급자의 상황을 기준으로 보호 여부를 결정하는 목적론적 성격을 갖기 때문이다. 이 책에서는 사회보상을 독자적인 체계로서 다룬다.

제 3 절 사회보장법 체계화 시론(試論)

급여의 원인관계 및 입법목적을 기준으로 사회보장법을 분류하면 사회보험법체계, 사회보상법체계, 공공부조법체계 및 사회복지관련법체계로 나눌 수 있다.

Ⅰ. 사회보험법체계

사회보험에는 기본적으로 보험의 원리가 적용된다. 여기에서는 일정한 개인의 집단을 사회적 위험에 동일한 확률로 처해 있는 조직에 결합하여, 구성원이 사회적 위험으로부터 자기보호를 꾀할 수 있도록 한다.

사회보험에서는 한편으로는 구성원 간에(interpersonal), 다른 한편으로는 개인의 생애에 있어 시간적으로(intertemporal) 위험이 분산되면서 보호가 이루어

7) 이 점에 대해서 자세히는 전광석, “국가유공자보상의 범위결정 및 보상의 원칙”, 헌법학연구 제10권 제4호(2004), 232면 이하 참조.

진다.[8] 일정한 범위에서 급여비용을 공동으로 부담하고, 또 재정조정이 예정되어 있는 경우에는 보험단체 간에(intercorporative) 위험의 분산이 이루어진다. 마지막으로 특히 연금보험에서 재정운영방식으로 부과방식을 채택하는 경우 세대 간(intergenerational) 소득재분배가 이루어진다.

사회보험에서는 민간보험과는 달리 사회적 조정의 요소가 가미되면서 보험의 원리는 어느 정도 수정된다. 사회적 조정은 사회연대의 원칙으로 표현되기도 한다.[9] 먼저 민간보험에서는 개인이 자유로운 의사결정에 의하여 보험에 가입하는 반면, 사회보험에서는 법률에 의하여 가입의무가 부과된다.[10] 다만 사회보험 가입의무가 없는 자도 임의로 가입할 수 있다. 보험료의 산정기준에도 차이가 있다. 민간보험에서는 개인이 지니고 있는 위험의 정도 및 발생빈도를 기준으로 보험료가 산정된다. 반면 사회보험의 보험료는 기본적으로 가입자의 소득에 비례하여 산정된다. 따라서 사회보험에서는 가입자 간에 어느 정도 소득재분배가 이루어진다. 다만 사회보험에서 실제 소득재분배가 이루어지기 위해서는 여러 가지 전제가 충족되어야 한다. 예컨대 건강보험의 경우 고소득자와 저소득자 간의 소득재분배가 이루어지기 위해서는 이들이 발병률, 진료율, 가족규모 등에 있어서 동일하여야 한다.[11]

급여산정에 있어서도 사회보험은 보험의 원리를 부분적으로 수정하고 있다. 민간보험에서 보험급여는 가입자가 납부한 보험료에 비례하여 산정된다. 사회보험에서는 보험료산정의 기초가 되는 소득에 비례하여 보험급여가 지급된다. 또 저소득자를 어느 정도 배려하기 위하여 급여가 적정한 수준을 유지할 수 있도록 하고 있다. 예컨대 「국민연금법」에서는 본인의 소득과 함께 전체 가입자의 평균소득이 보험급여의 산정기초가 된다. 이로써 전체 가입자의 평균소득에 비해서 소득이 낮은 가입자(저소득자)는 본인의 소득만을 기초로 연금을 산정하는 경우에 비해서 유리한 취급을 받는다. 반면 평균소득보다 높은 소득의 가입자(고소득자)는 본인의 소득만을 기초로 연금을 산정하는 경우에 비해서 불

8) 사회보험에서의 각종의 소득재분배구조에 대해서 자세히는 전광석, "사회보장의 소득재분배구조에 대한 헌법적 접근", 전광석, 사회보장법학(한림대출판부, 1993), 53면 이하 참조.

9) 헌재 2000.6.29, 99헌마289, 12-1, 943면 이하 참조.

10) 사회보험에서 가입강제에 대한 헌법적 판단으로는 헌재 2001.8.30, 2000헌마668, 13-2, 287면 이하; 2003.10.30, 2000헌마801, 15-2(하), 106면 이하; 2013.7.25, 2010헌바51, 25-2(상), 47면 이하(건강보험); 2001.2.22, 99헌마365, 13-1, 301면 이하(국민연금) 등 참조.

11) 이 문제에 대해서 자세히는 전광석, "사회보장의 소득재분배구조에 대한 헌법적 접근", 전광석, 각주 10의 책, 63면 이하 참조.

리하게 된다. 또 사회보험에서는 최저급여제도가 실시되는 경우도 있다. 「산업재해보상보험법」에서 급여의 산정기초는 평균임금이다. 그런데 평균임금이 매년 고시되는 최저보상기준금액에 미달하는 경우에는 그 최저보상기준금액을 근로자의 평균임금으로 본다(산재보험법 제36조 제7항). 「고용보험법」 역시 저소득자에게 적절한 급여를 보장하기 위하여 위와 같은 규정을 두고 있다(고용보험법 제45조 제2, 4항). 이 밖에 사회보험법에서 부분적으로 추가로 보험료 부담을 지우지 않고 가족구성원의 위험을 보호한다. 「국민건강보험법」이 좋은 예이다. 이 점 역시 민간보험과 차이가 있다.

사회보험은 사회적 위험이 발생하기 전에 자신 혹은 산재보험에서는 제3자인 사용자가 보험료를 납부하여, '법적 원인관계'를 성립시키고, '특정한 사회적 위험'이 발생하면 급여를 지급한다는 점에서 원인관계를 중시하는 제도이다. 그렇기 때문에 사회보험급여는 재산권에 의하여 보호된다.

이와 같이 사회보험은 법적 원인관계를 중시하며, 사회보험은 다음과 같은 두 가지 가정하에 기능한다. 첫째, 가입자에게 사회적 위험이 발생하면 가입자 스스로의 능력으로는 이 상황을 극복할 수 없다는 가정을 한다. 따라서 사회보험에서는 가입자가 자신에게 발생한 위험을 현실적으로 극복할 수 있는가의 여부를 묻지 않고 법에 정해진 급여를 지급한다. 수요 및 자산조사를 통해서 현재 구체적인 보호의 필요성이 확인되는 경우에 비로소 제공되는 공공부조급여와 다른 점이다. 둘째, 사회보험에서는 법에 정해진 급여를 제공하면 가입자에게 발생한 사회적 위험은 극복된다는 가정을 한다. 보호를 필요로 하였던 상황이 급여를 지급하여 실제 극복하였을 때 비로소 목적이 달성되는 공공부조와 다른 점이다. 따라서 사회보험급여가 지급되어도 실제 사회적 위험이 극복되지 않는 상황이 존재할 수 있다. 이 경우에는 공공부조법에 의하여 보충적으로 급여를 지급하여 최종적으로 보호되어야 한다. 이 두 가지 의미에서 사회보험은 추상적인 보호를 통해서 개인의 사회적 위험을 보호하는 제도이다.

사회보험은 적절한 수준의 급여를 하지만 보호가 추상적이며, 공공부조는 구체적인 보호를 행하지만 그 수준은 최저생활을 보장하는 데 그친다. 그렇기 때문에 적절한 생활수준에 대한 구체적인 보호를 위한 방법이 필요하며 세법이 어느 정도 이러한 기능을 수행한다는 점에 대해서 위에서 지적한 바 있다.

현행 실정법 중 「국민건강보험법」, 「노인장기요양보험법」, 「국민연금법」, 「공무원연금법」, 「사립학교교직원연금법」, 「군인연금법」, 「산업재해보상보험법」, 「고용보험법」 등이 사회보험법체계에 속한다. 일반국민을 대상으로 하는 사회보험 이외에 공무원, 사립학교 교직원, 군인 등 특수직역에 종사하는 자를 대상으로 하는 사회보험이 독립된 조직체계로 운영되고 있다. 「공무원연금법」, 「사립학교교직원연금법」, 「군인연금법」 등이 여기에 해당한다. 특수직역 종사자를 대상으로 하는 사회보험은 사용자책임의 사고라고 할 수 있는 위험, 즉 업무·공무 혹은 복무 중의 사고에 대한 보험급여의 비용을 사용자에게 부담시키고 있다. 그렇기 때문에 특수직역 종사자를 대상으로 하는 사회보험에는 엄격하게 말하면 보상의 원칙과 보험의 원리가 혼재해 있다.[12] 보험의 원리와 보상의 원리를 분리하여 운영하기 위하여 2018년과 2020년 「공무원연금법」 및 「군인연금법」과 독립하여 「공무원재해보상법」 및 「군인재해보상법」이 제정되었다.

Ⅱ. 사회보상법체계

사회보상법체계는 국가유공행위 중에 발생한, 혹은 특별히 공동체 전체에 책임이 귀속되는 개인의 인적·물적 피해에 대한 국가적 차원에서의 보상을 규율한다. 여기에는 전통적으로 사회보상의 이념에 의하여 형성되었던 군사원호보상 외에 범죄피해자보상 등이 포함된다.

사회보상은 위험발생의 원인관계를 전제로 한 급여인 점에서, 또 희생이 발생하면 추상적으로 수요상황이 의제되고, 법에 규정된 급여가 제공된다는 점에서는 사회보험과 공통점을 갖는다. 그러나 사회보상체계는 급여의 법적 원인관계의 내용이 사회보험과 다르다(사회보험: 보험료 납부, 사회보상: 공동체 책임의 특별희생 혹은 국가유공행위 중의 희생). 또 사회보상에서는 희생이 발생하기 전에 개인이 자기기여를 통해서 보호관계를 성립시키는 것이 아니라, 급여의 구성요건, 즉 희생·피해 등이 발생하면서 동시에 급여의 법률관계가 성립된다는 점에서 사회보험과 차이가 있다. 조직에 있어서도 다음과 같은 차이가 있다. 즉 사회보험은 사회적 위험공동체를 조직기반으로 운영되고, 구성원이 보험료를 납부하여 재원이 조달된다. 이에 비해서 사회보상체계는 국가적 연대성의 표현

12) 가입자가 전혀 보험료를 부담하지 않고 일반적인 직무수행에 따른 반대급여로서 생활보장급여가 지급되는 순수한 의미에서의 부양제도는 우리나라에는 존재하지 않는다. 독일의 공무원부양제도(Beamtenversorgung)가 여기에 해당한다. 이에 대해서 자세히는 Hans F. Zacher, *Die Versorgung der Beamten, Richter und Soldaten*(R. v. Decker's Verlag, 1983) 참조.

이기 때문에 국가가 운영주체가 되고, 일반예산을 재원으로 하여 운영된다.

실정법 중에서는 「국가보훈기본법」, 「국가유공자 등 예우 및 지원에 관한 법률」, 「보훈보상대상자 지원에 관한 법률」, 「독립유공자예우에 관한 법률」, 「참전유공자예우 및 단체설립에 관한 법률」, 「범죄피해자보호법」 등이 사회보상법체계에 해당한다. 다만 「범죄피해자보호법」은 급여의 원인관계를 기준으로 보면 사회보상법체계에 속하지만 실제 급여의 조건 및 내용은 공공부조법과 유사하게 형성되어 있다.

Ⅲ. 공공부조법체계

공공부조법체계는 전통적인 빈민구조제도인 공적 부조의 발전된 형태이다. 공공부조법체계는 아래에서 설명하는 사회복지관련법체계와 같이 법적 원인관계를 전제로 하지 않고, 사회보장의 목적에서 지급되는 급여관계를 규율한다. 공공부조법에서는 개인에게 구체적으로 보호를 필요로 하는 상황(situation)이 발생하였을 때 인간다운 최저생활을 보장하기 위하여 급여가 지급된다. 따라서 공공부조법에서는 급여를 제공하기 전에 수요(needs) 및 자산(means)이 조사된다. 공공부조법은 개인의 구체적인 상황을 보호하는 목적을 갖는다는 점에서, 추상적으로 의제되는 수요를 법에 정한 급여를 지급하여 보호하는 사회보험법 및 사회보상법체계와 구별된다. 또 보호를 필요로 하는 상황이 발생하면 위험의 종류를 불문하고 보호를 행한다는 점에서, 특정한 원인(질병, 노령, 장애, 산업재해, 실업 등)에 의하여 발생한 상황을 보호하는 사회보험과 구별된다.

오늘날 공공부조법은 전통적인 공적 부조와 다음과 같은 점에서 구별된다. 첫째, 공공부조급여에 대해서 법적 청구권성이 인정된다. 법원이 아직 이 문제에 대해서 명확한 입장을 밝히지는 않았다. 그러나 법원은 「노인복지법」상의 노인수당에 대해서 관련 근거규정이 강행규정으로 형성되어 있는 한 법적 권리성을 인정하여야 한다는 판결을 한 바 있다.[13] 위와 같은 법원의 태도는 공공부조법상의 급여청구권에 대해서도 적용될 수 있다. 이에 비해서 헌법재판소에서 인간다운 최저생활보장에 대한 헌법적 권리가 아직 인정되고 있지는 못하고 있다.[14] 둘째, 공공부조에서 빈곤의 다양한 상황을 보호하며, 특별히 보호의

13) 대판 1996.4.12, 95누7727 참조.

14) 헌재 1997.5.29, 94헌마33, 9-1, 543면 이하; 2004.10.28, 2002헌마328, 16-2(하), 195면 이하 등

필요가 있다고 인정되는 상황에 대해서는 자산조사의 기준을 완화한다. 예컨대 장애인에 대해서는 일반적 수급자 선정기준을 완화하여 적용하여 이들이 일반인에 비하여 특별한 비용이 지출된다는 점이 반영되어야 한다.[15)]

공공부조법에는 현행 실정법 중 「국민기초생활보장법」과 「의료급여법」, 그리고 「긴급복지지원법」, 「재난적 의료비 지원에 관한 법률」 등이 포함된다. 또 「기초연금법」도 그 명칭에도 불구하고 실질적으로는 공공부조법에 가깝게 형성되어 있다.

공공부조법은 전국민을 대상으로 하며, 사회보장 목적의 급여관계를 규율하기 때문에 국가의 일반예산을 재원으로 운영된다. 공공부조법에서는 개인의 개별적인 생활이 보호의 대상이다. 따라서 적어도 사회보험에 비해서는 근거리행정이 이루어질 수 있도록 관리·운영 및 비용부담에 있어서 지방정부의 역할이 중요하다.[16)] 「사회보장기본법」은 이 점을 명시하고 있다(법 제25조 제5항, 제28조 제3항).

Ⅳ. 사회복지관련법체계

사회복지관련법체계는 신체적 및 정신적인 상황으로 인하여 스스로의 능력으로 인격을 실현하는 데 한계가 있는 집단을 보호한다. 이들은 경제적·사회적 활동 및 일상생활을 위한 거동능력이 제한되어 있기 때문에 사회복지관련법에서는 현금급여 및 서비스 급여가 지원되어야 한다. 또 이들은 생활의 거의 모든 국면이 장기적으로 보호되어야 한다. 사회복지관련법체계에서는 수요 및 자산조사가 이루어지지 않거나, 아니면 공공부조에 비해서는 완화되는 것이 바람직하다.

「아동복지법」, 「노인복지법」, 「장애인복지법」 등이 사회복지관련법체계를 형성한다.[17)] 다만 현재 사회복지관련법체계는 다음과 같은 이유에서 독자적인 목표를 갖고 형성되어 있다고 보기 어렵다. 첫째, 사회보장법적 내용과 일반적인 보호조치의 성격을 갖는 내용이 혼재해 있다. 「아동복지법」이 아동에 대한

참조. 전자의 결정에서는 생계급여청구권이 헌법적 권리의 성격을 가질 수 있다는 암시를 한 반면, 후자의 결정에서는 법률에 의한 구체화를 필요로 한다는 설시를 하고 있다.

15) 이에 관한 헌법적 판단으로는 헌재 2004.10.28, 2002헌마328, 16-2(하), 206면 이하 참조.

16) 이에 관한 지방정부의 복지활동에 대한 판례로는 대판 1997.4.25, 96추244 참조.

17) 사회복지관련법체계의 독자성에 대해서는 예컨대 전광석, "사회복지법의 규범체계와 과제", 법제연구 제41호(2011) 참조.

각종 금지행위를 나열하고 있는 것이 좋은 예이다(법 제17조). 둘째, 급여의 조건 및 내용은 「국민기초생활보장법」의 불충분한 점을 보충하는 정도이다. 예컨대 「장애인복지법」은 장애수당을 규정하고 있다. 그러나 이는 재량급여이며, 또 실제 급여조건도 「국민기초생활보장법」상의 보호요건과 유사하다(장애인복지법 제49조). 장애인의 소득보장을 위하여 「장애인연금법」이 제정되었지만 이는 중증장애인을 대상으로 하기 때문에 「장애인복지법」의 장애수당이 갖는 정책적 의미가 감소되는 것은 아니다. 2018년 제정된 「아동수당법」은 전적으로 목적론적 성격을 가지며, 이에 소득에 관계없이 급여를 지급하는 최초의 입법이다. 이에 비해서 「기초연금법」은 부분적으로 목적론적 성격을 갖지만 여전히 소득을 수급기준으로 적용하고, 또 모든 노인을 수급자로 하지는 않는다.

사회복지관련법은 공공부조법과 마찬가지로 전국민을 대상으로 하며, 자기기여를 전제로 하지 않고 사회보장의 목적을 위하여 급여가 제공되기 때문에 재원은 국가의 일반예산이다. 공공부조법에서와 마찬가지로 관리·운영 및 비용부담과 관련하여 지방정부의 역할이 중요하다.

제 4 장 사회보장법관계

제 1 절 사회보장법관계의 구조

사회보장법관계는 기본적으로 급여청구권의 실현을 중심으로 이에 관한 권리의무를 규율하는 법률관계이다. 다만 여기에는 다음과 같은 두 가지 제한적인 설명이 필요하다.

첫째, 사회보험법에서 직접 청구권을 실현하는 관계가 가장 중요한 내용이다. 그런데 사회보험법에서는 청구권의 구성요건이 실현되기 전에 이미 보험법적 관계가 형성되어 있다. 즉 법률에 의해서 가입자로 확정되면서 법률관계가 형성되며, 이러한 관계를 기초로 가입자는 보험의 운영에 참여하는 권한을 갖고,[1] 또 잠재적인 청구권, 즉 기대권의 행사주체가 된다. 이 점에 있어서 사회보험은, 청구권 행사의 구성요건이 충족됨과 동시에 법률관계가 성립되는 사회보상, 그리고 공공부조 및 사회복지관련법체계와 차이가 있다.

둘째, 청구권이 실현되는 전체 과정을 살펴보면, 특히 건강보험과 같이 보험자가 보험급여, 즉 요양급여를 직접 제공하지 않고 제3자, 즉 의료기관 및 약국을 통해서 급여가 제공되는 경우에는 사회보장법관계는 복잡한 구조를 띤다. 즉 청구권자와 급여의무자와의 법률관계뿐 아니라, 현실적인 급여제공자, 즉 요양기관과 보험자와의 관계, 그리고 청구권자와 요양기관과의 관계 역시 포함하게 된다.[2] 그리고 이로써 복잡한 이해관계가 경합하게 된다. 다른 사회보장법 분야에 비해서 건강보험법의 개혁이 어려운 이유이다. 건강보험에서 요양급여비용의 보상에 관한 법률관계의 당사자는 보험자와 요양기관이다. 다만 가입자도 치료비용의 일부를 부담하기 때문에, 이러한 본인부담에 관한 한 가입자와 요양기관 간에 민법상의 채권채무관계가 성립된다.[3] 편의상 청구권의

1) 이러한 참여권은 보험공동체의 법적 성격에 따라 차이가 있다. 영조물과 거의 유사하게 형성되어 있는 국민연금공단에서는 가입자의 참여의 범위가 좁게 형성되어 있다. 사회보장에서 가입자의 참여를 내용으로 하는 자치행정의 원칙에 대해서는 예컨대 전광석, "사회보장법에서 자치행정의 문제", 김철수교수 정년기념논문집(1998), 1142면 이하 참조.

2) 이에 대해서 자세히는 전광석, "국민건강보험의 법률관계 – 헌법적 접근의 가능성 –", 의료법학 제2권 제1호(2001), 277면 이하 참조.

3) 본인부담이 없는 독일 질병보험법에서는 이러한 법률관계가 존재하지 않는 것은 물론이다. 또

실현에 직접 기여하는 법률관계를 '기본적인 사회보장법관계', 그리고 그 밖에 사회보장의 목적에 부수하는 법률관계를 '사회보장법 실현관계'라고 부를 수 있을 것이다.

직접 사회보장의 목적에 기여하는 것은 아니지만 다음과 같은 법률관계 역시 사회보장법관계에 포함된다. 사회보장기관 사이에 성립되는 비용부담을 둘러싼 권리의무관계, 사회보험기관의 제3자에 대한 대위권 행사관계 등이 그것이다. 또 위법한 급여에 대해서 사회보험기관이 갖는 권리관계 등도 사회보장법관계의 일부를 이루며, 이때에는 취소권행사와 부당이득 반환청구의 절차를 거친다.

사회보장법관계는 간접적으로 입법목적을 실현하는 측면까지 포함하면 대단히 방대하다. 예컨대 공공부조법 혹은 사회복지관련법은 국가의 일반예산을 재원으로 하여 운영된다. 그렇기 때문에 예산의 재원인 조세를 규율하는 세법관계 역시 간접적으로는 사회보장법관계를 구성한다. 이와 같이 사회보장법관계를 넓게 파악하는 경우에는 다음과 같은 장점과 단점이 있다. 즉 한편으로 입법목적을 실현하는 데 간접적으로 관련된 법률관계 역시 포함시킴으로써 사회보장법의 전체적인 구도를 파악할 수 있다. 그러나 다른 한편 이 경우에는 사회보장법관계의 체계성이 상실된다. 결국 서술의 목적에 따라서 사회보장법관계의 범위가 파악되어야 한다.

제 2 절 공법상의 채권채무관계

Ⅰ. 민법상의 채권채무관계와 사회보장법관계

사회보장법관계는 민법상의 채권채무관계와 매우 유사하게 기능한다. 따라서 사회보장법관계는 일반적으로 공법상의 특별채권채무관계의 성격을 갖는다. 사회보장법관계는 법률의 규정에 의해서, 그리고 원칙적으로 강제적으로 성립된다는 점, 채권자와 채무자의 의사의 방향이 반대가 아니라는 점 등이 민법상

반대로 프랑스와 스위스에서와 같이 건강보험이 비용보상의 형태로 시행되는 경우에는 가입자와 의료기관 간에 먼저 민법상의 채권채무관계가 성립되고, 이와는 독자적으로 가입자와 보험자 간에 비용보상을 위한 사회보장법적 관계가 존재하게 될 것이다.

의 채권채무관계와는 다르다. 이 점은 행정주체와 객체의 대립된 의사를 규율대상으로 하는 침해행정과 구별되는 사회보장법관계의 특징이다.

민법상의 채권채무관계와 가장 유사한 제도는 사회보험이다. 사회보상은 청구권 행사의 구조가 민법상의 불법행위로 인한 손해배상책임과 유사하지만, 손해배상청구권과는 달리 책임과 보상의 관계에서 엄격하게 배상의 사고가 적용되는 것은 아니다. 무엇보다도 책임의 원인관계가 손해배상의 사고로는 설명되지 않는다. 전쟁희생, 범죄피해 등에는 국가가 간접적으로, 그것도 정도를 달리하여 개입되어 있을 뿐이기 때문이다.

공공부조법과 사회복지관련법은 법적 원인관계를 전제하지 않는 급여관계를 규율하기 때문에 일방적인 채권관계와 유사하다. 예컨대 가족법상의 부양권리 및 의무관계(민법 제974조 이하)와 비교될 수 있다. 다만 공공부조법 또는 사회복지관련법관계는 당사자가 사회정책적 조치의 대상인가, 그리고 구체적으로 보호의 필요성이 존재하는가에 대한 심사를 거쳐 형성된다. 이러한 심사는 당사자의 신청 혹은 직권으로 개시된다(국민기초생활보장법 제21, 22조). 아동수당과 같은 사회수당의 경우에는 이러한 심사가 이루어지지 않는다. 공공부조법과 사회복지관련법의 급여는 사회정책적 조치에 따르는 반사적 이익이 아니라 법적 구성요건을 충족하는 경우 수급자는 급여에 대한 청구권을 갖는다.[4] 따라서 공공부조법과 사회복지관련법 역시 공법상의 영조물법관계가 아니라 개별적인 권리와 의무를 내용으로 하는 법률관계를 형성한다.

Ⅱ. 계속적인 법률관계

특히 사회보험에서는 법률관계의 성립으로부터 구성요건의 충족, 그리고 급여의 계속이 보통은 수십년에 이르는 계속적인 법률관계가 형성된다. 사회보험은 이와 같이 개인 생활에 장기적인 영향을 미치기 때문에 법률관계의 성립에 있어서 행정절차가 신중하게 형성되어야 한다. 사회보장법의 이러한 특수성을 반영하여 독일에서는 일반 행정절차법과 독립하여 특별 행정절차법으로 「사회보장행정절차법」이 편찬되어 사회법전 제10권(SGB X)에 수록되었다. 사회보상에서도 이 점은 강조되어야 한다. 사회보상에서는 구성요건의 충족과 동시에 법률관계가 성립하기 때문에 사회보험에 비해서는 하나의 과정이 생략되어 있

4) 대판 1996.4.12, 95누7727 참조.

다. 그러나 사회보상 역시 장기적인 법률관계를 형성한다는 점에 있어서는 사회보험과 차이가 없다. 이를 비교해서 도식화하면 다음과 같다.

〈사회보험〉 자기기여 →(보호관계) 보험사고 →(급여관계) 급 여

〈사회보상〉 유공행위 중의 피해 →(급여관계) 급 여

사회보험법이나 사회보상법과는 달리 공공부조법과 사회복지관련법은 장기적인 법률관계를 규율하지는 않는다. 공공부조법과 사회복지관련법에서는 사전기여를 전제로 하지 않고 개인의 상황(situation)을 기준으로 보호가 이루어진다. 따라서 급여가 제공되기 전에 행정주체와 객체 간에 법률관계가 형성되어 있을 여지가 없다. 또 공공부조는 현재 개인에게 발생한 구체적인 상황을 보호하는 목적이 있으므로 특정한 상황에 대한 급여의 제공은 비교적 단기간을 예정하고 있다. 예컨대 「국민기초생활보장법」상의 생계급여는 한 달 단위로 지급된다(법 제9조 제2항). 따라서 사실상 계속해서 생계급여가 지급되는 경우에 이는 법적으로 보면 계속급여결정이 아니라, 1개월 단위로 행해진 급여결정이 갱신되는 결과이다. 「기초연금법」상의 기초연금 역시 사회보험법상의 연금과는 달리 장기적인 법률관계를 형성하지는 않는다. 기초연금 역시 보호대상자의 소득 및 재산이 심사된 후 지급되기 때문이다(법 제3조 제1항).

제 3 절 사회보장법관계의 당사자

사회보험법관계에서 채권자의 위치에는 사회적 위험이 발생한 수급권자 혹은 아직 사회적 위험이 발생하지는 않았지만 발생할 경우에 급여청구권을 갖는 가입자가 있다. 이에 비해서 사회보상법과 공공부조법, 그리고 사회복지관련법에서는 가입자의 개념은 존재하지 않으며, 급여청구권자가 채권자의 위치에 있다. 법률에 정한 요건을 갖춘 국가유공자, 범죄피해자, 법률 및 행정적 기준을 충족시키는 공공부조급여 수급권자 등이 그들이다.

사회보장법관계에서 가입자와 실제 수급자가 반드시 일치하는 것은 아니다. 예컨대 산재보험의 경우 보험가입자, 즉 사용자와 수급자가 일치하지 않는다.

산재보험은 업무상 재해에 대한 사용자의 보상책임을 면제하여 사용자가 수익자가 된다. 근로자를 중심으로 보면 산재보험은 사용자의 부담으로 산재를 보호한다는 의미에서 제3자에 의한 보호의 성격을 갖는다.

사회보장법관계에서 채권자의 위치에 있는 자는 자연인이다. 법인은 본질적으로 사회보장청구권자가 될 수 없다. 사회보장은 개인에게 발생한 사회적 위험을 보호하기 때문이다.

사회보장법관계에서 (국민건강보험공단 혹은 국민연금공단과 같은) 공법상의 법인이나 (국가가 직접 관리운영의 주체인 경우에는) 행정관청이 채무자의 위치에 있다. 이 밖에 제3자가 사회보장법관계의 실현에 참여한다. 현물급여가 자급되는 경우에 행정주체가 직접 이를 제공할 수도 있다. 예컨대 건강보장제도에서 의사가 준공무원적 지위를 갖고, 국가기관의 지위에서 진료를 할 수 있다. 영국의 국민보건제도(National Health Service: NHS) 혹은 이탈리아의 국민의료보험조합제도(Istituto Nazionale per l'assicurazione contro le Malattie: INAM)가 여기에 해당한다.[5] 우리 건강보험에서는 사회보장법관계의 효율적인 실현을 위하여 현물급여는 요양기관을 통해서 제공된다.

제 4 절 사회보장법관계의 성립과 종료

사회보험법관계에서는 법률에 의하여 가입의무가 성립되고, 가입하는 보험료를 납부하여야 하며, 보험법적 보호관계를 내용으로 하는 법률관계가 성립한다. 사회적 위험이 발생하면 급여청구권이 성립되며 급여지급을 내용으로 하는 법률관계가 계속된다. 사회적 위험이 보험급여를 통해서 극복되었다고 해서 법률관계가 소멸하는 것은 아니다. 보험료 납부의무를 이행하지 않았다는 사실이 보험관계 소멸의 원인이 되는 것도 아니다. 이때 보험자는 강제징수절차에 따른 체납처분을 할 수 있다(국민연금법 제95조; 국민건강보험법 제81조; 고용보험 및 산업재해보상보험의 보험료징수 등에 관한 법률 제28조). 결국 보험자는 보험관계를 강제적으로 성립·지속시키는 권한이 있다. 개정 전 「의료보험법」은 보험료를 미납한 경우 재산을 체납처분하는 대신 선택적으로 급여를 제한할 수 있도록 하였다(구 의료보험법 제41조 제7항). 이는 지역의료보험에서 보험료 미납사례가

5) 이에 대해서는, 전광석, 위 각주 2의 논문, 284면 이하 등 참조.

부분적으로는 집단적인 현상을 띠었고, 따라서 체납처분이 사실상 불가능했던 경험을 반영한 것이었다. 아직 의료보험에 대한 인식이 보편화되지 않은 과도기의 편의적인 규정이었다. 1997년 개정 「의료보험법」은 이러한 가능성을 삭제하였다. 그러나 「국민건강보험법」은 보험료 체납시 급여제한의 가능성을 다시 도입하였다(국민건강보험법 제53조 제3, 4항).

수급권자가 일정한 기간 권리를 행사하지 않은 경우에는 소멸시효가 완성되면서, 해당 기간의 구체적인 청구권은 소멸한다. 소멸시효제도는 권리의무관계를 조기에 확정하고 예산 수립의 불안정성을 제거하여 보험재정을 안정적으로 운영하기 위한 목적을 갖는다. 이러한 목적에서 기본적으로 단기급여와 장기급여의 경우 소멸시효기간을 차별하여 규정하고 있다.[6] 우리 사회보장법에서 소멸시효기간은 각 분야별로 달리 규정되어 있다.[7] 「국민연금법」에서는 5년 혹은 10년(법 제115조 제1항), 「국민건강보험법」에서는 3년(법 제91조 제1항), 「산업재해보상보험법」에서는 3년 혹은 5년(산재보험법 제112조), 그리고 「고용보험법」에서는 3년(고용보험법 제107조)이 소멸시효로 정해져 있다. 「공무원연금법」과 「사립학교교직원연금법」, 그리고 「군인연금법」에서는 5년이 소멸시효로 정해져 있다(공무원연금법 제88조 제1항; 사립학교교직원연금법 제54조 제1항; 군인연금법 제52조 제1항).[8] 그러나 이때에도 사회보장법관계 자체가 종료되는 것은 아니다.

사회보상법관계는 사회보상의 구성요건인 사실이 발생함과 동시에 성립한다. 계속적인 법률관계로서의 특징은 사회보험법관계와 유사하다. 공공부조법관계는 보호를 필요로 하는 구체적인 상황이 발생하면 성립하고, 그 상황이 극복되면 소멸한다. 이와 같이 공공부조법관계는 단기적으로 성립·소멸하고, 구체적인 상황의 존재를 전제로 하므로 소멸시효의 존재의의도 찾아볼 수 없다.

---

6) 헌재 2012.11.29, 2011헌마814, 24-2(하), 247면 참조.

7) 국민건강보험법이 과오납보험료를 환급받을 권리에 대한 소멸시효를 3년으로 한 규정에 대한 헌법적 평가로는 헌재 2012.11.29, 2011헌마814, 24-2(하), 240면 이하 참조.

8) 「공무원연금법」상 소멸시효에 대한 헌법적 판단으로는 헌재 2009.5.28, 2008헌바107, 21-1(하), 712면 이하 참조.

제 5 절 사회보장법관계의 내용

Ⅰ. 주된 권리와 의무

사회보장급여에 대해서 청구권자는 사법적(司法的)으로 관철할 수 있는 권리를 갖는다. 국가정책에 대한 반사적 이익이었던 빈민구호와는 달리 오늘날 사회보장급여가 법적 성격에 있어서 구별되는 점이다. 이러한 권리성은 자기기여에 대한 반대급여로서의 성격을 갖는 사회보험 급여청구권에는 물론 공공부조 급여청구권에도 인정된다.

사회보험법에서 가입자는 보험료 납부의무가 있다. 경우에 따라서 이러한 의무는 면제된다. 예컨대 「국민연금법」에서는 가입자에게 보험료를 납부할 것을 기대할 수 없는 상황으로서 법률에 정한 경우에는 보험료 납부의무가 면제된다. 사업중단, 실직 또는 휴직 중인 경우, 「병역법」 제3조에 의하여 병역의무를 수행하는 경우, 재학 중에 있는 경우, 교정시설에 수용 중인 경우, 종전의 「사회보호법」에 의한 보호감호시설 등에 수용 중인 경우, 행방불명인 경우, 재해·사고 등으로 소득이 감소되거나 그밖에 소득이 있는 업무에 종사하지 않는 경우 등이 여기에 해당된다. 이 기간은 보험가입기간에 포함되지는 않는다. 다만 가입자는 추후에 보험료를 납부하여 해당 기간을 보험가입기간에 포함시킬 수 있다(국민연금법 제91, 92조). 보험료 징수권은 국민연금의 경우 3년간 행사하지 않으면 소멸된다(국민연금법 제115조).

Ⅱ. 사회보장법관계에서 부수적인 의무

사회보장법의 당사자, 특히 가입자는 그의 능력의 범위내에서, 그리고 기대가능한 범위내에서 보험급여의 원인이 되는 피해를 방지, 혹은 감소시키기 위해서 노력하여야 한다. 이는 채권채무관계에서 도출되는 부수적인 의무이다. 이 밖에 가입자는 협력·통지·신고의무가, 보험자는 가입자에 대한 보호의무가 있다. 이와 같은 사회보장법의 목적을 효율적으로 실현하기 위해서 필수적인 의무는 개별 사회보장법에 산재해 있다. 「사회보장기본법」은 이러한 부수적인 의무로서 정보제공·설명·상담·통지 등을, 그리고 「사회보장급여의 이용·제공 및 수급권자 발굴에 관한 법률」은 상담, 안내, 의뢰 등을 규율하고 있다.[9]

1. 보험자의 부수적인 의무

보험자의 가입자에 대한 보호의무는 정보제공·설명·상담·통지 등의 형태로 나타난다. 이는 가입자가 보험자에 대해서 흠 없는 안내 및 상담을 받을 권리를 구체화한 것이다. 상담 및 안내는 그 내용이 적절하고, 완전하며, 오해를 피할 수 있는 형태로 이루어져야 한다.[10] 보험자의 이러한 의무는 구체적으로 특별한 동기가 있을 때 비로소 인정된다. 행정주체에게 능동적인 상담의무를 부과하는 것은 지나친 부담이 되기 때문이다. 일반적으로는 가입자가 적극적으로 상담을 요청했을 때 보험자에게 이러한 의무가 발생한다.[11] 구체적인 사안을 처리하는 과정에서 합목적적인 사회보장법관계를 형성할 가능성이 명백히 인식되었을 때 역시 상담의무는 인정된다.[12] 이러한 부수적인 의무에 위반하여 사회보장법관계의 실현에 결정적인 장애가 되었다면, 이에 상응하여 적절한 권리구제방법이 인정되어야 한다.[13]

보험자는 정보보호의 의무를 갖는다. 정보보호는 본래 의미의 사회보장법관계보다는 적용범위가 넓다. 사회보장급여의 제공관계 혹은 보험법적 보호관계에 한정하지 않고, 아직은 사회보장법관계에 진입하지 않은 자 혹은 사회보장법관계에 간접적으로 참여하는 제3자의 정보 역시 보호된다. 보험자는 가입자에 관한 개인정보와 기업 및 영업과 관련된 정보를 적극적인 조치를 통해서 보호하여야 하며, 또 공개해서는 안 된다. 당해 행정객체가 승낙하는 경우에는 정보가 공개될 수 있다. 또 행정주체가 법적 과제를 수행하기 위해서 반드시 필요한 경우에는 엄격한 비교형량을 거쳐 공개가 허용될 수 있다. 이 경우에도 사회보장의 목적으로 수집된 정보가 다른 목적으로 이용되어 당사자에게 예측할 수 없는 불이익이 발생하는 것을 방지하기 위한 절차법적 및 조직법적인

9) 독일에서는 이러한 보험자의 부수적인 의무는 사회보장법 총칙인 사회법전 제1권(SGB I) 제13조에서 15조까지에 입법되어 있다.
10) *BSGE* 32, 60(65); 34, 124(127) 등 참조.
11) *BSGE* 42, 224(227) 참조.
12) *BSGE* 46, 124(126); 46, 175(177); 50, 88(91); 52, 145(148) 등 참조.
13) 이에 대해서는 예컨대 전광석, "사회보장행정법관계와 행정구제의 새국면", 서원우교수 화갑기념논문집(1991), 423면 이하 참조.

조치가 필요하다.

「국민건강보험법」 및 「노인장기요양보험법」은 법률관계 당사자들에게 비밀누설금지의 의무를 부과하고 있다(국민건강보험법 제102조; 노인장기요양보험법 제62조). 「아동복지법」은 아동을 보호하는 사회사업에 종사하였거나 종사하는 자에게 직무상 알게 된 비밀을 누설하거나 직무상 목적 외의 용도로 이용하는 것을 금지하고 있다(법 제65조). 「국민기초생활보장법」은 급여심사와 관련하여 얻은 정보와 자료를 다른 용도로 사용하거나, 다른 사람 혹은 기관에 제공하는 것을 금지하고 있다(법 제22조 제6항). 그러나 이러한 의무에 관한 규정은 아동복지와 공공부조에 한정될 문제는 아니며, 그 밖의 사회보장법에도 확대되어야 한다.

2. 가입자의 부수적인 의무

가입자의 부수적인 의무는 다음과 같이 몇 가지로 유형화될 수 있다.

첫째, 가입자는 급여결정 및 지급에 필요한 사실관계를 설명하고, 급여에 필요한 증빙자료를 제출하거나, 조사에 응할 의무 등이 있다.

둘째, 가입자는 사회보장법의 입법목적을 효율적으로 실현하기 위하여 급여관계에서 협력을 하여야 한다. 건강보험법에서 질병 치료를 효율적으로 행하기 위하여 치료조치에 응할 의무 등이 여기에 속한다. 이러한 의무는 가입자의 헌법적 권리를 침해하지 않는 범위내에서 이루어져야 한다. 위험 및 고통을 수반하는 의료조치, 신체의 완전성을 해치는 의료조치 등은 사회보장의 목적에 비해서 과도하게 개인의 권리를 침해하므로 허용되지 않는다. 고용보험에서는 다음과 같은 문제가 나타난다. 즉 고용보험에서 실업자는 직업안정기관이 알선하는 직업을 수행하여 실업의 위험을 스스로 방지하여야 한다. 그런데 알선된 직업이 가입자에게 객관적·주관적으로 기대가능한 것인가의 여부가 문제된다. 「고용보험법」은 이 문제를 부분적으로 직접 규율하고 있다(고용보험법 제60조).[14]

셋째, 가입자는 사회적 위험을 스스로 방지할 의무를 게을리하거나, 혹은 사회적 위험을 스스로 야기하는 행위를 해서는 안 된다. 이에 대한 판단은 쉽지 않다. 사회적 위험을 방지할 의무를 게을리하는 것 자체, 그리고 경우에 따라서는 사회적 위험을 스스로 야기하는 상태가 비난할 수 없거나 혹은 사회적 환경의 산물인 경우도 있기 때문이다. 범죄가 대표적인 예이다. 따라서 예컨대

14) 독일 실업보험에서 이에 관한 판례로는, *BSGE* 44, 29; 46, 89; 47, 40 등이 있다.

「국민건강보험법」에서 스스로의 범죄에 기인하여 질병이 발생한 경우 건강보험 급여를 제한하는 규정에 대해서는 근본적인 검토가 필요하다.

위와 같은 부수적인 의무는 주된 의무와는 달리 행정주체가 의무이행 수단을 통해서도 강제할 수 없다. 다만 의무를 이행하지 않을 경우에는 급여가 제한될 수 있다. 이와 같이 의무이행을 위한 강제수단이 적용되지 않기 때문에 부수적인 의무의 이행은 가입자가 자발적으로 권리를 포기하는 것과 같은 모습으로 나타난다. 실제 가입자에게 부과되는 부수적인 의무의 위헌·위법 여부의 심사에 있어서 독일의 연방사회법원은 부수적인 의무가 자발적으로 이행되었다는 논거로 합헌성을 인정해 왔다. 그러나 부수적인 의무를 이행하지 않았기 때문에 나타나는 법적 효과는 가입자 본인의 생활 및 생존에 부정적인 영향을 미친다. 따라서 실질적으로는 강요된 행위가 이루어지는 셈이다. 이 점을 고려하면 부수적인 의무의 부과 및 집행은 엄격히 그 정당성이 심사되어야 한다. 예컨대 사생활에 해당하는 정보의 제공이 수급자 선정의 조건인 경우 헌법상의 사생활의 비밀과 자유의 기본권과 충돌하게 된다. 따라서 이 경우 해당 정보가 사회보장이 기능하기 위해서 필요한가의 여부, 그리고 이로써 성취되는 공익과 기본권 침해의 정도를 엄격히 비교형량하여야 한다. 특히 사회보장의 목적을 위하여 수집한 정보가 다른 기관에 제공되어 당사자에게 불이익하게 활용되어서는 안 된다.[15] 예컨대 「국민기초생활보장법」 제22조 제6항은 이 점을 명백히 하고 있다.

15) 건강보험 가입자의 요양급여내역에 관한 정보를 과다하게 제공하여 개인정보자기결정권을 침해한 예로는 헌재 2018.8.30, 2014헌마368, 30-2, 373면 이하 참조.

제 5 장 권 리 구 제

제 1 절 사회보장급여의 성격변화와 권리구제

오늘날 사회보장급여는 더 이상 국가의 객관적인 목적을 달성하기 위한 수단이 아니다. 즉 사회보장급여는 헌법 제34조 인간다운 생활을 할 권리를 실현하는 목적을 갖는다. 따라서 사회보장에 대한 권리는 사법적(司法的)으로 관철할 수 있어야 한다. 이러한 사회보장급여의 법적 성격은 사회보험청구권뿐 아니라, 국가의 일방적인 급여인 공공부조에 대해서도 인정된다. 다만 사회보험청구권이 헌법상 재산권에 의하여 보호되는 반면, 공공부조청구권은 재산권 보호의 대상이 아니라는 차이가 있다.

사회보장법에서 권리구제는 사회보장법에 대한 이해방법에 따라서 서술의 범위가 달라진다. 사회보장법을 넓은 의미로 이해하는 경우 권리구제의 문제는 이에 상응하여 다양하게 나타난다. 「근로기준법」상의 퇴직금을 둘러싼 분쟁, 이혼시 재산분할문제 등도 모두 사회보장과 관련된 사안이기 때문이다.[1] 여기에서는 사회보장법을 좁게 이해하여 공법상의 주체와 사회보장청구권자인 개인과의 관계에서 발생하는 법적 분쟁을 서술의 대상으로 한다.

제 2 절 사회보장법적 권리구제의 특수성

Ⅰ. 일 반 론

위와 같이 권리구제의 범위를 한정하면 사회보장법관계는 전형적인 공법관계이다. 따라서 이는 행정소송이 관할한다. 다만 사회보장법적 소송은 일반적인 행정소송에 비해서 다음과 같은 몇 가지 특징이 있다. 이상적으로는 이러한 소송의 특수성을 반영하여 효율적으로 권리가 구제될 수 있도록 하여야 한다.

첫째, 사회보장법관계는 그 내용이 매우 복잡하고 광범위하다. 또 잦은 개

1) 이에 대한 판결로는 예컨대 대판 1995.3.28, 94므1584 참조.

정이 이루어진다. 그렇기 때문에 수급권자의 입장에서 보면 자신의 청구권을 둘러싼 법률관계를 파악하는 것조차 쉽지 않다. 둘째, 수급권자는 일반적인 행정법관계의 당사자와는 달리 특히 사회적 보호의 필요성이 있다. 셋째, 사회보장법관계의 내용은 개인에게는 생존적 중요성을 가진다. 넷째, 사회보장법은 보통 장기적인 법률관계를 내용으로 한다. 장기간의 보험가입기간을 전제로 하며, 급여 역시 장기간 지급되는 「국민연금법」의 법률관계가 대표적인 예이다. 그 결과 행정청의 위법한 행위 혹은 이를 계기로 행해진 결정이 개인의 생활에 장기적인 영향을 미친다.

위와 같은 특수성에 상응하여 사회보장법에서는 일반 행정법적 구제방법과는 달리 특별한 배려가 필요하다. 오늘날 사회보장법이 전문가조차도 전반적으로 파악하기 힘든 영역이 되었기 때문에 사회보장기관에게 객관적인 홍보 혹은 설명의무를 부과하여야 한다. 그리고 이때 의무의 주체, 권리의 성격을 알려야 한다. 또 개별적인 경우에는 개인에게 상담받을 권리를, 그리고 사회보장기관에게는 이에 응할 의무를 부과하여야 한다. 이때 상담이 잘못되어 발생하는 손해에 대해서 사회보장기관에게 배상책임을 부과할 수 있을 정도의 권리성을 인정하여야 한다. 이와 같은 특수성이 사회보장에 적용되는 행정절차법과 기타 소송법의 형성에 반영되어야 한다.

사회보장법에서 소송의 당사자는 사회적 보호를 필요로 하는 자이다. 따라서 소송비용 및 변호비용이 권리구제에 있어서 장애가 되어서는 안 된다. 예컨대 독일의 「사회보장소송법」은 사회적 약자가 소송을 수월하게 제기할 수 있도록 심급에 따라서 비교적 낮은 금액으로 변호비용을 정하고 있다. 사회보장소송은 개인에게는 생존적 중요성을 가지므로 신속한 권리구제가 이루어져야 한다. 특히 단기적인 보호를 내용으로 하는 건강보험이나 공공부조에서 신속한 권리구제는 절대적으로 중요하다. 마지막으로 특히 사회보험에 관한 소송은 장기적인 법률관계에 영향을 미치므로 이러한 특수성을 감안하여 권리구제가 이루어져야 한다. 예컨대 사회보장기관의 잘못된 상담으로 인하여 가입자격이 상실된 경우 과거로 소급하여 가입기간을 인정하는 방안 등을 적극적으로 강구하여야 한다.

Ⅱ. 독일의 예

사회부조소송 등 일부 사회보장법적 분쟁을 관할하는 독일의 행정소송에서는 다음과 같은 몇 가지 특례를 적용하고 있다. 첫째, 소송비용이 면제된다. 따라서 소송당사자는 변호비용을 부담할 뿐이며, 상급행정법원에서 변호사 강제주의가 적용되는 경우 소송당사자는 변호비용에 대한 법률구조를 요청할 수 있다. 둘째, 가처분제도를 적극적으로 활용하고 있다. 사회부조는 현재의 구체적인 수요를 보호하여야 한다. 그런데 청구권자가 행정청의 급여거부처분에 대해서 소송을 제기한 후, 이미 보호를 필요로 하는 상황이 더 이상 존재하지 않게 되었으며, 이러한 상황에서 승소한 경우에 문제가 나타난다. 이 경우 사회부조급여에 대한 법적 청구권성(사회법전 제12권 제17조 제1항)을 존중하여야 한다면 급여가 소급해서 지급되어야 한다. 그러나 이러한 조치는 사회부조의 입법목적에 반한다. 현재의 구체적인 수요가 존재하지 않음에도 불구하고 급여를 지급하기 때문이다. 사회부조에 대한 권리구제에 있어서는 이러한 원칙 간의 긴장관계가 있기 때문에 신속한 권리구제를 위하여 가처분제도를 활용하고 있다. 셋째, 사회부조는 보호가 필요한 구체적인 시점에 이루어진다. 이 시점에 신속한 조치가 취해지지 않는다면 청구권자는 다른 방법을 통하여 해당 상황을 극복하려는 노력을 하고, 또 그러한 방법으로 극복되는 경우가 있다. 이 경우 권리구제는 보호조치에 대한 비용을 사후에 보상하는 형태로 실현될 수밖에 없다. 지금까지 독일의 행정법원은 이와 같이 비용보상의 방법으로 권리를 실현하는 판결을 발전시켜왔다.[2)]

독일은 사회보장법 분쟁을 관할하는 특별법원을 구성하고, 또 여기에 적용되는 「사회보장소송법」을 제정·시행하고 있다. 즉 사회보장법원(Sozialgericht)을 설치하고, 또 「사회보장소송법」(Sozialgerichtsgesetz)을 제정·시행하고 있다.[3)] 독일 사회보장소송법상의 소제기 및 심리에 있어서 특징은 다음과 같다. 첫째, 소제기인이 일반적으로 사회적 보호를 필요로 하기 때문에 소송의 제기에 있어서 엄격한 형식성을 탈피하였다. 소송제기인은 단순히 행정조치에 대해서 이의가 있다는 의사와 이러한 주장을 법원이 심사해 줄 것을 인식시키는 것으로

2) 이에 해당하는 예로는 *BVerwGE* 90, 154, 160 참조.
3) 이에 대해서는 전광석, 독일사회보장법과 사회정책(박영사, 2008), 282면 이하) 참조.

충분하다. 구두의 형식을 취할 수도 있다(독일사회보장소송법 제90조 이하). 둘째, 연방사회보장법원을 제외하고는 변호사 강제주의가 적용되지 않는다(제166조 제1항). 셋째, 소송당사자인 가입자, 급여청구권자, 장애인 및 그 승계인의 경우 소송비용이 면제된다(제183조). 변호비용이 심급에 따라 법률에 비교적 낮은 금액으로 규정되어 있어 사회적 약자가 쉽게 소송을 제기할 수 있다. 넷째, 사회적 보호의 관점을 반영하여 직권심리주의가 적용된다. 사실관계의 설명은 법원의 과제이며, 소송당사자가 부담하지 않는다(제103조). 소송당사자 간에 사실관계에 대한 다툼이 없는 경우에도 이것이 법원을 구속하지는 않으며, 법원은 직권으로 조사하는 권한을 갖는다. 다섯째, 신속한 권리구제를 위하여 가구제(假求濟)가 집행정지제도와 가처분을 통하여 실현되고 있다.

제3절 사회보장법 권리구제의 내용

Ⅰ. 관할기관

위에서 사회보장법관계가 일반 행정법관계와는 다른 특성이 있다는 설명을 하였다. 이 밖에도 사회보장법, 특히 사회보험법관계는 부분적으로는 자치행정의 원칙이 적용되기 때문에 권리구제와 관련하여 특수성이 있다. 이 점은 특히 소송의 전심절차에 가입자, 공익대표 등이 참여하는 형태로 반영되어 있다. 사회보장법에서 신속하고 효율적으로 권리를 구제하기 위해서는 전심절차뿐 아니라 소송절차에서도 이러한 특수성을 반영하여야 한다.

사회보장법적 분쟁을 관할하는 특별법원을 설치·운영하는 국가에서는 법원의 전문성을 높이고, 이해당사자의 이익을 반영하기 위해서 직업법관뿐 아니라 가입자대표 혹은 사회보장전문가를 명예직 법관으로 임명하여 소송에 관여하게 하고 있다. 명예직 법관은 해당분야의 직업적 전문지식을 분쟁의 해결과정에 반영하기 위한 매체이다. 명예직 법관제도는 전통적으로 독일의 사회보험이 노동자정책으로 도입되었으며, 따라서 노동관계의 당사자인 사용자와 노동자의 이익을 조정하는 의미를 갖기도 한다.

우리나라는 행정법원이 1998년 설치되었고, 또 행정소송에 적용되는 「행정소송법」이 별도로 제정되어 있다. 그러나 사회보장법적 소송을 관할하는 특별법원 및 특별소송법이 설치 혹은 제정되어 있지 않다. 따라서 이 책에서는 사회보장의 권리구제에 특유한 전심절차에 한하여 서술한다. 소송법에 대한 설명은 일반 행정소송법과 다르지 않다.

Ⅱ. 전심절차기관 및 기관의 구성

1. 전심절차기관

사회보험법에서 가입자의 자격, 보험료, 보험급여 또는 보험급여비용에 관한 처분에 불복이 있는 자는 행정소송을 제기하기 전에 전심절차로서 사회보장 주체인 공법인 혹은 행정청에 설치되어 있는 심사기구의 심사를 거치도록 하고 있다. 사회보험에서 전심절차는 이의신청과 재심사 등 이중적으로 구성되어 있다(「국민건강보험법」, 「국민연금법」). 재심사는 행정심판에 해당한다. 실제 「국민연금법」, 「산업재해보상보험법」 및 「고용보험법」 등은 이를 명시하여 재심사위원회의 재심사는 행정심판으로 본다(국민연금법 제112조 제2항; 산재보험법 제111조 제2항; 고용보험법 제104조 제1항). 아래에서는 사회보험에서 심사 및 재심사기관의 종류·내용 및 그 구성방법에 대해서 알아본다.

(1) 건강보험 및 노인장기요양보험

「국민건강보험법」에서 심사는 심사의 대상에 따라 이원화되어 있다. 먼저 가입자 및 피부양자의 자격·보험료·보험급여 및 보험급여비용에 관한 공단의 처분에 이의가 있는 경우 공단에 이의신청을 할 수 있다. 이에 비해 요양급여비용 및 요양급여의 적정성에 대한 평가 등에 관한 심사평가원의 처분에 이의가 있는 경우에는 심사평가원에 이의신청을 할 수 있다. 이의신청에 대한 결정에 불복하는 경우 모두 건강보험분쟁조정위원회가 관할한다. 건강보험분쟁조정위원회는 보건복지부에 설치되어 있다(국민건강보험법 제87, 88, 89조).

「노인장기요양보험법」에서 심사구조는 건강보험의 경우와 같다. 즉 장기요양인정·장기요양등급·장기요양급여·부당이득·장기요양급여비용 또는 장기요양보험료 등에 관한 공단의 처분에 이의가 있는 자는 공단에 설치되는 장기요양심사위원회에 심사를 청구할 수 있다. 이 결정에 대해서는 보건복지부에 설치되어 있는 장기요양재심사위원회에 재심사를 청구할 수 있다(노인장기요양보험법 제55,56조).

(2) 연금보험

「국민연금법」상의 심사청구기관은 국민연금심사위원회이다. 이는 국민연금공단에 설치되어 있다(국민연금법 제109조). 재심기관은 국민연금재심사위원회이며, 이는 보건복지부에 둔다(국민연금법 제111조). 「공무원연금법」상의 심사기관은 「공무원재해보상법」에 따른 공무원재해보상연금위원회이다. 공무원재해보상연금위원회는 국무총리 소속하에 둔다(공무원연금법제87조; 공무원재해보상법 제52조). 「군인연금법」상의 심사기관은 「군인재해보상법」에 따라 설치된 군인재해보상연금재심위원회이다. 이는 국방부에 설치된다(군인연금법 제51조; 군인재해보상법 제47, 48조). 「사립학교교직원연금법」상의 심사기관은 사립학교교직원연금급여재심위원회이며, 이는 사립학교교직원연금관리공단에 설치된다(사립학교교직원연금법 제53조 제1항).

(3) 산재보험

「산업재해보상보험법」상의 전심절차는 심사청구와 재심청구의 2단계로 되어 있으며, 이는 행정심판을 대체하는 절차로서의 성격을 갖는다(산재보험법 제103조 제5항). 따라서 재심사결정은 행정심판에 대한 재결로 본다(산재보험법 제111조 제2항). 심사청구는 근로복지공단에 설치되어 있는 산업재해보상보험심사위원회가 관할한다. 재심사기관으로 산업재해보상보험재심사위원회가 고용노동부에 설치되어 있다(산재보험법 제103조 제1항, 제107조 제1항).[4)]

(4) 고용보험

「고용보험법」에서 전심절차는 이원화되어 있고, 또 2단계로 구성된다. 고용보험에서 피보험자격의 취득·상실확인에 대한 심사청구는 근로복지공단에, 실업급여, 육아휴직급여와 출산전후휴가 급여 등에 대해서는 직업안정기관의 장을 거쳐 고용노동부에 소속·배치되어 있는 고용보험심사관에게 심사를 청구한다(고용보험법 제90조 제1항). 이 결정에 대한 불복신청의 심사는 고용노동부에 설치되어 있는 고용보험심사위원회가 관할한다(고용보험법 제99조 제1항). 재심사청구에 대한 재결은 행정심판에 의한 재결로 본다(고용보험법 제104조 제1항).

(5) 기 타

「국가유공자 등 예우 및 지원에 관한 법률」은 급여 등에 관한 결정에 대해서 특별한 권리구제절차를 두고 있지 않다. 그러나 이러한 결정은 행정처분에

4) 산재보험에서 분쟁해결을 위한 제도에 대한 헌법적 평가에 대해서는 헌재 2000.6.1, 98헌바8, 12-1, 590면 이하 참조.

해당하기 때문에 일반 「행정심판법」이 적용된다고 보아야 한다.[5] 「범죄피해자보호법」에 의하여 범죄피해구조심의회의 구조결정에 불복하는 사람은 법무부에 설치되어 있는 본부 구조심의회에 재심을 신청할 수 있다(범죄피해자보호법 제27조).

「국민기초생활보장법」상의 처분에 대한 불복절차는 2단계로 구성되어 있다. 먼저 「국민기초생활보장법」상의 처분에 대한 이의신청은 보호기관의 종류에 따라서 시·도지사, 서울특별시장이 관할한다. 이의신청결정에 대한 재심기관은 보건복지부장관이다(국민기초생활보장법 제38, 39, 40조). 「기초연금법」에서 수급권자의 자격인정 등의 처분에 대해서는 지방자치단체의 장에게 이의신청을 할 수 있다(기초연금법 제22조).

「아동복지법」, 「노인복지법」, 「장애인복지법」 등에 의한 처분에 대한 이의신청은 해당 복지실시기관이 관할한다. 이 심사결정에 대해서 불복이 있는 자는 행정심판을 제기할 수 있다(노인복지법 제50조; 장애인복지법 제84조).

2. 전심절차기관의 구성

(1) 건강보험

건강보험에서 심사업무가 이원화되어 있으며, 이를 위하여 공단 및 심사평가원에 각각 이의신청위원회가 설치되어 있다(국민건강보험법 시행령 제53조). 이들 위원회는 위원장 1명을 포함하여 25명의 위원으로 구성된다. 공단의 위원회와 심사평가원의 위원회는 그 구성방법에 있어 차이가 있다.

공단의 이의신청위원회의 위원장은 이사장이 지명하는 상임이사이다. 위원으로는 공단의 임직원 1명, 가입자대표로서 사용자단체 및 근로자단체가 각각 4명씩 추천하는 8명, 그리고 시민단체, 소비자단체, 농어업인단체 및 자영업자단체가 각각 2명씩 추천하는 8명이 참여한다. 이 밖에 변호사, 사회보험 및 의료에 관한 학식과 경험이 풍부한 사람 7명이 참여한다. 이 위원들은 공단의 이사장이 임명 또는 위촉한다.

심사평가원에 설치하는 이의신청위원회의 위원장은 심사평가원의 원장이 지명하는 상임이사이다. 위원은 심사평가원의 임직원 1명, 가입자를 대표하는 단체가 추천하는 사람 5명, 변호사 및 사회보험에 관한 학식과 경험이 풍부한 사람 4명, 의약관련단체가 추천하는 사람 14명이 참여한다. 가입자를 대표하는 단체에는 시민단체가 포함된다. 이들 위원들은 심사평가원의 원장이 임명 또는

5) 이에 대한 재결로는 예컨대 행정심판위재결 96-449; 96-2915 등 참조.

위촉한다(국민건강보험법 시행령 제54조). 이와 같이 위원회가 다원적으로 구성되는 것은 대표성을 확보하여 공정한 심사를 하기 위한 목적을 갖는다.

「국민건강보험법」상의 재심기관은 건강보험분쟁조정위원회로 일원화되어 있다. 분쟁조정위원회는 위원장 1명을 포함하여 60명 이내의 위원으로 구성한다(국민건강보험법 제89조). 분쟁조정위원회의 위원장은 보건복지부장관의 제청으로 대통령이 임명한다(국민건강보험법 시행령 제62조). 분쟁조정위원회는 이의신청위원회와는 달리 주로 공익대표로써 구성된다. 위원의 자격이 있는 자는 4급 이상 공무원 또는 고위공무원단에 속하는 일반직 공무원으로 재직 중이거나 재직하였던 사람, 판사·검사 또는 변호사의 자격이 있는 사람, 사회보험 또는 의료와 관련된 분야에 부교수 이상의 직에 재직하고 있는 사람, 사회보험 또는 의료에 관한 학식과 경험이 풍부한 사람 등이다. 위원은 보건복지부장관에 의해서 임명 또는 위촉된다. 분쟁조정위원회 위원의 임기는 3년이다. 다만 공무원인 위원의 임기는 그 직위의 재임기간이다(국민건강보험법 시행령 제62, 64조).

(2) 노인장기요양보험

노인장기요양보험에서 이의신청을 관할하는 장기요양심사위원회는 위원장 1명을 포함하여 50명 이내의 위원으로 구성한다. 위원장은 공단의 이사장이 장기요양사업을 담당하는 공단의 상임이사 중에서 임명한다. 위원으로 의사·치과의사·한의사 혹은 업무경력이 10년 이상인 간호사, 사회복지사로서 업무경력이 10년 이상인 자, 노인장기요양보험 업무를 담당하고 있는 공단의 임직원, 그 밖에 법학 및 장기요양에 관한 학식과 경험이 풍부한 자 중 공단의 이사장이 위촉 혹은 임명한다. 위원의 임기는 3년이다. 다만, 공단 직원인 위원의 임기는 재임기간으로 한다(노인장기요양보험법 제55조, 시행령 제23조).

재심기관인 장기요양심판위원회는 1명의 위원장을 포함하여 20명 이내의 위원으로 구성한다. 위원장은 보건복지부의 고위공무원단 소속 공무원 중에서 보건복지부장관이 임명한다. 위원으로서 보건복지부의 4급 이상 공무원 또는 고위공무원단 소속 공무원으로 재직 중인 자, 판사·검사 또는 변호사의 자격이 있는 자, 대학에서 사회보험 또는 의료와 관련된 분야의 부교수 이상으로 재직하고 있는 자, 그 밖에 법학, 사회보험 또는 의료에 관한 학식과 경험이 풍부한 자 중에서 보건복지부장관이 임명 혹은 위촉한다. 위원의 임기는 3년이다. 다만, 공무원인 위원의 임기는 재임기간으로 한다(노인장기요양보험법 제56조, 시행령 제25조).

(3) 연금보험

국민연금심사위원회 및 재심사위원회 역시 대표성과 전문성, 그리고 공정성을 보장하기 위하여 국민연금제도와 관련된 단체의 구성원이 다양하게 참여한다.

국민연금심사위원회는 위원장 1명을 포함하여 26명 이내의 위원으로 구성된다. 위원은 공단의 실장급 이상의 임직원, 사용자단체와 근로자단체가 추천하는 자, 지역가입자를 대표하는 단체가 추천하는 자, 그리고 법률이나 의료 또는 사회보험 분야에 관한 학식과 경험이 있는 자 중에서 공단이사장이 임명 또는 위촉한다(국민연금법 시행령 제89조). 이들 위원의 임기는 2년이다. 다만 공단의 임직원인 위원의 임기는 그 직위의 재임기간으로 한다(국민연금법 시행령 제91조). 위원장은 공단의 상임이사 중 공단이사장이 임명하는 자가 맡는다(국민연금법 시행령 제90조).

국민연금재심사위원회는 위원장 1명을 포함하여 20명 이내의 위원으로 구성된다. 위원으로는 다음에 열거되는 자 중에서 보건복지부장관이 임명 또는 위촉한다. 보건복지부 소속 3급 또는 4급 공무원 혹은 고위공무원단에 속하는 일반직 공무원, 판사·검사 또는 변호사의 자격이 있는 자, 대학에서 부교수 이상의 직에 재직하고 있는 자, 사회보험 또는 의료에 관한 학식과 경험이 있는 자로서 보건복지부장관이 자격이 있다고 인정하는 자 등이다(국민연금법 시행령 제104조 제2항). 재심사위원회의 위원장은 보건복지부 연금정책국장이다(국민연금법 시행령 제105조). 임기는 심사위원회의 위원의 경우와 같다(국민연금법 시행령 제109조).

「공무원연금법」상의 공무원재해보상연금위원회는 위원장을 포함하여 50명 이내의 위원으로 구성한다. 「군인연금법」상의 군인재해보상연금재심위원회는 위원장 1명을 포함하여 7명 이상 15명 이하의 위원으로 구성된다. 공무원재해보상연금위원회에는 기획재정부, 행정안전부, 고용노동부, 국가보훈부 및 인사혁신처의 고위공무원단에 속하거나 이에 상당하는 공무원으로서 재해보상·연금·복지 또는 복무 관련 업무를 담당하는 공무원 중에서 해당 기관의 장이 지명하는 사람이 당연직 위원으로 참여한다. 이밖에 재해보상·연금·복지·복무 등의 인사행정 또는 사회보장 관련 업무에 종사하거나 종사한 경험이 있는 사람 중에서 고위공무원단에 속하는 공무원 또는 이에 상당하는 공무원으로 재직하고 있거나 재직하였던 사람, 판사, 검사 또는 변호사로 재직하고 있거나 재직하였던 사람, 「의료법」에 따른 의료인, 그 밖에 재해보상·연금·복지·복무 등 인사행정 또는 사회보장 관련 업무에 관한 학식과 경험이 풍부한 사람 중에서 대통령이 위원으로 임명 혹은 위촉한다. 위원장은 인사혁신처장의 제청에 따라 대통령이 임명한다(공무원재해보상법 제53조).

군인재해보상연금재심위원회에는 국방부소속 공무원이 참여한다. 이 밖에 의료, 법무 및 사회보장에 관한 학식과 경험이 풍부한 사람 중에서 국방부장관이 임명 또는 위촉한다. 위원의 임기는 3년이다. 위원장은 위원 중에서 호선된다(군인연금법 시행령 제8, 9, 10조). 「사립학교교직원연금법」상의 연금급여재심위원회는 9명의 위원으로 구성된다. 이들 위원은 교육부 5급 이상 공무원, 장학관, 의료계, 법조계, 사회보장에 관한 학식과 경험이 풍부한 자 중에서 교육부장관이 임명 또는 위촉한다. 위원의 임기는 3년이며, 위원장은 호선된다(사립학교교직원연금법 시행령 제76, 77, 78조).

(4) 산재보험

산재보험 심사기관인 산업재해보상보험심사위원회는 위원장을 포함하여 150명 이내의 위원으로 구성된다. 위원 중 2명은 상임으로 한다. 위원으로 판사·검사·변호사 또는 경력 5년 이상의 공인노무사, 대학교에서 조교수 이상으로 재직하고 있거나 재직하였던 사람, 노동관계 업무 또는 산업재해보상보험 관련 업무에 10년 이상 종사한 사람, 사회보험이나 산업의학에 관한 학식과 경험이 풍부한 사람 중에서 공단 이사장이 위촉 혹은 임명한다. 산재보험의 법률관계는 고용관계를 기초로 형성된다는 점을 반영하여 위원 중 5분의 2에 해당하는 위원은 근로자단체 및 사용자단체가 각각 추천하는 사람을 위촉하도록 하고, 이때 근로자단체 및 사용자단체가 추천한 위원은 같은 수로 한다. 위원장은 상임위원 중에서 공단 이사장이 임명한다. 위원의 임기는 3년이며, 연임할 수 있다(산재보험법 제104조, 시행령 제99조).

산재보험재심사위원회는 위원장 1명을 포함하여 90명 이내의 위원으로 구성된다. 위원 중 2명은 상임위원으로, 1명은 당연직위원으로 한다. 위원으로 3급 이상의 공무원 또는 고위공무원단에 속하는 일반직 공무원으로 재직하고 있거나 재직하였던 사람, 판사·검사·변호사 또는 경력 10년 이상의 공인노무사, 대학교에서 부교수 이상으로 재직하고 있거나 재직하였던 사람, 노동 관계 업무 또는 산업재해보상보험 관련 업무에 15년 이상 종사한 사람, 사회보험이나 산업의학에 관한 학식과 경험이 풍부한 사람 중에서 고용노동부장관의 제청으로 대통령이 임명한다. 당연직위원은 고용노동부장관이 소속 3급의 일반직 공무원 또는 고위공무원단에 속하는 일반직 공무원 중에서 지명한다. 심사위원회의 경우와 마찬가지로 재심사위원회의 위원 중 5분의 2에 해당하는 위원은 근로자단체 및 사용자단체가 각각 추천하는 사람으로 하며, 이 경우 근로자단체 및 사용자단체가 추천한 사람은 같은 수로 한다. 위원의 임기는 3년이며, 연임할 수 있다(산재보험법 제107조).

(5) 고용보험

고용보험심사관은 고용노동부에서 일반직 5급 이상의 공무원 또는 고위공무원단에 속하는 공무원으로서 심사·재심사업무에 1년 이상, 혹은 고용보험업무에 2년 이상 종사한 사람 혹은 이에 상응하는 자격이 있다고 인정되는 사람 중에서 임명한다(고용보험법 시행령 제121조).

고용보험심사위원회는 근로자를 대표하는 사람 및 사용자를 대표하는 사람 각 1명 이상을 포함하여 15명 이내의 위원으로 구성된다. 근로자를 대표하는 위원은 총연합단체인 노동조합에서, 사용자를 대표하는 위원은 사용자단체에서 추천한 사람 중에서 위촉된다. 나머지 위원들은 다음의 사람 중에서 고용노동부장관의 제청에 의하여 대통령이 위촉한다. 판사·검사·변호사자격이 있는 사람, 대학의 부교수 이상의 직에 있던 사람 혹은 있는 사람, 3급 이상의 공무원 또는 고위공무원단에 속하는 일반직 공무원으로 재직하거나 혹은 재직하였던 사람, 노동관계업무에 15년 이상 종사한 사람으로서 고용노동부장관이 자격이 있다고 인정하는 사람, 사회보험 또는 고용문제에 관한 학식과 경험이 있는 사람 중에서 고용노동부장관이 자격이 있다고 인정하는 사람들이 그들이다(고용보험법 시행령 제130조). 위원 중 2명은 상임위원이다. 이들은 정당에 가입하거나 정치활동을 하는 것이 금지되어 있다(고용보험법 제99조 제6항). 다른 사회보험과는 달리 고용보험은 노사간에 분쟁이 있는 상황에서 사용자에게 불리하게 작용할 수도 있다. 이를 방지하여 고용보험의 중립성을 보장하기 위한 배려이다. 위원의 임기는 3년이며 연임할 수 있다. 위원회에는 위원장과 부위원장을 둔다. 위원장은 고용노동부장관의 제청에 의하여 대통령이 임명하고 부위원장은 위원 중에서 호선한다(고용보험법 시행령 제131, 133조).

(6) 기 타

「국민기초생활보장법」, 「아동복지법」, 「노인복지법」, 「장애인복지법」 등의 심사기관의 구성에 대해서는 특별한 규정이 없다. 결국 일반 「행정심판법」이 적용된다.

Ⅲ. 청구기간 · 심리절차 · 결정 등

1. 청구기간

심사청구 및 재심사청구에는 기간의 제한이 있다. 「국민건강보험법」과 「노인장기요양보험법」에서는 처분이 있음을 안 날로부터 90일 이내에, 처분이 있은 날로부터 180일 이내에 이의신청을 할 수 있다(국민건강보험법 제87조 제3항; 노인장기요양보험법 제55조). 「국민건강보험법」은 이의신청청구의 기간에 관한 규정을 심사청구에도 준용하도록 하고 있다(국민건강보험법 제88조). 그러나 이는 원처분이 있은 날로부터 90일 이내라는 의미가 아니고 이의신청에 대한 결정이 있은 날로부터 90일 이내로 해석하여야 할 것이다. 아래에서 설명하듯이 「노인장기요양보험법」과 「국민연금법」은 이 점을 명백히 하고 있다. 「노인장기요양보험법」에서 재심사청구는 이의신청에 대한 결정통지를 받은 날로부터 90일 이내에 하여야 한다(노인장기요양보험법 제55, 56조). 「국민연금법」에서는 처분이 있음을 안 날로부터 90일 이내에, 처분이 있은 날로부터 180일 이내에 재심사청구를 할 수 있다(국민연금법 제108조 제2항). 심사청구에 대한 결정에 불복이 있는 자는 결정통지를 받은 날로부터 90일 이내에 국민연금재심사위원회에 재심사청구를 할 수 있다(국민연금법 제110조). 「산업재해보상보험법」에서는 심사청구기간 및 재심청구기간이 모두 결정이 있음을 안 날로부터 90일 이내이다(산재보험법 제103조 제3항, 제106조 제3항). 「고용보험법」에서 심사청구는 처분이 있음을 안 날로부터 90일 이내에, 재심사의 청구는 심사청구에 대한 결정이 있음을 안 날로부터 90일 이내에 제기하여야 한다(고용보험법 제87조 제2항). 「공무원재해보상법」, 「사립학교교직원연금법」, 그리고 「군인재해보상법」상의 심사청구기간은 모두 급여에 관한 결정이 있은 날로부터 180일, 그 사실을 안 날로부터 90일이다(공무원재해보상법 제51조 제2항; 사립학교교직원연금법 제53조 제2항; 군인재해보상법 제47조 제2항).

위와 같이 청구기간에 관한 규정은 서로 기간산정의 기준인 기산점이 다르며, 또 청구기간 역시 차이가 있다. 이러한 불균형을 정당화할 만한 사유는 발견되지 않는다. 입법상의 불비이다. 처분이 있음을 안 날로부터 90일, 처분이 있은 날로부터 180일을 청구기간으로 하고 있는 일반 「행정심판법」(행정심판법 제18조 제1, 3항)의 예를 따라야 할 것이다. 다만 기간을 준수하지 못한 데에 정당한 사유가 있고 이를 소명한 때에는 기간규정이 적용되지 않는다(국민건강보험법 제87조 제3항 단서; 노인장기요양보험법 제55조 제2항 단서; 국민연금법 제108조 제2항 단서; 공무원재해보상법 제51조 제2항 단서; 군인재해보상법 제47조 제2항 단서; 사립학교교직원연금법 제53조 제2항 단서). 정당한 사유에는 천재 · 지변 ·

사변 등 불가항력이 해당한다. 그러나 정당한 사유는 여기에 한하지 않고, 사안에 따라서 타당성있는 판단이 이루어져야 한다.

「국가유공자 등 예우 및 지원에 관한 법률」상의 처분에 대한 불복절차에는 「행정심판법」이 적용된다. 따라서 청구기간과 관련해서도 「행정심판법」상의 청구기간, 즉 처분이 있음을 안 날로부터 90일, 처분이 있은 날로부터 180일 규정이 적용된다. 범죄피해자구조청구권의 청구기간은 범죄피해의 발생을 안 날로부터 3년, 당해 범죄가 발생한 날로부터 10년이다(범죄피해자보호법 제25조 제2항).[6)]

「국민기초생활보장법」상 이의신청기간은 신청인이 처분결정을 통지받은 날로부터 90일 이내이다. 재심신청기간은 이의신청에 대한 결정을 통보받은 날로부터 90일이다(국민기초생활보장법 제38, 40조). 「노인복지법」에서 이의신청은 복지조치가 있음을 안 날로부터 90일 이내에 하여야 하며, 이 결정에 이의가 있는 자는 결정을 통보받은 날로부터 90일 이내에 행정심판을 제기할 수 있다(노인복지법 제50조). 「장애인복지법」에서 이의신청은 복지조치가 있음을 안 날부터 90일 이내에 할 수 있으며, 이 결정에 이의가 있는 자는 「행정심판법」에 따라 행정심판을 제기할 수 있다(장애인복지법 제84조).

2. 심리절차

개정 전 「고용보험법」은 심리와 관련된 사항을 직접 규율하였다. 그 내용은 다음과 같다. 단순한 기술적인 규정을 알지 못해 청구인의 권리구제가 저해되는 것을 방지하기 위하여 관할위반의 심사청구가 된 경우에도 각하하지 않고 관할심사관에게 이송하게 하였다. 이 경우 새로운 피청구인인 심사관에 대해서는 최초에 심사청구를 접수한 때로 소급하여 심사청구가 된 것으로 본다(구고용보험법제75조의5). 이 규정은 법률개정에 의하여 삭제되었다. 그러나 이 규정은 개별법에 명시 여부와 관계없이 모든 사회보장의 전심절차에 적용된다고 보아야 한다.

심사가 청구되더라도 원처분에 대한 정지효과가 생기지는 않는다. 즉 집행부정지원칙이 적용된다. 다만 원처분 등의 집행에 의하여 발생하는 중대한 위해(危害)를 피하기 위하여 필요하다고 인정될 때에는 심사기관은 직권으로 원처분의 집행을 정지시킬 수 있다(고용보험법 제93조).

---

6) 법원은 범죄피해의 결과 장애인이 된 자가 장애인카드를 발급받은 후 1년이 경과하였다면 청구기간은 도과한 것으로 보고 있다. 이에 대해서는 서울지법 98나51687, 법률신문 1999.1.18일자 참조.

「고용보험법」이 채택하고 있는 집행부정지의 원칙은 「행정소송법」의 태도를 그대로 이어받은 것이다(행정소송법 제23조). 이는 다음과 같은 두 가지 내용을 갖는다. 첫째, 개인에게 불이익한 효과를 갖는 처분이 내려진 경우에 이의제기로 인하여 그에 대한 집행이 정지되지 않는다. 둘째, 처분의 집행으로 인하여 발생하는 중대한 위해를 피하기 위하여 긴급한 필요가 있다고 인정될 때에는 직권으로 그 집행을 정지할 수 있다. 그러나 이 규정은 전통적인 침해행정을 염두에 두고 제정된 것이기 때문에 수익행정이 주로 이루어지는 사회보장행정에서 충분한 권리구제수단인지는 의문이다. 집행정지를 신청하기 위해서는 행정청의 적극적인 처분이 존재하여야 한다.[7] 그런데 사회보장행정에서 이의제기의 대상은 행정청의 적극적인 처분이 아니라 거부처분 혹은 부작위이다. 법원은 거부처분의 효력이 정지된다고 하더라도 법원이 행정청에게 적극적인 처분을 명할 수는 없다는 이유로 거부처분에 대한 집행정지를 인정하지 않고 있다.[8] 결국 사회보장행정에서 효과적인 권리구제를 하기 위해서는 「민사소송법」을 원용하여 가처분의 가능성이 적극적으로 검토되어야 한다.

심리는 직권으로 이루어진다. 심사를 관할하는 기관은 청구인 또는 관계인에 대하여 출석·질문 및 의견진술을 하게 할 수 있고, 증거가 될 수 있는 문서 등을 제출케 할 수 있으며, 관계전문가에게 감정 혹은 진단을 받도록 할 수 있다(산재보험법 제105조 제4항; 고용보험법 제94조 제1항). 「국민연금법」, 「산업재해보상보험법」, 「고용보험법」 등은 심사에 관련된 사항을 직접 규율하지 않고 심사위원회에서의 심사 및 재결에 관한 절차에 「행정심판법」을 준용하도록 하였다(국민연금법 제112조 제1항; 산재보험법 제111조 제3항; 고용보험법 제104조 제2항). 「공무원재해보상법」과 「군인재해보상법」, 그리고 「사립학교교직원연금법」에서도 심사 및 재심위원회에서 관계인이 필요한 자료를 제출하거나 의견을 진술할 수 있는 기회를 보장하고 있다(공무원재해보상법 시행령 제62조 이하; 군인재해보상법 시행령 제47조; 사립학교교직원연금법 시행령 제84조). 다른 사회보험법에는 명시되어 있지 않으나, 「고용보험법」은 재심사심리의 공개를 원칙으로 하고 있다. 다만 당사자 일방 혹은 쌍방의 신청에 의해서 공개하지 않을 수도 있다(고용보험법 제101조 제3항).

「국가유공자 등 예우 및 지원에 관한 법률」, 「국민기초생활보장법」 등은 모두 심리절차에 대한 특별 규정을 두지 않고 있으므로 여기에는 일반 「행정심판법」이 적용된다.

---

7) 이 점에 대해서 자세히는 예컨대 홍정선, 행정법원론(上)(박영사, 2016), 924면 참조.
8) 대판 1992.2.13, 91두47 참조.

3. 결정 등

「국민건강보험법」에서 심사결정기간은 신청을 청구한 날로부터 60일이다(국민건강보험법 시행령 제61조). 「국민연금법」에서 역시 심사신청을 받은 날로부터 60일 이내에 결정을 하여야 한다(국민연금법 시행령 제100조). 재심결정기간에 대한 명시적인 규정은 없으나 「행정심판법」을 준용하여 60일로 보아야 할 것이다. 「공무원재해보상법」이나 「군인재해보상법」은 모두 결정기간에 대한 명시적인 규정을 두고 있지 않으나 「행정심판법」을 준용하여 60일로 보아야 한다. 「산업재해보상보험법」상의 심사결정기간은 공단이 심사청구서를 송부받은 때로부터 60일 이내이다. 이 기간은 1차에 한하여 20일을 넘지 않는 범위에서 연장될 수 있다(산재보험법 제105조 제1항). 「고용보험법」상의 심사결정기간은 30일이며, 10일에 한하여 연장될 수 있다(고용보험법 제89조 제2항). 재심결정기간은 청구를 받은 때로부터 50일로 정해져 있으며, 10일에 한하여 연장될 수 있다(고용보험법 제99조 제7항).

「국민기초생활보장법」상 이의신청에 대한 결정기간 및 재결기간은 모두 이의신청을 받은 날로부터 30일 이내이다(국민기초생활보장법 제39조 제1항, 제41조 제1항). 사회복지관련법 상의 결정기간은 심사청구를 받은 때로부터 30일이다(노인복지법 제50조 제3항; 장애인복지법 제84조 제2항).

Ⅳ. 행정소송과의 관계

「행정소송법」은 전심절차인 행정심판을 거치지 않고 곧바로 행정소송을 제기할 수 있도록 하고 있다. 다만 다른 법률에 당해 처분에 대한 행정심판의 재결을 거치지 아니하면 취소소송을 제기할 수 없다는 규정이 있는 때에는 그러하지 아니하다(법 제18조 제1항). 개별 사회보장법에서 명시적으로 전심절차의 결정을 거치도록 하는 규정은 발견되지 않는다. 오히려 「국민건강보험법」은 공단 혹은 심사평가원의 처분에 대해서 직접 행정소송을 제기하는 방법과 전심절차를 거쳐 행정소송을 제기하는 방법을 함께 규율하고 있다(국민건강보험법 제90조). 결국 사회보장법에 관한 권리구제에 있어서 국민은 전심절차를 거칠 수 있지만, 전심절차를 거치지 않고 직접 행정소송을 제기할 수 있다.[9]

명시적으로 규율되어 있지는 않으나 「국민건강보험법」이나 「국민연금법」상

9) 대판 2002.11.26, 2002두6811 참조.

재심사를 청구한 경우 60일이 경과하여도 재결이 이루어지지 않을 때에는 재결을 거치지 않고 행정소송을 제기할 수 있는 것으로 보아야 한다(행정소송법 제18조 제2항 제1호). 「공무원재해보상법」, 「군인재해보상법」 및 「사립학교교직원연금법」에 대해서도 「행정심판법」이 준용되어 재심결정에 불복하는 자는 청구기간내에 행정소송을 제기할 수 있다.

「국가유공자 등 예우 및 지원에 관한 법률」, 「국민기초생활보장법」 등은 모두 행정소송과의 관계에 대해서 언급을 하고 있지 않다. 그러나 재결에 대해서 당연히 행정소송을 통한 권리구제의 가능성이 열려 있다.

제 2 편

사회보장법과 헌법질서

제 1 장 헌법과 사회보장과제

서구에서 시민혁명을 계기로 제정된 헌법에서 개인은 기본권의 주체로서, 국가조직은 개인의 기본권을 효율적으로 보장하기 위한 수단으로서의 성격을 띠게 되었다. 헌법은 국가와 구별되는 사회영역에서 시민의 자율권을 보장하는 것을 과제로 하였다. 정치영역에서 민주주의원리가 적용되는 반면, 경제사회영역은 시장질서가 지배하면서 국가는 시장이 기능을 유지하기 위해서 필요한 질서를 창출하고, 또 시장에 대한 최소한의 개입을 하는 데 그쳤다. 그리고 이는 재산권, 직업의 자유, 거주이전의 자유 등 기본권에 의하여 보장되었다. 국가의 개입에는 다음과 같은 제한이 따랐다. 먼저 이 제한은 최소한에 그쳐야 했다. 국가는 전통적인 과제, 즉 국내 치안유지와 외부로부터 자국민의 생명·자유·재산·신체 등을 보호하기 위한 전쟁수행에 필요한 범위내에서 개인의 권리에 제한을 가하였다. 또 사회경제질서에 대한 개입은 개별적인 관계에 대한 규율이었으며, 사회경제질서를 형성하는 것은 아니었다.

개인에게 자율적인 결정권이 보장되었지만, 동시에 개인은 생활위험에 대한 책임을 스스로 부담하여야 했다. 19세기 중후반 산업화 이후 발생한 사회문제는 개인의 능력으로는 극복할 수 없는 구조적인 성격을 띠었다. 우선 산업화·공장화·도시화, 농촌의 피폐, 대가족구조 해체와 핵가족구조의 일반화 현상 등은 함께 작용하여 실업 및 저임금을 야기하였다(사회적 배경). 수요와 공급의 균형, 그리고 균형점에서 최적의 가격이 형성될 것을 예정했던 시장은 실패를 보였다(경제적 배경). 근대 시민혁명이 표방했던 평등사회는 노동계급을 고려하지 않은 불완전한 평등사회였다(사상적 배경). 기본권은 이를 행사하기 위하여 필요한 조건을 갖추지 못한 자에게는 공허하였다. 즉 근대적 의미의 헌법이 개인에게 자유권을 부여했지만 모든 개인이 실제 자유를 향유할 수 있는 것은 아니었다(헌법적 배경).

이러한 보편적이고 구조적인 사회문제에 직면하여 국가는 개인의 생활위험을 보호하고, 이를 통하여 자유를 행사하기 위한 조건을 보장하는 과제를 갖게 되었다. 이러한 시대의 우려를 반영할 수 없다면, 헌법과 국가의 정당성은 더 이상 유지될 수 없었다.

1948년 제정된 헌법은 근대적 의미의 헌법과 이에 따르는 시민사회의 형성을 거치지 않은 채 국가에게 경제사회적 과제를 부과하였다.[1] 첫째, 국가는 불개입을 통하여 개인의 자유를 보장하고, 동시에 자유의 실현조건을 보장하여야 한다. 이는 노동의 권리, 노동자의 권리, 교육의 권리, 최저생활을 보장받을 권리 등 사회적 기본권의 형태로서 표현되었다. 둘째, 국가는 전체 경제사회질서를 형성하는 과제를 가졌다. 이는 미시적 헌법관계에서 사회적 기본권을 보장하고 거시질서로서 경제질서에 관한 규정을 두는 형태로 구체화되었다. 기본권의 형태로 사회적 강령을 입법화할 경우 필연적으로 나타나는 규범력의 한계 때문에 객관적 규범의 형식으로 사회적 과제를 입법하는 헌법례도 있다. 예컨대 독일헌법에 환경에 대한 국가목표규정이 삽입된 것이 대표적인 예이다(독일헌법 제20a조). 또 국가의 사회적 과제를 포괄적으로 선언하는 형식을 취하는 헌법도 있다. 역시 독일헌법의 사회국가원리가 이러한 예에 해당한다(독일헌법 제20조, 제28조).

1) 이에 대해서는, 유진오, “우리 헌법의 윤곽” 혹은 “국가의 사회적 기능” 등의 논문 참조. 이 두 논문은 모두 유진오, 헌법의 기초이론(명세당, 1949)에 실려 있다. 특히 21면, 83면 참조. 이러한 유진오 구상에 대한 평가는, 전광석, 한국헌법학의 개척자들(집현재, 2015), 60면 이하 참조.

제 2 장 사회보장법에서 헌법 논의의 유형

제 1 절 자유실현의 가능성과 위험

사회보장법은 개인의 자유를 실현하기 위해서 필요한 조건을 보장한다. 그러나 이러한 자유는 처음부터 개인이 처분할 수 있는 자유와는 질적으로 다르다. 공권력에 의하여 비로소 보장된 자유이기 때문이다. 이러한 자유에는 다음과 같은 두 가지 위험이 내재해 있다. 첫째, 개인이 자유를 향유하기 위해서는 국가가 제시하는 조건을 충족시켜야 한다. 그리고 이 과정에서 개인의 자연적 자유가 침해될 수 있다. 둘째, 국가의 행위를 통해서 비로소 향유하게 된 자유는 다시 회수될 가능성이 있다. 이러한 가능성의 기본권적 관련성은 간접적이다. 왜냐하면 국가는 자유 그 자체를 제한하는 것이 아니라 자유의 조건, 예컨대 사회보장급여의 조건을 강화하여 개인에게 불이익을 주는 것이기 때문이다. 특히 이 점에 있어서 법치국가, 그리고 기본권이 사회보장법에서 중요한 행위기준 및 심사기준이 된다.

사회보장법의 형성 및 발전에 있어서 헌법이 영향을 미치는 구조는 다음과 같이 두 가지로 유형화할 수 있다. 형성규범 및 제한규범으로서의 헌법의 기능이다.

제 2 절 형성(행위)규범으로서의 헌법

Ⅰ. 헌법적 요청

헌법은 적극적으로 사회보장법에 의한 보호의 가능성을 확대시키는 규범적 논거가 된다. 구체적으로는 헌법 제34조 인간다운 생활을 할 권리, 제11조 사회적 평등, 제36조 혼인과 가족의 보호 등이 사회보장법의 형성을 선도할 수 있다.

헌법 제34조, 특히 제5항을 통해서 국가는 모든 국민에게 최저생활을 보장하여야 한다. 국가는 개인에게 사회적 위험이 발생하면 소득이 상실되고, 따라서 기존의 정상적인 생활이 유지될 수 없다는 인식하에 사회적 위험의 발생을 방지하고, 또 혹은 사회적 위험이 가져오는 파급효과를 보호하여야 한다. 이때 개인은 기존의 생활수준을 어느 정도 유지할 수 있어야 한다. 마지막으로 국가는 일정한 기준에 따라 개인이 평등하게 사회보장법적 보호를 받을 수 있도록 하여야 한다.[1] 보다 구체적으로는 스스로의 능력으로 최저생활을 할 수 없는 개인이 국가의 보호를 받지 못하거나 또는 그 급여수준이 낮아 실질적으로 최저생활을 할 수 없는 때 국가의 적절한 조치를 청구하는 논거로서 헌법이 원용된다.

Ⅱ. 실현의 한계

1. 규범적 한계

복지국가원리를 실현하는 데 있어서는 다음과 같은 한계가 있다. 민주주의 혹은 법치국가원리와는 달리 복지국가원리는 이를 실현하기 위한 제도 및 절차, 그리고 조직을 헌법이 직접 규정하고 있지는 않다. 따라서 이에 대한 판단은 민주주의의 의사결정에 유보되어 있다.[2]

그런데 복지국가를 실현하는 민주주의의 의사결정은 다음과 같은 부담을 가지고 있다. 첫째, 민주주의에서 사회보장의 과제와 다른 과제는 경합하며, 전자가 우선한다는 보장은 없다. 둘째, 위에서 지적한 바와 같이 복지국가의 다양한 목표 및 방법론, 그리고 구체적인 제도에 대한 입법적 결정이 필요하며, 이에 따라 복지국가의 현실은 얼마든지 달라질 수 있다.

이와 같이 민주주의의 의사결정에 헌법이 구체적인 기준이 될 수 없다는 사실은 사회정책이 점점 '현재의 정치적 다수'를 중심으로 형성되는 경향으로 나타난다. 그리고 이는 사회보장을 장기적으로 균형있게 실현하는 데 장애가 된다. 그러나 모든 국민에게 최저생활을 보장하는 과제는 절대적이며, 따라서 이는 민주주의의 실질적인 내용을 지도하여야 한다. 특히 최저생활보장의 권리는

1) 이 점에 대해서는 예컨대 Hans F. Zacher, "Das soziale Staatsziel", Josef Isensee/Paul Kirchhof (편), *Handbuch des Staatsrechts*, Bd. II(C. F. Müller, 2004), 683면 이하 참조.

2) 헌법재판소는 복지국가원리를 헌법상 독자적인 원리로 인정하는 뚜렷한 경향을 보이고 있다. 다만 헌법재판소는 복지국가원리의 기능에 대해서는 소극적이다. 즉 복지국가원리는 주로 입법적 형성권을 정당화하는 기능을 수행하는 것으로 이해하고 있다. 헌재 2000.6.29, 99헌마289, 12-1, 913면 이하 참조. 이에 대해서는 전광석, "헌법재판소가 바라본 복지국가원리", 공법연구 제34집 제4호 제1권(2006), 242면 이하 참조.

다른 사회보장청구권과 이념 및 실현구조에 있어서 다음과 같은 차이가 있다.[3] 첫째, 최저생활보장의 권리는 절대적으로 보장되어야 한다. 둘째, 최저생활보장의 권리는 일반적인 사회적 기본권과는 달리 그 규범적 내용이 헌법해석을 통하여 어느 정도 확인될 수 있다. 셋째, 최저생활보장의 권리는 사용자 등 다른 개인의 권리와 조정이 필요한 성격을 갖지 않는다. 즉, 사회적 기본권을 실현하는 데 작용하는 규범적 한계가 어느 정도 극복될 수 있다. 넷째, 최저생활보장의 권리는 그 권리의 중요성에 비추어볼 때 국가의 재정능력이 실현에 장애가 된다고 볼 수도 없다.

2. 현실적 한계

사회보장을 위해서는 안정적인 재정이 필요하다. 그런데 이에 대한 결정 역시 민주주의의 의사결정, 특히 국회의 판단과 결정에 유보되어 있으며, 이를 헌법이 직접 지도하는 가능성은 제한되어 있다. 이 점에서 사회보장의 기본권은 절차법적으로 실현되는 사회적 기본권과는 차이가 있다. 예컨대 노동 3권이 절차법적 성격을 갖는 사회적 기본권에 해당하며, 이러한 기본권의 실현에서 재정문제는 간접적인 관련성을 가질 뿐이다. 위에서 지적한 바와 같이 국가의 재정능력과 같은 현실적 한계는 최저생활보장의 권리에 관한 한 절대적으로 적용될 수는 없다. 최저생활보장의 권리에 있어서 국가의 재정능력은 절대적 한계가 아니라 재정의 부담 및 분배에 관한 상대적 우선순위의 문제이며, 따라서 최저생활보장의 절대적 중요성이 오히려 국가재정을 견인하여야 하기 때문이다.

제 3 절 제한(통제)규범으로서의 헌법

국가로부터 개인의 자율권 보장은 헌법의 전형적인 과제이며, 이는 사회보장에서 두 가지로 유형화할 수 있다. 첫째, 사회보장청구권에 대한 침해를 방어하는 기능이다. 둘째, 급여 조건과 관련하여 개인의 자기결정권이 간접적으로 침해되는 것을 방어하는 기능이다.

3) 이에 대해서는 전광석, 사회보장법과 헌법재판(집현재, 2021), 299면 이하 참조.

Ⅰ. 사회보장청구권의 존속보장

역사적으로 보면 복지국가의 초기 헌법규정은 사회보장입법을 확대하는 논거로서 주로 원용되었다. 위에서 살펴본 형성기능이다. 그러나 사회보장청구권이 성립된 후에는 헌법은 그 존속을 보호하는 근거로서 기능하게 된다. 보다 구체적으로는 헌법은 사회보장재정 등 현실적 상황이 악화되어 기존의 사회보장 급여수준을 낮추거나 급여조건을 엄격하게 하는 등의 조치를 심사하는 기준이 된다.

오늘날 특히 연금급여를 축소하는 것이 일반적인 현상이다. 다음과 같은 몇 가지 원인이 작용하였다. 첫째, 서구 사회에서는 이미 1980년대부터, 그리고 우리의 경우 1990년대 중반 이후 본격적으로 제기된 인구구조의 불균형이다. 이에 사회보험에서 보험료수입과 지출의 균형관계가 계속 악화될 것으로 예상되었다. 사회보험의 재정방식으로 부과방식을 채택하고 있는 경우 이러한 문제는 재정에 직접적인 영향을 미친다. 둘째, 초기의 잘못된 제도설계로 인하여 재정이 악화되고, 이로 인하여 급여를 축소하는 개정이 필요한 경우이다. 예컨대 국민연금에서 보험료와 급여관계가 불균형하게 설계된 것이 대표적인 예이다. 셋째, 산업사회에서 일반화되어 가고 있는 실업의 문제이다. 역사적으로 사회보장은 고용을 매개로 형성되어 왔다. 그런데 노동시장이 유연화되면서 고용과 소득이 모두 불안정해지고, 그 결과 복지의 재정적 기반이 약화되었다.

이와 관련하여 다시 두 가지 계기가 구별되어야 한다. 하나는 산업사회에서 일반적으로 나타나는 구조적 실업이다. 즉 실업이 더 이상 단순한 경기적 문제가 아니며, 구조적인 성격을 띠게 되었다. 다른 하나는 여기에 더하여 세계화(globalization)의 결과로서 나타나는 노동환경의 변화이다. 이러한 환경의 변화 속에서 연금지출을 축소하는 필연성과 사회보장급여의 존속에 대한 기대가 충돌하면서 헌법적 논의가 활발하게 진행되고 있다.

Ⅱ. 사회보장청구권자의 기본권

사회보장이 보편화되면서 개인의 경제생활의 기초에 변화를 가져왔다. 과거에 개인은 소득활동기간에는 소득에, 그리고 노후에는 저축 혹은 부양의무가 있는 자녀에게 그 생활을 의존하였다. 이에 비해서 이제 개인의 생활은 상당부분 공적 사회보장에 편입되고, 여기에 의존하게 되었다. 그런데 청구권을 실현하기 위한 조건이 경우에 따라서 개인에게 과도한 의무를 부과하고, 이러한 의무는 개인의 자기결정권을 침해할 수 있다.

사회보험에 의무가입과 보험료 납부의무는 가입자의 재산권과 긴장관계에 있다. 또 각종 신고의무·검진의무 등 사회보험에 따르는 부수적인 의무는 개인의 사생활·신체불훼손의 권리 등을 제한할 수 있다. 특히 공공부조에서 각종 심사는 최저생활을 위한 급여의 지급 여부와 연계된다. 그만큼 엄격한 헌법적 심사가 필요하다.

Ⅲ. 요양기관의 기본권

사회보장법에서 헌법 문제는 사회보장의 주체와 객체 간에 한정하여 발생하는 것은 아니다. 사회보장급여를 국가가 직접 제공하지 않고, 민간경제주체를 통하여 공급하는 경우에는 이들이 헌법관계의 당사자가 된다. 건강보험이 대표적인 예이다.

오늘날 대부분의 국민이 건강보험의 수급권자이다. 따라서 수급자를 진료하는 가능성, 진료행위를 규율하는 기준은 의료인의 직업활동에 중요한 영향을 미친다. 특히 의료인에게 건강보험 수급자를 진료하는 자격을 박탈한다면 사실상 의료행위를 수행할 수 없게 된다. 따라서 직업선택의 자유를 기준으로 엄격한 심사가 필요하다. 또 건강보험급여를 제공하는 요양기관이 민간경제주체임에도 불구하고 비용 보상의 기준과 내용을 국가가 일방적으로 결정하는 조치 역시 직업수행의 자유 및 계약의 자유 등에 비추어 헌법적 정당성을 가질 수 없다.

제 3 장 권한 및 조직규범

헌법이 구체적으로 사회보장을 관할하는 조직 및 조직간의 권한의 배분에 대해서 명시적으로 규율하고 있지는 않다. 이 점은 사회보장법의 투명성을 제고하는 데 중요한 문제이기 때문에 아래에서 입법·행정·사법의 순서로 이 문제를 살펴본다.

제 1 절 사회보장입법

헌법 제40조는 입법권을 국회에 부여하고, 제75조 및 제95조는 행정입법의 가능성과 한계에 대하여 규율하고 있다. 그렇다면 사회보장에서 국회제정법과 행정입법의 기능분담은 어떻게 이루어지는가? 헌법 제37조 제2항에 의하여 기본권을 제한하는 경우 법률의 근거가 필요하다. 국가권력이 개인의 자유를 제한하는 경우에 법률의 근거가 필요하다는 것이 전통적인 법률유보이론이었다. 그러나 오늘날 법률은 오히려 개인의 기본권을 적극적으로 실현하는 수단이 되었다. 그렇기 때문에 사회보장에서 규범 간의 기능분담은 헌법 제40조를 기준으로 논의되어야 한다. 기본권 보장은 헌법의 가장 중요한 과제이며, 따라서 기본권의 실현에 관련된 본질적인 사항은 국회제정법에서 규율되어야 한다(이른바 '본질성이론').[1] 이는 법치국가뿐 아니라 민주주의의 요청이다. 국회에서 입법과정은 공개되기 때문에 이로써 의사결정이 투명하고, 또 개인 및 집단이 의견을 투입하여 참여하는 가능성이 높아진다.[2]

본질성이론은 사회보장입법에 더욱 요청된다. 다음과 같은 두 가지 이유에서이다. 첫째, 사회보장급여에 관한 사항이 법률에 규정되면서 특히 그것이 강행규정인 경우에는 개인은 급여에 대한 법적 청구권을 갖는다.[3] 둘째, 사회보장급여는 개인에게는 생존적 중요성을 갖는다. 따라서 법률에 규정되었을 때 비로소 개인은 언제 사회보장의 급여청구권이 성립되는지, 그리고 어떠한 종류

1) 예컨대 헌재 1999.5.27, 98헌바70, 11-1, 634면 이하 참조.
2) 이에 대해서는 전광석, 사회보장법과 헌법재판(집현재, 2021), 44면 이하 참조.
3) 대판 1996.4.12, 95누7727 참조.

와 내용의 급여가 어떠한 형태로 지급되는지에 대한 예측을 할 수 있고, 이를 기초로 자신의 생활을 설계할 수 있다. 이는 법적 안정성에 기여한다.

우리 사회보장법은 위와 같은 헌법적 요청에 충실하지 않다. 사회보장을 받을 권리와 관련된 중요한 사항, 즉 보호의 인적 대상, 보호하는 위험의 내용, 급여의 종류와 내용·수준, 그리고 재정 및 조직의 중요한(본질적인) 사항이 법률이 아니라, 행정입법에 위임되어 있기 때문이다. 물론 현재 개인의 최저생활을 구체적으로 보호하여야 하는 공공부조법과 복지관련법에서는 구체적인 상황에 따라서 합목적적인 기준에 따른 행정적인 결정이 필요하다. 또 서비스급여인 경우 현금급여와는 달리 법제화에 입법기술적인 한계가 있다. 그러나 구체적인 급여에 대해서는 행정적 결정에 위임하더라도 급여를 산정하는 최소한의 기준과 절차는 법률에 규율되어야 한다. 반면 현금으로 납부하는 보험료, 그리고 현금으로 지급되는 급여관계를 규율하는 사회보험에서는 충실하게 법률의 형식으로 규율하는 데 큰 어려움이 없다. 다만 사회보험 중에서도 건강보험의 경우에는 서비스급여가 주로 이루어지기 때문에 법제화에 한계가 있다.[4)]

헌법재판소는 사회보장법이 급부법에 해당하며, 또 규율대상이 지극히 다양하거나 수시로 변화하는 경우에 해당한다는 이유로 법제화의 밀도가 약하고, 또 위임의 구체성이 완화될 수 있다는 입장이다.[5)] 그러나 이러한 논리가 필연적이지는 않다. 사실관계의 다양성과 가변성은 한편으로 규율대상을 확대하고, 다른 한편 개정 빈도를 높이는 원인이 될 수는 있다. 그렇다고 해서 국회입법의 요청이 약화되고, 또 규율의 밀도가 낮아지며, 그 결과 행정(입법)적 결정을 정당화하는 것은 아니다. 이는 권리를 기반으로 자기결정의 조건을 보장하는 복지국가의 이념에 비추어 볼 때에도 타당하다. 행정입법에 위임하거나 혹은 복지조치를 행정재량에 위임하는 경우에는 수급자의 법적 지위는 안정성을 가질 수 없기 때문이다.

사회보장에 관련된 모든 사안을 국회제정법이 규율할 수는 없다. 즉 입법기술적인 한계가 있기 때문에 행정입법에의 위임은 어느 정도는 불가피하다. 다만 이 경우에도 수권조항은 위임입법의 내용을 적어도 예측할 수 있도록 형성하여야 한다. 예컨대 기존의 「공무원연금법」 및 「군인연금법」에서는 연금수급자가 소득이 있는 경우 연금의 지급을 일부 정지하기 위하여 "국가 또는 지방

4) 이에 관한 결정으로는 예컨대 헌재 2000.1.27, 99헌바23, 12-1, 62면 이하 참조.
5) 예컨대 헌재 1997.12.24, 95헌마390, 9-2, 828면 이하 참조.

자치단체가 직접 또는 간접으로 출연금·보조금 등 재정지원을 하는 기관”에 취업한 경우 “연금의 일부 또는 전부의 지급을 정지”할 수 있도록 행정입법에 위임하였다. 이 규정은 연금의 지급이 정지되는 대상취업기관, 지급이 정지되는 기준인 소득수준, 지급정지율 혹은 지급정지액을 행정입법에 포괄위임하는 것이기 때문에 위헌으로 결정되었다.[6]

제 2 절 사회보장행정

헌법은 사회보장행정에 직접 관련된 규정을 두고 있지는 않다. 사회보장행정과 관련하여 지방자치에 대한 제도보장은 간접적이지만 중요하다. 이는 중앙정부와 지방정부 간의 기능분담에 관한 문제로 구체화될 수 있다. 헌법은 지방정부에 자치권을 보장하고 있고, 자치권의 내용에는 주민의 복리에 관한 사무가 포함된다(헌법 제117조 제1항). 따라서 가능한 범위내에서 사회보장행정은 지방분권화되어야 한다.[7] 그러나 사회보장행정을 분권화하는 데에는 한계가 있으며, 분야별로 차별적 접근이 필요하다. 사회보장행정은 대량행정이고, 또 형평성 있는 집행이 필요하다. 현금급여를 집행하는 영역보다는 현물 혹은 서비스급여를 내용으로 하는 사회보장행정에서 분권적 행정이 필요하고, 또 가능할 것이다. 분야별로는 사회보험보다는 공공부조 및 각종 복지관련법상의 서비스급여가 분권화되어야 할 영역이다. 「사회보장기본법」은 이 점을 명시적으로 규율하고 있다(법 제25조 제5항). 또 이러한 영역에서는 수급자와 밀접한 관계를 유지하면서 근거리행정이 이루어질 때 그들의 생활상황이 구체적·개별적으로 파악될 수 있고, 입법목적이 효율적으로 실현될 수 있다.

사회보험의 조직형태와 관련해서 헌법은 중립적이다. 지역의료보험조합과 공무원 및 사립학교교직원 의료보험관리공단이 통합되었으며(국민의료보험관리공단), 이 통합조직이 2000년 7월 1일 직장의료보험조합과 통합함으로써(국민건강

6) 헌재 1998.5.28, 96헌가1, 10-1, 509면 이하; 2003.9.25, 2001헌가22, 15-2(상), 231면 이하; 2003.7.24, 2002헌바51, 15-2(상), 103면 이하; 2003.7.24, 2002헌바82, 15-2(상) 131면 이하; 2003.9.25, 2000헌바94등, 15-2(하), 254면 이하; 2007.4.26, 2005헌바51, 19-1, 444면 이하; 2007.4.26, 2004헌가29등, 19-1, 349면 이하; 2010.7.29, 2009헌가4, 22-2(상), 95면 이하 등 참조.

7) 법원은 조례를 통해서 생활보호대상자를 확대하여 보호하는 것은 합법이라는 판결을 한 바 있다. 대판 1997.4.25, 96추244 참조.

보험공단) 건강보험에서 관리·운영의 일원화가 완성되었다. 그런데 이러한 통합작업에 헌법이 구체적인 기준이 되지는 않는다.[8] 또 조직의 통합에 따르는 재정통합, 그리고 이로 인한 기존 조합의 재정에 미치는 부정적 영향이 헌법적 문제가 되지는 않는다. 가입자는 기존의 급여내용 및 수준이 급격히 불이익하게 변화하지 않는다는 헌법적 기대를 가질 수 있으나, 조합의 재정독립성 자체 및 재정상황이 헌법적 보호의 대상은 아니기 때문이다.

제 3 절 사회보장분쟁과 법원

헌법은 사회보장법적 분쟁을 관할하는 특별한 법원의 창설을 예정하고 있지는 않다. 비교법적으로 보면 예컨대 독일헌법은 일반법원과 행정법원, 그리고 재정법원과 노동법원, 사회보장법원 등 사안별로 연방법원을 설치할 것을 직접 규정하고 있다(제96조). 사회보장법 소송에는 일반 「행정소송법」이 적용된다. 그러나 사회보장의 특수성을 반영하는 법원의 설치가 금지되어 있는 것은 아니며, 오히려 헌법의 해석상 이러한 법원의 설치는 바람직하기도 하다.

사회보장법 소송은 대부분 전심절차로서 행정심판을 거치게 된다. 행정심판이 실질적으로 개인의 권리구제에 충실하기 위하여 행정심판에 사법절차가 준용되어야 한다(헌법 제107조 제3항). 개별 사회보장법이 직접 행정심판에 적용될 심리절차를 규율하고 있지 않은 경우에는 「행정심판법」이 적용된다. 일반적인 「행정심판법」이 아니라 사회보장법에 특유한 전심절차를 적용하는 것 자체에 헌법적인 문제가 있는 것은 아니다. 다만 행정심판에 있어서 사법절차를 준용하고, 또 대법원이 최종심이어야 한다. 이때 준용되어야 하는 사법절차란 판단기준의 독립성과 공정성, 대심적(對審的) 심리구조, 그리고 당사자의 절차적 권리보장 등을 내용으로 한다.[9]

사회보장법의 헌법과의 정합성은 헌법재판에 의하여 심사된다. 현재 헌법재판소에서 사회보장법 규정에 대한 헌법심사가 활발하게 이루어지고 있다(이 책 '부록'의 헌법재판소 결정례 참조).

8) 실제 헌법재판소는 이 문제에 대해서 합헌결정을 한 바 있다. 헌재 2000.6.29, 99헌마289, 12-1, 913면 이하 참조.

9) 헌재 2000.6.1, 98헌바8, 12-1, 590면 이하 참조.

제4장 기 본 권

제 1 절 인간의 존엄과 가치

헌법 제10조 인간의 존엄과 가치는 기본권질서의 핵심적인 내용이다.[1] 다른 기본권들은 정치·경제·사회·문화 등의 생활영역에서 인간의 존엄과 가치를 실현하는 수단의 성격을 가진다. 인간의 존엄과 가치는 기본권의 이념적 출발점일 뿐 아니라, 헌법의 최고원리로서 헌법의 구조적 원리이다. 따라서 인간의 존엄과 가치는 다른 헌법규정에 대해서 지도원리로서 기능한다. 기본권뿐 아니라 국가조직, 그리고 그 밖의 헌법규정들은 궁극적으로는 인간의 존엄과 가치를 실현하기 위하여 존재한다.[2]

인간의 존엄과 가치가 헌법 분쟁에서 직접적인 심사의 기준이 되는 경우는 드물다.[3] 인간의 존엄과 가치는 개별 생활영역에 적용되는 기본권을 통해서 실현되며, 따라서 해당 생활영역을 규율하는 개별 기본권이 보다 구체적인 심사의 기준이 되기 때문이다. 사회보장급여의 수준에 관한 질문도 구체적으로는 여기에 적용되는 특유한 기본권인 헌법 제34조의 해석을 통해서 대답할 수 있다.

일부 기본권은 인간의 존엄을 명시적인 기준으로 선언하고 있다. 예컨대 근로조건은 기본적으로 사용자와 근로자의 협의에 의해서 정해지며, 이것이 사적자치(私的 自治)의 원칙에 충실한 방법이다. 그러나 열악한 근로조건이 강요되는 것을 방지하기 위하여 헌법 제32조 제3항은 근로조건의 기준을 법률로 정하도록 하였다. 이때 근로조건의 기준은 인간의 존엄성을 보장하여야 한다. 이로써 헌법 제10조의 이념이 노동의 영역에 반영되어야 한다는 점을 명확히 하였다. 또 헌법 제36조에 의하면 혼인과 가족의 생활이 양성의 평등과 개인의 존엄에 기초하여야 한다. 사회보장의 권리를 선언한 헌법 제34조 제1항 역시 헌법 제10조가 예정하고, 또 보장하고 있는 인간상이 해석의 기준이 되어야 한다.

인간의 존엄과 가치에 관한 조항이 이념적 성격만을 띠는 것은 아니다. 개

1) 헌재 1990.9.10, 89헌마82, 2, 310면 참조.
2) 헌재 1992.10.1, 91헌마31, 4, 633면 이하 참조.
3) 예외적으로 인간의 존엄이 구체적인 심사기준이 되었던 결정으로는 헌재 2016.12.29, 2013헌마142, 28-2(하), 656면 이하 참조.

별적인 기본권의 헌법적인 근거가 되기도 한다. 이로부터 도출되는 대표적인 기본권이 생명권[4] 및 신체불훼손권, 그리고 인격권[5] 등이다. 그리고 이러한 기본권들은 사회보장법에 대한 헌법심사에 있어서도 중요한 기준이다. 사회보장법에서는 급여체계의 기능 및 효율성을 보장하기 위해서 급여대상자에게 여러 협조의무가 부과되어 있다. 그리고 이는 침해적 효과를 가질 수 있다. 이러한 침해가능성에 착안하여 비교법적으로 보면 예컨대 독일의 사회보장법 총칙에 해당하는 사회법전 제1권(SGB I)에서는 제65조 제2항이 개인의 생명 및 신체를 해하거나 심한 고통을 수반하는 진료 및 진찰, 그리고 신체의 완전성을 훼손하는 진료 및 진찰을 수인할 것을 협조의무라는 명목으로 강요해서는 안 된다고 규정하고 있다.

개별 사회보장법은 여러 협조의무를 규정하고, 이를 이행하지 않은 경우에 제재를 가하고 있다. 간접적으로 요양과 관련된 지시에 위반하는 경우 급여를 제한한다.[6] 직접적으로 조사와 검진을 받을 의무를 부과하고 있다.[7] 위와 같은 조치를 하는 경우에 헌법 제10조에서 도출되는 생명권·신체불훼손권 등이 심사기준이 된다.

제2절 평 등 권

헌법 제11조 평등권은 소극적으로는 법적 평등을, 적극적으로는 사실적 평등을 내용으로 한다. 사실적 평등은 사회적 기본권의 형태로 구체화되어 있으며, 평등이 실현되어야 할 영역이 개별적으로 열거되어 있다.

Ⅰ. 법적 평등과 사회보장법

1. 내 용

헌법 제11조 평등의 원칙은 평가대상인 상황이 본질적으로 같은 경우에는

---

4) 헌재 1996.11.28, 95헌바1, 8-2, 545면 이하 참조.
5) 헌재 1991.4.1, 89헌마160, 3, 149면 이하 참조.
6) 예컨대 국민건강보험법 제53조 제1항, 국민연금법 제82조 제2항, 공무원연금법 제64조, 군인연금법 제40조, 산재보험법 제83조 제1항 등 참조.
7) 예컨대 고용보험법 제111조, 국민기초생활보장법 제22조 제1항 등 참조.

같은 취급을, 본질적으로 다른 경우에는 다른 취급을 하여야 한다는 의미의 상대적 평등을 내용으로 한다. 이에 따르면 본질적으로 같은 상황에 대해서 자의적으로 다른 취급을 하거나, 혹은 본질적으로 다른 상황임에도 불구하고 자의적으로 같은 취급을 하는 것을 금지한다(자의의 금지). 그리고 합리적인 이유가 있는 때에는 차별은 정당화된다(합리적 차별).

헌법에서 특별히 평등을 요구하고 있는 경우, 그리고 차별취급으로 인하여 관련 기본권에 대한 중대한 제한이 가해지는 경우에는 엄격한 심사기준이 적용된다(비례의 원칙). 이 경우 차별취급의 합리성을 심사하는 데 그치지 않고, 차별의 종류 및 정도가 차별을 행하는 목적과 비례관계에 있는가의 여부가 심사된다. 공무원채용시험에 있어서 제대군인에게 가산점을 부여하는 규정, 그리고 국가유공자 가족에게 취업보호를 위하여 가산점을 부여하는 규정에 대한 심사에 있어 비례의 원칙이 적용된 바 있다.[8]

2. 비교의 기준

평등의 원칙이 기계적으로 적용되어 헌법적 평가가 이루어질 수는 없다. 비교의 대상인 두 개 이상의 사안을 무엇을 기준으로 평가하여 본질적으로 다르다는, 혹은 같다는 평가를 하는, 즉 비교의 기준을 찾는 작업은 가치관련적 문제이기 때문이다.[9] 예컨대 사회보장법에서 목적론적 기준을 적용한다면 모든 차별적인 급여는 평등의 원칙에 반한다. 이때는 예컨대 「국민기초생활보장법」 상의 급여와 비교하여 사회보험급여는 급여의 원인관계, 즉 상황 혹은 위험이 발생하기 전에 수급자가 보험료를 납부하여 보호관계를 형성하였는가 하는 원인관계는 함몰된다. 즉 전자의 급여는 최저생계수준마저도 보호하지 못하고, 후자의 급여는 기존의 생활수준 혹은 그것의 일부를 보장하는 상대적으로 높은 수준의 급여이기 때문에 평등에 반하게 된다. 그러나 이와 같은 헌법적 평가는 타당하지 않다. 사회보험에서는 가입자가 보험료를 납부하는 사전기여가 존재하기 때문이다. 반대로 원인관계를 중시하여 평가한다면 이러한 차별적인 급여는 모두 헌법에 합치하게 된다.

---

8) 헌재 1999.12.23, 98헌마363, 11-2, 770면 이하; 2006.2.23, 2004헌마675등, 18-1(상), 269면 이하 등 참조.

9) 이에 대해서는 전광석, 한국헌법론(집현재, 2023), 303면 이하 참조.

3. 체계정당성

법적 평등과 관련하여 이른바 체계정당성(Systemgerechtigkeit)이 중요한 기준이 된다. 이에 따르면 입법자는 그가 선택한 가치기준을 법질서를 형성할 때 일관되게 존중하여야 한다. 입법자는 특정한 상황을 규율하기 위해서 선택한 가치기준을 법률 내부에서 뿐 아니라(내적 체계정당성), 동일한 규율대상을 갖는 다른 법률에서도 일관되게 준수하여야 한다(외적 체계정당성). 예컨대 헌법재판소는 「제대군인지원에 관한 법률」에 의하여 제대군인에게 채용시험에 있어서 가산점을 부여하는 제도가 장애인을 배제하기 때문에 장애인 평등에 반하여 위헌으로 결정한 바 있다. 이로써 체계조화의 헌법적 요청이 규범 간에도 존중되어야 한다는 점을 명확히 하였다.[10)]

사회보장의 형평성을 위해서 내적 및 외적 체계정당성은 존중되어야 한다. 그러나 규율대상이 같다고 해서 해당 규율대상이 속해 있는 법률의 입법목적이 항상 동일한 것은 아니다. 그리고 이와 같은 기존의 입법목적·의미 및 체계의 일탈 자체가 입법형성권의 한계를 벗어나는 것은 아니다. 즉 체계를 일탈하는 합리적인 근거가 있는 때에는 평등의 원칙에 반하지 않는다.

국민연금과 특수직역연금과의 관계가 좋은 예이다. 일반 국민을 대상으로 하는 국민연금과 특수직역종사자를 대상으로 하는 연금 간에는 연금산정방법, 그리고 그 결과 소득대체율이 다르다. 이와 같은 차이가 체계정당성에 반하며, 따라서 평등의 원칙을 침해하는 것은 아니다. 왜냐하면 특수직역종사자, 그 중에서 특히 공무원·군인과 일반근로자와의 사이에는 근로의 성격 및 고용관계와 관련하여 뚜렷한 차이가 있다. 따라서 이 점을 착안하여 차별적으로 입법을 형성할 수 있다. 이러한 차이가 바람직한가는 별개의 문제이다. 그러나 가장 효율적이고 형평에 맞는 기준에 따라 실정법을 심사하는 것이 헌법의 과제는 아니다.

사회보장법에는 합리적인 이유가 존재하지 않으면서 체계부조화가 있어 헌법적 의심이 가는 조항들이 존재한다. 두 개 이상의 사회보장청구권의 조건을 동시에 충족시키는 경우 급여의 조정이 무원칙하게 이루어지고 있는 것이 좋은 예이다.

10) 헌재 1999.12.23, 98헌마363, 11-2, 770면 이하 참조.

Ⅱ. 사실적 평등과 사회보장법

헌법은 법적 평등이 실질적으로는 평등이념을 실현하지 못한다는 한계를 주목하고, 실질적인 평등을 추구하고 있다. 법적 평등은 주어진 사실상의 불평등을 지속화하는 결과를 낳기 때문이다. 그렇다고 실질적인 평등이 모든 개인의 동일화를 추구하는 것은 아니다. 사실적 평등은 자유를 행사하기 위하여 필요한 조건을 보장하여 평등을 실현한다.

위와 같은 내용의 평등은 사회보장법의 입법목적이며, 또 사회보장법에 대한 헌법심사의 중요한 기준이다. 그리고 사회적 평등의 쟁점, 예컨대 사회적 평등의 내용, 실현의 방법 및 형태, 그리고 사회적 평등의 헌법적 기속력의 정도 등에 대한 논의가 필요하다. 헌법은 사회적 평등이 실현되는 구체적인 생활영역을 사회적 기본권으로 열거하고 있다. 따라서 사회적 평등은 구체적으로는 사회적 기본권과 관련하여 논의되어야 한다. 헌법 제11조와 관련하여 사회적 평등을 논의할 경우 필연적으로 추상적인 논의에 머무를 수밖에 없기 때문이다. 다만 사회적 평등은 모든 국민이 자유를 행사하기 위하여 필요한 최소한의 경제적·사회적 및 문화적 조건을 평등하게 보장하여야 하며, 이로써 인간다운 최저생활을 보장하는 헌법 제34조 제5항을 의미있게 보충할 수 있다.[11]

제 3 절 직업선택의 자유

Ⅰ. 직업선택의 자유의 내용과 기능

헌법 제15조 직업선택의 자유는 생활에 필요한 경제적 기반을 획득하는 기회를 보호한다. 이러한 의미에서 직업선택의 자유는 재산권과 함께 경제적 생활영역에 적용되는 기본권이다. 직업선택의 자유에는 선택한 직업을 자유롭게 행사하는 자유가 포함된다. 다만 직업선택의 자유와 직업행사의 자유는 기본권을 제한하는 정도에 있어서 차이가 있으며, 따라서 헌법심사의 기준이 다르다.

11) 이 점에 대해서 자세히는 전광석, “사회적 불평등의 구조, 평등의 이념과 규범”, 법학연구(연세대 법학연구원) 제28권 제2호(2018), 23면 이하 참조.

직업선택의 자유는 주관적 권리이며, 동시에 사회경제질서를 형성하는 객관적 질서요소이다. 또 직업선택의 자유는 영업의 자유, 즉 영업을 자유롭게 개시하고, 수행할 자유를 보장한다. 영업의 자유의 당연한 결과로서 자유경쟁을 배제하는 독점이나 그 밖의 형태로 공정경쟁을 제한하는 것은 원칙적으로 허용되지 않는다.[12] 국가적 독점은 특별히 이를 정당화하는 사유가 존재하는 경우에 한하여 헌법적 정당성을 갖는다.

사회보장법에서 직업선택의 자유가 헌법심사의 기준으로 적용되는 경우는 다음과 같이 세 가지로 유형화할 수 있다. 첫째, 사회보장급여의 조건으로 수급자의 직업의 자유가 제한되는 경우이다. 둘째, 특히 건강보험에서 나타나는 현상으로, 의사 등 요양기관의 직업의 자유가 제한되는 경우이다. 셋째, 기존에 민간기업이 수행하던 사회보장의 기능을 국가가 독점하거나 혹은 국가가 참여하여 민간기업의 활동을 위축시킴으로써 민간기업의 영업의 자유를 제한하는 경우이다. 차례로 살펴본다.

Ⅱ. 연금급여와 임금의 조정과 관련된 문제

연금수급자가 소득활동을 하는 경우에는 일반적으로 연금을 감액한다. 국민연금의 경우 연금수급자의 소득이 법에 정한 일정한 수준을 넘는 경우에 연금을 일정한 비율로 줄이고, 65세에 이르면 비로소 소득에 관계없이 연금 전액을 지급한다(재직자노령연금).[13] 특수직역연금의 경우는 조금 복잡하다. 즉 퇴직자가 기존의 직장에서 퇴직하였지만 특수직역연금법이 적용되는 다른 직역에 종사하는 경우에는 연금의 전액이 지급되지 않는다. 퇴직연금수급자가 일정한 수준 이상의 소득이 있는 경우에는 소득의 정도에 따라 연금액의 2분의 1의 범위 내에서 연금이 삭감된다.[14] 이러한 규정을 직업선택의 자유를 기준으로 평가하면 다음과 같다.

특수직역 간의 퇴직과 재취업의 경우에 연금 전액이 지급되지 않는 것은 직업선택의 자유와의 관련성이 거의 없다. 공무원연금과 군인연금, 그리고 사립학교교직원연금은 각각 독립된 법률로 운영되고 있지만 보호되는 사회적 위험

12) 헌재 1996.12.26, 96헌가18, 8-2, 680면 이하 참조.
13) 국민연금법 제63조의 2.
14) 공무원연금법 제50조, 사립학교교직원연금법 제42조, 군인연금법 제27조 등 참조.

을 중심으로 보면 하나의 통일체를 이룬다.[15] 이와 같이 통일체를 이루는 사회보험에서 가입자가 직역을 옮겼더라도 퇴직의 사회적 위험이 아직 발생한 것이 아니다.

퇴직자가 재취업한 경우에는 다음과 같은 불균형이 나타난다. 즉 「국민연금법」에서는 일정한 수준 이상의 소득이 있는 경우에도 65세에 달하면 연금의 전액이 지급된다. 이에 비해서 특수직역연금에서는 이에 상응하는 규정이 없다. 그리고 이러한 불균형을 정당화할 만한 헌법적 근거는 존재하지 않는다. 특수직역연금에서 재취업한 자에게 2분의 1의 범위 내에서 연금을 삭감하는 규정 역시 헌법적 정당성을 갖기 힘들다. 소득활동을 한다는 사실이 연금법적 지위에 부정적 영향을 미치기 때문이다. 이러한 규정을 통해서 직업선택의 자유가 직접 침해되는 것은 아니다. 그렇지만 간접적인 영향을 주는 것을 부인할 수 없다. 또 오늘날 노인의 고용이 오히려 장려되어야 한다는 점을 고려하면 이러한 연금감액에 관한 규정은 정책적으로도 바람직하지 않다.

헌법재판소는 이와 유사한 사안에서 퇴직자가 연금의 일부가 삭감되는 것을 인지하고 취업하는 것은 자신의 선택이기 때문에 불이익을 감내하여야 한다는 논리를 전개한 바 있다.[16] 그러나 자신의 선택에 의한 직업수행에 대해서 국가가 불이익을 주는 것은 직업선택의 자유를 간접적으로 제한하는 결과가 된다. 그리고 기본권에 대한 간접적인 제한을 통한 파급효과가 직접적인 기본권침해의 정도에 이르면 위헌의 판단을 피할 수 없다.

Ⅲ. 요양기관의 직업선택의 자유

건강보험법에서 요양급여는 국가가 직접 제공하지 않고, 민간경제주체인 요양기관을 통해서 전달된다. 그런데 요양기관이 수급자를 진료할 수 없다면 의사로서의 활동을 사실상 할 수 없다. 기존에 건강보험법은 보건복지부장관이 정하는 바에 따라서 요양기관을 지정하도록 하였다. 또 건강보험법상의 의무에

15) 헌재 2000.6.29, 98헌바106, 12-1, 833면 이하 참조.

16) 헌재 1994.6.30, 92헌가9, 6-1, 552면 참조. 헌법재판소는 이후 이와 유사한 내용의 규정에 대해서 위헌결정을 내렸으나 위헌결정의 이유는 해당 법률규정이 재취업대상기관 및 연금조정의 내용에 대해 구체적으로 규율하지 않고 이를 시행령에 위임하였다는 점이었으며, 이들 규정의 실체법적 내용에 대해서는 합헌으로 판단하였다. 헌재 2003.9.25, 2001헌가22, 15-2(상), 246면 이하; 2003.9.25, 2000헌바94등, 15-2(상), 262면 이하; 2008.2.28, 2005헌마872등, 20-1(상), 293면 이하 등 참조.

위반하는 경우 지정취소의 제재가 가해졌다. 이 규정은 1999년 폐지되었다. 대신 의료기관은 요양기관으로 당연지정된다.[17] 또 의무위반에 대해서는 업무정지를 명하거나 혹은 과징금이 부과된다(국민건강보험법 제98, 99조). 이로써 지정취소로 인하여 직업선택의 자유가 제한되는 가능성은 사라졌다. 그러나 업무정지명령을 내리거나 과징금을 부과하는 경우, 비례의 원칙, 그리고 이것이 직업의 자유에서 구체화된 이른바 단계이론(Stufentheorie)에 따른 심사가 이루어져야 한다.[18]

요양기관은 기본권의 주체로서 직업수행을 자율적으로 형성하며, 또 진료비용에 대한 보상은 보험자와 합의에 의하여 결정할 수 있어야 한다. 진료비용의 보상이 국가 혹은 보험자에 의하여 일방적으로 결정되는 것은 기본적으로 직업의 자유와 조화될 수 없다.

Ⅳ. 국가독점과 직업의 자유

사회보장의 과제로 인하여 사회보장에서 국가의 독점이 정당화되는 것은 아니다. 오히려 국가와 개인 혹은 민간복지기관은 사회보장의 과제를 실현하기 위해서 협력하여야 하며, 또 국가는 개인에게 스스로의 선택에 의해서 자기보호를 할 수 있는 자율성을 보장하여야 한다.

「국민연금법」은 모든 소득을 보험료산정의 대상으로 하지 않고, 일정한 소득을 초과하는 경우 그 초과하는 부분은 보험료 산정의 대상에서 제외하고 있다.[19] 이는 개인에게 자율적인 결정의 여지를 부여한다는 점에서 헌법적 정당성을 갖는다. 또 민간기업이 개인연금 등의 영업을 할 수 있는 영역이 형성된다.

사회보장에서 법적 독점이 정당성을 갖는 경우도 있다. 고용보험이 실업의 방지라는 목적을 달성하기 위해서는 관리운영기관은 노동시장에서 실업실태 및 노동력 수급상황에 관하여 정확히 파악하여야 한다. 그러한 복잡한 작업을 국가 이외의 개인에게는 기대할 수 없다. 따라서 이러한 작업에 기초하여 이루어지는 직업알선 등에 있어서 국가의 법적 독점은 정당성을 가질 수 있다.[20]

---

17) 이에 대해서 헌법재판소는 합헌결정을 한 바 있다. 헌재 2002.10.31, 99헌바76등, 14-2, 410면 이하 참조.

18) 단계이론은 독일의 연방헌법재판소가 이른바 '약국판결(Apotheken-Urteil)'에서 발전시키고 적용하여 왔다. *BVerfGE* 7, 377 참조. 우리 헌법재판소 역시 유사한 취지의 결정을 한 바 있다. 헌재 1993.5.13, 92헌마80, 5-1, 374면 참조.

19) 국민연금법 제3조 제1항 제5호 참조.

20) 독일에서는 위와 같은 이유에서 연방고용공단(Bundesanstalt für Arbeit)의 독점적 직업소개활동

제 4 절 재 산 권

사회보장법에서 재산권과 관련하여 제기되는 질문은 다음과 같다. 첫째, 사회보장청구권이 재산권적 보호의 대상인가 하는 문제이다. 둘째, 사회보장청구권에 대한 입법적 형성의 가능성과 한계에 대한 문제이다.

사회보장에서 재산권적 문제는 이미 보험가입단계에서 제기된다. 사회보험은 대부분 가입을 강제하고 있다. 강제가입에는 보험료 납부의무가 수반되며, 이는 재산권을 제한한다. 이는 사회보험에서는 사용자가 부분적으로 재정부담자이기 때문에 기업부담의 한계와도 관련이 있다. 가입강제는 재산권 등 개인의 권리를 침해하지 않는다는 것이 헌법재판소의 입장이다. 이러한 논의는 보다 큰 맥락에서는 국민의 공공부담에 대한 재산권적 정당성 및 그 한계와 관련된 문제이다. 조세부과의 재산권적 한계에 대한 논의가 한 예이다.[21] 다만 사회보험료에 대한 재산권적 논의는 조세와는 다른 면이 있다. 조세는 일반적인 국가과제를 위한 재원이며, 또 반대급여를 예정하지 않은 공과금이다. 따라서 반대급여에 관한 재산권적 평가의 문제가 제기되지는 않는다. 그러나 사회보험료의 경우, 급여와 반대급여 간에 정확한 등가의 원칙이 적용되는 것은 아니지만, 상당한 정도의 반대급여를 예정하고 있기 때문에 반대급여에 대한 재산권적 평가가 필요하다. 또 사회보험보험료는 사회적 위험을 보호하는 특별한 목적을 갖기 때문에 국가의 일반과제에 투입될 수 없다. 이 점이 조세에 대한 재산권적 평가의 문제와 다르다. 이와 같이 사회보장법에서 재산권적 논점은 다양하다. 이 책에서는 논의의 범위를 좁혀서 위에서 언급한 문제, 즉 사회보장청구권이 재산권 보호의 대상인가, 그리고 그 제한의 가능성 및 한계의 문제를 설명하기로 한다.

Ⅰ. 재산권적 보호대상－기능적 접근

사회보장청구권이 재산권적 보호의 대상인가 하는 문제는 주로 연금청구권

에 대해서 헌법적 정당성을 인정한 바 있다. *BVerfGE* 21, 245(257) 참조.

21) 이에 대해서는 전광석, 위 각주 9의 책, 683면 이하 참조.

과 관련하여 제기된다.[22] 연금청구권은 엄격한 의미에서는 일종의 기대권이다. 또 연금청구권자는 사법상의 소유권과 같은 정도의 지배권을 연금에 대해서 행사할 수 없다. 연금산정의 요소는 수급자의 보수월액, 가입자 전체의 평균임금, 보험가입기간 등이다. 그런데 이러한 요소들은 아직 확정되지 않은 사실관계이고, 부분적으로는 대통령령에 의한 결정에 위임되어 있기 때문이다. 또 사회보장청구권은 부분적으로 처분권이 제한되어, 수급권의 양도·압류 및 담보제공이 금지된다.[23]

위와 같은 제한에도 불구하고 연금청구권은 전통적인 재산권과 기능에 있어서는 유사하다. 재산권은 개인이 자기책임에 기초하여 생활을 형성하기 위해서 필요한 경제적 기반을 보장한다. 이와 같은 재산권에 대한 기능적인 이해에 기초하여 보면 오늘날 근로기간 중에는 사법적(私法的)인 성격의 임금청구권이, 퇴직 후에는 공법상(公法上)의 연금청구권이 개인의 경제적 기반을 형성하기 때문에 재산권의 보호범위는 연금청구권에까지 확대되어야 한다.

Ⅱ. 재산권적 보호의 범위

1. 기능적 접근의 한계

재산권에 대한 기능적인 이해가 재산권의 보호대상을 획정하는 유일한 기준이 될 수는 없다. 예컨대 보험료에 대한 반대급여인 연금청구권과 순수한 사회보장의 목적에서 지급되는 「국민기초생활보장법」상의 수급권은 급여의 원인관계를 전혀 달리한다. 그런데 순수히 기능적인 관점에서 보면 재산권적 보호에 있어서 같은 평가를 하여야 하는 불합리가 발생한다. 이를 극복하기 위해서는 다음과 같은 두 가지 기준이 사회보장청구권에 대한 재산권적 보호의 평가기준으로 유용하다.

2. 범위획정의 기준

(1) 자기성취성

사회보장청구권 중 일정한 기여에 대한 반대급여를 내용으로 하는 청구권

---

22) 건강보험급여에 대한 재산권적 보호에 대해서는 헌재 2003.12.18, 2002헌바1, 15-2(하), 450면 이하 참조.

23) 국민연금법 제58조 참조.

만이 재산권적 보호의 대상이 된다.[24] 이때 자기성취성이 수급자 자신이 납부한 보험료에 의해 형성된 급여에 한하여 인정되는 것은 아니다. 재산권적 보호의 여부 및 정도에 관한 판단에 있어서 중요한 점은 기여의 주체가 누구인가의 문제가 아니라 해당 급여가 국가의 일방적인 급여인가의 여부이다. 따라서 청구권자 자신이 아닌 제3자의 기여에 의하여 형성된 급여에 대해서도 재산권적 보호가 부정되지는 않는다. 사용자의 부담금, 그리고 사망한 가입자가 납부한 보험료에 대한 반대급여의 성격을 갖는 산재보험법상의 급여와 유족급여 역시 재산권적 보호의 대상이 된다.[25] 이에 비해서 순수히 사회보장의 목적에서 지급되는 급여, 예컨대 「국민기초생활보장법」상의 급여는 재산권적 보호의 대상이 아니다.

사회보장청구권의 법적 원인관계를 기준으로 재산권적 보호의 여부를 판단하는 시도는 실제 적용에는 어려움이 있다. 사회보험에서는 보험료에 기초하여 연금청구권이 형성되지만 보험의 원리와 더불어 사회적 조정의 요소가 작용한다. 그런데 사회적 조정을 위한 급여는 가입자가 스스로 성취한 것은 아니다. 따라서 재산권적 보호의 범위를 확정하기 위해서는 사회보험급여 중 개인의 기여에 의해서 형성된 부분과 순수히 사회보장의 목적에서 형성되는 급여를 구분하여야 하며, 후자의 급여는 재산권으로 보호되지 않는다. 이에 비해서 개인의 기여가 클수록 재산권적 보호는 강화된다.[26]

헌법재판소는 공무원연금 등에서 국가의 부담금에 의하여 형성된 급여는 국가의 일방적이고 은혜적인 급여이며, 따라서 자기성취성이 없기 때문에 재산권적 보호의 대상이 되지 않는다고 판단하고 있다.[27] 그러나 부담금은 가입자의 소득상실을 대체하는 급여의 기초이며, 따라서 부담금 역시 근로자에게 귀속된다. 이와 같은 논리에서 보험료에 기초하여 산정된 전체 급여가 재산권적 보호의 대상이 되어야 한다. 또 부담금이 임금후불의 성격을 갖고 있기 때문에,[28]

24) 헌재 2000.6.29, 99헌마289, 12-1, 948면 이하 참조.

25) 이 점에 대해서는 헌재 2009.5.28, 2005헌바20, 21-1(하), 455면; 1999.4.29, 97헌마333, 11-1, 512면, 517면 등 참조. 그런데 독일의 연방헌법재판소는 연금보험법상의 유족급여는 본인급여와는 달리 재산권적 보호의 대상이 되지 않는다는 결정을 한 바 있다. *BVerfGE* 97, 271 참조. 이로써 사회보장청구권에 대한 재산권적 보호에 관한 논의에 새로운 계기가 마련되었다.

26) 이와 유사한 취지의 결정으로는 헌재 1998.12.24, 89헌마214등, 10-2, 944면 이하 참조.

27) 헌재 1994.6.30, 92헌가9, 6-1, 599면 참조.

28) 이에 대해서는 이철수, 임금에 관한 법리(한국노동연구원, 1993), 특히 68면 이하 참조. 이 문제에 대해서 아직 법원이 적극적인 판결을 내리고 있지는 않다. 대판 1994.7.29. 92다30801 참조. 다만 부담금과 마찬가지로 사용자가 재원을 부담하는 퇴직금에 대해서는 임금후불의 성격

더욱 부담금에 기초한 급여 역시 재산권적 보호의 대상이 되어야 한다.

「국민연금법」상 유족연금에 관한 규정 역시 헌법적 논의가 필요하다. 「국민연금법」은 가입자가 사망한 경우에 일정한 연령·장애상태, 또는 가족구조가 존재하는 경우에 한하여 생활곤란상태를 의제하여 연금을 지급하고 있다(법 제76조). 이러한 연금지급조건 혹은 제한은 사실상 공공부조에 특유한 수요심사(needs test)와 유사하다. 따라서 이는 사회보험의 원칙에 반하고, 동시에 자기기여에 상응하는 반대급여를 자의적으로 제한한다.

사회보상급여 역시 재산권적 보호의 대상이 된다. 사회보상급여는 국가의 일방적인 급여가 아니라 생명 혹은 신체의 손상이라는 특별희생에 대한 반대급여이기 때문이다.[29] 또 결과론적으로 보더라도 사회보험급여와는 달리 사회보상급여에 대해서 재산권적 보호를 인정하지 않는다면, 이는 생명 및 건강에 비해서 금전형태의 기여에 보다 높은 가치를 부여하는 결과가 되기 때문에 타당하지 않다.

(2) 사적 유용성과 임의처분성

사회보장청구권이 재산권적으로 보호되기 위해서는 특정한 전제조건을 충족하지 않고 재산권적 보호의 대상이 되는, 즉 사법상의 소유권에 특유한 최소한의 특성을 가져야 한다. 사적 유용성 혹은 임의처분성이 그것이다.

사적 유용성이란 청구권이 청구권자 자신에 귀속되어 생활기반으로서 또는 개인의 이익을 위해 이용가능한 상태에 있어야 한다는 것을 의미한다.[30] 임의처분성은 사적 유용성의 필수적인 요소이다.[31] 사적 유용성이 인정되기 위해서는 청구권자가 청구권의 내용에 대해서 구체적인 처분권을 가져야 한다.

위와 같은 기준에 따르면 사회보장청구권은 구체적인 권리로서 인정되어 있는 경우에 한하여 재산권적 보호의 대상이 된다. 따라서 재량급여에 대해서는 재산권적 보호가 인정되지 않는다.

을 인정해왔다. 예컨대 대판 1969.12.20, 67나1597; 1973.10.10, 73다278; 1975.7.22, 74다1840; 1990.5.8, 88다카26413; 2014.7.22, 2004다10350 등 참조.

29) 이에 대해서는 전광석, "국가유공자보상에 대한 헌법적 보호의 가능성", 헌법학연구 제6집 제4호(2000), 111면 이하 참조. 이 밖에 헌재 1995.7.21, 93헌가14, 7-2, 21면 이하 참조.

30) 헌재 2000.6.29, 99헌마289, 12-1, 948면 참조.

31) 헌재 1999.4.29, 97헌마333, 11-1, 513면; 2003.9.25, 2001헌가22, 15-2(상), 231면 이하 등 참조.

(3) 생활수단성

이 밖에 헌법재판소는 사회보장청구권이 재산권적 보호의 대상이 되기 위해서는 자신과 가족의 생활비를 충당하기 위한 혹은 생존의 확보에 기여하기 위한 경제적 가치가 있는 권리의 성격을 가져야 한다고 이해하고 있다.[32] 그러나 생계유지의 기능 여부가 재산권적 보호의 기준이 되는지는 의문이다. '추상적'으로 보면 모든 사회보장급여는 생계유지의 기능을 수행한다. 이에 비해서 '구체적'으로 생계유지의 기능을 수행하는 경우에 한하여 재산권적 보호의 대상이 된다면 이에 대해서는 구체적인 평가가 필요하다.

Ⅲ. 사회보장청구권의 제한과 재산권에 관한 입법형성권

사회보장청구권이 재산권으로 인정된다고 해서 청구권의 구체적인 내용에 대한 존속이 보장되는 것은 아니다. 재산권의 내용과 한계에 대해서 입법형성권이 인정되기 때문이다. 따라서 사회보장청구권이 재산권의 보호범위에 해당하더라도 이로써 기득권이 보호되며, 이는 균형있는, 그리고 객관적인 상황의 변화에 적절히 대응하는 정책형성에 장애가 된다고 할 수는 없다.

사회보장청구권의 형성과 관련하여 재산권은 점차 참여권의 성격을 갖게 되었다. 국가는 사회보장의 기능을 유지하여 공동체 이익을 보호하여야 한다. 또 이를 위해서 필요하다면 연금의 절대액, 연금산정방식, 그리고 연금산정요소 등을 불이익하게 변경하는 것이 금지되지 않는다. 이로써 연금청구권은 수급권자가 자신이 납부한 기여금에 비례하여 참여하는, 즉 재정분배를 받을 권리로 상대화되었다. 공무원연금의 재정을 개선하기 위해서 기존의 국민연금에 비해서 유리한 급여수준 및 급여조건 등을 국민연금과 유사하게 변경한다 해도 그 자체로서 재산권이 침해되는 것은 아니다. 다만 이때 기존의 입법에 의하여 형성된 신뢰를 보호하는 경과규정이 필요하다. 실제 우리나라에서 1990년대 중반 이후 「국민연금법」과 「공무원연금법」에서 이러한 변화가 있어 왔다.[33]

---

32) 헌재 1995.7.21, 94헌바27등, 7-2, 90면; 2000.6.29, 99헌마289, 12-1, 949면 등 참조.
33) 1995년 이후 「공무원연금법」의 개정 경과에 대해서는 전광석, 한국사회보장법의 역사(집현재, 2019), 390면 이하 참조.

제5절 노동의 권리

Ⅰ. 노동의 권리의 내용과 실현

헌법 제32조 노동의 권리의 내용은 크게 두 가지로 유형화된다. 첫째, 고용에 관한 권리이다. 둘째, 근로조건과 관련된 권리이다. 여성·아동 등의 노동은 특별한 보호를 받는다(제4, 5항).

노동은 개인이 인격을 실현하기 위한 중요한 수단이고, 또 생활의 경제적 기반이다. 이에 노동의 권리는 개인의 자기책임에 기초한 자유로운 생활형성의 전제조건을 보장한다. 이러한 맥락에서 실업은 소득의 상실뿐 아니라 인격의 피폐, 그리고 사회적 소외의 원인이 되기도 한다. 또 노동의 결과 취득한 소득은 사회보험에서 보험료를 납부하여 사회적 위험에 대비하는 기반이 된다. 즉 노동의 기회가 상실되면 현재의 생계뿐 아니라 미래의 생활이 불안정하게 된다.

고용청구권을 내용으로 하는 노동의 권리는 자본주의 시장경제에서는 실현에 한계가 있다. 자본주의 시장경제에서 고용의 주체는 기본적으로 국가가 아니라 사인(私人)이기 때문이다. 물론 자본주의경제에서도 국가가 경제활동을 하는 경우가 있지만 이는 극히 제한되어 있다. 이와 같이 기본적으로 고용의 주체가 사인이며, 또 사용주가 필요에 따라서 고용인원을 결정하는 과정은 헌법 제15조 직업의 자유에 의해서 보호된다. 그렇기 때문에 이들이 고용기회를 청구하는 노동의 권리의 수범자가 될 수는 없다.[34] 따라서 노동의 권리는 국가에게 고용의 증진을 위해서 노력할 의무를 부여하는 객관적 규범의 성격이 강하다.[35] 즉 노동의 권리가 사법적(司法的)으로 소구(訴求)할 수 있는, 고용기회를 요구할 권리로 실현될 수는 없다.

34) 이에 대해서는 헌재 2002.11.28, 2001헌바50, 14-2, 678면 이하 참조.
35) 이에 대해서 자세히는 전광석, 한국헌법론(집현재, 2023), 457면 이하 참조.

Ⅱ. 노동의 권리와 고용보험법

사회보장법은 노동의 권리를 실현하는 과제가 있다. 이미 언급했듯이 노동의 권리가 직접, 즉 국가가 일자리를 잃은 혹은 처음부터 갖지 못한 자에게 고용의 기회를 부여하거나 사기업에게 고용의무를 부과하는 방법으로 실현될 수는 없다. 그러나 고용보험이 일자리가 없어서 소득이 상실된 경우 이를 대체하는 급여를 제공하여 적어도 노동의 권리가 갖는 경제적인 측면이 보장될 수 있다.

헌법적인 차원에서 이러한 입법례는 오랜 역사를 가지고 있다. 예컨대 1793년 프랑스의 이른바 자코뱅헌법 제21조에서 국가는 개인에게 노동의 기회를 부여하거나, 아니면 생계를 보장하여야 한다고 하여 노동의 권리가 대체적(代替的)으로 실현될 수 있도록 하였다.[36] 1948년 프랑스 헌법 전문 제8조도 이와 유사하다. 1919년 바이마르 헌법은 제163조에서 국가는 개인에게 적절한 직업을 알선하여야 하며, 그것이 불가능할 경우 필요한 생계를 보장하여야 한다고 규정한 바 있다.

1995년부터 시행된 「고용보험법」은 노동의 권리를 간접적으로 실현하는 제도이다. 따라서 되도록 전체 근로자를 고용보험에 의해서 보호하고, 급여수준이 기존의 소득수준에 근접하도록 하여야 한다. 고용보험으로 전체 국민에게 노동의 권리를 간접적으로 실현하는 데에는 한계가 있다. 고용보험급여 중 구직급여는 가입자가 실직한 경우, 일정한 보험가입기간을 충족시킨 경우에 한하여 한시적으로 지급된다. 가입자가 아닌 실업자는 구직급여에 의한 보호를 받지 못한다. 이들은 「고용보험법」상의 고용증진을 위한 조치의 대상이 되며, 국가는 그 밖의 조치를 통하여 노동의 권리를 적극적으로 실현할 수 있도록 하여야 한다.

실업자를 「국민기초생활보장법」상의 수급권자로 선정하여 보호하는 가능성과 노동의 권리를 보다 충실히 보장하기 위해서 실업부조 등의 특별한 제도를 시행하여 보호하는 방법 중 선택을 할 수 있다. 이 중 어느 하나에 헌법적 필연성이 있는 것은 아니다. 그러나 입법정책적으로 보면 후자의 해결방법이 훨씬 헌법적 이념에 충실하다. 실업자를 「국민기초생활보장법」상의 수급권자로

36) 이에 대해서는 Gerhard A. Ritter, *Der Sozialstaat*(Oldenbourg, 1991), 44면 이하 참조.

선정하여 보호하는 경우 다음과 같은 두 가지 문제가 생긴다. 첫째, 증가하는 실업자에 대한 보호를 국민기초생활보장제도가 맡게 되면서 비전형적인 생활위험을 보호하는 국민기초생활보장제도의 부담이 가중된다. 둘째, 실업은 헌법 제32조에 의한 국가의 고용증진의무를 다하지 못했기 때문에 발생한 것이다. 따라서 여기에는 국가에게 강한 책임이 인정된다. 그런데 실업에 대한 보호를 주로 「국민기초생활보장법」이 담당할 경우 이 점이 입법에 반영되지 못한다. 즉 실업의 문제를 헌법 제32조와의 관련성에서 파악하지 못하고, 헌법 제34조의 문제로만 보게 된다. 이에 오랜 논의 끝에 2020년 「구직자 취업촉진 및 생활안정지원에 관한 법률」이 제정되었고, 이는 2021년 시행되었다.

제 6 절 인간다운 생활을 할 권리

Ⅰ. 사회보장과 관련된 문제

헌법 제34조 인간다운 생활을 할 권리는 개인을 사회적 위험으로부터 다양한 제도를 통해서 보호하고, 이로써 인간의 존엄에 상응하는 생활을 보장하여야 한다. 헌법 제34조는 다음과 같은 두 가지 질문에 의해서 보다 구체화된다. 첫째, 무엇을 사회적 위험으로 보호할 것인가, 이러한 보호를 위해서 국가는 어떠한 내용·종류 및 수준의 급여를 하여야 하는가의 문제이다. 둘째, 헌법 제34조를 실현하기 위하여 국가는 어떠한 형태로 개인의 사회경제생활에 개입할 것이며, 그 한계는 어디에 있는가 하는 질문이다. 두번째 질문에 대해서는 이미 앞에서 설명하였다. 아래에서는 첫번째 질문에 대해서 설명하고, 특히 최저생활보장에 대한 논의를 따로 다룬다.

Ⅱ. 사회보장의 종류와 급여수준

인간다운 생활을 할 권리를 보장하기 위하여 어떠한 생활위험을 어떠한 방법과 내용으로 보호할 것인가에 대해서 헌법이 직접적이고, 구체적인 지침을 주고 있지는 않다. 따라서 국민이 헌법 제34조를 근거로 특정한 생활위험을 보호할 것을, 그리고 특정한 수준의 급여를 청구할 수는 없다. 또 기존의 급여수준을 장래에도 계속해서 유지하도록 하는 권리는 없다. 다음과 같은 규범적 및 현실적 이유에서이다.

첫째, 특정한 사회적 위험에 대한 보호 여부는 각각의 생활위험이 개인 및 사회에 미치는 영향에 대한 판단을 필요로 한다. 사회보장의 구체적인 내용, 특히 특정한 제도를 정하는 문제는 '헌법정책적'인 결정을 필요로 한다. 특정한 사회적 위험을 헌법에 명시하는 경우 사회보장의 구체적인 내용이 헌법적으로 보장된다는 장점이 있다. 그러나 이 경우 헌법은 변화하는 사회환경에 합리적이고 신속히 대응하여야 하는 입법형성에 오히려 장애가 된다. 일반적으로는 사회보장의 과제만을 규정했을 뿐 그 구체적인 내용을 명시하지 않은 헌법에서 사회적 위험의 범위를 사법부가 직접 판단할 수는 없다. 이 경우 사법부는 권력분립의 원리에 반하여 정치의 기능을 대체하기 때문이다. 결국 현행 헌법에서는 사회적 위험의 범위에 대한 결정은 민주적 정당성과 동시에 정치적 책임이 귀속되는 국회의 과제이다. 또 부분적으로는 전문적 판단능력을 갖는 행정부의 결정에 유보되어야 한다. 둘째, 사회적 위험에 대한 보호는 국가의 급부행위를 통해서 실현된다. 그러나 다른 사회적 기본권과 마찬가지로 사회보장을 받을 권리 역시 국가의 재정이 한계로서 작용한다. 따라서 일반적으로는 개인에게 헌법 제34조를 근거로 특정한 위험에 대한 보호청구권을 인정할 수 없다.

위와 같은 결론에는 다음과 같은 유보가 필요하다. 헌법이 포기할 수 없는 절대적 목표의 성격을 가지며, 또 이것을 실현하는 데 재정적인 요인이 극복될 수 있다면, 이에 대해서는 구체적인 청구권을 인정할 수 있다. 이러한 논리는 헌법 제34조 제1항 및 제5항의 인간다운 최저생활을 할 권리에 적용될 수 있다.[37)]

Ⅲ. 급여수준

인간다운 생활을 보장하기 위한 급여의 수준에 대해서 역시 헌법은 개방적이다. 이미 시행하고 있는 사회보장급여에 대해서는 법적 원인관계를 중심으로 접근할 수 있다. 사회보험에서는 급여가 개인이 납부한 보험료(정확히는 보험료 산정의 기초가 되는 소득)에 상응하여야 한다. 보험료는 개인의 소득에 비례하여

---

37) 이에 대해서는 전광석, 사회보장법과 헌법재판(집현재, 2021), 299면 이하 참조.

산정되고, 따라서 사회적 위험이 발생했을 때 위험이 발생하기 전의 생활수준을 어느 정도 유지할 수 있도록 형성된다.

순수한 사회보장의 목적에서 지급되는 국민기초생활보장에서 급여는 인간다운 최저생활의 보장이라는 절대적인 기준에 의하여 형성된다. 그리고 빈곤정책에서 빈곤선을 절대적 기준으로 할 것인가, 즉 최소한의 생활수준을 기준으로 할 것인가, 혹은 상대적 기준에 따를 것인가, 즉 국민 전체의 소득수준의 일정 비율에 미치지 못하는 생활상태를 기준으로 할 것인가는 선택의 문제이다. 여기에 헌법의 구체적인 요청이 있는 것은 아니다. 「국민기초생활보장법」은 2014년 개정을 통하여 절대적 빈곤개념에서 상대적 빈곤개념으로 전환하여, 기존의 최저생계비 대신 기준 중위소득을 기준으로 수급자를 선정하도록 하였다.

급여수준과 관련하여 다음과 같은 문제가 제기된다. 즉 인간다운 생활은 물질적인 최저생활에 그치는가, 아니면 사회경제적 및 문화적 생활 역시 보장되어야 하는가 하는 질문이다. 생각건대 인간다운 최저생활을 위해서는 우선 물질적인 생활이 보장되어야 하는 것은 물론이다. 그러나 헌법의 인간상은 사회에서 고립된 개인주의적 인간도, 또 인격이 단체에 함몰된 집단주의적 인간도 아닌 사회적 관련성을 가진 인격체이다.[38] 그렇다면 인간다운 생활은 개인이 물질적 궁핍에서 벗어나고, 또 사회적 참여와 의사소통을 할 수 있을 때 비로소 실현된다. 이러한 결론은 헌법 제9조 문화국가조항이 존재하기 때문에 확고한 헌법적 보충근거를 갖고 있다.[39] 실제 「국민기초생활보장법」은 제4조에서 이러한 이념을 밝히고 있다. 즉, “이 법에 따른 급여는 건강하고 문화적인 최저생활을 유지할 수 있는 것이어야 한다.” 다만 이 이념을 실현하기 위하여 필요한 법적 절차와 실체법적 내용이 전혀 구체화되어 있지 않다.

제 7 절 혼인과 가족의 보호

Ⅰ. 혼인과 가족의 보호와 사회보장법

헌법 제36조 혼인과 가족의 보호는 다원적인 내용을 갖는 기본권이다. 첫

38) 헌재 1998.5.28, 96헌가5, 10-1, 555면 참조.
39) 이에 대해서 자세히는 전광석, “헌법과 문화”, 공법연구 제18집(1990), 특히 176면 이하 참조.

째, 혼인과 가족의 사적 자율성을 보호하는 자유권의 성격을 갖는다.[40] 둘째, 국가는 사회질서의 기본단위인 혼인과 가족제도를 보장하여야 한다. 이에 입법자는 다음과 같은 소극적인, 그리고 적극적인 과제를 갖는다. 먼저 소극적으로는 혼인과 가족의 형성을 저해하는 조치를 취해서는 안 된다.[41] 적극적으로는 혼인과 가족을 형성·유지하기 위하여 필요한 지원을 하여야 한다. 셋째, 헌법 제36조 제1항은 사회적 기본권의 성격을 갖는다. 국가는 혼인 및 가족의 성립·유지를 적극적으로 지원하기 위해서 가족공동체를 다른 공동체에 비해서 불이익하게 취급해서는 안 된다. 또 국가재정이 허락하는 범위내에서 가족의 유지를 위하여 필요한 부담을 지원하여야 한다.

가족은 사회보장법과 다음과 같은 기능보완관계에 있다. 먼저 가족구성원은 주부양자의 입장에서 보면 부담의 증가요인이 된다. 따라서 사회보장법을 통해서 가족의 부담을 경감하여야 한다. 둘째, 가족은 부양공동체로서 가족 내부의 기능분담을 통해서 사회문제를 해결하는 사회보장의 담당자의 위치에 있기도 하다. 주부양자를 중심으로 보면 주부양자가 소득능력을 상실하거나 사망한 경우에는 다른 가족구성원은 대체소득원(代替所得源)이 되거나 2차적으로 부양의무자의 지위에 들어서게 된다. 또 다른 가족구성원은 가족의 유지에 필요한 서비스를 제공할 수 있다. 따라서 국가는 가족의 부담을 직접 경감하는 조치를 취해야 할 뿐 아니라, 가족의 기능이 유지될 수 있도록 가족의 결손을 예방하고 보호하여야 한다.

위에서 살펴본 두 가지 관계는 서로 유리되는 것은 아니다. 후자의 관점에서 본 가족의 기능이 수행되기 위해서는 가족의 부담을 경감하여 가족의 형성과 존속에 사실상 가해질 수 있는 불이익을 방지하거나 혹은 가족의 형성과 존속을 적극적으로 지원하여야 한다.

Ⅱ. 소득보장

가족의 주부양자에게 사회적 위험이 발생하여 소득이 상실되는 경우에 사회보장법은 이를 보전하는 급여를 제공한다. 그런데 이는 직접적으로는 주부양자

40) 헌재 1997.7.16, 95헌가6등, 9-2, 1면 이하 참조.
41) 헌재 2002.8.29, 2001헌바82, 14-2, 170면 이하; 2008.11.13, 2006헌바112등, 20-2(하), 59면 이하 등 참조.

의 소득상실을 보호하는 것이지만, 주부양자의 소득은 가족부양에 기여하기 때문에 간접적으로는 가족보호의 기능을 수행한다. 이 경우 사회보장법은 주부양자의 소득상실뿐 아니라 배우자와 자녀 등 피부양가족의 수요 역시 연금산정에 반영하여야 한다. 또 가족의 부양을 위하여 소득활동을 중단하는 상황을 지원하여야 한다. 「국민연금법」은 연금산정에 가족의 수요를 고려하며, 또 2자녀 이상을 출산한 가입자에게 가입기간을 추가로 산입하도록 하고 있다. 다만 연금산정에의 반영은 매우 낮은 수준이다. 또 그것도 19세 미만의 자녀 혹은 60세 이상의 부모만을 고려하고 있다(법 제52조).

Ⅲ. 가족부담의 경감

사회복지관련법은 가족기능의 유지 및 보호를 가장 충실하게, 그리고 직접적으로 지원할 수 있다. 가족에 부담이 되는 인적 집단인 아동·노인·장애인 등에 대한 보호가 그것이다. 이러한 급여가 가족부담의 경감이라는 입법목적에 충실하기 위해서는 사전기여를 전제하지 않고 보호가 이루어져야 한다. 또 가족부담의 존재 외에 다른 요건, 예컨대 엄격하게 소득기준에 따라 보호 여부가 결정되어서는 안 된다.

제8절 그 밖의 기본권들

사회보장법은 수급자에게 각종 협조의무를 부과하고 있다. 그런데 이 과정에서 개인의 사생활이 침해될 수 있다. 사회보장법에서 사생활의 공개는 대부분 자발적인 외형을 띠지만 협조의무를 이행하지 않는 경우 급여가 제한되기 때문에 사실상 이를 거부할 수 없다. 따라서 자발적인 공개라는 이유로 기본권 침해가 부인될 수는 없다. 사생활의 공개는 사회보장이 기능하기 위해서 필요한 경우에 한하여야 하며, 이때 과잉금지의 원칙이 존중되어야 한다.

제 5 장 경 제 질 서

헌법은 전문에서 '국민생활의 균등한 향상을 기하'기 위한 국가의 과제를 선언하고 있다. 제9장 경제에 관한 장에서는 경제질서의 기본모형으로서 순수한 시장경제와 계획경제의 양 극단을 취하지 않는 혼합경제질서를 예정하고 있다.[1] 경제에 대한 국가의 개입, 그리고 규제와 조정은 사회보장법의 형성과 다음과 같은 관계에 있다. 국민경제의 성장과 안정은 복지생산의 전제조건에 해당한다.[2] 시장의 지배와 경제력의 남용 방지는 시장이 1차적 소득분배의 장(forum)으로 기능하기 위한 내재적 조건이다.[3] 적정한 소득의 분배는 시장의 사회적 기능과 보다 직접적인 관련성을 갖는다(헌법 제119조 제2항). 따라서 헌법 제119조 제2항의 명시적 표현에서, 그리고 그 밖의 경제질서에 관한 산발적인 표현에서 사회적 관점을 반영하는 분배정책은 헌법적으로 허용될 뿐 아니라, 헌법이 요구하고 있는 과제이다.[4] 그리고 경제질서를 기본권적으로 뒷받침하기 위해서 헌법은 자유권적 기본권에 대한 제한가능성을 규정하고, 또 국가에게는 사회적 기본권을 통해서 적극적으로 사회적 평등을 실현하는 권한위임을, 그리고 국민에게는 이에 대한 권리를 보장하고 있다.

헌법이 시장경제를 채택하고 있기 때문에 소득분배는 1차적으로는 시장에서 이루어진다. 시장은 자율적인 교환이 이루어지는 장(forum)이지만, 개인은 시장에서 생활에 필요한 소비를 행한다. 따라서 시장에 어느 정도 사회적 책임이 부과된다. 국가는 사회적 평등을 실현하기 위해서 노동과 임금의 교환, 재화 및 서비스 가격의 결정 등에 있어서 임금정책·가격정책 등을 통하여 사회적 배려를 할 수 있다. 이러한 소득분배과정에서는 법률관계의 당사자는 사인(私人)이며, 국가는 사인 간의 법률관계에 적용되는 일정한 지침을 제시한다.

위와 같은 간접적인 방법 외에 국가는 사회적 평등을 실현하기 위하여 소득재분배정책을 시행한다. 여기에서 국가는 간접적으로 개인 간의 경제적 관계에

---

1) 헌재 1996.4.25, 92헌바47, 8-1, 380면 이하 참조.

2) 일반적으로 전체 경제성장과 사회보험의 관련성에 대해서는 예컨대 헌재 1996.10.4, 96헌가6, 8-2, 331면 이하 참조.

3) 헌재 2002.7.18, 2001헌마605, 14-2, 97면 참조.

4) 이 점에 대해서 자세히는 예컨대 전광석, 한국헌법론(집현재, 2023), 910면 이하 참조.

개입하여 수정을 가하는 데에 그치지 않고, 직접 법률관계의 당사자가 되어 경제주체로부터 소득의 일부를 이전(transfer)받고, 사회적 고려에 의해서 산정된 소득(이른바 social income)을 재분배한다.[5] 이와 같이 소득분배와 소득재분배는 모두 정도의 차이는 있지만 사회보장에 기여한다. 그렇다면 여기에는 다음과 같은 의문이 제기된다. 왜 국가는 분배정책과 더불어 재분배정책을 시행하는가 하는 문제이다.

시장경제를 채택하고 있는 헌법에서 국가가 분배과정에 개입하여 사회문제를 해결하는 데에는 여러 가지 한계가 있다. 사회문제를 해결하기 위해서 국가가 시장경제의 독자적인 기능을 훼손하는 경우, 이는 이에 참여하는 개인의 기본권을 침해하는 결과가 된다. 따라서 국가는 한편으로는 기존의 시장질서를 존중하고 어느 정도 사회적 과제를 부과하면서, 다른 한편으로는 사회문제를 해결하기 위한 새로운 방법을 창설하여야 한다. 여기에서는 소득분배의 결과인 개인의 1차소득의 일부가, 예컨대 사회보험 보험료의 형태로 개인 혹은 집단의 사회문제의 해결이 위임된 국가 혹은 공법인에게 이전되고, 이것을 재원(財源)으로 하여 사회적 고려에 따라 개인 혹은 집단에게 재분배된다. 결국 1차소득의 적정한 분배와 동시에 사회보장법을 통한 재분배정책을 조화롭게 혼합하여 사회정의가 실현되어야 한다.

사회주의 계획경제에서는 이론적으로는 분배정책과 재분배정책이 분화될 필요는 없다. 사회주의 계획경제에서는 이미 분배과정에서 국가가 규범적·사실적 통제를 받지 않고 자유로이 사회적 관점을 투입할 수 있기 때문이다. 그러나 이와 같이 기본적으로 경제정책인 분배정책에 사회보장의 과제를 전적으로 부과하는 실험은 성공할 수 없었다.

5) 이에 대해서 자세히는 전광석, "사회보장에 있어서의 소득재분배구조에 대한 헌법적 접근", 전광석, 사회보장법학(한림대 출판부, 1993), 53면 이하 참조.

제 3 편

한국사회보장법의 형성과 발전

제 1 장 시대구분의 기준

제 1 절 사회문제에 대한 정치적 대응

사회보장법은 사회문제에 대한 정치적 대응이 규범적으로 형성된 결과이다. 정치적 대응이 정책적 결정으로 이어지고, 그러한 결정이 법제화를 통하여 안정적으로 법적 지위를 형성하고 집행하는 매체로 발전하게 된다. 따라서 사회보장법의 시대구분은 가장 기본적으로는 사회문제가 정치적으로 수용되는 여부 및 정도를 기준으로 나눌 수 있다. 이는 사회문제가 민주주의의 기능에 미치는 영향의 정도와 내용을 말한다.

사회문제와 민주주의의 관계는 다음과 같이 유형화할 수 있다. 첫째, 민주주의가 사회문제를 외면하거나 혹은 사회문제에 둔감한 유형이다. 둘째, 국가가 후견적으로 특정한 목표를 지향하면서, 사회문제에 최소한의 관심을 보이는 유형이다. 셋째, 사회문제가 민주주의의 기능구조 속에 편입되어 정치화하는 유형이다. 넷째, 사회문제가 독자적인 정책적 가치를 보유하고 민주주의의 기능에 영향을 미치는 유형이다. 사회보장법의 역사에 있어서 일반적으로 문제가 되는 것은 세 번째 및 네 번째 유형이다. 네 번째 유형이 실현되기 위해서는 사회구조적으로, 또 정치과정에서 복지의 가치가 민주주의의 가치와 대등한 경쟁력을 가져야 한다. 이러한 관계가 형성되기 위해서는 역설적으로 보면 어느 정도 탈정치화의 기반이 필요하다. 우리나라에서 1960년대 초반, 그리고 1987년은 사회문제에 대한 정치적 대응, 그리고 정치화의 중요한 분기점이었다.

제 2 절 생활위험의 포섭과 생활유형의 변화

사회보장법은 가족에서 부양관계, 생산영역에서 노동과 임금의 교환관계, 그리고 시장에서 소비관계를 부분적으로 보충하고, 또 대체하는 과정을 거치면서 발전해 왔다. 따라서 개인의 생활유형이 고용관계, 시장, 가족관계를 규율하는 1차적 법률관계 외에 공적 사회보장법에 포섭되는 여부 및 정도, 그리고 그 결과 나타나는 생활유형의 변화가 시대구분의 기준이 된다. 이와 같은 변화과정을 거치면서 개인생활이 복잡한 법률관계에 포섭되어 법적 지위가 형성된다.

특히 1990년대 이후 자본과 노동의 긴장관계 외에 공적 사회보장에의 포섭과 배제의 문제가 새로운 의제를 형성하게 되었다. 예컨대 노동시장에서 정규직과 비정규직의 양극화는 사회보장법에도 그대로 이어졌으며, 이는 노동법과 사회보장법에 동시에 새로운 과제를 부과하였다. 개인의 생활위험이 공적 과제에 포섭되는 최초의 계기는 1976년 「의료보험법」의 제정이었으며, 이 문제가 본격적으로 논의되는 계기는 1980년대 후반 의료보험의 확대와 「국민연금법」의 시행이었다.

제 3 절 새로운 사회적 위험, 사회적 위험에 대한 이해의 변화

사회보장법은 개인의 정상적인 생활을 저해하는 위험을 보호하고, 적극적으로는 정상적인 생활을 하기 위하여 필요한 상황을 지원하여야 한다. 이러한 과제에 비추어 사회보장법이 새로운 사회적 위험을 충실히 포섭하고 있는가, 그리고 개인의 생활위험을 포괄적으로 보호하는가의 여부가 시대구분의 기준이 된다. 이는 위 제2절의 기준과 부분적으로 중첩되지만, 주로 미시적·제도적 접근을 하는 데 유용하다.

사회보험을 중심으로 보면 일반적으로 산업재해와 질병이 가장 먼저 사회적 위험으로 포섭된다. 이어 노령, 장애 및 사망이 연금보험에 의하여 보호되었다. 실업은 1차적으로는 고용사회로의 변화, 개인이 고용사회에서 소외되는 위험, 그리고 실업의 구조적 성격이 인정되면서 보호의 필요성이 인식되었다. 그리고 2차적으로는 1990년대 이후 노동시장의 변화를 배경으로 사회적 위험의 성격이 깊어 갔다. 노인장기요양의 문제 역시 저출산 고령사회에서, 그리고 가족구조가 소규모화하고 노인 단독가구가 점차 증가하는 현실에서 전형적인 생활위험이 되었다.

사회보장법은 질병, 노령, 장애 등 소득상실의 원인이 되는 생활위험을 보호하는 입법목적을 가졌다. 그리고 주부양자의 소득상실을 보상하는 경우 가족에서 구성원 간의 기능분담을 통하여 가족이 유지될 수 있다고 가정하였다. 그러나 이러한 가정의 현실성이 점차 약화되면서 가족 구성원은 개별적으로 보호대상이 되었다. 다음과 같은 두 가지 상황이 작용하였다. 첫째, 가족 구성원 간의 기능분담이 더 이상 기대될 수 없었다. 그 결과 아동 및 노인 등에 대한 보호 그 자체가 사회화되어야 했다. 이로써 사회보장법은 근본적으로 구조변화를 겪었다. 즉, 특정 집단을 여러 생활영역에서 보호하는 개별적인 법률이 분화된 법체계를 형성하였다. 방법론적으로 보면 현금급여 외에 다양한 현물 및 서비스급여가 주목을 받게 되었다. 둘째, 여성의 사회적 역할과 지위가 향상되면서 이를 사회보장법에서 지원하는 과제가 나타났다. 여성의 가사활동을 복지생산의 관점에서 평가하여야 했다. 예컨대 여성의 자녀양육기간을 연금보험에서 보험료 납부의무를 부과하지 않고 가입기간으로 인정하는 제도 등이 도입되었다.[1] 보다 적극적으로 보면 여성이 가사활동을 이유로 경제활동을 포기하거나 중단하지 않도록 하여야 한다. 이 점은 사회보장법과 노동법의 긴밀한 협력관계를 필요로 했다. 상징적으로 여성의 고용을 보호하기 위하여 제정되었던 「남녀고용평등법」은 2007년 여성이 가정과 경제활동을 병행하는 것을 지원하기 위하여 「남녀고용평등과 일·가정 양립지원에 관한 법률」로 개정·개칭되었다.

제 4 절 복지와 평등이념의 상호작용

도입단계에서 사회보장법은 특정 인적 집단 혹은 특정 생활위험을 한정적으로 포섭하였지만 제도가 성숙하면서 포섭의 범위가 확대되었다. 이는 이념적으로는 복지와 평등의 이념이 상호 작용하면서 진행되었다. 특히 사회보장이 처음부터 복지이념에 의하여 견인된 것이 아니라 '평등한 복지'를 지향하는 경우에는 사회보장에서 평등의 이념은 강화된다. 1980~90년대 우리나라에서 건강보험과 국민연금이 외국에서는 유례가 없이 급속히 전국민 사회보험으로 발전한 것은 '평등한 복지'를 지향한 결과였다. 여기에서는 인적 범위는 넓지만 보호의 정도는 낮은 수준을 유지한다. 이 경우 개인의 자기책임이 여전히 강조되고, 필연적으로 국가와 사회의 기능분담이 필요하다.

서구국가에서 사회보험은 노동과 자본의 대립구조에서 자본의 노동에 대한 연대적 책임을 통하여 사회평화를 도모하기 위하여 도입되었다. 그리고 사회보

---

1) 국민연금법 제19조 참조.

험 이외의 영역에서 복지문제가 인식되기까지는 오랜 시간이 걸렸다. 이에 비해서 우리나라에서는 '평등한 복지'의 이념이 사회보장을 견인하면서 처음부터 확대의 가능성을 내포하고 있었다. 사회보험이 보편화되면서 평등의 이념은 사회보험 자체에서 사각지대의 존재로 인한 불평등, 그리고 공공부조 및 사회복지서비스에 있어서는 사회보험과의 관계에서 불평등을 인식하는 계기가 되었다. 또 사회보장의 효과와 실효성이 희생되었다는 인식, 그리고 이 점에 대한 정책적 및 규범적 평가가 필요하였다. 그러나 낮은 (혹은 더욱 낮아지는) 수준의 평등한 복지문제가 인식되었지만, 이를 해당 제도 자체에서 일반적으로 보충하는 것은 불가능했다. 이에 일반체계가 기능적으로 보충되어야 했다. 국민연금을 보충하기 위하여 제정된 「기초노령연금법」 및 「기초연금법」이 좋은 예이다. 장애인정책의 확대가 또 다른 좋은 예이다. 장애인정책은 역사적으로 격리, 치료와 재활, 그리고 사회화 및 차별금지의 경로를 밟아 왔다. 그런데 사회보험 및 공공부조가 확대되면서 장애인 보호의 사각지대가 부각되는 효과가 나타난다(평등의 확대). 특히 생활의 모든 국면에서 보호를 필요로 하는 장애인이 인격실현의 기회를 갖기 위해서 생활영역별로 장애인을 지원하는 독자적인 법률들이 다수 제정되었다(선별적 복지의 확대).

제2장 시 대 구 분

제 1 절 조선구호령, 구호행정 -1961년 이전 시기-

사회보장법에 대한 본격적인 논의는 1961년 5·16 군사쿠데타 이후 군사정부에서 시작하였다. 식민지 시대에서 기원하는 빈곤보호는 미군정기에는 민간사업과 미국의 원조에 주로 의존하였다.[1] 예컨대 생계보호대상자와 영세민을 위한 지원액 중 외국원조가 차지하는 비율은 지속적으로 50%를 넘었다. 이 당시 현물과 시설 중심의 구호활동은 오랫동안 복지정책의 방법과 범위에 영향을 미쳤다. 빈곤문제에 대한 시설 중심의 임시구호적 행정이 여기에 해당한다. 1948년 헌법에 선언된 복지국가의 과제(제19조), 그리고 당시 개인의 사회적 상황과 사회경제적 불균형은 정치과정에 투입되지 못했다.

이 시기 이전에는 식민지 시대에 제정된 「조선구호령」이 유일한 사회보장법이었다. 그러나 식민지 시대에 제정된 「조선구호령」이 빈곤을 보호하도록 형성되지는 못했다. 근로능력이 없는 것으로 의제되는 신체 및 인구학적 특징을 갖는 경우에 한하여 보호의 대상이 되었다. 즉 '65세 이상의 노약자, 13세 이하의 유자(幼子), 임산부, 불구폐질·질병·상이 기타 정신 또는 신체장애로 인하여 노무를 하기에 장애가 있는 자'가 보호의 대상이었다. 이러한 빈곤정책의 현실은 1961년 제정된 「생활보호법」에서도 크게 달라지지 않았고, 놀랍게도 1999년 「국민기초생활보장법」이 제정될 때까지 계속되었다. 1950년과 1951년 「군사원호법」과 「경찰원호법」이 제정되었다. 또 「공무원연금법」이 1960년 제정·시행되었다. 그러나 이 법률들은 주로 국가의 기능유지와 관련된 특수한 직무에 대한 보상의 성격을 가졌다. 즉, 사회보장의 국가과제에 대한 정치적 인식을 징표하는 법률은 아니었다.

1961년 이전은 민주주의와 사회문제가 거의 관련성을 갖지 못하는 시기였다. 헌법에 보장된 복지(제19조)와 평등(제8조)의 이념은 추상적으로 존재할 뿐 개인생

1) 전광석, 한국사회보장법의 역사(집현재, 2019), 122면 이하 참조.

활에 영향을 미치지 못했다. 무엇보다도 사회보장법에 대한 인식이 발달하지 않았으며, 따라서 이에 관한 논의가 헌법적으로 편입될 수 없었다. 다만 이 시기에 세계적으로 반향(反響)을 일으킨 1942년 '비버리지보고서(Social Insurance and Allied Services)', 또 1952년 국제노동기구(ILO)에서 제정된 「사회보장 최저기준에 관한 협약 제102호」는 우리나라에도 널리 알려졌다.[2] 이는 사회보장의 인식이 발아(發芽)하는 계기가 되었다. 1959년 보건사회부에 '건강보험 제도 도입을 위한 연구회'가 조직되어 사회보장제도의 도입을 준비하기 위한 연구기반이 태동하였다.[3]

제 2 절 사회정책적 인식의 형성과 제한적 법제화 −1961년에서 1977년−

1961년부터 '사회보장의 인식이 발아하고 형성'되었지만 '법제화는 제한적'이었다. 1961년 군사쿠데타 이후 한때 군사정부에서 사회보장입법에 대한 논의가 활발하게 이루어졌다.[4] 이는 쿠데타에 의하여 집권한 군사정부가 취약한 정치적 정당성을 보충하는 목적을 가졌다. 당시 사회정책의 의지와 전문 지식을 보유했던 전문가 집단이 관련 자료를 수집하고 일부 입법을 구상하였다.[5] 군사정부 내 일부 인사들이 이를 지원하였다. 그러나 군사정부에서 경제성장에 정책적 우선순위가 두어지면서 사회문제에 대한 관심은 최소한에 머물게 되었다. 사회보장의 의식이 아직 발아하지 못했고, 따라서 정치권에서 사회보장의 의지도, 또 그 철회도 국민적 주목을 받지는 못했다. 이 시기에 「사회보장에 관한 법률」(1963년), 「산업재해보상보험법」(1963년) 및 「군인연금법」(1963년), 그리고 「생활보호법」(1961년)이 제정되었다. 사회보상에 관한 법률로는 「군사원호보상법」(1961년), 「군사유공자 등 특별원호법」(1962년) 등이 제정되었다.

이 시기에 제정된 법률들은 사회정책적 의지의 빈곤, 제한적 법제화, 그리

---

2) 이에 대해서는 전광석, 국제사회보장법론(법문사, 2002), 150면 이하 참조.

3) 이 당시 연구상황에 대해서는 예컨대 최천송, "한국사회보장연구사(한국사회보장연구소, 1991), 17면 이하 참조.

4) 이에 대해서는 예컨대 손준규, 사회보장·사회개발론(집문당, 1983), 72면 이하 참조.

5) 이 점에 대해서는 이흥재, "사회보장법 형성의 풍토적 특성 - '전문자 집단' 헌신 주도 속의 '국민 저항과 집권층 대응'의 '정치적 산물' -", 「법학」(서울대) 제52권 제3호(2011), 381면 이하 참조.

고 정책결정과 법제화의 불균형이라는 한계를 보였다. 1963년 제정된 「사회보장에 관한 법률」과 「의료보험법」이 좋은 예이다. 정책적 측면에서 사회보장의 중요한 사항을 규율하려는 의도가 좌절되었으며, 법적 측면에서 볼 때에도 실효성을 갖는 조문을 거의 담지 못했다. 다만 부분적으로는 중요한 사회적 위험, 즉 질병, 노령, 산업재해 등을 포섭하는 구상이 보였다. 그러나 군사정부의 의지가 철회되면서 사회보장의 구상과 그 법제화는 시대적 의제에서 멀어졌다. 군사정부는 경제성장과 수출경쟁력을 강화하기 위하여 저임금을 유지하고, 기업의 자본축적을 지원하였다. 이러한 정책기조에서 정부가 근로자 혹은 기업에 복지비용을 부담시킬 수는 없었다. 저임금상황에서 임금이 생활의 기반이 될 수 있도록 소득의 일부를 과세대상에서 면제하는 정책이 사회적 배려를 위한 가장 적합한 방법으로 인식되고, 또 시행되었다.[6] 그러나 이는 소득 역진적이었고, 또 근로자 이외의 사회적 취약계층은 수혜자가 아니었다. 이러한 정책은 직접급여의 방법으로 생활위험을 분산시키는 사회보장의 방법을 오랫동안 지체시켰다.

개인생활은 이전 시기와 마찬가지로 가족, 그리고 고용관계와 시장에 의존하였다. 1962년 개정된 헌법은 사회보장의 국가과제를 명확히 선언하였다(제30조 제2항). 그러나 이 규정이 규범력을 갖기에는 사회문제에 대한 정치적 민감성도, 또 입법적 의지도 없었다. 그만큼 국가의 책임의식과 국민의 보상요구가 모두 아직 보편화되지 않았다. 복지조치는 제한적이었기 때문에 평등이념이 복지를 견인하는 관계가 형성될 수는 없었다.

1963년 「산업재해보상보험법」이 제정되었다. 이 법은 한편으로는 근로자에게 발생하는 업무상의 재해를 보호하며, 다른 한편으로는 재해발생에 대한 사용자의 책임을 면제하는 특수한 기능을 갖는다. 그러나 적용범위가 제한적이고, 그만큼 평등의 이념에 기초하여 사회보장의 확대를 견인할 수 없었다. 「의료보험법」이 제정되었지만 강제가입조항이 삭제되었기 때문에 처음부터 사회보험으로 기능하지 못했다. 다만 이 시기 「의료보험법」에 관한 집중적인 논의의 경험은 앞으로 사회보장법의 제정을 유인하는 잠재적인 기반이 되었다. 이 후 사회보장법은 오랫동안 정체상태에 있었다.

이 시기 사회보장의 구상과 유보된 법제화의 또 하나의 예가 1973년 제정

6) 이 점에 대한 지적으로는 예컨대 양재진/민효상, "한국 복지국가의 저부담 조세체제의 기원과 복지증세에 관한 연구", 「동향과 전망」 제88호(2013), 75면 이하 참조.

된 「국민복지연금법」이다. 1960년대 중후반, 그리고 1970년대 경제성장을 우선하는 정책이 추진되면서 우리 사회에서 성장과 분배의 긴장관계가 본격적으로 나타났다. 또 산업화가 진행되면서 전통적인 가족구조는 개편되어 가고 있었고, 그만큼 가족의 부양기능은 약화될 것으로 예상되었다. 기존에 노후소득보장을 위한 거의 유일한 제도였던 퇴직금제도는 일찍부터 문제점이 지적되어 왔다.[7] 아직 고령사회에 해당하지는 않았지만 고령사회로의 진입이 예측되었다.[8] 기존 생활보장의 정형이 사회경제적 환경의 변화로 인하여 더 이상 기능할 수 없는 상황이 다가오고 있었으며, 이를 대체 혹은 보완하는 새로운 공적 보장에 대한 담론이 필요하였다. 이러한 시대적 배경에서 1973년 「국민복지연금법」이 제정되었다. 그러나 이 법의 시행은 유보되었다. 당시 시점에 「국민복지연금법」을 도입하기에는 사회경제적 상황이 성숙하지 못했고, 또 제도를 도입하려는 정치적 동기가 의심을 받았다. 저소득 근로자는 임금의 일부를 보험료로 납부하는 여유가 없었으며, 사용자로부터는 퇴직금 외에 국민복지연금에 부담금을 부담시키는 데 동의를 얻기 어려웠다. 또 정부가 중화학공업의 육성을 위한 자본축적의 수단으로 「국민복지연금법」을 시행한다는 의심에서 자유롭지 못했다. 국민복지연금의 기금이 예상과 달리 자본조달효과가 크지 않다는 문제도 있었다. 이에 정부는 오히려 부가가치세가 자본조달에 효과적이라고 판단하였다. 이에 부가가치세는 1977년 도입되었고, 「국민복지연금법」의 시행은 향후 과제로 미루어졌다.

1963년 제정된 「의료보험법」이 실질적으로 기능할 수 없었고, 또 1973년 제정된 「국민복지연금법」도 시행이 유보되면서 국가는 성장과 분배를 균형 있게 형성하는 정치적 부담을 안게 되었다.

---

7) 이에 대해서는 예컨대 민재성/박재용, 퇴직금제도의 문제점과 개선방안(한국개발연구원, 1984), 16면 이하 참조.

8) 1973년 우리나라에서 65세 이상 인구는 약 3.3%였다. 이는 연금보험을 도입한 다른 나라의 경우에 비해서 아직 고령화가 진행된 상태라고는 볼 수 없었다. 예컨대 독일, 영국, 미국 등에서 연금보험이 도입된 시기에 65세 이상 인구의 비율은 5.1%, 5.2%, 5.4%였다. 이혜경, “한국의 소득보장제도: 압축성장의 한계와 탈도구화의 과제”, 연세사회복지연구 제1권(1993), 75면 참조.

제 3 절 사회문제의 심화, 의료보험법과 국민연금법의 제정 및 시행 -1977년에서 1986년-

이 시기는 1976년 「의료보험법」이 제정되는 사건을 기점(起點)으로 한다. 당시 사회문제가 심화되었다. 특히 경제적 이유로 질병을 치료받지 못하는 문제는 국가의 최소한의 정당성에 의문을 품게 하였다. 질병은 즉시 혹은 적시(適時)에 치료를 필요로 하며, 그렇지 못할 경우 개인에게 회복할 수 없는 피해를 발생시킨다. 그만큼 질병에 대한 사회보장은 단기적으로 정책효과를 가지며, 또 정치적 정당성에 영향을 미친다.

「의료보험법」의 제정과 시행은 우리 사회보장법사에서 다음과 같은 의미에서 결정적 사건(epochal moment)이다. 첫째, 사회보장의 방법론으로 사회보험의 방식이 선택되었다. 이로써 사회보장법이 포섭과 배제의 틀을 둘러싸고 평등권 및 재산권 등 헌법적 논의구조에 편입되었다. 「의료보험법」의 적용확대를 둘러싼 1980년대 중반 이후의 논의가 이를 보여주고 있다. 둘째, 「의료보험법」이 공적 사회보험의 형태를 띠면서 법률관계는 복잡해졌다. 가입자와 보험자 사이의 직접급여를 규율하는 법률관계 외에 가입자와 요양기관, 그리고 보험자와 요양기관의 법률관계에서 정책효과와 경제성이 균형있게 형성되어야 했다. 이는 대부분 헌법적 평가의 대상이 될 가능성이 있었다. 다만 우리 헌법사에서 가장 권위주의적이었던 당시에 이러한 문제는 잠재해 있었다. 제도의 도입 자체가 갖는 정치적 의미가 주목을 끌었을 뿐 지도원리 및 미시적 법률관계가 진지하게 논의되지는 않았다. 이는 1986년 민주화 이후, 그리고 1988년 헌법재판소가 설립되어 활동하면서 현실화하였다. 셋째, 평등의 관점에서 보면 의료보험에 의한 질병의 사회화는 개인생활에 질병과 마찬가지의 영향을 미치는 다른 사회적 위험을 사회보험법에 포섭하는 유인이 되었다. 장애, 노령, 사망 등으로 인한 소득상실의 문제를 사회보험의 방식으로 보호하는 정책방향은 필연적이었다. 「국민연금법」은 1986년 제정되어 1988년 시행되었다.

1977년 「의료보험법」, 그리고 1988년 「국민연금법」이 시행되면서 사회문제가 민주주의에 구조화되었다. 그러나 실제 이 시기에 아직 민주주의의 의사결정에서 사회문제가 의미있는 비중을 차지하지는 않았다. 무엇보다도 아직은 제도의 적용대상이 제한적이었다. 1977년 의료보험의 가입대상은 500인 이상 근로자를 고용하는 사업장에 한정되었다. 또 이 제도는 그 내용에 관한 의사결정이 권위주의적이었다. 그만큼 선택적 복지가 평등의식에 영향을 주어 복지확대로 이어지거나, 또 낮은 수준의 평등한 복지가 복지이념 자체를 기준으로 평가될 수 있는 정치적 환경이 아니었다. 「국민연금법」은 10인 이상 사업장의 근로자를 가입대상으로 하여 비교적 가입대상이 넓었다. 국민연금은 장기적인 가입기간이 경과된 후 비로소 보험급여가 개시되기 때문에 가입대상을 개방하는 것이 단기적으로 재정부담이 되지는 않는다는 점이 의료보험과는 차이가 있었다. 국민연금의 경우 보장의 내용과 수준 등에 관한 법률관계가 제도설계 차원에서 형성되었을 뿐 국민들에게 직접적인 관련성을 가질 만큼 성숙되어 있지 않았다.[9] 국민연금이 낮은 수준의 평등한 복지를 지향하였기 때문에 복지이념에 의한 보충을 필요로 하였지만 아직 이 문제가 본격적으로 인식되지는 않았다.

제 4 절 헌법의 기능변화, 민주주의로 이행, 그리고 사회보장법의 확대 -1986년 이후 1997년-

1987년 이후 진행된 민주화는 사회보장법의 정치적 환경을 변화시켰다. 또 1988년 출범한 헌법재판소가 사회보장법을 심사하게 되면서 이에 관한 헌법적 인식이 높아 갔다.

「국민연금법」의 제정과 시행은 우리 사회의 민주화 시기와 어느 정도 중첩된다. 민주화는 정치권력이 사회문제를 충실하게 인식하는 계기가 되었고, 이로써 사회보장법이 민주적 정당성에 중요한 변수가 되었다. 이에 이 시기에 헌법에 처음부터 내재해 있는 사회경제적 과제(예컨대 제34조 및 제119조)가 새롭게 조명되었다. 민주화는 일반적으로 복지의식을 높였고, 이는 활발한 시민운동으로 나타났다. 민주화는 사회보장과 관련하여 이중적인 영향을 주었다. 한편으로는 1987년 진

9) 당시 국민연금의 제도구상에 대해서는 전광석, 위 각주 1의 책, 214면 이하 참조.

행된 민주화가 사회경제적 동질성을 조성하는 성과를 가져오지는 못했다는 점에 주의를 환기시켰다.[10] 다른 한편 민주주의의 의사결정 및 사회단위에서 참여가 활성화되었다. 참여민주주의의 논의는 정치학과 헌법, 그리고 행정법의 시대적 주제였다. 1999년 「국민기초생활보장법」의 제정에서 시민단체가 쟁점 제기와 의제 설정에서 결정적인 역할을 하였고, 또 실제 정책결정에 참여하였다.[11] 민주화는 사회보장제도 내의 환경에도 영향을 주었다. 예컨대 국민연금에서 중요한 의사결정에 다양한 가입자집단이 균형 있게 참여하여야 한다는 의식, 그리고 국민연금의 제도적 목적이 정부의 이질적인 정책목표에 의하여 훼손되어서는 안 된다는 의식이 나타났다.[12] 「국민연금법」은 다음과 같은 새로운 과제를 가졌다. 즉, 한편으로는 (오랫동안 노후 소득보장을 위한 제도였던) 퇴직금제도와의 관계를, 그리고 다른 한편 (국민연금이 노후에 필요한 소득의 전체를 보장할 수는 없기 때문에) 개인연금 등 자율적 배려에 기초한 노후소득보장제도와의 관계를 조정하고 체계화하여야 한다. 이로써 일반적으로 보면 사회보장법의 형성에 있어서 기능적 접근이 필요했다. 이 점은 예컨대 2008년 시행된 기초노령연금과 국민연금의 재정 및 급여에 관한 최근의 논의에도 계속 이어지고 있다.[13]

1995년 「사회보장기본법」이 제정되었다. 이 법은 1963년 「사회보장에 관한 법률」을 대체하여 사회보장의 기본이념 및 원리, 그리고 입법의 방향을 제시하는 목적을 가졌다. 이 법률은 그 실효성은 별론으로 하고 이후 사회정책과 사회보장법의 관계를 근본적으로 점검하는 계기를 제공하였다.[14] 1963년 「사회보장에 관한 법률」은 사회정책의 의지와 법제화의 형태 및 내용에 있어서 모두

---

10) 이는 민주주의로의 전환 이후 공고화과정에 대한 사회과학에서 제시된 일반적인 비판이었다. 이에 대해서는 송호근, "배제적 민주화와 유보된 이중전환: 한국 민주화의 사회적 성과와 한계", 임현진/최장집(편), 한국사회와 민주주의(나남, 1997), 61면 이하; 임혁백, "민주주의의 기본원리와 신생민주주의의 공고화", 임혁백, 세계화 시대의 민주주의(나남, 2000), 223면 이하 및 237면 이하 등 참조.

11) 이 점을 추적하는 문헌으로는 예컨대 안병영, "국민기초생활보장법의 제정과정에 관한 연구", 행정논총 제38권 제1호(2000), 3면 이하 참조.

12) 이와 관련하여 「공공자금관리기금법」이 국민연금기금의 일부를 강제 예탁하도록 하는 규정이 문제로 제기되었다. 헌재 1996.10.4. 96헌가6, 8-2, 308면 이하 참조. 헌법재판소는 이 규정을 합헌으로 결정하였지만, 정책적 타당성이 있지는 않았다. 이 후 강제예탁을 폐지하는 내용으로 개정되었다.

13) 기초노령연금의 기능에 대한 논의에 대해서는 전광석, 위 각주 1의 책, 378면 이하 참조.

14) 이 점에 대해서는 전광석, "사회정책과 사회보장법 – 사회보장기본법과 개별 사회보장법의 관계를 중심으로", 사회보장법학 제1권 제1호(2012), 40면 이하 참조.

실효성을 가질 수 없었다. 이에 비해서 1995년 「사회보장기본법」은 사회정책의 의지를 보여주기는 하였다. 그러나 (추상적인 입법목적 외에) 구체적인 원리와 원칙이 명확하지 않았으며 그 결과 실효성을 가질 수 없었다. 실제 이후 「사회보장기본법」이 사회보장입법을 선도하는 기능에는 한계가 있었다.

1987년 이후 정치적 환경이 변화하면서 헌법의 기능이 일반적으로, 그리고 사회보장법에서도 새로이 인식되었다. 이는 사회보장법을 확대하는 데 유리한 환경이 되었다. 이 시기에 「의료보험법」과 「국민연금법」의 가입대상이 획기적으로 확대되어, 이제 노동자보험에서 전국민보험으로 발전하였다. 그러나 지나치게 빠르게 진행된 확대정책은 문제도 남겼다. 단계적으로 제도를 점검하고 실험을 거쳤을 때 비로소 얻을 수 있는 제도의 공고성이 희생되었다. 이는 정책의 결과를 간과하였거나 아니면 정책오류를 예견하고도 정치적으로 감행하였기 때문이었다. 직장가입자와 지역가입자의 보험료 부과징수에 있어서의 불균형이 좋은 예이다.[15] 사회보험의 이념적 목표와 재정적 기반이 뚜렷이 불일치를 보였던 것이 또 하나의 예이다. 저소득 가입자에게 최저생계비에도 미치지 못하는 급여를 지급하는 (공공부조와의) 제도적 불균형, 전체 가입자의 연금수준이 적정한 생활보장을 할 수 없는 제도 내용과 목표의 불일치가 예견되었다. 그러나 낮은 수준의 평등한 복지가 갖는 문제는 아직 확대정책에 가려져 있었으며, (국민연금의 경우 수급시기가 아직 멀리 있었기 때문에) 이 점이 절실하게 인식되지도 않았다. 건강보험에서는 법정비급여와 본인부담으로 인하여 건강보장률이 낮았고, 그 결과 건강보험의 본질이 희생되었다.

1963년 「산업재해보상보험법」, 1977년 「의료보험법」과 1988년 「국민연금법」이 시행된 후 이제 실업보험의 도입을 검토하는 과제를 남겼다. 1990년대에 들어서면서 세계화가 진행되었고, 전지구적 단위에서 기업의 경쟁은 불가피했다. 이에 노동시장이 유연화되어야 했다. 전통적으로 주로 임금투쟁을 하였던 노동조합은 이제 고용보장을 새로운 목표로 설정하였다. 그러나 세계화가 진행되면서 고용보장의 목표를 실현하기는 점점 어렵게 되었다. 상징적으로 「근로기준법」은 정리해고에 관한 규정을 삽입하였다(법 제24조). 고용의 불안정이 소득 및 복지의 불안정으로 이어졌으며, 이는 더 이상 늦출 수 없는 과제가 되었다. 이에 1993년 「고용보험법」이 제정되었으며, 1995년 시행되었다.

15) 헌재 2013.7.25, 2010헌바51, 25-2(상), 49면 이하 참조.

제 5 절 복지정치의 구조화, 사회구조의 변화 -1997년에서 2007년-

Ⅰ. 시장기능의 강화와 사회안전망의 구축

1997년 이후 시기에 사회보장법이 본격적으로 정치구조에 편입되었다. 이제 사회정책은 고용정책, 경제 및 재정정책과 연관성을 맺으면서 형성·개편되었다. 고용관계가 불안정해지고, 저출산 고령사회가 심화되면서 사회보장의 목표와 재정건전성의 균형관계가 시대의 의제가 되었다.

1997년 말의 외환위기의 국면에서 노동시장은 더욱 유연화되어야 했다. 이는 시장의 기능을 강화하면서, 동시에 사회적 안전망을 구축하여 시장의 복지생산기능을 보충하는 이중의 과제를 부과하였다.[16] 외환위기를 극복하기 위한 구조조정은 유례 없이 높은 실업으로 이어졌고, 이에 고용보험의 적용대상을 획기적으로 확대하였다. 고용보험은 가입대상 및 보호의 수준, 그리고 급여기간에 제한이 있기 때문에 기존의 「생활보호법」이 갖는 문제, 특히 보편성의 원칙이 실현될 수 없는 구조적 흠결이 제거되어야 했다. 이에 보편적인 사회안전망을 구축하기 위하여 1999년 「생활보호법」을 폐지하고 「국민기초생활보장법」이 제정되었다. 다만 「국민기초생활보장법」은 지도이념 자체를 명확하게 하지 못했고(최저생활보장과 자활보호의 긴장관계), 실효성이 미흡했으며(보편성의 미실현), 또 입법목적을 실현하기 위하여 필요한 하부구조(직업훈련 및 취업알선 조직 등)를 충실히 갖추지 못했다.[17] 특히 재산기준, 부양의무기준 등과 같은 급여조건이 보편성의 원칙을 실현하는 데 장애가 되었다. 최저생활보장의 이념에 집중하였기 때문에 소득활동을 장려하는 자활보호의 이념은 희생되었다. 근로빈곤이 새로운 사회적 위험이 되고 있었지만 이를 본격적으로 사회안전망에 포섭하기에는 사회적 합의도 부족했고, 또 이를 위한 하부구조가 결여되어 있었다.

전통적인 4대 사회보험이 완비되면서 여전히 배제되어 있는 인적 대상, 그

---

16) 이 점에 대해서는 예컨대 최영기/전광석/이철수/유범상, 한국의 노동법 개정과 노사관계-'87년 이후 노동법개정사를 중심으로-(한국노동연구원, 2000), 239면 이하 및 432면 이하 참조.

17) 국민기초생활보장법의 시행과정에서 나타나는 이러한 문제점에 대해서는 전광석, 위 각주 1의 책, 310면 이하 등 참조.

리고 사회적 위험이 주목을 받았다. 사회보험에서 포섭과 배제의 논리가 이제 사회보장법 전체로 확대되었다. 시장에 접근이 제한되어 있는 장애인과 노인, 아동 등, 그리고 주로 이들에게 서비스를 지원하는 정책이 필요했고, 또 부분적으로 실현되었다. 이러한 변화는 정책과 입법, 그리고 입법의 실효성을 점검하는 계기가 되었다. 즉, 다양한 집단과 생활영역을 유형화하여 법제화할 때 필연적으로 나타나는 불균형의 문제, 서비스를 규율대상으로 할 때 나타나는 법제화의 한계, 그리고 법집행의 흠결 등이 새로운 과제였다. 평등의 이념이 복지를 견인하는 구조가 새롭게 인식되었다. 특히 장애인은 필연적으로 비장애인과 비교의 대상이 되기 때문에 기존의 「장애인복지법」 외에 2007년 「장애인 차별금지 및 권리구제 등에 관한 법률」이 제정되었다.[18]

2007년 「노인장기요양보험법」이 제정되었다. 고령사회에서 가족의 기능이 약화되면서 노인 등 스스로 일상생활능력을 갖지 못하는 집단에 대한 보호가 사회화되어야 했다. 「노인장기요양보험법」의 제정에 있어서는 여러 차원에서 정책 및 입법적 과제가 나타났다.[19] 가족정책과 노인정책, 고용정책과 여성정책의 관계가 재조명되어야 했다. 지금까지 가족 내에서 주로 여성이 노인을 부양하였는데 이를 요양정책의 주어진 현실로서 인정할 것인가, 아니면 이러한 관행을 전환하여야 하는가의 문제가 제기되었다. 법적으로 보면 「노인복지법」과 「노인장기요양보험법」이 기능을 보완하는 문제, 그리고 기본적으로는 서비스를 내용으로 하는 법률관계를 실체법적·절차법적 및 조직법적 규율을 통하여 경제성과 실효성을 보장하는 문제 등이 새로운 과제였다. 이는 유사한 구조를 갖는 「국민건강보험법」, 그리고 유사한 기능을 수행하는 「노인복지법」과 협력관계를 형성하는 과제였다.

Ⅱ. 사회보장의 구조변화

1997년 이후 진행된 기업의 구조조정 및 노동시장의 유연화, 그리고 저출

18) 이 법률의 이념 및 복지이념과의 상호관계에 대해서는 예컨대 전광석, "헌법과 장애인정책: 복지와 평등의 이념적 보완관계를 중심으로", 전광석, 한국사회와 장애인정책 – 복지와 차별금지(인간과 복지, 2011), 35면 이하 참조.

19) 이 점에 대해서는 예컨대 전광석, "한국의 노인장기요양 관련 법제도의 현황과 과제", 사회보장법학 제2권 제1호(2013), 111면 이하, 137면 이하; 정희선, "노인장기요양보험법 제정사", 사회보장법연구 창간호(2012), 163면 이하 등 참조.

산 고령사회의 심화는 국민연금 및 고용보험 등을 근본적으로 재점검하는 계기가 되었다. 다음과 같은 몇 가지 구조적인 변화가 관찰되었다. 첫째, 일반적으로 급격한 구조조정을 위하여 대부분의 의제가 포괄적으로 자본과 노동의 협의와 합의를 필요로 했다. 외환위기의 상황에서 사회보장의 개편은 노동과 자본의 합의를 쉽게 이끌어낼 수 있었고, 이는 국회에서 해당 의제에 대한 결정을 거의 대체하였다.[20] 둘째, 역설적으로 일부 이익집단이 관련되어 있는 사회보장법에서 이익투쟁은 심화되었다. 예컨대 연금수준을 하향 조정하는 1998년과 2007년 「국민연금법」의 개정은 정치적으로는 거의 주목을 받지 못했다. 이에 비해서 「공무원연금법」의 개정은 격렬한 저항에 부딪쳤고, 이는 국회에서 개정작업에 영향을 미쳤다. 또 요양급여비용의 수가를 조정하는 문제는 「국민건강보험법」에 관한 일반적인 개정에 비해서는 논의의 집중도가 훨씬 높다. 이는 입법의 현실에 있어서도 관찰될 수 있었다. 위에서 언급했듯이 이 시기에 장애인 및 노인 등의 개별 생활영역이 독자적으로 규율대상이 되었다. 셋째, 일반적으로 현재의 이익관계가 미래의 지속가능성의 기준보다 우선하였다. 예컨대 사회복지서비스에 있어서 아동에 비해서 노인 및 장애인이 우선적으로 정치적으로 주목을 받았다.[21] 국민연금에서 재정안정성을 위하여 제도를 조정하는 경우 현재 가입자에게 재정적 부담을 지우는 보험료 인상의 수단은 채택되지 않고, 미래 실현될 급여청구권을 불이익하게 조정하는 방안이 선호되었다.

제 6 절 재정 및 제도의 위기, 고용과 복지, 재사회화, 탈표준화 −2007년에서 현재−

Ⅰ. 재정 및 제도의 위기

2007년을 독자적인 시대구분의 기점으로 삼는 이유는 2007년과 2008년 세계적으로 겪은 재정위기가 사회보장법의 방향과 내용에 미친 영향이 적지 않기

20) 이 점에 대해서는 예컨대 최영기/전광석/이철수/유범상, 위 각주 16의 책, 239면 이하 및 432면 이하 참조.

21) 아동정책에서 나타나는 이러한 딜레마에 대해서는 예컨대 전광석, “사회복지법의 규범체계와 과제”, 법제연구 제41호(2011), 16면 이하 참조.

때문이다.[22] 이 시기에 연금보험의 재정문제와 사회보장의 방법론은 새로운 차원을 띠었다.

거시적으로 보면 2007~2008년 재정위기는 지속가능성의 문제를 본격적으로 제기하였다. 이는 한편으로는 과도한 국가부채로 인하여 미래 세대가 재정적인 처분가능성을 상실하는 상황이 통제되어야 한다는 논의였다.[23] 사회보장, 특히 연금제도와 관련해서는 고령사회가 심화되면서 연금수급기간이 연장되어 한편으로는 연금지출의 급증이 예상되었다. 다른 한편 저출산과 고용의 불안정으로 인하여 연금의 수입구조는 악화될 것이 예견되었다. 기존에 형성된 제도의 존속 및 개인의 법적 지위를 존중하면서 장기적으로 사회보장의 목표를 실현하는 것은 민주주의의 시대적 과제가 되었다. 그러나 사실 이 문제 자체는 새로운 것이 아니었다.[24] 국민연금의 재정위기는 처음부터 예견되었으며, 1990년대 후반 이후 본격적으로 논의되었다. 또 실제 1998년과 2007년 두 차례에 걸쳐 조정이 이루어졌다. 이로써 40년 보험가입기간을 기준으로 연금수준은 가입자 생애평균소득의 40%로 낮아졌다. 그동안 잠재해 있던 국민연금에 대한 관심은 수급시기가 개시되면서 커졌다. 부분적으로 국민연금거부운동이 일어났다. 그리고 두 차례의 개정에 의하여 국민연금의 수준이 낮아졌고, 생활의 최소한의 경제적 기초가 될 수 없다는 점이 뚜렷하게 인식되었다. 이에 더하여 지속가능성에 대한 의문이 제기되면서 제도의 신뢰가 손상되었다. 국민연금의 급여수준을 상향 조정하는 것은 불가능하기 때문에 이제 보장의 공백은 개별적으로 보충되어야 했다.

2007년 「기초노령연금법」이 제정되어 국민연금수준이 낮아지면서 발생하는 노인빈곤을 보충하여 보호하도록 하였다. 정책의 타당성과 효과를 떠나 이러한 입법은 사회보장의 방법론에 새로운 방향을 제시하였다. 개별적인 집단의 특수성을 고려하여 구체적으로 생활을 보장하는 방향이다. 이는 이념적으로 보면 낮은 수준의 '평등한 복지'가 갖는 한계를 복지의 이념을 재구성하여 보충하는 의미를 가졌다. 그러나 동시에 개별 사회보장법을 기능적으로 조율하여 법체계

22) 1997년과 2007년 각각의 상황 및 상황의 비교에 대해서는 예컨대 전광석, 위 각주 1의 책, 365면 이하 참조.

23) 이 점에 대해서는 예컨대 전광석, "지속가능성과 세대 간 정의", 전광석(편), 지속가능성과 법학의 과제(연세대학교 대학출판문화원, 2012), 80면 이하 참조.

24) 80년대 이후 복지정치의 상황에 대해서는 전광석, 복지국가론 – 기원 · 발전 · 개편(신조사, 2012), 165면 이하 참조. 이 밖에 각국에서 복지정치에 관한 비교연구로는 Paul Pierson, "The New Politics of the Welfare State", *World Politics,* Vol. 48.2(1996), 143면 이하 참조.

를 형성하는 작업은 복잡해졌고, 또 실제 기능을 평가하는 작업도 어려워졌다.

국민연금과는 달리 공무원연금은 기여금 및 부담금의 수입으로 지출을 감당할 수 없는 문제가 이미 현실화되었다. 이에 「공무원연금법」은 1995년 이후 네 차례 개정되었으나 근본적인 개혁에 이르지는 못하였다.[25] 2015년 「공무원연금법」의 구조개혁을 시도하였으나 부분적인 개정에 그쳤다.

Ⅱ. 고용과 복지

국가재정 및 사회보장재정의 건전성 및 지속가능성에 관한 의제는 사회보장의 구조를 재구성하는 변화를 가져왔다. 즉, 사회정책 사이에 기능의 재배치를 통하여 사회보장의 수요를 내재화하는 방법이 주목을 받았다. 전통적으로 고용은 복지생산의 매체였으며, 이는 한편으로는 고용관계 그 자체, 다른 한편으로는 공적 체계에 부과된 과제였다(고용을 매개로 한 복지생산). 그런데 노동시장의 새로운 상황에서 완전고용은 더 이상 실현될 수 없었고, 소득보장을 위하여 사회보장재정을 투입하는 데에는 한계가 있었기 때문에 적극적인 노동시장정책에 의하여 고용을 창출하고, 고용 그 자체를 통하여 복지를 생산하여 공적 사회보장의 부담을 경감하여야 한다(고용에 의한 복지생산). 사회적 투자를 통한 복지생산(예컨대 스웨덴), 노동시장의 유연화와 이에 상응하는 복지생산의 보편화(예컨대 네덜란드) 등이 각국의 대응방법이었다.

노동시장의 유연화에는 고용의 불안정 및 비정규직의 규모가 확대하는 문제가 따랐다. 노동시장의 양극화는 필연적으로 사회보장의 양극화로 이어질 위험이 있었다. 이에 이들을 사회보장에 포섭하는 문제가 새로운 의제로 나타났다. 이로써 사회보장의 실현방법은 노동법과 긴밀한 연관을 갖게 되었다.[26] 첫째, 사회보장급여의 적절한 수준을 유지하기 위하여 노동법적 조치가 필요했다. 예컨대 최저임금의 충실한 정비가 사회보장의 유용한 기반이 될 수 있다. 둘째, 사회보장법 자체의 독자적인 대응이 필요하였다. 비정규직근로자를 사회보험의 가입대상에 포섭하고, 또 가입을 유도하는 과제이다. 셋째, 사회보장법적 조치가 노동법적 교환관계에 미치는 영향, 노동법적 조치가 사회보장의 전체적인

25) 이 점에 대해서는 예컨대 전광석, 위 각주 1의 책, 233면 이하, 332면 이하, 390면 이하 등 참조.
26) 새로운 고용구조에서 노동법의 사회보장기능에 대해서 예컨대 도재형, “노동법의 위기와 회생, 그리고 과제”, 인권과 정의(2016.6), 72면 이하 참조.

기능에서 차지하는 위상이 분석 · 평가되어야 한다.

Ⅲ. 재사회화와 탈표준화

1990년대 말을 거쳐 2007년의 재정위기를 겪으면서 사회보장은 ‘낮은 수준의 평등한 복지’가 갖는 한계를 복지의 이념에 의하여 충실하게 메워가는 방법론을 모색하였다. 국민연금과 건강보험의 한계는 자율적 자기보장을 강화하고, 취약한 집단의 개별적인 위험을 선택적으로 보장하였다. 국민연금의 보장의 공백을 「기초연금법」을 통하여 메우는 시도에 대해서는 위에서 언급하였다. 2012년 전면 개정된 「사회보장기본법」은 이 점을 충실히 인식하고 있었다. ‘평생사회안전망’의 개념을 도입하여 생애주기에 걸쳐 보편적으로 충족되어야 하는 ‘기본욕구’와 특정한 사회적 위험에 의하여 발생하는 ‘특수욕구’를 동시에 보장하고, 이때 ‘사회서비스’의 중요성을 강조하였다. 그러나 여전히 국민연금에서 비정규직근로자 등이 제도적인 이유에서 혹은 보험료 부담을 피하기 위하여 적용에서 제외되는 범위가 넓었다. 이들이 보호의 필요가 있음에도 불구하고 오히려 제외되고 있다는 사실은 사회보장법의 사회적 성격을 회복하는 시대적 과제를 부여하고 있다.[27)]

‘낮은 수준의 평등한 복지’를 복지이념의 선택적 보충을 통하여 극복하는 과제는 가장 일반적으로는 공공부조법에서 실현되어야 했다. 공공부조는 개인의 개별적인 빈곤상황을 구체적으로 보호하는 안전망이기 때문이다. 2014년 「국민기초생활보장법」은 이 점을 반영하여 근본적으로 개혁되었다. 개정 법률은 두 가지 점에서 시대의 과제를 수용하였다. 첫째, 공공부조법은 최저생활 자체뿐 아니라 개인이 스스로의 능력으로 최저생활을 실현할 수 있는 조건을 보장하여야 한다. 이에 자활보호의 급여조건을 완화하여, 생계급여를 지급받으면서 직업훈련 및 취업지원을 받을 수 있어야 한다. 또 취업이 지속적으로 유지되기 위해서 적정한 근로유인이 필요하다. 이는 1999년 「국민기초생활보장법」의 제정에 있어서 반영되지 못했던 이념적 긴장관계를 정비하고, 점차 늘어나는 근로빈곤에 적극적으로 대처하며, 또 기능의 전제조건을 갖추기 위한 시도였다. 다만 이러한 개선의 방향이 제시되었지만 아직 명확히 제도화되지는

27) 다양한 사회보장영역에 있어서 비정규직의 문제상황에 대해서는 예컨대 이호근, 비정규노동과 복지(인간과 복지, 2011), 17면 이하 참조.

못하고 있다. 둘째, 생계급여, 주거급여, 교육급여, 의료급여 등 개별적인 생활수요는 최저생활을 유지하는 데 독자적인 의미를 가지며, 따라서 개별적으로 급여의 조건과 내용이 형성되어야 한다. 이에 개정 「국민기초생활보장법」은 기존의 통합체계에서 개별체계로 전환하였다.[28)]

28) 이에 대해서는 전광석, 위 각주 1의 책, 382면 이하 참조.

제 4 편

사회보장기본법

제 1 장 사회보장기본법의 제정

제 1 절 법제정의 배경

1995년, 사회보장의 이념 및 기본원칙, 그리고 사회보장의 범위 등을 규율하여 사회보장입법의 지침으로 기능하기 위한 목적으로 「사회보장기본법」이 제정되었다. 표면적으로 나타난 「사회보장기본법」 제정의 이유는 다음과 같은 두 가지였다.

첫째, 사회보장의 헌법적 과제는 궁극적으로는 개별 실정법을 통해서 실현된다. 그런데 사회보장의 과제가 헌법에는 추상적인 형태로 표현되어 있으므로, 이것이 실질적으로 개별 사회보장법의 입법에 있어서 입법지침으로 기능할 수 없다. 따라서 헌법과 개별 사회보장법을 연결하는 중간원칙을 정립하여야 하며, 이것이 기본법의 형태로 제시되어야 한다.

둘째, 1963년 제정된 「사회보장에 관한 법률」은 이러한 역할을 기대하고 제정되었다. 그러나 이 법은 최초의 입법의도와는 달리 사회보장의 발전에 원칙규범으로서 기능하도록 형성되지는 못하였다. 당시 군사정부에서 한때 검토되었던 적극적인 사회보장의 의지는 경제성장의 논리에 밀려 퇴색하였기 때문이다. 이 법은 이후 30여년 동안 죽은 법으로 머물러 있었다. 이제 1990년대 중반 시기에 다시 사회보장을 정비하고 체계화하는 데 있어서 내용이 불충분하고 비체계적이며, 실질적으로 사문화(死文化)된 법을 '개혁'의 법적 기초로 삼을 수는 없었다. 이에 기존의 법을 대체하여 「사회보장기본법」이 제정되었고, 「사회보장에 관한 법률」은 폐지되었다(사회보장기본법 부칙 제2조).[1] 1995년 말 35개조의 본문과 2개의 부칙으로 구성된 「사회보장기본법」이 제정되었다. 그러나 이 법 역시 사회보장입법을 지도하는 실질적인 기준이 되지는 못했다. 「사회보장기본법」은 2012년 사회보장의 이념과 기본방향을 새롭게 제시하는 내용으로 대폭 개정되었다(2013년 시행).

1) 이하 법률의 명칭에 관하여 특별히 언급이 없는 한 「사회보장기본법」을 말한다.

제 2 절 법제화의 일반적인 유형과 사회보장기본법

일반적으로 법제화작업을 하는 데에는 다음과 같은 몇 가지 상황이 있다.

첫째, 기존에 법적 규율이 결여되어 있던 영역에 대해서 입법을 하는 경우이다. 1871년 이후 독일에서 제정된 '비스마르크(Bismarck) 사회보험입법'이 대표적인 예이다. 그러나 우리나라에서 사회보장법은 이미 개별 실정법의 형태로 법제화되어 있었기 때문에 「사회보장기본법」을 제정하는 의의가 여기에 있지는 않았다.

둘째, 기존의 입법을 개혁하기 위해서 법제화를 하는 경우이다. 이 경우 기본이념 및 원칙을 전환하는 시도가 이루어진다. 또 구조적인 개혁은 아니더라도 기존 제도의 기능을 근본적으로 재검토하는 경우를 포함한다. 1998년 및 2007년의 「국민연금법」 개정, 1995년 이후 「공무원연금법」 개정, 2000년의 건강보험 통합과 요양비용지불방법의 변화 등이 좋은 예이다. 독일의 예를 들면 1989년의 건강제도구조개혁(Strukturreform im Gesundheitswesen)이나 1992년, 그리고 2001년 이루어진 연금개혁(Rentenreform)이 여기에 해당한다.[2] 이러한 작업은 사회보장의 환경과 구조가 어느 정도 변화하였다는 것을 배경으로 한다. 그런데 이에 대한 논의 및 합의가 결여되어 있는 상태에서 제정된 「사회보장기본법」이 이러한 경우에 해당하지는 않는다.

셋째, 기존 법률의 일부를 단순히 개정하는 경우이다. 그런데 이러한 작업은 개별 실정법의 차원에서 이루어지는 것으로 충분하고, 그것이 정도(正道)이다. 즉 「사회보장기본법」을 제정할 필요는 없다.

넷째, 기존에 산재해 있던 법을 하나의 법전에 통합하여 규율하는 형태의 법제화이다. 이러한 법전화도 여러 형태가 있을 수 있다. 법제화와 동시에 법전화가 이루어질 수 있고(Kodifikation), 기존에 산재해 있는 법률을 하나의 법전에 통합하는 경우도 있다(Konsolidation). 미국, 독일, 프랑스, 벨기에, 네덜란드 등이 이러한 작업에 성공한 예들이다.[3] 그러나 우리나라에서는 아직 사회보

2) 이에 대해서 자세히는 예컨대 전광석, 독일사회보장법과 사회정책(박영사, 2008), 57면 이하 참조.

3) 사회보장법의 법전화에 대한 비교법적 연구로는 예컨대, Eberhard Eichenhofer, "Social Security Code – Code de la sécurité sociale – Sozialgesetzbuch", *Festschrift für Hans F. Zacher*(1998), 137면 이하; Hans F. Zacher, "Die Kodifikation des Sozialrechts im Ausland", *Festschrift für*

장법이 체계화되어 있지 않고, 또 이에 대한 이해가 통일되어 있지 않기 때문에 단기간에 법전화작업을 하는 것은 어렵다. 사회보장법 법전화작업이 얼마나 어려운 과제인가를 보여주는 좋은 예가 독일이다. 독일의 경우 법전화의 목표가 사회보장법의 구조적인 개혁과 같은 실질적인 변화에 있지 않았다. 사회보장법을 보다 체계화하고, 이해할 수 있도록 단순화하며, 또 산재해 있는 유사한 규율을 통합하는 등 형식적인 데에 법전화의 목표가 있었다.[4] 그럼에도 불구하고, 독일의 사회법전(Sozialgesetzbuch)은 작업이 시작된 이후 40년 이상 진행 중이다. 독일 사회법전이 사항적으로 제한된 개혁을 목표로 하였지만 시간이 흐르면서 개별 분야에서 개혁의 필요성이 강하게 나타나고, 따라서 이러한 개혁이 완성된 후에야 법전화가 가능하다는 인식이 법전화가 지체되고 있는 가장 중요한 이유이다.

다섯째, 사회보장법의 기본원칙 및 공통원칙을 정리하는 작업으로 법제화를 하는 경우이다. 예컨대 행정법 총칙 혹은 행정절차법에 대한 법전화와 관련된 오랜 논의가 여기에 해당한다. 이 경우 궁극적으로 법전화를 염두에 두기도 하지만, 반드시 그럴 필요는 없다.

제 3 절 사회보장기본법의 입법목적과 한계

「사회보장기본법」의 입법 의도는 위에서 열거한 법제화의 계기 중 마지막 형태에 가깝다. 법전화는 많은 장점이 있기 때문에 향후 추구해야 할 목표이다. 그러나 사회보장법의 기본원칙 및 공통원칙 등을 정립하는 기본법 제정작업도 마찬가지의 어려움이 있다. 예컨대 사회보장법의 범위를 결정하여야 한다. 사회보장의 기본이념 및 사회보장 개별법에 적용될 공통사항을 추상적인 형태로나마 결정하여야 한다. 또한 무엇보다도 「사회보장기본법」에 제시된 원칙들이 개별 사회보장법에 실제로 어느 정도 규범력을 갖는가도 의문이다.

「사회보장기본법」의 제정의의와 관련하여 제기되는 질문은 두 가지이다. 첫째, 규범 자체의 문제로서 「사회보장기본법」은 사회보장의 기본원칙 혹은 공통원칙을 충실히 반영하여 사회보장청구권의 실현에 기여하여야 한다. 둘째, 규

Theodor Maunz(1981), 429면 이하 등 참조.

4) 이에 대해서 자세히는, Hans F. Zacher, *Das Vorhaben des Sozialgesetzbuches*(1973) 참조.

범령의 문제로서, 「사회보장기본법」이 기존의 개별 사회보장법을 개선하는 효과를 가져야 한다.

「사회보장기본법」이 사회보장에 관한 헌법적 권리를 효과적으로 실현하는 데에는 한계가 있다. 첫째, 무엇보다도 「사회보장기본법」이 기존의 실정법을 개선하는 직접적인 효과를 가질 수 없다. 기존의 법령과 모순되는 경우에 개정 효과를 갖기 위해서는 기존의 법령에 대한 포괄적이고 심도있는 논의가 선행되어야 하는데, 그러한 작업이 행해지지는 않았다. 둘째, 「사회보장기본법」 자체가 추상적인 선언의 형태를 띠고 있기 때문에 실제 개별 실정법 규정과 충돌하는 상황이 발생하지도 않을 것이다. 「사회보장기본법」은 이러한 한계 내에서, 즉 선언적인 효과를 갖는다는 전제 하에서 입법적 동기로서 기능하기에 적합하게 형성되지 못했다. 즉 「사회보장기본법」의 실질적인 내용과 관련하여 불충분하고 비체계적이며, 또 사회보장법의 발전과 관련된 기본적인 구상이 제시되지 못했다.[5)]

「사회보장기본법」은 앞으로 활발한 입법을 유인하는 데 가장 중요한 의미가 있을 것이다. 그러나 「사회보장기본법」이 이러한 기대를 보장하는 것은 아니다. 이러한 유보 하에 아래에서는 「사회보장기본법」의 주요 내용을 살펴보기로 한다.

5) 사회보장기본법의 개편에 관한 다양한 유형에 대해서는 전광석, "사회정책과 사회보장법 – 사회보장기본법과 개별 사회보장법의 관계를 중심으로", 사회보장법학 제1권 제1호(2012), 40면 이하 참조.

제 2 장 사회보장기본법의 성격

제 1 절 사회보장청구권의 입법적 형성

「사회보장기본법」 제9조는 "모든 국민은 사회보장 관계 법령에서 정하는 바에 따라 사회보장급여를 받을 권리를 가진다"고 규정하여 개인의 권리가 사회보장급여를 통해서 실현된다는 점을 명백히 하였다. 즉 사회보장급여는 국가의 은혜적인 급여가 아니다. 그러나 여기에는 법 자체에 제한적인 규정이 있다. 즉 이러한 권리는 개별 실정법에 의하여 실현된다. 따라서 특정 급여를 실정법에서 재량급여로 형성하고 있다면 개인은 이에 대해서 청구권을 가질 수 없다.

제 2 절 사회보장청구권의 법적 의미

법 제9조의 존재의의는 다음과 같다. 즉 개별 실정법에서 개인에게 강행규정의 형태로 급여가 지급된다면 이에 대해서는 청구권이 인정된다. 이는 특히 공공부조에서 급여의 법적 성격과 관련하여 중요한 변화를 유도한다. 예컨대 사회보험급여는 보험료 납부라는 기여에 대한 반대급여로서 지급된다. 따라서 이는 재산권적 보호의 대상이다. 또 개별 사회보험법 규정이 청구권의 기초가 된다. 그런데 공공부조급여는 국가의 일방적인 급여이며, 전통적으로는 은혜적인 급여로서 이해되어 왔다. 즉 공공부조급여는 국가정책의 반사적 이익이라는 것이다. 법 제9조는 이러한 기존의 이해를 극복하는 근거가 된다. 따라서 「국민기초생활보장법」이 급여의 내용과 조건에 대해서 재량규정의 형태를 띠고 있지 않는 한 개인은 이에 대한 청구권을 갖는다.

이와 관련하여 주목할 만한 규정이 「사회보장기본법」 제10조이다. 법 제10조는 모든 국민에게 건강하고 문화적인 생활을 보장할 국가의 과제를 선언하고 있다. 이와 관련하여 국가는 매년 최저보장수준과 최저임금을 공표하여야 한다. 이로써 최저생활을 보장하는 헌법적 과제가 객관화되고, 하위 실정법에 의한 조치는 헌법의 추상적인 내용을 구체화하는 의미를 갖는다. 이제 개인은 이러한 기준에 따라 결정되는 공공부조급여에 대해서 청구권을 갖는다. 이와 같이 제9조의 규정은 제한적인 범위 내에서는, 특히 공공부조급여와 관련해서는 사회보장청구권의 성격을 명확히 할 뿐 아니라 그 내용을 구체화하는 의미를 갖는다.

제 3 장 사회보장기본법의 실체법적 내용

제 1 절 사회보장의 기본이념 · 보호수준 · 실현수단

「사회보장기본법」은 사회보장의 내용과 제도에 대해서 규율하고 있다. 즉 사회보장법이 보호하는 사회적 위험을 열거하고(법 제3조 제1호), 이를 보호하는 제도로서 사회보험, 공공부조, 사회서비스 및 평생사회안전망에 대한 정의를 하고 있다(법 제3조 제2호~제5호). 「사회보장기본법」은 최저수준에 대한 보장을 선언하고 있다(법 제10조). 그러나 이 조항들은 사회보장청구권의 실현에 영향을 줄 수 있는 법적 의미를 갖지 못한다. 이와 관련하여 다음과 같은 세 가지 측면에서 검토와 개선이 필요하다.

Ⅰ. 기본이념 및 보호범위

「사회보장기본법」은 사회보장의 기본이념을 제시하였다. 첫째, 모든 국민을 다양한 사회적 위험으로부터 보호한다. 둘째, 사회참여 및 자아실현에 필요한 제도와 여건을 조성하여 사회통합과 복지사회를 실현한다(법 제2조). 이로써 사회보장은 사회적 위험을 보호하는 데 그치지 않고 개인이 사회에 참여하여 사회통합이 실현되는 객관적 환경을 구축하여야 한다.

기본이념은 사회보장의 보호범위에 반영되어 있다. 사회보장의 보호범위에 전통적인 사회적 위험인 질병, 노령, 장애, 사망, 실업 등 외에 출산과 양육이 포함된다(법 제3조 제1호). 이는 사회보장의 지속가능성을 위하여 출산과 양육이 지원되어야 하며, 또 출산과 양육이 특히 여성의 고용 및 사회참여를 저해하는 문제라는 점을 인식한 결과이다. 2012년 개정 「사회보장기본법」이 사회서비스를 독자적인 사회보장의 실현수단으로 분류한 것도 연령, 신체적 및 정신적 장애로 인하여 사회참여가 제한되어 있는 집단에게 관련 제도 및 시설에 접근하기 위하여 필요한 직접적인 지원이 필요하다고 인식하였기 때문이다(법 제3조 제4호). 이러한 지원이 지속적으로 필요하다는 점은 평생사회안전망의 도입에 반영되어 있다(법 제3조 제5호). '평생사회안전망'이란 생애주기에 걸쳐 보편적으로 충족되어야 하는

'기본욕구'와 특정한 사회위험에 의하여 발생하는 '특수욕구'를 동시에 고려하여 소득·서비스를 보장하는 맞춤형 사회보장제도를 말한다.

Ⅱ. 사회보장의 보호수준

모든 국민에게 '건강하고 문화적인 생활'이 보장되어야 한다(법 제10조 제1항). 그런데 법 제10조 제2항은 국가에 최저보장수준과 최저임금의 공표의무를, 그리고 제3항은 사회보장급여의 수준을 최저보장수준과 최저임금을 고려하여 결정하도록 하고 있다. 그러면 제1항과 제2, 3항은 어떠한 관계에 있는가? 이 조문의 관계에 대해서 제2항 및 제3항은 제1항을 절차적으로 구체화하는 것이므로 제1항의 건강하고 문화적인 생활이란 최저한도의 생활수준을 의미하는 것으로 오해할 소지가 있다. 그러나 사회보장 일반의 급여수준에 대해서는 기본적으로 법 제10조 제1항이 적용되고, 「국민기초생활보장법」의 급여에 있어서는 법 제10조 제2, 3항이 기준이 되어야 한다. 이때 건강하고 문화적인 생활의 요소는 최저보장수준에도 반영되어야 한다. 현행 「사회보장기본법」은 위와 같은 오해를 불러일으킬 수 있으므로 재검토되어야 한다. 법 제10조 중 제1항과 제2, 3항은 서로 다른 조문으로 분리해서 배치되어야 한다.

Ⅲ. 사회보장의 제도적 실현

「사회보장기본법」 제3조는 사회보장의 정의를 제도를 중심으로 서술하고 사회적 위험을 열거하고 있다.

사회보장은 보호되는 위험과 급여의 종류 및 제도를 중심으로 다음과 같이 정의되고 있다(법 제3조 제1호). 첫째, 사회보장에 의하여 보호되는 위험은 출산, 양육, 실업, 노령, 장애, 질병, 빈곤 및 사망 등이다. 전통적인 사회적 위험 외에 출산 및 양육이 추가되어 있다. 다만 빈곤은 특정한 사회적 위험이 아니라 사회적 위험으로 인하여 발생하는 상황이다. 둘째, 급여의 종류는 소득보장 및 서비스보장이다. 위에서 언급했듯이 개정 「사회보장기본법」은 서비스보장에 특히 주목하고 있다. 셋째, 사회보장의 실현수단은 사회보험, 공공부조, 사회서비스이다.

사회보장의 실현수단을 사회보험, 공공부조, 사회서비스로 분류하는 시도는 체계적이라고 할 수는 없다. 사회보험과 공공부조가 특정한 제도를 지칭하는 반면 사회서비스는 사회보장을 실현하는 방법에 해당하기 때문이다. 예컨대 사회보험, 공공부조에서 입법목적을 실현하기 위하여 소득보장과 서비스보장이 함께 투입된다. 또 건강보험에서는 주로 요양급여형태로 서비스가 지급된다. 위와 같은 분류에서는 아동, 노인, 장애인 등을 위한 사회복지관련제도를 포섭할 수 없으며, 또 기초연금의 위치가 불명확하다.

사회보장의 실현수단은 다음과 같이 정의되고 있다(법 제3조 제2~4호). '사회보험'은 보험의 방식으로 국민의 건강과 소득을 보장하는 제도이다. '공공부조'는 국가와 지방자치단체의 책임하에 생활유지 능력이 없거나 생활이 어려운 국민의 최저생활을 보장하고 자립을 지원한다. '사회서비스'는 국가·지방자치단체 및 민간부문의 도움이 필요한 모든 국민에게 복지, 보건의료, 교육, 고용, 주거, 문화, 환경 등의 분야에서 인간다운 생활을 보장하고 상담, 재활, 돌봄, 정보의 제공, 관련 시설의 이용, 역량 개발, 사회참여 지원 등을 통하여 국민의 삶의 질이 향상되도록 지원한다.

위와 같은 제도에 대한 설명은 부분적으로 보충이 필요하다. 먼저 사회보험에서 기본적으로 보험의 방식이 적용되지만 사회적 조정 혹은 사회적 연대의 원칙이 동시에 적용되며, 후자는 전자를 수정하는 의미가 있다.[1] 사회서비스를 독자적인 실현수단으로 분류하는 문제에 대해서는 위에서 언급하였다.

제 2 절 운영의 기본원칙

「사회보장기본법」은 사회보장운영의 기본원칙으로서 보편성·형평성·민주성과 제도간 연계성 및 전문성을 강조하고 있다(법 제25조). 이러한 원칙들은 개별 실정법에서 구체화되어야 한다.

보편성의 원칙과 민주성의 원칙은 다음과 같은 의미를 갖는다. 사회보험은 한편으로는 되도록 많은 국민을 포섭하고, 또 대부분의 전형적인 사회적 위험을 보호하여야 한다. 다른 한편 사회보험은 기본적으로 보험능력이 있는 자에게 적용되기 때문에 사회보험이 전국민을 포섭할 수는 없다. 따라서 사회보험이 적용되지 않는 사람은 최후의 보충적인 제도로서 공공부조제도에 의하여

1) 헌재 2000.6.29, 99헌마289, 12-1, 943면 이하; 2004.6.24, 2002헌바15, 16-1, 735면 등 참조.

보호되어야 한다. 즉 공공부조제도는 자기생활능력이 없는 모든 개인을 보호할 수 있어야 한다.

민주성의 원칙에 충실하기 위해서는 특히 사회보험은 보험료를 재원으로 하여 운영되기 때문에 재정부담자인 가입자가 사회보험의 운영에 참여할 수 있어야 한다. 이 점은 정도의 차이는 있겠지만 공공부조 및 사회복지서비스에도 적용되어야 한다.

이 밖에 「사회보장기본법」은 비용부담 및 급여수준과 관련하여 형평성의 원칙을 제시하고 있다. 형평성의 개념은 이중적인 의미를 가질 수 있다. 먼저, 수익자부담에 비례하여 반대급여가 형성되어야 한다. 그러나 사회보험 전반에 보험의 원리 외에 사회적 조정의 요소가 충실히 반영되어 사회정의가 실현되어야 한다는 의미를 가질 수도 있다. 따라서 논란의 여지가 있다. 모호한 내용의 중간원칙인 셈이다.

제 3 절 역할분담 · 협의와 조정 · 비용부담

Ⅰ. 역할분담

「사회보장기본법」은 사회보장에서 국가와 지방자치단체 간의 역할분담을 규정하고 있다. 사회보험은 국가의 책임으로, 공공부조와 사회서비스는 국가와 지방자치단체의 책임으로 하는 것을 원칙으로 한다. 다만 국가와 지방자치단체의 재정형편 등을 고려하여 협의·조정할 수 있다(법 제25조 제5항). 특히 사회보장에 민간의 참여를 유도하여야 한다(법 제27조 제1항).

사회보험은 국가의 책임으로, 공공부조와 사회서비스는 국가와 지방자치단체의 책임으로 한다는 역할분담의 규정(법 제25조 제5항)은 비록 단서를 달았지만 원칙으로 적용하기에는 한계가 있다. 사회서비스는 주로 현물·시설·대인서비스급여이기 때문에 수혜자의 다양한 수요를 파악하여야 하고, 또 전달에 있어서 수혜자와 직접적인 접촉이 필요하다. 이러한 측면에서 지방자치단체의 역할이 중요하다. 공공부조에 대해서도 마찬가지의 평가를 할 수 있다. 즉 자기기여에 상응하여 추상적으로 급여가 형성되는 사회보험과는 달리, 공공부조는 개인의 개별적인 수요를 구체적으로 보호하여야 한다. 그렇기 때문에 현금 외에 현물 및 서비스급여를 지급하여야 하고, 상대적으로 운영에 있어서 지방자치단체의 재량이 필요하다. 그러나 공공부조는 궁극적으로 모든 국민에게 인간다운 최저생활을 보장하여야 한다. 따라서 최소한의 공통적인 기준의 설정과 재원조달의 책임은 국가에게 있다.

Ⅱ. 협의와 조정

지방자치단체는 주민복리에 관한 사무를 자치업무로 수행하며, 이러한 지위에서 지방자치단체의 사회보장사업이 중앙정부의 사업과 중복되거나 중앙정부가 예정하지 않은 사업이 시행될 수 있다. 이때 사회보장의 형평성이 상실될 수 있다. 이에 「사회보장기본법」은 국가와 지방자치단체의 협의와 조정에 관한 원칙을 규율하였다(법 제26조).

국가와 지방자치단체는 사회보장제도를 신설하거나 변경할 경우 기존 제도와의 관계, 사회보장 전달체계에 미치는 영향, 재원의 규모·조달방안을 포함한 재정에 미치는 영향 및 지역별 특성 등을 사전에 검토하고 상호 협력하여 사회보장급여가 중복 또는 누락되지 않도록 하여야 한다. 중앙행정기관의 장과 지방자치단체의 장은 사회보장제도를 신설하거나 변경할 경우 신설 또는 변경의 타당성, 기존 제도와의 관계, 사회보장 전달체계에 미치는 영향, 지역복지 활성화에 미치는 영향 및 운영방안 등에 대하여 보건복지부장관과 협의하여야 한다. 이러한 협의가 이루어지지 않는 경우 중앙행정기관의 장과 지방자치단체의 장은 사회보장위원회에 조정을 신청할 수 있으며, 위원회는 이를 조정한다.

Ⅲ. 비용부담

운영의 기본원칙으로 형평성은 비용부담과 관련하여 다음과 같이 구체화되고 있다. 사회보장비용에 대한 부담자는 국가·지방자치단체 및 민간부문이다(법 제28조 제1항). 이는 다시 사회보장 부문별로 세분화되어 있다. 사회보험의 경우 사용자·피용자 및 자영업자가 원칙적인 부담자이며, 국가가 그 일부를 부담할 수 있다(법 제28조 제2항). 공공부조 및 일정한 소득수준 이하의 국민에 대한 사회서비스에 소요되는 비용은 전부 또는 일부를 국가와 지방자치단체가 부담한다(법 제28조 제3항). 그리고 일정 소득수준 이상의 국민에 대한 사회서비스에 소요되는 비용은 수익자부담을 원칙으로 한다. 다만 국가와 지방자치단체가 비용의 일부를 부담할 수 있다(법 제28조 제4항).

비용부담 및 역할조정과 관련하여 민간의 참여에 대해서는 검토가 필요하다. 물론 민간부문은 사회보장에 있어서 중요한 역할을 하여야 한다. 특히 사회복지서비스에서 그러하다. 그러나 생활위험이 발생한 개인을 중심으로 보면 사회보장의 과제는 여전히 국가가 진다. 그런데 「사회보장기본법」은 위와 같은 규정을 두어 마치 생활위험을 보호하는 책임이 민간부문에도 있다는 오해를 일으킬 수 있다. 따라서 민간부문의 역할에 대해서는 「사회보장기본법」에서는 삭제하고, 이 사안은 독자적인 법으로 보충·개선되어야 한다.

사회보험에 있어서도 수익자부담을 원칙으로 하여 국가의 재정부담을 회피하려는 인상이 나타나 있다. 그러나 엄격한 수익자부담의 원칙은 사회정의를 실현하는 사회보험의 원리에 어긋날 수도 있다. 또 사회보험의 종류에 따라 기여자의 구성과 부담이 달라질 수도 있다. 사회보험에서 국가가 비용의 일부를 부담할 수 있다는 규정(법 제28조 제2항)이 있으나, 국가 부담의 요건과 내용은 모호하다.

제 4 장 사회보장기본법의 절차법 및 조직법적 내용

제 1 절 사회보장 기본계획과 사회보장위원회

「사회보장기본법」에서 가장 뚜렷한 조치는 계획법 및 조직법적인 차원에서 이루어졌다. 사회보장법은 장기적인 법률관계를 규율하고, 또 지속가능한 발전을 할 수 있어야 한다. 이에 보건복지부장관은 사회보장 기본계획을 5년마다 수립하여야 한다. 이때 보건복지부장관은 관계 중앙행정기관의 장과 협의를 하여야 한다. 사회보장 기본계획은 사회보장위원회와 국무회의의 심의를 거쳐 확정된다. 사회보장 기본계획에는 다음과 같은 사항이 포함된다: 국내외 사회보장환경의 변화와 전망, 사회보장의 기본목표 및 중장기 추진방향, 주요 추진과제 및 추진방법, 필요한 재원의 규모와 조달방안, 사회보장 관련 기금 운용방안, 사회보장 전달체계, 그 밖에 사회보장정책의 추진에 필요한 사항(법 제16조). 보건복지부장관 및 관계 중앙행정기관의 장은 기본계획에 따라 사회보장과 관련된 주요 시책의 시행계획을 매년 수립 · 시행하여야 한다(법 제18조). 지방자치단체의 장은 사회보장 기본계획과 연계하여 사회보장에 관한 지역계획을 수립 · 시행하여야 한다(법 제19조).

사회보장에 관한 주요 시책을 심의 · 조정하기 위하여 국무총리 소속으로 사회보장위원회를 설치한다(법 제20조). 국무총리가 사회보장위원회 위원장이 되고, 기획재정부장관, 교육부장관 및 보건복지부장관이 부위원장이 된다. 위원회는 위원장과 부위원장, 그리고 행정안전부장관, 고용노동부장관, 여성가족부장관, 국토교통부장관을 포함하여 30명 이내의 위원으로 구성한다. 이밖에 법무부장관, 국가보훈부장관, 문화체육관광부장관, 농림축산식품부장관, 산업통상자원부장관, 환경부장관, 국무조정실장 등 중앙행정기관의 장, 근로자대표, 사용자대표, 사회보장에 관한 학식과 경험이 풍부한 사람, 변호사자격이 있는 사람이 참여한다(법 제21조 제3항, 시행령 제9조).

사회보장위원회는 사회보장 증진을 위한 기본계획, 사회보장 관련 주요 계획, 사회보장제도의 평가 및 개선, 사회보장제도의 신설 또는 변경에 따른 우선순위, 둘 이상의 중앙행정기관이 관련된 주요 사회보장정책, 사회보장급여 및 비용 부담, 국가와 지방자치단체의 역할 및 비용 분담, 사회보장의 재정추계 및 재원조달 방안, 사회보장 전달체계 운영 및 개선, 사회보장통계, 사회보장정보의 보호 및 관리, 중앙행정기관의 장과 지방자치단체장의 조정, 그 밖에 위원장이 심의에 부치는 사항 등에 대해서 심의한다(法 第20條).

사회보장위원회의 구성은 그동안 사회보장의 필요성이 경제 및 재정논리로 위축되어 적극적으로 개진·성안되지 못한 경험을 기초로 사회보장정책을 적극적으로 실현하기 위한 상징성을 가질 것이다. 특히 근로자대표 등의 참여가 제도화되었다는 점에서 기대를 모으고 있다. 위원회가 상징성을 갖는 데 그치지 않고 실질적으로 기능하기 위해서는 객관적인 조사기능과 정책제안기능을 활성화하고, 이를 국민에게 알리기 위한 공청회를 활발히 개최하여 국가정책에 사회보장의 관심을 투입할 수 있어야 한다.

사회보장청구권은 구체적으로는 사회보장 담당조직 및 조직구성원에 의해서 구체화된다. 이 점을 감안하여 「사회보장기본법」은 사회보장 전달체계를 충실히 하는 노력을 강조하고 있다(法 第29條). 지금까지 전달체계의 문제는 주로 공공부조 및 사회복지서비스에 국한되어 논의되어 왔다. 이제 이 문제가 사회보장 전반의 하부구조를 충실히 하는 데 확대되어, 집중적으로 논의되고 성안되어야 한다. 이때 개별적인 접촉을 통해서 수급권자의 상황을 충실히 반영하여 사회보장청구권이 자기보호의 실질적인 수단으로 기능할 수 있어야 한다.

제 2 절 절 차 법

「사회보장기본법」은 사회보장청구권을 실현하기 위하여 필요한 절차 규정을 두고 있다. 제33조가 정보공개의무, 제34조가 설명의무, 그리고 제35조는 상담의무, 제36조는 통지의무를 규정하고 있다. 사회보장법은 개인에게 생존적 중요성을 갖는다. 그렇기 때문에 개인은 사회보장법과 관련된 법적 및 사실적 상황에 대해서 정확히 파악하고 있어야 한다. 그런데 사회보장법은 그 범위가 광범위하고, 또 무엇보다도 자주 개정되기 때문에 개인이 접근하기가 쉽지 않다. 따라서 정보제공과 관련된 조항을 둔 것은 사회보장법의 특성에 비추어 바람직하다. 「사회보장기본법」은 국가와 지방자치단체에게 사회보장수급권자 선정 및 급여 관리 등에 관한 정보를 통합·연계하여 처리·기록·관리하는 시스템을 구축·운영하도록 하고 있다(법 제37조). 「사회보장급여의 이용·제공 및 수급권자 발굴에 관한 법률」은 수급권자의 권리를 실현하기 위하여 필요한 절차에 대해서 상세한 규정을 두고 있다(법 제4조, 제5조, 제16조 등).

절차법적 규정들이 실효성을 갖기 위해서는 의무를 위반하는 사회보장주체에게 책임을 물을 수 있어야 한다. 이와 관련하여 다음과 같은 두 가지 점이 지적되어야 한다.

첫째, 사회보장은 궁극적으로는 국가의 과제이지만 실제 수급권자가 접촉하는 상대는 보험단체와 같은 공법상의 법인인 경우가 일반적이다. 따라서 「사회보장기본법」이 각종 정보제공·설명·상담·통지 등의 상대방을 국가 또는 지방자치단체로 한정한 것은 사회보장법의 현실을 충실히 반영한 것이 아니다. 그 밖의 사회보장주체에게도 위와 같은 의무가 부과되어야 한다.

둘째, 사회보장주체의 의무가 세분화되어 차별적으로 규율되어야 한다. 예컨대 정보제공이나 설명 등은 필연적으로 추상적이다. 따라서 이러한 행위들은 개인의 권리를 처분하는 구체적인 계기가 될 수는 없다. 반면 상담과 통지는 구체적으로 개인의 권리를 실현하는 절차로서의 성격이 강하다. 따라서 의무위반에 대한 권리구제의 수단이 적극적으로 개발되어야 한다. 즉 법 제35조의 상담은 필연적으로 개인의 사회보장제도에 대한 접근 혹은 권리실현의 전단계의 성격을 가지며, 또 통지는 이를 통해서 비로소 개인의 사회보장청구권이 실현된다. 그렇다면 상담이 잘못되어 자신에게 유리한 사회보장청구권의 형성과 관련된 조치를 취하지 못하였거나, 혹은 형성된 청구권을 행사하지 못한 경우에 상담이 올바르게, 그리고 적시에 이루어졌더라면 실현되었을 법상태를 회복할 수 있어야 한다. 통지의무 역시 마찬가지이다. 통지의무를 게을리하여 예컨대 소멸시효가 심히 단축되었거나 혹은 이미 완성된 경우 사회보장주체가 이를 근거로 불이익한 처분을 해서는 안 된다.[1)]

1) 법원은 행정공무원의 실수로 퇴직연금을 받지 못한 퇴역군인에 대해서 손해배상청구권을 인정하면서, 이때 행정청이 소멸시효의 경과를 주장하는 것은 신의성실의 원칙에 반하는 권리남용에 해당한다는 판시를 한 바 있다. 서울지방법원 1996.10.1, 95가합105039 참조. 이에 대한 독일의 입법례 및 실현을 위한 이론적 논의에 대해서 자세히는 전광석, "사회보장행정법관계와 행정구제의 새 국면", 서원우교수 화갑기념논문집(1991), 423면 이하 참조.

제5장 사회보장청구권의 처분

「사회보장기본법」 제12조는 사회보장수급권에 대해서 일률적으로 양도·압류 및 담보제공을 금지하고 있다. 서비스급여와 같이 대인전속적 급여는 본질적으로 양도·압류 및 담보제공이 불가능하다. 그러나 현금급여의 경우 일률적으로 양도·압류 및 담보제공이 금지되어야 하는지에 대해서는 의문이다. 세분화된 규율이 필요하다. 특히 사회보험 및 사회보상에 있어서는 신축성이 있어야 한다. 사회보험의 급여비용이 그 자체로서 혹은 수급권자의 다른 재산 및 소득을 포함하여 적절한 생활을 보장하기에 충분하다면, 그 이상의 급여에 대해서는 양도·압류 및 담보제공을 금지할 필요는 없을 것이다. 이는 사회보장청구권이라는 자기 재산에 대한 처분권을 보장하고, 제3자의 권리를 보호하는 효과를 갖는다.

이에 대한 구체적인 기준으로는 임금의 양도·담보제공 및 압류가능성에 대한 해석을 참조하여야 할 것이다. 예컨대 「근로기준법」이 임금직접지급의 원칙을 규정하고 있기 때문에 임금채권은 양도될 수 없다.[1] 그러나 지급된 금액의 압류가 금지되어 있는 것은 아니다. 실제 「민사집행법」은 임금뿐 아니라 연금에 대해서도 일정한 액수의 범위 내에서 압류를 허용하고 있다(국민연금법 제58조, 시행령 제44조).

현재 국민연금수급권은 양도·압류하거나 담보로 제공할 수 없다. 다만 지급된 급여액에 대해서는 월 185만원의 범위에서 압류할 수 있다(국민연금법 제58조, 시행령 제44조). 군인연금과 공무원연금 역시 수급권에 대한 양도·압류 및 담보로 제공하는 것이 원칙적으로 금지되어 있다. 다만 예외적으로 금융기관 및 국가에 담보로 제공할 수 있고, 「국세징수법」 등의 법률에 따른 체납처분의 대상으로 할 수 있다(군인연금법 제18조; 공무원연금법 제39조).[2] 또 연금이 예금계좌에 입금되어 예금채권으로 변경된 경우에는 강제집행이 될 수 있다.[3] 반면 공공부조급여에 대한 양도·압류 및 담보제공은 허용되지 않는다. 공공부조급여는 최저생활을 보장하기 위한 급여이기

---

1) 이 점에 대해서는 대판 1988.12.13, 87다카2803; 1996.3.22, 95다2630 등 참조.

2) 「공무원연금법」 및 「군인연금법」 해당 규정에 대한 헌법적 심사로는 헌재 2000.3.30, 99헌바53 등, 12-1, 344면 이하; 2009.7.30, 2007헌바139등, 21-2(상), 245면 이하; 2018.7.26, 2016헌마260, 30-2, 103면 이하 등 참조.

3) 대판 1999.10.6, 99마4857 참조.

때문에 이에 대한 양도·압류 및 담보제공을 허용할 경우 공공부조의 제도적 목적이 상실되기 때문이다. 「민사집행법」은 「국민기초생활보장법」상의 최저생계비에 해당하는 금액의 임금 등에 대해서는 압류를 금지하고 있다. 이러한 입법취지는 공공부조법에서도 적용되어야 한다. 국민건강보험급여 역시 서비스급여로서 제공되는 속성상 양도 및 압류가 허용될 수 없다(국민건강보험법 제59조).

제6장 사회보장청구권의 제한

「사회보장기본법」 제13조에 의하면 사회보장청구권은 원칙적으로 제한 또는 정지될 수 없다. 다만 관계 법률의 규정에 의해서 제한 및 정지되는 경우 그 제한 또는 정지의 목적에 필요한 최소한에 그쳐야 한다.

사회보장의 목적을 달성하기 위하여 수급자의 협조가 필요한 경우에 이를 이행하지 않은 때에 급여의 지급을 정지 혹은 중지하거나 제한할 수 있다.

기존의 사회보장법에 규정되어 있는 청구권 제한에 대한 규정은 포괄적이고, 모호한 표현을 사용하고 있어 타당성이 없었고, 또 남용의 위험이 있다. 또 사회보장법에서 급여의 제한은 개인의 기본권을 제한하는 효과를 갖는다. 그렇기 때문에 제한의 요건이 명확하게 형성되어야 한다.

「사회보장기본법」에서 급여제한의 요건은 추상적이기 때문에 그 실질적인 의미가 있는지 의심스럽다. 물론 「사회보장기본법」이 이에 대해서 구체적으로 망라하여 규율할 수는 없다. 그러나 사회보장청구권을 제한하는 사유를 비난가능성이 높은 경우로 한정함으로써 입법자에게 객관적으로 타당한 개정의 동기를 부여하여야 한다.

제 7 장 외국인의 사회보장법적 지위

제 1 절 사회보장법의 개별적인 성격에 따른 입법형성의 필요성

「사회보장기본법」은 상호주의에 따라 외국인에게 사회보장법이 적용되도록 하고 있다(법 제8조). 그러나 외국인이 사회보험 가입자격을 갖춘 경우 상호주의는 타당하지 않다. 산재보험의 경우 사용자가 산재보험에 가입되어 있다면 고용근로자가 외국인인가의 여부에 관계 없이 산재보험급여를 하는 것이 보험과 보상의 성격을 동시에 갖는 산재보험의 본질에 합치한다. 그 밖의 사회보험에서 외국인을 사회보험의 가입대상으로 할 것인가는 입법정책적인 문제이다.

사회보험급여를 외국인에게 제한하는 것은 타당하지 않다. 사회보험에서는 가입자가 보험료를 납부하고 사회적 위험이 발생한 경우 급여가 제공된다. 사회보험법에서 보험료납부의 법률관계는 급여지급과 관련된 법률관계와 통일체를 이루어야 한다. 따라서 가입자에게 사회보험에 비본질적인 기준을 제시하여 보험급여를 거부하는 것은 사회보험법의 체계와 조화될 수 없다. 또 이러한 제한은 사회보험급여가 재산권 보호의 대상이기 때문에 헌법에 위반된다.[1] 보험급여의 원인이 되는 위험이 발생한 경우에는 원칙적으로 국적 및 거주지에 관계 없이 보험급여가 지급되어야 한다.[2] 그리고 현금급여가 지급되는 연금보험의 경우 이를 집행하는 데에 근본적인 어려움은 없다.

공공부조와 사회서비스 역시 상호주의를 적용하기보다는 모든 외국인을 대상으로 하여야 한다. 특히 인간다운 최저생활을 할 권리는 인권에 해당하기 때문에 공공부조는 원칙적으로 외국인에게도 적용되어야 한다. 「난민법」은 난민으로 인정되어 국내에 체류하는 외국인은 본인의 신청에 따라 「국민기초생활보장법」에 의한 보호를 받을 수 있도록 하고 있다. 결국 난민에 대해서는 상호주의가 적용되지 않는다(난민법 제31, 32조 및 제38조).[3]

---

1) 전광석, 국제사회보장법(법문사, 2002), 330면 이하 참조.

2) 이에 대해서는 전광석, 위 각주 1의 책, 258면 이하 참조.

3) 난민에게 최저생활보장과 관련하여 기본권 주체성을 인정하는 독일연방헌법재판소의 결정으로는 *BVerfGE* 132, 134면 이하 참조.

제 2 절 상호주의

외국인에게 상호주의를 적용하는 것을 사회정책적인, 그리고 헌법적인 타당성이 없다. 먼저, 상호주의가 사회보험급여에 적용될 경우 위에서 언급한 바와 같은 이유에서 헌법상의 재산권과 조화될 수 없다. 상호주의는 일반적으로 외국으로 하여금 자국민을 보호하는 내용의 국제협약을 체결하도록 유도하기 위하여 채택된다. 그러나 상호주의가 외국에서 자국민을 보호하는 기능을 수행하는 데 타당한 제도인가는 의심스럽다.

첫째, 이와 같은 정책에 의하여 압박을 받아야 하는 객체는 국가 자체이다. 그러나 실제로는 개인의 사회보장법적 지위가 희생된다. 이 경우 개인이 다른 목적을 달성하기 위한 수단으로 전락하기 때문에 헌법상의 인간의 존엄과 조화될 수 없다. 둘째, 상호주의는 사회정책적인 이유에서도 타당성이 없다.[4] 상호주의는 해당 외국이 유사한 사회보장의 제도와 수준을 가지고 있다는 사실을 전제로 실현될 수 있다. 만약 해당 외국에 상호주의가 적용되어야 할 제도가 전혀 존재하지 않는다면 해당 국가의 국민은 원천적으로 외국에서 사회보장제도에 의한 보호를 받을 수 없게 된다. 실제 상호주의의 적용 여부는 구체적인 상황에서는 법원의 최종적인 판단에 유보되어 있다. 마지막으로 상호주의는 일반적으로 국제법적 보호의 대상에 포섭되는 무국적자를 보호할 수 없다는 한계가 있다.

---

4) 이에 대해서는 예컨대 전광석, 위 각주 1의 책, 279면 이하 참조.

제 5 편

사회보험법

제 1 장 국민건강보험법

제 1 절 보호되는 위험 – 질병과 분만

Ⅰ. 질 병

1. 질병의 사회성

질병은 의식주와 같은 기본적인 생활수요와 더불어 제4의 수요라고 불린다. 질병은 다음과 같은 이유에서 사회적 위험의 성격을 갖는다. 첫째, 질병은 거의 모든 국민에게 닥치는 생활위험이다. 둘째, 가격통제가 이루어지지 않는 시장경제에서 질병을 치료하는 데 필요한 비용은 개인이 부담하기에는 너무 높다. 그렇기 때문에 질병이 발생하면 이는 일반 국민에게 지나친 경제적 부담을 발생시킨다. 셋째, 질병이 발생하면 근로능력이 상실 혹은 감소하고, 이것은 다시 소득의 감소 혹은 상실이라는 2차적인 경제적 파급효과를 낳는다. 넷째, 질병을 원인으로 하여 소득이 감소 혹은 상실하는 경우 이는 현재 개인의 생활유지에 장애가 되는 데 그치지 않는다. 즉 공적 연금 등에서 사회보장급여를 형성하기 위하여 보험료를 납부하는 기회를 상실한다. 현대사회에서 공적 사회보장이 임금·저축 등 사법적(私法的) 채권과 함께 경제적 생활의 기초가 되었다는 점을 감안하면 이러한 경제적 파급효과를 적극적으로 주목하여야 한다.

질병의 발생은 아래와 같은 구조와 경제적 효과를 가지는 것으로 도식화할 수 있다.

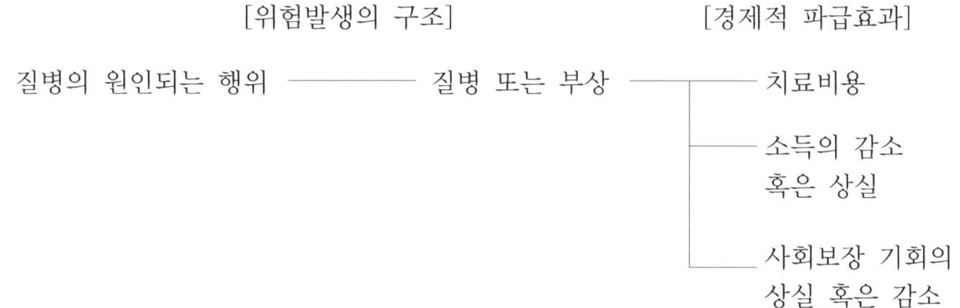

2. 질병의 개념

(1) 개념정의의 어려움

「국민건강보험법」은 질병의 개념을 입법적으로 정의하고 있지는 않다. 실제 질병을 실정법적으로 정의하는 것은 어렵다. 질병이 사회적 위험이 되면서 질병은 더 이상 자연과학적인 기준만으로 정의할 수 없게 되었다. 질병은 '사회적'이란 수식어의 구체적인 내용과 관련되기 때문이다. 사실 이러한 개념정의의 어려움은 사회보장법이 보호하는 장애·노령·사망·실업 등 모든 위험에 있어서도 어느 정도 나타난다. 이들 사회적 위험이 자연적인 것이기는 하지만 그 구체적인 내용은 정책적으로 형성되기 때문이다. 질병의 경우에는 이 밖에도 다음과 같은 특수성이 있다.

첫째, 질병의 경우 질병상태에 대한 인식에 있어서 필연적으로 객관성과 주관성의 차이가 있다. 따라서 건강보험에서 질병에 대한 판단을 객관적, 즉 의학적 기준만으로 할 수는 없다. 둘째, 의학 및 의료기술이 발전하면서 질병의 개념에 변화를 가져왔다. 예컨대 노인의학이 발달하면서 이전에는 질병이 아니고, 자연적인 노쇠현상이라고 생각했던 상태도 이제는 치료의 필요성과 가능성이 있는 질병으로 인정되고 있다. 셋째, 국민의 생활수준이 변화함에 따라서 발병감이 예민해지며, 이것이 질병에 대한 개념을 유동적이게 한다. 이러한 여러 가지 이유로 인하여 질병을 법률에 의하여 구체적이고 명확하게 정의하기는 거의 불가능하다.[1] 만약 질병의 개념에 대한 입법적 정의가 내려진다 해도 그것은 필연적으로 다층적인, 즉 행정 및 사법적 결정을 통한 보충이 필요하다. 이러한 이유에서 입법적으로 결정이 되면 비교적 객관적으로 판정될 수 있는 사망·노령·실업에 비해서, 질병의 개념 및 범위에 대한 논의의 여지가 그만큼 넓다.

질병이 개인의 정상적인 생활을 저해하는 다층적인 구조임을 살펴보았다.

1) 질병의 개념을 입법적으로 정의한 대표적인 나라가 오스트리아이다. 즉 오스트리아 일반사회보험법(Österreiches Allgemeines Sozialversicherungsgesetz) 제120조 제1항 제1문은 질병의 시기(始期)에 대해 규정하면서, "의료적 진료를 필요로 하는 비정상적인 신체 및 정신상태"가 발생하면 이때 의료급여가 개시된다고 하고 있다. 이로써 질병은 첫째, "비정상적인 신체 및 정신상태"와 둘째, "의학적 진료의 필요성"을 개념요소로 하고 있다. 이때 첫번째 개념요소는 두번째 개념요소의 존재를 징표한다. 그렇지만 엄격한 의미에서 첫번째 개념요소가 현실적으로 존재할 필요는 없다는 것이 판례 및 학설의 태도이다. 이에 대한 좋은 예는 아래 각주 14에 서술되어 있다. 이와 같은 오스트리아의 경험은 질병의 개념을 실정법적으로 정의하더라도 실제 적용에 있어서는 질병개념의 가변성이 제거되지는 않는다는 것을 보여준다.

따라서 건강보험법에서 질병에 대한 개념정의는 의학적 의미의 질병에 대한 개념이해와 함께 질병이 개인의 생활에 미치는 영향을 염두에 두고 이루어져야 한다.[2)]

(2) 소득상실(감소) 보상의 문제

질병의 기본적인 개념요소는 비정상적인 건강상태를 회복하기 위한 의료조치의 필요성과 더불어 의료조치에 대한 필요는 없더라도 소득의 감소 혹은 상실을 초래하는 신체·심리 및 정신상태이다. 「국민건강보험법」은 후자의 요소를 보호의 대상으로 하고 있지는 않다. 후자의 요소, 즉 의료조치가 필요하지 않지만 소득감소 혹은 상실을 초래하는 건강상태를 질병의 개념에 포함시키는 경우에는 건강보험법이 질병으로 인하여 발생하는 노동불능상태(Arbeitsunfähigkeit)를 보호하고, 질병보상금(Krankengeld)을 지급한다. 건강보험법이 노동불능상태를 보호하는 경우에는 아래에서 설명하는 질병의 개념요소를 갖추고 있지 않더라도, 일정한 신체·정신 및 심리상태가 소득의 감소 혹은 상실을 가져온다면 그러한 상태를 질병이라고 본다. 즉 현재의 건강상태로는 가입자가 지금까지 행했던 직무를 계속 수행할 수 없거나 혹은 그 직무를 수행한다면 심각한 건강의 악화를 초래할 때 그러한 건강상태를 질병으로 이해한다.[3)]

건강보험이 소득상실을 보호하는 경우 가입자에게 현재의 건강상태로 수행할 수 있다는 이유로, 지금까지의 직무와는 다른 종류의 직무를 수행할 것을 요구해서는 안 된다. 바꾸어 말하면 동일한 소득을 가져오는 다른 직업을 수행할 수 있다는 이유로 급여를 거부할 수는 없다. 사회적 위험에 대한 장기적인 보호인 연금보험과 구별되는 점이다. 노동불능상태에 대해서 지급되는 질병보상금은 기본적으로는 소득상실을 대체하는 급여이지만, 다른 한편으로는 직업보호의 기능도 갖기 때문이다.

---

2) 예컨대 이희승(편), 국어대사전(민중서림, 1982)에서는 질병을 "신체의 온갖 기능의 장애, 건강하지 않은 상태"라고, 그리고 이우주(편), 의학대사전(아카데미 서적, 1990)에서는 "신체의 부분·조직·장기의 정상적인 기능·구조의 장애로 일어나는 일련의 특징적 증상을 가진 일정한 병적 과정, 전신 또는 부분을 침범하여 그 병인학(病因學), 병리학, 예후(豫後)는 아는 것도 있고, 모르는 것도 있다"고 정의하고 있다. 그러나 이러한 질병의 정의는 법학적으로는 크게 유용하지 않다. 건강보험법이 보호하는 질병은 개인의 생활에 위해(危害)한 상황으로서 언제 의료적 수요를 창출하는가를 뚜렷이 보여 주어야 하기 때문이다. 또 예컨대 의료적 수요가 있더라도 의료적 접근 가능성이 없는 상태라면 (의학적으로는 여전히 질병이겠지만) 그것은 이미 건강보험법상의 질병은 아니다. 그런데 위와 같은 정의는 그러한 관점을 제공해 주지 못하고 있다.

3) 이에 대해서는 *BSGE* 26, 288(290); 46, 190(191); 54, 62(65); 57, 227(228) 등 참조.

(3) 질병의 개념요소

질병의 개념을 이해하는 데 단서를 제공하는 규범은 국민건강보험 요양급여 지급여부의 결정기준으로서 보건복지부령의 형태로 제정된 「국민건강보험 요양급여의 기준에 관한 규칙」(이하 '요양급여기준규칙'으로 줄임)이다. 아래에서는 비급여대상에 대한 규정을 주로 참조하면서 질병의 개념에 대해서 접근해 본다.

비급여대상[4)]

1. 다음 각목의 질환으로서 업무 또는 일상생활에 지장이 없는 경우에 실시 또는 사용되는 행위·약제 및 치료재료

가. 단순한 피로 또는 권태

나. 주근깨·다모(多毛)·무모(無毛)·백모증(白毛症)·딸기코(酒皶鼻)·점(모반)·사마귀·여드름·노화현상으로 인한 탈모 등 피부질환

다. 발기부전(impotence)·불감증 또는 생식기 선천성기형 등의 비뇨생식기 질환

라. 단순 코골음

마. 질병을 동반하지 아니한 단순포경(phimosis)

바. 검열반 등 안과질환

사. 기타 가목 내지 바목에 상당하는 질환으로서 보건복지부장관이 정하여 고시하는 질환

2. 다음 각목의 진료로서 신체의 필수 기능개선 목적이 아닌 경우에 실시 또는 사용되는 행위·약제 및 치료재료

가. 쌍꺼풀수술(이중검수술), 코성형수술(융비술), 유방확대·축소술, 지방흡인술, 주름살제거술 등 미용목적의 성형수술과 그로 인한 후유증치료

나. 사시교정, 안와격리증의 교정 등 시각계 수술로써 시력개선의 목적이 아닌 외모개선 목적의 수술

다. 치과교정. 다만, 선천성 기형으로 저하된 씹는 기능 및 발음 기능을 개선하기 위한 치과교정으로서 보건복지부장관이 정하여 고시하는 경우는 제외한다.

라. 씹는 기능 또는 발음 기능의 개선목적이 아닌 외모개선 목적의 턱얼굴(악안면) 교정술

마. 관절운동 제한이 없는 반흔구축성형술 등 외모개선 목적의 반흔제거술

바. 안경, 콘택트렌즈 등을 대체하기 위한 시력교정술

4) 요양급여기준규칙 별표 2.

사. 질병 치료가 아닌 단순히 키 성장을 목적으로 하는 진료

아. 기타 가목 내지 사목에 상당하는 외모개선 목적의 진료로서 보건복지부장관이 정하여 고시하는 진료

3. 다음 각목의 예방진료로서 질병·부상의 진료를 직접목적으로 하지 아니하는 경우에 실시 또는 사용되는 행위·약제 및 치료재료

가. 본인의 희망에 의한 건강검진(법 제52조의 규정에 의하여 공단이 가입자 등에게 실시하는 건강검진 제외)

나. 예방접종(파상풍 혈청주사 등 치료목적으로 사용하는 예방주사 제외)

다. 구취제거, 치아 착색물질 제거, 치아 교정 및 보철을 위한 치석제거 및 구강보건증진 차원에서 정기적으로 실시하는 치석제거. 다만, 치석제거만으로 치료가 종료되는 전체 치석제거로서 보건복지부장관이 정하여 고시하는 경우는 제외한다.

라. 불소부분도포, 치면열구전색(치아홈메우기) 등 치아우식증(충치) 예방을 위한 진료. 다만, 18세 이하인 사람의 치아 중 치아우식증(충치)에 생기지 않은 순수 건전치아인 제1큰어금니 또는 제2큰어금니에 대한 치면열구전색(치아홈메우기)은 제외한다.

마. 멀미 예방, 금연 등을 위한 진료

바. 유전성질환 등 태아 또는 배아의 이상 유무를 진단하기 위한 유전학적 검사

사. 장애인 진단서 등 각종 증명서 발급을 목적으로 하는 진료

아. 기타 가목 내지 마목에 상당하는 예방진료로서 보건복지부장관이 정하여 고시하는 예방진료

4. 보험급여시책상 요양급여로 인정하기 어려운 경우 및 그 밖에 건강보험급여원리에 부합하지 아니하는 경우로서 다음 각목에서 정하는 비용·행위·약제 및 치료재료

가. 가입자 등이 다음 표에 따른 요양기관으로서 다음 각 항목 중 어느 하나의 요건을 갖춘 요양기관에서 1개의 입원실에 1인(「의료법」 제3조 제2항 제1호에 다른 의원급 의료기관 및 제3호 나목에 따른 치과병원의 경우 3인 이하)이 입원할 수 있는 병상(이하 "상급병상"이라 한다)을 이용한 경우에는 다음 표의 구분에 따라 부담하는 비용. 다만, 격리치료 대상인 환자가 1인실에 입원하는 경우 등 보건복지부장관이 정하여 고시하는 불가피한 경우에는 비급여대상에서 제외한다.

<table>
<tr><th>요양기관 구분</th><th>비용</th></tr>
<tr><td>「의료법」 제3조 제2항 제1호에 따른 의원급 의료기관</td><td rowspan="3">제8조에 따라 고시한 요양급여대상인 입원료(이하 “입원료”라 한다) 외에 추가로 부담하는 입원실 이용 비용</td></tr>
<tr><td>「의료법」 제3조 제2항 제3호 나목에 따른 치과병원</td></tr>
<tr><td>「의료법」 제3조 제2항 제3호 가목에 따른 병원 중 진료과목에 소아청소년과 또는 산부인과를 둔 병원으로서 보건복지부장관이 정하여 고시하는 요건을 갖춘 병원(이하 “아동·분만병원”이라 한다)</td></tr>
<tr><td>상급종합병원</td><td rowspan="2">입원실 이용 비용 전액</td></tr>
<tr><td>「의료법」 제3조 제2항 제3호에 따른 병원급 의료기관(치과병원 및 아동·분만병원은 제외한다)</td></tr>
</table>

(1) 의료법령에 따라 허가를 받거나 신고한 병상 중 입원실 이용비용을 입원료만으로 산정하는 일반병상(이하 “일반병상”이라 한다)을 다음의 구분에 따라 운영하는 경우. 다만, 규칙 제12조 제1항 또는 제2항에 따라 제출한 요양기관 현황신고서 또는 요양기관 현황 변경신고서 상의 격리병실, 무균치료실, 특수진료실 및 중환자실과 「의료법」 제27조 제3항 제2호에 따른 외국인환자를 위한 전용 병실 및 병동의 병상은 일반병상 및 상급병상의 계산에서 제외한다.

(가) 의료법령에 따라 신고한 병상이 10병상을 초과하는 「의료법」 제3조 제2항 제1호에 따른 의원급 의료기관, 같은 항 제3호 나목의 치과병원, 「의료법」 제3조의 5 제1항에 따라 지정을 받은 산부인과 또는 주산기(周産期) 전문병원 및 아동·분만병원: 일반병상을 총 병상의 2분의 1 이상 확보할 것

(나) 「의료법」 제3조 제2항 제3호에 따른 병원급 의료기관(치과병원 및 아동·분만병원을 제외한다); 일반병상을 총병상의 5분의 3 이상을 확보할 것

(다) 「의료법」 제3조 제2항 제3호 마목의 종합병원 및 같은 법 제3조의 4 제1항에 따른 지정을 받은 상급종합병원; 일반병상을 총병상의 5분의 4 이상 확보할 것

(2) 의료법령에 의하여 신고한 병상이 10병상 이하인 경우

나. 가목에도 불구하고 다음 각 항목에 해당하는 경우에는 다음의 구분에 따른 비용

(1) 가입자등이 「의료법」 제3조 제2항 제3호 라목에 따른 요양병원(「정신보건법」 제3조 제3호에 따른 정신의료기관 중 정신병원, 「장애인복지법」 제58조 제1항 제4호에 따른 장애인 의료재활시설로서 「의료법」 제3조의 2의 요건을 갖춘 의료기관은 제외한다. 이하 같다) 중 입원실 이용비용을 입원료만으로 산정하는 일반병상(규칙 제12조 제1항 또는 제2항에 따라 제출한 요양기관 현황신고서 또는 요양기관 현황 변경신고서 상의 격리병실, 무균치료실, 특수진료실 및 중환자실과 「의료법」 제27조 제3항 제2호에 따른 외국인환자를 위한 전용 병실 및 병동의 병상은 제외한다)을 50퍼센트 이상 확보하여 운영하는 요양병원에서 1개의 입원실에 5인 이하가 입원할 수 있는 병상을 이용하는 경우: 제8조 제4항 전단에 따라 고시한 입원료 외에 추가로 부담하는 입원실 이용 비용

(2) 가입자 등이 가목(1)에서 정한 요건을 갖춘 상급종합병원, 종합병원, 병원 중 「호스피스·완화의료 및 임종과정에 있는 환자의 연명의료결정에 관한 법률」 제25조에 따라 호스피스전문기관으로 지정된 요양기관에서 1인실 병상을 이용하여 같은 법 제28조에 따른 호스피스·완화의료를 받는 경우(격리치료 대상인 환자가 1인실에 입원하는 경우, 임종실을 이용하는 경우 등 보건복지부장관이 정하여 고시하는 불가피한 경우는 제외한다): 제8조 제4항 전단에 따라 고시한 호스피스·완화의료 입원실의 입원료 중 4인실 입원료 외에 추가로 부담하는 입원실 이용 비용

다. 선별급여를 받는 사람이 요양급여비용 외에 추가로 부담하는 비용

라. 법 제51조에 따라 장애인에게 보험급여를 실시하는 보장구를 제외한 보조기·보청기·안경 또는 콘택트렌즈 등 보장구. 다만, 보청기 중 보험급여의 적용을 받게 될 수술과 관련된 치료재료인 보건복지부장관이 정하여 고시하는 보청기는 제외한다.

마. 친자확인을 위한 진단

바. 치과의 보철(보철재료 및 기공료 등을 포함한다) 및 치과임플란트를 목적으로 실시하는 부가수술(골이식수술 등을 포함한다). 다만, 보건복지부장관이 정하여 고시하는 65세 이상인 사람의 틀니 및 치과임플란트는 제외한다.

자. 이 규칙 제8조의 규정에 의하여 보건복지부장관이 고시한 약제에 관한 급여

목록표에서 정한 일반의약품으로서 「약사법」 제23조에 따른 조제에 의하지 아니하고 지급하는 약제

타. 「장기등 이식에 관한 법률」에 따른 장기이식을 위하여 다른 의료기관에서 채취한 골수 등 장기의 운반에 소요되는 비용

파. 「마약류 관리에 관한 법률」 제40조에 따른 마약류중독자의 치료보호에 소요되는 비용

하. 이 규칙 제11조 제1항 또는 제13조 제1항의 규정에 따라 요양급여대상 또는 비급여대상으로 결정·고시되기 전까지의 행위·치료재료(「신의료기술평가에 관한 규칙」 제2조 제2항에 따른 평가 유예 신의료기술을 포함하되, 같은 규칙 제3조 제3항에 따라 서류를 송부받은 경우와 같은 규칙 제3조의 4에 따른 신의료기술평가 결과 안전성·유효성을 인정받지 못한 경우에는 제외한다). 다만, 제11조 제9항 또는 제13조 제1항 후단의 규정에 따라 소급하여 요양급여대상으로 적용되는 행위·치료재료(「신의료기술평가에 관한 규칙」 제2조 제2항에 따른 평가 유예 신의료기술을 포함한다)는 제외한다.

거. 「신의료기술평가에 관한 규칙」 제3조 제10항 제2호에 따른 제한적 의료기술

너. 「의료기기법 시행규칙」 제32조 제1항 제6호에 따른 의료기기를 장기이식 또는 조직이식에 사용하는 의료행위

더. 그 밖에 요양급여를 함에 있어서 비용효과성 등 진료상의 경제성이 불분명하여 보건복지부장관이 정하여 고시하는 검사·처치·수술 기타의 치료 또는 치료재료

6. 영 제21조 제3항 제2호에 따라 보건복지부장관이 정하여 고시하는 질병군에 대한 입원진료의 경우에는 제1호 내지 제4호(제4호 하목을 제외한다), 제7호에 해당되는 행위·약제 및 치료재료. 다만, 제2호 아목, 제3호 아목, 제4호 더목은 다음 각목에서 정하는 경우에 한정한다.

가. 보건복지부장관이 정하여 고시하는 행위 및 치료재료

나. 질병군 진료 외의 목적으로 투여된 약제

6의2. 영 제21조 제3항 제3호에 따른 호스피스·완화의료 입원진료의 경우에는 제1호부터 제3호까지, 제4호 나목(2)·더목에 해당되는 행위·약제 및 치료재료. 다만, 제2호 사목, 제3호 아목 및 제4호 더목은 보건복지부장관이 정하여 고시하는 행위 및 치료재료에 한정한다.

7. 건강보험제도의 여건상 요양급여로 인정하기 어려운 경우

가. 보건복지부장관이 정하여 고시하는 한방물리요법

나. 한약첩약 및 기상한의서의 처방 등을 근거로 한 한방생약제제

8. 약사법령에 따라 허가를 받거나 신고한 범위를 벗어나 약제를 처방·투여하려는 자가 보건복지부장관이 정하여 고시하는 절차에 따라 의학적 근거 등을 입증하여 비급여로 사용할 수 있는 경우. 다만, 제5조 제4항에 따라 중증환자에게 처방·투여하는 약제 중 보건복지부장관이 정하여 고시하는 약제는 건강보험심사평가원장의 공고에 따른다.

가) 비정상적인 신체 · 심리 및 정신상태

a) 비정상적인 건강상태

「국민건강보험법」상 질병으로 인정되기 위해서는 우선 비정상적인 신체·심리 및 정신상태가 존재하여야 한다.[5] 「국민건강보험법」은 이를 명백히 하고 있다. 즉 보건복지부장관은 요양급여의 기준을 정할 때 업무 또는 일상생활에 지장이 없는 질환에 대한 치료 등 보건복지부령으로 정하는 사항은 요양급여의 대상에서 제외할 수 있다(비급여대상)(법 제41조 제4항). 이러한 위임에 근거하여 제정된 「요양급여기준규칙」 역시 질병이란 비정상적인 신체·정신 및 심리상태임을 당연한 전제로 하고 있다. 그러나 신체의 자연적인 발전상태인 노쇠,[6] 임신 및 분만 등은 질병이 아니다. 다만 치료를 필요로 하는 비정상적인 분만은 질병의 범주에 포함된다.[7]

건강보험법상의 질병과 특히 노인의 장기요양이 필요한 상태는 개념적으로 구분된다. 장기요양은 일상생활을 정상적으로 수행할 수 없는 상태이며, 이러한 상태가 질병을 원인으로 하는 것은 아니기 때문이다. 그러나 이러한 구분이 항상 쉬운 것은 아니다. 실제 「노인장기요양보험법」이 시행되기 전 장기요양은 입원치료의 형태로(사회적 입원) 상당 부분 건강보험법에 의하여 보호되었다. 「노인장기요양보험법」의 시행으로 건강보험의 부담은 그만큼 덜어졌다.

---

5) *BSGE* 35, 10(12); 59, 119(121) 등 참조. 이러한 기준에 따라 독일의 연방사회법원은 예컨대 자기통제능력의 범위를 벗어난 알콜중독(*BSGE* 28, 114; 46, 41; 59, 112), 자기통제능력의 범위를 벗어난 약물중독(*BSGE* 54, 54), 자기통제의 능력을 벗어난 노이로제증상(*BSGE* 21, 189), 부정교합치(*BSGE* 35, 10), 불임증(*BSGE* 39, 167; 26, 240) 등을 질병으로 판단하였다.

6) *BSGE* 39, 167; 85, 36 등 참조.

7) *BSGE* 26, 285(287) 참조.

b) 기능적 접근

질병으로 인정되기 위해서는 이 밖에 비정상적인 신체·심리 및 정신상태를 원인으로 하여 신체의 각 부위, 심리 혹은 정신상태가 그에 부여된 기능을 충실히 수행할 수 없는 정도에 이르러야 한다. 비정상적인 상태가 존재하더라도 일상생활이나 업무를 수행하기에 지장을 줄 정도에 이르지 않는 한 질병이 아니다(법 제41조 제4항). 따라서 예컨대, 단순피로와 권태, 주근깨, 점, 사마귀, 다모(多毛), 무모(無毛), 백모증(白毛症), 여드름, 딸기코(酒皶鼻), 노화현상으로 인한 탈모 등으로 업무 또는 일상생활에 지장이 없는 피부질환, 발기부전, 불감증(不感症)과 생식기 선천성기형 등으로 업무 또는 일상생활에 지장이 없는 비뇨생식기 질환, 단순코골음, (다른) 질병이 동반되지 않는 단순포경, 검열반 등 안과질환 등은 요양급여가 지급되는 질병의 범주에서 제외된다(표의 1. 가~바). 또 기능장애를 제거하기 위한 것이 아니고, 예컨대 미용목적의 조치의 대상이 되는 상태는 질병이 아니다. 쌍꺼풀수술, 코성형수술 등이 여기에 해당한다(표의 2). 그러나 선천적인 상태이더라도 기능장애가 존재하는 한 질병에 해당한다.[8)]

c) 현행규칙의 평가

위와 같이 비정상적인 건강상태란 일상생활 또는 업무에 지장을 줄 정도로 신체 부위가 기능장애에 이르게 되는 경우라고 이해할 때 이는 「국민건강보험법」에서 다음과 같은 두 가지 의미를 갖는다. 첫째, 이미 위에서 살펴본 바와 같이 질병의 범위를 좁히는 결과가 된다. 둘째, 질병을 위와 같이 이해하는 경우 질병의 범위를 확대해석하는 계기를 제공하기도 한다. 비정상의 정도가 경미하기 때문에 비급여대상으로 명시된 경우에도, 그것이 업무 또는 일상생활에 지장을 줄 정도에 이르는 때에는 질병에 해당할 수 있다. 이러한 기준에 따르면 예컨대 정상적인 기능에 영향을 주지 않을 정도의 피로 혹은 권태는 요양급여의 대상에서 제외되지만, 피로 또는 권태의 정도가 심하여 신체의 각 부위가 객관적으로 보통의 예정되는 기능을 수행하기에 곤란한 상태에 이르면 급여를 거부할 수 없다.[9)] 또 예컨대 쌍꺼풀수술, 코성형수술(표의 2. 가) 등은 미용목적인 경우에는 질병에 해당하지 않는다. 그러나 윗 속눈썹이 눈을 찌르기 때문에 일상생활에 지장을 주는 상태를 교정하기 위하여 쌍꺼풀수술을 하는 경우에는 질병으로 인정된다. 턱얼굴교정술(표의 2. 라)에 대해서도 마찬가지의 평가를 할 수 있

8) *BSGE* 28, 199; 30, 151 등 참조.
9) 이에 대해서는 서울고법 2008.1.8, 2007누13779 참조.

다. 미용목적의 교정은 건강보험급여의 대상이 아니다. 그러나 치아에 부여되어 있는 음식물을 씹는 혹은 발음하는 기능을 결정적으로 감소 혹은 상실시킬 정도에 이른 경우에는 질병으로 인정된다.

나) 치료의 필요성

a) 구체적 내용

신체·심리 및 정신상태의 비정상성에 대해서 치료의 필요성이 인정되어야 한다. 치료의 개념이 완치만을 말하는 것은 아니다. 건강상태의 완전한 회복 외에도 예컨대 의료조치가 취해지지 않으면 비정상적인 건강상태를 제거 또는 개선할 수 없거나, 상태의 악화를 방지할 수 없는 경우에도 치료의 필요성이 인정된다. 또 의료조치로 고통을 멈추게 하거나 줄일 수 있다면 역시 치료의 필요성이 인정된다. 이러한 관점에서 보면 죽어가는 사람에 대한 의료조치 역시 질병에 대한 치료이다. 이는 죽는 시점을 연장시킨다는 의미에서 신체상태의 악화를 방지하며, 또 죽어가는 과정에 수반되는 고통을 줄이기 때문이다.[10]

b) 치료의 필요성과 예방급여

치료의 필요성을 확대해석하는 경우 예방급여의 범위가 확대될 수 있다. 건강이 악화될 가능성이 있는 경우뿐만 아니라, 건강이 악화될 개연성이 있으면 치료의 필요성을 인정하여 요양급여를 할 수 있기 때문이다.

순수한 예방조치를 어느 정도 급여의 종류로 인정할 것인가는 정책 결정의 문제이다.[11] 그러나 치료의 필요성을 위와 같이 확대해석하면, 예컨대 치료와 동시에 취해지는 예방조치뿐 아니라, 그 정도에 있어 예방조치에 가까운 의료조치도 치료목적이 전혀 부인되지 않는다면 질병에 해당하여 건강보험급여를 할 수 있다.

치료의 필요성은 현행법을 합목적적으로 해석하는 데 유용하다. 예방접종은 일반적으로 건강보험급여로 인정되지 않는다. 따라서 누구에게나 발생할 수 있는 위험을 제거하기 위하여 예방조치가 취해지는 신체상태는 질병이 아니다.

---

10) *BSGE* 28, 199; 47, 83(85) 등 참조.

11) 1995년 「의료보험법」의 개정을 통하여 건강진단이 법정급여의 목록에 추가되기 전까지는 예방급여는 거의 없었다. 「국민건강보험법」은 급여의 목록에 예방 및 재활을 명시하는 개선을 하였다(법 제41조 제1항 제4호). 비교법적으로 보면 예컨대 독일의 경우 질병조기발견을 위한 조치, 암진단조치, 치아에 대한 각종 예방조치 등을 질병보험의 과제로 하고 있다. 특히 1989년 질병보험법 개혁은 이 점을 명확히 하였다. 이에 대해서는 전광석, 독일사회보장법과 사회정책(박영사, 2008), 52면 이하 참조.

그러나 치료와 함께 예방을 위한 조치를 취하는 경우 이것이 예견될 수 있는 건강의 악화를 방지하는 의미를 갖는다면 치료의 필요성이 인정되어야 한다.

위와 같은 이론구성을 현행 비급여대상에 대한 규정의 해석에 적용하면 다음과 같은 결론을 얻을 수 있다. 현행 비급여대상에 대한 규정은 예방접종을 일괄적으로 요양급여의 대상에서 제외하고 있다(표의 3. 나). 다만 예외로서 "파상풍 혈청주사 등 요양기관에서 치료의 목적으로 필요하여 사용하는 예방주사"는 인정된다. 그런데 치료의 필요성을 확대해석하면 사고의 발생으로 인하여 특정한 질병에 대한 징표가 보이는 경우에는 (본래 사고로 발생한 부상에 대한 치료뿐 아니라) 그것의 악화를 방지하기 위하여 필요한 예방주사에 대해서 건강보험급여는 인정되어야 한다.[12] 그리고 이러한 결론은 예방주사뿐 아니라, 다른 예방적 조치에도 확대적용되어야 한다. 특히 「국민건강보험법」은 예방급여를 요양급여의 목록에 포함시키고 있다(법 제41조 제1항 제4호). 따라서 위와 같은 해석은 실정법적인 근거에 의해서 뒷받침되고 있다.

c) 현행규칙의 내용 및 평가

치료의 필요성이란 기준에 기초하여 현행법의 내용을 설명해보자. 첫째, 미용목적의 조치, 즉 쌍꺼풀수술(이중검수술), 코성형수술(융비술) 등 미용목적의 성형수술(표의 2. 가) 및 미용목적의 교정치료(표의 2. 라) 등에는 보험급여가 지급되지 않는다. 둘째, '일부' 예방목적의 치료 역시 요양급여의 대상에서 제외된다. 법정급여가 아닌 임의적인 건강진단(표의 3. 가), 예방목적으로 실시되는 치석제거(scaling)(표의 3. 다) 등이 그것이다. 예방접종 역시 파상풍 혈청주사 등 요양기관에서 치료의 목적으로 필요하여 사용하는 예방주사를 제외하고는 요양급여의 대상이 아니다(표의 3. 나). 마지막으로, 친자확인을 목적으로 하는 진단은 요양급여의 대상이 아니다(표의 4. 마).

치료의 필요성을 기준으로 보면 현행법에 대해서 다음과 같은 검토가 필요하다. 비급여대상에 대한 규정은 미용목적의 성형수술뿐 아니라 미용목적 성형수술로 인한 후유증의 치료 역시 요양급여의 대상에서 제외하고 있다(표의 2. 가). 그러나 1차적인 의료조치의 목적이 미용에 있었다 하더라도, 그 후유증으로 인한 신체의 비정상적인 상태에 대해서도 요양급여를 제한하는 것은 1차적인 진료의 내용과 목적, 그리고 2차적인 진료의 내용과 목적을 구별하지 못하는 것으로 합리성이 없다. 미용목적의 수술로 인하여 나타나는 후유증은 고의의 사고도,

12) 예컨대 아래 각주 13의 사건 참조.

또 범죄 중 발생한 질병도 아니다. 즉「국민건강보험법」제53조 제1항의 급여 제한의 요건에 해당하지도 않는다. 또 이는 극히 비난할 만한 행위 중에 발생한 것도 아니기 때문이다.

d) 비정상적인 신체 · 심리 및 정신상태와 치료의 필요성의 관계

비정상적인 신체·심리 및 정신상태와 치료의 필요성의 관계에 대해서는 다음과 같은 설명이 필요하다.

첫째, 일반적으로는 비정상적인 건강상태는 치료의 필요성이 인정되는 중요한 징표이다. 그러나 이 두 개의 구성요건이 반드시 일치하는 것은 아니다. 비정상적인 건강상태가 현실적으로 존재하지 않고, 단순히 예견되는 경우에도 건강을 완전히 회복하기 위해서 의료조치가 필요하다면, 치료의 필요성은 긍정되어야 한다.[13] 그러나 반대로 현재 비정상적인 건강상태가 존재하더라도, 의료적 조치가 없이도 정상상태로 회복될 수 있다면 이러한 신체상태는 질병이 아니다.[14]

둘째, 환자가 주관적으로 강하게 치료의 필요성을 인식하여 진료가 이루어졌으나, 진단의 결과 객관적으로 치료의 필요성이 없었다고 판단된 경우에, 이 단순한 진단이「국민건강보험법」상의 급여의 대상이 되는가의 문제이다. 환자 측에서 보면 질병에 대한 판단은 항상 어느 정도는 주관적이다. 그런데 이러한 판단위험을 환자에게 부담시킬 수는 없다. 그렇기 때문에 이와 같은 경우 급여가 거부되어서는 안 된다.

다) 치료의 가능성

비정상적인 신체·정신 및 심리상태가 질병으로 인정되기 위해서는 치료의 가능성이 있어야 한다. 따라서 비정상적인 건강상태가 고정된 상태에 이르러 치료의 가능성이 없으면, 즉 의학적으로 볼 때 치료를 계속하여도 치료의 효과를 기대할 수 없는 경우에는 이것은 더 이상 건강보험의 과제는 아니다. 이러한 상태는 산업재해보상보험 혹은 연금보험이 보호하는 위험인 장애에 해당하고, 이들 제도를 통해서 장기적으로 소득상실의 위험이 보호된다.

13) 독일의 (사회법원의 전신인) 제국보험청(Reichsversicherungsamt)은 개에 물려 상처를 입은 자에게 광견병 예방주사를 시술했을 경우, 이 비용을 질병보험조합이 보상할 의무가 있는가의 여부가 문제된 사건에서 치료의 필요성을 확대적용하여, 보상의무를 인정하였다. 아직 비정상적인 상태가 확연히 나타난 것은 아니지만, 그 가능성을 배제하는 조치에 대해서 치료의 필요성을 인정하였다. 같은 사건은 오스트리아에서도 인용되었다.

14) *BSGE* 35, 10(12) 참조.

Ⅱ. 출 산

임신 및 출산은 자연적인 신체상태의 변화이기 때문에 질병은 아니다. 그러나 임신 및 출산은 질병과 유사한 경제적 파급효과를 가지므로 「국민건강보험법」에 의해서 보호되고 있다. 다만 「국민건강보험법」은 임신의 전기간이 아니고 임신에서 출산, 그리고 산후 요양에 이르는 과정 중 특별히 보호가 필요하다고 인정되는 기간에 한정하여 보호한다.

제 2 절 가 입 자

국내에 거주하는 국민은 「의료급여법」상의 의료급여대상자, 「독립유공자예우에 관한 법률」 및 「국가유공자 등 예우 및 지원에 관한 법률」에 의해서 의료보호를 받는 자를 제외하고는 건강보험 가입자이다(국민건강보험법 제5조 제1항).[15] 건강보험 가입자는 직장가입자와 지역가입자로 나뉜다. 공무원 및 사립학교교직원은 직장가입자로 분류되어 있다(법 제6조). 2021년 말 현재 가입자 등 적용인구는 직장적용인구 3,718만명, 지역적용인구 1,423만명 등 전체 약 5,293만명으로(전국민대비 약 97.1%) 실질적으로 전국민건강보험이 이루어지고 있다. 나머지 152만명에 해당하는 약 2.9%의 국민은 「의료급여법」에 의하여 보호된다. 아래에서는 가입자의 범위를 편의상 직장가입자와 지역가입자, 그리고 공무원 및 사립학교교직원으로 나누어서 살펴본다.

Ⅰ. 직장가입자

직장가입자에는 직장근로자와 사용자가 포함된다. 직장가입자의 범위를 획정하는 데 있어서 사업장의 규모는 중요한 기준이 아니다(법 제6조 제2항).

건강보험에 의무적으로 가입하는 직장근로자에 대한 정의는 「근로기준법」상의 근로자의 개념과 동일하다. 즉 근로자란 직업의 종류에 관계 없이 근로의 대가로서 보수를 받아 생활하는 사람을 말한다(법 제3조 제1호). 그러나 실제 가입대상

15) 이하 법률의 명칭에 관하여 특별히 언급이 없는 한 「국민건강보험법」을 말한다.

인 근로자의 범위가 노동법상의 그것과 같지는 않다. 예컨대 법인의 이사, 임원 등 역시 가입자인 근로자의 범위에 포함된다.[16)]

「국민건강보험법」은 사회보험으로서 주로 가입자가 납부하는 보험료수입에 의해서 재정이 운영된다. 따라서 보험료를 납부하여 보험재정에 어느 정도 지속적으로 기여할 수 있는 경우에 한하여 의무가입자로 인정된다. 이론적으로 보면 보험료산정의 기초가 되는 근로자의 소득이 생활의 주된 기반이 되는 소득근로자가 가입자가 된다. 그리고 이 경우 가입자를 입법적으로 확정하는 기준은 근로시간과 임금이라고 할 수 있다.[17)] 「국민건강보험법」은 지속적인 고용에 해당하지 않는 경우를 유형화하고, 이 경우에는 직장의무가입자의 범위에서 제외시키고 있다. 고용기간이 1개월 미만의 일용근로자, 비상근 근로자 또는 1개월간의 근로시간이 60시간 미만인 단시간 근로자, 소재지가 일정하지 않은 사업장의 근로자 및 사용자 등이 여기에 해당한다(법 제6조 제2항 제1호 및 제4호, 시행령 제9조). 그러나 정책론적으로 보면 이들이 해당 업무로부터 얻는 소득이 그들의 생활기반이 될 수도 있는데 이들을 일률적으로 직장가입자에서 제외하는 것이 타당한지는 의문이다.

직장가입자인 사용자는 근로자가 소속되어 있는 사업장의 사업주, 공무원이 소속되어 있는 기관의 장 혹은 교직원이 소속되어 있는 사립학교(「사립학교교직원연금법」 제3조에 규정된 사립학교를 말한다)를 설립·운영하는 자를 말한다(법 제3조 제2호). 사용자는 보수의 지급 여부에 관계 없이 건강보험에 가입한다(시행령 제38조).[18)] 다만 근로자가 없거나 비상근 근로자 또는 단시간 근로자만을 고용하고 있는 사업주는 의무가입대상이 아니다(시행령 제9조 제4호).

가입자격에 대한 판단기준인 사업장은 사용자가 당해 근로자와 고용관계를 맺고 영업활동을 영위하는 영업단위이며, 물리적·장소적 개념에 그치지 않는다. 따라서 일용근로자로 고용되어 사업자가 시공하는 다수의 공사현장에서 반복적·계속적으로 근로를 제공하고 보수를 지급받은 경우에는 직장가입자에 해당한다.[19)]

16) 「국민연금법」 역시 이 점을 명시하여 규율하고 있다. 국민연금법 제3조 제1호 참조.

17) 실제 독일의 사회보험에 관한 법률들은 근로시간이 1년에 2개월 미만인 경우, 임금이 월 400유로 미만인 경우 의무가입의 대상에서 제외하고 있다. 독일사회법전 제4권(SGB IV) 제8조 제1항 참조. 자세히는 전광석, 독일사회보장법과 사회정책(박영사, 2008), 122면 이하 참조.

18) 이에 대한 헌법심사에 대해서는 헌재 2014.5.29, 2011헌바384, 26-1(하), 302면 이하 참조.

19) 대판 2013.10.24, 2013두12461 참조.

국내에 체류하고 있는 재외국민 또는 외국인은 직장가입자 혹은 지역가입자가 된다. 재외국민으로의 「주민등록법」에 따라 주민등록을 한 사람, 「재외동포의 출입국과 법적 지위에 관한 법률」 제6조에 의하여 국내거소신고를 한 사람, 「출입국관리법」 제31조의 규정에 의하여 외국인등록을 한 사람으로서 직장가입자 적용사업장에 근무하는 경우, 그리고 공무원·교직원으로 임용 또는 채용된 경우에는 직장가입자가 된다(법 제109조 제2항). 이들이 국내에 근무하는 기간 동안 외국의 법령, 외국의 보험 또는 사용자와의 계약 등에 따라 요양급여에 상당하는 의료보장을 받을 수 있는 경우에는 가입 제외를 신청할 수 있다. 불법체류하는 외국인은 가입자가 될 수 없다(법 제109조 제5항). 그 밖의 외국인은 본인의 신청에 의하여 지역가입자가 된다(법 제109조 제3항 제1호). 외국인의 가입자격은 궁극적으로는 외국과의 개별적인 혹은 다자조약을 통하여 규율되어야 할 것이다.[20] 외국정부가 사용자인 사업장의 근로자에 대한 건강보험관계는 당해 외국정부와의 합의에 의해서 결정한다(법 제109조 제1항).

고용관계가 종료된 실업자는 지역가입자로 편입된다. 다만 일정 기간 이들이 직장가입자로 남을 수 있다(임의계속가입자). 임의계속가입자격을 갖기 위해서는 직장가입자의 자격을 상실한 이전 3년 기간 중 직장가입자격을 유지한 기간이 1년 이상이어야 한다. 이들은 지역가입자가 된 이후 최초로 고지 받은 지역가입자 보험료의 납부기한에서 2개월이 지나기 이전에 공단에 신청한 경우에는 24개월 동안 직장가입자의 자격을 유지할 수 있다. 임의계속가입의 신청을 한 자는 최초로 납부하여야 할 보험료를 납부기한부터 2개월 이내에 납부하여야 한다(법 제110조).

직장가입자가 휴직을 하여 보수의 전부 또는 일부가 지급되지 않는 경우에도 직장가입자의 자격을 유지한다. 이러한 휴직자의 보험료는 휴직 전월의 보수월액을 기준으로 산정한다(법 제70조 제2항).[21]

Ⅱ. 지역가입자

직장가입자와 그 피부양자가 아닌 사람은 지역가입자로서 건강보험의 당연가입자가 된다(법 제6조 제3항). 직장가입자의 가족구성원은 피부양자의 자격으로 급여를

20) 이에 대해서 자세히는 전광석, 국제사회보장법론(법문사, 2000), 295면 이하 참조.
21) 이에 대한 헌법적 판단으로는 헌재 2003.6.26, 2001헌마699, 15-1, 756면 이하 참조.

받는다. 반면 지역주민의 경우 세대구성원 전체가 가입자가 되고, 세대구성원 전체가 연대하여 보험료납부의무를 부담한다.

대통령령이 정하는 외국인은 보건복지부장관이 정하는 바에 따라 본인의 신청에 의하여 지역가입자가 될 수 있다(법 제109조 제3항). 즉 직장가입대상이 아닌 자로서 국내에 3개월 이상 거주한 재외국민 또는 외국인 혹은 국내에 3개월 이상 거주하지 않았더라도 유학 등의 사유로 3개월 이상 거주할 것이 명백한 자는 신청에 의하여 지역가입자가 될 수 있다. 이는 외국인이 건강보험급여를 받을 목적으로 입국하여 단기체류하는 남용을 방지하기 위한 규정이다. 다만 이들은 「주민등록법」에 따른 주민등록을 하였거나, 「출입국관리법」에 의하여 외국인등록을 하고 보건복지부령으로 정하는 체류자격이 있거나 「재외동포의 출입국과 법적 지위에 관한 법률」에 의하여 국내거소신고를 하여야 한다(법 제109조 제3항).

Ⅲ. 공무원 및 사립학교교직원

공무원은 국가 또는 지방자치단체에서 상시 공무에 종사하는 사람을 말한다(법 제3조 제4호). 교직원은 사립학교 또는 사립학교 경영기관에서 근무하는 교원 및 직원을 말한다(법 제3조 제5호). 다만 다음에 해당하는 자는 가입대상에서 제외된다. 비상근 교직원 또는 1개월간의 근로시간이 60시간 미만인 시간제 공무원 및 교직원, 현역병(지원에 의하지 않고 임용된 하사 포함), 전환복무된 사람 및 군간부후보생, 선거에 의하여 취임하는 공무원으로서 매월 보수 또는 이에 준하는 급료를 받지 않는 사람 등이 여기에 해당한다(법 제6조 제2항, 시행령 제9조).

현역병, 전환복무된 사람, 군간부후보생 등은 가입자는 아니지만 건강보장을 위하여 이들에게 건강보험법상의 급여가 제공된다. 이들에 대한 요양급여비용은 이들이 소속하고 있는 정부 부처가 부담한다(법 제60조).

제3절 급여의 종류와 내용

Ⅰ. 서 론

1. 의료보험과 질병보험

「국민건강보험법」상 급여로 요양급여와 분만급여가 있다. 이들은 모두 치료를 위한 서비스급여이다. 국민건강보험은 순수한 의료보험(medical insurance)으로서, 소득상실을 보상하는 질병보험(sickness insurance)과는 달리 질병보상금을 지급하고 있지는 않다. 「근로기준법」에 의해서 질병 또는 부상이 업무상의 행위에 기인하여 발생한 경우에는 휴업보상으로 평균임금의 60%가 지급된다(근로기준법 제79조). 「산업재해보상보험법」의 적용사업장인 경우 평균임금의 70%에 해당하는 휴업급여가 우선하여 지급된다. 다만 휴업급여는 업무상 재해가 발생한 후 3일이 경과한 후에야 지급되기 시작한다(산재보험법 제52조). 현행법상 업무상 원인관계가 없이 질병 또는 부상이 발생한 경우 지급되는 소득대체급여는 존재하지 않는다.

2. 현물급여의 원칙

「국민건강보험법」에서 보험급여는 보험자가 아니라 제3자인 요양기관에 의해서 제공된다. 현물급여의 입법목적은 다음과 같은 두 가지이다. 첫째, 가입자가 요양기관에게 진료비용을 먼저 지불할 의무가 없다. 그만큼 가입자가 진료에의 접근이 수월하다. 둘째, 가입자가 보상관계에서 자유롭게 되고, 보험자가 보상의무를 갖기 때문에 요양기관에 대한 통제를 가입자가 아니라 보험자가 하게 된다. 반면 현물급여는 요양기관에게 적정한, 그리고 경제적인 급여를 행할 의무를 부과할 수 있을 뿐, 그 이상의 급여의 기준을 법제화하는 데에는 한계가 있다. 그만큼 요양기관의 과잉급여에 대한 심사가 건강보험의 중요한 과제가 된다.

예외적으로 비용보상의 가능성은 인정된다. 즉 가입자가 긴급 또는 부득이한 사유로 지정된 요양기관이 아닌 의료기관에서 요양급여를 받은 경우에는 현금급여로서 요양비가 지급된다(법 제49조).

3. 보험급여의 법적 성격

건강보험급여는 법적 성격에 따라 법정급여와 재량급여, 그리고 부가급여로 나누어진다. 법정급여는 법률의 규정에 의해서 지급되는 급여이다. 「국민건강보험법」 제41조 제1항 제1호에서 제7호까지의 급여가 법정급여에 해당한다. 재량급여는 급여의 종류는 법률에 열거되어 있지만 지급 필요성에 대한 판단은 보험자의 재량에 맡겨져 있는 급여를 말한다. 예컨대 「장애인복지법」에 의하여 등록한 장애인인 가입자 및 피부양자에게 지급되는 보장구 급여가 재량급여에 해당한다(법 제51조). 부가급여는 법률에 정한 급여 이외의 급여를 말하며, 공단이 대통령령이 정하는 바에 의하여 지급한다. 임신·출산 진료비가 부가급여로서 예정되어 있다(법 제50조, 시행령 제23조).

4. 가족보호

직장가입자의 경우 가입자 외에 일정한 범위의 가족이 요양급여를 받을 수 있다. 가입자의 배우자, 직계존속(배우자의 직계존속 포함), 직계비속(배우자의 직계비속 포함), 직계비속의 배우자, 가입자의 형제·자매가 피부양자의 범위에 속한다. 이들이 피부양자로서 요양급여를 받기 위해서는 주로 가입자에 의해서 생계를 의존하는 사람으로서 소득 및 재산이 보건복지부령이 정하는 이하이어야 한다(법 제5조 제2항). 「국민건강보험법」이 명시하고 있지는 않지만 가입자의 배우자에는 사실상의 배우자가 포함된다고 보아야 한다. 요양급여는 수익적 행위이기 때문에 거래관계의 안전을 해친다는 이유로 법률혼에 한하여 배우자로 인정할 필요가 없기 때문이다. 다른 사회보장법에서는 일반적으로 가입자의 배우자에 사실상의 배우자를 명시적으로 포함시키고 있다.[22)]

지역가입자의 경우 피부양자에 관한 규정을 두고 있지 않다. 위에서 설명했듯이 지역주민의 경우 세대구성원 모두가 가입자이기 때문에 피부양자의 개념이 존재할 여지가 없기 때문이다.

---

22) 예컨대 국민연금법 제3조 제2항, 공무원연금법 제3조 제1항 제2호 가, 산재보험법 제5조 제3호 등 참조.

5. 본인일부부담

(1) 본인일부부담의 입법취지

요양급여에 대해서 국민건강보험공단이 모든 비용을 부담하는 것은 아니다. 즉 일부 요양급여비용에 대한 본인부담제도가 시행되고 있다. 아래에서 설명하는 선별급여(법 제41조의 4)에 대해서는 본인일부부담금을 상향조정할 수 있다(법 제44조, 시행령 제19조).

본인일부부담은 과도하게 진료를 받는 것을 억제하고, 이로써 건강보험의 재정건전성을 유지하는 목적이 있다. 단기적으로는 이러한 목표가 합리성이 있어 보인다. 그러나 장기적으로 보면 본인일부부담은 가입자에게 필요한 진료를 받는 것을 억제하여, 경우에 따라서는 경미한 질병이 치료를 받지 않고 시간이 경과하면서 중병으로 발전하는 부작용이 나타날 수 있다. 그 결과 국민건강의 증진이라는 입법목적에 충실치 못하고, 또 건강보험의 재정악화를 방지하는 효과가 있다고도 볼 수 없다. 본인일부부담은 건강보험에서 위험분산효과에도 부정적으로 작용한다.[23] 자기부담능력이 있는 자에게는 진료남용을 방지하는 효과가 없으면서, 자기부담능력이 제한되어 있는 자에게는 필요한 진료조차 받을 수 없게 하기 때문이다.

(2) 본인부담액 보상제도

위와 같은 불합리를 보완하기 위하여 본인부담액이 과다한 경우 일부를 보상하도록 하고 있다(법 제44조 제1항). 이에 따르면 가입자 및 피부양자 본인이 연간 부담하는 금액이 지역가입자의 세대별 보험료부담수준 또는 직장가입자의 개인별 보험료부담수준에 따라 차등화되어 있는 일정금액(본인부담상한액)을 초과하는 경우 그 초과하는 금액을 공단이 부담한다(시행령 제19조 제4항, 별표 3).[24]

(3) 본인부담의 내용

본인일부부담의 비율은 가입자가 통원치료를 받는가, 입원치료를 받는가에 따라, 그리고 가입자가 급여를 지급받는 요양기관의 종류에 따라(의료법 제3조) 차등화되어 있다.

통원치료의 경우 상급종합병원, 종합병원, 병원, 그리고 의원급 진료기관에

23) 이에 대해서 자세히는 전광석, "사회보장의 소득재분배효과에 대한 헌법적 접근", 전광석, 사회보장법학(한림대출판부, 1993), 특히 79면 이하 참조.

24) 보건복지백서(2014), 666면 참조.

따라 본인일부부담비율이 차등화되어 있다. 본인부담액은 진료기관의 소재지와 급여비용의 다과에 따라 다시 차등화되어 있다. 이와 같은 요양기관의 종류에 따른 차등부담은 가입자로 하여금 되도록 의원급 요양기관에서 진찰 및 진료를 받도록 유도하기 위한 목적을 갖는다.

의원급 진료기관에는 의원, 치과의원, 한의원, 보건의료원, 보건소, 보건지소, 보건진료소가 포함된다. 약국에서 의약품을 구입하는 경우에도 본인일부부담이 있다. 상급종합병원에서 진료를 받는 경우에는 진찰료 총액, 그리고 요양급여비용 총액에서 진찰료를 공제한 액을 합한 액의 60%를 본인이 부담한다. 종합병원에서 진료를 받는 경우에는 요양급여비용 총액의 45~50%에 해당하는 금액이 본인일부부담액이다. 병원에서 진료를 받는 경우 요양급여비용 총액의 35~40%를 부담한다. 의원급 진료기관에서 진료를 받는 경우에는 요양급여비용 총액의 30%를 본인이 부담한다. 진료를 받는 자가 65세 이상인 경우에는 요양급여비용 총액이 보건복지부령으로 정하는 일정액을 넘지 않으면 보건복지부령으로 정하는 금액을 본인부담액으로 한다.

여기에 여러가지 예외가 있다. 희귀난치성 질환자가 요양급여를 받는 경우에 진료비용의 10%를 본인이 부담한다. 또 암환자의 경우 요양급여비용 총액의 5%를 본인이 부담한다. 입원치료의 경우에는 일률적으로 요양급여비용 총액의 10%를 본인이 부담한다. 식대는 50%를 본인이 부담한다.

약국에서 약제를 구입할 때에는 진료를 담당한 의사가 발행한 처방전에 따라 조제를 하는 경우와 처방전이 없이 직접 약국에서 조제를 하는 경우 각각 본인부담비율이 다르다. 처방전에 따른 조제의 경우에는 요양급여비용 총액의 30%를 본인이 부담한다. 이 경우에도 65세 이상인 자에 대해서는 보건복지부령으로 정하는 특례가 적용된다. 처방전이 없이 약제를 구입하는 경우에는 요양급여비용 총액의 40%를 본인이 부담한다. 약제비가 일정액을 초과하지 않는 경우에는 본인부담분이 정액으로 정해져 있다(시행령 제19조 및 별표 2).

가입자가 보험료를 체납하여 급여가 정지되는 경우(법 제53조 제3항), 현역병·군간부후보생 등에 해당하여 급여가 정지되는 경우 및 교도소 등 시설에 수용되어 급여가 정지되는 경우(법 제54조 제3, 4호), 보험재정에 상당한 부담을 초래한다고 인정되는 경우, 그 밖에 보건복지부령이 정하는 항목의 급여비용에 대해서는 전액을 본인에게 부담시킬 수 있다. 또 선별급여, 즉 요양급여의 경제성이 낮거나 경제성 유무가 불확실하지만 요양급여의 필요성이 인정되어 보건복지부장관이 정하여 고시하는 요양급여 항목의 경우에도 요양급여비용의 100분의 100의 범위에서 보건복지부장관이 정하여 고시하는 금액을 부담시킬 수 있다(이른바 100분의 100 급여)(시행령 별표 2 제4, 6호).

아래에서 설명하듯이 출산의 경우 임신·출산 진료비가 지급되기 때문에 본인부담이 없다. 이 외에 출산을 위한 입원에 있어서 식대의 50%만을 본인이 부담한다. 신생아 및 영유아의 경우에도 입원진료에 있어서 본인부담은 요양급여비용 총액의 10%에 해당하는 금액으로 하며, 입원식대의 50%만을 본인이 부담한다. 6세 미만의 아동이 외래진료를 받는 경우 일반적으로 적용되는 본인부담률의 70%로 본인부담비율이 낮아진다(시행령 별표 2 제3호). 출산을 장려하고 신생아 및 영유아에 대한 양육부담을 경감하기 위한 조치이다.

Ⅱ. 급여의 종류와 내용

1. 건강검진

질병을 조기에 발견하고 이에 적절한 요양급여를 행하기 위하여 건강검진이 실시된다(법 제52조 제1항). 건강검진에 관한 기본적인 사항을 정하기 위하여 「건강검진기본법」이 제정되어 있다. 건강검진의 종류로는 일반건강검진, 암검진, 그리고 영유아건강검진이 있다. 대상자는 다음과 같다. 일반건강검진은 직장가입자, 세대주인 지역가입자, 20세 이상인 지역가입자 및 20세 이상인 피부양자이다. 암검진은 일반검진대상자 중 암의 종류별로 특성을 고려하여 검진이 필요한 자에게 실시된다. 구체적인 검진대상자는 보건복지부장관이 고시에 의하여 정한다(암관리법 제11조 제3항). 영유아건강검진은 6세 미만의 가입자 및 피부양자를 대상으로 한다.

건강검진은 2년마다 1회 이상 실시한다. 그러나 사무직에 종사하지 않는 직장가입자에 대하여는 1년에 1회 실시한다. 암검진과 영유아건강검진은 암종별 특성과 영유아의 나이 등을 고려하여 검진주기와 검진횟수를 정한다. 이는 보건복지부장관의 고시에 따라 정한다(시행령 제25조 제1항).

2. 요양급여

요양급여의 내용은 (i) 진찰·검사, (ii) 약제 또는 치료재료의 지급, (iii) 처치, 수술, 그 밖의 치료, (iv) 예방·재활, (v) 입원, (vi) 간호, (vii) 이송 등이다(법 제41조 제1항).

요양급여는 요양기관에서 제공된다. 「의료법」에 따라 개설된 의료기관, 「약사법」에 따라 등록된 약국, 「약사법」 제91조에 따라 설립된 한국희귀·필수의약품센터, 보건소·보건의료원·보건지소 및 보건진료소 등은 당연히 요양기관이 된다(법 제42조 제1항). 요양기관 당연지정제도가 도입되면서, 기존의 요양기관의 지정 및 지정취소제도는 폐지되었다.

요양급여는 1단계 요양급여와 2단계 요양급여로 구분하며, 가입자 등은 1단계 요양급여를 받은 후 2단계 요양급여를 받아야 한다. 1단계 요양급여는 상급종합병원 이외의 요양기관에서, 그리고 2단계 요양급여는 상급종합병원에서 받는다. 다만 다음과 같은 경우에는 상급종합병원에서 1단계 요양급여를 받을 수 있다. 응급환자인 경우, 분만의 경우, 치과치료의 경우, 장애인 또는 단순 물리치료가 아닌 작업치료·운동치료 등의 재활치료가 필요하다고 인정되는 자가 재활의학과에서 요양급여를 받는 경우, 가정의학과에서 요양급여를 받는 경우, 당해 요양기관에서 근무하는 가입자가 요양급여를 받는 경우, 혈우병환자가 요양급여를 받는 경우 등이다. 상급종합병원에서 2단계 요양급여를 받기 위해서는 이것이 필요하다는 의사의 소견이 있어야 한다(요양급여기준 규칙 제2조).

이들 요양기관은 정당한 이유없이 요양급여를 거부할 수 없다(법 제42조 제5항). 건강보험수가가 낮아 적정한 의료활동을 할 수 없다는 것은 요양기관지정을 거부할 수 있는 정당한 사유가 될 수 없다.[25)]

요양급여는 현물급여의 원칙에 따라서 지급된다. 다만 가입자나 피부양자가 긴급 그 밖의 부득이한 사유로 요양기관 외의 의료기관이나 약국에서 요양급여를 받은 경우에는 현금급여로서 요양급여비용에 상당하는 요양비가 지급된다(법 제49조).

3. 출산급여 및 임신·출산 진료비

가입자와 피부양자 모두가 출산급여를 받을 수 있다. 출산급여로서 위에서 설명한 바와 같은 종류와 내용의 요양급여가 제공된다.

출산비용의 부담을 경감하고 이로써 출산을 장려하기 위하여 임신·출산 진료비가 지급된다. 임신·출산 진료비는 임신·출산과 관련된 비용, 1세 미만 영유아의 진료에 드는 비용을 이용권을 발급하여 지원할 수 있다. 이용권으로 결제할 수 있는 금액은 하나의 태아를 임신·출산한 경우 100만원, 둘 이상의 태아를 임신·출산한 경우 140만원이다(시행령 제23조).

25) 대판 1999.11.26, 97누10819 참조.

4. 그 밖의 급여

「장애인복지법」상의 등록장애인인 가입자 및 피부양자에게는 「장애인·노인 등을 위한 보조기기 지원 및 활용촉진에 관한 법률」에 따라 보장구가 지급될 수 있다(법 제51조, 시행규칙 제26조).

Ⅲ. 급여의 제한 및 조정

질병이 발생한 경우에도 법에 정한 사유가 존재하면 보험급여는 제한된다. 다른 법령에 의하여 요양을 받는 경우에는 그 한도내에서 보험급여를 실시하지 않는다. 보험급여의 제한은 가입자의 비난가능한 행위에 대한 제재의 성격을 갖는다. 반면 보험급여의 조정은 과잉보장을 방지하는 목적을 갖는다. 그렇기 때문에 엄격히 보면 보험급여의 제한과 조정은 분리하여 규율하여야 한다. 그런데 「국민건강보험법」은 이 두 개의 구성요건을 모두 제53조에서 급여의 제한이라는 표제하에 다루고 있다.[26] 입법 개선이 필요하다. 아래에서는 급여의 제한과 급여의 조정을 나누어 설명한다.

이 밖에 부당하게 급여가 지급된 경우 이를 사후에 징수할 수 있다. 이는 가입자뿐 아니라 요양기관에 대해서도 적용된다. 요양기관에 대한 비용징수에 대해서는 아래 제4절에서 따로 다룬다.

1. 급여의 제한

(1) 가입자의 책임의 유형

사회보장법에서 급여의 제한은 가입자가 보험공동체에 대한 책임을 이행하지 않는 데에 대한 제재의 성격을 갖는다. 구체적인 조문의 해석에 앞서 이러한 책임구조를 살펴보자.

가입자의 비난가능한 행위는 보험관계 전체를 관찰할 때 세 가지 국면에서 나타난다. 첫째, 가입자가 보험료 납부의무를 이행하지 않는 경우이다. 둘째, 효율적인 치료를 위하여 필요한 보험자 혹은 요양기관의 지시에 따를 가입자의

26) 이러한 혼동은 1952년 채택된 국제노동기구의 「사회보장 최저기준에 대한 협약 제102호」에서 영향을 받은 듯하다. 동 협약 제69조는 급여의 조정과 제한의 문제를 함께 규율하고 있다. 이에 대해서 자세히는 예컨대 전광석, 국제사회보장법론(법문사, 2002), 163면 이하 참조.

의무를 이행하지 않는 경우이다. 셋째, (그 내용이 추상적일 수밖에 없겠지만) 가입자가 사회적 위험을 스스로 방지할 의무를 게을리하거나, 혹은 스스로 사회적 위험을 야기시키는 경우이다.

첫번째 문제는 가치판단이 필요치 않으며, 따라서 그 적용에 어려움이 없다. 그러나 두번째 문제는 입법목적을 달성하기 위해서 필요한 치료의 효율성이라는 이익과 가입자의 자기결정권(헌법 제10조 제1항), 혹은 경우에 따라서는(예컨대 「국민건강보험법」 제55조 등에 의한 강제진단 지시에 의해 침해될 수 있는) 가입자의 신체의 완전성에 대한 자유(헌법 제10조의 이른바 신체불훼손권)와 법익형량이 이루어져야 한다. 보다 판단이 어려운 문제가 세번째의 경우이다. 사회적 위험을 방지할 의무를 게을리하는 상황 자체, 그리고 사회적 위험을 스스로 야기하는 상태가 비난가능하지 않거나, 혹은 사회적 환경의 산물인 경우가 있기 때문이다. 아래에서 설명하는 범죄에 기인하여 질병이 발생한 경우가 대표적인 예이다.

위와 같은 책임구조에 상응하여 「국민건강보험법」 제53조는 급여의 제한사유로서 세 가지를 들고 있다. 첫째, 질병의 발생에 가입자의 자기책임이 인정되는 경우이다. 둘째, 건강보험이 기능하기 위해서 필요한 가입자의 의무가 이행되지 않은 경우이다. 셋째, 가입자가 보험료 납부의무를 이행하지 않은 경우이다. 차례로 살펴 본다.

(2) 질병발생에 대한 자기책임

가) 자기책임에 귀속되는 행위

「국민건강보험법」 제53조 제1항 제1호에 따르면 보험급여를 받을 자가 "고의 또는 중대한 과실로 인한 범죄행위에 그 원인이 있거나" 또는 "고의로 사고를 일으킨" 경우에는 건강보험급여를 하지 않는다. 이 문장을 정리하면, "질병 또는 부상이 보험급여를 받을 자의 고의 또는 중대한 과실로 인한 범죄행위에 기인하거나, 혹은 보험급여를 받을 자가 고의로 사고를 발생시켜, 그것을 원인으로 하여 질병 또는 부상이 발생했을 때에는 보험급여를 지급하지 않는다"는 것이다. 결국 질병이 수급권자 자신에게 책임있는 사유로 인하여 발생한 때에는 건강보험급여를 거부하고 있다.

나) 급여제한사유의 구성요건인 범죄의 의미

이 규정에 대한 해석에 있어 다음과 같은 질문이 제기된다. 즉, 건강보험급여의 제한사유가 되는 범죄는 형사상의 범죄만을 의미하는가, 아니면 행정법상의 의무위반과 같은 위법행위에 기인하는 질병 또는 부상에 대해서도 건강보험 급여가 제한되는가?

위 문제에 답하기 위해서 다음과 같은 이해가 선행되어야 한다. 즉 법 제53조 제1항 제1호는 가입자의 의무위반에 대한 사회보장법의 특유한 제재이다. 그렇다면 이 조문의 해석에 있어서도 사회보장법의 가치가 기준이 되어야 한다. 따라서 제재의 원인이 되는 구성요건을 일반적인 국가질서의 위반, 혹은 법문 그대로 스스로에게 귀책사유가 있는 경우 등으로 일반적으로 해석할 수는 없다. 오히려 사회보험공동체에 위해성이 있는, 보험공동체 전체의 이익에 비추어 비난가능한 행위인가가 중요한 기준이다. 결국 법 제53조 제1항 제1호의 범죄 및 사고를 스스로 발생시킨 경우란 보험공동체의 이익에 비추어 비난가능성 있는 행위를 말한다. 그리고 형사범죄에 기인하는 질병에 대해서 보험급여의 거부는 해석론으로서는 의심의 여지가 없다. 다만 범죄 중에서도 경과실의 경우에는 비난가능성이 낮기 때문에 질병·부상이 범죄행위 중 발생하였더라도 보험급여를 제한할 수는 없다.[27)]

이제 문제는 예컨대 「도로교통법」 위반과 같은 행정범죄(이른바 범칙행위)에 기인하여 발생한 질병·부상 역시 급여제한사유가 되는가 하는 의문이다. 대법원은 중앙선 침범으로 인한 「도로교통법」 위반행위를 구 「공무원 및 사립학교 교직원 의료보험법」 제48조 제1항(「국민건강보험법」 제53조 제1항 제1호에 해당하는 조항)에 규정된 급여제한사유인 범죄에 해당한다고 판단한 바 있다.[28)]

오늘날 행정법 논의에서 형사상의 범죄와 행정범죄의 구별은 상대화되어 가고 있다. 그러나 기본적으로 형사상의 범죄는 그 자체가 불법인 반면, 행정범죄는 행정목적을 달성하기 위한 실정법의 규정에 의해서 범죄행위로 유형화된 것이다. 그렇다면 형사범에 비해서는 본질적으로 비난가능성이 크지 않은 행정범죄에 대해서 사회보장법상의 제재, 즉 급여를 제한하는 것은 가입자의 질병

27) 헌재 2003.12.18, 2002헌바1, 15-2(하), 457면 이하 참조.

28) 이 사건의 원심이었던 고등법원은 반대로 범칙행위를 범죄의 개념에 포섭할 수는 없다는 결정을 하였다. 그러나 이 두 판결은 모두 형사상의 제재와 행정법상의 제재, 그리고 사회보장법상의 제재의 특수성에 대해서는 언급을 하지 않고 있다. 또 기본적으로는 위 사건이 불가항력으로 발생한 것임을 염두에 두고, 도대체 행정범죄가 성립하는지의 선결문제가 해결되어야 한다. 그리고 나서 행정범죄 역시 「의료보험법」상의 급여제한사유인 범죄에 포함되는지를 판단했어야 했다. 그런데 이 판결에서 그러한 선결문제에 대한 논의가 충분치 않은 것은 심리상의 잘못이다. 대판 1990.2.9, 89누2295; 서울고법 1989.3.8, 88누10086 참조. 유사판례로는 대판 1990.5.22, 90누752; 2004.4.27, 2002두13079 등 참조.

을 보호하는 목적을 갖는 「국민건강보험법」의 관점에서는 범죄에 대한 지나친 확장해석이다.

연혁적으로 보더라도 법 제53조 제1항 제1호는 국제노동기구(ILO)의 「사회보장 최저기준에 관한 협약 제102호」 제69조 (e)의 규정을 본받은 것이다. 참고로 이 규정에는 범죄를 'criminal offence'라고 표현하고 있다. 이 용어는 형법상의 범죄를 말한다.[29)]

입법정책적으로 보면 질병의 발생원인에 관계 없이, 따라서 범죄를 원인으로 질병이 발생한 경우에도 보험급여를 하는 것이 바람직하다. 그러나 질병의 발생원인을 중시하더라도 위법행위 중 특히 비난가능성이 큰 경우에 한하여 제재를 하는 것이 사회보장법의 입법목적과 조화된다. 이와 같은 관점에서 보면 현행법이 고의 혹은 중과실의 범죄에 의하여 질병·부상이 발생한 경우에 한하여 보험급여를 제한하는 것은 입법형성권의 범위를 벗어난 것은 아니다. 이로써 적어도 경과실의 범죄에 의하여 질병 혹은 부상이 발생한 경우에는 보험급여가 제한되지 않기 때문이다.

위와 같은 이해에 따르면 예컨대 자상(自傷)과 같이 질병이나 부상 자체를 수급권자가 스스로 야기시킨 경우에는 건강보험급여가 제한된다. 또 가입자가 질병 또는 부상의 원인이 되는 선행사고를 고의로 유발하였지만, 질병 또는 부상 자체는 예상하지 않은 경우 역시 급여는 제한된다. '(선행)사고'와 그 결과로서의 '질병 또는 부상'은 논리구조적으로는 명백히 구별되는 2개의 다른 단계이다. 그런데 「국민건강보험법」은 사고의 발생에 고의가 있으면 질병·부상의 발생에 고의가 존재하지 않더라도 이를 제한하도록 하고 있다.

「요양급여기준규칙」은 비급여대상에 대한 규정에서 마약류 중독자에 대해서 건강보험급여를 제한하고 있다(별표 2 4 파). 이는 「국민건강보험법」 제53조 제1항 제1호의 규정을 기준으로 설명하면 그것의 발생에 수급자의 고의의 책임이 있기 때문이다.

(3) 가입자의 협력의무위반

가입자가 건강보험의 기능을 유지하기 위해서 필요한 의무를 부담한다는 점에 대해서는 위에서 설명하였다. 「국민건강보험법」 제53조 제1항 제2, 3호는

29) 예컨대 김유성, 한국사회보장법론(법문사, 2000), 462면에 실린 이 규정의 번역에서도 'criminal offence'를 '형사상의 죄'라고 표현하고 있다.

이와 같은 의무를 이행하지 않는 경우에 급여를 제한하고 있다. 보험급여를 받을 자가 고의 또는 중대한 과실로 공단이나 요양기관의 요양에 관한 지시에 따르지 아니할 때에는 보험급여를 하지 않는다(제2호). 가입자는 효율적인 진료를 위해서 필요한 보험자 혹은 요양기관의 지시를 따라야 하며, 그 위반에 대한 제재는 정당하다. 그러나 이 경우 엄격한 비례의 원칙이 존중되어야 한다. 먼저, 지시 자체가 수급권자의 신체 및 의사(意思)의 자유를 과도하게 침해하여서는 안 된다. 다음, 지시위반이 요양급여의 효율성에 미치는 효과와 급여의 제한이 수급권자에 주는 부정적인 효과를 형량하여 제재의 종류를 결정하여야 한다.

국민건강보험공단은 필요하다고 인정할 때에는 보험급여를 받을 사람에 대하여 문서 그 밖의 물건의 제출을 요구하거나, 관계인으로 하여금 질문 또는 진단하게 할 수 있다(법 제55조). 이러한 의무를 고의 또는 중과실로 위반한 경우에 역시 보험급여가 제한된다(법 제53조 제1항 제3호). 이러한 규정은 원칙적으로 타당하다. 그러나 이 경우에도 보험급여를 받을 사람의 헌법상의 권리를 존중하여야 한다. 이러한 의무가 보험급여를 받을 사람의 사생활을 침해 혹은 과도하게 제한하는 경우에는 정당한 사유가 있는 의무불이행으로서 평가되어야 한다.

(4) 보험료미납의 책임과 급여의 제한

가입자가 보험료 납부의무를 이행하지 않은 경우에 「국민건강보험법」은 두 가지 방법을 예정하고 있다. 첫째, 가입자가 보험료를 체납한 경우에 보험자는 독촉절차를 거쳐 국세체납처분의 예에 따라 보험료를 징수할 수 있다. 이 절차를 집행하기 위해서는 보건복지부장관의 승인이 필요하다(법 제81조 제3항).[30] 둘째, 일정 기간 보험료를 체납한 가입자에 대해서 보험급여를 실시하지 않을 수 있다. 다만 이에 대해서는 가입자의 의료보장을 위하여 다음과 같은 제한을 두고 있다. 즉 급여제한에 관한 규정은 가입자가 1개월 이상 보험료를 체납한 경우에 적용하며, 또 보험료체납기간에 관계 없이 월별 보험료의 총 체납횟수가 6회 미만이거나 가입자 및 피부양자의 소득·재산이 대통령령이 정하는 기준 미만인 경우에는 급여제한에 관한 규정은 적용되지 않는다(법 제53조 제3항, 시행령 제26조). 직장가입자의 경우에는 사용자가 가입자의 보험료를 일부 부담하기 때문에 보험료를 체납

30) 보험료 미납에 따르는 강제징수조항의 합헌성에 대해서는 헌재 2009.10.29, 2008헌바86, 21-2(하), 194면 이하 참조.

한 데에 가입자 본인에게 귀책사유가 있는 경우에 한하여 급여제한의 조치를 취할 수 있다(법 제53조 제4항).

보험료납부의무를 이행하지 않아 급여가 제한되는 기간 중 다음과 같은 경우에는 보험급여를 인정한다. 보험료를 체납한 가입자가 공단으로부터 분할납부의 승인을 받고 승인된 보험료를 1회 이상 납부한 경우에는 보험급여를 받을 수 있다(법 제53조 제5항). 또 다음과 같은 경우에는 보험료를 체납한 가입자가 보험급여를 받은 후에 이를 승인 받을 수도 있다. 첫째, 급여제한기간 중에 보험급여를 받은 사실을 공단이 가입자에게 통지한 날부터 2개월 내에 체납된 보험료를 완납한 경우이다. 둘째, 급여제한기간 중 보험급여를 받은 사실을 공단이 통지한 날부터 2개월 내에 분할납부(법 제82조)가 승인된 보험료를 1회 이상 납부한 경우이다(법 제53조 제6항).

보험급여의 제한은 가입자가 보험료를 체납하는 경우 강제징수하는 것이 실질적으로 어렵기 때문에 나온 행정편의적인 조치이다. 그러나 가입자는 가입과 동시에 보험급여청구권을 갖는다. 따라서 위와 같은 조치는 「국민건강보험법」의 법률관계에 충실한 것은 아니다.

2. 급여의 조정

사회보장법에서 과잉보장을 방지하기 위하여 가입자에게 발생한 동일한 사안이 여러 제도에서 급여의 구성요건을 충족시키는 경우 이를 조정하여야 한다. 「국민건강보험법」은 이 문제에 관하여 다음과 같은 규정을 두고 있다.

(1) 국가 또는 지방자치단체로부터 요양을 받은 경우

보험급여를 받을 수 있는 사람이 다른 법령에 의하여 국가 또는 지방자치단체로부터 보험급여에 상당하는 급여를 받거나 보험급여에 상당하는 비용을 지급받게 된 때에는 그 한도내에서 공단은 보험급여를 하지 않는다(법 제53조 제2항). 「국민건강보험법」상의 급여청구권과 다른 법령에 의한 청구권이 경합하는 경우 우선순위에 관한 명시적인 규정은 없다. 그러나 법문의 표현상 다른 법령에 의한 급여를 먼저 청구하여야 하는 것으로 보아야 한다. 「국민건강보험법」에 앞서 적용될 법률로서 「자동차손해배상보장법」, 「전염병예방법」, 「결핵예방법」, 「재해구호법」, 「모자보건법」, 「선원법」 등이 있다.

(2) 제3자에 대한 손해배상청구권과 경합하는 경우

가) 법률규정

제3자의 행위에 의해서 보험사고가 발생하고, 이에 대해서 공단이 급여를 한 경우 공단은 급여비용의 한도 내에서 제3자에 대한 손해배상청구권을 얻는다(법 제58조 제1항).[31] 의사의 의료사고에 의하여 질병이 발생한 경우에도 보험급여가 지급된 때에는 공단은 해당 의사에 대해서 손해배상청구권을 갖는다.[32] 보험급여를 받을 자가 제3자로부터 이미 손해배상을 받은 때에는 공단은 배상액의 한도 내에서 보험급여를 하지 않는다(법 제58조 제2항).

나) 제3자의 범위

이때 제3자에 동거친족 등이 포함되는가에 대해서는 논란이 있다. 이를 부정하는 다음과 같은 논리가 있다. 즉 가입자와 동거친족은 건강보험에 가입하여 보험의 이익을 함께 향유한다. 그런데 공단이 동거친족인 가해자에게 대위권을 행사한다면 보험가입의 이익이 상실되어 보험가입의 의미를 상실시킨다는 것이다.[33] 그러나 보험법적 이익이란 가입자에게 질병이 발생한 경우 질병의 원인에 관계 없이 보호를 받는다는 의미이며, 결코 타인에게 발생시킨 질병에 대한 책임을 면제시키는 것은 아니다. 가해자가 보험관계에 있지 않은 제3자로서 동거친족인 경우에는 이러한 면책의 근거는 더욱 없다. 대법원은 대위권 행사의 대상인 제3자의 범위와 관련하여 "당해 사고로 인하여 보험급여를 한 공단과 현실로 보험급여를 받은 피해자인 가입자 및 그 피해자와 건강보험관계가 있는 자 이외의 자"로 좁혀 이해하고 있다.[34] 가족질서의 보호 혹은 가족평화의 유지라는 사회보장법 외적인 논리가 이러한 사례에 있어서 영향을 미칠 수는 있다. 동거친족에 대해서 대위권을 행사하는 경우 가족구성원 간에 분쟁을 발생시키기 때문이다. 다만 여기에서는 사회보험 내적인 논리와 외적인 논리가 대립하는 상황이 나타나며, 따라서 입법자의 명확한 선택이 있지 않는 한 해석에 의하여 동거친족을 제3자의 범위에서 제외시킬 수는 없다. 「공무원연금법」

---

31) 이때 보험자가 대위하는 손해배상청구권의 소멸시효는 보험급여를 한 때가 아니라 손해배상청구권이 성립한 때로부터 개시된다. 또 이때 구상권의 성립시기는 보험자가 요양기관에 보험금을 지급한 때가 아니라 가입자가 요양기관에서 치료를 받았을 때이다. 대판 1994.12.9, 94다46046 참조.

32) 이에 대해서는 헌재 2012.5.31, 2011헌바127, 24-1(하), 480면 이하 참조.

33) 이는 전주지법 2005.12.15, 2005나3444 사건에서 피고의 주장논리였다. 이 밖에 이에 대해서는 서울지방법원 2003.7.29, 2002나63892 참조.

34) 대판 2004.8.20, 2003다1878 참조.

은 이에 관한 명시적인 규율을 하고 있다.[35)]

이 밖에 무보험 자동차 등에 의한 교통사고의 경우 「자동차손해배상보장법」에 의하여 피해자가 갖는 보상청구권은 「국민건강보험법」상의 제3자에 대한 손해배상청구권에 해당하지 않는다.[36)]

다) 과실상계

가입자에게 공동과실이 있는 경우에 공단의 대위권행사의 범위가 문제된다. 공동과실의 내용이 고의 혹은 중과실에 해당하는 경우에는 「국민건강보험법」은 급여를 제한한다. 이러한 경우에 해당하지 않는다면 공동과실이 있는 경우 가입자의 제3자에 대한 손해배상청구권에서 과실상계를 한 후 확정된 손해배상액 전액이 대위권 행사의 대상이 된다. 보험급여를 받은 가입자는 공동과실이 있는 경우에는 산정된 손해액에서 과실상계를 하고 여기에서 보험급여를 공제한 후 남은 손해가 있으면 배상청구를 할 수 있다.[37)]

라) 대위권의 성립시기

제3자의 행위로 인하여 가입자에게 질병 또는 부상이 발생하여 '보험급여를 지급한 때'에 공단은 가입자의 제3자에 대한 손해배상청구권을 대위한다. 그런데 이 경우 다음과 같은 문제가 발생한다. 즉 질병 또는 부상에 대해서 보험급여가 지급되고, 이후 가입자와 가해자인 제3자와의 사이에 합의에 의하여 손해배상청구권을 소멸시키는 경우 이것이 공단의 대위권에 어떠한 영향을 미치는가 하는 문제이다. 그 결과 사안에 따라서는 당사자 간의 합의에 의하여 공단의 대위권이 무력화될 수 있다.

이와 같은 제도남용을 방지하기 위하여 법원은 '보험급여를 받은 때'의 시점을 앞당기는 해석을 하고 있다. '보험급여를 받은 때'란 가입자가 보험급여의 내용인 '진료를 받은 때'를 말하며, '보험자가 요양기관에 보험금을 지급한 때'가 아니다.[38)] 또 가입자가 가해자와 행한 손해배상청구권의 일부 혹은 전부를 포기하는 합의는 이미 지급된 보험급여의 한도 내에서는 공단에 대해서 대항할 수 없다.[39)] 이에 비해서 피해자가 보험급여를 받기 전에 가해자와 손해배상에

---

35) 공무원연금법 제42조 제1항 참조.
36) 대판 2012.12.13, 2012다200394 참조.
37) 이에 대해서는 대판 2002.12.26, 2002다50149 참조.
38) 이에 대해서는 대판 1994.12.9, 94다46046 참조.
39) 같은 취지의 판결로는 대판 1990.2.23, 89다카22487; 2005.1.14, 2004다59249; 서울지방법원 2009.5.26. 2008나41467 등 참조.

대해서 합의한 경우에는 해당 손해배상의 내용 중 보험급여에 해당하는 부분에 대해서는 공단의 급여의무가 면제된다. 이 경우 공단이 이미 보험급여를 하였다면 이는 가입자에게는 부당이득이 되며, 따라서 가입자는 이를 반환하여야 한다.[40)]

(3) 업무상 재해로 인한 청구권과 경합하는 경우

보험급여를 받을 자가 업무상 재해로 인하여 다른 법령에 의하여 보험급여나 보상을 받을 경우 공단은 이 법에 의한 보험급여를 하지 않는다(법 제53조 제1항 제4호). 이 때는 「국민건강보험법」에 비해서 업무상 재해에 대한 보상을 규율하는 법이 특별법의 성격을 갖기 때문에 우선적으로 적용된다. 업무상의 재해에 대하여 「근로기준법」이나 「산업재해보상보험법」상의 급여가 지급되는 경우가 여기에 해당한다. 특히 「산업재해보상보험법」이 적용되는 경우에는 「국민건강보험법」이 보충적으로 적용될 가능성은 거의 없다.

사실 이와 같이 산재보험과 건강보험의 관할문제는 체계적으로는 명확하다. 그러나 실무에 있어서는 여전히 다음과 같은 문제들이 나타난다. 첫째, 산재가 발생하였지만 3일 이내의 요양으로 치유될 수 있는 경우에는 「근로기준법」상의 재해보상이 이루어진다. 그런데 이 경우 사용자가 재해보상의 부담을 덜기 위하여 건강보험에 이를 전가하는 경우이다. 둘째, 산재보험급여가 지급되면 이는 사용자의 보험료 산정에 부정적인 영향을 미친다. 이를 회피하기 위하여 산재가 발생하여 산재보험급여가 지급되어야 함에도 불구하고 이를 건강보험에 전가하는 경우이다. 이러한 문제를 심사하는 절차가 있으며, 이러한 남용은 대부분 통제될 수 있지만 아직 완벽하지는 않다. 셋째, 산재가 발생하여 산재보험급여가 지급되어야 함에도 불구하고 사용자가 근로자에게 일정한 보상을 하는 조건으로 건강보험에 전가하는 경우이다. 건강보험에 전가하는 문제는 가족구성원인 근로자에게 산재가 발생한 경우에 종종 나타난다.

3. 급여비용의 징수

급여가 부당하게 지급된 경우에 이에 대한 사후적인 원상회복을 위하여 급여비용이 징수된다. 속임수나 그 밖의 부당한 방법으로 보험급여를 받은 사람

40) 대판 2005.1.14, 2004다59249 참조.

혹은 급여비용을 받은 요양기관에 대해서는 그 급여 또는 급여비용에 상당하는 금액의 전부 또는 일부가 징수된다(법 제57조 제1항).[41] 공단은 「의료법」을 위반하여 의료기관을 개설할 수 없는 자가 의료인의 면허나 의료법인 등의 명의를 대여받아 개설·운영하는 의료기관(이른바 '사무장병원')이 보험급여 비용을 받은 경우에 해당 요양기관을 개설한 자에게 요양기관과 연대하여 징수금을 납부하게 할 수 있다(법 제57조 제2항).[42] 이때 요양기관이 속임수나 그 밖의 부당한 방법으로 요양급여비용을 지급받았다는 점에 대한 입증책임은 공단에 있다.[43] 이에 비해서 아래에서 설명하는 임의비급여의 경우 비용청구를 하기 위해서는 요양기관이 해당 급여가 부당한 경우에 해당하지 않는다는 입증책임을 진다. 요양기관이 가입자 또는 피부양자로부터 속임수나 그 밖의 부당한 방법으로 요양급여비용을 받은 때에는 공단은 요양기관으로부터 이를 징수하여 가입자 또는 피부양자에게 지체 없이 지급하여야 한다(제5항). 요양기관이 그 피용자를 관리·감독할 주의의무를 다하였는가는 급여비용의 징수에 영향을 주지 않는다.[44] 부당급여가 사용자나 가입자의 거짓 보고나 거짓 증명 또는 요양기관의 거짓 진단에 의하여 실시된 때에는 이들에 대하여 징수금을 내게 할 수 있다. 이들은 보험급여를 받은 자와 연대하여 책임진다(법 제57조 제3항). 다만 이 경우 법에 명시되어 있지는 않지만 해당 부당급여를 유발하는 데 급여수령자의 고의 혹은 과실이 있는 경우에 한하여 연대책임을 물을 수 있을 것이다.

이 밖에 「국민건강보험법」은 속임수나 그 밖의 부당한 방법으로 보험급여를 받은 자와 같은 세대에 속한 가입자(속임수나 그 밖의 부당한 방법으로 보험급여를 받은 자가 피부양자인 경우에는 그 직장가입자)에 대해서도 징수책임을 부과하고 있다. 이들은 속임수나 그 밖의 부당한 방법으로 보험급여를 받은 자와 연대하여 책임을 부담한다(법 제57조 제4항). 이 경우에도 같은 세대에 속해 있다는 이유만으로 연대책임을 물을 수는 없으며, 부당급여를 유발하는 데 고의 혹은 적어도 과실이 있어야 한다.

41) 여기에는 보험급여제한사유가 있는 자가 이를 고지하지 않고 요양기관이나 보험자로 하여금 보험급여로 하게 한 행위가 포함된다. 대판 2006.1.12, 2003두9169 참조.
42) 이 규정에 대한 헌법심사로는 헌재 2023.3.23, 2018헌바433등, 헌재공보(2023), 683면 이하 참조.
43) 대판 2009.11.26, 2009두8786 참조.
44) 이에 대해서는 헌재 2011.6.30, 2010헌바375, 23-1(하), 390면 이하 참조.

제4절 가입자와 건강보험공단, 그리고 요양기관과의 법률관계

건강보험에서 의료기관은 당사자 간의 합의에 공법체계에 편입되며, 이로써 질병과 의료의 사회화에는 '어느 정도 의료기관의 사회화'가 수반된다. 이 경우 의료기관의 입장에서 보면 진료의 자유가 제한된다. 진료의 종류 및 내용(진료관계), 그리고 이에 대한 보상(보상관계)이 더 이상 당사자 간의 합의에 의하여 형성될 수 없으며 공법적인 규율의 대상이 된다. 아래에서는 이를 국민건강보험공단과 요양기관 간의 법률관계와, 가입자와 요양기관 간의 법률관계로 나누어서 정리한다. 국민건강보험공단과 가입자의 법률관계에 대해서는 그 내용인 가입자격, 보험료 납부의무, 급여관계 등을 이미 설명하였다.

Ⅰ. 국민건강보험공단과 요양기관 간의 법률관계

1. 당연지정제도

1977년 이후 「국민건강보험법」은 계약지정제와 강제지정제를 채택하여 왔다.[45] 현행법은 당연지정제도를 규정하고 있다.[46] 「의료법」에 따라 개설된 의료기관, 「약사법」에 따라 등록된 약국, 「약사법」에 따라 설립된 한국희귀·필수의약품센터, 「지역보건법」에 따른 보건소·보건의료원 및 보건지소, 그리고 「농어촌 등 보건의료를 위한 특별조치법」에 따라 설치된 보건진료소 등이 요양기관으로 지정된다(법 제42조 제1항). 당연지정된 의료기관은 정당한 이유없이 요양급여를 거부하지 못한다(법 제42조 제5항).[47] 실제 현실적으로 요양거부사유에 관한 규정은

45) 이 문제에 관한 제도발전에 대해서는 헌재 2002.10.31, 99헌바76등, 14-2, 434면 이하 참조.

46) 구 「의료보험법」 제32조 강제지정제도 및 동법 제33조 지정취소에 관한 규정은 폐지되었다. 이는 시기적으로 보면 헌법재판소가 지정취소에 관한 법 제33조에 대해서 위헌결정을 한 후 이루어졌다. 헌재 1998.5.28, 96헌가1, 10-1, 509면 이하 참조. 그러나 이 결정은 지정취소에 대한 실체법적 판단은 아니었으며, 논증의 중점은 구 「의료보험법」 제33조가 지정취소에 대해서 하위법령에 위임하면서 위임의 구체성이 결여되어 있다는 점에 있었다. 또 실제 개정 후의 입법상황이 현저히 변화한 것도 아니다. 강제지정제도가 당연지정제도로 바뀌었지만 지정제도의 내용 자체가 변화한 것은 아니다. 다만 건강보험의 기능을 저해하는 행위를 한 경우 요양기관에게 1년의 범위내에서 업무를 정지시키는 조치를 취할 수 있도록 완화하였다.

47) 위 각주 24 참조.

거의 사문화되어 있다.[48]

이 규정이 계약의 자유를 침해하는 위헌이라는 주장이 있다. 그러나 이는 직업에의 접근 자체가 아니라 직업행사의 자유를 제한하는 것으로서, 위헌이라고 볼 수는 없다.[49] 다만 의료기관의 직업행사에 가해지는 구체적인 효과에 대한 평가는 별개의 문제이다. 이에 대한 평가를 위해서는 진료의 종류 및 내용에 대한 규율, 그리고 보상관계가 직업행사의 자유와 조화될 수 있는지, 그리고 이를 위한 실체법·절차법, 그리고 조직법 규정에 대한 검토가 필요하다.

2. 요양급여비용 결정의 규범형식

(1) 내 용

요양기관과 보험자의 법률관계는 부분적으로 공법상의 계약에 의해서 성립된다. 즉 요양급여비용은 공단의 이사장과 의약계를 대표하는 종류별 단체와의 계약에 의하여 정한다. 이때 의약계를 대표하는 사람은 각종 요양기관의 종류별 단체의 장을 말한다. 의사회의 장, 치과의사회의 장, 한의사회의 장, 조산사회 또는 간호사회의 장 중 1명, 대한약사회의 장 등이 계약당사자이다(시행령 제20조).

이러한 당사자 간의 합의에 의한 계약이 성립되지 않은 경우에는 보건복지부장관이 건강보험정책심의위원회의 의결을 거쳐 요양급여비용을 정한다(법 제45조 제1, 2, 3항 참조).

(2) 평 가

요양급여비용의 결정을 보험자와 의약계를 대표하는 자들과의 계약에 의해서 정하도록 한 것은 바람직하다. 기존에 요양급여비용에 대한 결정은 국가의 일방적인 처분에 따랐다. 즉 요양급여 또는 분만급여에 관한 비용은 보건복지부장관이 심의위원회의 심의를 거쳐 정한 기준에 의하여 산정한 금액으로 하였다(구 의료보험법 제35조 제1항). 이로써 의료기관이 공법체계에 편입되었다는 점이 의사가 자유직업인으로서 기본권의 주체라는 사실을 압도하고 있었다. 이러한 방법으로는 의료인의 직업의 자유가 보호될 수 없다. 사회정책적으로 보면 현실에 맞지 않는 낮은 수가는 의료인에게는 낮은 수준의 의료서비스를 제공하거나 혹은 과잉으로 진료하는 유인이 된다. 또 이러한 부작용을 방지하기 위해서는 국가가 다

48) 이 점에 대해서는 헌재 2002.10.31, 99헌바76등, 14-2, 435면 참조.
49) 헌재 2002.10.31, 99헌바76등, 14-2, 410면 이하; 2014.4.24, 2012헌마865, 헌재공보(2014), 875면 이하 등 참조.

른 방법으로 이를 보전하거나 또는 부적절한 진료관례를 수인하여야 한다. 의약분업이 실시되기 전까지 방치되었던 병원에서의 약가 차액을 통한 보상이 대표적인 예이다.

의료기관이 공법체계에 편입되더라도 의료기관은 여전히 기본권의 주체로서, 직업활동의 결과 경제생활의 기초가 되는 소득이 어느 정도 보장되어야 한다. 물론 의료의 사회화는 의료기관의 사회화, 그리고 의료기관의 직업활동에 대한 어느 정도의 제한을 수반한다. 따라서 진료에 대한 보상이 반드시 시장의 원칙에 따라 공급과 수요의 기준에 따라야 하는 것은 아니다. 그러나 의료기관은 자신의 의사와는 관계 없이 건강보험체계에 강제로 편입되어 있다. 또 의료기관은 정당한 사유가 없는 한 진료를 거부할 수도 없다. 그렇기 때문에 더욱 의사에게 진료의 질과 양에 상응하는 적절한 보상과, 또 적절한 이윤이 보장되어야 한다.[50] 계약제도는 이와 같은 실체법적 요청을 실현하기 위한 최소한의 절차법적 기초이다.

3. 계약에 의한 규율의 범위

요양급여비용을 공단과 의약계대표들 간의 계약에 의하여 정하도록 하였지만, 실제 계약에 의한 규율의 범위는 협소하다. 즉 요양행위의 상대가치점수의 점수당 단가만이 계약의 대상이다(시행령 제21조). 이 밖에 요양급여의 범위, 요양급여의 종류와 내용, 분류당 상대가치점수 등 중요한 문제들은 모두 보건복지부장관의 고시에 의하여 규율되고 있다. 이들 문제들을 계약의 내용에 포섭하든가, 아니면 국가가 개입하지 않고 보험자와 요양기관대표 간의 자율적인 합의에 위임하는 방법을 강구하여야 한다.[51]

4. 분쟁조정절차 및 조정기구

공단과 의약계대표들 간에 합의에 의한 계약이 성립되지 않을 경우 이는 분쟁의 발생을 의미한다. 그런데 현행법에서 이 경우 비록 건강보험정책심의위원회의 의결을 거치기는 하지만 보건복지부장관이 요양급여비용에 대한 결정을

---

50) 이 점에 대해서는 예컨대 *BVerfGE* 88, 144(159) 참조.

51) 이에 대한 헌법적 판단으로는 헌재 2007.8.30, 2006헌마417, 19-2, 341면 이하 참조. 자율적인 합의에 관한 독일의 입법례에 대해서는 전광석, "독일건강보험법의 기본모형과 개혁논의", 한국의료법학회지 제12권 제2호(2004), 46면 참조.

하고, 이 결정은 계약에 의해서 결정된 요양급여비용으로 본다(법 제45조 제3항). 이와 관련하여 다음과 같은 두 가지 문제가 검토되어야 한다.

첫째, 이와 같은 분쟁이 발생한 경우 보건복지부장관이 결정하는 것은 분쟁의 일방 당사자에게 분쟁을 최종적으로 판단하는 권한을 부여하는 결과가 된다. 공단은 국가의 사무를 위탁받아 행하며, 따라서 공단이 보건복지부와는 독립된 법인격을 가지고 보험사업에 대한 책임자의 위치에 있다. 그러나 정치적으로 보면 보건복지부를 공단과 독립된 제3자라고 할 수는 없다. 이로써 공급자의 공급가격을 수요자가 일방적으로 결정하는 결과가 된다. 이러한 상황이 직업의 자유에 우호적인 구조는 아니다.

둘째, 보건복지부장관이 일방적으로 계약내용을 결정하지만 건강보험정책심의위원회의 의결을 거친다. 그러나 이로써 위에서 지적한 구조의 불합리가 제거될 수 있는지는 의문이다. 이러한 불합리를 극복하기 위해서는 다음과 같은 두 가지 조건이 충족되어야 한다. 첫째, 건강보험정책심의위원회는 당사자들이 이해관계를 동등한 비중을 갖고 심의·조정할 수 있도록 구성되어야 한다. 이때 비로소 민주적 정당성은 이해관계당사자들의 자율적 결정에 의해서 대체될 수 있다. 그런데 현재 이러한 요청이 충족되어 있다고 보기 힘들다. 위원 25명 중 의약계대표는 8명이다. 근로자단체 및 사용자단체가 추천하는 자, 농어업인단체와 자영업자단체가 추천하는 자가 6명으로 이들은 직접적으로 가입자의 이익을 대변한다고 보아야 한다. 국가 및 공단을 대표하는 자가 6명이다. 또 건강보험정책심의위원회의 의장이 보건복지부차관이기 때문에 공단의 이익이 주로 대표될 가능성이 많다(법 제4조). 이익조정의 당사자가 동수로 참여하여야 하며, 이들이 합의에 의하여 공익대표를 구성할 수 있을 때 비로소 실체법적 하자를 조직법적으로 상쇄할 수 있다.[52] 둘째, 건강보험정책심의위원회의 의결이 보건복지부장관에 규범적인 구속력을 가져야 한다. 「국민건강보험법」에서 건강보험정책심의위원회는 심의·의결기관으로 형성되어 있다(법 제4조). 이 점이 명확히 인식·실현되어야 한다.

52) 요양급여비용보상을 위한 계약제를 실시하고 있는 독일도 조정제도를 예정하고 있다. 이 기능을 수행하는 조정기구(Schiedsamt)에는 의사 대표와 보험자 대표가 동수로 참여하며, 그 밖에 중립적인 위원이 3명 참여한다. 조정기구의 의장은 중립위원 중 1명이 맡는다. 중립위원은 의사단체와 보험자단체가 합의에 의해서 임명하고 있다. 독일 사회법전 제5권(SGB V) 제89조 제2, 3항 참조.

5. 요양급여비용 산정의 기준

요양급여비용은 기본적으로 행위별수가에 따라 산정된다. 이를 위하여 보건복지부장관은 요양급여대상을 급여목록표로 작성하여 고시한다. 이때 요양급여 행위, 약제 및 치료재료로 구분하여 고시한다. 행위별수가제의 원칙에 대한 예외로서 다음과 같은 세 가지 방법을 실시할 수 있다. 첫째, 포괄수가제이다. 이에 따르면 보건복지부장관이 정하는 질병군에 대한 입원치료에 있어서 모든 행위·약제 및 치료재료를 묶어 하나의 포괄적인 행위로 정하여 보상할 수 있다(요양급여기준규칙 제8조 제3항).[53] 둘째, 요양급여대상에 대해서 보건복지부장관은 행위와 약제, 그리고 치료재료를 묶어 1회 방문에 따른 행위로 정하여 고시할 수 있다(요양급여기준규칙 제8조 제2항). 셋째, 요양병원의 입원진료나 호스피스·완화의료의 입원진료의 경우에는 행위와 약제, 그리고 치료재료를 묶어 1일당 행위로 정하여 고시할 수 있다(요양급여기준규칙 제8조 제4항).

행위별수가제도는 과잉진료를 유인한다고 평가되고 있다. 그러나 포괄수가제는 행위별수가제도와는 반대로 과소진료의 우려가 있기 때문에 절대적인 타당성이 있다고 할 수는 없다. 결국 이 점에 있어서도 한편으로는 과잉진료를 방지하여 건강보험재정을 안정화하고, 다른 한편 의사의 진료의 자유와 수급권자의 적절한 진료를 받을 권리를 조화롭게 실현하여야 한다.

요양급여비용의 산정방법으로 예컨대 총액예산제 혹은 총액계약제가 위와 같은 두 요청을 조화롭게 실현하는 방안이 되지 않을까 한다. 총액예산제와 총액계약제는 의약계와의 계약의 당사자가 정부인가 아니면 보험자인가에 따른 구별이다. 캐나다와 독일에서 각각의 제도를 입법화하여 채택하고 있다. 보험자와 의약계대표 간에 요양급여비용 예산총액에 대한 합의를 하는 경우 전체 요양급여비용의 재정규모는 결정된다. 그리고 이 범위 내에서 행위별수가제도와 포괄수가제도에 대한 선택은 재정중립적이다. 이때 국가가 공법적인 수단을 사용하여야 할 필요는 없다. 총액에 대한 합의가 된 경우에는 요양급여비용에 대한 의약계의 처분가능성은 없기 때문에 의약계에 합리적인 판단을 기대할 수 있으며, 이에 대한 결정은 의약계 자체에 위임해도 된다. 예컨대 독일에서는 구체적인 진료비용산정에 있어서 총액제, 행위별수가제, 질병군별 포괄수가제,

---

53) 이에 따라 1997년부터 시범적으로 포괄수가제가 시행되고 있으며, 2021년 현재 7개 질병군에 대해서 포괄수가제가 병원과 의원에 당연적용되고 있다.

인두제 혹은 혼합산정방식을 선택하도록 예시하고 있다.[54] 이로써 의료기관은 직업적·전문적 자율성을 실현할 수 있고, 그만큼 제도의 수용성이 제고될 것이다. 또 이는 의료보장에 대한 정치적 부담을 완화시킨다. 물론 총액계약제하에서 행위별수가에 따라 비용보상을 하는 경우에는 과도한 진료를 억제하기 위한 제도가 필요하다. 예컨대 독일에서는 과잉진료를 방지하고, 또 충실한 신뢰관계에 기초하여 진료를 할 수 있도록 의사가 일정한 정도를 넘는 진료를 하는 경우 이 부분에 대해서 평가점수를 비례적으로 삭감할 수 있도록 하고 있다.[55]

6. 요양급여의 기준

(1) 요양급여대상과 비급여대상, 선별급여

요양급여의 내용 및 종류에 대해서「요양급여기준규칙」이 규율하고 있다. 여기에는 신체의 상태, 시술의 종류 및 시술의 목적 등을 기준으로 비급여대상이 열거되어 있다.[56] 요양기관은 이외의 경우에는 임의로 비급여대상으로 하여서는 안 된다. 법정급여에 대해서는 진료의 종류와 내용, 그리고 진료재료 등이 규율되어 있다. 이때 진료는 의학적으로 인정되는 범위 안에서 최적의 방법으로 실시되어야 한다.[57] 이에 대한 세부적인 사항은 의약계, 공단 및 건강보험심사평가원의 의견을 들어 보건복지부장관이 정하여 고시한다.[58]

'보편적이고 경제적인 기준'을 벗어나는 진료, 예컨대 특수 혹은 새로운 요법 등에 의한 진료를 하고자 하는 경우에는 보건복지부장관에게 신청하여 사전승인을 받아야 한다(신의료기술 등).[59] 신의료기술 등은 신청에 의하여 혹은 보건복지부장관이 직권으로 경제성과 적정성이 있다고 확인된 경우에 건강보험정책심의위원회의 심의를 거쳐 요양급여대상 또는 비급여대상으로 결정·고시한다. 비급여대상으로 결정된 경우 이에 대한 진료비용은 수급자 본인이 모두 부담한다. 보충적으로 보건복지부장관은 대체가능한 진료·치료 방법이 없는 경

54) 독일 사회법전 제5권(SGB V) 제85조 제2항 참조.
55) 독일 사회법전 제5권(SGB V) 제85조 제4항 참조. 이러한 규정에 대해서 독일의 연방헌법재판소는 합헌결정을 한 바 있다. *BVerfGE* 33, 171 참조.
56) 국민건강보험 요양급여의 기준에 관한 규칙 제9조 및 별표 2 참조.
57) 국민건강보험 요양급여의 기준에 관한 규칙 제5조 제1항, 별표 1, 1. 가 참조.
58) 국민건강보험 요양급여의 기준에 관한 규칙 제5조 제2항 참조.
59) 국민건강보험 요양급여의 기준에 관한 규칙 제10조 이하 참조.

우, 환자의 진료·치료를 위하여 긴급한 도입이 필요한 경우에 직권으로 이를 비급여대상으로 결정·고시할 수 있다. 신의료기술 등이 요양급여대상 또는 비급여대상으로 결정·고시된 경우에는 소급하여 요양급여대상 또는 비급여대상으로 적용한다.

요양급여대상에 해당하지 않지만 가입자의 건강회복을 위하여 필요한 경우 건강보험에서 제공할 수 있는 가능성을 열어 두었다(선별급여)(법 제41조의 4). 즉, 해당 진료의 경제성 또는 치료효과성 등이 불확실하여 그 검증을 위하여 추가적인 근거가 필요하거나, 경제성이 낮아도 가입자와 피부양자의 건강회복에 잠재적 이득이 있는 경우에 선별급여로 지정하여 실시할 수 있다. 보건복지부장관은 선별급여에 대하여 주기적으로 요양급여의 적합성을 평가하여 요양급여 여부를 다시 결정하여야 한다. 선별급여에 대해서는 가입자 본인의 일부부담이 100분의 100까지 상향조정될 수 있다.

신의료기술로 승인되지 않은 상태에서, 또 선별급여로 지정되지 않은 특수한 진료는 아래에서 설명하는 임의비급여가 된다.[60]

(2) 임의비급여

요양급여대상인 질병에 대해서 「요양급여기준규칙」이 정하는 이외의 방법으로 진료하는 것은 원칙적으로 허용되지 않는다(이른바 임의비급여). 임의비급여의 유형은 다음과 같은 두 가지이다. 첫째, 요양기관이 요양급여의 인정기준 및 절차에 위반하거나 기준을 초과하여 요양급여를 제공하고 요양급여비용을 받은 경우이다. 이는 법정급여와 법정 비급여의 경우 모두 발생한다. 둘째, 요양기관이 요양급여의 기준과 절차를 따르지 않고 임의로 비급여진료를 하고 진료비용을 가입자로부터 지급받은 경우이다. 이와 같은 임의비급여는 원칙적으로 「국민건강보험법」 제57조의 속임수나 그 밖의 부당한 방법으로 보험급여비용을 받은 경우에 해당하여 비용징수 혹은 제재의 사유가 된다.

질병에 대한 진료는 법적으로 보면 이중적인 구조를 갖는다. '요양기관과 가입자와의 관계'와 '의료인과 환자라는 관계'이다. 전자의 관계가 「국민건강보험법」의 규율대상인 반면, 후자는 사법(私法)관계이다. 전자에 속하는 진료

60) 요양급여대상인 아닌 진료에 대해서 독일의 연방헌법재판소는 가입자의 생명이 위태로운 상태에서 회복의 개연성이 있다면 특수한 방법에 의한 진료에 대해서 보상을 거부하는 것은 헌법에 위반된다는 결정을 하여 건강보장급여에 대한 청구권을 헌법에서 도출하는 가능성이 인정한 바 있다. *BVerfGE* 115, 25면 이하 참조.

가 급여대상이다. 이에 비해서, 후자에 속하는 진료에는 비급여대상 및 임의비급여가 포함될 수 있다. 현재 임의비급여는 원칙적으로 금지되어 있다. 그러나 건강보험의 법률관계 밖에서도 의료인과 환자의 합의에 의한 진료가 보장되어야 하며, 이때 비로소 의료인의 직업의 자유와 환자의 희망에 따라서 진료를 받을 수 있는 권리가 실현된다. 정책적으로 보면 이들 문제는 결국 적정수준 이상의 진료에 대한 수요를 보장하는 민간보험의 도입을 통하여 해결되어야 한다. 즉 보편적인 진료는 공적 건강보험이, 그리고 그 이상의 진료는 민간보험이 담당하는 기능분담이 필요하다. 다만 임의비급여가 남용되는 경우에는 임의비급여에 의한 진료와 건강보험에 의한 법정급여가 이원화되어 의료의 질에 있어서 차별이 발생할 수 있으며, 이에 대한 제도적 보완이 필요하다.

현재 임의비급여는 원칙적으로 허용되지 않지만 다음과 같은 조건을 충족하는 경우에는 예외적으로 허용된다.[61] 첫째, 진료행위 당시 시행되는 관계 법령에서 해당 진료를 「국민건강보험법」상의 요양급여대상 또는 비급여대상으로 편입시키거나 관련 요양급여비용을 합리적으로 조정할 수 있는 등의 절차가 마련되어 있지 않은 상황에서, 또는 그 절차가 마련되어 있다고 하더라도 비급여 진료행위의 내용 및 시급성과 함께 절차의 내용과 이에 소요되는 기간, 절차의 진행 과정 등 구체적 사정을 고려해 볼 때 이를 회피하였다고 보기 어려운 상황이었어야 한다. 둘째, 진료행위가 의학적 안전성과 유효성뿐 아니라 요양급여 인정기준 등을 벗어나 진료해야 할 의학적 필요성을 갖추었어야 한다. 셋째, 가입자 등에게 미리 진료의 내용과 비용을 충분히 설명하여 본인 부담으로 진료받는 데 대하여 동의를 받았어야 한다. 이때 임의비급여가 부당한 급여가 아니라는 점에 대한 입증책임은 요양기관이 진다.

7. 요양급여비용의 청구 및 지급, 통제

(1) 청구 및 지급

요양기관과 공단 간의 비용청구 및 지급절차는 다음과 같다. 요양기관은 독립법인으로 설립되어 있는 건강보험심사평가원에 요양급여비용의 심사청구를

61) 대판 2012.6.18, 2010두27639등 참조. 이는 의료급여에 대해서는 마찬가지로 적용된다. 이에 대해서는 대판 2012.9.13, 2010두27974 참조. 임의비급여를 인정하지 않았던 기존의 판례로는 대판 2001.3.13, 2001두4204; 2001.7.13, 2001두12250 등 참조. 이에 대한 헌법적 판단으로는 헌재 2007.8.30, 2006헌마417, 19-2, 341면 이하 참조.

하여야 한다. 이러한 심사청구는 공단에 대한 요양급여비용의 청구로 본다. 심사청구를 받은 건강보험심사평가원은 이를 심사한 후 지체 없이 그 내용을 공단 및 요양기관에 알려야 한다(법 제47조 제1, 2항). 심사의 내용을 통보받은 공단은 지체 없이 그 내용에 따라 요양급여비용을 요양기관에게 지급한다. 이미 납부한 본인일부부담금이 통보된 금액보다 많은 경우에는 요양기관에 지급할 금액에서 더 많이 낸 금액을 공제하여 해당 가입자에게 지급하여야 한다(법 제47조 제3항). 이 경우 공단은 가입자에게 지급하여야 할 금액을 그 가입자가 내야 할 보험료, 그밖에 징수금과 상계할 수 있다(제4항).

현역병, 전환복무된 사람, 군간부후보생, 교도소에 수용된 사람 등이 요양기관에서 요양급여를 받은 경우 요양급여비용은 이들이 소속하고 있는 정부기관, 즉 법무부장관·국방부장관·경찰청장으로부터 예탁받아 지급한다(법 제60조).

(2) 통제

서비스급여에 관한 사항을 법제화하는 데에는 한계가 있으며, 그만큼 이에 관한 법적 통제의 가능성은 제한적이다. 따라서 진료의 남용과 재정의 악화를 억제하기 위한 통제가 건강보험의 중요한 과제이다. 건강보험심사평가원이 이러한 과제를 담당하고 있다.

요양기관이 속임수나 그 밖의 부당한 방법으로 보험자, 가입자 및 피부양자에게 요양급여비용을 부담하게 한 때에는 보건복지부장관은 해당 요양기관에 대해서 1년의 범위 안에서 업무정지명령을 내릴 수 있다(법 제98조 제1항 제1호). 업무정지기간 중 요양기관은 요양급여를 할 수 없다(법 제98조 제2항). 업무정지처분이 해당 요양기관을 이용하는 자에게 심한 불편을 주거나 보건복지부장관이 정하는 특별한 사유가 있는 경우에는 업무정지처분에 갈음하여 속임수나 그 밖의 부당한 방법으로 부담하게 한 금액의 5배 이하의 금액을 과징금으로 부과·징수할 수 있다(법 제99조 제1항). 업무정지처분 또는 과징금처분을 받은 자가 5년 이내에 다시 업무정지처분 또는 과징금처분을 받은 때에는 당해 업무정지기간 또는 과징금의 2배에 해당하는 처분을 할 수 있다. 다만 업무정지기간은 1년을 초과할 수 없으며, 과징금은 부당하게 부담하게 된 금액의 5배를 초과할 수 없다(시행령 별표 5).

보건복지부장관은 업무정지 혹은 과징금 처분을 받은 요양기관 중 관련 서류를 위조·변조하여 요양급여비용을 거짓으로 청구한 요양기관으로서 거짓으로 청구한 금액이 1천 500만원 이상인 경우 혹은 요양급여비용 총액 중 거짓으로 청구한 금액의 비율이 100분의 20 이상인 경우에는 그 위반행위, 처분내용, 해당 요양기관의 명칭·주소 및 대표자 성명, 그 밖에 다른 요양기관과의 구별에 필요한 사항으로서 대통령령으로 정하는 사항을 공표할 수 있다. 공표 여부를 결정함에 있어서 그 위반행위의 동기, 정도, 횟수 및 결과 등이 고려된다. 이와 같은 공표 여부 등을 심의하기 위하여 보건복지부장관은 건강보험공표심의위원회를 설치·운영한다. 공표대상자에게는 공표대상자인 사실을 통지하여 소명자료를 제출하거나 출석하여 의견진술을 할 수 있는 기회를 부여하여야 한다(법 제100조).

「의료법」에 따르면 의료인, 의료법인 등이 아니면 의료기관을 개설할 수 없다(의료법 제33조 제2항). 이에 위반하여 설립·운영되는 의료기관(이른바 '사무장병원')이 요양급여비용을 받은 경우에는 그 금액의 전부 또는 일부를 징수한다. 이때 개설명의자인 의료인 외에 요양기관을 주도적으로 개설한 자에게 요양기관과 연대하여 징수금을 납부하게 할 수 있다(법 제57조 제2항). 그런데 사무장병원에 대한 수사절차가 개시되고, 또 징수절차가 진행 중에 의료기관이 재산을 은닉·처분하거나, 또 폐업하는 등의 이유로 현실적으로 지급된 요양비용을 징수할 수 없는 사례가 빈번했다. 이에 「건강보험법」은 사무장병원의 요양비용청구에 대해서 지급을 보류하는 규정을 두었다. 이에 따르면 「의료법」 위반에 대한 사실을 수사기관의 수사 결과로 확인한 경우에는 요양기관이 청구한 요양급여비용의 지급을 보류할 수 있다. 이 경우 요양급여비용의 지급을 보류하는 처분의 효력은 해당 요양기관이 그 처분 이후 청구하는 요양급여비용에 대해서도 미친다. 법원의 무죄 판결이 확정되거나, 그밖에 「의료법」을 위반한 혐의가 입증되지 않은 경우에는 공단은 지급 보류된 요양급여비용에 지급 보류된 기간 동안의 이자를 가산하여 해당 요양기관에 지급하여야 한다.[62)]

Ⅱ. 요양기관과 가입자 간의 법률관계

1. 공법상의 보상관계

요양기관은 공단과 공동으로 공법상의 법률관계를 기초로 가입자에게 적절

62) 지급보류에 관한 규정에 대해서 헌법재판소는 합헌으로 보았지만 지급보류처분을 취소하는 가능성이 결여되어 있으며, 법원의 최종적인 판단 이전에 어느 정도 요양기관의 재산권을 보호하는 규정이 보충되어야 한다는 이유로 헌법불합치결정을 하였다. 헌재 2023.3.23, 2018헌바433등, 헌재공보(2023), 683면 이하 참조.

한 급여를 제공하여 질병을 보호할 의무가 있다. 이러한 의무는 가입자에 대한 진료 및 처방을 통해서 구체적으로 실현된다. 「국민건강보험법」은 진료비용 모두를 보상하지 않으며, 진료비용의 일부를 수급자 본인에게 부담시키고 있다(법 제44조). 따라서 진료에 대한 보상은 이원적으로 이루어진다. 요양기관은 진료에 대한 일부 비용을 공단으로부터, 그리고 일부 비용을 본인일부부담제도에 따라 가입자 본인으로부터 직접 받는다. 이러한 요양기관과 가입자의 관계에서 요양기관이 가입자에 대한 과잉진료를 하여 결과적으로 공단에게 부당한 비용을 부담하게 한 경우 이에 대한 보상은 공법상의 법률관계를 통해서 실현된다.[63]

「국민건강보험법」은 부당한 과잉진료를 방지하기 위하여 요양급여의 대상여부를 확인하는 제도를 두고 있다. 이에 따르면 가입자 또는 피부양자는 본인일부부담금 외에 부담한 비용이 요양급여의 대상에서 제외되는 것인지에 대해서 건강보험심사평가원에 확인을 요청할 수 있다. 심사평가원은 확인요청한 비용이 요양급여의 대상에 대한 비용으로 확인된 때에는 그 내용을 공단 및 관련 요양기관에 통보하여야 한다. 위와 같은 통보를 받은 요양기관은 과다하게 징수한 금액(과다본인부담금)을 지체없이 확인요청한 사람에게 지급하여야 한다. 요양기관이 과다본인부담금을 지급하지 않은 경우에는 당해 요양기관에 지급할 요양급여비용에서 그 과다본인부담금을 공제하여 이를 확인요청한 사람에게 지급할 수 있다(법 제48조).

2. 사법상의 진료관계

건강보험법에서 보상관계가 부분적으로 공법에 의해서 규율되고 있다고 해도 진료관계 자체의 법적 성격이 변하는 것은 아니다. 즉 진료관계는 환자가 의료기관을 자유로이 선택하고, 의료기관과의 합의에 의해서 형성되는 것이 원칙이다. 따라서 이는 사법상의 법률관계이다.[64] 또 진료의 실제를 보면 이를

---

63) 예컨대 독일에서와 같이 수급자의 본인일부부담이 없는 경우에는 의료과오로 인한 과다지출에 대한 책임은 기본적으로는 요양기관과 요양기관단체와의 법률관계이다. 이로써 보험자에게 추가지출의 부담이 따르지만 이는 어디까지나 간접적인 법률관계이다. 다만 독일의 연방사회법원(BSG)은 보험자와 요양기관이 보상의 직접적인 당사자는 아니지만 실질적으로 보험자가 비용을 부담하기 때문에 보험자의 손해발생을 확인하는 소송을 인용한 바 있다. 예컨대 *BSGE* 55, 144 참조.

64) 독일과 같이 진료비용의 전부를 보험자가 보상하는 경우 보상관계와 진료관계는 명백히 구분된다. 또 독일의 경우 요양급여비용의 산정은 이른바 총액계약제에 의하여 보험자단체와 의약계단체 사이에 요양급여비용 총액에 대한 합의가 계약의 형태로 이루어진다. 따라서 비용보상에 있어서는 수급자는 전혀 법률관계의 당사자가 아니다. 일반적으로 보상관계가 공법적인 관계라는

공법상의 계약내용이 단순히 집행되는 사실행위라고 볼 수 없다. 이 점에서 건강보험에서 진료행위는 단순 집행인으로서 기능하는 국민보건제도(NHS)에서의 의료인이 행하는 진료행위와는 구분된다. 이러한 사법관계인 진료관계, 즉 의료기관과 환자인 가입자와의 관계에서 민법상의 주의의무·책임관계 등이 적용된다.

3. 보상관계의 범위

공단과의 보상관계, 즉 건강보험급여에 대한 보상만이 「국민건강보험법」에 의한 규율의 대상인가, 아니면 보상관계 전부, 즉 본인일부부담관계 역시 규율대상인가에 대해서는 논란이 있을 수 있다. 현행법은 이 문제와 관련하여 일관된 용어사용을 하고 있지는 않다. 우선 의약계와 공단 사이에 체결되는 계약의 대상은 '요양급여비용'이다(법 제45조). 요양기관은 진료를 행한 후 건강보험심사평가원에 '요양급여비용'의 심사청구를 하고, 그 내용에 따라 공단은 '요양급여비용'을 요양기관에게 지급한다(법 제47조 제2, 3항). 전자의 요양급여비용은 본인일부부담금을 포함하는 것으로 보아야 한다. 왜냐하면 계약의 내용은 요양급여의 상대가치이며, 따라서 이 기준은 요양급여 전체에 적용되기 때문이다. 반면 후자의 맥락에서 사용되는 요양급여비용은 본인일부부담금을 제외한 요양급여비용이다. 이 금액이 '실제' 요양기관에게 지급되기 때문이다.

이러한 채권채무관계에서 전체 요양급여비용에 대해서 공단이 채무를 부담하지만 현실적으로 가입자가 일부를 부담하는 것인지, 아니면 요양급여비용 중 각각의 현실적인 부담금에 대해서 공단과 가입자가 독립하여 채무자의 지위에 있는가 하는 문제가 제기된다. 현재 법률에 충실한 해석방법은 후자이다. 왜냐하면 요양급여비용 중 본인부담금은 요양기관의 청구에 의하여 가입자 또는 피부양자가 요양기관에 지불하기 때문이다. 그러나 이 규정이 요양기관과의 법률관계에 있어서 규범적으로는 공단만을 채무자로 보도록 이론구성을 하는 데 결

점에 대해서는 의견이 일치되어 있다. 다만 진료관계의 법적 성격에 대해서는 논란이 있다. 독일 질병보험법에 해당하는 사회법전 제5권(SGB V)은 이 점에 대해서 명백한 규율을 하고 있지는 않다. 다만 진료관계에 있어서 민법상의 주의의무가 의료기관에게 부과되어 있다(법 제76조 제4항). 그러나 이로써 문제가 해결된 것은 아니다. 이를 (원래 특별히 규율의 필요성이 없는) 주의규정으로 보고 진료관계를 사법관계로서 이해하는 입장이 있는 반면, 이에 대한 반대해석을 통해서 진료관계가 당연히 공법관계이며 주의의무에 한하여 민법을 적용한다고 이해하는 입장도 있기 때문이다. 그러나 일반적으로는 진료관계를 사법관계라고 보고 있다. 예컨대 Bertram Schulin(편), *Handbuch des Sozialversicherungsrechts*, Bd. I(C. H. Beck, 1994), 825면 이하 참조.

정적인 장애가 되는지는 검토가 필요하다. 적어도 정책적으로 보면 이와 같은 법리구성을 하는 것이 바람직하다. 이때 비로소 공단의 책임이 질병의 보호 그 자체이며, 급여비용에 대한 일부보상만이 아니라고 볼 수 있기 때문이다. 또 본인일부부담금을 포함하여 요양급여비용 전체를 공단의 책임하에 두는 것이 현물급여의 원칙에 충실하다. 실제 요양급여비용 전체가 건강보험심사평가원에 의한 심사의 대상이 된다.

위와 같은 법리구성은 현실적으로는 다음과 같은 효과가 있다. 즉 가입자가 법률에 정한 본인일부부담금을 실제 부담할 수 없는 경우에도 이것이 요양기관으로 하여금 요양급여의 제공을 거부하는 사유가 될 수는 없다. 다만 이 경우 공단과 가입자 간에 내부적인 구상권의 문제가 발생할 뿐이다. 또 이러한 법리구성은 요양기관의 책임문제에도 다음과 같이 영향을 미친다.

4. 책임관계

요양기관과 가입자의 진료관계는 사법상의 법률관계이므로 예컨대 적정한 질과 양의 진료를 하였더라도 나타날 수 있는 의료과오로 인한 책임관계는 사법상의 규율에 따라야 한다. 그러나 보상관계는 요양기관과 가입자의 법률관계에 따라 그 내용이 달라진다. 요양급여비용이 과다지출된 경우에도 마찬가지이다. 예컨대 통원치료로 충분함에도 불구하고 입원치료를 행하고 이로써 요양급여비용이 상승된 경우를 생각해 보자. 이 경우 공단이 요양기관과의 관계에서 단일의 채권채무관계에 있다면 과다비용으로 인한 보상은 공단에게 손해배상 혹은 비용환수의 청구권을 발생시킨다. 그리고 환수된 비용에 대해서는 공단과 가입자 사이에 내부구상권의 문제가 발생한다.[65]

또 다른 예를 들어 보자. 가입자가 이미 납부한 본인일부부담금이 과다한 경우 공단은 요양기관에 지급할 금액에서 과다하게 납부된 금액을 공제하여 당해 가입자에게 지급한다(법 제48조 제3항). 이 규정은 위와 같은 법리구성과 조화될 수 있는 입법이다. 이에 비해서 요양급여비용에 대해서 공단과 가입자가 각각 독립된 채무자라고 보는 경우에는 과다청구된 요양급여비용에 대한 환수청구권은 공단과 가입자가 각각 독립해서 갖는다. 위 「국민건강보험법」의 규정을 이와 같은 법리에서 이해하는 경우에는 공단이 행정의 편의를 위하여 가입자를 대신

65) 위 각주 61 참조.

하여 환수청구권을 행사하는 것으로 보아야 한다. 결국 적어도 이론적으로 보면 공단이 전체 요양비용에 대한 채무자가 되도록 법률관계를 구성하는 것이 타당하다. 그러나 해석론적으로 보면 현행법의 규정은 후자의 이론구성에 기초해 있다고 할 수 있다. 바람직한 법률관계의 형성을 위해서는 이에 관한 별도의 입법조치가 필요하다.

제5절 재 정

Ⅰ. 보 험 료

건강보험의 재정은 주로 가입자 및 사용자가 내는 보험료에 의해서 충당된다.

직장가입자의 보험료는 보수월액보험료와 소득월액보험료로 구성된다(법 제69조). 보수월액보험료는 직장가입자와 사용자가 50%씩 부담한다. 사립학교 교원의 경우 직장가입자가 50%, 사용자가 30%, 그리고 국가가 20%를 각각 부담한다(법 제76조 제1항). 이에 비해서 소득월액보험료는 직장가입자가 부담한다(법 제76조 제2항). 보수가 지급되지 않는 사용자의 보수월액은 해당 사업장에서 발생한 수입 혹은 사용자의 신고금액을 기초로 산정된다(법 제70조 제4항, 시행령 제38조).[66] 보험료는 보수월액 및 소득월액에 보험료율을 곱하여 결정된다.

건강보험에서 정률의 보험료율을 기준으로 보험료를 산정하는 것이 정당한가에 대한 검토가 필요하다. 국민연금에서는 같은 보험료율이 적용되더라도 소득에 차이가 있으며, 그 결과 소득이 높은 가입자는 그에 상응하여 높은 수준의 연금을 지급받는다. 그런데 건강보험에서는 보험료액의 과다에 관계 없이 같은 수준의 급여가 지급되기 때문이다. 이는 다음과 같은 이유로 정당화된다. 질병은 개인의 소득활동에 부정적 영향을 미치며, 건강보험급여가 소득상실 혹은 감소를 직접적으로 보상하는 것은 아니지만 간접적으로 소득활동능력을 보호한다. 그렇기 때문에 건강보험에서 개인의 소득능력이 보험료산정에 반영된다고 해서 평등의 원칙에 위반된다고 볼 수 없다.

직장가입자의 경우 보수월액보험료는 보수월액에 보험료율을 곱하여 얻은

66) 이에 대한 헌법적 평가로는 헌재 2014.5.29, 2011헌바384, 26-1(하), 302면 이하 참조.

금액을 말한다. 보수는 근로의 제공으로 인하여 받은 봉급 · 급료 · 보수 · 세비 · 임금 · 상여 · 수당과 그 밖에 이와 유사한 성질의 금품을 말한다. 다만 퇴직금, 현상금 · 번역료 및 원고료, 「소득세법」의 규정에 의한 비과세 근로소득은 제외된다(시행령 제33조). 소득월액에 적용되는 법정보험료율은 8%를 상한으로 한다. 2023년 현재 보험료율은 7.09%이다(법 제73조, 시행령 제44조).

소득월액보험료는 보수월액의 산정에 포함된 보수를 제외한 직장가입자의 소득이 대통령령으로 정하는 금액을 초과하는 경우 보수외 소득을 기준으로 하여 산정한다. 이자소득, 배당소득, 사업소득, 근로소득, 연금소득, 기타소득 등이 소득월액보험료 산정의 대상이 되며, 현재 소득이 연 2,000만원이 넘는 경우 보험료부과의 대상이 된다(법 제71조, 시행령 제41조).

외국에서 근무하는 가입자의 보험료율에 대해서는 특별규정이 있다(법 제73조 제2항). 즉 이들에게 적용되는 보험료율은 직장가입자에게 적용하는 보험료율의 50%로 한다. 국외종사자에게는 보험급여가 정지된다. 따라서 피부양자만이 보험급여를 받을 수 있기 때문에(법 제54조 제2호) 보험료율을 하향조정한 것이다. 현역병으로 복무 중인 자, 교도소 그 밖에 이에 준하는 시설에 수용되어 있는 자, 그리고 국외에서 업무에 종사하는 자로서 국내에 거주하는 피부양자가 없는 경우에는 보험료는 면제된다(법 제74조).

가입자 중 보험료부담의 능력이 제한적인 사람에 대해서는 보험료가 경감될 수 있다. 섬 · 벽지 · 농어촌 등의 지역주민, 65세 이상인 사람, 「장애인복지법」상의 등록장애인, 「국가유공자 등 예우 및 지원에 관한 법률」에 의한 보호대상인 전상 및 공상군경, 공상공무원 등, 휴직자, 그 밖에 생활이 어렵거나 천재지변 등의 사유로 보험료의 경감이 필요하다고 보건복지부장관이 정한 사람 등이 여기에 해당한다(법 제75조, 시행령 제45조). 예컨대 섬 · 벽지 지역의 경우 보험료의 50%, 농어촌 지역의 경우 보험료의 22%를 경감할 수 있다. 65세 이상 노인이 있는 세대에 대해서는 소득 수준에 따라 10% 내지 30%를 경감할 수 있다(보험료경감고시). 이밖에 임의계속가입자의 경우에도 보험료의 일부를 경감할 수 있다(법 제110조 제4항).

현역병(지원에 의하지 않고 임용된 하사 포함), 전환복무된 사람, 군간부후보생 등은 가입자는 아니지만 건강보험에 의한 급여를 받을 수 있다. 이에 소요되는 비용 중 공단이 부담하는 비용은 이들이 가입자가 아니고 따라서 보험료를 납부하지 않았기 때문에 관련 정부부처로부터 예상되는 급여비용을 미리 예탁받아 이를 재원으로 하여 충당한다(법 제60조).

지역건강보험의 보험료는 전액 가입자가 부담한다. 이 보험료는 세대단위로 산정하며, 가입자가 속한 세대의 가입자 전원이 연대하여 부담·납부한다. 다만 소득 및 재산이 없는 미성년자와 소득 및 재산 등을 고려하여 대통령령으로 정하는 기준에 해당하는 미성년자는 보험료 납부의무가 없다(법 제76조 제3항, 제77조 제2항). 지역가입자의 보험료는 세대단위로 산정한다. 세대별 보험료는 보험료부과점수에 보험료부과점수당 금액을 곱하여 산정한다(법 제69조 제5항). 보험료부과점수는 지역가입자의 소득 및 재산 그리고 자동차를 고려하여 결정한다.[67] 소득·재산 및 자동차는 금액에 따른 등급화가 되어 있고 각각의 금액에 주어지는 점수가 합산되어 이를 기준으로 적용점수가 결정된다(시행령 별표 4), 여기에 적용점수당 금액이 곱해져서 보험료액이 결정된다. 보험료부과점수당 금액은 건강보험정책심의위원회의 의결을 거쳐 대통령령으로 정한다. 2019년 현재 적용점수당 금액은 208.4원이다(시행령 제44조 제2항).

월별 보험료액에는 상한 및 하한이 있다. 직장가입자의 보수월액 보험료의 상한은 보험료가 부과되는 연도의 전전년도 직장가입자 평균 보수월액보험료("전전년도 평균 보수월액보험료")의 30배에 해당하는 금액을 고려하여 보건복지부장관이 정하여 고시한다. 직장가입자의 소득월액보험료 및 지역가입자의 월별 보험료액의 상한은 보험료가 부과되는 연도의 전전년도 평균 보수월액보험료의 15배에 해당하는 금액을 고려하여 보건복지부장관이 정하여 고시한다. 2021년 직장가입자의 보수월액보험료의 상한은 7,048,000원, 직장가입자의 소득월액 보험료 및 지역가입자의 월별 보험료액의 상한은 3,524,000원이다. 직장가입자의 보수월액보험료의 하한은 보험료가 부과되는 연도의 전전년도 평균 보수월액보험료의 7.5% 이상 8.5% 미만의 범위에서 보건복지부장관이 정하여 고시한다. 지역가입자의 월별 보험료액의 하한은 보험료가 부과되는 연도의 전전년도 평균 보수월액보험료의 90% 이상 100% 미만의 범위에서 보건복지부장관이 정하여 고시한다.

2023년 직장가입자의 보수월액보험료의 하한은 19,780원, 지역가입자의 월별 보험료액의 하한은 19,780원이다(법 제69조, 제6항 시행령 제32조).

67) 지역가입자가 직장가입자와 다른 보험료 산정기준이 적용되어 불이익을 받는다는 점에 대한 헌법적 평가에 대해서는 헌재 2000.6.29, 99헌마289, 12-1, 937면 이하; 2003.10.30, 2000헌마801, 15-2(하), 130면 이하; 2012.5.31, 2009헌마299, 24-1(하), 515면 이하; 2013.7.25, 2010헌바51, 25-2(상), 49면 이하 등 참조.

Ⅱ. 국고보조

건강보험사업에 대한 외부에서의 지원은 두 가지이다. 첫째, 국가는 매년 예산의 범위 내에서 당해연도 보험료 예상수입의 14%에 해당하는 액을 지원한다. 이에 따른 지원은 가입자 및 피부양자에 대한 보험급여, 건강보험사업에 대한 운영비, 그리고 65세 이상의 사람 혹은 실업자 등에 대한 보험료 경감을 위하여 사용할 수 있다. 둘째, 「국민건강증진법」이 정하는 바에 의하여 국민건강증진기금에서 지원받을 수 있다. 이에 따른 지원은 건강검진 등 건강증진에 관한 사업, 흡연으로 인한 질병에 대한 보험급여, 65세 이상 노인에 대한 보험급여에 사용할 수 있다(법 제108조의 2).

Ⅲ. 준비금제도

국민건강보험사업의 장기적인 재정안정을 위하여 준비금제도가 운영되고 있다(법 제38조).[68] 이에 따르면 공단은 매 회계연도의 결산상 잉여금 중에서 그 연도의 보험급여에 소요된 비용의 100분의 5 이상에 상당하는 액을 그 연도에 소요된 비용의 100분의 50에 이를 때까지 준비금으로 적립하여야 한다.

준비금은 보험급여에 소요되는 비용의 부족에 충당하거나 현금의 지출에 부족이 생긴 때 외에 다른 목적으로 사용할 수 없다. 또 현금의 지출에 준비금을 사용한 때에는 당해 회계연도 중에 이를 보전하여야 한다.

제 6 절 관리운영

국민건강보험공단은 직장가입자와 지역주민 및 공무원, 그리고 사립학교교직원을 대상으로 건강보험을 통합적으로 관리하며, 관리의 필요에 의하여 각 지역에 분사무소를 둘 수 있다(법 제13조 이하). 이들 분사무소는 독립된 법인이 아니며, 공단의 하부조직이다. 공단은 공법상의 재단으로 형성되어 있으며, 따라서 민법 중 재단법인에 관한 규정이 준용된다(법 제40조).

---

68) 준비금의 법적 성격에 대해서는 헌재 2000.6.29, 99헌마289, 12-1, 946면 이하 참조.

2011년부터 건강보험, 국민연금, 고용보험, 산재보험의 보험료를 통합징수하도록 하면서 국민건강보험공단은 국민연금공단, 근로복지공단으로부터 위탁을 받아 보험료를 통합징수하는 업무를 담당하고 있다.

Ⅰ. 기관의 종류, 기능 및 구성

1. 이사회 등

공단의 최고의사결정기관은 이사회이다(법 제26조). 이사회는 사업의 운영계획 등 공단운영의 기본방침에 관한 사항, 예산 및 결산에 관한 사항, 정관변경에 관한 사항, 규정의 제정·개정 및 폐지에 관한 사항, 보험료와 그 밖의 징수금 및 보험급여에 관한 사항, 준비금, 그 밖에 중요재산의 취득·관리 및 처분에 관한 사항, 차입금에 관한 사항, 그 밖에 공단운영에 관한 중요 사항 등에 대해서 심의·의결한다(시행령 제11조). 이사회는 이사장 1명, 상임이사 5명을 포함한 이사 14명으로 구성된다. 상임이사 중 1명을 징수이사로 한다. 징수이사는 보험료와 그 밖에 「국민건강보험법」상의 징수금의 부과·징수, 그리고 「국민연금법」, 「고용보험 및 산업재해보상보험의 보험료징수 등에 관한 법률」, 「임금채권보장법」 및 「석면피해구제법」에 따라 위탁받은 업무를 담당한다(법 제21조). 공단의 업무, 회계 및 재산상황을 감사하기 위하여 상임감사 1명을 둔다(법 제22조 제4항). 이사장은 공단을 외부에 대표하며, 업무를 총괄한다(법 제22조 제1항).

이사장은 보건복지부장관의 제청에 의하여 대통령이 임명한다(법 제20조 제2항). 상임이사는 이사장이 임명한다. 비상임이사는 보건복지부장관이 임명하되, 각 직능단체의 대표가 참여할 수 있도록 하였다. 즉 보건복지부장관은 노동조합, 사용자단체, 시민단체, 소비자단체, 농어업인단체 및 노인단체가 각각 1명씩 추천한 자를, 3명은 대통령령이 정하는 관계공무원을 이사로 임명한다(법 제20조 제3, 4항). 감사는 기획재정부장관의 제청으로 대통령이 임명한다(법 제20조 제5항).

2. 건강보험정책심의위원회, 재정위원회

건강보험정책에 관한 중요 사항을 심의·의결하기 위하여 보건복지부장관 소속으로 건강보험정책심의위원회를 둔다. 위원회의 심의·의결 사항은 다음과 같다; 국민건강보험 종합계획 및 시행계획에 관한 사항, 요양급여의 기준, 요양급여비용에 관한 사항, 직장가입자의 보험료율, 지역가입자의 보험료부과점수당 금액, 그밖에 건강보험에 관한 주요 사항으로서 대통령령으로 정하는 사항. 위원회는 위원장 1명과 부위원장 1명을 포함하여 25명의 위원으로 구성한다. 위원회의 위원장은 보건복지부차관이 된다. 위원회는 근로자단체 및 사용자단체가 추천하는 각 2명, 시민단체, 소비자단체, 농어업인단체 및 자영업자단체가 추천하는 각 1명, 의료계를 대표하는 단체 및 약업계를 대표하는 단체가 추천하는 8명, 중앙행정기관 소속 공무원 2명, 국민건강보험공단의 이사장 및 건강보험심사평가원의 원장이 추천하는 각 1명, 건강보험에 관한 학식과 경험이 풍부한 4명 등의 위원으로 구성된다(법 제4조).

국민건강보험의 보험재정에 관련된 사항을 심의·의결하기 위하여 공단에 재정운영위원회를 둔다(법 제33조). 재정운영위원회는 요양급여비용의 계약, 보험료의 결손처분 등 보험재정과 관련된 주요 사항을 심의·의결한다. 재정운영위원회는 직장가입자를 대표하는 위원 10명, 지역가입자를 대표하는 위원 10명, 그리고 공익을 대표하는 위원 10명으로 구성된다(법 제34조). 위원장은 공익대표위원 중에서 호선한다(법 제33조 제2항).

3. 건강보험심사평가원

건강보험급여는 요양기관에 의하여 지급된다. 따라서 민간의료기관을 건강보험법의 체계에 편입하여 법률관계를 형성하여야 한다. 이때 민간의료기관의 요양급여비용청구를 심사·통제하여 요양급여비용의 적절성과 경제성을 도모하여야 한다. 「국민건강보험법」은 독립된 법인으로 건강보험심사평가원을 설립하여 이러한 과제를 위임하였다. 심사평가원은 요양급여비용의 심사, 요양급여의 적정성에 대한 평가, 그리고 심사 및 평가 기준의 개발 등 업무를 담당한다(법 제63조 제1항). 심사평가원이 업무를 효율적으로 수행할 수 있도록 심사평가원에 진료심사평가위원회가 설치된다(법 제66조).

심사평가원에 임원으로서 원장, 상임이사 4명을 포함한 이사 15명 및 상임감사 1명을 둔다. 원장은 보건복지부장관의 제청으로 대통령이 임명한다. 감사는 기획재정부장관의 제청으로 대통령이 임명한다. 상임이사는 원장이 임명한다. 비상임이사 중 5명은 의약관계단체가 추천한 자를, 1명은 공단이 추천한 자를, 4명은 노동조합·사용자단체·소비자단체 및 농어업인단체가 추천하는 각 1명을 보건복지부장관이 임명한다(법 제65조). 진료심사평가위원회는 위원장을 포함한 90명 이내의 상근심사위원과 1,000명 이내의 비상근심사위원으로 구성된다. 진료심사평가위원회에는 진료과목별 분과위원회를 둘 수 있다(법 제66조).

Ⅱ. 국가의 감독

국민건강보험공단은 기관의 종류 및 기능, 그리고 구성방법에서 볼 수 있듯이 기존의 의료보험조합과는 달리 공법상의 사단법인이 아니라 공법상의 재단으로 형성되어 있다. 따라서 가입자가 사단의 구성원으로서 각종 참여권을 갖지는 않는다. 이 점은 공단에 대한 국가의 감독의 범위에도 반영되어 있다. 즉 공단은 매회계연도의 예산안을 편성하여 보건복지부장관의 승인을 얻어야 한다(법 제36조). 보건복지부장관은 공단 및 심사평가원의 경영목표를 달성하기 위하여 사업이나 업무에 관한 보고를 명하거나 사업 또는 재산상황을 검사할 수 있다. 또 보건복지부장관은 정관 또는 규정의 변경 그밖에 필요한 처분을 명하는 등 감독상 필요한 처분을 명할 수 있다(법 제103조). 이 밖에 공단의 조직·인사·보수 및 회계에 관한 규정은 이사회의 의결을 거쳐 보건복지부장관의 승인을 얻어 정한다(법 제29조).[69] 이 경우 국가의 감독은 단순히 법적 기준뿐 아니라 정책적 기준에 따라 이루어질 것이다.

69) 공단 이사장과 노동조합 간에 체결된 단체협약에 직원의 승급 등 인사에 관한 사항이 포함되어 있는 경우에는 보건복지부장관의 승인이 없으면 효력이 발생하지 않는다. 헌재 2004.8.26, 2003 헌바58등, 16-2(상), 260면 이하 참조.

제 2 장 노인장기요양보험법

제 1 절 노인장기요양보험 도입의 배경

우리 사회는 이미 고령사회로 진입하였으며, 이는 한편으로는 노인인구가 전체 인구에서 차지하는 비율이 점점 증가하고 있으며, 다른 한편 평균수명이 증가하고 있다는 의미이다. 이에 노후에 개인이 스스로의 능력으로는 일상생활을 영위할 수 없는 상황이 일반화되어 가고 있다. 가족 내에서 가족구성원에 의하여 노인장기요양을 보호하는 것은 가족구조의 변화로 인하여 더 이상 기대할 수 없게 되었다. 서구 사회에서는 이러한 문제에 대해서 이미 1980년대 이후 활발한 논의를 거쳤다. 각국은 1990년대부터 이를 특유하게 보호하는 제도를 도입·시행하기 시작하였다.

우리나라에서는 2000년대에 들어와서 노인장기요양을 보호하는 사회보험에 대한 본격적인 논의가 이루어졌다. 노인장기요양에 대한 보호는 다음과 같은 상황을 배경으로 한다. 첫째, 노령에 이를수록 질병에 대한 이환율이 높고, 또 질병에 이어지는 요양이 보호되어야 하는데, 이러한 장기적인 보호를 건강보험이 부담하게 되면 건강보험의 재정부담이 가중된다.[1] 장기요양의 문제는 잠재적으로는 국민연금의 기능을 저해하는 위험이 있었다. 연금이 노후의 가장 기본적이고 중요한 생활의 기초가 되어야 하는데, 본래의 의도와는 달리 장기요양을 위하여 소진될 수 있기 때문이다. 둘째, 노인장기요양에 대한 특유한 제도가 시행되지 않을 경우 이 부담은 건강보험과 함께 국민기초생활보장이 담당하여야 한다. 그런데 이 경우 국민기초생활보장은 비전형적인 원인에 의하여 발생하는 빈곤을 보호하는 본래의 과제에 충실할 수 없게 된다.[2]

장기요양과 관련하여 노인뿐 아니라 장애인도 같은 상황에 있다. 우리나라에서 요양보험에 장애인을 함께 포함시키는 안이 논의되었으나 우선 노인을 보

---

1) 실제 건강보험진료비에서 노인의료비가 차지하는 비중이 2001년에는 17.8%였는데, 지속적으로 증가하여 2006년에는 25.9%로 급증하였다. 보건복지부, 보건복지백서(2008), 186면 참조.

2) 실제 1995년 장기요양보험을 도입한 독일의 경우 기존에 지방자치단체가 관할하는 사회부조 예산의 약 3분의 1이 장기요양을 위한 보호에 투입되었었다. 이에 대해서는 전광석, 독일사회보장법과 사회정책(박영사, 2008), 135면 이하 참조.

호대상으로 하였다. 오랜 논의 끝에 2007년 「노인장기요양보험법」이 제정되었으며, 이 법은 2008년 7월부터 시행되었다.[3] 장애인의 요양을 보호하기 위하여 2011년에 「장애인활동 지원에 관한 법률」이 제정되었다.

제 2 절 보호되는 위험 – 장기요양

Ⅰ. 장기요양수요의 개념

노인장기요양보험은 노인의 장기요양이 필요한 상황을 보호하는 사회보험이다. 장기요양이 필요한 상황은 다음과 같은 개념요소로 구성되어 있다. 첫째, 보호의 인적 대상은 노인이다. 노인은 원칙적으로 65세 이상의 자를 말한다. 다만 65세 미만인 경우에도 치매·뇌혈관성질환 등 노인성 질병을 가진 자는 보호의 대상에 포함된다(법 제2조 제1호, 시행령 별표 1).[4] 둘째, 6개월 이상 동안 혼자서 일상생활을 수행하기 어렵다고 인정되어야 한다. 셋째, 신체활동·가사활동의 지원 또는 간병 등을 위하여 서비스 혹은 이에 갈음하는 현금급여에 의한 보호를 필요로 하는 상태이다(법 제2조 제2호).

장기요양이 필요한 상태는 건강보험이 보호하는 질병, 그리고 국민연금 혹은 산재보험 등이 보호하는 장애와는 구분되어야 한다. 이때 비로소 장기요양보험과 이들 제도 간의 기능분담이 명확해지기 때문이다. 이에 대한 개념정의를 법률이 직접 하지는 않았다.[5] 장기요양이 필요한 상태와 질병 및 장애는 장기요양급여의 개념 및 범위에 관한 규정을 통하여 구분될 수도 있다. 그러나 「노인장기요양보험법」은 장기요양급여의 종류로서 방문요양, 방문목욕 외에 방문간호라는 의학적 조치와 구별되지 않는 개념을 사용하고, 또 주·야간보호, 단기보호 등 중립적인 표현을 사용하고 있다(법 제23조). 따라서 이 점에 있어서도 질병 및 장애와의 구별이 입법적으로 시도된 것은 아니다.

---

3) 논의의 경과에 대해서는 예컨대 공적노인요양보장추진기획단/보건복지부, 공적노인요양보장체계 개발연구(Ⅰ), (Ⅱ)(2004); 보건복지부, 보건복지백서(2008), 187면 이하 등 참조.

4) 이하 법률의 명칭에 관하여 특별한 명칭이 없는 한 「노인장기요양보험법」을 말한다.

5) 예컨대 독일의 「장기요양법」은 요양의 개념에 대한 정의를 직접 하고 있다. 즉 요양의 원인이 되는 질병 및 장애는 "사지 혹은 운동축의 상실·마비 혹은 그 밖의 기능장애, 내부장기 및 지각기관의 기능장애, 중앙신경체계의 장애, 기억 및 조향기능의 장애, 정신착란·노이로제 및 그 밖의 정신적 기능장애"를 말한다(SGB XI 제14조 제2항).

Ⅱ. 장기요양수요의 인정 및 등급

장기요양은 신청에 의하여 인정된다. 신청인은 장기요양인정신청서를 의사 또는 한의사의 소견서를 첨부하여 국민건강보험공단에 제출하여야 한다. 다만 거동이 현저히 불편하거나 도서·벽지에 거주하여 의료기관을 방문하기 어려운 경우에는 의사의 소견서를 제출하지 않을 수 있다(법 제13조, 시행령 제6조). 장기요양에 대한 신청을 받은 공단은 인정 여부를 판단하기 위한 조사를 하고, 그 결과를 장기요양등급판정위원회에 제출한다(법 제14, 15조).

장기요양인정 여부에 대한 판단은 장기요양등급판정위원회에서 이루어진다. 위원회는 신청일로부터 30일 이내에, 정밀한 조사가 필요한 경우 등 부득이한 사유가 있는 경우에는 30일 이내의 범위에서 연장하여 장기요양인정 여부 및 등급, 급여의 종류 및 내용 등의 사항이 포함된 장기요양인정서를 작성하여 수급자에게 송부하여야 한다. 이때 공단은 개인별장기요양이용계획서를 작성하여 함께 송부한다.

요양급여는 수급자와 장기요양기관 간에 계약에 의하여 실행된다. 이때 급여의 종류와 등급에 따라 월 한도액의 범위 내에서 개인별장기요양이용계획서를 고려하여 계약을 체결한다. 계약서에는 계약당사자와 기간, 급여의 종류와 내용, 비용, 비급여항목별 내용 등이 포함되어야 한다. 장기요양기관은 급여제공계획 및 내용을 설명하고 수급권자의 동의를 얻어야 한다(법 제16, 17조, 제27조).

장기요양인정의 유효기간은 2년이다. 계속 급여를 위해서는 장기요양인정의 갱신을 신청하여야 하며, 이에 따라 동일한 심사가 이루어진다(법 제20조). 갱신 결과 1등급, 2등급부터 4등급, 5등급 및 인지지원등급의 경우에 유효기간은 각각 4년, 3년, 2년으로 한다. 등급판정위원회는 장기요양 신청인의 심신상태 등을 고려하여 장기요양인정 유효기간을 6개월의 범위에서 늘리거나 줄일 수 있다(시행령 제8조). 등급의 변경을 위해서는 수급자는 공단에 변경신청을 하여야 한다(법 제19, 21조).

위와 같이 노인장기요양급여는 지급에 관한 결정 및 지급절차가 다원적이라는 특징이 있다. 이 점에서 건강보험과 비교된다. 건강보험에서는 급여의 조건·내용에 대한 결정, 그리고 집행이 모두 요양기관, 즉 의사를 중심으로 이루어진다. 이에 비해서 노인장기요양보험에서는 급여의 조건에 관한 1차적인 소견은 의사가, 급여 조건의 확인은 국민건강보험공단이, 장기요양등급은 등급

판정위원회가, 구체적인 급여의 종류와 내용 및 비용 등은 수급권자와 장기요양기관 간의 계약에 의하여 결정하고, 구체적인 집행은 장기요양기관에서 이루어진다. 이와 같이 「노인장기요양보험법」의 입법목적은 여러 단계에서 결정과 절차를 거쳐 실현된다. 따라서 국가의 조정적 및 규제적 개입이 필요하고, 이 과정에서 규범의 역할과 한계에 대한 지속적인 점검이 필요하다.

장기요양의 정도에 따른 등급은 다섯 종류로 구분되어 있다. 등급판정위원회는 판정을 함에 있어 신청인과 그 가족, 의사소견서를 발급한 의사 등 관계인의 의견을 들을 수 있다(법 제15조 제3항). 등급은 다른 사람의 도움이 필요한 정도를 점수화한 기준에 따라 분류되며, 실제 이를 위하여 심신의 기능 저하상태를 측정한다. 장기요양 1등급은 심신의 기능상태 장애로 일상생활에서 전적으로 다른 사람의 도움이 필요한 자로서 장기요양인정 점수가 95점 이상인 자이다. 2등급은 심신의 기능상태 장애로 일상생활에서 상당 부분 다른 사람의 도움이 필요한 자로서 장기요양인정 점수가 75점 이상 95점 미만인 자이다. 3등급은 심신의 기능상태 장애로 일상생활에서 부분적으로 다른 사람의 도움이 필요한 자로서 장기요양인정 점수가 60점 이상 75점 미만인 자이다. 4등급은 심신의 기능상태 장애로 일상생활에서 일정부분 다른 사람의 도움이 필요한 자로서 장기요양인정 점수가 51점 이상 60점 미만인 자이다. 5등급은 노인성 질병에 해당하는 치매환자로서 장기요양인정 점수가 45점 이상 51점 미만인 자이다. 마지막으로 장기요양 인지지원등급은 노인성 질병에 해당하는 치매환자로서 장기요양인정 점수가 45점 미만인 자이다(법 제15조, 시행령 제7조).

제 3 절 가입자, 수급자

국민건강보험의 가입자는 동시에 노인장기요양보험에 가입된다(법 제7조 제3항). 이 밖에 「의료급여법」 제3조 제1항에 따른 수급권자가 장기요양인정을 신청할 수 있다(법 제12조 제2호). 여기에는 국민기초생활보장 수급자가 포함된다. 이는 새로운 입법기술이다. 즉 의료급여수급권자를 가입자로 하지 않으면서 장기요양수급자격을 부여하고 있기 때문이다. 이들은 가입자가 아니고, 따라서 보험료를 부담하는 것도 아니기 때문에 이들에 대한 급여비용은 국가 혹은 지방자치단체가 부담한다.

국민건강보험 가입자인 외국인도 장기요양보험에 가입된다(법 제7조 제3항). 다만 단기체류하는 외국인의 경우 장기요양이 필요한 경우가 거의 없을 것이기 때문에 가입자에서 제외될 수 있다(법 제7조 제4항).

제 4 절 급여의 종류와 내용

Ⅰ. 서 론

1. 기본원칙

(1) 자립우선의 원칙 · 재가급여우선의 원칙

장기요양급여는 노인 등이 자신의 의사와 능력에 따라 최대한 자립하여 일상생활을 수행할 수 있도록 제공하여야 한다(법 제3조 제1항). 동시에 요양급여가 가족에서 가장 효율적으로 이루어진다는 점을 인식하여 재가급여 우선의 원칙을 채택하였다(법 제3조 제3항).[6)]

(2) 개별성의 원칙

노인장기요양은 그 상태에 따라서 욕구가 다양하다. 따라서 수급자의 심신상태 · 생활환경과 수급자 및 그 가족의 욕구 및 선택을 종합적으로 고려하여 필요한 급여를 적정하게 제공하여야 한다(법 제3조 제2항). 이 점은 급여의 개시 시기에 관한 규율에도 반영되어 있다. 수급자는 공단으로부터 장기요양인정서와 개인별장기이용계획서가 도달한 날로부터 장기요양급여를 받을 수 있다. 그러나 재가급여 및 시설급여에 있어서 수급자에게 돌볼 가족이 없는 경우, 즉 주거를 같이하는 가족이 없는 경우 혹은 주거를 같이하는 가족이 미성년자 또는 65세 이상의 노인 외에는 없는 경우에는 신청서를 제출한 날부터 장기요양인정서가 도달되는 시점까지의 기간 중에도 장기요양급여를 받을 수 있다(법 제27조, 시행령 제13조).

6) 예컨대 일본의 경우 재가급여우선의 원칙을 채택하는 경우 결국 노인장기요양은 여성이 부담한다는 점을 우려하여 이를 기피한 예에 해당한다. 이는 간병전문가에 의존하는 원인이 되었고, 그 결과 보험재정에 부정적 영향을 주게 되었다. 이에 대해서는 예컨대 Miyoko Motozawa, "Probleme der japanischen Pflegeversicherung", *Zeitschrift für ausländisches und internationales Arbeits- und Sozialrecht*(2003), 79면 이하 참조.

(3) 종합적인 보호의 원칙

노인장기요양은 어느 정도 의료적 조치의 필요성을 수반하며, 따라서 다른 제도와 연계되어 실시된다. 장기요양급여는 노인 등의 심신상태 및 건강이 악화되지 않도록 의료서비스와 연계하여 제공되어야 한다(법 제3조 제4항). 노인장기요양은 다른 사회적 위험과 마찬가지로 사후보호뿐 아니라 장기요양이 필요한 상태를 사전에 예방하고, 또 요양급여를 통하여 보호대상자가 사회에서 정상적인 생활을 할 수 있도록 재활조치를 포함하여야 한다. 「노인장기요양보험법」은 이러한 과제를 국가 및 지방자치단체에게 부과하고 있다(법 제4조 제1항). 이 밖에 노인장기요양에 대한 보호는 요양기관이 확충되고, 또 효율적으로 운영되어야 하기 때문에 이를 위한 행정적 및 재정적 지원이 충실히 이루어져야 한다. 이 과제 역시 국가 및 지방자치단체에 부과되어 있다(법 제4조 제3, 4항).

2. 본인부담

노인장기요양보험은 국민건강보험과 마찬가지로 급여비용의 전부를 부담하지는 않는다. 즉 급여비용의 일부를 수급자가 부담한다. 이때 장기요양등급, 이용하는 장기요양급여의 종류 및 수준 등에 따라 본인부담의 수준을 달리 정할 수 있다. 또 장기요양급여는 월 한도가 정해지며, 그 한도 내에서 지급된다(법 제28조).

재가급여와 시설급여에 있어서 본인부담은 각각 장기요양급여비용의 100분의 15, 100분의 20이다(시행령 제15조의 8). 다음과 같은 비용은 수급자가 모두 부담한다. 법정 급여의 범위 및 대상에 포함되지 않은 장기요양급여비용, 장기요양인정서에 기재된 급여의 종류 및 내용과 다른 선택을 하여 장기요양급여를 받은 경우 그 차액, 월 한도액을 초과하는 급여 등이 여기에 해당한다(법 제40조 제3항).

본인부담은 수급자의 상황에 따라서 경감 혹은 면제될 수 있다. 「국민기초생활보장법」상의 의료급여수급자가 아닌 의료급여수급권자, 소득·재산 등이 보건복지부장관이 정하여 고시하는 일정 금액 이하인 자, 그리고 천재지변 등의 사유로 인하여 생계가 곤란한 자의 경우에는 본인일부부담금의 100분의 60을 감경한다. 장기요양급여를 받은 금액의 총액이 보건복지부장관이 정하는 금액 이하에 해당하는 수급자가 가족 등으로부터 방문요양에 상당하는 장기요양을 받은 경우에 본인일부부담금의 일부를 감면할 수 있다. 「국민기초생활보장법」상의 수급자인 의료급여수급자는 본인부담이 없다(법 제40조 제4항, 제41조).

Ⅱ. 급여의 종류와 내용

급여의 종류로는 재가급여와 시설급여, 그리고 특별현금급여가 있다. 장기요양급여는 월 한도액의 범위 내에서 지급된다.

1. 월 한도액

재가급여의 월 한도액은 장기요양등급 및 장기요양급여의 종류 등을 고려하여 산정되며, 장기요양위원회의 심의를 거쳐 등급별로 보건복지부장관이 정한다. 2022년 재가급여의 월 한도액은 요양등급 1·2·3·4·5 및 인지지원등급에 대해서 각각 1,672,700원, 1,486,800원, 1,350,800원, 1,244,900원, 1,068,500원 및 597,600원이다. 시설급여의 월 한도액은 장기요양기관의 각종 비용과 운영현황 등을 고려하여 등급별로 고시하는 1일당 급여비용에 월간 일수를 곱하여 산정한다(시행규칙 제22조).

2. 재가급여, 시설급여, 특별현금급여

(1) 재가급여

재가급여로는 방문요양, 방문목욕, 방문간호, 주·야간보호, 단기보호, 기타 재가급여 등이 제공된다.

방문요양은 장기요양요원이 수급자의 가정 등을 방문하여 신체활동 및 가사활동 등을 지원하는 내용의 급여이다. 이에 비해서 사회활동 참여 등을 지원하지는 않으며, 이 점에서 「장애인활동지원에 관한 법률」에 비해서 지원의 범위가 좁다.[7] 방문목욕은 장기요양요원이 목욕설비를 갖춘 장비를 이용하여 수급자의 가정 등을 방문하여 목욕을 제공하는 급여이다. 방문간호는 장기요양요원인 간호사 등이 의사, 한의사 또는 치과의사의 지시서에 따라 수급자의 가정 등을 방문하여 간호, 진료의 보조, 요양에 관한 상담 또는 구강위생 등을 제공하는 급여이다. 주·야간보호는 수급자를 하루 중 일정한 시간 동안 장기요양기관에 보호하여 신체활동 지원 및 심신기능의 유지·향상을 위한 교육·훈련

7) 그렇기 때문에 65세 미만의 노인성 질병이 있는 사람에게 노인장기요양의 신청자격을 인정하고 이에 비해서 장애인활동지원의 대상에서 제외하였던 「장애인활동지원에 관한 법률」의 규정에 대해서 헌법재판소는 헌법불합치의 결정을 하였다. 헌재 2020.12.23, 2017헌가22등, 32-2, 574면 이하 참조.

등을 제공하는 급여이다. 단기보호는 수급자를 일정 기간 동안 장기요양기관에 보호하여 신체활동 지원 및 심신기능의 유지·향상을 위한 교육·훈련 등을 제공하는 급여이다. 이 밖에 수급자의 일상생활·신체활동 지원 및 인지기능의 유지·향상에 필요한 용구를 제공하거나 가정을 방문하여 재활에 관한 지원을 제공하는 등의 급여가 제공된다(법 제23조 제1항 제1호).

(2) 시설급여

수급자는 시설보호로서 장기요양기관에 장기간 동안 입소하여 신체활동 지원 및 심신기능의 유지·향상을 위한 교육·훈련 등을 제공받을 수 있다(법 제23조 제1항 제2호).

(3) 특별현금급여

특별현금급여로서 가족요양비와 특례요양비, 그리고 요양병원간병비가 지급된다(법 제23조 제1항 제3호). i) 도서·벽지 등 장기요양기관이 현저히 부족한 지역에 거주하는 자, 또는 ii) 천재지변 등으로 인하여 장기요양기관이 제공하는 장기요양급여를 이용하기가 어렵다고 인정되는 자, 그리고 iii) 신체·정신 또는 성격 등을 이유로 가족 등으로부터 방문요양에 상당하는 장기요양을 받아야 하는 자에게 현금급여로서 가족요양비를 지급할 수 있다. 「감염법의 예방 및 관리에 관한 법률」에 따른 감염병환자로서 감염의 위험성이 있는 경우, 등록 장애인 중 정신장애인의 경우, 신체적 변형 등의 사유로 대인과의 접촉을 기피하는 경우 등이 위 iii)에 해당한다(시행령 제12조). 가족요양비는 재가급여의 이용수준 등을 고려하여 장기요양위원회의 심의를 거쳐 보건복지부장관이 정한다(법 제24조, 시행령 제12조).

특례요양비는 수급자가 장기요양기관이 아닌 노인요양시설 등의 기관 또는 시설에서 재가급여 또는 시설급여에 상당하는 장기요양급여를 받은 경우 장기요양급여비용의 일부에 해당하는 액으로 당해 수급자에게 지급될 수 있다(법 제25조). 수급자가 요양병원(의료법 제3조 제2항 제3호 라목)에 입원한 때에는 장기요양에 사용되는 비용의 일부가 요양병원간병비로 지급될 수 있다(법 제26조).

Ⅲ. 급여의 제한 및 조정

1. 급여의 제한

공단은 장기요양급여를 받고 있거나 받을 수 있는 자가 거짓이나 그 밖의 부정한 방법으로 장기요양인정을 받은 경우, 혹은 고의로 사고를 발생하도록 하거나 본인의 위법행위에 기인하여 장기요양인정을 받은 경우에는 이를 조사하여 그 결과를 등급판정위원회에 제출하여야 한다(법 제15조 제4항). 이와 같은 조사에 응하지 않은 경우에는 장기요양급여의 전부 또는 일부를 제공하지 않을 수 있다.

이 밖에 장기요양수급자가 협력의무를 이행하지 않은 경우, 즉 수급자가 정당한 사유 없이 자료제출의무(법 제60조)를 이행하지 않거나 보고 및 검사의무(법 제61조)를 이행하지 않거나 답변을 거절한 경우에는 장기요양급여의 전부 또는 일부를 제공하지 않을 수 있다(법 제29조 제1항). 보험료를 납부하지 않은 경우 국민건강보험에서와 마찬가지로 보험급여는 중단된다. 이 밖에 「국민건강보험법」 상의 급여의 제한 및 정지에 관한 규정이 준용된다(법 제30조).

2. 급여의 조정

국민건강보험에서와 마찬가지로 제3자의 행위로 인하여 장기요양급여의 제공사유가 발생하여 수급자에게 장기요양급여를 행한 때에는 공단은 그 급여에 사용된 비용의 한도 안에서 제3자에 대한 손해배상의 권리를 얻는다. 장기요양급여를 받은 자가 제3자로부터 이미 손해배상을 받은 때에는 공단은 그 손해배상액의 한도 안에서 장기요양급여를 행하지 않는다(법 제44조).

제 5 절 장기요양기관, 장기요양요원, 급여비용의 청구 및 지급

Ⅰ. 장기요양기관

재가급여 또는 시설급여를 제공하는 장기요양기관을 운영하기 위해서는 필요한 시설 및 인력을 갖추고, 소재지를 관할하는 특별자치시장·특별자치도지사·시장·군수 및 구청장으로부터 지정을 받아야 한다. 특별자치시장·특별자치도지사·시장·군수·구청장은 「노인복지법」 제31조에 따른 노인복지시설 중에서 장기요양기관을 지정하여야 한다(법 제31조, 시행령 제14조). 이때 장기요양기관을 운영하려는 자의 장기요양급여 제공 이력, 장기요양기관을 운영하려는 자 및 장기요양요원이 「노인장기요양보험법」, 「사회복지사업법」 또는 「노인복지법」 등에 따라 받은 행정처분의 내용, 장기요양기관의 운영 계획, 해당 지역의 노인인구수 및 장기요양급여 수요 등 지역특성, 그 밖에 장기요양기관으로 지정하는 데 필요하다고 인정하여 정하는 사항을 검토한다. 장기요양기관은 수급자가 쉽게 선택할 수 있도록 인터넷 홈페이지를 통하여 요양과 관련된 중요한 사항을 게시하여야 한다. 장기요양기관은 입소정원에 여유가 없는 등의 특별한 사유가 없는 한 급여의 제공을 거부할 수 없다(법 제34, 35조).

다음에 해당하는 자는 장기요양기관으로 지정받을 수 없다; 미성년자, 피성년후견인 또는 피한정후견인, 「정신건강증진 및 정신질환자 복지서비스 지원에 관한 법률」 제3조 제1호의 정신질환자, 「마약류 관리에 관한 법률」 제2조 제1호의 마약류에 중독된 사람, 파산선고를 받고 복권되지 아니한 사람, 금고 이상의 실형을 선고받고 그 집행이 종료되거나 집행이 면제된 날부터 5년이 경과되지 아니한 사람, 금고 이상의 형의 집행유예를 선고받고 그 유예기간 중에 있는 사람 등(법 제32조의 2).

장기요양기관 지정에는 기간이 있으며, 현재 유효기간은 6년이다. 유효기간이 끝난 후에도 계속하여 그 지정을 유지하려는 경우에는 소재지를 관할구역으로 하는 특별자치시장·특별자치도지사·시장·군수·구청장에게 지정 유효기간이 끝나기 90일 전까지 지정 갱신을 신청하여야 한다(법 제32조의 3, 제32조의 4).

장기요양기관은 장기요양을 받는 노인이 요양제공에 있어서 학대를 받는 것을 방지하기 위하여 「개인정보 보호법」 및 관련 법령에 따른 폐쇄회로 텔레비전을 설치·관리하여야 한다. 다만 이때 정보주체의 권리가 침해되지 않도록 노인학대 방지 등 수급자의 안전과 장기요양기관의 보안을 위하여 최소한의 영상정보만을 적법하고 정당하게 수집하고, 목적 외의 용도로 활용하지 않아야 한다(법 제33조의 2). 폐쇄회로 텔레비전을 설치·관리하는 자는 수급자가 자신의 생명·신체·재산상의 이익을 위하여 요청하는 경우, 또 범죄의 수사와 공소의 제기 및 유지, 법원의 재판업무 수행을 위하여 필요한 경우 외에는 영상정보를 열람하게 해서는 안 된다(법 제33조의 3).

장기요양기관이 거짓이나 그 밖의 부정한 방법으로 지정을 받은 경우, 폐업 또는 휴업신고를 하지 않고 1년 이상 장기요양급여를 제공하지 않은 경우, 업무정지 기간 동안에 장기요양급여를 제공한 경우, 사업자등록이나 고유번호가 말소된 경우에는 지정이 취소된다. 그 밖에 급여 외 행위를 제공한 경우, 지정기준에 적합하지 않게 된 경우, 요양급여를 거부한 경우, 본인일부부담금을 면제하거나 감경하는 행위를 한 경우, 수급자를 소개·알선 또는 유인하는 행위 및 이를 조장하는 행위를 한 경우, 거짓이나 그 밖의 부정한 방법으로 재가 및 시설 급여비용을 청구한 경우, 자료제출명령에 따르지 않거나 거짓으로 자료제출을 한 경우, 질문 또는 검사를 거부·방해 또는 기피하거나 거짓으로 답변한 경우에는 지정을 취소하거나 6개월의 범위에서 업무정지를 명할 수 있다.

장기요양기관의 종사자 등이 수급자의 신체에 폭행을 가하거나 상해를 입히는 행위, 수급자에게 성적 수치심을 주는 성폭행·성희롱 등의 행위, 자신의 보호·감독을 받는 수급자를 유기하거나 의식주를 포함한 기본적 보호 및 치료를 소홀히 하는 방임행위, 수급자를 위하여 증여 또는 급여된 금품을 그 목적 외의 용도로 사용하는 행위, 폭언·협박·위협 등으로 수급자의 정신건강에 해를 끼치는 정서적 학대행위를 한 경우에도 지정을 취소하거나 업무정지를 명할 수 있다(법 제37조 제1항 제6호). 다만 업무정지가 수급자에게 심한 불편을 줄 우려가 있는 경우에는 업무정지명령에 갈음하여 2억원 이하의 과징금을 부과할 수 있다. 수급자의 신체를 폭행하는 이유 등으로 지정이 취소되는 경우에는 과징금으로 대체되는 제재방법이 적용될 수 없다. 장기요양기관이 거짓이나 부정한 방법으로 급여비용을 청구한 경우에는 청구한 금액의 5배 이하의 금액을 과징금으로 부과할 수 있다(법 제37조의 2, 시행령 제15조 및 별표 2). 지정이 취소된 자는 1년이 지나지 않으면 지정을 받을 수 없다. 업무정지명령을 받은 경우에는 업무정지기간이 지나지 않는 한 지정을 받을 수 없다.

건강보험에서와 마찬가지로 장기요양기관이 거짓으로 급여비용을 청구하였다는 이유로 위와 같은 처분을 받았을 때 거짓청구금액이 1천만원 이상인 경우, 그리고 거짓청구금액이 장기요양급여비용 총액의 10% 이상인 경우에는 위반사실, 처분내용, 장기요양기관의 명칭·주소, 장기요양기관의 장의 성명, 그 밖에 다른 장기요양기관과의 구별에 필요한 사항을 공표할 수 있다(법 제37조의 3).

요양급여는 장기요양기관에 의하여 지급된다. 「노인장기요양보험법」은 장기요양기관의 설립에 있어서 지정제도를 채택하여 비교적 설립을 자유롭게 하고 있고, 시장에서 경쟁을 통하여 요양급여의 효율성을 높이는 구상을 가졌다. 따라서 장기요양기관은 적정하고 경제적이며 효율적인 급여를 제공하여야 하며, 건강보험공단은 이를 관리하여야 한다. 이를 위하여 건강보험공단은 장기요양급여의 제공기준 및 절차, 방법 등에 따라 적절하게 급여가 제공되는가의 여부를 평가하여 그 결과를 공단의 홈페이지에 공표하는 등 조치를 취할 수 있다

(법 제54조 제2항). 장기요양기관의 장은 재무·회계에 관한 기준에 따라 투명하게 운영하여야 한다(법 제35조의 2). 또 장기요양기관에서 요양을 받는 노인이 자신의 권리를 방어할 능력이 제한적이기 때문에 장기요양기관을 운영하는 자와 종사자는 인권교육을 받아야 하며, 수급자에게 인권교육을 실시할 수 있다(법 제35조의 3).

Ⅱ. 장기요양요원

장기요양급여는 장기요양기관에서 장기요양요원에 의하여 제공된다. 장기요양요원의 자격은 급여의 종류에 따라 차별화되어 있다. 방문요양에 관한 재가급여 업무를 하는 장기요양요원은 「노인복지법」 및 「사회복지사업법」에 의한 요양보호사자격 및 사회복지사자격을 가진 사람으로 한다. 방문목욕에 관한 업무를 수행하는 장기요양요원은 「노인복지법」에 따른 요양보호사로 한다. 방문간호의 재가급여 업무를 하는 장기요양요원은 「의료법」에 의한 간호사로서 2년 이상의 간호업무경력이 있는 자, 간호조무사로서 3년 이상의 간호보조업무경력이 있고, 보건복지부장관이 정하는 교육을 이수한 자 혹은 「의료기사 등에 관한 법률」에 의한 치과위생사이다(법 제23조 제2항, 시행령 제11조).

Ⅲ. 급여비용의 청구 및 지급

장기요양기관은 수급자에게 제공한 재가급여 혹은 시설급여 비용을 공단에 청구한다. 공단은 비용청구를 심사한 후 본인부담금을 제외한 공단부담금을 지급한다. 이때 장기요양급여에 대한 평가의 결과에 따라 급여비용을 가산 혹은 감액하여 지급할 수 있다. 공단은 장기요양급여비용을 심사한 결과 수급자가 이미 낸 본인부담금이 장기요양기관에 통보한 본인부담금보다 더 많으면 두 금액 간의 차액을 장기요양기관에 지급할 금액에서 공제하여 수급자에게 지급한다. 이 금액은 수급자가 납부하여야 하는 장기요양 보험료 및 그 밖에 이 법에 따른 징수금과 상계(相計)할 수 있다. 장기요양기관은 지급받은 장기요양급여비용 중 보건복지부장관이 정하여 고시하는 비율에 따라 그 일부를 장기요양요원에 대한 인건비로 지출하여야 한다. 이는 장기요양요원의 근로조건을 향상시켜 양질의 요양급여를 제공할 수 있도록 하는 조치이다(법 제38조).[8]

8) 이 규정에 대한 헌법적 심사로는 헌재 2017.6.29, 2016헌마719, 29-1, 328면 이하 참조.

「국민건강보험법」에서와 같이 지급보류에 관한 규정을 두었다. 즉 장기요양기관이 정당한 사유 없이 자료제출 명령에 따르지 않거나 질문 또는 검사를 거부·방해 또는 기피하는 경우 이에 응할 때까지 해당 장기요양기관에 지급하여야 할 장기요양급여비용의 지급을 보류할 수 있다. 이 경우 공단은 장기요양급여비용의 지급을 보류하기 전에 해당 장기요양기관에 의견 제출의 기회를 주어야 한다.

재가 및 시설급여비용은 급여종류 및 장기요양등급 등에 따라 장기요양위원회의 심의를 거쳐 보건복지부장관이 정한다(법 제39조 제1항).

제 6 절 재 정

Ⅰ. 보 험 료

노인장기요양보험은 사회보험으로서 가입자가 (사용자와 함께) 납부하는 보험료를 재원으로 운영된다. 장기요양보험료는 국민건강보험료액에 장기요양보험료율을 곱하여 산정된다. 장기요양보험료율은 장기요양위원회의 심의를 거쳐 대통령령으로 정한다. 2023년 현재 장기요양보험료율은 9.082%이다(법 제9조, 시행령 제4조). 등록장애인 중 장애의 정도가 심한 장애인, 그리고 희귀난치성질환자 등에게는 특례가 적용된다. 즉 이들이 장기요양보험가입자 또는 그 피부양자에 해당하지만 장기요양급여 수급자로서 인정되지 못하는 경우에는 보험료의 100분의 30을 경감한다(법 제10조, 시행령 제5조).

장기요양보험료는 국민건강보험료와 통합하여 징수한다. 다만 노인장기요양보험은 건강보험과는 별개의 사업이기 때문에 구분하여 고지하며, 각각 독립회계로 관리한다(법 제8조).

Ⅱ. 국고보조

노인장기요양사업에 국고보조가 이루어진다. 즉 국가는 총액으로 매년 당해연도 장기요양보험료 예상수입액의 100분의 20에 해당하는 보조금을 건강보험공단에 지원한다. 이 밖에 국가와 지방자치단체는 사항별 지원을 한다. 즉 국가와 지방자치단체는 의료급여수급권자의 장기요양급여비용, 의사소견서 발급비용, 방문간호지시서 발급비용 중 건강보험공단이 부담하여야 할 비용 및 관리운영비 전액을 부담한다. 여기에는 본인일부부담이 면제 및 감경되기 때문에 건강보험공단이 부담하는 비용이 포함된다. 의료급여수급권자 중 「국민기초생활보장법」에 의한 수급권자에 대한 비용은 지방자치단체가 부담한다. 그 밖의 의료수급권자에 대한 비용 중 국가는 「보조금 관리에 관한 법률 시행령」 별표 1의 기초생활보장수급자 의료급여 기준보조율에 따른 금액을, 그리고 지방자치단체는 국가부담액을 제외한 부분을 부담한다(법 제58조, 시행령 제28조).

제 7 절 관리운영

장기요양보험사업은 보건복지부장관이 관장한다. 장기요양보험사업의 보험자는 국민건강보험공단이며, 공단이 장기요양보험사업을 관리 운영한다(법 제7조). 공단은 장기요양보험사업을 수행하는 조직을 건강보험사업을 수행하는 조직과 구분하여 따로 두어야 한다(법 제49조).

장기요양 인정 및 등급 판정을 심의하기 위하여 공단에 장기요양등급판정위원회를 둔다. 등급판정위원회는 특별자치시·특별자치도·시·군·구 단위로 설치한다. 등급판정위원회는 위원장 1인을 포함하여 15인의 위원으로 구성한다. 위원은 공단의 이사장이 의료인, 사회복지사, 특별자치시·특별자치도·시·군·구 소속 공무원 및 법학 또는 장기요양에 관한 학식과 경험이 풍부한 자 중에서 위촉한다. 이때 특별자치시장·특별자치도지사·시장·군수·구청장이 추천하는 위원이 7인, 의사 또는 한의사가 각각 1인 이상 포함되어야 한다. 위원의 임기는 3년이다(법 제52조).

노인장기요양보험에 관한 중요한 사항을 심의하기 위하여 보건복지부장관 소속 하에 장기요양위원회를 설치한다. 위원회는 장기요양보험료율, 가족요양비·특례요양비 및 요양병원간병비의 지급기준, 재가 및 시설 급여비용 등을 심의한다(법 제45조, 시행령 제16조). 장기요양위원회는 위원장 1인, 부위원장 1인을 포함한 16인 이상 22인 이하의 위원으로 구성한다. 위원은 ① 근로자단체·사용자단체·시민단체·노인단체·농어업인단체·자영자단체를 대표하는 자, ② 장기요양기관 또는 의료계를 대표하는 자, ③ 관계 중앙행정기관의 고위공무원단 소속 공무원·장기요양에 관한 학계 또는 연구계를 대표하는 자·공단 이사장이 추천하는 자 등의 각 범주에서 동수로 보건복지부장관이 임명 또는 위촉한다. 위원장은 보건복지부차관이 되고, 부위원장은 위원 중에서 위원장이 지명한다. 위원의 임기는 3년으로 한다(법 제46조).

제 3 장 연금보험법

연금보험은 노령 혹은 장애로 인하여 소득이 감소 혹은 상실되거나 소득근로자가 사망하여 유족이 부양의무자를 상실하는 위험을 보호하는 사회보험이다. 국민연금은 일반 국민을 대상으로 한다. 이 밖에 특수직역에 종사하는 자를 대상으로 공무원연금, 군인연금, 사립학교교직원연금이 분리·운영되고 있다.

그동안 특수직역연금은 보험의 기능과 더불어 보상의 기능을 수행하여 공무상 원인에 의하여 발생한 사회적 위험에 대해서는 국고를 재원으로 하여 급여를 하였다. 또 「근로기준법」상의 퇴직금과 유사한 퇴직수당을 두고 있어 어느 정도 부양의 기능을 수행한다. 퇴직수당 역시 국고를 재원으로 한다.[1] 2018년 「공무원연금법」에서 공무상 재해보상에 관한 규정을 분리하여 「공무원재해보상법」이 제정되었다. 2020년 군인의 경우에도 공무상 재해를 규율하는 「군인재해보상법」이 제정되었다.

공무원연금 등 특수직역연금은 기존에 국민연금과의 연계제도가 없었다. 따라서 공무원에서 일반국민으로 신분이 변경되는 경우에는 다시 「국민연금법」상의 연금수급요건을 충족시켜야 했다. 2009년 「국민연금과 직역연금의 연계에 관한 법률」이 제정·시행되면서 국민연금과 직역연금의 가입기간을 합산하여 연금수급요건 및 연금액을 평가할 수 있게 되었다.

제 1 절 국민연금법

I. 보호되는 위험

1. 장 애

(1) 장애의 개념·등급

장애는 연금보험 가입기간 중 가입자에게 발생한 질병 또는 부상이 완치된 후에도 남아 있는 불완전한 신체의 상태이다. 여기에는 정신상의 장애가 포함

1) 국민연금법과 공무원연금법의 기능상의 차이에 대해서는 헌재 2011.11.24, 2010헌마510, 23-2(하), 518면 이하 참조.

된다(법 제67조).[2] 장애로 인정되기 위해서는 해당 장애가 가입기간 중 발생한 질병 또는 부상을 원인으로 한 것이어야 한다. 따라서 장애가 가입기간 중에 발생하였더라도 가입 이전의 질병 또는 부상에 그 원인이 있는 경우에는 「국민연금법」상의 장애로 인정되지는 않는다.[3] 다만 당해 질병의 초진일이 가입 중에 있는 경우로서 가입자가 가입 당시 발병사실을 알지 못한 경우에는 이를 원인으로 발생한 장애는 보호대상에 포함된다. 가입 중 발생한 질병 또는 부상인가에 대한 판단에 있어서는 해당 질병 또는 부상과 장애와의 사이에 의학적·객관적 인과관계가 있는가의 여부가 기준이 된다. 따라서 가입 이전의 질병 또는 부상이 장애에 어느 정도 개연성이 있다는 이유만으로 장애급여가 거부되지는 않는다.[4]

장애의 존재 여부 및 정도는 질병 혹은 부상이 발생한 후 신체의 완전성이 훼손된 여부 및 정도를 기준으로 판단한다. 장애를 원인으로 한 소득의 감소 혹은 상실은 장애 여부 및 정도를 판단하는 기준이 되지 않는다. 비교법적으로 보면 장애가 발생한 후 남아 있는 가입자의 소득능력을 기준으로 장애 여부를 판단하는 입법례가 있다. 독일이 이러한 예에 해당한다.[5]

장애급여수급권자가 되기 위해서는 장애발생시기의 연령, 가입기간 등의 요건을 충족하여야 한다. 첫째, 연령상의 요건으로 장애의 원인이 되는 질병 또는 부상의 초진일 당시 연령이 18세 이상이고 노령연금의 지급연령 미만이어야 한다. 둘째, 초기에 「국민연금법」에서는 장애급여를 수급하기 위해서 최소한의 가입기간이 필요하였다. 이러한 조건은 부상을 원인으로 장애가 발생할 경우에 대해서는 1989년, 그리고 질병을 원인으로 장애가 발생한 경우에 대해서는 1998년 폐지되었다. 2016년 개정법률은 보험료납부기간 혹은 가입기간에 관한 조건을 도입하였다. 즉, 해당 질병 또는 부상의 초진일 당시 연금보험료를 낸 기간이 가입대상기간의 3분의 1 이상이거나, 해당 질병 또는 부상의 초진일 5년 전부터 초진일까지의 기간 중 연금보험료를 낸 기간이 3년 이상이거나 혹은 해당 질병 또는 부상의 초진일 당시 가입기간이 10년 이상이어야 한다(법 제67조 제1항).

2) 이하 특별히 법률의 명칭에 대해서 언급이 없는 한 「국민연금법」을 말한다.
3) 대판 2005.10.13, 2005두7280; 2006.7.28, 2005두16918 등 참조.
4) 대판 2006.7.28, 2005두16918 참조.
5) 이에 대해서 자세히는 예컨대 전광석, 독일 사회보장법과 사회정책(박영사, 2008), 153면 이하 참조.

장애의 정도는 질병 또는 부상으로 인하여 신체적·정신적인 정상상태로부터 일탈하는 정도에 따라 4등급으로 나누어져 있다(법 제67조 제4항). 장애 정도는 각 신체부위의 손상정도를 유형화하여 등급화한 별표에 의해서 판정한다(시행령 별표 2). 이에 따르면 예컨대 두 팔을 전혀 쓸 수 없게 된 경우는 1급, 한 팔을 손목관절 이상에서 상실한 경우는 2급, 한 팔의 3대 관절 중 2관절을 쓸 수 없게 된 경우는 3급, 그리고 한 팔의 3대 관절 중 1관절을 쓸 수 없게 된 경우는 4급에 해당한다.

(2) 장애등급의 변경과 조정

장애 정도의 결정은 완치일을 기준으로 한다. 다만 장애 정도의 변화 개연성에 따라 공단이 지정한 주기가 도래한 시기, 혹은 수급권자가 장애연금액의 변경을 청구한 날까지 완치되지 않은 경우에는 그 해당하는 날을 기준으로 장애 정도를 결정한다. 장애연금수급권자가 60세 이상인 경우 장애 등급의 변경은 더 이상 하지 않는다(법 제70조). 60세 이상인 가입자에게 연금은 더 이상 소득상실을 대체하는 것이 아니라, 노령보장의 기능을 수행하기 때문이다. 장애정도가 결정된 후 장애의 정도가 악화되는 등의 경우에는 공단은 장애등급을 변경한다.

최초의 장애가 발생하고, 그 정도가 결정된 후 새로운 장애가 발생한 경우에는 전후의 장애를 병합한 장애 정도에 따라 장애연금을 지급한다. 전후의 장애를 병합한 장애 정도에 따른 장애연금이 이전의 장애연금보다 적으면 이전의 장애연금을 지급한다(법 제69조). 이미 존재하고 있는 신체장애가 새로이 발생한 장애에 대한 등급결정에 반영되는가 하는 문제가 제기된다. 생각건대 국민연금의 궁극적인 목적은 장애로 인하여 상실 혹은 감소되는 기존의 소득을 대체하는 데에 있다. 그렇기 때문에 보험가입 전 이미 존재하였던 장애가 새로운 장애와 합해져서 장애등급이 결정되지는 않는다.

(3) 장애의 결정시기

장애등급은 질병 또는 부상을 당한 자가 초진일로부터 1년 6개월이 경과하여도 완치되지 않는 경우에는 1년 6개월이 지난 시점에, 이 기간 안에 장애 정도를 확정할 수 있을 때에는 그 시점에 결정된다. 질병 또는 부상이 발생한 후 1년 6개월이 경과하여도 장애연금의 지급대상인 장애등급에 이르지 않는 경우에도 다음과 같은 가능성은 열려 있다. 즉 해당 질병 또는 부상이 악화되어 가입자가 노령연금 지급연령이 되기 전에 장애연금의 지급대상인 장애가 확인되는 경우 본인의 청구에 의하여 청구한 날과 완치일 중 빠른 날에 장애정도를 결정하여 장애연금을 지급받을 수 있다. 또 법 제70조 제1항에 따라 장애등급에 해당되지 아니하여 장애연금 수급권을 상실한 자가 장애연금 수급권을 취득할 당시의 질병 또는 부상이 악화된 경우에는 청구한 날과 완치일 중 빠른 날에 장애정도를 다시 결정하여 장애연금을 받을 수 있다(법 제67조 제2항). 그러나 초진일이 가입 대상에서 제외된 기간 중에 있는 경우, 초진일이 국외이주·국적상실 기간 중에 있는 경우, 그리고 반환일시금을 지급받은 경우에는 장애연금이 지급되지 않는다(법 제67조 제3항).

위와 같은 장애결정 시점은 「국민건강보험법」과 관련하여 장애의 원인이 되는 질병 또는 부상에 대한 치료의 부담 주체에 관한 문제를 제기한다. 현재 「국민건강보험법」에도, 또 「국민연금법」에도 이와 같은 기능 및 비용분담에 대한 명시적인 규정은 없다. 현행법에서는 질병·부상에 대한 보호를 국민건강보험이 관할하고 있고, 또 「국민연금법」은 요양급여를 지급하지 않기 때문에 국민건강보험의 부담이 될 수밖에 없다. 그러나 장애의 예방은 「국민연금법」의 관심이기도 하기 때문에 특히 예방급여 등에 대해서는 건강보험과 국민연금이 공동으로 협력하는 방안이 강구되어야 할 것이다.

2. 노 령

(1) 노령의 사회적 위험성

사회보장법이 노령의 사회적 위험을 보호하는 것은 다음과 같은 몇 가지 이유에서이다. 첫째, 일정한 노령에 달하면 신체 및 정신·심리적 기능이 감소되면서 노동시장에서 평가가치가 상실 혹은 감소된다. 이로써 본인뿐 아니라 부양가족의 생활유지능력이 상실 또는 감소된다. 또 우리나라와 같이 퇴직정년제도가 일반화되어 있는 경우에는 제도적인 이유에서 소득능력이 감소 혹은 상실되는 상황을 함께 고려하여야 한다. 연금수급연령에 대한 결정은 정책적인 성격이 강하다는 것을 알 수 있다. 이와 같이 노령에 이르면 소득능력 혹은 실제소득이 감소 혹은 상실되거나, 또는 더 이상 기대될 수 없다는 점은 경제적 파급력이 가장 크다. 둘째, 노령에 이르면 필연적으로 신체 및 정신·심리적 기능이 저하되어 거동이 불편하거나 혹은 급기야 거동불능의 상태에 이르게 된다. 이는 단순히 현금급여만으로는 보호할 수 없는 위험이다. 전통적으로 이러한 위험은 공공부조법 혹은 「노인복지법」에 의한 보호대상이었다. 그러나 고령사회에서 이러한 위험이 전형적인 위험이 되면서 각국에서는 이를 보호하기 위한 독자적인 사회보험을 도입·시행하고 있다. 우리나라에서도 2008년부터 「노인장기요양보험법」이 시행되고 있다. 셋째, 위 두 가지 위험의 요소가 함께 작용하여 노령에 이르면 사회적 활동의 반경이 좁아지고 대인적 접촉, 문화적 접촉 등 사회적 의사소통의 기회가 줄어든다.

이와 같이 노령의 사회적 위험구조는 다층적이다. 단순화해서 말하면 첫째의 위험은 소득보장을, 둘째의 위험은 서비스급여에 의한 보호를, 그리고 셋째의 위험은 현금보장과 서비스급여를 함께 필요로 한다. 이에 따라 노령보장의 내용 역시 다원적이다. 이 중 국민연금은 소득보장을 위한 사회보험이다. 「국민연금법」에서는 일정한 연령에 달하면 소득능력이 상실된다고 의제하여 보호하고 있다.

(2) 노령연령

「국민연금법」이 보호하는 노령연령은 60세였으나, 1998년 법률개정을 통하여 2013년부터 2033년에 걸쳐 점차 65세로 연금수급연령을 상향조정하였다(부칙 제3조). 이에 따르면 연금지급연령은 2013년부터 2017년까지는 1세, 2018년부터 2022년까지는 2세, 2023년부터 2027년까지는 3세, 2028년부터 2032년까지는 4세, 그리고 2033년 이후에는 5세가 상향조정된다.

가입자 혹은 가입자였던 자가 60세에 달하고, 연금보험 가입기간이 10년 이상이면 연금수급권을 갖는다(완전노령연금)(법 제61조 제1항). 예외적으로 특수직종근로자의 완전노령연금 수급연령은 55세이다. 갱내작업에 종사하는 광업근로자, 직접 어로작업에 종사하는 어업종사자 등이 여기에 해당한다. 이들이 55세에 연금을 수급하기 위해서는 전체 연금보험 가입기간 중 5분의 3 이상을 해당 업무에 종사하였어야 한다(시행령 제22조). 가입자가 국민연금에 10년 이상 가입되어 있는 경우에는 55세를 연금수급연령으로 선택할 수도 있다(조기노령연금)(법 제61조 제2항). 조기노령연금을 수령하는 자에게는 소액의 소득활동이 허용될 뿐, 법에 정한 액 이상의 소득이 있어서는 안 된다. 즉 「소득세법」상의 사업소득과 근로소득을 합산한 액의 월 평균액이 가입자 전체의 지난 3년간의 평균소득월액의 평균치를 초과하는 업무에 종사하는 경우에는 조기노령연금을 받을 수 없다(시행령 제45조).

가입자가 60세에 이르러 보험가입기간이 10년 이상이지만 20년에 미달하는 경우에는 감액된 노령연금이 지급된다(감액노령연금). 특수직종에 종사하는 자는 55세에 감액노령연금을 받을 수 있다(법 제61조 제2항). 연금수급권자가 60세에서 65세 미만인 기간에 대통령령이 정하는 수준의 소득이 있는 업무에 종사하면 소득금액에 따라서 일정한 금액을 빼고 노령연금액이 지급된다. 이 경우 빼는 금액은 노령연금액의 2분의 1을 초과할 수 없다(법 제63조의 2). 65세부터는 소득활동에 관계없이 연금을 수급할 수 있다. 60세 이상 가입자가 연금수급시기를 늦추도록 유인하는 규정을 두고 있다. 노령연금의 수급권자는 65세 전까지의 기간에 대하여 1회에 한하여 연금의 전부 혹은 일부의 지급을 연기할 수 있다. 일부의 지급을 연기하는 경우에 연기할 수 있는 연금액은 노령연금액의 50% 내지 90%이다. 이는 연금수준을 증가시키는 효과가 있다. 즉 연금지급을 연기한 수급권자가 연금을 신청한 경우에 지급의 연기를 신청한 시점의 노령연금액을 소비자물가변동률에 따라 조정한 액에 연기되는 매 1개월마다 0.6%를 더한 액을 지급한다(법 제62조).

3. 사 망

(1) 사 망

노령연금 수급권자, 가입기간 10년 이상인 가입자 또는 가입자였던 자, 연금보험료를 낸 기간이 가입대상기간의 3분의 1 이상인 가입자 또는 가입자였던 자, 사망일 5년 전부터 사망일까지의 기간 중 연금보험료를 낸 기간이 3년 이상인 가입자 또는 가입자였던 자(가입대상기간 중 체납기간이 3년 이상인 사람은 제외) 또는 장애등급 2급 이상인 장애연금 수급권자가 사망한 경우에 그 유족은 부양상실에 대한 보상을 받는다(법 제72조 제1항).

다만 연금보험료를 낸 기간이 가입대상기간의 3분의 1 이상인 가입자 또는 가입자였던 자, 혹은 사망일 5년 전부터 사망일까지의 기간 중 연금보험료를 낸 기간이 3년 이상인 가입자 또는 가입자였던 자가 법 제6조 단서에 따라 가입대상에서 제외되는 기간에, 또는 국외이주·국적상실 기간에 사망하는 경우에는 유족연금을 지급하지 않는다(법 제72조 제2항).

(2) 실 종

실종은 사망으로 추정된다. 「국민연금법」상의 실종은 민법상의 특별실종과 그 요건이 유사하다. 즉 선박이 침몰, 전복, 멸실 또는 행방불명되거나 항공기가 추락, 멸실 또는 행방불명된 경우에 그 선박이나 항공기에 탔던 사람의 생사(生死)를 알 수 없거나 그 밖의 사유로 생사(生死)를 알 수 없는 때에는 사망으로 추정된다(법 제15조, 시행령 제23조). 다만 다음과 같이 실종기간 및 효과발생의 시점이 민법과는 다르다.[6] 즉 민법상의 특별실종기간이 1년인 데 비해서, 「국민연금법」상의 실종기간은 3개월로서 짧다. 민법상의 특별실종의 경우 실종기간이 경과한 때에 사망이 간주되는 데 비해, 「국민연금법」에서는 사고발생일 혹은 행방불명이 된 날에 가입자가 사망한 것으로 추정된다(시행령 제23조). 민법과는 달리 「국민연금법」은 가입자의 유족이 부양을 상실한 상황을 보호한다. 그런데 사고의 발생 혹은 행방불명으로 인하여 가입자의 가족은 곧 부양을 받을 수 없다. 따라서 이 시점에 이미 보호를 필요로 하는 상태라고 본 것이다.

실종자의 생존이 확인된 때에는 실종으로 인하여 지급된 유족급여는 환수된다(법 제57조 제1항 제3호). 이러한 환수에 관한 규정이 합리적인지는 의문이다. 지급된 급여는 이미 부양을 대체하여 소비되었는데 이를 환수한다면 경우에 따라서는 가족에게 감당할 수 없는 부담을 지우게 되기 때문이다. 환수규정을 삭제하든가, 아니면 적어도 환수대상이 되는 기간에 제한을 두어야 할 것이다. 이 경우 선의(善意)와 악의(惡意)를 구분하여 환수기간 및 환수액을 차등화하는 것도 한 방법이다.[7]

Ⅱ. 가 입 자

국내에 거주하는 18세 이상 60세 미만의 국민은 국민연금의 가입대상이 된다(법 제6조). 국민연금의 가입대상인 사업장에 종사하는 18세 미만의 자는 본인이 원하는 경우에 사업장 가입자가 될 수 있다. 「국민연금법」과 유사한 기능을 수행하는 다른 법률의 적용대상인 자는 제외한다. 즉 「공무원연금법」·「공무원재해보상법」·「사립학교교직원연금법」 또는 「별정우체국법」에 의한 퇴직연금·장

---

6) 특별실종에 관한 민법 제27조 제2항은 다음과 같다. "전지(戰地)에 임한 자, 침몰한 선박 중에 있던 자, 추락한 항공기 중에 있던 자, 기타 사망의 원인이 될 위난을 당한 자의 생사가 전쟁종지 후 또는 선박의 침몰, 항공기의 추락, 기타 위난이 종료한 후 1년간 분명하지 아니한 때에" 법원은 이해관계인이나 검사의 청구에 의하여 실종선고를 하여야 한다.

7) 예컨대 「산재보험법」에서는 급여를 받은 자가 선의(善意)인 경우와 악의(惡意)인 경우 환수액을 차별하고 있다. 산재보험법 제39조 제2항 참조.

애연금 또는 퇴직연금일시금이나 「군인연금법」에 의한 퇴역연금·퇴역연금일시금의 「군인재해보상법」에 따른 상이연금수급권자는 국민연금의 가입대상에서 제외된다. 다만 퇴직연금 등 수급권자가 「국민연금과 직역연금의 연계에 관한 법률」에 의하여 연계신청을 한 경우에는 가입자격을 갖는다. 이미 국민연금 수급권을 취득한 60세 미만의 특수직종근로자 혹은 조기노령연금수급자 역시 가입대상에서 제외된다. 「국민기초생활보장법」에 따른 생계급여수급자 및 의료급여수급자도 본인의 희망에 따라 가입대상에서 제외될 수 있다(법 제8조, 시행령 제18조).

국민연금 가입자는 사업장가입자와 지역가입자로 나뉘며, 각각 의무가입자와 임의가입자가 있다. 2023년 현재 사업장가입자는 약 1,483만명, 지역가입자는 약 658만명이고, 임의가입자는 약 33만 8천명, 임의계속가입자는 약 52만 2천명이다.

1. 사업장가입자

(1) 사업장 의무가입자

사업의 종류, 근로자의 수를 고려하여 대통령령이 정하는 사업장의 근로자와 사용자는 국민연금에 의무적으로 가입된다(법 제8조 제1항). 법인의 이사와 그 밖의 임원도 국민연금에 의무적으로 가입된다(법 제3조 제1항 제1호). 현재 가입자의 범위를 결정하는 데 있어서 사업의 종류 및 근로자의 수는 중요한 기준이 아니다. 즉 1명 이상 사업장의 근로자도 국민연금에 의무적으로 가입된다(시행령 제19조 제1항 제1호).

주한 외국기관으로서 1명 이상 대한민국 국민인 근로자를 사용하는 사업장의 근로자도 국민연금에 의무적으로 가입된다(시행령 제19조 제1항 제2호). 의무가입 사업장에 고용되어 있는 외국인 및 국내에 거주하는 외국인은 원칙적으로 사업장가입자 또는 지역가입자가 된다(법 제126조 제1항). 다만 「출입국관리법」 제25조에 따라 체류기간연장허가를 받지 않고 체류하는 자, 동법 제31조에 따른 외국인등록을 하지 않거나 제59조 제2항에 따라 강제퇴거명령서가 발급된 자, 그리고 동법 시행령 별표 1에 따른 외국인의 체류자격이 있는 자로서 보건복지부령으로 정하는 자는 가입대상에서 제외된다(시행령 제111조).

이와 같이 외국인에게 가입자격을 개방하고 있지만 가입자격 및 급여와 관련하여 다음과 같은 제한을 두고 있다. 먼저 가입자격과 관련하여 기본적으로 상호주의를 채택하고 있다. 즉 국민연금에 상응하는 연금에 관하여 외국인의 본국법이 대한민국 국민에게 적용되지 않는 경우에는 해당 외국인은 「국민연금법」의 적용대상에서 제외된다(법 제126조 제1항). 급여와 관련해서도 상호주의가 적용된다. 즉 외국인의 본국법이 대한민국 국민에게 법 제77조 내지 제79조의 반환일시금에 상응하는 일정 금액을 일시금으로 지급하도록 규정하는 경우에 한하여 「국민연금법」상의 해당 규정을 외국인에게 적용한다. 「외국인근로자의 고용 등에 관한 법률」에 따른 외국인 근로자로서 이 법을 적용받는 사업장에 사용된 자, 그리고 「출입국관리법」 제10조에 따라 산업연수활동을 할 수 있는 체류자격을 가지고 필요한 연수기간 동안 지정된 연수장소를 이탈하지 않은 자로서 이 법을 적용받는 사업장에 사용된 자에게는 반환일시금에 관한 규정이 적용된다(법 제126조 제4항). 이와 같은 상호주의는 대한민국 국민이 외국에서 해당 국가의 연금보험에 가입하여 보험료를 납부하더라도 연금수급에 필요한 보험가입기간을 충족시키지 못하여 연금 혹은 반환일시금 등을 받지 못하고 귀국하는 등 불이익을 받는 것을 교정하기 위한 국내법적인 조치이다. 그러나 이러한 상호주의가 국제우호적이지 못하며, 또 사회정책적 및 헌법적 정당성을 결여하고 있다는 점에 대해서는 위에서 설명하였다.

장애급여와 관련하여 다음과 같은 특례가 있다. 즉 외국인 가입자는 질병이나 부상의 초진일이 국내 거주 기간 내에 있어야 한다(법 제126조 제2항).

위와 같은 외국인에 대한 규정은 사회보장협정에 비해서는 보충적이다. 즉 대한민국이 외국인의 본국과 체결한 사회보장에 관한 협정에 다른 규정이 있는 경우에는 국민연금의 가입, 연금보험료의 납부, 급여의 수급요건, 급여액 산정 및 급여의 지급 등에 관하여 해당 협정의 규정이 우선적으로 적용된다(법 제127조). 현재까지 우리나라는 이란, 캐나다, 영국, 미국, 독일, 이탈리아, 일본, 중국, 네덜란드, 우즈베키스탄, 몽골, 헝가리, 프랑스, 호주, 체코, 아일랜드 및 벨기에 등과 노령보장을 위한 사회보장협정을 체결하였다.[8] 사회보장협정은 가입자가 본국과 우리나라에서 이중으로 보험료를 납부하는 것을 방지하기 위한 '보험료 면제협정'과 양국에서의 가입기간을 합산하여 연금청구권의 성립 여부 및 수준을 결정하는 '가입기간 합산협정'이 있다. 이에 대해서는 제9편에서 자세히 설명한다.

국민연금은 가입자의 보험료로 재정이 운영된다. 그렇기 때문에 충실한 보험재정의 운영을 위하여 가입자가 최소한의 재정기여능력이 있어야 한다. 이러

8) 이에 대해서는 전광석, 국제사회보장법론(법문사, 2002), 333면 이하 참조.

한 이유에서 「국민연금법」도 「국민건강보험법」에서와 마찬가지로 지속적인 고용관계가 존재하지 않는다고 판단되는 경우에는 의무가입의 대상에서 제외하고 있다. 예컨대 일용근로자 또는 1개월 이내의 기한을 정하여 사용되는 근로자, 소재지가 일정하지 않은 사업장에 종사하는 근로자, 소득이 없는 법인의 이사, 1개월 근로시간이 60시간 미만인 단시간근로자 등 상시근로에 종사할 목적으로 사용되는 자가 아닌 근로자 등은 의무가입대상에서 제외된다. 다만 단시간근로자 중 생업을 목적으로 3개월 이상 계속하여 근로를 제공하는 사람으로서 「고등교육법 시행령」상의 시간강사, 생업을 목적으로 3개월 이상 계속하여 근로를 제공하는 사람으로서 사용자의 동의를 받아 근로자로 되기를 희망하는 사람, 둘 이상의 사업장에 근로를 제공하면서 각 사업장의 1개월 소정 근로시간의 합이 60시간 이상인 사람으로서 1개월 소정근로시간이 60시간 미만인 사업장에서 근로자로 적용되기를 희망하는 사람, 1개월 이상 계속하여 근로를 제공하는 사람으로서 1개월 동안의 소득이 220만원 이상인 사람은 가입제외대상에 포함되지 않는다(시행령 제2조).

(2) 사업장 임의가입자

의무가입대상이 아닌 자로서 18세 이상 60세 미만인 자는 신청에 의하여 가입자가 될 수 있다. 임의가입자는 신청에 의하여 탈퇴할 수 있다(법 제10조).

(3) 임의계속가입자

이 밖에 국민연금 가입자에게 연금수급자격을 계속 유지시키기 위하여 임의계속가입제도를 두고 있다. 이에 따르면 국민연금 가입자 또는 가입자였던 사람으로서 60세가 된 자 및 특수직종근로자로서 노령연금 혹은 특례노령연금수급권을 취득하였지만 급여를 받지 않는 자 등이 임의계속가입대상자이다. 이들은 65세가 될 때까지 임의계속가입자가 될 수 있다(법 제13조).

2. 지역가입자

사업장가입자가 아닌 자로서 18세 이상 60세 미만인 자는 지역가입자가 된다. 특수직역연금 적용대상자, 노령연금 수급권자 등의 배우자로서 소득이 없는 자, 퇴직연금 등 수급권자, 18세 이상 27세 미만인 자로서 학생이거나 군복무 등으로 소득이 없는 자, 「국민기초생활보장법」에 따른 생계급여수급자 또는 의료급여수급자, 1년 이상 행방불명된 자 등은 제외된다(법 제9조). 사업장근로자를 가입자로 하여 출발한 국민연금은 가입자격을 1995년 7월 1일 농어촌 주민으로, 1999년 4월 1일 도시지역주민으로 확대하였다.

직장근로자와 마찬가지로 지역주민 역시 필요한 경우 임의적으로 계속 가입할 수 있다.

Ⅲ. 급여의 종류와 내용

1. 서 론

「국민연금법」에 의한 급여는 급여의 인적 대상에 따라 본인급여와 유족급여로 나뉜다. 전자는 소득상실을, 그리고 후자는 부양상실을 보호한다. 급여의 형태로는 연금과 반환일시금이 있다. 연금수급조건을 충족시키지 못한 가입자에게 보험사고가 발생하거나 혹은 보험자격상실의 사유가 발생하면 반환일시금이 지급된다. 「국민연금법」상의 급여는 위험의 종류에 따라 노령급여, 장애급여 및 유족급여로 나뉜다. 연금은 기본연금에 가족을 지원하기 위한 목적으로 지급되는 부양가족연금이 더해져서 산정된다.

아래에서는 연금의 산정기준이 되는 기본연금과 부양가족연금의 산정방법을 살펴보고, 이후 각각의 급여의 내용을 설명한다.

2. 보험가입기간

보험가입기간이란 보험자격을 유지하고 있던 기간 중 실제 보험료를 납부한 기간을 말한다. 따라서 법률상 보험료납부의무가 면제되어 있는 기간은 보험가입기간에 산입되지 않는다(법 제91조 제2항). 다만 보험료납부의무가 면제되어 있던 기간에 대해서 추후에 보험료를 소급하여 납부한 경우에 해당 기간은 보험가입기간에 산입된다(법 제92조).

「국민연금법」은 다음과 같은 경우 보험료를 납부하지 않고 보험가입기간으로 인정하고 있다.

군복무 등에 대한 보상을 목적으로 보험가입기간으로 인정되는 경우이다. 즉 현역병, 전환복무를 한 사람, 상근예비역 혹은 사회복무요원이었던 자가 노령연금 수급권을 취득한 때에는 6개월을 가입기간에 추가로 산입한다. 다만 이 기간 전부 혹은 일부가 이미 「공무원연금법」 혹은 「군인연금법」 등에 의하여 재직기간 혹은 복무기간에 산입된 경우에는 추가산입에 관한 규정은 적용되지 않는다. 추가산입에 필요한 재원은 국가가 모두 부담한다(법 제18조).

2 이상의 자녀가 있는 가입자 또는 가입자였던 자가 노령연금수급권을 취득한 때에는 자녀수에 따라 아래와 같이 보험가입기간이 추가로 산입된다. 추가로 산입되는 기간은 자녀가 2명인 경우에는 12개월, 자녀가 3명 이상인 경우에는 12개월에 2자녀를 초과하는 자녀 1명마다 18개월을 더한 개월 수이다. 다만, 추가로 산입하는 기간은 50개월을 초과할 수 없다. 이러한 추가 가입기간은 부모가 모두 가입자 또는 가입자였던 자인 경우에는 부와 모의 합의에 따라 2명 중 1명의 가입기간에만 산입한다. 합의를 하지 않은 경우에는 균등 배분하여 각각의 가입기간에 산입한다. 출산 자녀수를 이유로 하는 가입기간을 추가로 산입하기 위한 재원은 국가가 전부 또는 일부를 부담한다(법 제19조).

「고용보험법」에 따른 구직급여를 받는 사람은 신청에 의하여 구직기간을 가입기간으로 추가로 산입할 수 있다. 추가산입을 위해서는 18세 이상 60세 미만인 가입자 또는 가입자였던 사람으로서 대통령령으로 정하는 재산 또는 소득이 보건복지부장관이 정하여 고시하는 기준 이하이어야 한다. 추가로 산입하는 기간은 1년을 초과할 수 없다. 이때 구직급여를 받는 사람은 구직급여의 산정 기초가 되는 임금일액을 월액으로 환산한 금액의 절반에 해당하는 소득(인정소득)으로 가입한 것으로 본다. 인정소득의 상한선 및 하한선은 보건복지부장관이 정하여 고시한다. 가입자 또는 가입자였던 사람은 인정소득을 기준으로 연금보험료를 납부하여야 한다. 이 경우 국가는 연금보험료의 전부 또는 일부를 일반회계, 국민연금기금 및 고용보험기금에서 지원할 수 있다. 현재 연금보험료의 4분의 3의 범위에서 지원이 이루어지고 있다. 이 중 「고용보험법」에 의하여 고용노동부장관은 연금보험료의 25%의 범위에서 지원한다(고용보험법 제55조의 2). 추가산입기간은 노령연금의 기본연금액의 산정에 반영한다. 이에 비해서 장애연금의 산정에는 반영하지 않는다. 유족연금의 경우에는 추가산입기간이 기본연금액의 산정에는 반영되지 않지만 유족연금의 산정에 기준이 되는 가입기간(법 제74조)에는 반영된다(법 제19조의 2).

3. 연금산정기준 – 기본연금과 부양가족연금

(1) 기본연금

기본연금액 산정요소는 연금수급 전 3년간의 전체 가입자의 월평균소득인 평균소득월액의 평균치(A)와 가입자 본인의 보험가입기간 중 월평균소득인 기준소득월액의 평균치(B) 및 보험가입기간이다. 보험가입기간이 20년 초과하는 1년(n)마다 위와 같은 산정요소를 기준으로 하여 산정된 기본연금액의 5%가 가산된다(법 제51조 제1항). 이를 공식화하면 다음과 같다.

$$\text{기본연금액} = 1.2 \times (A + B)$$
$$\text{개인연금액} = 1.2 \times (A + B) \times (1 + 0.05n)$$

A는 모든 연금수급자에게 균등하게 책정되어 있는 균등부분이다. B는 가입자 개인의 소득에 비례하는 부분이다. A와 B가 일치할 경우 20년 국민연금에 가입했던 가입자를 기준으로 평균소득의 20%가 노후에 보장된다. 가입기간이 40년인 경우 소득대체율은 40%가 된다. 이러한 연금산정방식은 2007년「국민연금법」개정을 통하여 이루어졌다. 개정 법률에서는 기존 가입자의 신뢰를 보호하기 위하여 경과규정을 두었다. 즉 2008년에는 기존의 규정에 따라 A와 B를 합한 액에 1.5를 곱하여 기본연금액이 산정된다. 이후 매 1년에 0.015가 줄어들어 2027년부터 개정 법률에 따라 기본연금이 산정된다(2007년 개정 법률 부칙 제20조).

위와 같은 산정방법에 따르면 B가 A보다 적을 경우, 즉 저소득자에게는 본인의 소득만을 기준으로 연금산정을 하는 경우에 비해서 연금액이 상승하는 효과가 있다. 반대로 B가 A보다 큰 경우, 즉 고소득자에게는 본인의 소득만을 기준으로 연금산정을 하는 경우에 비해서 연금수준이 낮아진다. 결국 국민연금은 어느 정도 소득재분배의 효과가 있다. 예컨대 2017년의 경우 보험가입기간 20년을 기준으로 기준소득월액 최저등급인 28만원 소득자의 경우에는 소득대체율은 약 92%이다. 이에 비해서 기준소득월액 최고등급인 449만원 소득자의 경우 소득대체율은 약 15%이다.[9]

평균소득월액은 매년 말 사업장 가입자 및 지역가입자 전원의 기준소득월액의 총액을 사업장 가입자 및 지역가입자 전원의 인원수로 나누어 산정된다(시행령 제4조). 이

9) 보건복지부, 보건복지백서(2017), 395면 참조.

때 가입자의 범위에서 법 제91조 제1항 각호의 납부예외 사유에 해당하여 보험료를 납부하지 않은 사업장 가입자 및 지역가입자는 제외한다. 이와 같이 산정한 평균소득월액을 전국소비자물가변동률에 의하여 환산한 금액 중 연금 수급 전 3년간의 평균치가 연금산정의 기초가 된다.[10)]

기준소득월액의 평균치는 복잡한 과정을 거쳐서 결정된다. 기준소득월액은 대통령령에 의해서 결정된다. 2023년 기준소득월액은 하한과 상한이 각각 37만원과 590만원으로 정해져 있다(시행령 제5조). 기준소득월액의 평균치는 다음과 같은 절차를 거쳐 산정된다. 먼저 보건복지부장관은 평균소득월액의 변동률을 기준으로 매년 과년도 연도별 재평가율을 정하여 고시한다. 이는 국민연금심의위원회의 사전심의를 거쳐야 한다. 재평가율은 가입자의 가입기간 중의 기준소득월액에 곱해져서 연금수급 전년도의 현재가치로 환산된다. 이후 현재가치화된 각 연도의 기준소득월액을 합산하여 총가입기간으로 나눈다. 이때 군복무기간으로 보험가입기간에 산입되는 기간의 기준소득월액은 위에서 설명한 평균소득월액의 평균치의 2분의 1에 해당하는 금액으로, 그리고 출산에 의하여 산입되는 기간의 기준소득월액은 평균소득월액의 평균치에 해당하는 금액으로 한다(법 제51조 제1항 제2호, 시행령 제36조).

연금은 평균소득월액의 변동 및 기준소득월액의 평균치의 변동을 기준으로 조정된다. 즉 위 금액들은 통계청장이 매년 고시하는 전전년도와 대비한 전년도 전국소비자물가변동률을 기준으로 매년 증액 또는 감액된다(법 제51조 제2항). 결국 「국민연금법」은 소비자물가의 변동에 연금의 수준을 연계시키고 있다.

(2) 부양가족연금

「국민연금법」에서 유족연금 수급권자인 최선순위 유족 이외의 유족은 독자적인 수급권자가 되지 않는다. 이에 부양가족연금은 연금수급권자가 권리를 취득할 당시 혹은 취득한 후 그에 의해서 생계가 유지되고 있던 피부양자를 보호하기 위하여, 혹은 가입자가 사망한 경우에는 유족급여수령자가 아닌 유족을 보호하기 위해서 지급된다(법 제52조). 배우자가 아닌 유족을 부양가족연금 산정에 반영시키는 경우에는 연령 및 신체상태를 기준으로 한 제한이 있다. 자녀의 경우 19세 미만이거나 「국민연금법」상의 장애등급 2급 이상 혹은 「장애인복지법」상 장애정도가 심한 장애인에 해당하여야 한다. 부모는 60세 이상이거나

10) 2022년 평균소득월액의 평균액은 2,681,724원이다. 보건복지부, 보건복지백서(2021), 395면 참조.

「국민연금법」상 장애등급 2급 이상 혹은 「장애인복지법」상 장애 정도가 심한 장애인이어야 한다(법 제52조, 제52조의 2). 국민연금 수급권자, 퇴직연금 등 수급권자, 그리고 특수직역연금법에 의한 유족연금 수급권자는 부양가족연금 산정의 대상에서 제외된다(법 제52조 제3항). 부양가족이 2 이상의 연금수급권으로부터 부양가족연금을 받을 수는 없다(법 제52조 제4항). 부양가족연금 수급권자가 사망한 때, 수급권자에 의한 생계유지의 상태가 끝난 때, 배우자가 이혼한 때, 자녀가 다른 사람의 양자가 되거나 파양된 때, 그 밖에 자녀 또는 부모가 연령 및 신체상의 요건을 더 이상 충족시키지 못할 때에는 부양가족연금의 계산에서 제외된다(법 제52조 제5항).

부양가족연금은 정액으로 지급된다. 배우자에게는 연 15만원, 자녀 및 부모에게는 연 10만원이 부양가족연금으로 지급된다(법 제52조). 부양가족연금 역시 기본연금의 산정요소와 마찬가지의 방법으로 조정된다(법 제52조 제2항). 즉 부양가족연금은 매년 전국 소비자물가변동률을 적용하여 조정한다. 2023년 현재 부양가족연금으로 배우자에게는 연 283,380원, 자녀 및 부모에게는 연 188,870원이 지급되고 있다.

부양가족연금은 가족보호의 기능에 충실하지 못하다. 첫째, 부양가족연금은 배우자와 19세 미만의 자녀, 그리고 60세 이상의 부모 등에게 지급된다. 그런데 특히 자녀를 19세 미만으로 한정하는 것은 합리적이지 않다. 19세 이상의 자녀도 아직 교육과정에 있고, 따라서 가족의 부담이 된다. 굳이 19세를 기준으로 부양가족연금 대상자를 획정하려면 19세 이상이더라도 구체적인 수요가 있는 경우에는 부양가족연금의 대상에 포함시키는 예외규정이 있어야 한다. 둘째, 부양가족연금의 액이 너무 낮다. 따라서 부양가족연금은 가족을 보호한다는 상징적인 의미가 있을 뿐 실제 부양에 기여하기에는 부족하다.

4. 급여의 종류와 내용

(1) 장애급여

장애에 대한 급여로 장애연금과 장애보상금이 있다.

장애급여는 장애등급에 따라 차등 산정된다. 1급에 대해서는 기본연금액에 부양가족연금액을 더한 액이, 2급에 대해서는 기본연금액의 80%에 부양가족연금액을 더한 액이, 3급에 대해서는 기본연금액의 60%에 부양가족연금액을 더한 액이 각각 지급된다. 4급에 대해서는 연금이 지급되지 않고, 기본연금액의 225%에 해당하는 장애보상금이 일시금으로 지급된다. 장애등급 4급에 해당하는 경우 부양가족연금은 지급되지 않는다(법 제68조). 장애등급 4등급은 비교적 경미한 장애이며, 따라서 가입자가 계속 소득활동을 할 수 있다고 의제하고, 가족들은 이러한 소득활동에 의하여 부양될 수 있다고 본 것이다.

장애연금 수급권자에게 다시 장애가 발생한 때에는 전후(前後)의 장애를 병합하여 결정된 장애 정도에 따라 장애연금이 지급된다(법 제69조). 또 장애연금 수급권자의 장애 정도에 변화가 있는 경우에는 등급에 따라 변경된 장애연금을 지급한다(법 제70조). 이 두 경우는 적용대상에 있어서 구별되어야 한다. 먼저 장애의 병합에 관한 제69조는 국민연금에 가입해 있는 장애연금 수급권자에게 최초의 장애와는 다른 원인의 장애가 발생한 경우에 적용된다. 국민연금에서 기존의 장애와 관계 없이 모든 추가적인 장애가 독자적으로 보호의 대상이 되기 때문에 이 규정은 당연하다. 이에 비해 장애등급의 변경에 관한 제70조는 이미 장애의 정도가 확정된 후 최초의 장애의 원인이 된 사고 혹은 최초의 장애와 인과관계가 있는 추가적인 장애가 발생하였거나 혹은 최초의 장애가 악화·감소 혹은 소멸된 경우에 적용된다. 반면 「국민연금법」에 가입하기 전에 존재했던 기존 장애는 장애 정도를 결정하는 데에 영향을 주지 않는다. 일시금으로 장애보상금을 받은 가입자에게 장애병합 혹은 장애등급변경의 사유가 발생한 경우에는 기본연금액의 40%에 해당하는 월연금액을 67개월 동안 지급받은 것으로 본다(법 제71조). 장애병합 혹은 장애등급변경으로 인한 연금액조정에 있어서의 기술적인 어려움을 해결하기 위한 규정이다. 이에 따르면 장애일시금을 받은 자가 67개월이 경과하면 다시 연금을 받을 수 있다.

「국민연금법」은 연금의 상한을 두고 있다. 즉 연금의 월지급액은 가입자였던 자의 최종 5년간의 기준소득월액의 평균액과 가입기간 중의 기준소득월액의 평균액을 제51조 제2항에 의하여 물가변동률을 기준으로 조정한 액 중 많은 액을 초과할 수 없다(법 제53조).

(2) 노령급여

가) 노령급여의 종류와 내용

노령급여는 가입기간, 연금수급개시연령, 소득활동 여부에 따라 완전노령연금, 감액노령연금, 조기노령연금으로 나눌 수 있다. 급여의 내용은 다음과 같다.

보험가입기간이 20년 이상인 자가 60세(특수직종종사자의 경우 55세)에 이르면 완전노령연금이 지급된다. 완전노령연금으로는 기본연금에 부양가족연금액을 더한 액이 지급된다(법 제63조 제1항 제1호).

보험가입기간이 20년 미만이지만 10년 이상인 가입자가 60세에 이르면 감액노령연금이 지급된다.[11] 감액노령연금은 기본연금의 50%에 해당하는 액에 부양가족연금액을 가산한 액이다. 가입기간 10년을 초과하는 매 1년마다 기본연금액의 5%에 해당하는 액이 가산된다(법 제63조 제1항 제2호). 이를 공식화하면 다음과 같다.

감액노령연금 = 기본연금액 × (0.5 + 0.05n) + 부양가족연금
(n: 가입기간 10년을 초과하는 연수)

보험가입기간이 10년 이상인 자는 55세와 59세 사이에서 연금수급시기를 선택할 수 있다. 보험가입기간이 20년 이상인 자가 55세를 연금수급연령으로 선택하는 경우에는 기본연금액의 70%에 해당하는 액에 부양가족연금액을 더한 액이 연금으로 지급된다. 여기에 연금수급연령을 1년 늦출 때마다 기본연금의 6%가 추가로 지급된다(법 제63조 제2항). 이에 비해 가입기간 20년 미만인 자에게는 기본연금액의 50%에 해당하는 액이 산정기준이다. 55세를 연금수급연령으로 선택한 경우에는 산정기초액의 70%에 해당하는 액에 부양가족연금액이 가산된다. 이후 1년을 초과할 때마다 6%가 가산된 액이 지급된다. 이를 공식화하면 다음과 같다.

조기노령연금 = 기본연금액 혹은 기본연금액의
50%에 해당하는 액 × (0.7 + 0.06n) + 부양가족연금

연금의 상한에 관한 규정은 노령연금에도 적용된다. 즉 연금의 월지급액은 가입자였던 자의 최종 5년간의 기준소득월액의 평균액과 가입기간 중의 기준소득월액의 평균액을 제51조 제2항에 의하여 물가변동률을 기준으로 조정한 액 중 많은 액을 초과할 수 없다(법 제53조).

나) 소득과 노령연금액의 조정

노령연금 수급권자가 대통령령이 정하는 소득이 있는 업무에 종사하면 60세 이상 65세 미만인 기간에는 노령연금액에서 일정한 금액을 빼고 지급한다. 초과소득월액, 즉 노령연금 수급권자의 소득월액에서 평균소득월액의 평균치를

11) 개정 전 「국민연금법」에서는 감액노령연금 수급조건은 15년 이상의 연금가입기간이었다. 1998년 법개정으로 수급요건이 10년으로 단축되었다. 실직근로자가 실질적으로 노령연금을 수급할 수 있도록 행한 조치이다.

뺀 금액이 100만원 미만인 사람, 100만원 이상 200만원 미만인 사람, 200만원 이상 300만원 미만인 사람, 300만원 이상 400만원 미만인 사람, 그리고 400만원 이상인 사람의 경우 빼는 금액은 각각 초과소득월액의 5%, 초과소득월액에서 100만원을 뺀 금액의 10%에 5만원을 더한 액, 초과소득월액에서 200만원을 뺀 금액의 15%에 15만원을 더한 액, 초과소득월액에서 300만원을 뺀 금액의 20%에 30만원을 더한 액, 그리고 초과소득월액에서 400만원을 뺀 금액의 25%에 50만원을 더한 액을 뺀 금액이 지급된다(법 제63조의 2).

다) 분할연금청구권

1998년 개정된 「국민연금법」은 노령연금청구권에 대한 이혼배우자의 분할연금청구권을 도입하였다. 분할청구의 대상은 혼인기간중 형성된 노령연금청구권이다. 다만 혼인기간에 따른 제한이 있다. 즉 배우자의 가입기간 중의 혼인기간이 5년 이상이어야 한다. 분할연금청구권은 배우자가 담당했던 가사 및 양육 등의 기여를 인정하는 의미를 갖기 때문에 법률상의 혼인관계에 있었더라도 별거·가출 등을 이유로 실질적인 혼인관계에 있지 않았다면 혼인기간에 산정되지 않는다.[12] 실제 노령연금에 대한 분할청구권은 노령연금 수급권자인 배우자였던 자와 이혼을 하고 60세가 되면 성립한다(법 제64조 제1항). 다만 60세에 이르기 전에 이혼하는 경우에는 이혼의 효력이 발생한 때로부터 분할연금을 미리 청구할 수 있다(분할연금 선청구). 이는 이혼의 효력이 발생하는 때로부터 3년 이내에 하여야 한다. 이때에도 분할연금은 60세부터 지급된다(법 제64조의 3).

분할되는 연금액은 배우자였던 자의 노령연금액 중 혼인기간 중 보험가입기간에 기초하여 형성된 연금액의 50%이다. 다만 부양가족연금액은 분할대상인 연금액에서 제외된다(법 제64조 제2항). 분할연금청구권은 분할청구권이 성립된 후 5년이 지나면 소멸한다(제3항). 위와 같은 규정에도 불구하고 민법 제839조의 2 또는 제843조에 따라 연금의 분할에 관하여 별도로 결정된 때에는 그에 따른다(법 제64조의 2).[13]

12) 이와 같은 이유로 헌법재판소는 분할연금청구에 관한 혼인기간에 관한 규정에 대해서 불합치 결정을 하였다. 헌재 2016.12.29, 2015헌바182, 28-2(하), 391면 이하 참조.

13) 민법 제839조의 2(재산분할청구권) ① 협의상 이혼한 자의 일방은 다른 일방에 대하여 재산분할을 청구할 수 있다. ② 제1항의 재산분할에 관하여 협의가 되지 아니하거나 협의할 수 없는 때에는 가정법원은 당사자의 청구에 의하여 당사자 쌍방의 협력으로 이룩한 재산의 액수 기타 사정을 참작하여 분할의 액수와 방법을 정한다. ③ 제1항의 재산분할청구권은 이혼한 날부터 2년을 경과한 때에는 소멸한다.

제843조(준용규정) 재판상 이혼에 따른 손해배상책임에 관하여는 제806조를 준용하고, 재판상

분할연금청구권은 모권(母權)인 노령연금수급권이 소멸 혹은 정지하더라도 영향을 받지 않는다(법 제65조 제1항). 분할연금 수급권자에게 분할연금 수급권이 2 이상 성립된 경우에는 분할연금액을 합산하여 지급한다. 또 분할연금 수급권이 2 이상 성립하여 합산되는 경우 이외에 수급권자에게 다른 급여의 수급권이 발생하면 2 이상의 분할연금 수급권을 하나의 분할연금 수급권으로 보고 수급권자의 선택에 의하여 해당 분할연금 또는 다른 급여 중 하나만을 지급한다. 이때 선택하지 아니한 분할연금 또는 다른 급여의 지급은 정지된다. 다만 노령연금은 분할연금과 함께 지급된다(법 제65조 제2항). 분할연금 수급권자는 유족연금을 지급할 때 노령연금 수급권자로 보지 않는다(법 제65조 제3항). 따라서 분할연금 수급권자가 사망했다고 해서 유족연금이 지급되는 것은 아니다.

(3) 유족급여

가) 유족의 범위

노령연금 수급권자, 보험가입기간이 10년 이상인 가입자 또는 가입자였던 자, 연금보험료를 낸 기간이 가입대상기간의 3분의 1 이상인 가입자 또는 가입자였던 자, 사망일 5년 전부터 사망일까지의 기간 중 연금보험료를 낸 기간이 3년 이상인 가입자 또는 가입자였던 자, 장애등급 2급 이상에 해당하는 장애연금 수급권자가 사망 혹은 실종된 경우에는 일정한 범위의 유족에게 유족급여가 지급된다(법 제72조 제1항). 연금보험료를 낸 기간이 가입대상기간의 3분의 1 이상인 가입자 또는 가입자였던 자, 사망일 5년 전부터 사망일까지의 기간 중 연금보험료를 낸 기간이 3년 이상인 가입자 또는 가입자였던 자의 경우에는 「공무원연금법」 등의 적용을 받아 가입대상에서 제외되는 기간, 그리고 국외이주 및 국적상실기간에 사망한 때에는 유족연금을 지급하지 않는다(법 제72조 제2항).

유족급여의 대상이 되는 유족의 범위는 사망 당시에 가입자에 의해서 생계가 유지되고 있던 배우자, 자녀, 부모, 손자녀 및 조부모이다(법 제73조 제1항). 가입자 또는 가입자였던 자의 사망 당시 태아는 출생 후 수급권을 가질 수 있다(법 제3조 제3항). 배우자에는 사실혼 관계에 있는 배우자가 포함된다(법 제3조 제2항). 자녀가 수급권자이기 위해서는 25세 미만이거나 「국민연금법」상 장애등급 2급 이상 혹은 「장애인복

이혼에 따른 자녀의 양육책임 등에 관하여는 제837조를 준용하며, 재판상 이혼에 따른 면접교섭권에 관하여는 제837조의 2를 준용하고, 재판상 이혼에 따른 재산분할청구권에 관하여는 제839조의 2를 준용하며, 재판상 이혼에 따른 재산분할청구권 보전을 위한 사해행위취소권에 관하여는 제839조의 3을 준용한다.

지법」상 장애 정도가 심한 장애인이어야 한다. 부모에는 배우자의 부모도 포함된다. 다만 부모가 유족급여를 수급하기 위해서는 60세 이상이거나 「국민연금법」상 장애등급 2급 이상 혹은 「장애인복지법」상 장애정도가 심한 장애인이어야 한다. 손자녀는 19세 미만이거나 「국민연금법」상 장애등급 2급 이상 혹은 「장애인복지법」상 장애정도가 심한 장애인인 자에 한하여 유족급여를 받을 수 있다. 조부모는 60세 이상이거나 「국민연금법」상 장애등급 2급 이상 혹은 「장애인복지법」상 장애정도가 심한 장애인에 한하며, 여기에는 배우자의 조부모도 포함된다. 유족급여는 위에 열거된 순서에 따라 최우선 순위자에게 지급된다. 배우자의 수급권이 소멸(법 제75조 제1항 제1, 2호)·정지(법 제76조 제1항, 제2항)된 때에는 자녀에게 이어 지급된다(법 제73조 제2항). 이때 자녀가 2명 이상이면 유족연금액을 똑같이 나누어 지급한다.

위와 같이 유족급여청구권을 청구권자의 연령 및 신체조건과 연계시키는 입법이 헌법적 및 사회정책적 타당성이 없다는 점에 대해서는 위에서 설명하였다.

나) 급여의 내용

a) 유족연금

유족급여는 사망한 가입자의 보험가입기간에 따라 차등 산정된다(법 제74조). 보험가입기간이 10년 미만인 경우에는 기본연금액의 40%에 해당하는 액에 부양가족연금액을 더한 액이, 보험가입기간이 10년 이상 20년 미만인 경우에는 기본연금액의 50%에 해당하는 액에 부양가족연금액을 합한 액이, 그리고 보험가입기간이 20년 이상인 경우에는 기본연금액의 60%에 해당하는 액에 부양가족연금액을 더한 액이 지급된다. 유족연금에는 상한이 정해져 있다. 즉 노령연금 수급권자가 사망한 경우 유족이 받게 되는 연금은 사망한 자가 지급받던 노령연금액을 초과할 수 없다.

유족급여는 기본연금액을 기준으로 산정되기 때문에 가입자의 사망으로 인한 부양상실을 대체하는 기능은 제한적이다. 유족급여가 제도의 취지에 충실하기 위해서는 기본연금액이 아니라 가입자가 수령하던 연금액을 기준으로 하여야 하기 때문이다.[14)]

b) 사망일시금

가입자 또는 가입자였던 사람, 노령연금 수급권자, 장애등급이 3급 이상인

---

14) 이에 대한 독일을 비롯한 각국의 입법례에 대해서는 유호선, “유족연금의 적정 급여수준을 위한 개선방안”, 사회보장연구 제27권 제1호(2011), 241면 이하; 전광석, 독일 사회정책과 사회보장법(박영사, 2008), 166면 이하 등 참조.

장애연금 수급권자가 사망한 때 법률에 정한 유족급여를 받을 자가 없는 경우에는 유족연금이나 반환일시금 대신 사망일시금이 지급된다. 사망일시금이 지급되는 유족은 가입자의 배우자, 자녀, 부모, 손자녀, 조부모, 형제자매 및 4촌 이내의 방계혈족이다. 다만 4촌 이내의 방계혈족의 경우에는 가입자에 의하여 생계를 유지하고 있던 사람에 한한다. 또 가출·실종 등을 이유로 생계를 같이 하지 않은 사람은 사망일시금의 지급대상에서 제외된다(법 제80조 제1항). 사망일시금은 위에 열거된 순서로 최우선 순위자에게 지급한다. 순위가 같은 사람이 2명 이상이면 똑같이 나누어 지급한다(법 제80조 제3항). 사망일시금으로 반환일시금에 상당하는 금액이 지급된다. 노령연금 수급권자, 장애등급이 3급 이상인 장애연금 수급권자가 사망한 경우에 반환일시금에 상당하는 사망일시금이 수급권자가 사망할 때까지 지급받은 사망일시금에 상당하는 금액보다 적은 경우에는 그 차액에 해당하는 금액이다.[15)]

다) 유족연금의 소멸 및 정지

유족연금 수급권자가 사망한 경우, 배우자인 수급권자가 재혼한 경우, 자녀 또는 손자녀인 수급권자가 다른 사람에게 입양 또는 파양된 때, 유족연금을 받기 위한 장애등급 혹은 연령조건이 더 이상 존재하지 않게 된 때에는 유족연금 수급권이 소멸한다(법 제75조). 배우자의 수급권이 소멸한 경우에는 법정 차순위자인 유족연금 수급권자, 즉 자녀에게 연금청구권이 승계된다(법 제73조 제2항). 자녀가 2인 이상인 경우에는 균분 지급된다. 생각건대 배우자인 유족연금 수급권자가 재혼하는 경우에 연금수급권을 상실하게 하는 규정은 헌법의 혼인 및 가족의 보호에 위반된다. 이때 배우자의 유족연금청구권은 차순위자에게 승계되기 때문에 가입자의 사망이 유족에게 미치는 부양상실의 위험에는 영향을 주지 않는다고 할 수 있다. 그러나 재혼을 통해서 새로이 가족을 형성하는 자에게는 불이익을 준다. 이는 혼인의 자유에 대해서 사회보장법적인 불이익을 주는 것으로 헌법적 정당성을 갖기 힘들다.[16)] 기존에는 분할연금청구권에 있어서 청구권

15) 반환일시금의 산정방법에 대해서는 이 책 아래 (4) 반환일시금에 대한 설명을 참조하기 바람.

16) 예컨대 독일 연금보험법은 유족연금 수급권자인 배우자가 재혼을 한 경우 일시금을 지급하고, 이 두 번째 혼인이 다시 이혼으로 해소된 경우 첫 번째 혼인관계에서 파생하는 배우자연금청구권을 회복하도록 하고 있다. 이에 대해서는 예컨대 *BVerfGE* 55, 114(125) 참조. 독일의 연방헌법재판소는 자녀연금수급자가 혼인을 한 경우 유족급여청구권을 소멸하도록 하는 규정(이른바 'Heiratsklausel')에 대해서 위헌결정을 한 바 있다. *BVerfGE* 28, 324(347); 29, 57; 29, 71 등 참조. 이후 법개정을 통해서 재혼을 하여 새로이 가족을 형성한 경우 유족연금 대신 일시금의 형태로 유족급여를 지급하도록 하였다.

자가 재혼을 하면 분할연금의 지급이 정지되었었다. 그러나 이러한 제한은 지금은 더 이상 없다. 이 점이 유족연금의 소멸에 관한 규정에 대해서 영향을 미쳐야 했었다. 체계적인 입법구상이 되지 못한 결과이다.

유족연금 수급권자인 배우자에게는 수급권이 발생한 때로부터 3년간 유족연금을 지급하며, 이후 55세에 달할 때까지 지급이 정지된다(법 제76조 제1항). 다만 배우자 본인이 「국민연금법」상 장애등급 2급 이상이거나 「장애인복지법」상 장애정도가 심한 장애인인 때, 가입자 또는 가입자였던 자의 25세 미만의 자녀 또는 「국민연금법」상 장애등급 2급 이상이거나 「장애인복지법」상 장애 정도가 심한 장애인인 자녀의 생계를 유지하는 경우, 그리고 「소득세법」상의 사업소득 및 근로소득이 기본연금의 산정요소인 평균소득월액의 평균치를 초과하지 않는 경우에는 연금이 계속 지급된다(시행령 제49조).

그 밖에 유족연금 수급권자인 배우자의 소재를 1년 이상 알 수 없는 경우, 혹은 배우자 이외의 유족연금 수급권자인 자 2명 이상 중 1명의 소재를 1년 이상 알 수 없는 경우에는 다른 수급권자의 신청에 의하여 소재가 불명한 기간 동안 소재가 불명한 유족에 대한 유족연금의 지급을 정지한다(법 제76조 제2, 3항).

(4) 반환일시금 급여

가) 반환일시금의 지급사유

보험가입기간이 10년 미만인 자가 60세에 달한 때, 가입자 또는 가입자였던 자가 사망한 때에는 반환일시금이 지급된다.[17] 다만 유족연금이 지급되는 경우에는 반환일시금은 지급되지 않는다. 이 밖에 가입자 또는 가입자였던 자가 국적을 상실하거나 국외로 이주한 때에는 연금 대신 반환일시금이 지급된다(법 제77조 제1항).

나) 반환일시금의 내용

반환일시금으로 사업장 가입자에 대해서는 기여금 및 부담금에 일정한 이자를 합산한 액이 지급된다. 지역가입자, 임의가입자 및 임의계속가입자에 대해서는 본인의 보험료 외에 일정한 이자를 합산한 액이 지급된다. 연금보험료를 낸 시기부터 반환일시금을 지급받을 사유가 발생한 날까지 3년 만기 정기예금

17) 60세 이후에 비로소 반환일시금을 지급하는 개정 전 「국민연금법」 규정에 대해서 헌법재판소는 반환일시금 역시 어느 정도 노후보장의 기능을 수행하여야 하며, 또 반환일시금을 가입자격을 상실한 후 곧 지급하면 가입자가 되도록 가입기간을 충족시켜야 한다는 유인이 약화된다는 이유로 합헌결정을 하였다. 헌재 2004.6.24, 2002헌바15, 16-1, 719면 이하 참조.

이자율이 적용된다(법 제77조 제2항, 시행령 제50조).

다) 가입자격의 재취득

반환일시금을 받은 자가 다시 가입자격을 취득한 때에는 지급받은 반환일시금에 1년 만기 정기예금 이자율을 곱한 액을 합산하여 반납하면 재가입 전후의 가입기간이 합산된다(법 제78조, 시행령 제52조). 이는 임의적인 것으로, 재가입자가 반환일시금을 반납하지 않는 경우에는 재가입 전의 보험가입기간은 전체 보험가입기간에 합산되지 않는다.

5. 급여의 제한과 조정

「국민연금법」은 가입자가 주된, 그리고 부수적인 의무를 이행하지 않는 경우 보험급여를 제한한다. 동일한 사유로 다른 법령에 의하여 급여·보상·배상 등을 받는 경우 국민연금급여는 조정된다. 보험급여의 제한은 가입자의 비난가능한 행위에 대한 제재이다. 반면 보험급여의 조정은 과잉보장을 방지하는 목적을 갖는다. 먼저 급여의 제한에 대해서, 그리고 이어 급여의 조정에 대해서 설명하기로 한다.

(1) 급여의 제한

가) 사고발생에 대한 자기책임

국민연금의 지급사유가 발생하는 데에 가입자 자신의 책임이 인정되는 경우에는 보험급여가 제한될 수 있다. 따라서 가입자가 고의로 질병·부상 또는 그 원인이 되는 사고를 일으켜 장애를 입은 경우 장애급여를 제한할 수 있다(법 제82조 제1항). 이는 재량결정이다. 이 경우 급여를 제한하는 데 재량이 인정되지 않는 건강보험과 다른 점이다. 건강보험법과 달리 「국민연금법」에는 범죄행위를 원인으로 장애 또는 사망이 발생한 경우 급여를 제한하는 명시적인 규정은 없다. 다만 가입자 또는 가입자였던 자를 고의로 사망하게 한 유족, 유족연금의 수급권자가 될 수 있는 자를 고의로 사망하게 한 유족, 그리고 다른 유족연금 수급권자를 고의로 사망케 한 경우 유족연금 등의 수급권자에게 유족연금, 미지급급여, 반환일시금 및 사망일시금을 지급하지 않는다(법 제82조 제3항).

나) 협력의무 위반

가입자가 국민연금이 기능하기 위해서 필요한 의무를 이행하지 않는 경우에

급여를 제한 혹은 정지할 수 있다. 「국민연금법」이 급여의 제한과 정지에 대한 명확한 구별을 하고 있지는 않다. 해석상 급여의 제한은 최종적인 행정효과인데 비해, 급여의 정지는 급여유예처분이라고 보아야 할 것이다.

보험급여를 받을 자가 고의 또는 중대한 과실로 요양지시에 따르지 않거나 정당한 사유 없이 요양지시에 따르지 않아 장애·사망 또는 그 원인이 되는 사고를 일으키거나, 그 장애를 악화시키거나 회복을 방해한 때에는 급여의 전부 또는 일부를 지급하지 않을 수 있다(법 제82조 제2항). 고의나 중과실로 요양지시에 따르지 않은 경우에는 급여의 80% 내지 100%를, 정당한 사유 없이 요양지시에 따르지 않은 경우에는 급여의 50% 내지 80%를 제한할 수 있다(시행령 제55조). 위와 같은 의무를 이행하지 않은 경우에는 제70조에 따른 장애연금액을 변경하지 않을 수도 있다(법 제83조).

다음과 같은 경우에 급여의 전부 혹은 일부의 지급을 정지할 수 있다. ① 수급권자가 정당한 사유 없이 법 제122조 제1항의 규정에 의한 공단의 서류 및 자료 제출요구에 응하지 아니한 때, ② 장애연금 혹은 유족연금의 수급권자가 정당한 사유 없이 법 제120조의 규정에 의한 공단의 진단요구 또는 확인에 응하지 아니한 때, ③ 장애연금 수급권자가 고의 또는 중대한 과실로 요양지시에 따르지 않거나 정당한 사유 없이 요양지시에 따르지 않아 회복을 방해한 때, ④ 수급권자가 정당한 사유 없이 법 제121조 제1항에 의한 신고를 하지 아니한 때가 여기에 해당한다(법 제86조). 지급정지에 앞서 공단은 지급정지사유를 해소하도록 재촉하여야 하며, 수급권자가 이에 필요한 조치를 취하지 않을 경우 3년 이내의 기간을 정하여 급여의 지급을 일시 중지한다. 수급권자가 이 기간 중 필요한 조치를 이행하면 중지를 해제하고 지급되지 않았던 급여를 지급한다(시행령 제56조).

「국민연금법」이 효율적으로 기능하기 위해서는 가입자의 협력이 필요하며, 따라서 이러한 의무위반에 대해서 제재는 정당하다. 그러나 이 경우 비례의 원칙이 존중되어야 한다. 지시 자체가 수급권자의 신체 및 의사의 자유를 과도하게 침해하여서는 안 되며, 지시위반이 급여의 효율성에 미치는 효과와 급여의 제한이 수급권자에 주는 부정적인 효과를 형량하여 제재의 종류가 결정되어야 한다. 예컨대 서류제출, 신고의무 등이 보험급여를 받을 자의 사생활을 침해한다든가 과도한 제한일 경우에는 정당한 사유가 있는 의무불이행으로서 평가되어야 한다.

(2) 급여의 조정

가) 국민연금 수급권 간의 조정

수급권자에게 「국민연금법」에 따른 둘 이상의 급여청구권이 발생한 경우에는 그 중 하나만이 지급되고, 다른 급여의 지급은 정지된다(법 제56조 제1항). 법문의 표현은 선택권이 행정청의 재량에 의하여 결정되는 듯하나, 실제는 수급권자가 두 개 중 유리한 급여를 선택할 수 있다. 다만 여기에는 다음과 같은 예외가 있다. 즉 선택하지 않은 급여가 유족연금인 경우에는 유족연금액의 30%에 해당하는 금액을, 그리고 선택하지 않은 급여가 반환일시금인 경우에는 반환일시금에 해당하는 금액을 추가로 지급한다. 후자의 경우 선택한 급여가 장애연금이고, 선택하지 않은 급여가 본인의 보험료 납부로 인한 반환일시금인 경우에는 추가지급은 되지 않는다(법 제56조 제2항).

나) 국민연금 수급권과 다른 법률에 의한 청구권과의 조정

이는 다시 다음과 같이 두 가지 유형으로 나누어 볼 수 있다.

a) 국민연금 수급권과 다른 법률에 의한 보상청구권과의 조정

동일한 사유로 「국민연금법」상의 급여와 다른 법률에 의한 급여·보상 및 배상청구권이 경합하는 경우이다. 장애연금 혹은 유족연금의 수급권자가 장애연금 혹은 유족연금의 지급사유와 동일한 사유로 다른 법령에 의하여 급여·보상·배상을 받을 수 있는 경우가 여기에 해당한다. 「국민연금법」상의 장애연금 또는 유족연금이 「근로기준법」상의 장해보상, 유족보상, 일시보상, 또 「산업재해보상보험법」상의 장해급여 및 유족급여, 진폐보상연금, 또는 진폐유족연금, 「선원법」상의 장해보상, 일시보상, 유족보상, 그리고 「어선원 및 어선 재해보상보험법」상의 장해급여, 일시보상급여, 유족급여 등과 경합하는 경우 국민연금급여에 우선하여 이들 법률에 의한 급여가 지급되고, 「국민연금법」상의 장애급여 및 유족급여는 2분의 1이 지급된다(법 제113조).

가입자에게 사회적 위험이 발생하였지만 그 성격이 불분명하여 국민연금이 이미 지급된 경우에 대해서는 또 다른 규율이 필요하다. 이 경우에 문제를 해결하는 방법은 두 가지이다. 첫째, 원인 없이 혹은 법률상의 채무에 비해서 과다하게 급여를 지급한 주체가 수급자로부터 급여를 상환받도록 하고 본래 법률상의 의무 있는 기관이 급여를 지급하도록 하는 방법이다. 둘째, 수급자는 법률상의 급여를 지급받았으므로 수급자의 급여에 대해서는 영향을 주지 않고 사회보장기관 상호간에 비용상환을 하도록 하는 방안이다. 이때 수급자가 지급받

은 급여가 법률상의 급여에 비해서 낮은 경우 수급자는 추가적으로 청구권을 행사하며, 반대의 경우 수급자는 환수의무를 부담한다. 후자의 방안이 합리적인 것은 물론이다. 절차적으로 보면 이와 같이 관할에 관한 분쟁이 있는 경우 문제를 신속히 해결하여 수급권자에게 적시에 급여가 지급될 수 있도록 하여야 한다.

b) 국민연금 수급권과 제3자에 대한 청구권과의 조정

제3자의 행위로 인하여 장애연금이나 유족연금의 지급사유가 발생한 경우 「국민연금법」상의 청구권과 수급권자의 제3자에 대한 청구권이 경합하며, 따라서 조정되어야 한다(법 제114조). 국민연금급여가 지급된 경우 급여액의 범위 내에서 수급권자의 제3자에 대한 권리는 국민연금공단이 대위한다. 이미 수급권자가 제3자로부터 손해배상을 받은 때에는 배상액의 범위 내에서 「국민연금법」상의 급여는 지급되지 않는다.

위와 같은 대위권행사의 규정을 구체적으로 적용함에 있어서 다음과 같은 문제들이 해명을 필요로 한다.[18]

aa) 제3자의 범위 제3자의 범위에 가족구성원이 포함되는가의 문제이다. 「공무원연금법」은 이에 관한 명시적인 규정을 두고 있다. 이에 따르면 제3자의 범위에서 해당 공무원 또는 공무원이었던 자의 배우자, 해당 공무원 또는 공무원이었던 자의 직계존비속, 그리고 공무수행 중인 공무원 등은 제외된다(공무원연금법 제42조제1항). 「국민연금법」은 제3자의 범위를 제한하고 있지 않으며, 따라서 제3자의 범위를 축소하는 해석은 불가능하다. 생각건대 가족구성원 간에 가해자와 피해자가 있는 경우 피해자에게 국민연금이 지급되었을 때 가해자에게 대위권을 행사하는 것은 그 결과 가족내 분쟁을 유발할 수 있고, 또 대위권의 행사는 가족단위의 경제적 상황에 부정적 영향을 미치기 때문에 가족구성원을 대위권의 대상인 제3자의 범위에서 제외시킬 것인가에 대한 입법적 검토가 필요한 것은 사실이다.

bb) 대위권 행사의 범위 「공무원연금법」에서는 손실보상적 성격의 급여와 사회보장적 성격의 급여로 나누고 전자에 한하여 손해배상청구권과 동질성을 갖기 때문에 대위권 행사의 대상이 되며, 후자의 급여는 공단이 대위행사할 수

18) 이에 대해서 자세히는 전광석/정필운, 대위권 제도의 합리적 운영방안 연구 및 국민연금 사후관리 처벌규정의 실효성 있는 운영방안 연구(국민연금연구원, 2010), 24면 이하 참조.

없는 것으로 이해되어 왔다.[19] 그러나 이러한 이해방법, 그리고 기존의 법원의 해석은 「국민연금법」에서는 적용될 수 없다. 「국민연금법」은 대위권 행사의 대상이 되는 급여의 종류로서 장애연금과 유족연금을 특정하고 있기 때문이다. 따라서 국민연금에서는 수급권자가 받은 급여의 범위 내에서 공단이 수급권자의 제3자에 대한 손해배상청구권을 대위행사할 수 있다.

「국민연금법」에서도 장애연금과 유족연금의 지급사유로 인하여 수급권자가 제3자로부터 손해배상을 받을 경우 해당 손해배상 중 장애연금 및 유족연금과 지급사유가 동일하지 않은 부분은 대위권 행사의 대상에서 제외된다. 장애연금과 유족연금은 장애 혹은 사망으로 인하여 상실된 소득 혹은 부양을 대체한다. 그런데 손해배상의 요소 중 정신적 손해에 대한 배상은 소득상실 및 부양상실을 대체하는 성격을 갖지 않는다. 따라서 공단이 이 부분에 대해서 대위권을 행사할 수는 없다. 대위권 행사의 범위가 장애연금 혹은 유족연금의 수준에 미치지 못하는 경우에도 정신적 손해에 대한 배상인 위자료가 대위권 행사의 대상이 될 수 없다.

cc) **대위권의 내용을 확정하는 기술적인 문제** 수급권자가 장애연금 혹은 유족연금을 지급받을 것으로 확정된 경우 그 범위에서 공단이 수급권자의 제3자에 대한 손해배상청구권을 대위할 때 이를 구체적으로 환산하는 규정이 「국민연금법」에는 없다. 더구나 「국민연금법」은 「산업재해보상보험법」과는 달리 장애등급 4급의 경우 지급되는 장애보상금 이외에는 일시금을 급여의 종류로서 예정하고 있지 않다. 따라서 「산업재해보상보험법」과 「공무원연금법」과 같은 방법, 즉 연금을 지급받은 경우 일시금을 받은 것으로 보아 대위권 행사의 범위를 결정하는 방법을 적용할 수는 없다. 결국 연금급여가 매월 지급되는 데에 상응하여 대위권의 행사도 매월 증액해 가는 방식만이 남는다. 그러나 이는 다음과 같은 두 가지 이유에서 타당성이 없다. 첫째, 이러한 방법을 적용할 경우 가해자인 제3자가 지나치게 오랫동안 채무자의 지위에 있게 된다. 둘째, 대위권이 장기에 걸쳐 실현되기 때문에 가해자의 재산상태에 따라 대위권 행사가 불안정하게 된다.

이 문제에 대한 입법적 개선이 필요하다. 장애연금 혹은 유족연금을 일시금으로 환산하는 방법이 새로이 보충되어야 한다. 「산업재해보상보험법」과 「공무

19) 이는 법원의 확고한 입장이다. 대판 2000.5.12, 98다58023 참조.

원재해보상법」은 이에 대해서 각각 다른 방법을 채택하고 있다. 「산업재해보상보험법」에서는 연금에 상응하는 일시금의 수준을 법률이 직접 정하고 있다(산재보험법 제80조 제2항). 이에 비해서 「공무원재해보상법」에서는 장해일시금은 각 장애등급에 따라 정해져 있는 연금에 해당하는 액의 5년분에 상당하는 액으로 한다(공무원재해보상법 제29조 제2항). 어떠한 방법이 보다 합리적인가에 대해서는 별도의 논의를 필요로 한다. 「국민연금법」에서 장애보상일시금으로 기본연금의 225%에 해당하는 액이 지급되는데(법 제68조 제2항) 이러한 형태의 산정방식도 함께 고려될 수 있다.

dd) **과실상계** 대위권행사에 규범적인 제한이 있는 경우, 즉 장애 및 사망이 발생한 데에 가입자의 공동과실이 있는 경우에 대위권의 범위에 대해서 「국민연금법」 제114조가 직접 규율하고 있지는 않다. 대위권의 내용은 수급권자의 제3자에 대한 손해배상청구권이기 때문에 수급권자가 공동과실이 있다면 결국 공동과실의 비율에 따라서 그만큼 대위권의 범위는 감소되어야 한다. 손해배상청구권의 산정에 있어서 공동과실이 반영되지 않는다면 피해의 발생에 가입자의 고의가 확인되지 않는 한 과실로 인하여 발생한 장애 및 사망에 대해서 국민연금공단이 보호할 과제가 있음에도 불구하고 이를 제3자에게 전가하는 결과가 되기 때문이다.

ee) **대위권의 성립시기** 대위권의 성립시기가 문제가 되는 이유는 다음과 같은 경우에 조정이 필요하기 때문이다. 장애연금이나 유족연금을 지급받을 것으로 확정된 후 수급권자가 가해자인 제3자와 손해배상에 관한 합의를 하였지만 그 손해배상액이 장애연금이나 유족연금에 현저히 미치지 못할 수 있다. 수급권자가 가해자인 제3자와 손해배상을 면제하는 합의를 한 경우에도 같은 문제가 발생한다.

이와 같은 경우에 공단이 가해자에게 대위권을 행사하지 못한다는 이유로 보험급여를 지급할 의무가 면제될 수는 없다. 문제는 수급권자가 공단의 대위권 행사를 피하거나 대위권 행사의 범위를 줄이기 위한 목적으로 제3자와 합의를 하는 경우이다. 이를 극복하기 위하여 「국민건강보험법」에서와 같이 대위권의 성립시기를 이른 시점으로 확정하여 손해배상청구권의 당사자들 간의 처분가능성을 제한하도록 하여야 한다.[20] 또 「산업재해보상보험법」에서는 손해배상을 면제하는 합의를 하는 경우 해당 면제되는 부분만큼 공단의 급여의무가

20) 이에 대해서는 대판 1994.12.9, 94다46046 참조.

감소한다는 해석을 하고 있다.[21] 입법론적으로 보면 현재「국민연금법」제114조 제1항에서 '장애연금이나 유족연금을 지급하였을 때'라는 대위권의 성립시기를 '장애연금이나 유족연금에 대한 청구권이 발생하였을 때'로 개정하면 당사자 간에 손해배상청구권에 대한 처분으로 인하여 발생하는 문제는 해결될 수 있다.[22]

ff) 대위권이 행사되는 유족의 범위 제3자의 행위로 인하여 가입자가 사망하여 공단이 유족연금을 지급한 경우 공단은 그 급여의 범위 내에서 제3자에 대한 손해배상청구권을 대위한다. 그런데 이때 대위권 행사의 대상은 유족연금수급권자에 한하는가, 아니면 모든 유족이 포함되는가에 대해서도「국민연금법」은 명시적인 규정을 두고 있지 않다.「국민연금법」제114조 제1항은 수급권자의 국민연금청구권과 제3자에 대한 손해배상청구권을 조정하기 위한 규정이다. 따라서 우선 수급권자가 아닌 유족은 제3자와의 관계에서 손해배상청구권의 상속인의 지위를 갖지만, 대위권 행사에 있어서 법률관계의 당사자는 아니다. 따라서 공단이 대위하는 손해배상청구권에 수급권자가 아닌 유족의 손해배상청구권은 포함되지 않는다(이른바 상속 후 공제설).[23]

Ⅳ. 재 정

국민연금은 주로 가입자와 사용자가 공동으로, 혹은 가입자가 단독으로 부담하는 보험료에 의해서 재정이 운영된다.[24] 이 밖에 국고보조가 부분적으로 이루어지고 있다. 지역주민을 대상으로 하는 국민연금에서는 전체 재정에서 국고보조가 차지하는 비율이 높다.

국민연금은 대부분의 국민에게 노후생활을 설계하는 기반이다. 따라서 국민연금의 재정상황에 대해서 장기적인 점검이 필요하다. 이 점을 고려하여 정책의 투명성을 높이고, 국민연금 재정이 장기적으로 균형을 유지할 수 있도록 하

21) 이들 견해는 대판 1978.2.14, 76다2119 선고에서 다수의견과 소수의견에서 제시되었다.

22) 공단에 대한 청구권과 제3자에 대한 청구권이 경합하는 경우 공단이 법정대위권을 갖도록 하면 문제는 보다 근본적으로 해결된다.

23)「산업재해보상보험법」에서 이에 관한 판결로는 대판 1987.7.21, 86다카2948; 1997.6.27, 95다18772; 2002.4.12, 2000다45419 참조.「공무원연금법」에 관한 판결로는 대판 2000.5.12, 98다58023; 2000.3.10, 98다37491 등 참조.

24) 1988년 국민연금이 시행되면서 기존의 퇴직금과의 관계에 대한 결정이 유보되어 있었다. 과도기적으로 퇴직금적립금의 일부를 국민연금의 재원으로 사용하였다(퇴직금전환금). 퇴직금전환금에 관한 규정은 1998년 법개정으로 삭제되었다.

여야 한다. 보건복지부장관은 5년마다 국민연금의 재정수지를 계산하고, 국민연금의 재정전망과 연금보험료의 조정 및 국민연금기금의 운용계획 등을 포함한 국민연금 운영 전반에 관한 계획을 수립한다. 이는 국무회의의 심의를 거쳐 대통령의 승인을 얻어야 한다. 또 이 계획은 국회에 제출되고 대통령령이 정하는 바에 의하여 공시된다. 연금보험료, 급여액, 급여의 수급 요건 등은 국민연금의 장기재정 균형 유지, 인구구조의 변화, 국민의 생활수준, 임금, 물가, 그 밖에 경제사정에 뚜렷한 변동이 생기면 조정되어야 한다(법 제4조, 시행령 제11조).

1. 보 험 료

(1) 보험료산정과 보험료율

보험료는 사업장가입자의 경우 사용자와 가입자가 각각 반씩 부담한다. 보험료산정의 변수는 가입자의 기준소득월액과 보험료율이다. 2023년 기준소득월액은 최저 37만원, 최고 590만원이며 사용자 혹은 가입자가 신고한 소득월액에서 천원 미만을 버린 금액이다. 신고한 소득월액이 37만원에 미달하면 37만원을 기준소득월액으로 한다. 590만원을 넘는 소득은 보험료산정의 대상에서 제외된다. 기준소득월액을 결정하는 기초인 소득이란 사용자의 경우 농업소득, 임업소득, 어업소득, 사업소득을 말한다. 여기에서 필요경비는 제외된다. 근로자의 경우 근로의 제공으로 얻은 수입으로서 봉급·급료·보수·세비·임금·상여 및 수당 등이 포함된다. 다만 「산업재해보상보험법」 등에 의한 보상의 성격을 갖는 급여, 학자금, 실비변상적인 성질의 급여, 기타 비과세 근로소득 등은 제외된다. 지역가입자의 경우 소득은 농업소득, 임업소득, 어업소득, 근로소득, 사업소득을 말한다(법 제3조 제1항 제3호, 시행령 제3조). 보험료율은 9%로 법률에 정해져 있다(법 제88조 제3항).

지역가입자, 임의가입자 및 임의계속가입자의 보험료는 가입자 본인이 전액 부담한다. 이들에 대해서도 법정 보험료율은 9%이다(법 제88조 제4항).

1999년 4월부터 도시지역주민이 국민연금에 가입함에 따라 이들에게 적용되는 기준소득월액을 결정하는 방법이 문제가 되었다. 직장근로자와는 달리 지역가입자의 소득파악율이 낮기 때문이다.[25] 이들의 기준소득월액은 국민연금공단이 제시 혹은 통지한 신고권장 소득월액을 기초로 가입자가 자신의 소득을

25) 이와 같이 지역가입자의 경우 소득파악이 유형적으로 파악될 수 없으며, 소득의 정의를 하위입법에 위임하였다. 이에 대한 헌법적 판단으로는 헌재 2007.4.26, 2004헌가29등, 19-1, 348면 이하 참조.

신고하여 결정한다. 신고권장 소득은 종사업종별 과세자료, 종사 업종, 사업장 규모 및 농지면적 등을 기초로 결정된다(시행령 제6조 제2항). 다만 신고소득이 실제 소득과 현저한 차이가 있는 경우에는 공단이 국민연금심의위원회의 사전심의를 거쳐 결정한다(시행령 제9조).

임의가입자에게 적용되는 기준소득월액은 지역가입자 전원의 기준소득월액을 기준으로 그 중위수에 해당하는 자의 기준소득월액이다. 다만 가입자는 이를 높게 결정할 것을 신청할 수 있다(시행령 제10조).

(2) 보험료 면제와 보험료 추후납부

가입자가 보험료를 납부할 것을 기대할 수 없는 상황에 있는 경우 보험료납부의무가 면제된다. 이 기간은 보험가입기간에 포함되지 않는다(法 제91조). 사업중단·실직 또는 휴직 중인 경우, 「병역법」 제3조에 의하여 병역의무를 수행하는 경우, 아직 재학 중에 있는 경우, 교정시설에 수용 중인 경우, 종전의 「사회보호법」에 의한 보호감호시설 등에 수용 중인 경우, 혹은 「치료감호 등에 관한 법률」에 의한 치료감호시설에 수용 중인 경우, 행방불명인 경우 등이 여기에 해당한다. 이 밖에 재해·사고 등으로 인하여 소득이 감소하거나 그 밖에 소득이 있는 업무에 종사하지 않는 경우 등에도 보험료 납부가 면제된다. 질병 또는 부상으로 3개월 이상 입원한 경우, 「농어업재해대책법」·「자연재해대책법」 또는 「재해구호법」에 의한 보조 또는 지원의 대상이 된 경우, 그리고 재해·사고 등이 발생하여 연금보험료를 납부할 경우 보건복지부장관이 정하는 기초생활의 유지가 곤란하다고 인정될 정도로 소득이 감소한 경우 등이 여기에 해당한다(시행령 제60조).

보험료를 납부하지 않아 보험가입기간이 줄어들고 이로써 연금액이 인하되는 것을 방지하기 위해서 보험료를 납부하지 않은 기간에 대해서 추후에 보험료를 납부하는 기회를 부여하고 있다. 위에서 설명한 보험료 면제기간이 대표적인 예이다. 이 밖에 연금보험료를 납부한 이후 가입자의 배우자로서 소득이 없는 사람, 사업의 중단, 실직 또는 휴직 중인 경우, 「국민기초생활보장법」에 의한 생계급여 수급자 및 의료급여 수급자, 1년 이상 행방불명된 사람 등이 보험료를 추후 납부하여 해당 기간을 보험가입기간에 산입할 수 있다. 병역의무를 이행한 후 가입자격을 취득한 자의 병역의무기간 역시 추후 보험료를 통해서 보험가입기간에 합산시킬 수 있다(法 제92조).

2. 국고보조

국민연금의 관리·운영비의 전부 혹은 일부에 대해서 국고보조가 이루어진다(법 제87조). 소규모 사업장의 근로자를 위한 보험료의 일부를 국고에서 지원하고 있다. 지원의 요건은 다음과 같다. 첫째, 근로자의 수가 10명 미만이고 전년도 월평균 근로자의 수가 10명 미만인 사업장, 현재 근로자 수가 10명 미만이고 직전 3개월 동안 연속하여 근로자 수가 10명 미만인 사업장이다. 둘째, 근로자의 소득, 재산 및 종합소득이 각각 월 260만원 미만, 6억원 미만, 연 4,300만원 미만이어야 한다. 지원액은 보건복지부장관이 사업장의 사용자와 근로자가 부담하는 연금보험료의 범위에서 근로자의 소득수준 및 가입이력 등을 고려하여 고용노동부장관과 협의하여 고시한다. 현재 최초 가입자이거나 직전 6개월간 사업장 가입 이력이 없는 경우 사업자와 근로자가 각각 부담하는 연금보험료의 80%가 지원되고 있다(법 제100조의 3, 시행령 제73조의 2, 제73조의 3). 지역가입자의 경우 「지방세법」에 따른 재산세 과세표준의 합이 6억원 미만이고, 소득금액이 1,680만원 미만인 가입자가 지원 대상이다. 이들에게 기준소득월액 100만원 이하인 경우에는 연금보험료의 2분의 1, 기준소득월액 100만원 초과인 경우에는 45,000원이 지원된다(법 제100조의 4, 시행령 제73조의 4, 제73조의 5).

3. 국민연금기금

(1) 국민연금기금의 운용

국민연금은 기본적으로 적립방식으로 재정이 운영되기 때문에 적립금의 운용이 공단의 중요한 과제이다. 책임준비금으로서 국민연금기금이 설치된다. 이 기금은 보험료, 기금운용수익금, 적립금, 공단의 수입지출 결산상의 잉여금으로 조성된다(법 제101조). 기금은 보건복지부장관이 관리·운용한다. 관리·운용에 있어서 수익성의 원칙, 안정성의 원칙 등이 준수되어야 한다(법 제102조). 2017년 현재 약 622조원의 기금이 운용되고 있다.

기금의 관리·운용방법은 다음과 같다. ① 금융기관에의 예입 또는 신탁, ② 공공사업을 위한 공공부문에의 투자, ③ 「자본시장과 금융투자업에 관한 법률」에 의한 증권의 매매 및 대여, ④ 「자본시장과 금융투자업에 관한 법률」에 의한 지수 중 금융투자상품지수에 관한 파생상품시장에서의 거래, ⑤ 가입자 및 수급권자의 복지사업 및 대여사업, ⑥ 기금의 본래 사업목적을 수행하기 위한 재산의 취득 및 처분, ⑦ 그 밖에 기금증식을 위하여 대통령령이 정하는 사업 등이 그것이다(법 제102조). 기금이 사용되는 복지사업은 노인복지시설의 설치·공급·임대와 운영, 체육시설의 설치·운영 및 자금의 대여, 아동복지·장애인복지 등을 위한 시설의 설치·운영 및 자금의 대여, 병원·휴양시설 또는 요양시설의 설치·운영 및 자금의 대여, 생활안정을 위한 자금의 대여, 학자금의 대여, 당연적용사업장인 중·소사업장의 사업장 내 복지시설의 설치를 위한 자금의 대여, 주택구입자금 및 전세자금의 대여 등을 말한다(시행령 제31조). 2023년 현재 약 897조원의 연금기금은 대부분 금융부문에서 운용되고 있다(약 99.9%). 이 밖에 복지부문에 극히 소액이 운용되고 있다.

기금의 안정성을 확보하기 위하여 기금을 금융기관에 예치하거나 증권을 매입하는 경우, 또 재산의 취득 및 처분, 그리고 대여를 하는 경우 일정한 수익율이 확보되도록 하였다. 즉 이 경우 기금운용의 수익이 자산종류별 시장수익률을 상회하여야 한다. 다만 공공부문에의 투자를 위하여 「공공자금관리기금법」에 의하여 공공자금관리기금에 예탁하는 경우에는 5년 만기 국채수익률 이상의 수준에서 이자율이 결정되어야 하며, 이와 관련하여 국민연금기금운용위원회와 협의하여야 한다(법 제102조, 시행령 제74조).

(2) 국민연금기금운용위원회

기금의 운용에 관한 중요한 사항에 대해서는 국민연금기금운용위원회가 심의·의결한다. 구체적으로 보면 기금운용지침에 관한 사항, 기금을 공공자금관리기금에 위탁할 경우 예탁이자율의 협의에 관한 사항, 기금운용계획에 관한 사항, 기금의 운용 내용과 사용 내용에 관한 사항, 그 밖에 기금 운용에 관한 중요 사항으로서 운용위원회 위원장이 회의에 부치는 사항이 심의·의결된다.

위원회의 위원장은 보건복지부장관이 맡는다. 기획재정부차관, 농림축산식품부차관, 산업통상자원부차관, 고용노동부차관, 그리고 공단 이사장은 당연직 위원이다. 그 밖에 사용자를 대표하는 자, 근로자를 대표하는 자, 지역가입자를 대표하는 자, 관계전문가 등이 위원으로 참여한다. 이로써 가입자의 이익을 반영할 수 있는 여지가 넓어졌다. 가입자의 이익을 대변할 수 있는 구성원으로 사용자대표 3명, 근로자대표 3명, 지역가입자대표 6명이 참여할 수 있게 되었기 때문이다. 지역가입자를 대표하는 위원으로는 농어업인 단체가 추천하는 2명, 자영자 관련단체가 추천하는 2명, 그리고 소비자 및 시민단체가 추천하는

2명이 참여한다. 이 밖에 관계 전문가 2명이 참여한다. 이로써 위원장을 포함한 전체 구성원은 20명이 되었으며, 이 중 직접적으로 가입자의 이익을 대변할 수 있는 구성원이 최소한 12명이 되었다. 결국 기금운용에 있어서 내부통제에 충실할 수 있는 조직법적인 여건은 갖추어진 셈이다. 이들은 위원장에 의하여 위촉된다(법 제103조).

국민연금기금운용위원회의 심의·의결 사항을 사전에 전문적으로 검토·심의하기 위하여 운용위원회에 국민연금기금투자정책전문위원회, 국민연금기금수탁자책임전문위원회, 국민연금기금위험관리·성과보상전문위원회 등 전문위원회를 두었다(법 제103조의 3).

(3) 국민연금기금운용실무평가위원회

기금운용에 관한 보다 구체적인 심의 및 평가를 위하여 국민연금기금운용위원회에 국민연금기금운용실무평가위원회를 두었다(법 제104조). 국민연금기금의 운용에 대한 전문적인 시각에서 통제의 가능성이 마련된 셈이다. 이 위원회는 국민연금에 대한 전문적인 지식을 갖는 위원으로 구성된다. 위원들은 국민연금에 참여하는 이익단체에 의해 추천되며, 이로써 가입자의 이익이 반영될 수 있다. 이 기구는 심의기관이기 때문에 법적 구속력을 갖는 통제를 하는 것은 아니다. 그러나 위원회의 실무평가는 기금운용위원회에서의 기금운용에 대한 결정에 전문적인 기준에 따른 유용한 통제수단이 될 수 있다.

실무평가위원회에서 심의·평가의 대상은 기금운용자산의 구성 및 기금의 회계처리에 관한 사항, 기금운용 성과의 측정에 관한 사항, 기금의 관리·운용에 있어서 개선하여야 할 사항, 운용위원회에 상정할 안건 중 실무평가위원회의 위원장이 필요하다고 인정한 사항, 그 밖에 운용위원회에서 심의를 요청한 사항이다.

실무평가위원회의 위원장은 보건복지부차관이다. 위원은 위원 중에서 호선하는 부위원장, 그리고 위원장이 위촉하는 위원으로 구성된다. 위원장은 위원장 및 당연직 위원이 각각 지명하는 소속 부처의 3급 국가공무원 또는 고위공무원단에 속하는 일반직 국가공무원, 가입자대표 12명, 관계전문가 2명을 위원으로 위촉한다. 가입자대표로는 사용자를 대표하는 위원으로서 사용자단체가 추천하는 자 3명, 근로자를 대표하는 위원으로서 노동조합을 대표하는 연합단체가 추천하는 3명과 지역가입자를 대표하는 위원 6명이 참여한다. 지역가입자를 대표하는 위원은 농어업인단체가 추천하는 2명, 농어업인 이외의 자영자관련 단체가 추천하는 2명, 소비자 및 시민단체가 추천하는 2명이다. 관계전문가는 국민연금제도 및 국민연금기금운용에 관한 학식과 경험이 풍부한 자를 말한다.

Ⅴ. 관리운영

1. 국민연금공단

국민연금의 관리운영주체는 국민연금공단이다. 국민연금공단은 정부의 통제하에 정부사업을 위탁받아 행하는 공법인이다(법 제24, 26조). 국민연금공단은 자치행정의 원칙이 적용되는 자율적인 조직은 아니다. 예컨대 국민연금의 보험료율은 법에 정해져 있으며, 사업운영계획과 예산편성 등에 있어서 보건복지부장관의 지침에 따른다(시행령 제29조). 국민연금공단에 관하여 「국민연금법」이 직접 정하지 않은 경우 민법 중 재단법인에 관한 규정을 준용한다(법 제48조).

공단의 기관으로 이사장 1명, 4명 이내의 상임이사, 9명의 이사 및 1명의 감사가 있다(법 제30조 제1항). 상임이사 중에는 국민연금기금의 관리 · 운용에 관한 업무를 담당하는 이사, 즉 기금이사를 둔다(법 제31조 제1항). 이사에는 사용자대표, 근로자대표, 지역가입자대표, 수급자대표 각 1명 이상과 당연직 이사로서 보건복지부에서 국민연금업무를 담당하는 3급 국가공무원 또는 고위공무원단에 속하는 일반직 공무원 1명이 포함된다(법 제30조 제1항). 이사장, 상임이사 및 이사는 이사회를 구성한다(법 제38조 제2항). 이사장은 공단을 대표하고, 공단의 업무를 통할한다. 상임이사는 정관이 정하는 바에 의하여 공단의 업무를 분장하고, 이사장에게 사고가 있을 때에는 정관이 정하는 순위에 따라 직무를 대행한다. 감사는 공단의 회계와 업무집행상황 및 재산상황을 감사한다(법 제33조).

이사회는 공단의 최고의사결정기관으로서, 예산 및 결산에 관한 사항, 정관변경에 관한 사항, 중요 재산의 취득 · 관리 및 처분에 관한 사항, 사업운영계획, 그 밖에 공단운영의 기본방침에 관한 사항, 신고권장 소득월액의 산정 기준 및 방법 등에 관한 사항, 지역가입자 및 지역임의계속가입자의 연간 소득확인계획에 관한 사항, 규약 · 규정의 제정 · 개정 및 폐지에 관한 사항을 심의 · 의결한다(법 제38조 제1항, 시행령 제26조).

공단의 이사장은 보건복지부장관의 제청으로 대통령이 임면한다. 상임이사 · 이사(당연직 이사 제외) 및 감사는 이사장의 제청으로 보건복지부장관이 임면한다(법 제30조 제2항). 임원의 임기는 3년이다. 다만 당연직 이사의 임기는 그 재임기간으로 하고, 기금이사의 임기는 그 계약기간으로 한다(법 제32조).

2. 국민연금심의위원회

보건복지부내에 국민연금심의위원회가 구성되어 있다. 심의위원회는 국민연금제도 및 재정계산에 관한 사항, 급여에 관한 사항, 보험료에 관한 사항, 국민연금기금에 관한 사항, 그 밖에 국민연금제도의 운영과 관련하여 보건복지부장관이 회의에 부치는 사항 등을 심의한다. 위원회의 위원장은 보건복지부차관이 된다. 위원회는 사용자를 대표하는 위원 4명, 근로자를 대표하는 위원 4명 및 지역가입자를 대표하는 위원 6명, 수급자를 대표하는 위원과 공익을 대표하는 전문가 5명으로 구성된다(법 제5조 제1, 2항).

3. 국가의 감독

공단은 매 회계연도의 사업운영계획과 예산에 관하여 보건복지부장관의 승인을 얻어야 한다. 공단은 매 회계연도 종료 후 2개월 이내에 사업 실적과 결산을 보건복지부장관에게 보고하여야 한다. 보건복지부장관은 공단에 대하여 사업에 대한 보고를 명하거나, 사업 또는 재산 상황을 검사할 수 있으며, 필요하다고 인정할 때에는 정관의 변경을 명하는 등 감독상 필요한 조치를 취할 수 있다(법 제41조). 국민연금공단은 자치운영의 원칙이 적용되는 기관이 아니고 국가의 위탁을 받아 사업을 행하는 기관이므로 그만큼 자율성이 약하다. 따라서 국가는 법적 감독뿐 아니라 정책감독을 할 수 있는 권한이 있다.

제 2 절 특수직역종사자 연금보험법

Ⅰ. 기능과 개혁 경과

1. 기 능

「국민연금법」이 시행되기 이전 이미 공무원을 대상으로 하는 「공무원연금법」과 군인을 대상으로 하는 「군인연금법」, 그리고 사립학교교직원을 대상으로 하는 「사립학교교직원연금법」이 제정·시행되고 있었다. 이러한 특수직역연금은 국민연금에 비해서는 다양한 기능을 수행한다. 우선 특수직역연금은 장해·사망 등을 보호하지만, 국민연금과는 달리 이들 위험이 공무상의 행위로 인하여 발생한 경우와 공무 외의 사유로 발생한 경우를 구분하여 급여의 내용 및 비용부담방식을 달리하였다.

공무상 원인관계가 있는 사고에 대한 급여는 국가가 재원을 부담한다. 이 밖에도 특수직역연금은 공무상 발생한 질병을 보호한다. 따라서 공무상의 원인관계 없는 질병은 「국민건강보험법」에 의하여, 그리고 공무상의 원인관계가 확인되는 질병은 특수직역연금법에 의해서 보호된다. 행정적으로 보면 공무상 원인관계가 있는 질병에 대한 급여는 국민건강보험공단에 의하여 집행되고, 특수직역종사자의 연금을 관리운영하는 주체가 이에 소요되는 비용을 국민건강보험공단에 보상하는 형식으로 이루어진다.

특수직역연금법은 그 명칭에도 불구하고 사회보험으로서의 성격과 재해보상의 성격을 동시에 가지고 있었다. 공무원의 경우 2018년 「공무원재해보상법」이 새로이 제정되어 공무로 인한 재해에 대해서는 이 법이 적용되도록 하였다. 같은 맥락에서 2020년 「군인재해보상법」이 제정되었다. 이로써 일반 국민 혹은 근로자의 경우 국민연금과 산재보험이 이원화되어 있듯이 「공무원연금법」과 「군인연금법」이 일반적인 사회보험으로서, 그리고 「공무원재해보상법」과 「군인재해보상법」이 재해보상으로서 기능하게 되었다. 또 특수직역연금은 재해로 인한 물적 피해를 보호한다. 이 밖에 특수직역연금은 국민연금에 비해서 급여의 산정기초가 수급자에게 유리하게 되어 있으며, 또 급여의 종류도 다양하다.

2. 개혁 경과

위와 같은 특수직역연금의 특성은 만성적인 적자운영의 원인이 되어 왔다.[26] 이에 1995년 법률개정을 통하여 특수직역연금에 부분적으로 변화가 가해졌다. 즉 연금수급연령제도가 도입되고, 보험료율을 높였다. 그러나 국민연금에 비하여 결정적으로 유리한 급여의 산정기초에 대한 규정은 그대로 두었다. 또 연금수급연령이 새로이 임용되는 공무원에 한하여 적용되도록 하였다. 그리고 위에서 지적한 개정은 「공무원연금법」과 「사립학교교직원연금법」에서만 이루어졌을 뿐 「군인연금법」은 여기에 따르지 않았다. 「공무원연금법」은 2000년에

26) 이에 대해서 자세히는 전광석, 한국사회보장법의 역사(집현재, 2019), 279면 이하, 332면 이하, 390면 이하 등 참조.

다시 개정되었다. 이에 따르면 1995년 도입된 연금수급연령이 포괄적으로 적용되도록 하였다. 다만 기존 재직자의 신뢰를 보호하기 위한 각종 경과조치가 마련되었다.[27] 2000년과 2009년 법률 개정을 통하여 연금산정기초인 소득기간이 확대되었다. 즉 기존에 공무원연금의 산정기초는 최종보수월액이었으며, 이는 국민연금에 비해서 현저하게 유리한 산정방법이었다. 그런데 연금산정의 기준이 되는 소득이 2000년에는 최종 3년간의 평균보수월액으로, 그리고 2009년에는 전체 재직기간의 평균기준소득월액으로 변경되었다. 이는 국민연금의 산정방식에 가까운 것이었다.

이후에도 공무원연금에 대한 일반재정의 투입은 우려할 만한 수준에 이를 것으로 예측되었으며, 2015년 공무원연금을 국민연금에 통합하는 방법을 포함하여 근본적인 개혁을 위한 논의가 이루어졌다. 오랜 논의 끝에 공무원연금의 체계를 그대로 유지하고, 재정안정을 위하여 보험료부담을 늘리고 급여수준을 낮추도록 하였다. 국민연금에서와 마찬가지로 고소득공무원과 저소득공무원 사이에 연금산정에 있어서 소득재분배요소가 도입되었다. 연금수급연령을 임용시기에 관계 없이 65세로 통일하였다. 다만 경과규정을 두어 2032년까지 단계적으로 수급연령을 늦추도록 하였다. 기존의 연금수급자가 공무원연금의 재정에 기여하도록 하였다. 연금수급자의 소득심사를 강화하여 연금지급이 정지되는 재취업공무원의 범위를 확대하였다. 소득이 있는 공무원에게 연금액을 감액하는 기준으로 기존에는 평균임금월액을 적용하였으나 이제 평균연금월액을 기준으로 하여 연금감액의 정도를 높였다. 물가상승률에 따른 연금의 조정에 관한 규정을 5년간 적용하지 않도록 하였다.

공무원연금을 합리화하는 조치가 부분적으로 취해졌다. 연금수급요건인 재직기간이 20년에서 10년으로 낮추어졌다. 「공무원연금법」은 공무상의 사유로 인하여 발생한 장애를 보호하였으며 공무 외의 사유로 장애가 발생한 경우에는 연금수급자격이 없었다. 2015년 법률 개정을 통하여 공무 외의 사유로 장애가 발생한 경우에도 장해연금이 지급될 수 있도록 하였다. 다만 이 경우에는 급여수준과 비용부담방식에 있어서 차이가 있다. 위에서 언급했듯이 2018년 공무로 인한 재해에 대한 보상을 규율하기 위해 독자적으로 「공무원재해보상법」이 제정되었다. 이 법은 재해보상의 성격에 상응하여 적용대상을 시간선택제채

27) 이들 개정에 대한 헌법적 평가에 대해서는 헌재 2003.9.25, 2001헌마93등, 15-2(상), 319면 이하 참조.

용공무원 등으로 확대하였다. 「국민연금법」에서는 이미 2008년 이혼배우자에게 혼인기간에 형성된 연금청구권에 대한 분할을 청구할 수 있는 제도를 도입하였다. 「공무원연금법」은 2015년 비로소 분할연금청구권을 도입하였다.

특수직역연금 중 공무원연금과 사립학교교직원연금은 급여의 조건 및 급여 내용이 유사하다. 실제 「사립학교교직원연금법」 제42조 제1항은 「공무원연금법」상의 급여에 관한 규정을 대부분 준용하고 있다. 「사립학교교직원연금법」은 별도로 재해보상에 관한 법을 제정하지는 않고, 그 대신 공무로 인한 재해에 대한 보상을 충실히 하기 위하여 「공무원재해보상법」을 제정한 취지를 반영하였다. 반면 「군인연금법」은 위 두 특수직역연금과 어느 정도 차이가 있다. 이 책에서는 「공무원연금법」 및 「공무원재해보상법」과 「사립학교교직원연금법」을 통합하여 서술하고, 「군인연금법」과 「군인재해보상법」은 따로 다루기로 한다.

Ⅱ. 공무원연금법 및 공무원재해보상법과 사립학교교직원연금법

1. 보호되는 위험

(1) 공무상의 재해

가) 부상 및 질병

공무상의 행위 중 발생한 질병 및 부상은 「공무원재해보상법」에 의하여 보호된다. 공무상 행위와의 인과관계가 없이 발생한 질병은 「국민건강보험법」에 의하여 보호된다. 질병 및 부상의 개념에 대해서는 건강보험법에서 설명한 바와 같다. 공무상의 행위 중 발생한 질병 및 부상으로 인정되기 위해서는 공무행위와 사고 및 질병의 발생이라는 구성요건이 충족되어야 한다. 또 공무상 행위와 사고, 그리고 사고와 질병 및 부상과의 사이에 인과관계가 확인되어야 한다. 부상과는 달리 질병의 경우 사고라는 중간매개과정이 없이 보험사고가 발생하는 경우가 일반적이다.

공무상 부상은 공무수행 또는 그에 따르는 행위를 하던 중 발생한 사고, 통상적인 경로와 방법으로 출퇴근하던 중 발생한 사고, 그 밖에 공무수행과 관련하여 발생한 사고로 인한 것을 말한다. 공무원의 자해행위가 원인이 되어 부상·질병·장해를 입거나 사망한 경우에는 일반적으로는 공무상 재해로 보지 않는다. 그러나 자해행위가 공무와 관련한 사유로 정상적인 인식능력 등이 뚜렷하게 저하된 상태에서 한 행위인 때에는 공무상 재해로 인정된다. 공무수행 또는 공무와 관련하여 발생한 정신질환으로 요양을 받았거나 받고 있는 공무원이 정신적 이상 상태에서 자해행위를 한 경우, 공무상 부상 또는 질병으로 요양 중인 공무원이 그 공무상 부상 또는 질병으로 인한 정신적 이상 상태에서 자해행위를 한 경우, 그 밖에 공무수행 또는 공무와 관련한 사유로 인한 정신적 이상 상태에서 자해행위를 하였다는 상당인과관계가 인정되는 경우 등이 여기에 해당한다(법 제4조 제2항, 시행령 제5조 제1항).

공무상 질병은 공무수행 과정에서 물리적·화학적·생물학적 요인에 의하여 발생한 질병, 공무수행과정에서 신체적·정신적 부담을 주는 업무가 원인이 되어 발생한 질병, 직장 내 괴롭힘, 민원인 등의 폭언 등으로 인한 업무상 정신적 스트레스가 원인이 되어 발생한 질병, 공무상 부상이 원인이 되어 발생한 질병, 그 밖에 공무수행과 관련하여 발생한 질병이다(공무원재해보상법 제4조 제1항). 공무상 질병 여부는 공무원이거나 공무원이었던 사람의 업무 특성, 성별, 나이, 체질, 평소의 건강상태, 기존의 질병 유무, 병가, 휴직, 퇴직 등을 고려하여 결정한다(공무원재해보상법 제4조 제5항). 공무와의 인과관계가 인정되는 질병에 대해서는 「공무원재해보상법 시행령」이 예시하고 있다(공무원재해보상법 제4조 제6항, 시행령 별표 2).

공무상 재해로 인한 요양 중에 추가로 발견된 부상이나 질병 역시 공무상 재해로 인정된다. 치료과정에서 기존의 공무상 부상 또는 질병이 주된 원인이 되어 합병증이 유발된 경우 그 합병증은 공무상 질병으로 본다.[28] 다만, 합병증이 기초 질환이나 체질적 원인에 의하여 자연적으로 유발되었거나 악화된 경우에는 제외된다.

공무에는 직무행위 자체뿐 아니라 직무에 당연히 혹은 통상적으로 수반되는 행위가 포함된다.[29] 출퇴근행위는 공무에 속한다(공무원재해보상법 제4조 제1항).[30] 이때 통근로는 근무지로부터 주거지로의 순리적인 경로와 방법에 의한 통상적인 경로를 말한다.[31] 반면 공무원이 사적(私的)인 행위를 수행하던 중 사고가 발생하여 사망한

28) 대판 1989.10.24, 89누121; 서울고법 1995.7.14, 94구37808 등 참조.

29) 법원은 공무원의 무단조퇴 후 귀로 중 사고가 발생한 경우에도 공무상의 사고성을 인정하고 있다. 다만 이 사건에서 법원은 무단조퇴가 사고와의 관계에서 중요한 원인이 아니라는 논증을 주로 하고 있다. 즉 인과관계의 성립에 지장이 없다는 것이다. 서울고법 1996.6.14, 95구26461 참조. 그러나 법원은 무단조퇴 후의 귀로가 공무상의 행위에 속하는지의 여부, 즉 구성요건에 대한 판단을 먼저 하였어야 했다.

30) 대판 1993.10.8, 93다16161 참조.

31) 일상적인 통근로의 범위에 대해서는 논란의 여지가 있다. 예컨대 단독주택에서 퇴근경로는 대문을 지나서 마당에 들어서면서 종료된다고 보고 있다. 이에 대해서는 대판 2010.6.10, 2010두3398 참조. 일상적인 통근로의 성격을 인정하는 견해로는 서울고법 1996.6.14, 95구26461 참조. 이를

경우에는 공무상의 피해로 인정되지 않는다. 이와 관련하여 대법원은 상급자의 지시로 접대행위를 끝내고 귀가 중 공무원이 사망한 경우 공무상 사망으로서의 성격을 부인하였다. 접대행위가 직무에 해당하지 않는다는 이유에서이다.[32)] 그러나 상사의 지시에 의한 행위라면 당연히 직무에 속하는 행위이며, 또 귀가 중의 사고는 우리 대법원이 다른 판례를 통해서 일관되게 공무성을 인정하여 왔기 때문에 위 대법원의 판결은 설득력이 없다.

질병으로 인하여 공무원이 사망한 경우에는 직무와 질병과의 인과관계, 그리고 질병과 사망과의 인과관계를 확정하는 작업이 중요하다. 산재보험에 있어서와 마찬가지로 직무행위는 통상 종사할 의무가 있는 직무로 한정되지 않고 직무 외의 행사인 경우에도 행사의 주최자, 목적, 참가인원, 비용부담 등의 사정에 비추어 전반적인 과정이 소속기관의 지배 혹은 관리 하에 있다고 볼 수 있는 경우에는 직무에 포함된다.[33)] 직무와 질병과의 인과관계를 확정하는 것은 어려운 작업이다. 현재 법원은 공무원의 보호를 위하여 인과관계의 확정기준을 완화하여 적용하고 있다. 즉 질병의 주된 발생원인이 공무와 직접 관련이 없더라도 직무상의 과로 등이 겹쳐 질병을 유발시켰다면 인과관계는 긍정된다.[34)] 또 자살이 공무원의 업무로 인한 스트레스 및 우울증 등이 원인이 되어 합리적인 판단을 기대할 수 없게 된 상황에서 일어난 경우에는 인과관계가 인정된다.[35)] 그렇기 때문에 질병의 발생원인이 공무와 명백히 관련이 없는 경우에 한하여 공무상 질병으로서의 성격이 부인된다. 간암을 원인으로 사망한 경우 간암발생의 원인이 본인의 과도한 음주에 있다고 판단한 것이 좋은 예이다.[36)]

공무상 사망으로 인정되기 위해서는 질병과 사망과의 사이에 인과관계가 인정되어야 한다. 즉 공무상 질병이 발생한 경우에도 기존의 질병이 직접적인 원인이 되어 사망한 경우 공무상 사망은 부인된다. 법원은 일반적으로 위암 및 폐암의 발병원인이 현대 의학에서 명백히 밝혀지지 않고, 또 적어도 과로와의 인과관계는 인정될 수 없다는 입장을 취하고 있다.[37)] 그러나 공무상의 질병이

부인하는 견해로는 대판 1995.4.21, 94누5519; 1998.11.24, 97누16121 등이 있다. 이 사건에서 법원은 주취상태에서 부대원을 집에 태워다 주기 위하여 자신의 통상적인 퇴근경로를 벗어나 운전하던 중 발생한 사고에 대해서 공무상의 재해로서의 성격을 부인하고 있다.

32) 대판 1993.12.24, 92누21040 참조.

33) 대판 2008.11.27, 2008두13231; 2009.7.9, 2007두6922 등 참조.

34) 직무상 과로에 관한 판결로는 대판 1975.10.7, 75누148 참조.

35) 대판 2014두10608 참조.

36) 대판 1996.7.26, 95누7819 참조.

37) 예컨대 대판 1990.5.25, 90누295; 1994.3.22, 94누408 등 참조.

인정되면 질병과 사망과의 인과관계는 일반적으로 긍정된다. 또 기존의 질병과 직무를 원인으로 한 과로가 복합적으로 작용하여 사망한 경우 일반적으로 공무상 사망으로 인정하고 있다. 직무상의 과로로 인하여 기존의 질병이 악화되어 사망에 이른 경우가 여기에 해당한다.[38] 특히 공무상 사망에 대한 판단에 있어서 법원은 보통의 평균인이 아닌 구체적인 공무원의 건강과 신체조건을 기준으로 판단하고 있다.[39] 이에 따르면 극단적으로는 기존의 질병은 인과관계를 판단하는 데 고려되지 않게 된다. 그만큼 인과관계를 긍정하기가 수월하게 되었다.

위와 같은 요건이 충족되는 한 퇴직한 후에도 재직 중 발생한 공무상 질병에 대해서 요양보호가 이루어진다.[40]

나) 장해

공무상의 부상 또는 질병으로 인하여 장애상태가 되어 퇴직했을 경우, 혹은 퇴직 후 재직 중에 발생한 공무상의 질병 혹은 부상으로 인하여 장해상태가 된 경우에 장해급여를 받을 수 있다(공무원재해보상법 제28조). 장해로 인정되기 위해서는 공무행위와 장해의 원인되는 질병 또는 부상과의 사이에 인과관계가 존재하여야 한다.[41]

장해의 정도는 신체의 완전성이 훼손된 정도에 따라서 공무상 장해는 14등급으로, 비공무상 장해는 8등급으로 분류되어 있다(공무원재해보상법 제29조, 시행령 별표 3, 공무원연금법 제59조). 장애부위가 동시에 둘 이상인 경우에는 종합하여 장해등급이 결정된다(공무원재해보상법 제31조, 시행령 별표 4, 시행령 제40조).

장해연금을 받을 권리가 있는 사람이 사망한 경우에는 유족에게 장해유족연금이 지급된다(공무원재해보상법 제35조).

(2) 퇴직 및 노령

가) 재직기간과 수급연령

공무원이 10년 이상 재직하고 퇴직한 경우에 퇴직급여가 지급된다(공무원연금법 제43조 제1항). 2015년 법률 개정에 의하여 공무원이 연금을 수급하기 위해서는 기본적으로 65세가 되어야 한다. 다만 기존의 공무원에게 단계적으로 연금수급연령을

---

38) 대판 1988.2.23, 87누81; 1990.5.22, 90누1274; 1990.10.10, 90누3881; 1991.2.22, 90누8817; 1994.2.25, 93누19030 등 참조.

39) 예컨대 대판 1996.9.6, 96누6103 참조.

40) 대판 1998.7.21, 98두9714 참조.

41) 국민연금과는 달리 공무원연금에서 공무와의 인과관계를 급여의 조건으로 하는 규정에 대한 헌법적 평가에 대해서는 헌재 2011.11.24, 2010헌마510, 23-2(하), 513면 이하 참조.

상향 조정하도록 하였다. 즉 기존의 공무원은 퇴직연도별로 정한 해당 연령에 도달한 때부터 퇴직급여를 지급한다. 이때 적용된 퇴직연령은 2016년부터 2021년까지 60세, 2022년부터 2023년까지 61세, 2024년부터 2026년까지 62세, 2027년부터 2029년까지 63세, 2030년부터 2032년까지 64세이며, 2033년부터는 65세 수급연령이 적용된다(2015년 개정법률 부칙 제7조 제1항). 이 밖에 다음과 같은 특례가 있다. 법률 등에서 정년 또는 근무상한연령을 60세 미만으로 정한 경우에는 그 정년 또는 근무상한 연령이 되었을 때부터 5년이 경과한 때 연금을 수급할 수 있다. 계급정년이 되어 퇴직한 때 또는 직제와 정원의 개정과 폐지 또는 예산의 감소 등으로 인하여 직위가 없어지거나 정원을 초과하는 인원이 생겨 퇴직한 때에는 퇴직한 후 5년이 경과한 때에 연금을 수급할 수 있다. 장애등급 제1급부터 제7급에 해당하는 장애상태가 된 때에도 퇴직연금을 수급할 수 있다(시행령 제40조).

10년 이상 재직한 공무원은 연금수급연령에 도달하기 전에도 본인이 원하면 연금을 지급받을 수 있다(조기퇴직연금). 이에 따르면 미달연수 1년에 5%씩 감액된 조기퇴직연금이 지급된다(공무원연금법 제43조 제2항). 재직기간이 10년 미만인 자가 퇴직하는 경우에는 일시금 형태의 급여가 지급될 뿐이다(퇴직일시금)(공무원연금법 제51조).

나) 재직기간의 합산

특수직역연금 상호간에는 재직기간을 합산할 수 있다. 퇴직급여 혹은 상이연금을 수령한 퇴직군인은 재직기간을 합산할 수 없다.[42] 기존에 특수직역연금과 국민연금 간에는 기간의 합산이 없었으나, 2009년「국민연금과 직역연금의 연계에 관한 법률」이 제정되어 이제 두 연금 간의 합산에 따른 연금지급이 가능하게 되었다. 보험급여산정에 반영되는 재직기간은 36년으로 한정되어 있다(공무원연금법 제43조 제4항).

다) 소득활동의 제한

퇴직 후 소득활동에 있어서는 소득금액에 관한 제한이 있다. 국가, 지방자치단체 등「공무원연금법」,「군인연금법」,「사립학교교직원연금법」이 적용되는 공무원·군인 또는 사립학교교직원으로 임용된 경우에는 급여 전부가 정지된다(공무원연금법 제50조 제1항). 이와 같이 특수직역연금법이 적용되는 사업장에 근무하는 경우에는 연금의 지급이 정지되는 대신 연금법상의 재직기간이 연장되며 재퇴직 후 합산

42) 대판 2016.11.24, 2014두41534 참조.

규정에 따라서 합산이 이루어진다.[43]

선거에 의한 선출직 공무원에 취임한 경우에도 연금의 지급이 정지된다. 다만 지방의회의원은 근로소득금액의 월평균금액이 본인의 퇴직연금액 또는 조기퇴직연금액 미만인 경우에 그 근로소득월액만큼 해당 연금 일부의 지급을 정지한다.[44] 일정한 범위의 공공기관의 임직원으로 채용된 경우에는 근로소득금액이 전년도 공무원 전체의 기준소득월액 평균액의 100분의 160 이상인 경우에 한하여 연금의 지급이 정지된다. 「공공기관의 운영에 관한 법률」 제4조에 따른 공공기관 중 국가가 전액 출자·출연한 기관, 「지방공기업법」 제2조에 따른 지방직영기업·지방공사 및 지방공단 중 지방자치단체가 전액 출자·출연한 기관, 「지방자치단체 출자·출연 기관의 운영에 관한 법률」 제2조 제1항에 따른 기관 중 지방자치단체가 전액 출자·출연한 기관 등이 여기에 해당한다.

공무원이 퇴직 후 연금 외에 「소득세법」상의 사업소득 혹은 근로소득이 있는 때에는 소득금액의 월평균금액(소득월액)이 전년도 평균연금월액을 초과하는 정도에 따라 퇴직연금 또는 조기퇴직연금의 2분의 1까지 지급이 정지된다.[45] 국민연금에서는 65세가 지나면 소득에 관계없이 연금이 지급되는 데 비해서 공무원연금에서는 나이에 제한이 없이 소득활동이 제한된다. 예컨대 초과소득월액이 50만원 이상 100만원 미만인 경우에는 15만원에 50만원 초과소득월액의 40%를 더한 액이, 초과소득월액이 100만원 이상 150만원 미만인 경우에는 35만원에 100만원 초과소득월액의 50%를 합한 액이, 초과소득월액이 150만원 이상 200만원 미만인 경우에는 60만원에 150만원 초과소득월액의 60%를 더한 액이 감액된다. 초과액이 200만원 이상인 경우에는 90만원에 200만원을 초과하는 소득월액의 70%가 더한 액이 감액된다(공무원연금법 제50조 제3항). 그러나 임금과 연금의 법적 성격이 다른데, 그럼에도 불구하고 조정의 대상이 되어야 하는지에 대해서는 의문이다.[46]

---

43) 헌재 2000.6.29, 98헌바106, 12-1, 833면 이하 참조.

44) 헌법재판소는 선거에 의한 선출직 공무원 중 지방의회의원의 경우에도 연금지급을 정지하는 개정 전 「공무원연금법」 규정에 대해서 헌법불합치결정을 하였다. 헌재 2022.1.27, 2019헌바161, 34-2, 243면 이하 참조. 이는 기존에 이 규정에 대한 합헌결정을 변경한 것이다. 헌재 2017.7.27, 2015헌마1052, 28-2(상), 201면 이하 참조.

45) 이 규정에 대한 헌법적 판단으로는 헌재 2008.2.28, 2005헌마872등, 20-1(상), 279면 이하 참조. 「사립학교교직원연금법」은 「공무원연금법」의 해당 규정을 준용하고 있다. 이에 대한 헌법적 판단으로는 헌재 2009.7.30, 2007헌바113, 21-2(상), 225면 이하 참조.

46) 이 점에 대해서 자세히는 전광석, 사회보장법과 헌법재판(집현재, 2021), 154면 이하 참조.

(3) 사 망

퇴직연금 또는 조기퇴직연금, 장해연금을 받을 권리가 있는 자가 사망한 경우, 그리고 순직공무원의 유족에게 부양상실에 대한 보상이 이루어진다(공무원재해보상법 제35, 36조). 이때 장해연금을 받을 권리가 있는 자는 공무상의 원인에 의하여 장해연금수급권을 갖게 된 자를 말한다. 순직공무원은 재직 중 공무로 사망한 경우 또는 재직 중 공무상 질병 또는 부상으로 사망하거나 퇴직 후 그 질병 또는 부상으로 사망한 공무원을 말한다(공무원재해보상법 제3조 제1항 제3호).

「공무원재해보상법」은 순직공무원의 범주에서 위험직무순직공무원을 별도로 분류하고 있다. 위험직무순직공무원은 생명과 신체에 대한 고도의 위험을 무릅쓰고 직무를 수행하다가 재해를 입고 이 재해가 직접적인 원인이 되어 사망한 공무원을 말한다. 다음과 같은 경우가 여기에 해당한다. 경찰공무원이 범인이나 피의자를 체포하다가 입은 재해, 경찰관이 「경찰관 직무집행법」상 경비, 주요 인사(人士) 경호 및 대간첩·대테러 작전 수행 중 입은 재해 및 교통 단속과 교통 위해의 방지업무를 수행하던 중 입은 재해, 긴급신고 처리를 위한 현장 출동, 범죄예방·인명구조·재산보호 등을 위한 순찰 활동, 해양오염 확산방지 업무 수행 중 입은 재해, 소방공무원이 재난·재해 현장에서 화재진압이나 인명구조·구조작업 및 이를 위한 긴급한 출동·복귀 및 부수활동을 하는 중 입은 재해 또는 위험 제거를 위한 생활안전활동 중 입은 재해, 공무원이 「재난 및 안전관리 기본법」에 따라 재난·재해현장에 투입되어 인명구조·진화·수해방지 또는 구난행위 및 그 업무수행을 위한 긴급한 출동·복귀 및 부수활동을 하다가 입은 재해, 대통령경호실 직원이 「대통령 등의 경호에 관한 법률」에 따른 경호업무를 수행하다가 입은 재해, 국가정보원 직원이 간첩을 체포하다가 입은 재해, 교도관이 「형의 집행 및 수용자의 처우에 관한 법률」에 따른 계호(戒護) 업무를 수행하다가 입은 재해, 공무원이 「감염병의 예방 및 관리에 관한 법률」에 따른 감염병환자의 치료 또는 감염병의 확산 방지를 위한 직무수행 중 입은 재해, 「산림보호법」에 따른 산불진화 중 입은 재해, 국외에서 천재지변·전쟁·교전·폭동·납치·테러·감염병, 그밖의 위난상황이 발생하였을 때 대한민국 국민에 대한 보호 또는 사고수습의 업무를 하다가 입은 재해, 그 밖에 공무원재해보상심의회(법 제75조의 2)가 위험직무위해에 준한다고 인정하는 위험한 직무를 수행하다가 입은 재해 등을 말한다(공무원재해보상법 제5조).

이 밖에 공무원의 배우자나 부모 또는 자녀가 사망한 때에는 사망조위금이 지급된다. 부모에는 배우자의 부모가 포함된다(공무원재해보상법 제43조). 실종의 경우에 대한 명시적인 규정은 없으나 실종은 사망과 동일하게 취급하여야 한다. 입법상의 흠결이다.

공무원이 사망한 경우 유족급여를 지급하기 위해서는 공무와 사고, 그리고 사고와 사망과의 인과관계가 확인되어야 한다.

(4) 재산상의 피해

「공무원재해보상법」은 재난에 따른 피해를 부분적으로 보호하고 있다. 공무원 또는 그 배우자 소유의 주택이나 공무원이 상시 거주하는 주택으로서 공무원이나 그 배우자의 직계존비속 소유의 주택에 수재, 화재, 홍수, 호우, 폭풍, 폭설, 해일 등 자연적 혹은 인위적 현상으로 인하여 피해가 발생한 경우에 재난구조금을 지급한다(공무원재해보상법 제42조, 시행령 제53조).

2. 보호의 인적 대상-공무원, 사립학교교직원

「공무원연금법」상의 보호대상자인 공무원에는 「국가공무원법」 및 「지방공무원법」에 의한 공무원이 포함된다. 「청원경찰법」에 의하여 국가 또는 지방자치단체에 근무하는 청원경찰, 「청원산림보호직원 배치에 관한 법률」에 의하여 국가 또는 지방자치단체에 근무하는 청원산림보호직원, 국가 또는 지방자치단체의 위원회 등의 상임위원과 전임직원으로서 매월 정액의 보수 또는 이에 준하는 급여를 받는 사람, 그 밖에 국가 또는 지방자치단체의 정규공무원 외의 직원으로서 수행업무의 계속성과 매월 정액의 보수지급 여부 등을 고려하여 인사혁신처장이 인정하는 사람, 「4.16세월호참사 진상규명 및 안전사회 건설 등을 위한 특별법」에 따른 희생자 등이 여기에 속한다(시행령 제2조). 다만 선거직공무원은 제외된다. 군인은 「군인연금법」에 의해서 보호된다(법 제3조 제1항 제1호).

「공무원재해보상법」은 「공무원연금법」에 의한 공무원 외에 공무수행사망자에게 적용된다. 공무수행사망자는 사망 당시 국가 또는 지방자치단체의 사무를 수행하는 사람, 국가 또는 지방자치단체가 업무상 관리·감독 권한을 직접 또는 간접적으로 가지고 있는 사람, 국가 또는 지방자치단체가 법령 또는 계약 등에 따라 보수 또는 수당 등을 직접 지급하거나 대통령령으로 정하는 바에 따라 간접적으로 지급하고 있는 사람, 「산업재해보상보험법」 등에 따른 재해보상이 적용되는 사람으로서 공무원재해보상심의회 심의를 거쳐 인사혁신처장이 인정하는 사람을 말한다. 국가 또는 지방자치단체가 보수 또는 수당 등을 간접적으로 지급하는 경우는 국가 또는 지방자치단체가 「파견근로자보호 등에 관한 법률」에 따른 파견사업주에게 근로자파견의 대가를 지급하는 경우, 국가 또는 지방자치단체가 「국가를 당사자로 하는 계약에 관한 법률」 또는 「지방자치단체를 당사자로 하는 계약에 관한 법률」에 따라 청소, 경비, 시설물 관리, 환경미화와 그 밖에 이에 준하는 업무 수행을 위한 용역계약의 상대방에게 용역근로의 대가를 지급하는 경우 등을 말한다(공무원재해보상법 제3조 제1항 제2호, 시행령 제3조).

「사립학교교직원연금법」에 의해서 보호되는 인적 대상은 「사립학교법」 제54조에 따라 그 임명에 관한 사항이 관할청에 보고된 교원과 「사립학교법」 제70조의 2에 따라 임명된 사무직원이다. 임시직 및 조건부로 임용된 사람, 그리고 보수를 받지 않는 사람 등은 제외된다(사립학교교직원연금법 제2조 제1항 제1호).

3. 급여의 종류와 내용

(1) 공무원연금급여

가) 급여의 종류, 급여의 산정기초 및 재직기간

a) 급여의 종류

「공무원연금법」은 퇴직급여, 퇴직유족급여, 비공무상 장해급여, 퇴직수당 등을 지급한다.

b) 급여의 산정기초, 재직기간

급여의 산정기초는 급여의 사유가 발생한 시점의 평균기준소득월액 혹은 기준소득월액이다.[47] 기준소득월액은 공무원보수에 해당하는 소득에서 비과세소득을 제외한 금액을 12개월로 나눈 금액에 공무원보수인상률을 곱하여 산정한 금액을 말한다. 이때 기준소득월액의 산정에는 성과연봉, 성과상여금, 상여금, 직무성과금, 초과근무수당, 연가보상비 등이 모두 포함된다(공무원연금법 제3조 제4호, 시행령 제4,5조). 기준소득월액에 상한이 정해져 있다. 즉 기준소득월액은 공무원 전체의 기준소득월액 평균액의 100분의 160을 초과할 수 없다(공무원연금법 제30조 제2항). 평균기준소득월액은 재직기간 중 매년 기준소득월액을 공무원보수인상률 등을 고려하여 급여의 사유가 발생한 날의 현재가치로 환산한 후 합한 금액을 재직기간으로 나눈 금

47) 개정전 「공무원연금법」에서 연금은 연단위로 산정되었으며, 따라서 산정의 기초는 보수연액이었다. 2000년 법률개정으로 이제 연금의 산정기초는 보수월액으로 변경되었고, 연금 역시 월단위로 산정되게 되었다.

액을 말한다.

연금급여는 전전년도와 대비한 전년도 전국소비자물가변동률에 따라 매년 증액 또는 감액한다(공무원연금법 제35조).[48] 이 규정은 2016년부터 5년간 적용되지 않았다. 이는 연금수준이 동결되는 의미를 갖는다. 연금수급자도 부분적으로 공무원연금의 재정에 기여하여야 한다는 요청을 표현한 것이다(2015년 개정법률 부칙 제5조).

「공무원연금법」상의 재직기간은 다른 특수직역연금인 「사립학교교직원연금법」 및 「군인연금법」상의 재직기간과 합산될 수 있다(공무원연금법 제25조 제2항). 이 경우 합산을 받고자 하는 자는 퇴직 당시 수령한 퇴직급여액 혹은 반환받은 기여금에 일정한 이자를 가산하여 반납하여야 한다. 퇴직연금의 경우에는 반납의무가 없다(법 제26조 제2항). 퇴직연금에 한하여 반환규정이 없는 것은 쉽게 설명이 되지 않는다. 첫째의 가능성은 미반환된 연금에 해당하는 기간만큼 합산을 하지 않는 가능성이다. 그러나 이로써 합산제도는 의미를 상실하기 때문에 올바른 해석이 될 수 없다. 두번째 가능성은 문언 그대로 합산을 하되 퇴직연금에 한하여 반납의무를 면제시키는 것이다. 이 경우에는 반납의무가 있고, 합산을 원하는 자와 불평등의 문제가 발생한다. 퇴직연금에 대해서도 반환 후 합산하도록 통일적으로 규율되어야 할 것이다. 연금수급자가 사립학교교직원으로 임용되어 재직기간 합산을 받은 후 퇴직하거나 사망한 경우에는 공무원연금공단 또는 국방부장관은 퇴직한 사람 또는 그 유족이 받을 수 있는 퇴직연금 · 퇴역연금 · 조기퇴직연금 또는 유족연금에 상당하는 금액을 공단에 이체하여야 한다(사립학교교직원연금법 제52조의 2). 이 경우 「공무원연금법」상 연금이 감액되는 사유가 있었을 때에는 해당 감액된 금액이 이체된다. 즉 재직기간의 합산으로 인하여 기존의 연금법상의 감액사유가 치유되는 것은 아니다.[49]

공무원으로 임용되기 전 「병역법」에 의한 의무복무기간은 재직기간에 산입할 수 있다(공무원연금법 제25조 제3항). 이러한 산입을 원하는 경우에 공무원은 산입기간에 대해서 소급하여 기여금을 납부하여야 한다(법 제67조 제3항). 퇴직수당지급을 위하여 재직기간을 계산할 때에는 휴직기간, 직위해제기간, 정직기간 및 강등에 따라 직무에 종사하지 않은 기간은 그 기간의 2분의 1을 빼고 재직기간에 산입된다. 다만 공무상 질병 · 부상, 병역의무를 마치기 위하여 휴직한 기간, 국제기구 · 외국기관 · 재외교육기관 · 국내외대학 · 연구기관, 다른 국가기관 또는 민간기업 등에

48) 이 규정에 대한 헌법적 평가에 대해서는 헌재 2005.6.30, 2004헌바42, 17-1, 973면 이하 참조.
49) 대판 2014다234032 참조.

임시채용되어 휴직한 기간, 「국가공무원법」, 「지방공무원법」 또는 「교육공무원법」상 노동조합 전임자로 종사하기 위하여 휴직한 기간, 자녀의 양육 또는 여자공무원의 임신이나 출산으로 인하여 휴직한 기간 및 그밖의 법률에 따른 의무를 수행하기 위하여 휴직하는 기간 등은 모두 산입된다(법 제23조 제5항).[50)]

나) 급여의 종류와 내용

a) 퇴직급여

aa) 퇴직연금, 퇴직연금일시금 등 공무원이 10년 이상 재직하고 퇴직한 후 65세에 달하면 퇴직급여가 지급된다. 이미 언급했듯이 퇴직연령제도는 「공무원연금법」 개정을 통해서 도입되었고, 또 상향 조정되었다. 다만 기존에 재직 중인 공무원에게는 단계적으로 연금수급연령을 늦추도록 하였다(2015년 개정법률 부칙 제7조 제1항).

퇴직급여 수급권자는 퇴직연금과 퇴직연금일시금 중 선택하여 청구할 수 있다. 재직기간이 10년 이상인 경우 10년에 대해서 퇴직연금을, 그리고 재직기간 10년이 넘는 기간에 대해서는 일시금으로 퇴직연금공제일시금을 혼합하여 청구할 수도 있다. 10년 미만 재직하고 퇴직하는 경우에는 퇴직일시금이 지급된다(법 제51조).

퇴직연금으로 재직기간 1년당 평균기준소득월액의 1.7%에 해당하는 액이 지급된다. 재직기간이 최장 36년이기 때문에 퇴직연금의 상한은 평균기준소득월액의 61.2%이다(공무원연금법 제43조 제4항). 이를 공식화하면 다음과 같다.

$$\text{퇴직연금} = \text{매 1년당 평균기준소득월액} \times 0.017 \times \text{재직연수}$$
$$(10 \leqq \text{재직연수} \leqq 36)$$

개정 전 법률에서 가산율은 1.9%였으며 2015년 1.7%로 인하되었다. 이에 경과규정을 두었다. 예컨대 2016년 가산율은 1.878%로 하며 매년 0.04%가 줄어 2035년에 가산율로 1.7%가 적용된다(2015년 개정법률 부칙 제9조).

퇴직연금 대신 퇴직연금일시금을 선택하는 경우 다음과 같이 산정된다. 즉 퇴직 전달의 기준소득월액에 재직연수를 곱한 액의 97.5%에 해당하는 액에 재직연수 5년을 초과하는 매 1년에 대해서 기준소득월액에 재직연수를 곱한 금액의 0.65%에 해당하는 액이 가산된 금액이 퇴직연금일시금이다(공무원연금법 제43조 제5항). 이

50) 국가공무원인 교원이 재임용이 거부되었다가 해당 재임용거부처분이 취소된 경우에도 재임용기간이 만료되어 공무원 신분을 상실한 후 재임용되기 전까지의 기간은 재직기간에 산입되지 않는다. 대판 2009.3.16, 2009두416 참조.

를 공식화하면 다음과 같다.

퇴직연금일시금 = 기준소득월액 × 재직연수 × [0.975 + 0.0065(재직연수 − 5)]
(10 ≦ 재직연수 ≦ 36)

재직기간 10년 이상인 자가 퇴직하는 때에 본인이 원하는 경우 퇴직연금과 동시에 10년 이상 재직기간 중 원하는 기간에 대해서 퇴직연금공제일시금을 받을 수 있다. 퇴직연금공제일시금을 산정하기 위해서는 먼저 퇴직 전달의 기준소득월액에 공제일시금 계산에 산입할 것을 원하는 재직연수(공제재직연수)를 곱한 액의 97.5%에 해당하는 액을 산출한다. 여기에다 공제재직연수 1년에 대해서 기준소득월액에 공제재직연수를 곱한 금액의 0.65%에 해당하는 액을 가산한 금액이 퇴직연금공제일시금이다(공무원연금법 제46조 제6항). 이를 공식화하면 다음과 같다.

공제일시금 = 기준소득월액 × 공제재직연수 × [0.975 + 0.0065 × 공제재직연수]
(1 ≦ 재직연수 ≦ 26)

공무원이 10년 이상 재직하였지만 퇴직연금 지급시점 이전에 퇴직한 경우에는 퇴직연금지급시점에 미달하는 1년에 대해서 5%가 감액된 액이 연금으로 지급된다(조기퇴직연금)(공무원연금법 제43조 제2항).

재직기간이 10년 미만인 퇴직자에게는 퇴직일시금이 지급된다. 퇴직일시금으로 재직기간이 10년 이상인 퇴직자에게 지급되는 퇴직연금일시금 산정방법에 따라서 산정된 액이 지급된다(공무원연금법 제51조).

bb) **퇴직수당** 공무원이 1년 이상 재직하고 퇴직하거나 사망한 때에는 퇴직수당이 지급된다. 퇴직수당은 「근로기준법」상의 퇴직금과 같은 기능을 수행한다. 즉 장기재직 후 지급되는 퇴직수당은 노후소득보장, 그리고 단기재직 후 지급되는 퇴직수당은 실업보호와 같은 기능을 수행한다. 퇴직수당은 재직연수에 따라 차등지급되며, 기준소득월액에 재직기간 매 1년에 대해서 재직기간에 따라 차등화된 비율을 곱하여 산정한다. 이 비율은 재직기간 1년 이상 5년 미만, 재직기간 5년 이상 10년 미만, 재직기간 10년 이상 15년 미만, 재직기간 15년 이상 20년 미만, 재직기간 20년 이상에 대해서 각각 6.5%, 22.75%, 29.25%, 32.5%, 39%이다. 퇴직수당이 산정되는 재직연수의 상한은 33년이다(공무원연금법 제62조, 시행령 제58조).

b) 분할연금청구권

2015년 법률 개정을 통하여 「공무원연금법」에 분할연금제도가 도입되었다.[51] 이혼한 배우자에게 분할연금청구권이 성립되기 위해서는 다음과 같은 요건이 충족되어야 한다. 첫째, 혼인기간이 5년 이상이어야 한다. 이때 혼인기간은 배우자가 공무원으로서 재직한 기간 중의 혼인기간이며, 「국민연금법」과 마찬가지로 법률상의 혼인관계에 있었더라도 별거·가출 등을 이유로 실질적인 혼인관계에 있지 않았다면 혼인기간에 산입되지 않는다.[52] 둘째, 배우자였던 사람이 퇴직연금 또는 조기퇴직연금 수급권자이어야 한다. 셋째, 청구권자가 65세가 되어야 한다. 이와 같은 요건을 모두 갖추면 그 때부터 그가 생존하는 동안 배우자였던 사람의 퇴직연금 또는 조기퇴직연금 중 혼인기간에 해당하는 연금액을 균등하게 나눈 금액에 대한 분할을 청구할 수 있다(공무원연금법 제45조). 이혼배우자는 민법의 이혼시 재산분할청구권에 따라 연금분할을 별도로 결정할 수도 있다(공무원연금법 제46조).

분할연금 수급권은 그 수급권을 취득한 후에 배우자였던 사람에게 생긴 사유로 퇴직연금 또는 조기퇴직연금의 수급권이 소멸·정지되어도 영향을 받지 않는다. 분할연금 수급권자에게 둘 이상의 분할연금 수급권이 생기면 둘 이상의 분할연금액을 합하여 지급한다. 분할연금 수급권자에게 퇴직연금 또는 조기퇴직연금 수급권이 발생한 경우에는 분할연금액과 퇴직연금액 또는 조기퇴직연금액을 합하여 지급한다. 분할연금 수급권이 소멸된 경우에는 그 사유가 발생한 다음 달부터 배우자였던 사람에게 분할되기 전의 금액을 지급한다. 분할연금 수급권자와 그 배우자였던 사람이 모두 퇴직연금 또는 조기퇴직연금 수급권자인 경우에는 당사자들의 합의에 따라 각각의 분할연금을 지급하지 않을 수 있다(공무원연금법 제47조).

c) 비공무상 장해급여

2015년 「공무원연금법」의 개정을 통하여 기존에 공무상의 장해 외에 비공무상 장해를 공무원연금의 보호대상으로 추가하였다. 2018년 「공무원재해보상

51) 분할연금제도를 도입하는 법률 개정 이전에 법원은 재산분할청구권의 일부분으로서 공무원연금 수급권을 분할의 대상에 포함시켰으며, 이 경우 매월 수령할 퇴직연금액 중 일정 비율에 해당하는 금액을 상대방 배우자에게 정기적으로 지급하는 방식으로 재산분할을 할 수도 있다고 보았다. 대판 2014.7.16, 2012므2888 참조.

52) 이와 같은 이유로 헌법재판소는 분할연금청구에 관한 혼인기간에 관한 규정에 대해서 불합치 결정을 하였다. 헌재 2016.12.29, 2015헌바182, 28-2(하), 391면 이하 참조.

법」이 제정되어 이제 공무상 장해는 이 법에 의하여, 그리고 비공무상 장해는 「공무원연금법」에 의하여 규율된다. 이로써 「공무원연금법」은 「국민연금법」과 유사한 기능을 갖게 되었다.

비공무상 장해급여는 장해연금 혹은 장해일시금으로 지급된다. 장해등급 1등급에서 7등급에 해당하는 장해에 대해서는 장해연금이, 8등급의 장해에 대해서는 장해일시금이 지급된다. 장해연금은 기준소득월액을 기준으로 1-2등급, 3-4등급, 그리고 5-7등급에 대해서 각각 26%, 22.75%, 그리고 19.5%가 지급된다. 8등급에 대해서는 기준소득월액의 2.25배가 일시금으로 지급된다(공무원연금법 제59조).

d) 퇴직유족급여

aa) 유족의 범위 「공무원연금법」상의 유족에는 공무원 또는 공무원이었던 자의 사망 당시 그에 의하여 부양되고 있던 배우자, 자녀, 부모, 손자녀, 조부모 등이 포함된다(공무원연금법 제3조 제1항 제2호; 시행령 별표 1). 배우자는 재직기간 중 혼인관계에 있던 자에 한하며, 여기에는 사실상의 배우자가 포함된다.[53] 사실혼 배우자는 유족급여와 퇴직수당뿐 아니라 사망조위금에 대한 청구권을 갖는다.[54] 유족급여청구권자인 배우자를 재직기간 중 혼인관계에 있던 자에 한하는 것은 급여를 받기 위한 목적으로 혼인을 하여 급여가 남용되는 것을 방지하기 위한 조치이다. 자녀 중 퇴직일 이후 출생 또는 입양한 자녀는 제외된다. 그러나 퇴직 후 혼인한 경우 일괄적으로 배우자를 유족의 범위에서 제외하는 것은 문제가 있다. 퇴직일 이후 출생한 자녀에게 청구권을 배제하는 조치 역시 합리성이 결여되어 있다. 혼인의 자유 및 가족을 보호하는 헌법 규정과 조화될 수 없기 때문이다. 퇴직 당시의 태아는 재직 중 출생한 자녀로 본다(공무원연금법 제3조 제1항 제2호). 또 공무원이거나 공무원이었던 사람의 사망 당시의 태아는 이 법에 따른 급여를 지급할 때에는 이미 출생한 것으로 본다(공무원연금법 제3조 제3항). 자녀와 손자녀는 유족급여청구권을 갖기 위해서는 19세 미만이거나 「장애인복지법」에 따른 장애의 정도가 심한 장애인이어야 한다(공무원연금법 제3조 제2항, 시행령 제3조 제2항).[55]

위와 같은 유족급여를 받기 위한 조건을 충족시키는 유족이 없는 경우 직계존비속에게 시행령에서 정한 액이 지급된다.[56] 직계존비속도 없을 때에는 그

53) 사실상의 배우자를 판정함에 있어서는 실제 혼인생활을 유지했으면 충분하고, 「공무원연금법시행령」이 규정하고 있는 바와 같이 주민등록표등본 및 호적등본과 같은 서류로서 증빙할 필요는 없다는 것이 법원의 태도이다. 대판 2001.8.23, 2001구2590 참조. 이 밖에 시행령 별표 1 참조.

54) 대판 2019두42112 참조.

55) 이 조항의 헌법적합성에 대해서는 헌재 1999.4.29, 97헌마333, 11-1, 503면 이하 참조.

56) 「공무원연금법」상의 급여청구권은 상속의 대상이 아니므로 법에 정한 이외의 유족에게 연금급여

공무원이거나 공무원이었던 자를 위하여 사용할 수 있다(공무원연금법 제33조 제1항).[57] 연금의 경우에는 사망 당시 지급되었던 연금액의 3년분에 3년 중 연금을 받은 기간을 공제한 기간의 36분의 1을 곱하여 더한 액이 지급된다. 결국 사망한 자가 3년 이상 연금을 수급한 경우에는 원래 지급되었던 연금액의 3년분만이 지급된다. 그밖의 급여는 전액 지급된다. 다만 퇴직유족연금일시금, 퇴직유족일시금은 급여액의 2분의 1이 지급된다(시행령 제28조 제1항).

급여를 받을 유족의 순위는 민법에 따라 상속받는 순위에 따른다(공무원연금법 제31조). 「국민연금법」이 법률에 정해진 순서에 따라 수급권자의 순위를 인정하는 것과 다른 점이다.[58] 「공무원연금법」상의 수급권자인 유족의 순위에 관한 규정은 입법상의 착오로 보여진다. 왜냐하면 상속의 순위는 직계비속 및 직계존속이 제1, 2위 순위자이고, 제1, 2위 순위자가 있는 경우 배우자가 공동상속인이 된다.[59] 그러나 유족급여는 가입자의 사망으로 인하여 상실된 부양을 대체하는 기능을 수행하기 때문에 유족연금청구권의 1순위자는 새로운 부양의무자인 배우자이어야 한다. 자녀 등에게는 실질 수요를 보호하기 위한 급여를 하거나, 아니면 배우자연금에 가산금을 부여하는 형태로 배려가 되어야 할 것이다. 「국민연금법」은 후자의 방법을 채택하고 있으며, 다만 그 급여수준이 낮다는 문제점에 대해서는 지적하였다.

bb) **급여의 종류와 내용** 퇴직연금 혹은 조기퇴직연금을 받을 권리가 있는 자가 사망한 경우 퇴직유족연금이 지급된다.

퇴직연금 또는 조기퇴직연금을 받을 권리가 있는 사람이 사망한 경우에는 그가 받을 수 있는 연금의 60%에 해당하는 액이 퇴직유족연금으로 지급된다. 연금수급권을 취득한 공무원이 해당 퇴직연금의 지급이 시작되기 전에 사망한 경우에는 사망 당시 기준으로 지급되었을 조기퇴직연금의 60%에 해당하는 액이 퇴직유족연금으로 지급된다. 이때 사망 시점이 연금수급연령에 미달하는 연수가 5년을 초과하는 경우 4년 초과 5년 이내에 사망한 것으로 본다(공무원연금법 제54조 제1항, 제55조 제1항).

청구권을 인정하지 않고 법 제30조 제1항에 따른 급여만을 한다고 하여도 이로써 개인의 재산권이 침해되는 것은 아니라는 것이 법원 및 헌법재판소의 태도이다. 헌재 1998.12.24, 96헌바73, 10-2, 856면 이하.

57) 같은 내용을 규율하고 있는 「사립학교교직원연금법」 제2조 제1항 제2호 및 제38조 제1항이 형제자매를 수급권자의 범위에 포함시키지 않은 점에 대한 헌법적 판단으로는 헌재 2010.4.29, 2009헌바102, 22-1(하), 37면 이하 참조.

58) 국민연금법 제73조 제2항 참조.

59) 민법 제1000조 이하 참조.

10년 이상 재직한 공무원이 재직 중 사망한 때는 퇴직유족연금 외에 퇴직유족연금부가금이 따로 지급된다(공무원연금법 제54조 제2항). 이는 조기 사망으로 인하여 수급하지 못한 본인급여에 대한 보상의 성격을 갖는다. 퇴직유족연금부가금으로는 사망 당시의 퇴직연금일시금에 해당하는 액의 4분의 1에 상당하는 액이 지급된다(공무원연금법 제55조 제2항). 유족은 퇴직유족연금과 퇴직유족연금부가금 대신 퇴직유족연금일시금을 받을 수 있다(공무원연금법 제54조 제4항). 퇴직유족연금일시금으로는 퇴직급여 중 퇴직연금일시금의 산정방법에 따라 산정된 금액이 지급된다(공무원연금법 제55조 제4항).

공무원이었던 자가 연금수급연령에 도달하기 전에 사망하거나 퇴직연금 수급권자 또는 조기퇴직연금 수급권자가 퇴직 전날이 속하는 달의 다음 달로부터 3년 이내에 사망한 때에는 퇴직유족연금 외에 퇴직유족연금특별부가금이 지급된다(공무원연금법 제54조 제3항). 퇴직유족연금부가금과 마찬가지로 실현되지 못한 연금청구권 혹은 지급되지 못한 연금을 보상하기 위한 급여이다. 퇴직유족연금특별부가금은 퇴직연금일시금에 해당하는 액의 4분의 1에 상당하는 액에 일정 비율을 곱하여 산정하며, 산정공식은 다음과 같다.

$$\text{퇴직유족연금특별부가금} = \text{퇴직연금일시금} \times \frac{1}{4} \times [36 - \text{사망시까지 퇴직연금을 받을 수 있는 달수}] \times 1/36$$

이 밖에 공무원이 10년 미만 재직하고 사망한 때에는 유족에게 퇴직유족일시금이 지급된다. 퇴직유족일시금은 퇴직급여 중 퇴직일시금의 산정방식에 따라 산정된다(공무원연금법 제58조, 제51조 제2항).

cc) **유족급여의 소멸** 유족급여 수급권자가 사망하거나 재혼한 때, 사망한 공무원이었던 사람과의 친족관계가 종료된 때, 대통령령에 정한 장해상태가 더 이상 존재하지 않게 된 때, 또 자녀 또는 손자녀가 19세가 된 때에는 유족연금청구권을 상실한다. 이 경우 같은 순위자가 있을 때에는 같은 순위자에게, 같은 순위자가 없을 때에는 다음 순위자에게 권리가 이전된다(공무원연금법 제57조).

e) 일시금

연금수급권자가 외국으로 이민하게 된 때, 또는 국적을 상실한 때에는 본인이 원하는 경우 연금 대신 출국하는 달의 다음 달 혹은 국적을 상실한 달을 기준으로 한 4년분의 연금에 해당하는 액을 일시금으로 받을 수 있다(공무원연금법 제36조).

(2) 공무원재해보상

a) 요양급여

공무상 행위 중에 발생한 질병·부상에 대해서는 「공무원재해보상법」에 따른 요양급여가 지급된다. 요양급여는 현물급여로서 지급된다. 국민건강보험과 비교하면 예방이 제외되어 있고, 병원과 요양소에 수용되어 하는 요양이 추가되어 있다(공무원재해보상법 제22조). 공무상 요양비는 「국민건강보험법」상의 요양기관에서 받아야 한다. 다만 공무원이 긴급한 필요 또는 그 밖의 부득이한 사정으로 요양기관 외의 의료기관에서 요양을 받은 경우에는 공무상 요양비를 지급할 수 있다. 이를 위해서는 인사혁신처장의 인정이 있어야 한다(시행령 제35조).

공무상 요양비를 산정하는 기준은 두 가지이다(공무원재해보상법 제25조). 첫째, 일반적으로는 「국민건강보험법」 제45조에 의하여 요양급여비용이 산정된다. 둘째, 실제 치료에 소요되는 비용이 첫 번째 기준에 따른 요양급여비용을 초과하는 경우 혹은 「국민건강보험법」 제45조에 따른 요양 외의 요양비용이 발생하는 경우에는 「산업재해보상보험법」 제40조에 따라 요양급여비용이 지급된다. 셋째, 「국민건강보험법」과 「산업재해보상보험법」에 의한 요양급여비용을 초과하거나 그 범위 외의 요양에 드는 비용이 발생하는 경우에는 특수요양급여비용이 지급된다. 특수요양급여비용은 정상적인 치료가 곤란하거나 치료 후 정상적인 사회생활이 곤란하여 별도의 요양이 필요한 경우로서 그에 필요한 약제·진료·성형수술을 포함하는 처치·기구·재활치료 등에 드는 비용으로서 인사혁신처장이 정하는 요양급여비용 혹은 「국민건강보험법」 및 「산업재해보상보험법」에 의한 요양급여비용의 지급수가를 초과하는 비용 중 인사혁신처장이 정하는 요양급여비용을 말한다(시행령 제34조).

요양급여기간에는 제한이 있다. 요양기간은 동일한 질병 또는 부상에 대하여 원칙적으로 3년이다. 다만 실제 요양기간이 3년이 지난 후에도 계속 치료가 필요하다는 의학적 소견이 있는 경우에는 1년 이하의 기간 단위로 요양기간을 연장할 수 있다(공무원재해보상법 제22조 제2항). 이미 요양급여를 받은 사람이 치유된 후 요양의 대상이 되었던 공무상 질병 또는 부상이 재발하거나 치유 당시보다 상태가 악화되어 이를 치유하기 위한 적극적인 치료가 필요하다는 의학적 소견이 있는 경우에는 재요양을 청구할 수 있다. 재요양을 위해서는 공무원재해보상심의회의 심의를 거쳐야 한다. 재요양의 내용과 기간에 대해서는 요양급여에 관한 규정에 따른다(공무원재해보상법 제23조).

b) 재활급여

재활급여로서 재활운동비와 심리상담비가 지급된다. 재활운동비는 공무상 요양 중인 공무원 혹은 요양을 마친 후 3개월 이내인 공무원에게 지급되며, 장해가 남을 것이라는 의학적 소견이 있고, 공무원이 재활운동을 한 경우에 지급된다. 심리상담비는 공무상 요양 중인 공무원이 공무상 재해로 인한 심리 치료를 위하여 상담을 한 경우에 지급된다. 심리상담비로 인사혁신처장이 고시하는 금액의 범위 내에서 실제 드는 비용이 지급된다(공무원재해보상법 제26, 27조, 시행령 제38, 39조).

c) 간병급여

공무상 요양을 마친 사람이 의학적으로 상시 또는 수시로 간병이 필요한 경우 간병급여가 지급된다. 간병급여의 지급기준에 대해서는 「산재보험법」의 관련 규정을 준용한다(공무원재해보상법 제34조, 시행령 제48조, 산재보험법 시행령 제59조 제3, 4항).

d) 장해급여

장해등급에 해당하는 장해가 발생하여 퇴직한 경우, 혹은 퇴직 후에 퇴직 전의 공무상 부상 또는 질병으로 인하여 장해상태로 된 경우에 장해연금과 장해일시금 중 선택하여 급여를 청구할 수 있다. 장해급여의 경우 연령이나 재직기간 등은 급여조건이 아니다. 장해급여액은 장애의 정도 및 본인의 기준소득월액에 따라 차등산정된다. 장애등급은 신체의 완전성이 훼손된 정도에 따라 14등급으로 분류되어, 별표에 정해져 있다(공무원재해보상법 제29조, 시행령 별표 3).

공무상 장해를 입은 자가 장해연금을 선택한 경우 장해등급 1급에 대해서 기준소득월액의 52%가 지급되며, 1등급이 낮아질 때마다 3.25%씩 낮아져서 장해등급 제14급에 대해서는 기준소득월액의 9.75%가 지급된다. 장해일시금으로는 각 장해등급에 따라 5년분에 상당하는 액이 지급된다(공무원재해보상법 제29조). 「국민연금법」과는 달리 가족을 위한 급여는 없다.

장해정도의 개정과 장해의 병합은 공무원연금에서와 같은 방법으로 이루어진다(공무원재해보상법 제30, 31조). 또 장해연금수급권자가 다른 소득이 있을 때에는 「공무원연금법」의 퇴직연금에서와 같은 방법으로 조정이 이루어진다(공무원연금법 제50조). 재취업하여 소득이 있기 때문에 장해연금의 지급이 정지된 자가 다시 퇴직한 경우에는 퇴직 당시 장해상태에 있는 경우에 한하여 재퇴직 당시의 기준소득월액을 기초로 하여 장해연금을 다시 산정한다. 이때 산정되는 장해연금의 액이 종전보다 적을 때에는 종전의 금액이 연금으로 지급된다(공무원재해보상법 제32조).

e) 재해유족급여

재해유족급여로 장해유족연금, 순직유족연금, 순직유족보상금, 위험직무순직유족연금, 위험직무순직유족부조금 등이 지급된다. 순직유족연금, 순직유족보상금, 위험직무순직유족연금, 위험직무순직유족부조금 등이 지급되기 위해서는 공무원재해보상심의회의 심의를 거쳐야 한다.

장해유족연금은 장해연금을 받을 권리가 있는 사람이 사망한 경우에 유족에게 지급된다. 장해유족연금으로 장해연금액의 60%가 지급된다(공무원재해보상법 제35조). 순직유족연금은 순직공무원의 유족에게 지급된다. 순직유족연금은 공무원의 사망 당시 기준소득월액의 38%에 해당하는 액에 순직공무원의 유족 1명당 공무원의 사망 당시 기준소득월액의 5%에 해당하는 액을 더한 액으로 한다. 이때 유족 1명당 가산되는 액은 20%를 초과할 수 없다(공무원재해보상법 제36조). 순직유족보상금은 공무원 전체의 기준소득월액의 평균액의 24배로 한다(공무원재해보상법 제37조). 위험직무순직유족연금으로 공무원의 사망 당시 기준소득월액의 43%에 해당하는 액에 유족 1명당 5%를 더한 액이 지급된다. 이 경우에도 유족 1명당 가산되는 액은 20%를 초과할 수 없다(공무원재해보상법 제38조). 위험직무순직유족부조금은 공무원 전체의 기준소득월액 평균액의 45배로 한다(공무원재해보상법 제39조).

f) 부조급여

aa) 재난부조금 재난부조금으로 수재나 화재, 그 밖에 이에 준하는 자연적 또는 인위적인 현상으로 인하여 공무원 본인, 혹은 그 배우자 소유의 주택이나 공무원이 상시 거주하는 주택으로서 공무원 또는 그 배우자의 직계존비속 소유의 주택이 완전히 소실·유실 또는 파괴된 경우에는 공무원 전체의 기준소득월액의 평균액의 3.9배, 2분의 1 이상이 소실·유실 또는 파괴된 경우 공무원 전체의 기준소득월액의 평균액의 2.6배, 3분의 1 이상이 소실·유실 또는 파괴된 경우 공무원 전체의 기준소득월액의 평균액의 1.3배에 해당하는 재난부조금이 지급된다(공무원재해보상법 제42조, 시행령 제53조).

bb) 사망조위금 공무원의 배우자나 부모 또는 자녀가 사망한 때, 또는 공무원이 사망한 때에는 사망조위금이 지급된다. 부모에는 배우자의 부모가 포함된다. 사망조위금으로는 공무원 전체의 기준소득월액의 평균액의 65%에 해당하는 액이 지급된다. 공무원 본인이 사망한 경우에는 배우자에게 해당 공무원의 기준소득월액의 2배에 해당하는 액이 지급된다(공무원재해보상법 제43조). 배우자가 없는 때에는 실제 장례와 제사를 모시는 유족에게 사망조위금이 지급된다. 사망조위금은 장례비용에 대한 보상으로서의 성격을 갖는다.

(3) 급여의 제한과 조정

가) 급여의 제한

공무원이 「공무원재해보상법」상 명시적·묵시적으로 부과되어 있는 책임을 이행하지 않은 경우, 혹은 적극적으로 연금제도의 운영에 위해(危害)한 행위를 한 경우에는 급여조건이 충족되어도 급여가 제한된다.

급여를 받을 수 있는 사람이 자해(自害) 혹은 고의로 부상·질병·장해·사망 또는 재난을 발생하게 한 경우에는 해당 급여는 지급되지 않는다. 공무원의 자해행위가 원인이 되어 부상·질병·장해를 입거나 사망한 경우 공무상 재해로 보지 아니한다. 다만 이 경우에도 해당 행위가 공무와 관련한 사유로 정상적인 인식능력 등이 뚜렷하게 저하된 상태에서 행해진 때에는 공무상 재해로 본다(공무원재해보상법 제44조 제1항, 제4조 제2항). 유족급여를 받을 수 있는 사람이 공무원, 공무원이었던 자, 유족급여를 받고 있는 사람을 고의로 사망케 한 경우, 또 유족급여를 받을 수 있는 사람이 그의 같은 순위자 또는 앞선 순위자를 고의로 사망케 한 경우에도 급여가 지급되지 않는다(공무원연금법 제63조; 공무원재해보상법 제44조 제2항). 이때 급여청구권 자체가 성립되지 않는지, 혹은 급여청구권은 성립되지만 행위자에 한하여 청구권이 부인되는지에 대해서는 해석이 필요하다. 생각건대 이 경우 청구권 자체는 성립하며, 행위자의 다음 순위자에게 급여가 지급된다고 보아야 한다. 다른 사람의 행위로 인하여 가족 전체가 생활위험에 빠져서는 안 되기 때문이다. 공무원이거나 공무원이었던 사람에 대하여 양육책임이 있었던 사람이 이를 이행하지 않은 경우에는 양육책임을 이행하지 않은 기간, 정도 등을 고려하여 대통령령으로 정하는 바에 따라 해당 급여의 전부 또는 일부를 지급하지 않을 수 있다. 이는 공무원재해보상심의회의 심의를 거쳐 결정한다.

협력의무를 이행하지 않는 경우 급여의 일부를 지급하지 않는다. 급여를 받을 수 있는 사람이 고의로 질병·부상·장해를 발생하게 한 경우에는 해당 급여는 지급되지 않는다. 급여를 받을 자가 중대한 과실에 의하거나, 정당한 사유없이 요양에 관한 지시에 따르지 않아 질병·부상·장해가 발생하거나, 또는 질병·부상·장해의 정도가 악화되게 하거나 회복을 방해한 때 혹은 고의로 질병·부상·장해의 정도를 악화하게 하거나, 회복을 방해한 때에는 급여의 2분의 1을 감액하여 지급한다. 다만 공무수행 중의 사고로 인하여 발생한 부상 혹은 질병에 대해서는 본인의 고의의 사고로 인한 경우가 아닌 한 요양급여·재활급여 및 간병급여 전액을 지급한다(공무원연금법 제63조, 시행령 제59조; 공무원재해보상법 제44조, 시행령 제55조). 급여의 지급을 위해서 필요한 진단을 받아야 함에도 불구하고 정당한 사유 없이 진단을 받지 않은 경우에도 급여의 2분의 1을 빼고 지급된다(공무원연금법 제64조, 시행령 제60조; 공무원재해보상법 제45조, 시행령 제56조).

공무원연금 및 재해보상의 수급권자는 적법하게 임용된 공무원이다. 따라서 「국가공무원법」상의 임용결격사유가 존재함에도 불구하고 공무원으로 임용되어 근무하거나 근무하였던 자는 퇴직연금청구권을 갖지 못한다. 이들에게는 기여금이 반환되고, 또 「근로기준법」상 퇴직금에 상당하는 금액을 반환받을 수 있다.[60)]

「국민연금법」과는 달리 「공무원연금법」 및 「공무원재해보상법」에서는 공무원 혹은 공무원이었던 자가 범법행위를 한 경우 급여의 일부를 제한하고 있다. 즉 재직 중의 사유로 금고 이상의 형이 확정된 경우, 탄핵 또는 징계에 의하여 파면된 경우, 그리고 금품 및 향응수수, 공금의 횡령·유용으로 징계 해임된 경우에 급여가 일부 감액 지급된다. 다만 직무와 관련이 없는 과실로 인한 경우 및 소속 상관의 정당한 직무상의 명령에 따르거나 과실로 인한 경우는 급여제한 사유에서 제외한다.[61)] 그러나 고의범의 경우에는 해당 행위가 직무와의 관련성이 없더라도 급여제한사유에 해당한다.[62)] 공무원으로 재직 중 있었던 범죄행위로 인하여 퇴직한 후 수사가 진행 중이거나 형사재판이 계속 중일 때에는 퇴직급여 및 퇴직수당의 일부를 지급 정지할 수 있다. 지급 정지되는 급여에서 연금인 급여는 제외된다.[63)] 퇴직 후 연금을 지급받다가 재임용되어 재직하였으며 재임용된 전후의 기간이 합산되어 연금을 지급받던 자가 재직중 행위로 금고 이상의 형에 해당하는 판결을 받아 연금액이 감액되는 경우 감액되는 대상은 재임용 전후의 전체 연금액이다.[64)]

재직 중의 사유로 금고 이상의 형의 선고를 받거나, 탄핵 또는 징계에 의하여 파면된 때 퇴직급여는 재직기간이 5년 미만인 경우에는 4분의 1이, 재직기

---

60) 헌재 2012.8.23, 2010헌바425, 24-2(상), 490면 이하; 대판 1987.4.14, 86누459; 1996.2.27, 95누9617; 1998.1.23, 97누16985; 2003.5.16, 2001다61012; 2004.7.22, 2004다10350 등 참조.

61) 직무 관련성 여부, 그리고 고의와 과실을 불문하고 급여를 제한하였던 구 「공무원연금법」 및 구 「사립학교교직원연금법」의 해당 규정에 대해서 헌법재판소는 헌법불합치결정을 한 바 있다. 헌재 2007.3.29, 2005헌바33, 19-1, 211면 이하; 2010.7.29, 2008헌가15, 22-2(상), 16면 이하 등 참조.

62) 「사립학교교직원연금법」에서 이에 관한 결정으로는 헌재 2013.9.26, 2010헌가89등, 25-2(상), 586면 이하 참조.

63) 서울고법 1994.12.2, 94구20503 참조.

64) 대판 2009.9.24, 2007다56876 참조.

간이 5년 이상인 경우에는 2분의 1이 감액 지급된다. 퇴직수당은 일률적으로 2분의 1이 감액 지급된다. 금품 및 향응수수, 공금의 횡령·유용으로 징계·해임된 때에 재직기간이 5년 미만인 경우에는 퇴직급여의 8분의 1, 재직기간이 5년 이상인 경우에는 퇴직급여의 4분의 1이 감액 지급된다. 퇴직수당은 일률적으로 4분의 1이 감액 지급된다(공무원연금법 제65조 제1항, 시행령 제61조 제1항).

재직 중의 사유로 금고 이상의 형에 처할 범죄행위로 인하여 수사가 진행 중이거나 재판이 계속 중인 경우 제한되는 급여액은 재직기간에 따라 차이가 있다. 재직기간이 5년 미만인 자의 퇴직일시금은 4분의 3이 지급되고, 재직기간이 5년 이상인 자의 퇴직연금일시금, 퇴직연금공제일시금 또는 퇴직일시금은 2분의 1이 감액 지급된다. 퇴직수당은 일률적으로 2분의 1이 감액 지급된다(공무원연금법 제65조 제3항, 시행령 제61조 제4항).[65] 수사 혹은 재판의 결과 불기소처분을 받은 때, 금고 이상의 형의 선고를 받지 아니한 때, 혹은 금고 이상의 형의 선고유예판결을 받고 그 유예기간이 경과된 때에는 남은 금액이 지급된다.

재직 중의 사유로 형법상의 내란의 죄, 외환의 죄, 「군형법」상의 반란의 죄, 이적(利敵)의 죄, 「국가보안법」상의 죄 등 중죄를 범하고 금고 이상의 형을 받은 경우에는 퇴직급여는 지급되지 않는다. 다만 기여금에 이자를 가산한 액이 반환될 뿐이다(공무원연금법 제65조 제4항).[66]

「국민연금법」과는 달리 「공무원연금법」에서 공무원인 자가 범법행위를 한 경우 급여의 일부를 제한하는 것이 평등의 원칙에 반한다고 볼 수는 없다. 국민연금 가입자와 국민연금공단의 관계와는 달리 공무원은 국가에 대하여 법령에 충실할 의무가 있기 때문이다. 개정 전 「공무원연금법」이 공무원의 범법행위가 재직 중의 사유에 해당하면 직무관련성이 있는가 여부에 관계없이, 그리고 고의·과실을 묻지 않고 급여를 제한하였던 규정에 대해서 헌법재판소는 헌법불합치결정을 내렸다. 이 결정에서 헌법재판소는 직무와의 관련성이 없는 경

65) 이러한 내용은 원래 시행령을 통해서 규율되었다. 그러나 같은 내용을 갖는 「사립학교교직원연금법 시행령」 제66조 제2항이 법률적 근거가 없이 급여를 제한하는 것은 위임입법의 한계를 일탈한 것으로 법률에 위반된다는 판결이 내려진 바 있다. 대판 1995.1.24, 93다37342 참조. 이 판결 후 1995년 급여제한의 법적 근거를 마련하기 위하여 「공무원연금법」에 제64조 제2항이 신설되었다. 이 규정은 「사립학교교직원연금법」 제42조에 의해서 「사립학교교직원연금법」에 준용된다.

66) 개정 전 「공무원연금법」은 제64조 제3항에 한하여 "재직 중의 사유"인가의 여부에 대해서는 명시적인 규정을 두지 않았다. 헌법재판소 및 법원은 이 조항에 의한 급여제한 역시 재직 중의 사유인 경우에 한정된다는 해석을 한 바 있다. 헌재 2002.7.18, 2000헌바57, 14-2, 1면 이하; 대판 2002.5.31, 2000두4514 등 참조.

우에도, 그리고 고의·과실에 따른 차별이 없이 재직 중의 범죄행위로 인하여 금고 이상의 형의 선고를 받은 경우 일률적으로 연금을 감액하는 것은 재산권 및 평등권을 침해한다고 판단하였다. 그러나 위에서 언급했듯이 국민연금 가입자인 일반 국민과 공무원은 신분상의 차이가 있으며, 이를 기준으로 급여제한 사유를 차별하는 것을 형평에 반한다고 할 수는 없다. 또 공무원의 법령준수 의무는 직무상의 의무에 그치지 않고 신분상의 의무의 성격을 갖는다. 그렇다면 직무상의 사유에 의한 범죄행위만이 비난의 대상은 아니다. 또 고의범만을 처벌의 대상으로 할 것인가, 나아가서 과실범을 포함시킬 것인가는 입법재량에 해당한다고 보아야 한다.[67)]

나) 급여의 조정

a) 공무원연금법 및 공무원재해보상법에서 청구권 경합의 조정

「공무원연금법」에서 퇴직연금 수급자가 본인의 퇴직연금 외에 퇴직유족연금을 함께 받게 된 경우에는 퇴직유족연금액의 2분의 1을 빼고 지급한다. 퇴직연금과 비공무상 장해급여는 함께 지급할 수 없다(공무원연금법 제40조).

「공무원재해보상법」에서 위험직무순직유족연금의 지급 결정을 받은 사람에 대해서는 순직유족연금을 지급하지 않으며, 위험직무순직유족보상금의 지급 결정을 받은 사람에 대해서는 순직유족보상금을 지급하지 않는다. 이 경우 이미 순직유족연금 또는 순직유족보상금을 지급하였을 때에는 위험직무순직유족연금 또는 위험직무순직유족보상금에서 그 지급액 만큼을 빼고 지급한다. 장해유족연금 수급권자가 순직유족연금 수급권 또는 위험직무순직유족연금 수급권을 함께 갖게 된 경우에는 그 중 하나를 선택할 수 있다. 이 경우 순직유족연금 또는 위험직무순직유족연금을 선택한 사람에게 이미 장해유족연금을 지급하였을 때에는 순직유족급여 또는 위험직무순직유족급여에서 그 지급액 만큼을 빼고 지급한다(공무원재해보상법 제19조).

b) 다른 법률에 의한 보상과의 조정

다른 법령에 의하여 국가나 지방자치단체의 부담으로 「공무원연금법」 및 「공무원재해보상법」에 의한 급여와 동일한 종류의 급여를 받는 경우, 그리고

67) 헌재 2007.3.29, 2005헌바33, 19-1, 211면 이하 참조. 같은 규정에 대해서 이전에 헌법재판소는 합헌결정을 한 바 있다. 헌재 1995.6.29, 91헌마50; 1995.7.21, 94헌바27등, 7-2(1995), 82면 이하 참조. 이 결정에 대해서 자세히는 전광석, "공무원연금법 제64조 제1항에 대한 위헌소원", 전광석, 헌법판례연구(법문사, 2000), 265면 이하 참조.

이들 법에 의한 급여사유가 제3자의 행위로 인하여 발생한 경우에 급여가 조정된다.

다른 법령에 따라 국가나 지방자치단체의 부담으로 「공무원연금법」에 따른 급여와 같은 종류의 급여를 받는 경우 그 급여에 상당하는 금액을 공무원연금 급여에서 빼고 지급한다. 다른 직역연금법에 따른 퇴직연금을 수급하는 사람이 「공무원연금법」에 따른 퇴직유족연금을 함께 받게 된 경우에는 퇴직유족연금액의 2분의 1을 빼고 지급한다. 「공무원연금법」에 따른 비공무상 장해급여와 「공무원재해보상법」에 따른 장해급여 수급권이 함께 발생한 경우에는 그 중 하나를 선택하여야 한다. 퇴직연금을 받을 권리가 있는 공무원이 사망한 경우 해당 유족이 「공무원재해보상법」에 따른 순직유족연금 또는 위험직무순직유족연금의 수급권을 갖게 되었을 때에는 「공무원연금법」에 따른 퇴직유족연금과 순직유족연금 또는 위험직무순직유족연금 중 하나를 선택하여야 한다(공무원연금법 제41조).

순직유족연금 혹은 위험직무순직유족연금의 수급권자가 퇴직유족연금, 퇴직유족연금일시금 혹은 퇴직유족일시금 등의 수급권을 갖게 된 경우 순직유족연금 혹은 위험직무순직유족연금과 해당 급여 중 하나를 선택하여야 한다. 순직유족연금 혹은 위험직무순직유족연금 수급권자에게 퇴직유족연금, 퇴직유족연금일시금 또는 퇴직유족일시금을 이미 지급하였을 때에는 순직유족급여에서 그 지급액 만큼을 빼고 지급한다.

이밖에 다른 법령에 따라 국가나 지방자치단체의 부담으로 「공무원재해보상법」에 따른 급여와 같은 종류의 급여를 받는 사람에게는 그 급여에 해당하는 금액을 「공무원재해보상법」에 따른 급여에서 빼고 지급한다.[68] 다만, 순직유족급여·위험직무순직유족급여 수급자에게 「국가유공자 등 예우 및 지원에 관한 법률」 및 「보훈보상대상자 지원에 관한 법률」에 따른 보상금을 함께 지급하는 경우에는 이를 빼지 않는다.[69] 장해유족연금, 퇴직유족연금, 퇴직유족연금일시금 또는 퇴직유족일시금을 선택한 경우에도 마찬가지이다. 다른 직역연금에서

68) 다른 법령에 의하여 배상 혹은 보상이 이루어지는 경우 「공무원연금법」상의 장해연금에 해당하는 액을 공제하는 규정에 대한 헌법적 판단으로는 헌재 2013.9.26, 2011헌바272, 25-2(상), 683면 이하 참조. 이 결정에는 「군인연금법」에는 「공무원연금법」에 상응하는 공제규정이 없다는 점이 평등의 관점에서 논의를 필요로 하였다.

69) 예컨대 「공무원연금법」상의 장해보상금을 받는 자가 국가배상청구권을 행사하는 경우 「공무원연금법」상의 장해보상금에서 그 상당액은 공제된다. 이에 비해 법원은 이 사람이 동시에 「국가유공자 등 예우 및 지원에 관한 법률」에 의하여 간호수당을 받는 경우 이 급여는 공제의 대상에서 제외하고 있다. 대판 1999.8.24, 99다24997 참조.

퇴직연금을 수급하는 사람이 「공무원재해보상법」에 따른 순직유족연금 또는 장해유족연금을 함께 받게 된 경우에는 해당 유족연금액의 2분의 1을 빼고 지급한다(공무원재해보상법 제20조).

c) 제3자에 대한 청구권과의 조정

「공무원연금법」상의 청구권과 피해발생에 책임이 있는 제3자에 대한 청구권이 경합하는 경우에는 수급권자는 선택적으로 청구권을 행사할 수 있다. 「공무원연금법」상의 급여를 지급받은 경우에는 공무원연금공단은 지급된 금액의 범위에서 수급권자가 제3자에 대해서 갖는 손해배상청구권을 대신 행사할 수 있다. 공단이 비공무상 장해연금을 지급한 경우에는 5년분의 장해연금액에 상당하는 금액에 대해서 손해배상청구권을 대위한다.

「국민건강보험법」과 「국민연금법」에서도 논란이 되었던 문제, 즉 대위권이 행사되는 제3자의 범위에 대해서 「공무원연금법」은 명시적으로 법률에 규율하고 있다. 즉 피해를 야기한 제3자가 해당 공무원 또는 공무원이었던 자의 배우자, 해당 공무원 또는 공무원이었던 자의 직계존비속, 공무수행 중인 공무원인 경우에는 공무원재해보상심의회의 심의를 거쳐 손해배상청구권의 전부 또는 일부를 행사하지 않을 수 있다(공무원연금법 제42조 제1항; 공무원재해보상법 제21조 제1항). 또 공무원이 다른 공무원의 불법행위로 인하여 사망한 경우 유족에게 이미 유족보상금이 지급되었다면 유족이 국가에 대해서 갖는 손해배상청구권을 행사함에 있어 지급된 유족보상금은 공제된다.[70] 피해자인 공무원이 가해자인 제3자에 대해서 위자료청구권을 갖는 경우 이는 구상할 수 있는 대상채권에서 제외된다.[71]

수급권자가 이미 제3자로부터 손해배상을 받은 경우에는 공단은 그 배상액의 범위 내에서 급여를 지급하지 않는다(공무원연금법 제42조 제2항; 공무원재해보상법 제21조 제2항).

다) 급여의 환수

거짓이나 그밖의 부정한 방법으로 급여를 받은 경우, 급여를 받은 후 그 급여의 사유가 소급하여 소멸된 경우, 그 밖에 급여가 잘못 지급된 경우에는 급여는 환수된다. 급여를 환수하는 경우 일정한 이자가 가산된다.[72] 이러한 환수

70) 대판 1998.11.19, 97다36873 참조. 이는 유사한 사안에서 유족보상금의 공제를 부정하던 기존의 판례를 변경한 것이다. 대판 1969.6.24, 69다562; 1970.9.29, 69다289; 1991.11.8, 91다28955 등 참조.

71) 대판 2000.3.10, 98다37491 참조.

72) 당연퇴직으로 인하여 공무원신분을 상실한 자가 사실상 공무원으로 계속 근무하다가 퇴직한 후 퇴직급여를 받았다면 이는 부정한 방법으로 급여를 받은 경우에 해당한다. 대판 1995.9.29, 95누

권은 취소사유가 발생한 날로부터 5년간 행사하지 않으면 시효로 소멸한다(공무원연금법 제37조, 제88조 제3항; 공무원재해보상법 제16조, 제54조 제2항).[73] 그러나 수급자의 선의(善意) 여부를 묻지 않고 시효를 5년으로 일률적으로 규율하고 있는 것은 타당성이 없다. 이러한 상황을 고려하여 환수를 유보하는 가능성이 예정되어 있다. 즉 환수를 이행하지 않아 체납처분을 하였으나 배분금액이 체납액에 부족한 때, 해당 권리에 대한 소멸시효가 완성된 때, 체납자의 행방을 장기간 알 수 없거나 재산이 없는 때, 그 밖에 불가피한 사유로 환수가 불가능하다고 인정될 때가 그것이다.

4. 재　정

공무원연금 및 공무원재해보상과 사립학교교직원연금에서 사회보험의 성격에 상응하는 급여는 가입자와 국가 혹은 학교경영자가 납부하는 보험료에 의하여 재원이 충당된다. 이에 비해서 재해보상의 성격을 갖는 급여의 재원은 국가 혹은 학교경영자가 충당한다. 이 밖에 관리운영비에 대한 국고보조가 이루어진다. 「공무원연금법」과 「공무원재해보상법」, 그리고 「사립학교교직원연금법」은 재정방식에 있어서 차이가 있으므로 나누어서 설명하기로 한다.

(1) 공무원연금 및 공무원재해보상의 재정

공무원연금은 퇴직후 공무원의 생활안정을 보장하여야 한다. 따라서 장기적이고, 안정적으로 재정이 운영되어야 한다. 이는 「공무원연금법」에 다음과 같이 반영되어 있다. 첫째, 퇴직급여 및 퇴직유족급여에 드는 비용은 적어도 5년마다 계산하여 재정균형이 유지되도록 한다(공무원연금법 제66조 제1항). 둘째, 국가 및 지방자치단체는 공무원연금의 재정안정을 위하여 예산의 범위에서 책임준비금을 연금기금에 적립하여야 한다(공무원연금법 제72조). 셋째, 급여에 충당하기 위한 책임준비금으로 공무원연금기금을 두며, 기금의 운용에 대해서 법률이 규율하고 있다(공무원연금법 제76조).

기금운영과 관련된 중요한 사항을 심의하기 위하여 인사혁신처에 공무원연금운영위원회를 둔다. 위원회는 공무원연금복지 또는 재해보상업무와 관련된

7529 참조. 「공무원연금법」상의 퇴직연금수급자가 다른 특수직역연금법이 적용되는 사업장에 임용되어 급여를 받는 경우 퇴직연금은 법률에 의해서 당연히 지급이 정지된다. 따라서 이 기간 퇴직연금이 지급되었다면 이는 과오급된 것이며, 환수된다. 대판 2000.11.10, 99두10414 참조.

73) 「국민연금법」은 이러한 소멸시효기간을 5년에서 3년으로 단축한 바 있다(국민연금법 제115조). 「공무원연금법」의 이에 관한 규정에 대한 헌법심사로는 헌재 2009.5.28, 2008헌바107, 21-1(하), 712면 이하 참조.

중앙행정기관의 공무원, 공무원단체 소속공무원, 퇴직연금수급자, 비영리 민간단체에 소속된 사람, 그리고 공무원연금에 관한 식견과 경험이 풍부한 사람으로 구성된다(공무원연금법 제79조). 기금운영의 투명성을 확보하기 위하여 인사혁신처장은 매 회계연도의 기금결산을 공시한다(공무원연금법 제81조).

가) 국가 및 지방자치단체의 부담

공무원연금에서 퇴직수당을 지급하기 위하여 드는 비용은 국가와 지방자치단체가 부담한다(공무원연금법 제66조 제2항).

공무원재해보상에 드는 비용은 국가 또는 지방자치단체가 부담한다(재해보상부담금). 공무원연금과는 달리 재해보상의 성격에 상응하여 공무원 자신의 재정부담은 없다. 재해보상부담금은 공무원의 소속에 따라 우정사업본부 소관 특별회계, 인사혁신처 소관 일반회계, 지방자치단체 소관 회계, 지방교육행정기관 소관 회계에서 부담한다. 재해보상부담금은 재해발생률, 부담하는 비용의 범위 등을 고려하여 회계별로 해당 연도 총급여에 드는 예상액을 해당 연도 보수예산의 총액으로 나눈 비율을 소관 회계별 보수예산에 곱하여 산정한 금액으로 한다(공무원재해보상법 제49조 제3항, 시행령 제60조).

나) 기여금과 부담금

공무원연금에서 퇴직급여, 퇴직유족급여 및 비공무상 장해급여에 드는 비용을 위하여 공무원은 기여금을, 국가는 부담금을 납부한다(공무원연금법 제66조 제1항). 기여금액은 기준소득월액에 기여금률을 곱하여 산정한다. 기준소득월액은 공무원이 일정 기간 재직하고 얻은 소득에서 비과세소득을 제외한 금액의 연지급합계액을 12개월로 평균한 금액을 말한다. 기여금률은 9%로 법에 정해져 있다. 기준소득월액에 상한이 있다. 즉 이는 공무원 전체의 기준소득월액 평균액의 160퍼센트를 초과할 수 없다(공무원연금법 제67조 제2항). 부담금액은 매 회계연도 보수예산(報酬豫算)에 부담금률을 곱하여 산정한다. 부담금률 역시 9%로 법에 정해져 있다(공무원연금법 제71조 제1항).

다) 국고보조

공단의 운영에 드는 비용은 국가가 보조할 수 있다(법 제66조 제3항). 기여금, 부담금 등으로 퇴직급여 및 퇴직유족급여에 드는 비용을 충당할 수 없는 경우 그 부족한 금액(보전금)을 국가 또는 지방자치단체가 부담하여야 한다(공무원연금법 제71조 제1항). 이 밖에 전쟁 또는 사변으로 인하여 발생하는 급여에 드는 비용은 당해연도의 기여금·부담금 및 기금운용수익금을 초과하는 금액에 한하여 국가가 부담한다

(공무원연금법 제94조).

국가와 지방자치단체는 예산의 범위에서 「공무원재해보상법」에 따른 재해예방사업 및 재활·직무복귀 지원사업에 드는 비용을 부담할 수 있다(공무원재해보상법 제48조 제2항).

(2) 사립학교교직원연금의 재정

가) 국가 및 학교법인의 부담

「사립학교교직원연금법」상의 급여 중 요양급여, 장해급여, 간병급여, 재해유족급여 및 부조급여에 대한 급여비용은 법인이 부담한다(재해보상부담금)(사립학교교직원연금법 제48조의 2). 재해보상부담금으로 학교법인은 교직원의 개인부담금 합계액의 1.81% 이상 5.45% 이하 범위에서 부담한다. 현재 부담비율은 4.54%이다(법 제48조의 2, 시행령 제69조의 2). 납부된 부담금은 사립학교교직원연금공단에 재해보상급여준비금으로 적립된다. 퇴직수당의 재원은 학교경영기관이 부담하되, 공단이 그 일부를 부담할 수 있으며, 국가는 공단에서 부담하는 비용을 제외한 나머지 비용의 일부 또는 전부를 부담한다(법 제47조 제3항, 시행령 제69조의 3).

나) 보험료

보험급여의 성격을 갖는 급여의 재원은 사립학교교원 및 직원이 납부하는 부담금과 국가와 법인이 납부하는 부담금이다. 법인부담금은 학교경영기관이 부담한다. 다만 학교경영기관이 법인부담금의 전부 또는 일부를 부담할 수 없을 때에는 그 부족액을 학교에서 부담하게 할 수 있다. 이 경우 교육부장관의 승인을 받아야 하며, 교육부장관은 학교경영기관의 재정여건 개선계획을 제출받아 재정상태를 고려하여 기간을 정하여 승인할 수 있다(법 제47조 제1, 2항).

개인 부담금액은 기준소득월액에 기여금률을 곱하여 산정된다. 기여금률은 법에 9.0%로 정해져 있다(법 제44조 제4항, 시행령 제68조의 2 제1항). 국가 및 법인의 부담금액은 교원의 경우와 직원의 경우에 각각 다르게 정해져 있다. 먼저 교원에 대해서 국가와 법인은 각각 교원의 부담금 총액의 9,000분의 3,706, 그리고 9,000분의 5,294에 해당하는 액을 부담한다. 사무직원을 위해서는 사무직원의 부담금 총액과 같은 금액을 학교법인이 부담한다(법 제47조 제3항, 시행령 제68조의 2 제2, 3항). 사무직원에 대해서는 보험료에 대한 국가부담이 없는 셈이다.

다) 국고보조

사립학교교직원연금공단의 운영에 소요되는 비용의 전부 또는 일부를 국가가 보조할 수 있다(법 제60조).

5. 관리운영

공무원연금 및 사립학교교직원연금은 각각 공무원연금공단과 사립학교교직원연금공단에 의해서 관리·운영된다. 두 기관은 모두 국가의 업무를 위탁받아 행하는 공법상의 법인으로서, 자율성은 제한되어 있다. 따라서 국가는 법적 감독뿐 아니라 정책감독을 할 수 있다. 공무원재해보상의 운영에 관한 사항은 인사혁신처장이 주관한다(공무원재해보상법 제2조). 인사혁신처장은 보상업무를 공무원연금공단에 위탁하여 시행하고 있다(공무원재해보상법 제61조).

(1) 공무원연금공단

가) 기관의 종류와 기능

공단의 임원으로 이사장 1명, 상임이사 3명, 5명 이내의 비상임이사, 그리고 감사 1명을 둔다(법 제8조 제1항). 이사장, 상임이사 및 이사는 이사회를 구성한다(법 제14조 제2항). 이사장은 공단을 대표하고, 공단의 업무를 총괄한다. 상임이사는 정관이 정하는 바에 의하여 공단의 업무를 맡고, 이사장이 부득이한 사유로 업무를 수행할 수 없을 때에는 정관에서 정하는 순위에 따라 그 직무를 대행한다. 감사는 공단의 회계와 업무를 감사한다(법 제9조).

이사회는 공단의 최고의사결정기관으로 예산 및 결산, 사업계획·자금계획 및 기금운용계획 등 공단운영의 기본방침, 정관변경, 규정의 제정·개정 및 폐지, 중요 재산의 취득·관리 및 처분 등의 사항을 심의·의결한다(법 제14조 제1항, 시행령 제13조).

나) 기관의 구성

공단의 이사장은 인사혁신처장의 제청으로 대통령이 임면한다. 상임이사와 비상임이사는 이사장의 제청으로 인사혁신처장이 임면한다. 감사는 기획재정부장관의 제청으로 대통령이 임면한다(법 제8조 제3, 4항). 이사장의 임기는 3년이다. 상임이사 및 비상임이사, 그리고 감사의 임기는 2년이며, 1년 단위로 연임할 수 있다(법 제8조 제2항).

다) 국가의 감독

공단은 매 회계연도의 사업운영계획과 예산에 관하여 인사혁신처장의 승인을 받아야 한다. 공단은 매 회계연도 종료 후 2개월 이내에 사업실적과 결산을 인사혁신처장에게 보고하여야 한다. 인사혁신처장은 공단에 대하여 사업에 관한 보고를 명하거나, 사업 또는 재산상황을 검사하며, 정관의 변경을 명하는 등 감독상 필요한 조치를 할 수 있다(법 제19조).

(2) 사립학교교직원연금공단

가) 기관의 종류와 기능

공단의 임원으로 이사장 1명, 2명 이내의 상임이사, 6명 이내의 비상임이사, 그리고 감사 1명을 둔다(사립학교교직원연금법 제10조 제1항). 비상임이사 중에는 당연직 비상임이사로 교육부의 고위공무원단에 속하는 일반직공무원 또는 장학관 1명을 둔다. 나머지 비상임이사 중에는 교직원을 대표하는 사람과 학교경영기관의 장을 대표하는 사람이 포함되어야 한다. 이사장, 상임이사 및 비상임이사는 이사회를 구성한다(사립학교교직원연금법 제14조). 각 기관의 기능은 공무원연금공단에서와 같다(사립학교교직원연금법 제12조, 제14조).

나) 기관의 구성

공단의 이사장과 감사는 교육부장관이 임명한다. 상임이사와 비상임이사는 교육부장관이 임명한다(사립학교교직원연금법 제10조 제2항). 이사장의 임기는 3년으로 한다. 상임이사, 비상임이사 및 감사의 임기는 2년이며, 1년 단위로 연임할 수 있다(사립학교교직원연금법 제11조).

다) 국가의 감독

공단은 매 회계연도의 예산을 편성하여 회계연도 개시 전까지 교육부장관에게 제출하여 승인을 얻어야 한다(사립학교교직원연금법 제24조). 공단은 매 회계연도 종료 후 2개월 이내에 해당 연도의 결산서와 그 부속명세서를 작성하여 교육부장관에게 제출하여야 한다(사립학교교직원연금법 제25조). 교육부장관은 공단의 업무를 감독하고, 감독을 위하여 필요한 조치를 취할 수 있다(사립학교교직원연금법 제28조).

Ⅲ. 군인연금법과 군인재해보상법

「군인연금법」 및 「군인재해보상법」에 의한 급여의 종류 및 내용은 위에서 설명한 「공무원연금법」 및 「공무원재해보상법」상의 그것과 유사하다. 따라서 아래에서는 「군인연금법」과 「군인재해보상법」의 내용을 「공무원연금법」 및 「공무원재해보상법」과 다른 점을 중심으로 간략히 서술하기로 한다.

1. 보호되는 위험

「군인재해보상법」은 공무상 부상 또는 질병, 그로 인한 장해 및 공무상 사망을 보호한다. 「군인연금법」은 퇴직과 사망을 보호한다. 「군인재해보상법」에서 장해는 신체의 완전성이 훼손된 정도에 따라 7등급으로 나뉘어져 있다. 「군인연금법」에서는 1995년, 2000년, 2009년, 그리고 2015년 개정된 「공무원연금법」과 「사립학교교직원연금법」과는 달리 여전히 20년 이상 재직하고 퇴직하면 연령에 관계없이 퇴직급여를 지급한다. 군인의 경우 퇴직연령이 낮기 때문에 연금수급연령제도를 도입할 수 없었던 것 같다. 그러나 군인연금과 공무원연금과의 형평을 고려하면 위와 같은 규정이 정당성을 갖기는 힘들다. 또 군인의 경우 퇴직연령이 낮기 때문에 「공무원연금법」과 같은 개정을 할 수 없다는 상황은 입법기술적으로 극복될 수 있다. 「공무원연금법」도 연금수급연령제도를 도입하면서 법령에 의하여 정년 또는 근무상한연령이 60세 미만인 자에게는 정년 또는 근무상한연령이 되었을 때부터 5년이 경과하면 연금청구권을 인정하고 있기 때문이다.

「군인재해보상법」에서 군인이 공무상 질병 또는 부상으로 인하여 장해가 되어 퇴직한 때뿐 아니라 퇴직 후에 그 질병 또는 부상으로 인하여 장해된 때에도 상이연금을 지급한다(군인재해보상법 제26조).[74] 「공무원재해보상법」에서와 마찬가지로 「군인재해보상법」에서도 통상적인 경로와 방법으로 출근·퇴근하는 중 발생한 사고는 공무상 재해로 인정된다(군인재해보상법 제4조).

2. 보호의 인적 대상

「군인연금법」은 부사관 이상의 현역 군인에게 적용된다. 지원에 의하지 않고 임용된 부사관은 제외된다. 지원에 의하지 않고 임용된 부사관, 병 및 군간부후보생에게는 「군인재해보상법」 제33조 장애보상금, 그리고 제39조 사망보상금에 관한 규정만이 적용된다(법 제2조). 결국 「군인연금법」과 「군인재해보상법」의

74) 기존에는 군인이 재직 중 발생한 질병 또는 부상으로 인하여 퇴직 후 장애상태가 된 경우는 상이연금의 지급대상에 명시되어 있지 않았다. 이에 대해서 헌법재판소가 헌법불합치 결정을 하였다. 헌재 2010.6.24, 2008헌바128, 22-1(하), 473면 이하 참조. 이후 개정 법률에 의하여 위와 같이 상이연금의 지급대상이 확대되었다. 그러나 개정 법률의 규정이 기존 연금청구권자에게 소급 적용되지는 않았다. 이에 대해서 헌법재판소는 다시 불합치 결정을 하였다. 헌재 2016.12.29, 2015헌바208등, 28-2(하), 456면 이하 참조.

주요 적용대상은 장기하사관과 준사관 및 장교이다.

3. 급여의 종류와 내용

(1) 서 론

「군인연금법」에서는 퇴직급여, 퇴직유족급여, 퇴직수당 등이 지급된다. 「군인재해보상법」에서는 공무상 요양비, 상이연금 및 장애일시금, 재해유족급여, 재난부조금, 사망조위금 등 부조급여 등이 지급된다(법 제6조).

「군인연금법」에서는 전투에 참가한 기간은 3배로 계산한다(법 제5조 제3항).[75]

(2) 급여의 종류와 내용

가) 공무상 요양비

군인의 질병·부상에 대해서 요양급여가 지급되며, 요양급여는 「국민건강보험법」에 의하여 요양기관에서 현물 및 서비스급여로서 지급된다. 공무상 요양비는 응급환자 혹은 군병원의 진료능력을 초과하는 사정으로 인하여 군병원에서 요양을 할 수 없는 경우에 지급된다. 국방부장관은 이 경우 요양기관에 요양에 드는 비용을 지급한다. 공무상 요양비는 동일한 질병·부상에 대해서 실제요양기간이 2년이 넘지 않는 범위에서 요양에 필요한 금액이다. 다만 실제요양기간이 2년을 경과한 후에도 계속 치료가 필요하다는 의학적 소견이 있는 경우에는 1년 이하의 기간을 단위로 요양기간을 연장할 수 있다(군인재해보상법 제20조 제2항). 이 밖에 필요한 진료는 군병원에서 받게 된다.

나) 재난부조금

재난부조금의 급여조건은 「공무원재해보상법」상의 그것과 같다. 재해부조금으로 주택이 완전히 소실·유실 또는 파괴된 경우, 주택의 2분의 1 이상이 소실·유실 또는 파괴된 경우, 그리고 주택의 3분의 1 이상이 소실·유실 또는 파괴된 경우에 각각 공무원 전체의 기준소득월액 평균액의 3.9배, 2.6배, 그리고 1.3배에 해당하는 액이 지급된다(군인재해보상법 제40조, 시행령 제44조).

다) 사망조위금

사망조위금의 급여조건은 「공무원재해보상법」상의 그것과 동일하다. 사망조위

75) 해당 규정이 장기복무하는 장교 등에 한정되어 적용되며, 따라서 징집에 의하여 입영된 병에게는 적용되지 않더라도 헌법에 위반되지는 않는다. 헌재 1999.9.16, 97헌바28, 11-2, 272면 이하 참조.

금으로 배우자나 부모 또는 자녀, 혹은 본인이 사망한 경우에는 공무원 전체의 기준소득월액 평균액의 65%에 해당하는 금액이 지급된다. 군인이 사망한 경우에는 배우자에게 공무원 전체의 기준소득월액의 2배에 해당하는 금액이 지급된다. 배우자가 없는 경우에는 장례와 제사를 모시는 자에게 지급한다(군인재해보상법 제41조의 2).

라) 상이연금

군인이 공무상 질병 또는 부상으로 인하여 장애가 되어 퇴직한 때 또는 퇴직 후에 그 질병 또는 부상으로 인하여 장애가 된 때에 상이연금이 지급된다. 상이연금이 지급되기 위해서는 공무행위와 장애 사이에 인과관계가 인정되어야 한다.

상이연금으로 상이등급 1급에 대해서 기준소득월액의 52%가 지급되며, 상이등급이 1급 낮아질 때마다 3.25%씩 감액되어 상이등급 7급에 대해서는 기준소득월액의 32.5%에 해당하는 액이 상이연금으로 지급된다(군인재해보상법 제27조 제1항). 「공무원재해보상법」과는 달리 일시금형태의 상이급여는 존재하지 않는다.

마) 퇴역급여

퇴역급여로서 퇴역연금(군인연금법 제21조 제2항), 퇴역연금일시금(군인연금법 제21조 제3항), 퇴역연금공제일시금(군인연금법 제21조 제4항), 퇴직일시금(군인연금법 제28조), 퇴직수당(군인연금법 제37조) 등이 지급된다. 공무원연금과는 달리 군인연금에서는 일정한 연령에 도달하는 것이 퇴역급여의 조건은 아니다. 퇴역연금은 군인이 20년 이상 복무하고 퇴직한 때에 지급한다. 퇴역연금으로 복무기간 매 1년에 평균기준소득월액의 1.9%에 상당하는 금액이 지급된다. 퇴역연금은 평균기준소득월액의 62.7%를 초과할 수 없다. 결국 퇴역연금의 산정에 반영되는 복무기간은 최장 33년이 되는 셈이다.

본인이 원하는 경우에 퇴역연금 대신 퇴역연금일시금을 지급받을 수 있다. 퇴역연금일시금으로는 퇴직 전 기준소득월액에 복무연수를 곱한 액의 97.5%에 상당하는 금액에 복무연수에서 5년을 공제한 연수의 매 1년에 대하여 퇴직 전 기준소득월액에 복무연수를 곱한 금액의 6.5%에 상당하는 금액을 가산한 액이 지급된다. 20년을 초과하는 복무기간 중 본인이 원하는 기간에 대하여는 그 기간에 해당하는 퇴역연금 대신 퇴역연금공제일시금을 지급받을 수 있다. 공제일시금의 금액은 퇴직 전 기준소득월액에 공제복무연수를 곱한 금액의 97.5%에 상당하는 금액에 공제복무연수 매 1년에 대하여 기준소득월액에 공제복무연수를 곱한 금액의 6.5%에 상당하는 금액을 가산한 금액으로 한다.

군인이 20년 미만 복무하고 퇴직한 때에는 퇴직일시금을 지급한다. 퇴직일시금의 수준은 복무기간에 따라서 다음과 같이 차등화되어 있다. 즉 복무기간이 5년 이상 20년 미만인 사람의 경우 퇴직 전 기준소득월액에 복무연수를 곱한 금액의 97.5%에 상당하는 금액으로 한다. 여기에 복무기간이 5년을 초과할 때에는 그 초과하는 매 1년에 대하여 퇴직 전 기준소득월액에 복무연수를 곱한 금액의 6.5%에 상당하는 금액을 가산한다. 복무기간이 5년 미만인 경우에는 퇴직 전 기준소득월액에 복무연수를 곱한 금액의 78%에 상당하는 금액이 지급된다.

군인이 1년 이상 복무하고 퇴직 또는 사망한 때에는 퇴직수당을 지급한다. 퇴직수당으로 복무기간 1년에 대하여 기준소득월액에 일정한 비율을 곱한 액이 지급된다. 이 비율은 복무기간이 1년 이상 5년 미만, 5년 이상 10년 미만, 10년 이상 15년 미만, 15년 이상 20년 미만, 그리고 20년 이상인 경우 각각 6.5%, 22.75%, 29.25%, 32.5%, 그리고 39%이다(시행령 제39조).

바) 퇴직유족급여

「군인연금법」상의 유족의 범위는 기본적으로 「공무원연금법」상의 유족의 범위와 동일하다. 퇴직 후 61세 이후에 혼인한 배우자, 그리고 퇴직 후 61세 이후에 출생 또는 입양한 자녀 및 손자녀는 제외된다.[76] 부양목적의 혼인으로 의심되기 때문이다. 「공무원연금법」에서 재직기간 중 혼인관계에 있던 배우자만이 유족에 포함되는 반면, 「군인연금법」에서는 61세 이전에 혼인하여 배우자가 되었다면 퇴직 후 혼인한 경우에도 유족에 포함되는 차이가 있다.[77] 자녀와 손자녀가 유족급여청구권을 갖기 위해서는 25세 미만이거나 「군인재해보상법」에 따른 상이연금의 등급에 해당하여야 한다(법 제3조 제2, 3항). 급여를 받을 유족의 순위는 상속의 순위에 따른다(법 제10조). 상속순위에 따라 유족급여청구권자를 결정하는 데에 따르는 문제점에 대해서는 이미 언급하였다.

퇴역연금 혹은 상이연금을 받을 권리가 있는 자가 사망한 경우 퇴직유족연금 혹은 상이유족연금이 지급된다. 군인이 공무상 질병 또는 부상으로 인하여 복무 중 사망한 경우에는 유족에게 순직유족연금을 지급한다. 이를 위해서는

76) 중혼인 경우에도 이는 혼인취소사유에 해당할 뿐이기 때문에 군인이었던 자가 퇴직 후 61세 전에 법률혼인 전 혼인의 배우자가 사망하여 전 혼인이 해소되면서 통상적인 사실혼과 같은 사정이 생겼다면 「군인연금법」상의 배우자로 인정된다. 대판 2010.9.30, 2010두9631 참조.

77) 61세 이후 혼인한 배우자를 유족의 범위에서 제외하는 규정에 대한 헌법적 심사에 대해서는 헌재 2012.6.27, 2011헌바115, 24-1(하), 731면 이하 참조.

군인재해보상심의회의 심의를 거쳐야 하다(군인재해보상법 제35조). 유족연금으로는 군인 또는 군인이었던 자가 받을 수 있는 연금의 60%에 해당하는 액이 지급된다. 유족연금수급자가 자녀 혹은 손자녀인 경우에는 연금의 70%에 상당하는 금액이 지급된다(군인연금법 제30조). 상이유족연금은 군인 또는 군인이었던 사람이 받을 수 있는 상이연금액의 60%로 한다. 유족연금수급자가 자녀 혹은 손자녀인 경우에는 군인 또는 군인이었던 사람이 받을 수 있는 상이연금액의 70%를 지급한다.

유족급여로 이 밖에 퇴직유족연금부가금, 유족연금과 유족연금부가금 대신 받을 수 있는 퇴직유족연금일시금, 그리고 퇴직유족일시금 등이 있다. 이들 급여의 조건은 「공무원연금법」상의 규정과 같다(군인연금법 제33, 34, 35조). 군인이 20년 이상 복무 중 사망한 경우에는 유족에게 퇴직유족연금부가금을 지급한다. 퇴직유족연금부가금으로 위에서 설명한 퇴역연금일시금에 해당하는 금액의 4분의 1에 상당하는 금액이 지급된다. 퇴역연금 수급권자가 군복무 중 사망한 경우에 유족이 원하는 때에는 유족연금과 유족연금부가금 대신 퇴직유족연금일시금을 지급한다. 퇴직유족연금일시금의 금액은 퇴역연금일시금의 산정방법에 따른다. 군인이 20년 미만 복무하고 사망한 때에는 유족에게 퇴직유족일시금을 지급한다. 퇴직유족일시금은 퇴직일시금의 산정방법에 따른다. 퇴역연금 또는 상이연금수급권이 있는 20년 이상 복무한 군인이 퇴직 전날이 속하는 달의 다음 달로부터 3년 이내에 사망한 때에는 퇴직유족연금 외에 퇴직유족연금특별부가금이 지급된다(군인연금법 제36조). 퇴직유족연금특별부가금으로 퇴직 당시의 퇴역연금일시금에 상당하는 금액의 4분의 1에 3년간 중 퇴역연금을 받을 수 있는 개월 수를 제외한 개월 수에 36분의 1을 곱한 금액이 지급된다. 퇴직유족급여의 소멸사유는 「공무원연금법」상의 규정과 동일하다(군인연금법 제32조).

사) 사망보상금과 장애보상금

군인이 공무를 수행하다가 사망한 경우에 유족에게 사망보상금을 지급한다. 전사한 경우에는 공무원 전체의 기준소득월액 평균액의 60배에 상당하는 금액이, 특수직무를 수행하던 중 순직한 경우에는 공무원 전체의 기준소득월액 평균액의 45배에 상당하는 금액이 지급된다. 이 밖에 복무 중 공무를 수행하다가 사망하거나 공무상 질병 또는 부상으로 인하여 사망한 경우에는 기준소득월액의 24배에 상당하는 금액이 지급된다. 외국에서 근무 중 사망한 경우에는 「공무원수당 등에 관한 규정」 제14조에 따른 특수업무수당 중 재외근무수당의 (가)

지역 해당 지급액의 36배에 해당하는 금액을 가산하여 지급한다(군인재해법 제39조, 시행령 제43조 제2항).

군인이 군복무 중 질병 또는 부상으로 인하여 심신장애 판정을 받고 퇴직하는 경우 혹은 퇴직 후 6개월 이내에 심신장애 판정을 받은 경우에는 장애보상금을 지급한다. 장애보상금은 장애등급에 따라 차등화되어 있다. 장애등급 1급, 2급, 3급, 4급에 대해서 각각 공무원 전체의 기준소득월액 평균액의 9배, 6배, 4.5배, 3배에 해당하는 금액이 지급된다. 적과의 교전이나 무장폭동 또는 반란을 진압하기 위한 직무 수행과 관련된 부상 또는 질병으로 인한 심신장애, 그리고 생명과 신체에 대한 고도의 위험을 무릅쓴 직무 수행으로서 대통령령으로 정하는 직무 수행과 관련된 부상 또는 질병으로 인한 심신장애의 경우에 사망보상금은 위 금액의 2.5배, 그리고 1.88배로 한다.

아) 일시금

연금수급권자가 외국으로 이민하게 된 때 또는 국적을 상실한 때에 일시금이 지급되는 것, 그리고 산정방법은 「공무원연금법」에서와 같다(군인연금법 제15조).

(3) 급여의 제한과 조정

가) 급여의 제한

수급권자가 법률에 정해진 협력의무를 이행하지 않는 경우 혹은 고의로 보험사고를 발생시킨 경우에는 급여의 전부 또는 일부를 제한한다. 구체적인 급여제한 사유는 「공무원연금법」 및 「공무원재해보상법」의 규정과 동일하다(법 제38, 39조, 40조).

군인 혹은 군인이었던 자가 범법행위를 한 경우 급여의 일부 또는 전부를 제한한다. 구체적인 급여제한의 사유 및 급여제한의 내용은 「공무원연금법」 및 「공무원재해보상법」과 유사하다.

나) 급여의 조정

동일인에게 「군인연금법」상의 퇴역연금과 상이연금, 또는 20년 미만 근무한 군인의 사망으로 인한 유족연금과 유족일시금을 지급할 사유가 발생한 경우 본인에게 유리한 급여를 선택한다. 퇴역연금 또는 상이연금을 받을 권리가 있는 자가 유족연금을 함께 받게 된 때에는 유족연금의 2분의 1을 빼고 지급한다(군인연금법 제20조 제2항). 상이연금을 받는 자에게는 퇴직일시금은 지급되지 않는다(군인연금법 제20조 제4항). 퇴직연금수급자가 유족연금을 받게 된 때에도 유족연금액의 2분의 1을 빼고 지급한다(법 제20조 제2항).

퇴역연금수급자가 「소득세법」 상의 사업소득 혹은 근로소득이 있는 경우에는 퇴역연금의 2분의 1의 범위내에서 연금이 감액된다. 초과소득월액, 즉 퇴역연금 수급자의 소득이 전년도 평균임금월액을 초과한 소득월액이 50만원 미만인 경우, 50만원 이상 100만원 미만인 경우, 100만원 이상 150만원 미만인 경우, 150만원 이상 200만원 미만인 경우, 그리고 200만원 이상인 경우에 각각 지급정지되는 금액은 50만원 미만의 초과소득월액의 10%에 해당하는 액, 50만원 초과소득월액의 20%에 5만원을 더한 액, 100만원 초과소득월액의 30%에 15만원을 더한 액, 150만원 초과소득월액의 40%에 30만원을 더한 액, 그리고 200만원 초과소득월액의 50%에 50만원을 더한 액이다(군인연금법 제27조 제3항).

국가 또는 지방자치단체의 부담으로 「군인연금법」상의 급여와 동종의 급여를 받는 경우 다른 법률이 우선적으로 적용된다. 따라서 다른 법률에서 지급되는 급여에 상당하는 액을 「군인연금법」상의 급여에서 빼고 지급한다. 「국가유공자 등 예우 및 지원에 관한 법률」 또는 「보훈보상대상자 지원에 관한 법률」에 의한 보훈급여금은 조정의 대상에서 제외된다(군인연금법 제20조 제1항).

「군인재해보상법」상의 청구권과 급여의 사유를 발생시킨 제3자에 대한 군인의 청구권이 경합하는 경우에 청구권이 선택적으로 행사되며, 「군인재해보상법」상의 급여가 지급된 경우 국방부장관이 제3자에 대한 손해배상청구권을 대위행사하는 것은 「공무원재해보상법」에서와 같다(군인재해보상법 제19조).[78]

다) 급여의 환수

급여의 환수에 관하여는 「공무원연금법」에서와 같은 규정이 적용된다(군인연금법 제16조).

4. 재 정

군인연금에서 사회보험의 성격에 상응하는 급여는 군인과 국가가 납부하는 보험료에 의해 재원이 충당된다. 재해보상의 성격을 갖는 급여의 재원은 국가가 부담한다. 이 밖에 사업운영에 대한 국고보조가 이루어진다.

군인연금기금이 적립·운영된다(군인연금법 제47조). 책임준비금의 적립과 국가의 보전금 부담의무는 공무원연금과 같다(군인연금법 제48조).

---

78) 퇴역연금을 받던 자가 제3자의 불법행위로 인하여 사망한 경우 유족의 손해배상액을 산정함에 있어서 유족에게 지급되는 유족연금액만큼 공제하여 산정한다. 대판 1989.7.25, 88다카21425 참조.

(1) 국가의 부담

「군인연금법」상 퇴직급여와 퇴직유족급여에 드는 비용은 군인과 국가가 함께 부담한다(군인연금법 제41조 제1항). 이 비용은 적어도 5년마다 다시 계산하여 재정 균형이 유지되도록 하였다. 급여비용은 당해연도의 기여금과 부담금으로 충당하되 이를 초과하는 금액에 대해서는 국가에서 부담한다(보전금)(군인연금법 제45조). 군인이 전투에 종사한 기간에 대해서는 재직기간이 3배로 계산된다(군인연금법 제5조 제3항). 이 기간에 대한 기여금과 부담금은 모두 국가가 부담한다(군인연금법 제41조 제3항). 퇴직수당의 재원 역시 국가가 부담한다(군인연금법 제41조 제2항). 군인연금업무에 소요되는 비용은 국가가 전부 부담한다(군인연금법 제41조 제4항).

군인재해보상 및 재해보상 업무처리에 드는 비용은 모두 국가가 부담한다(군인재해보상법 제36조).

(2) 보험료

보험급여의 성격을 갖는 급여의 재원은 군인이 납부하는 기여금과 국가가 납부하는 부담금이다. 기여금액은 기준소득월액에 기여금률을 곱하여 산정한다. 기여금률은 7%이다. 기준소득월액에 상한이 있다. 즉 기준소득월액은 공무원 전체의 기준소득월액 평균액의 100분의 180을 넘을 수 없다(군인연금법 제42조 제2항). 부담금액은 매 회계연도 보수예산(報酬豫算)의 7%에 상당하는 금액으로 한다(군인연금법 제44조).

5. 관리운영

군인연금과 군인재해보상은 국방부장관이 직접 관장한다.

제 3 절 국민연금과 직역연금의 연계

Ⅰ. 적용대상

기존에 국민연금과 직역연금 간에 연계제도가 없었기 때문에 국민연금에서 직역연금으로, 또 직역연금에서 국민연금으로 이동하는 경우 전체 가입기간이 20년 이상인 경우에도 각각의 연금제도에서 연금수급에 필요한 가입기간에 미달하는 경우에는 반환일시금 혹은 퇴직일시금을 받을 뿐 연금청구권을 가질 수 없었다. 또 국민연금과 직역연금은 비용부담 및 급여구조가 다르기 때문에 쉽게 통합될 수도 없었다. 이에 2009년 「국민연금과 직역연금의 연계에 관한 법률」(이하 「연계연금법」으로 줄임)이 제정되어 국민연금의 가입기간과 직역연금의 재직 및 복무기간을 연계·합산하여 연금청구권을 인정하고 지급할 수 있도록 하였다.[79] 각 연금의 가입기간에 기초하여 산정된 급여는 각각 별개의 기금에서 지급되므로 연금제도 간 재정조정 혹은 부담조정의 문제는 발생하지 않는다. 직역연금에는 위에서 설명한 세 개의 직역연금 외에 별정우체국직원연금이 포함된다(법 제2조 제1항 제1호).

연금의 연계는 신청에 의하여 이루어진다. 연금연계제도는 각각의 연금에 관한 기간만으로는 연금청구권을 가질 수 없는 자에게 연금을 지급하기 위한 목적을 갖는다. 따라서 「국민연금법」상 노령연금청구권을 이미 갖거나 직역연금에서 퇴직 혹은 퇴역연금 수급권자가 된 경우에는 각각의 연금법이 적용되며, 「연금연계법」의 적용대상에서 제외된다(법 제3조).

Ⅱ. 연계의 대상

국민연금과 직역연금에서 연금수급요건을 충족하지 못하는 경우 반환일시금 및 퇴직일시금이 지급된다. 국민연금에서 가입기간이 10년 미만인 경우, 그리고 직역연금에서 재직기간이 20년 미만이지만 두 가입기간을 합한 기간이 20년 이상이 되는 자가 연계를 신청할 수 있다. 연계연금의 수급권자가 된 경우에는 반환일시금 혹은 퇴직일시금은 지급되지 않는다(법 제4조 제1항, 제5조 제1항). 국민연금 혹은 직역연금의 연금청구권을 갖는 경우에는 「연금연계법」은 적용되지 않고 각각의 연금법을 적용한다. 그러나 국민연금의 경우 가입기간이 1년 미만인 자가 연계를 통하여 연계노령연금의 수급권자가 된 경우 혹은 직역재직기간이 1년 미만인 자가 연계를 통하여 연계퇴직연금의 수급권자가 된 경우에는 1년 미만인 가입기간에 대해서는 반환일시금 혹은 퇴직일시금을 지급한다(법 제4조 제2항, 제5조 제2항).

연계의 대상은 국민연금 혹은 직역연금에서의 가입기간 및 재직기간 혹은 복무기간이다. 이들 기간이 중복되는 경우에는 연계기간에서 제외된다. 다만

---

79) 이하 법률의 명칭에 관하여 특별한 언급이 없는 한 「국민연금과 직역연금의 연계에 관한 법률」을 말한다.

중복기간 중 중복하여 보험료를 납부한 경우에는 각각 연금제도에서의 기간에 포함된다(법 제7조 제2항).

연계를 원하는 국민연금가입자는 직역연금가입자가 된 때, 직역연금에서는 퇴직한 때 연금의 연계를 신청할 수 있다(법 제8조 제1항). 직역연금으로부터 퇴직급여 등을 이미 받은 경우에도 국민연금가입자격을 취득한 후 연계 신청을 할 수 있다. 이 경우 이미 지급받은 급여를 기존 연금관리기관에 반납하여야 한다(법 제8조 제2항).

연계 신청은 원칙적으로 「연금연계법」이 시행된 이후 연금제도 간을 이동하는 가입자부터 적용된다.

Ⅲ. 연계급여의 종류와 내용

연계급여로서 연계노령연금, 연계퇴직연금, 연계노령유족연금 및 연계퇴직유족연금이 있다.

1. 연계노령연금 · 연계퇴직연금

연계기간이 10년 이상이고 65세 이상이 되면 연계노령연금 및 연계퇴직연금의 수급권자가 될 수 있다. 군인연금의 복무기간이 연계기간인 경우에는 연계기간은 20년 이상이다(법 제10조 제1항). 연계 신청을 한 자가 65세가 되었으나 연계기간이 10년 미만인 경우, 혹은 연계기간이 10년 미만인 상태에서 국적을 상실하거나 국외로 이주한 경우에는 각 연금법을 준용하여 반환일시금 또는 퇴직일시금을 지급한다. 이 경우 반환일시금 또는 퇴직일시금에는 1년 만기 정기예금금리의 평균금리율을 적용하여 산정된 이자를 더하여 지급한다(법 제19조, 시행령 제7조).

연계노령연금은 국민연금보험의 가입기간에 대해서 지급되는 연금을 말한다. 「국민연금법」에 따라 노령연금수급권이 발생한 경우에는 해당 노령연금액이 연계노령연금액이 된다. 「국민연금법」의 노령연금수급권을 갖지 못하고 국민연금에의 가입기간이 10년 미만인 경우에 「국민연금법」의 기본연금액에 국민연금 가입기간을 20으로 나눈 비율을 곱하여 산정되는 금액을 연계노령연금액으로 한다(법 제11조).

이러한 산정방식은 직역연금에서 재직기간에 따라 지급되는 연계퇴직연금의 경우에 마찬가지로 적용된다. 즉 직역연금법에 의하여 퇴직 혹은 퇴역연금수급권이 발생한 경우 해당 퇴직연금액 혹은 퇴역연금액을 연계퇴직연금액으로 한다. 이러한 요건을 충족하지 못하는 경우에는 연계퇴직연금의 수급권이 발생할 당시의 해당 직역연금법에서 정하고 있는 퇴직연금액 및 퇴역연금액의 산정방식에 수급권자의 직역재직기간을 반영하여 산정된 금액을 연계퇴직연금액으로 한다(법 제12조).

2. 연계노령유족연금 · 연계퇴직유족연금

연계노령연금 및 연계퇴직연금 수급권자가 사망한 경우 그 유족에게 연계노령유족연금 및 연계퇴직유족연금이 지급된다.

「국민연금법」에 따른 연계노령연금 수급권자가 사망한 경우에는 「국민연금법」에 따른 유족연금액이 연계노령유족연금으로 지급된다. 이에 비해서 국민연금에의 가입기간이 10년 미만인 경우에 해당하여 연계노령연금 수급권을 가졌던 자가 사망한 경우에는 국민연금 가입기간에 해당하는 「국민연금법」상의 유족연금액 중 부양가족연금액을 제외한 금액에 국민연금 가입기간을 10으로 나눈 비율을 곱한 액이 연계노령유족연금으로 지급된다(법 제14조).

연계퇴직유족연금액은 연계퇴직연금액에 해당 직역연금법에서 정하고 있는 유족연금액의 산정비율을 곱하여 산정된다. 이는 60%이다(법 제15조).

3. 급여의 제한과 조정

(1) 급여의 제한

연계급여액의 조정, 지급 제한, 연계수급권의 정지 · 소멸 및 보호, 비용 부담 등에 관하여는 각 연금법에 따른다. 즉 연계노령연금 및 연계노령유족연금에 대해서는 「국민연금법」의 노령연금 및 유족연금에 관한 규정이, 그리고 연계퇴직연금 및 연계퇴직유족연금에 대해서는 각 직역연금법상의 퇴직연금, 퇴직유족연금에 관한 규정이 적용된다. 이에 대해서는 해당 부분에서 이미 설명하였다.

(2) 급여의 조정

같은 연계급여 수급권자에게 이 법에 따른 둘 이상의 수급권이 성립되는 경우와 이 법에 의한 수급권과 각 연금법에 따른 수급권이 함께 성립하는 경우에는 급여의 조정이 이루어진다. 다만 연계연금제도의 취지상 연계노령연금과 연계퇴직연금 간, 그리고 연계노령유족연금과 연계퇴직유족연금 간에는 당연히 조정이 이루어지지 않는다.

같은 연계급여 수급권자에게 이 법에 따른 둘 이상의 연계급여 수급권이 생기는 경우, 그리고 이때 조정의 내용은 다음과 같다. 첫째, 연계노령연금수급권 및 연계노령유족연금 수급권이 성립된 경우에 연계노령연금 수급권을 선택한 때에는 연계노령연금액은 지급하고 연계노령유족연금액은 연금액의 30%를 지급한다. 이에 비해서 연계노령유족연금수급권을 선택한 경우에는 연계노령유족연금액만을 지급하며 연계노령연금은 지급되지 않는다. 둘째, 연계노령유족연금 수급권이 둘 이상 성립된 경우에는 그 중 하나를 선택할 수 있으며, 나머지 연계노령유족연금액의 30%가 추가로 지급된다. 셋째, 연계퇴직연금 수급권 및 연계퇴직유족연금 수급권이 성립된 경우에는 연계퇴직연금액을 지급하고 연계퇴직유족연금액은 50%를 지급한다(법 제18조 제1항).

같은 연계급여 수급권자에게 이 법에 따른 연계급여 수급권과 각 연금법에 따른 급여 수급권이 함께 생긴 경우에는 수급권자의 선택에 따라 다음과 같이 조정이 이루어진다. 첫째, 연계노령연금 수급권과 「국민연금법」에 따른 유족연금 수급권이 생긴 경우이다. 수급권자가 연계노령연금 수급권을 선택한 경우에는 연계노령연금액을 지급하고 유족연금액은 연금액의 30%를 지급한다. 「국민연금법」에 따른 유족연금 수급권을 선택한 경우에는 유족연금액만을 지급하며, 연계노령연금은 지급되지 않는다. 둘째, 연계퇴직연금 수급권 및 직역연금법에 따른 유족연금 수급권이 생긴 경우이다. 수급권자가 연계퇴직연금 수급권을 선택한 경우에는 연계퇴직연금액은 지급하고 직역연금법에 따른 유족연금액은 연금액의 50%를 지급한다. 직역연금법에 따른 유족연금 수급권을 선택한 경우에는 유족연금액만을 지급하며, 연계퇴직연금은 지급되지 않는다. 셋째, 연계노령유족연금 수급권 및 「국민연금법」에 따른 유족연금 수급권이 생긴 경우이다. 수급권자가 연계노령유족연금 수급권을 선택한 경우에는 연계노령유족연금액은 지급하고 유족연금액은 연금액의 30%를 지급한다. 수급권자가 「국민연금법」에 따른 유족연금 수급권을 선택한 경우에는 유족연금액은 지급하고 연계노령유족연금액은 연금액의 30%를 지급한다. 넷째, 연계노령유족연금 수급권과 「국민연금법」에 따른 노령연금 수급권이 생긴 경우이다. 수급권자가 연계노령유족연금 수급권을 선택한 경우에는 연계노령유족연금액만을 지급한다. 「국민연금법」에 따른 노령연금 수급권을 선택한 경우에는 노령연금액은 지급하고 연계노령유족연금액은 30%를 지급한다. 다섯째, 연계노령연금 수급권과 「국민연금법」에 따른 장애연금 수급권이 생긴 경우이다. 이 경우에는 수급권자가 선택한 연금액만을 지급한다. 여섯째, 연계노령유족연금 수급권 및 「국민연금법」에 따른 장애연금 수급권이 생긴 경우이다. 수급권자가 연계노령유족연금 수급권을 선택한 경우에는 연계노령유족연금액만을 지급한다. 이에 비해서 수급권자가 「국민연금법」에 따른 장애연금 수급권을 선택한 경우에는 장애연금액은 지급하고 연계노령유족연금액은 연금액의 30%를 지급한다. 일곱째, 연계노령유족연금 수급권과 「국민연금법」에 따른 반환일시금이 생긴 경우이다. 수급권자가 연계노령유족연금 수급권을 선택한 경우에는 연계노령유족연금액은 지급하고 반환일시금은 「국민연금법」 제80조 제2항에 상당하는 금액을 지급한다. 이에 비해서 수급권자가 「국민연금법」에 따른 반환일시금을 선택한 경우에는 반환일시금만을 지급한다.

수급권자가 연계급여 수급권과 위에서 열거한 급여 수급권 외에 다른 수급권을 함께 갖는 경우에는 해당 급여 수급권의 지급은 각 연금법에 따른다.

이 밖에 같은 연계급여 수급권자에게 연계퇴직유족연금 수급권 및 각 직역연금법에 따른 퇴직연금 혹은 퇴역연금 수급권이 생긴 경우에는 각 직역연금법에 따른 퇴직연금 혹은 퇴역연금은 지급하고 연계퇴직유족연금은 연금액의 50%를 지급한다.

Ⅳ. 재정 및 운영

국민연금과 직역연금의 연계에 의하여 연계연금 수급권을 갖는 사람은 본인이 가입하였던 연금관리기관에 지급을 청구한다. 각 연금관리기관은 자신이 지급하는 연금부분에 대해서 재정을 부담한다. 국민연금의 경우 연계노령연금 및 연계노령유족연금 급여의 지급에 소요되는 비용을 국민연금기금으로 충당할 수 없는 경우에는 국가가 그 부족액을 지원할 수 있다(법 제28조).

각 연금관리기관은 연계급여 수급권의 발생·변경·소멸 등의 확인을 위하여 필요한 경우 국가, 지방자치단체, 다른 연금관리기관 등에 이에 관련된 자료를 요청할 수 있으며, 이 경우 해당 기관은 특별한 이유가 없는 한 이에 응하여야 한다(법 제26조). 보건복지부장관은 연계제도에 관한 주요 정책사항 및 연계급여와 관련된 주요 사항 등을 협의·조정하기 위하여 관계 중앙행정기관과 공적연금연계협의체를 설치하여 운영할 수 있다(법 제22조의 2, 시행령 제10조).

제 4 장 산업재해보상보험법

제 1 절 서 론

Ⅰ. 산업재해에 대한 보호의 유형

산업화 이후 산업재해가 빈발하고, 또 그 재해의 정도가 심각해지면서 산업재해는 근로자의 생활유형을 파괴하는 전형적인 위험이 되었다. 이러한 위험을 구제하기 위하여 민법상의 손해배상책임제도가 적용되었다. 그러나 이는 불법행위책임이기 때문에 가해자의 과실을 입증할 수 있을 때 비로소 성립한다. 그런데 실제 피해자가 가해자의 과실을 입증하기란 대단히 어렵기 때문에 손해배상책임제도는 산재 피해자를 구제하는 방법으로서는 실효성이 없었다. 산재 피해를 구제하기 위한 진전된 형태가 사용자에게 근로자의 재해에 대한 위험책임을 인정하는 입법이다. 이 경우 피해자의 입증책임은 면제된다. 이는 다시 사용자가 재해보상을 위하여 개인보험에 가입하는 경우와 그렇지 않은 경우로 나눌 수 있다. 전자의 경우가 피해자의 구제를 위하여 바람직한 것은 물론이다. 사용자에게 위험책임을 부담시키는 경우에도 사용자가 도산 등을 이유로 배상능력이 없으면 산재피해가 구제될 수 없기 때문이다. 실제 1953년「근로기준법」이 시행되고 이 법에 의하여 재해보상제도가 운영되고 있었지만 1958년에서 1961년까지 산업재해 실태조사에 따르면 업무상의 재해를 입은 근로자는 약 10%의 보상밖에 받지 못하고 있었다.[1] 마지막으로 국가가 직접 혹은 간접적으로 관여하여 공적 보험의 형태로 산재피해를 보호하는 방법이 있다.

각국은 역사적 전통에 따라 위 세 가지 유형 중 하나를 택하여 산업재해를 보호하고 있다. 우리나라에서는 공적 제도인 산업재해보상보험제도를 운영하고 있다.

한때 산재보험의 민영화에 관한 논의가 있었다. 그러나 이는 다음과 같은

---

1) 당시 이에 관한 논의상황에 대해서는 예컨대 민부기, "산재보험제도의 창설", 최고회의보 제26호(1963.11), 75면 이하 참조. 예컨대 독일의 경우 산재보험이 도입되기 이전 시기에 산업재해의 약 20%만이 보상이 되었다고 한다. 이에 대해서는 전광석(역), 복지국가의 기원(법문사, 2006), 41면 이하 참조.

이유에서 정책적 타당성이 없으며, 따라서 더 이상 진지하게 논의되지는 않는다. 첫째, 민간보험의 경우 가입자 간 위험분산의 효과가 없다. 따라서 산업재해의 사회적 위험으로서의 성격은 약화된다. 보호의 여부 및 내용, 그리고 수준에 있어서 기업의 선택에 따라 차이가 있을 것이기 때문이다. 둘째, 현재 산재보험에 있어서 가입자는 사업주이다. 이는 여전히 산업재해에 대한 보호를 기업위험으로 보는 관점이 반영된 것이며, 이에 대한 개선이 필요하다. 즉 궁극적으로는 근로자 자신이 가입자가 되어야 한다. 그런데 민간보험의 경우 보험자와 가입자를 당사자로 하는 계약관계에 의하여 보험관계가 형성되며, 이로써 근로자의 상황이 아니라 기업위험을 중심으로 제도가 형성되는 기존의 한계가 그대로 유지될 것이다. 셋째, 산재보상제도는 재해를 당한 근로자에게 상실된 소득을 보상할 뿐 아니라, 각종 재활조치를 통하여 재해근로자가 정상적인 고용관계에 재진입하는 기회를 부여하여야 한다. 그런데 민간보험에서는 산업재해로 인하여 상실된 소득을 보상하는 기능에 그칠 것이기 때문이다.

Ⅱ. 산업재해보상보험법과 다른 사회보험법

「산업재해보상보험법」(이하 「산재보험법」이라 함)은 노동자에게 발생하는 산업재해를 보호하는 것을 입법목적으로 한다. 산재보험이 건강보험 또는 연금보험 등 다른 사회보험과 비교하여 갖는 특징은 다음과 같다. 건강보험, 연금보험 등은 개인의 생활 그 자체를 보호하는 목적을 갖는다. 이에 비해서 산재보험은 고용관계에 종속성을 갖는 노동과정에서 발생한 사고에 기인하는 피해를 보호한다. 또 산재보험은 사용자의 책임관계를 규율하는 성격을 동시에 갖는다.

이러한 산재보험의 역사성 및 구조성은 제도의 구체적 실현에 있어서 본질적인 기준으로 작용한다. 실제 산업재해에 관한 법적 분쟁의 대부분은 근로자의 질병 혹은 부상으로 인하여 발생한 장애 혹은 사망 등이 고용관계와 밀접한 관련성을 갖는가 여부이다. 산업재해로 인정되는 경우에는 다른 사회보장제도에 비해서 높은 수준의 보호가 이루어진다. 그 밖의 경우에는 일반적인 생활위험으로서 건강보험, 국민연금 등에 의하여 보호된다. 아래에서는 「산재보험법」의 성격을 명확히 하기 위해서 「산재보험법」의 기본이념에 대해서 살펴보기로 한다.

Ⅲ. 산업재해보상보험법의 기본이념

1. 입증책임의 경감

산업재해를 당한 근로자의 입장에서 보면 「산재보험법」은 피해구제를 위하여 청구권을 쉽게 행사할 수 있게 한다. 산업재해의 구제를 위하여 민법상의 손해배상청구권을 행사하려는 경우, 특히 손해발생에 대한 사용자의 책임을 입증하는 작업이 대단히 힘들다. 그런데 산재보험에서는 근로자가 보상을 받기 위해서는 당해 피해가 업무상의 행위에 기인한다는 점을 입증하는 것으로 충분하기 때문이다.[2] 사용자의 고의 혹은 과실은 청구권의 요건이 아니며, 이는 사용자와 근로자 혹은 보험자와의 관계에서 책임문제에 영향을 미칠 뿐이다. 사용자의 고의에 의하여 산재가 발생한 경우에는 민법상의 손해배상청구권이 제한 없이 행사될 수 있다.

2. 책임의 주체 확정

근로자는 산업재해가 발생한 경우 피해에 대한 책임자를 쉽게 확정할 수 있다. 「산재보험법」에서 산업재해에 대한 보상책임은 보험자가 부담하기 때문이다. 민법에서는 책임관계는 사용자, 동료 근로자 및 피해근로자 등 다양한 주체가 경합할 수 있는 점과 차이가 있다. 그리고 「산재보험법」은 국가가 주체가 되어 운영하는 공법상의 제도이기 때문에 재정담보가 확실하다. 이로써 기업의 도산 등으로 인하여 사용자의 책임이 현실적으로 이행되지 않거나 불완전하게 이행되어 근로자가 보호를 받지 못하거나 또는 보호가 불충분한 상황을 방지할 수 있다. 이와 같이 책임의 소재를 수월하게 확정할 수 있다는 장점은 산업재해가 사용자 혹은 동료 근로자 등 제3자의 고의 혹은 과실에 의해서 발생한 경우에도 마찬가지이다. 다만 이 경우 보험자와 제3자 간에 구상관계가 생길 뿐이다(법 제87조).[3]

---

2) 「산재보험법」의 무과실책임법으로서의 성격에 대해서는 대판 1981.10.13, 81다카351; 1994.5.24, 93다38826 등 참조.

3) 다만 사용자의 책임이 구상권행사의 대상이 되는가에 대해서는 해석의 여지가 있다. 이에 대해서 아래 제5절 Ⅰ. 사용자책임과의 관계에 대한 설명 참조.

3. 손해산정의 입법적 확정

「산재보험법」은 산업재해에 대한 사용자의 책임 여부 및 구체적인 손해배상 산정의 문제를 어느 정도 입법적으로 해결하고 있다(법 제80조). 이러한 의미에서 「산재보험법」은 주관적으로 개인의 피해를 충실히 구제하며, 객관적으로 보면 손해배상을 둘러싼 노사 간의 대립을 미리 예방하여, 산업평화 및 노사관계의 안정이라는 노사공동의 목적에 기여한다.

위와 같은 점은 사용자의 배상위험을 분산시키는 기능과 함께 작용하여 다른 사회보험에 비해서 경영계가 산재보험의 도입을 쉽게 수용하는 배경이 되었다. 실제 우리나라에서 국민건강보험과 국민연금을 도입하는 데 있어서는 노동계와 경영계의 입장이 대립되어 있었다. 이에 비해서 산재보험을 도입하는 데에는 이러한 갈등은 나타나지 않았다. 다만 우리 「산재보험법」은 급여청구권이 성립된 경우에도 기본적으로 사용자책임이 부분적으로 남아 있기 때문에 분쟁을 입법적으로 해결하는 기능에 있어서는 제한적이다.

4. 사용자책임의 분산 · 면제

「산재보험법」은 보험의 원리에 의하여 사용자의 산업재해에 대한 책임을 분산한다. 사용자가 보험료의 전액을 부담하여 이에 대한 반대급여로서 지급되는 산업재해보상은 피해 근로자에게는 제3자에 의한 보상, 그리고 사용자에게는 자기기여에 의한 보상의 성격을 갖는다.[4] 따라서 산업재해에 대한 사용자의 책임이 면제된다는 것은 「산재보험법」이 보험의 원리에 따라 운영되는 당연한 귀결이다(법 제80조 제1항). 다만 산업재해의 발생에 사용자의 고의, 중과실 등 비난가능성이 높은 경우에도 사용자책임이 면제되는가에 대해서는 논란이 있다. 이에 대해서는 아래 사용자책임과의 관계에 대한 설명에서 다룬다.

5. 사회보장의 기능

산재보험에는 사용자보상책임과 근로자를 사회적 위험으로부터 보호하는 사회보장의 이념이 혼재해 있다.[5] 산재보험은 순수히 사용자보상책임을 위한 제

---

4) 산재보험의 책임보험법적 성격에 대해서는 대판 1994.5.24, 93다38826 참조.

5) 산재보험의 사용자책임보험 및 사회보장의 이중적 성격에 대해서는 전광석, 사회보장법과 헌법재판(집현제, 2021), 172면 이하 참조.

도에 비해서는 목적론적 사고를 입법에 반영하고 있다. 즉 산업재해로 인하여 상실 혹은 감소되는 소득을 보상하는 데 그치지 않고 산업재해를 예방하고, 또 이미 산업재해가 발생한 경우에는 다양한 재활조치를 통하여 근로자의 근로능력을 회복시키거나 혹은 새로운 신체상태에 적합한 노동을 수행할 수 있도록 하여야 한다.

우리 「산재보험법」은 다음과 같이 사회보장의 기능을 강화하고 있다. 첫째, 전형적인 고용관계에 속하지 않는 특수형태근로를 산재보험의 대상으로 확대하였다. 둘째, 사용자의 지배관계가 뚜렷하지는 않지만 근로자에 대한 보호의 필요성에서 출퇴근 재해를 보호의 대상에 포함시켰다. 셋째, 급여의 형평성을 위하여 최저보상기준금액 및 최고보상기준금액을 도입하여 어느 정도 소득재분배가 이루어지도록 하였다.

제 2 절 보호되는 위험

「산재보험법」은 업무상의 재해와 직업병을 보호한다. 직업병의 특수한 형태인 진폐증은 이에 관한 특별법, 즉 「진폐의 예방과 진폐근로자의 보호 등에 관한 법률」에 의하여 보호된다. 2016년 헌법재판소는 출퇴근 재해를 업무상 재해의 대상에서 제외하였던 규정에 대해서 헌법불합치 결정을 하였다.[6] 이에 법률 개정에 의하여 출퇴근 재해가 보상의 대상에 포함되었다.

Ⅰ. 업무상의 재해

산업재해는 "업무상의 사유에 따른 근로자의 부상·질병·장해 또는 사망을 말한다"(법 제5조 제1호).[7] 「산재보험법」은 일상생활의 위험이 아니라, 업무상의 재해를 보호한다. 그렇기 때문에 업무의 존재 여부가 산업재해를 판단하는 기본적인 출발점이다. 그리고 업무를 수행하던 중 발생한 사고의 결과 나타난 피해가 「산재보험법」에 의하여 보호된다. 결국 산업재해가 인정되기 위해서는 업무의 존재 및 이것과 인과관계 있는 사고의 발생, 그리고 다시 사고와 인과관계를

6) 헌재 2016.9.29, 2014헌바254, 28-2(상), 316면 이하 참조.
7) 이하 법률의 명칭에 관하여 특별한 언급이 없는 한 「산업재해보상보험법」을 말한다.

갖는 피해가 있어야 한다. 즉 3개의 구성요건과 이중(二重)의 인과관계가 존재하여야 한다. 그런데 위와 같은 입법적 정의는 산업재해의 발생구조 중 사고라는 중간단계에 대한 언급이 결여되어 있다. 아래에서는 산업재해를 인정하기 위하여 필요한 3개의 구성요건과 이중의 인과관계에 대한 해석론적 및 정책론적 문제를 검토한다. 다만 부상이 아니라 질병의 경우에는 일반적으로 사고의 단계는 논의의 여지가 없다.

1. 업무수행성

(1) 업무 또는 업무에 부수하는 행위

근로계약에 따른 업무나 그에 따르는 행위가 업무에 포함되는 것은 물론이다. 시간적으로는 작업시간 중, 그리고 공간적으로는 작업장 내에서 행하는 근로활동은 업무상의 행위라는 대표적인 징표이다. 그러나 사용자의 지배관리하에 있다고 판단되는 한 작업준비 중 및 작업종료 후의 행위로서 작업에 수반되는 필요한 부수행위 역시 업무에 속한다(법 제37조 제1항). 용변 등 생리적 필요행위,[8] 작업준비·마무리행위, 휴게시간 중의 행위 등 작업에 수반되는 필요한 부수행위 등이 여기에 해당한다(시행령 제27조 제1항). 따라서 예컨대 업무상의 지시에 의하여 접대를 하러 가던 중, 접대를 하던 중 또는 접대를 마치고 귀가 중 발생한 피해에 대해서는 업무성이 인정된다.[9]

출장 중의 행위 역시 사용자의 지배관리를 벗어난 것이 아닌 한 업무행위에 포함된다. 다만 출장 도중 정상적인 경로를 벗어나서 발생한 사고, 사적(私的) 행위 및 사업주의 구체적인 지시에 위반한 행위를 행하던 중 발생한 사고에 대해서는 업무성이 인정되지 않는다(시행령 제27조 제2항).

「산재보험법」상의 업무행위가 위와 같은 범위에 한정되는 것은 아니다. 「산재보험법」은 사용자의 산재발생에 대한 책임을 분산시키며, 따라서 사용자 역시 수혜자이다. 그렇기 때문에 직무뿐 아니라 그 밖에 직무와 밀접한 관련이 있는 활동 역시, 그것이 사업목적에 기여하고, 또 사용자에게 이익이 되는

8) 이에 관한 판결로는 대판 2008.2.28, 2006두17956 참조.

9) 대판 2008.11.27, 2008두12535; 2008.10.9, 2008두8475 등 참조. 그러나 회식장소에서 이탈하여 주취상태에서 사고가 발생한 경우 그 행위는 업무에 해당하지 않는다. 대판 2008.10.9, 2007두21082 참조. 반면 자유로운 휴가 중에 발생한 사고는 그 사고가 회사의 휴양지에서 발생한 것이라도 업무성이 부인된다. 서울고법 1996.12.17, 96구16867 참조.

때에는 업무로서의 성격을 인정하여야 한다.[10] 따라서 사용자가 주관 혹은 지시하는 것은 물론이고 그 밖에 단체협약, 취업규칙 또는 노무관리상 필요에 의하여 관행으로 행하는 운동경기, 야유회, 동호회활동 등 역시 업무에 해당한다(법 제37조 제1항 제1호 라.). 업무행위에 대한 판단에 있어서는 행사의 주최자, 목적, 내용, 참가인원과 강제성 여부, 운영방법 및 비용부담 등을 고려하여 사회통념상 행사의 전반적인 과정이 사용자의 지배나 관리하에 있는가의 여부가 기준이 된다.[11] 사업주가 행사에 참여하는 근로자에 대하여 참가한 시간을 근무한 시간으로 인정하는 경우, 사업주가 행사에 참가하도록 지시하는 경우, 사업주에게 행사참여에 대한 사전보고를 통하여 사업주의 참가승인을 얻은 경우 등이 여기에 해당한다(법 시행령 제30조). 또 이들 행위는 사용자의 지배관리를 벗어나지 않았다고 평가될 수도 있다.[12]

노동조합 간부의 조합활동 역시 노사관계의 안정에 기여하는 행위이기 때문에 업무의 범위에 포함된다. 노조간부가 조합활동 중 과로로 인하여 사망한 경우 고등법원과 산업재해분쟁에 대한 행정심판을 관할하는 노동부 산재심사위원회는 업무수행이 없다는 재결 및 판결을 한 바 있다.[13] 업무상의 재해란 사업주의 지배관리하에 근로계약을 기초로 행하는 업무와 이에 부수하는 행위이며, 노동조합 간부의 노동조합활동은 이에 포함되지 않는다는 것이다. 그러나 노조간부의 행위는 순수히 사적(私的) 동기에 의한 것이 아니며, 적극적으로는 사용자의 이익에 기여한다. 그렇기 때문에 노조간부의 행위가 근로계약상의 업무가 아니라는 이유로 산재보험의 보호대상에서 배제되는 것은 아니다.[14] 이에 비해서 사용자와 근로자 사이에 기본적인 신뢰관계가 상실되고 교섭에 의한 합의가

10) 법원은 휴무일에 사용자의 지시 없이 업무를 행하던 중 발생한 사고에 대해서 사적(私的)인 동기가 없다는 이유로 업무성을 인정한 바 있다. 서울고법 1995.6.15, 94구4631 참조.

11) 업무를 긍정하는 판결로는 대판 2009.5.14, 2008두12283 참조.

12) 법원은 이러한 이유로 야유회 등에 대해서 업무성을 인정하고 있다. 서울고법 1997.1.21, 96구23216 참조. 반면 공식행사가 아니라 점심시간에 이루어지는 친선운동경기 중 재해가 발생한 경우에는 사용자의 지배관리하에 있다고 볼 수 없다는 이유로 「산재보험법」상의 보호를 부정하고 있다. 대판 1996.8.23, 95누14633 참조.

13) 산재재심사례 90-358호, 1990.9.17; 서울고법 1992.8.21, 92구3993 참조.

14) 같은 견해로는 예컨대 이교림, "대법원판례를 중심으로 본 업무상 재해", 특별법연구 제4권(1994), 344면 참조. 이후 대법원도 노조전임자의 활동에 업무성을 긍정하고 있다. 대판 1996.6.28, 96다12733 참조. 같은 취지의 결정으로는 대판 1991.4.29, 90구10483; 1998.12.8, 98두14006; 2004.3.15, 2003두923; 2007.3.29, 2005두11428 등 참조. 다만 이 판결에서 대법원의 논증은 분명치 않다. 즉 사용자의 지배관리라는, 기존에 적용되어 왔던 기준을 여전히 유지하고 있는지에 대한 언급이 없다. 사용자의 지배·관리의 기준을 적용한 판결로는 대판 1997.3.28, 96누16179; 2003.10.17, 2003누1844 등 참조.

예상될 수 없는 경우에는 아직 쟁의행위에 들어가지 않은 경우에도 사용자의 지배관리가 있지 않기 때문에 업무행위에 해당하지 않는다는 것이 법원의 태도이다.[15)]

휴식시간이 일반적으로는 업무에 속하지는 않는다. 그러나 휴식이 사업장 내에서 이루어지고 사용자의 지배관리하에 있는 때에는 업무성이 인정된다(법 제37조 제1항 제1호 마). 또 과도한 노동 이후 계속적인 활동을 위해서 어느 정도의 휴식이 필요한 경우, 이러한 휴식은 사업이익에 도움이 되기 때문에 업무의 요건을 충족시킨다. 반면 순수히 사적(私的)인 동기에 의한 혹은 개인적 이익을 위한 근로자의 행동은 설혹 작업시간 중, 그리고 작업장소에서 행해진 경우에도 업무에 해당하지 않는다.

근로자가 고의, 자해행위 혹은 범죄행위 또는 그것이 원인이 되어 발생한 부상·질병·장해·사망은 업무상의 재해에 해당하지 않는다. 다만 그 부상·질병·장해 또는 사망이 정상적인 인식능력 등이 뚜렷하게 낮아진 상태에서 한 행위로 인하여 발생한 경우에는 업무상의 재해로 본다. 업무상의 사유로 발생한 정신질환으로 치료를 받았거나 받고 있는 사람이 정신적 이상 상태에서 자해행위를 한 경우, 업무상의 재해로 요양 중인 사람이 그 업무상의 재해로 인한 정신적 이상 상태에서 자해행위를 한 경우, 그 밖에 업무상의 사유로 인한 정신적 이상 상태에서 자해행위를 하였다는 상당인과관계가 인정되는 경우 등이 여기에 해당한다(법 제37조제2항, 시행령 제36조).

(2) 혼합행위

위와 같이 「산재보험법」이 보호하는 업무의 범위를 확정하는 문제는 해석을 필요로 한다. 먼저 사고의 원인이 된 행위가 업무의 성격과 사적(私的) 동기를 함께 가지고 있는 경우이다. 두 개의 동기를 명백히 구분할 수 있다면 실제 사고의 발생에 원인을 제공한 행위를 인과관계론에 따라 밝혀야 한다. 그러나 두 개의 다른 동기를 구분할 수 없는 혼합행위에 대해서는 근로자 보호를 위하여 업무성을 인정하여야 할 것이다.[16)]

인과관계에 관련된 혼합행위와 업무성과 관련된 혼합행위는 구별되어야 한다. 혼합행위가 업무행위로 인정될 수 있을 때 비로소 인과관계의 문제가 논의

---

15) 이에 대해서는 예컨대 대판 2004.3.15, 2003두923 참조.

16) 이에 대해서는 예컨대 이교림, 위 각주 15의 논문, 343면 참조.

될 수 있다. 만약 혼합행위가 업무행위가 될 수 없다면, 인과관계를 논할 여지는 없다. 예컨대 법원은 재해발생 당시 주취상태에 있는 경우에도 업무와 사고의 인과관계를 긍정하여, 「산재보험법」상의 보호를 인정한 바 있다.[17] 그런데 만약 사실관계에 대한 판단 결과 주취상태가 심하였다면 업무성 자체가 부인될 것이고, 이 경우에는 인과관계를 논할 여지가 없다.

(3) 근로자의 주관적 행위의사

근로자의 행위가 사업의 목적 혹은 사업이익에 기여하는 여부를 행위자의 주관적 의사를 기준으로 판단할 것인가, 아니면 실제 객관적인 현실성을 기준으로 판단할 것인가 하는 문제가 제기된다. 생각건대 실제 사업목적 혹은 사업이익에 기여하는가의 예견을 근로자에게 부담시키는 것은 무리이다. 그렇기 때문에 업무행위의 존재 여부는 원칙적으로 근로자의 주관적 의사를 기준으로 판단하여야 한다.

그러나 개별적인 경우에 근로자 개인의 주관적인 의도가 항상 존중되는 것은 아니다. 예컨대 근로자가 주관적으로는 사업의 이익에 기여한다고 생각한 경우에도 객관적으로 그러한 행동이 목적을 달성하는 데 명백히 적합하지 않거나, 또 명백히 불합리한 경우에는 업무성이 인정될 수는 없다.[18] 이러한 논리에 따르면 근로자가 스스로 야기한 사고의 원인이 되는 행위도 언제나 업무성이 부인되는 것은 아니다. 해당 행위가 주관적으로는 사업목적 및 업무수행에 기여한다고 판단하였고, 또 그것이 명백히 비합리적인 행동이 아닌 한 업무성이 인정될 수 있기 때문이다.[19]

(4) 출퇴근행위

출퇴근행위는 엄격히 보면 업무에 해당하지는 않는다. 출퇴근행위는 업무를 위한 준비행위(전단계)로서 업무와 밀접한 관련이 있기는 하지만 일반적인 생활위험일 뿐 시간적·공간적으로 업무에 속하지 않으며, 직접 사업목적에 기여하는 것은 아니다.[20] 따라서 「산재보험법」에서 출퇴근 재해가 보호되는 독일의 경

17) 서울고법 1995.5.11, 94구33011 참조.

18) 이에 관한 독일사회법원의 판결로는 *BSGE* 53, 173; 64, 159 참조.

19) 예컨대 업무수행에 필요하다고 판단하여 업무시간 외에 체력단련실에서 운동 중 발생한 피해에 대해서 법원은 업무상 재해로 인정하였다. 대판 2009.10.15, 2009두10246 참조.

20) 기존에 법원의 이에 관한 판결로는 대판 1999.12.24, 99두9025; 2000.3.10, 99두9025; 2004.2.26, 2003두13588; 2004.12.10, 2004두817; 2007.10.26, 2007두6991 등 참조. 그러나 업무용 승합차를

우 일반 업무상 재해와는 독립된 구성요건으로 출퇴근 재해(Wegeunfall)를 보호하고 있다.[21] 출퇴근 재해를 보호하고 있는 일본의 노동자재해보상보험법(노動者災害補償保険法) 역시 업무상 재해와 출퇴근 재해를 병행하여 규율하고 있다.

사용자가 제공하는 교통수단을 이용하여 출퇴근하는 경우에는 이러한 시설 이용은 사용자의 지배관리하에 있기 때문에 보호의 대상이 된다(혜택근로자). 결국 대중교통 혹은 자가운전에 의한 출퇴근행위는 보호되지 않아 왔다(비혜택근로자).[22]

2016년 헌법재판소는 이와 같은 혜택근로자와 비혜택근로자에 대한 차별은 특히 평등권을 침해한다는 이유로 헌법불합치 결정을 하였다.[23] 첫째, 출퇴근 행위는 업무의 전단계로서 업무와 밀접·불가분의 관계에 있다. 둘째, 출퇴근 행위는 사실상 사업주가 정한 출퇴근 시각과 근무지에 기속된다. 또 법원의 판례에서 출장행위는 사업주의 지배관리 아래에 있는 행위로서 「산재보험법」상 업무로 인정되고 있다.[24] 그런데 출장행위도 이동방법이나 경로선택이 근로자에게 맡겨져 있기 때문에 출퇴근 행위와 다를 것이 없다. 셋째, 출퇴근 재해를 업무상의 재해로 인정하는 것이 산재보험의 생활보장적 성격에 부합한다. 출퇴근 재해로 인하여 해당 근로자와 그 가족은 중대한 정신적·신체적 및 경제적 불이익을 입기 때문이다.

헌법재판소의 헌법불합치 결정이 있은 이후 2017년 「산재보험법」이 개정되어 출퇴근 행위가 모두 업무행위로 인정되었다. 기존에 혜택근로자, 즉 사업주가 제공한 교통수단이나 그에 준하는 교통수단을 이용하는 등 사업주의 지배관리하에서 출퇴근하는 중 발생한 재해는 물론 업무상 재해에 해당한다. 다만 출퇴근용으로 이용한 교통수단의 관리 또는 이용권이 근로자측의 전속적 권한에 속하지 않아야 한다.[25] 개정 법률에 의하여 기존에 비혜택근로자의 경우에도

이용하였더라도 정상적인 통근로를 심히 일탈하여 2시간 이상 음주를 한 후 사고가 발생한 경우에는 업무성이 더 이상 인정되지 않는다. 서울고법 1995.12.21, 95가합84156 참조.

21) 독일 사회법전 제7권(SGB Ⅶ) 제8조 제2항 참조.

22) 대판 1996.11.15, 96누10843; 2002.9.4, 2002두5290; 2007.9.28, 2005두12572 등 참조. 하급법원에서는 통근상의 재해를 업무상의 재해로 인정하는 판례가 있다. 서울행정법원 2006.6.14, 2006구합7966 참조.

23) 헌재 2016.9.29, 2014헌바254, 28-2(상), 316면 이하 참조. 이 결정에 대해서 자세히는 전광석, "사회보장법에서 헌법문제와 입법정책-헌재 2016.9.29, 2014헌바254 결정을 중심으로", 법조(2017.4), 426면 이하 참조.

24) 대판 2006.3.24, 2005두5185 참조.

25) 예컨대 대판 2007.10.26, 2007두6991; 2009.2.12, 2008두17899 등 참조.

통상적인 경로와 방법으로 출퇴근하는 중 발생한 재해는 업무상의 재해에 해당하게 되었다. 통상적인 출퇴근의 경로를 일탈하거나 또는 중단이 있는 경우에는 해당 일탈 또는 중단 중에 발생한 재해 및 그 후의 이동 중에 발생한 재해는 업무상의 재해로 인정되지 않는다. 다만, 일탈 또는 중단이 일상생활에 필요한 행위로 인정될 수 있는 사유가 있는 경우에는 업무상의 재해로 본다(법 제37조 제1항 제3호, 제3항). 일상생활에 필요한 용품을 구입하는 행위, 학교 또는 직업교육훈련기관에서 직업능력 개발향상에 기여할 수 있는 교육이나 훈련 등을 받는 행위, 선거권이나 국민투표권의 행사, 근로자가 사실상 보호하고 있는 아동 또는 장애인을 보육기관 또는 교육기관에 데려주거나 해당 기관으로부터 데려오는 행위, 의료기관 또는 보건소에서 질병의 치료나 예방을 목적으로 진료를 받는 행위, 근로자의 돌봄이 필요한 가족 중 의료기관 등에서 요양 중인 가족을 돌보는 행위 및 이에 준하는 행위로서 고용노동부장관이 일상생활에 필요한 행위라고 인정하는 행위가 여기에 해당한다(시행령 제35조).

2. 사고의 발생

피해의 원인이 되는 사고란 대부분 순간적으로 건강을 훼손시키는 과정이다. 반면 장기적인 과정을 거쳐서 발생하는 질병의 경우에는 사고라는 단계를 생략하여 논하는 것이 일반적이다. 질병 중 일부는 「산재보험법」에서 직업병으로 보호되고 있다.

3. 피해의 발생

(1) 피해의 종류와 내용

「산재보험법」은 사고의 결과 발생하는 비정상적인 건강상태를 보호한다. 질병·부상·장해 및 사망 등이 여기에 해당한다. 또 신체상의 피해뿐 아니라 정신기능적인 혹은 심리적인 피해가 포함된다. 직장 내 괴롭힘, 고객의 폭언 등으로 인한 업무상 정신적 스트레스가 원인이 되어 발생한 질병이 여기에 해당한다(법 제37조 제1항 제2호 다.). 그러나 단순한 정신상의 피해는 보호의 대상이 아니다. 따라서 산재보상은 위자료의 성격을 갖지는 않는다. 이 점에서 산재보상은 민법상의 불법행위로 인한 손해배상책임에 비해서 불리한 점이 있는 것이 사실이다. 그러나 위에서 언급했듯이 산재보상은 피해근로자의 보호를 위하여 민법에 비해서 여러 가지 점에서 유리한 요소가 있기 때문에 「산재보험법」이 위자료청구권을 인정하지 않는다고 해서 평등의 원칙에 반하는 것은 아니다.[26] 재산상의 피해 역시 「산재보험법」에 의하여 보호되지 않는다.

피해에는 기존의 건강상태가 사고로 인하여 악화되었거나, 혹은 잠재해 있던 질병이 사고로 인하여 유발된 경우도 포함된다.[27] 다만 이 경우 사고와의 인과관계가 인정되어야 한다. 다음과 같은 경우에 피해가 확대 인정된다. 즉 임신한 여성근로자에게 업무에 기인하여 태아의 건강이 손상되어 요양급여를 수급하는 경우에는 출산으로 인하여 태아가 분리된 경우에도 출산아에 대한 요양급여 수급관계는 계속 인정된다.[28]

(2) 피해의 악화

산업재해를 치유한 후 업무상 질병 또는 부상이 재발하거나 치유 당시보다 피해가 악화된 경우에도 이 피해에 최초의 피해와의 인과관계가 있는 경우에는 재요양을 받을 수 있다(법 제51조). 재요양은 해당 증상이 선행(先行) 상병에 직접적인 원인이 있을 필요는 없으며, 자연적인 진행에서 증상이 악화되어 이에 대한 적극적인 치료의 필요성이 있으며 치료 효과가 기대될 수 있다는 의학적 소견이 있으면 인정된다.[29] 퇴직 후 발생한 피해 역시 사고와의 인과관계가 긍정되면 산재피해로서 인정된다.[30] 이 밖에 업무상 부상 또는 질병에 대한 요양급여를 받던 중 발생한 의료사고, 또 요양 중인 산재보험 의료기관에서 업무상 부상 또는 질병에 대한 요양과 관련하여 발생한 사고, 업무상 부상 또는 질병의 치료를 위하여 거주지 또는 근무지에서 요양 중인 산재보험 의료기관으로 통원하는 과정에서 발생한 사고로 인한 재해 역시 「산재보험법」상의 재해로 인정된다(시행령 제32조).

산업재해에 대한 제1차 요양이 종료되고, 재차 요양의 필요성이 인정되는가의 여부는 다음과 같은 기준에 의하여 판단된다. 첫째, 재요양을 신청하는 상태가 시간의 흐름에 따라 나타나는 자연적인 신체기능의 감소인가, 아니면 최

26) 대판 1981.10.13, 80다2923; 1990.2.23, 89다카22487 등 참조. 독일의 연방헌법재판소도 이러한 입장에서 「산재보험법」상 위자료청구권이 결여되어 있는 것이 평등의 원칙에 반하지 않는다고 보아 합헌결정을 한 바 있다. *BVerfGE* 34, 112 참조.

27) 대판 1990.9.25, 90누2727 참조.

28) 대판 2020.4.29, 2016두41071 참조.

29) 대판 2020.6.4, 2020두31774 참조. 이때 장해급여 청구권의 소멸시효와 관련하여 최초 선행 치료의 종료일이 아니라 재요양 후 장애급여 청구권을 취득한 시점이 소멸시효의 기산점이 된다.

30) 서울고법 1993.12.3, 92구7810; 서울고법 1995.9.19, 95구2557 등 참조.

초의 업무상의 재해와 인과관계를 갖는 질병인가 하는 점이다. 둘째, 치료의 필요성이 인정되는가 하는 점이다.

건강보험법에서 설명했듯이 치료의 필요성은 질병의 완치만을 의미하는 것은 아니다. 의료조치가 취해지지 않으면 질병의 악화를 방지할 수 없는 경우도 포함된다. 나아가서 적어도 의료조치의 도움으로 고통을 멈추게 하거나 줄일 수 있다면 이때에도 치료의 필요성이 긍정된다. 현저한 치료효과, 즉 치료조치와 치료의 정도와의 관계가 재요양승인의 요건은 아니다. 현저한 치료효과의 정도가 아니라 요양급여를 할 경우 치료효과가 나타날 가능성이 충분하면 이로써 치료의 필요성의 요건은 충족된다고 보아야 한다.[31)]

(3) 자살의 경우

진폐증 환자가 질병의 고통을 못 이겨 자살한 경우도 위와 같은 관점에서 평가하여야 한다. 자살은 일반적으로는 업무수행성을 갖지 못한다. 자살의 직접적인 원인은 행위자 자신의 의사결정이고, 일반적으로는 본인의 의사결정이 자살의 유일하고 중요한 원인이기 때문이다.

자살이 직업병의 고통을 피하기 위해서 감행된 경우에는 이에 대한 인과관계의 평가가 다르다. 즉 이 경우에는 본질적인 원인이 자신의 의사결정인가, 아니면 직업병에서 오는 고통인가 하는 문제를 검토하여야 한다. 그리고 진폐증의 고통을 이기지 못하여 자살을 행했다면 이 사망에는 업무 및 사고와의 인과관계를 인정하여야 한다.[32)] 위에서 언급한 바와 같이 「산재보험법 시행령」은 이 점을 명시하였다.[33)] 이밖에 예컨대 법원은 업무실적의 저조에 따른 자책감과 상부의 질책으로 발생한 우울증을 원인으로 자살한 경우에도 업무상 재해를 인정한 바 있다.[34)]

---

31) 대판 1995.9.15, 94누12326; 1997.3.28, 96누18755; 1997.11.14, 97누13573; 1999.12.10, 99두10360; 2000.6.9, 2000두1607; 서울행정법원 2000.3.28, 99구24221; 2000.12.12, 2000두4927 등 참조. 이에 대해서 자세히는, 전광석, "「산재보험법」상의 재요양승인요건", 법률신문 1995.11.27, 14면, 15면 참조.

32) 이 사안에서 사망한 유족의 유족급여신청에 대해서 노동부는 자살은 자해(自害)행위로서 산재보험의 보호대상이 되지 않는다는 이유로 거부하였다. 상고심에서 대법원은 업무상 재해로서의 성격을 인정하였다. 대판 1994.1.14, 93누14943 참조. 이 밖에 대판 1993.12.14, 93누9392; 서울행정법원 1999.8.24, 98구25395 참조. 유사한 사례에서 예컨대 독일 연방사회법원은 자살의 결과인 피해에 대해서도 업무와의 인과성을 인정하고 있다. *BSGE* 54, 184면 이하 참조.

33) 이 밖에 대판 2001.3.23, 2000두10281 참조.

34) 서울행정법원 1999.11.23, 99구6674 참조.

4. 인과관계의 확정

산업재해가 인정되기 위해서는 업무행위와 사고 사이에, 그리고 사고와 신체 혹은 정신기능상의 피해 사이에 인과관계가 존재하여야 한다. 그리고 이에 대한 입증책임은 원칙적으로 피해근로자가 부담한다.[35] 법원은 산업재해를 확인하기 위한 기준으로 업무수행성과 업무기인성을 적용하고 있다.[36] 그러나 이 기준은 산업재해의 발생구조를 정확히 설명하지 못한다. 업무수행성과 업무기인성이라는 기준을 사용할 때 다음과 같은 문제가 나타나기 때문이다. 업무성이 인정되는 경우에도 사고의 발생이 업무와는 무관한 경우도 있다. 예컨대 개인의 기존의 질병이 주요 원인이 되어 사고가 발생한 경우이다. 또 업무와 인과관계 있는 사고가 발생하더라도 실제 발생한 피해가 사고의 결과가 아니라 기존의 개인의 질병을 보다 본질적인 원인으로 하여 건강이 악화되었거나 잠재해 있던 질병이 유발된 경우도 있다.

아래에서는 산업재해 발생의 인과관계를 논하기 위한 방법으로 업무수행성이나 업무기인성이라는 기준 대신, 민법상 책임확정에 관한 이론인 책임설정적 인과관계 및 책임충족적 인과관계를 중심으로 산업재해의 발생구조를 분석해 본다.

(1) 책임설정적 인과관계

산업재해가 인정되기 위해서는 사고가 업무상의 행위를 원인으로 발생하여야 한다. 형법 혹은 민법에서는 상당인과관계론에 따라 사후(事後)에 결과의 발생에 적합한 수단이 되었던 원인을 중심으로 논의가 이루어진다. 그러나 「산재보험법」상의 인과관계가 형법 혹은 민법상의 인과관계론과 같을 수는 없다. 산업재해와 관련하여 중요한 것은 근로자의 업무상의 행위가 사고의 발생에 본질적인 원인관계를 제공하였는가, 아니면 사고의 발생에 근로자의 업무상의 행위는 부수적인 원인관계를 제공했을 뿐 사적(私的)인 동기가 보다 중요한 원인

35) 대판 1990.10.23, 88누5037; 1999.1.26, 98두15757; 2011.6.9, 2011두3914; 2021.9.9, 2017두45933 등 참조. 하급심에서 입증책임의 전환을 시도하는 판결이 나온 바 있다. 서울고법 2001.4.6, 2000누4431 참조. 이를 대법원이 수용할지는 두고 보아야 한다. 산재피해의 충실한 구제를 위하여 입증책임을 전환하는 입법론에 대해서는 오윤식, "업무상 재해요건과 입증책임", 저스티스(2014.2), 385면 이하 참조.

36) 예컨대 대판 1990.10.23, 88누5037 참조.

관계를 제공했는가 하는 질문이다. 이때 산업재해가 발생하는 전체적인 상황을 관찰하고 규범목적에 적합하게 인과관계를 확정하여야 한다.

「산재보험법」에서는 근로자의 업무행위가 사고의 발생에 유일한 원인일 필요는 없다. 근로자의 업무상의 행위가 중요한 원인이 되었다면 그 밖의 동기가 작용한 경우는 물론이고, 사적(私的)인 동기가 업무상의 동기와 같은 비중을 갖는 경우에도 인과관계는 긍정된다.

산재보험에서는 근로자 자신 혹은 동료 등의 과실이 공동책임관계를 형성하는 경우에도 과실책임의 원칙 혹은 과실상계의 이론이 적용되지 않는다.[37] 즉 산업재해에 대한 보상에 있어서는 전무(全無) 아니면 전부(全部)의 원칙(all or nothing principle)이 적용된다. 산재보상은 사용자에 대해서는 일종의 무과실책임이며, 따라서 위험발생에 대한 공동책임을 물을 여지가 없기 때문이다.

사고발생에 선행하는 근로자의 행위가 업무상의 행위로 인정되는 때에는 대부분 사고와의 인과관계는 긍정된다. 그러나 항상 그러한 것은 아니다.[38] 음주 중 혹은 음주 후 업무를 수행하던 중 사고가 발생한 경우가 대표적인 예이다. 예컨대 음주 중 사고가 발생했거나 혹은 음주의 결과 객관적으로 보면 더 이상 업무수행능력이 없는 상태에서 사고가 발생한 경우에는 이미 업무로서 인정될 수 없다. 따라서 이 경우에는 인과관계를 논할 여지가 없다. 그러나 음주를 하였으나 아직 업무수행능력이 있는 상태에서 업무수행 중 사고가 발생한 경우에는 사고와 업무와의 인과관계가 항상 배제되는 것은 아니다. 이 경우 음주 후 근로자의 상태 자체가 사고의 발생에 중요한 원인이 되었는가, 아니면 당해 사고는 일반적인 경험에 따르면 음주를 하지 않은 상태에서도 발생할 수 있는가를 개별적으로 판단하여야 한다.[39] 그리고 전체적인 상황으로 보아서 음주를 하지 않았더라면 사고가 발생하지 않았을 경우에는 인과관계는 부정된다.[40]

그 밖에 피로가 원인이 되어 업무수행 중 사고가 발생한 경우도 마찬가지

37) 대판 1981.10.13, 81다카351; 서울고법 1995.5.11, 94구33011 등 참조.

38) 대판 1990.10.23, 88누5037 참조.

39) 대판 2001.7.27, 2000두5562 참조. 음주상태에서의 행위이더라도 음주에 본질적인 원인성을 부인한 예로는, 서울고법 1989.10.19, 89구3870; 서울고법 1995.5.11, 94구33011 등 참조.

40) 예컨대 대판 2003.11.28, 2003두10367; 2006.9.22, 2006두9341 등 참조. 독일 연방사회법원은 형사처벌의 대상이 되는 혈중알콜농도에 해당하는 상태에서 운전 중 사고가 발생한 경우에는 보험법적 보호를 일률적으로 부정한다. 이에 비해 운전능력이 의심되는 것으로 의제되는 혈중알콜농도상태에서 운전 중 사고가 발생한 경우에는 업무와 사고와의 인과관계가 부정되는 것으로 추정된다. 즉, 반증(反證)이 가능한 경우에는 보험법적으로 보호될 수 있다. *BSGE* 53, 215; 45, 293; 34, 261; 12, 422 등 참조.

이다. 그 피로가 업무수행의 결과, 이른바 과로이고, 따라서 업무와의 관련성이 인정되면 이러한 사고는 전체적으로 업무수행의 결과로서 책임설정적 인과관계는 긍정될 것이다.[41)]

(2) 책임충족적 인과관계

산업재해가 인정되기 위해서는 사고와 피해 사이의 인과관계가 인정되어야 한다. 이 역시 위에서 설명한 인과관계론에 따라 확정된다. 제1의 인과관계, 즉 업무와 사고와의 인과관계가 인정되면 제2의 인과관계, 즉 사고와 피해와의 인과관계는 보통 긍정된다. 그러나 항상 그러한 것은 아니다. 업무수행 중 사망한 경우에도 그 사망의 원인이 불분명한 경우 업무상 재해가 당연히 추정되지는 않는다.[42)] 그러나 예컨대 급격하게 변화된 환경으로 인한 과중한 업무와 스트레스가 있는 경우에는, 기존에 질병이 있었더라도 자연적인 진행속도 이상으로 이를 악화시켜 사망에 이르게 한 경우에는 업무상 재해로 인정된다.[43)]

법원이 가장 빈번하게 다루는 사건은 기존에 질병이 있는 자가 업무수행 중 그 질병이 악화된 경우 업무상 재해에 해당하는가 하는 문제이다. 여기에서는 근로자의 기존의 질병과 업무를 원인으로 발생한 사고가 피해에 대한 원인으로 경합한다.[44)] 지금까지 법원은 이 문제에 대해서 완화된 기준을 적용하고 있다. 첫째, 법원의 일반적인 판례에 따르면 기존의 근로자의 질병이 업무수행 중 악화된 경우 혹은 잠재해 있던 질병이 유발된 경우에도 인과관계는 인정된다.[45)] 장해의 존재 여부 및 정도에 대한 측정은 개인의 구체적인 건강과 신체조건을 기준으로 하여야 한다고 판결한 것은 바로 이 점을 의미한다. 특히 법원은 기존의 질병이 악화된 경우 업무상 재해 판정에 있어서 급여의 종류가 요양급여인 때에는 장해급여에 비해서 완화된 기준을 적용하고 있다.[46)] 둘째, 인과관계를 반드시 의학적·자연과학적으로 명백하게 입증하여야 하는 것은 아니고, 여

41) 대판 1995.3.14, 94누7935; 2001.4.23, 2000두9922 참조.

42) 이에 대해서는 대판 1998.12.8, 98두13287 참조. 이에 비해 열악한 환경에서 근무하던 자에게 질병이 발생한 경우 이것이 다른 원인에 의하여 발생했다는 특단의 사정이 없는 한 업무와의 인과관계가 인정된다는 하급심 판결이 있다. 서울고법 1998.11.13, 97구29402 참조.

43) 대판 2010.1.28, 2009두5794 참조.

44) 대판 1989.10.24, 89누1186; 1989.11.14, 89누2318; 1990.9.25, 90누2727; 1999.12.10, 99두10360 등 참조.

45) 예컨대 대판 1989.11.14, 89누2318; 1990.9.25, 90누2727; 1991.9.10, 91누5433; 1992.2.25, 91누8586; 1992.5.12, 91누10466; 1992.5.12, 91누10022; 1999.12.10, 99두10360 등 참조.

46) 대판 1999.12.10, 99두10360 참조.

러 사정을 고려할 때 업무와 질병 사이에 상당인과관계가 있다고 보여지면 긍정된다.[47] 다만 위암 및 간암과 같이 현대의학상 발병과 악화의 원인이 밝혀지지 않은 질병에 대해서 막연히 과로와 스트레스가 발병 및 악화의 원인이 될 수 있다는 논거만으로는 인과관계가 긍정되지 않는다.[48]

예컨대 본인의 습벽인 과음으로 인하여 간암이 악화되어 사망한 경우에는 인과관계는 부정된다.[49] 반면 업무상 필요한 접대로 인하여 음주를 자주 하고 그 결과 기존의 간염이 간암으로 발전하여 사망한 경우에는 인과관계는 긍정된다.[50] 또 산업재해로 인한 고통으로 인하여 자살한 경우 이 자살에 대해서도 인과관계가 인정된다.[51] 자살이 근로자의 업무수행 중 받은 스트레스, 그로 인한 우울증 등이 원인이 된 경우에는 구체적인 인과관계에 대한 판단이 필요하다. 스트레스 혹은 우울증 등이 자살의 동기와 원인에 관련되어 있다는 개연성만으로는 인과관계가 인정되지 않는다. 자살이 사회평균인의 입장에서 보아 도저히 감수할 수 없거나 극복할 수 없을 정도의 스트레스와 그로 인한 우울증에 기인한 것으로 판단될 때 인과관계가 인정된다.[52]

잠재해 있던 질병이 업무행위를 매개하지 않았더라도 해당 시점이 되면 현실화된다든가, 혹은 기존의 질병이 업무행위와 무관하게 악화된 경우에는 인과관계는 부정된다. 「산재보험법 시행령」은 이 점을 명확히 하고 있다. 즉 기초질환 또는 기존 질병이 자연발생적으로 악화되어 나타난 질병은 업무상의 질병에 해당하지 않는다(시행령 제34조 제2항 제2호).[53]

이 밖에 해석이 필요한 문제는 사고의 결과 피해가 발생하고, 이 피해가 일정한 시간이 흐른 후 악화되는 경우이다. 악화된 상태와 최초의 피해 사이에 인과관계가 긍정되는 경우에는 업무상의 재해로서 인정된다.[54] 퇴직 후 악화된 경우에도 마찬가지이다. 이때에는 새로운 장해등급 결정절차가 뒤따라야 한다.

---

47) 대판 2000.10.6, 2000두4224; 2001.7.27, 2000두4538; 2002.8.21, 2002두5221; 2004.3.11, 2003두15331; 2007.4.12, 2006두4912; 2007.6.1, 2005두517; 서울행정법원 2000.5.10, 98구7953; 2000.6.7, 99구21543; 2000.9.6, 99구8205 등 참조.

48) 대판 2000.8.22, 2000두2556; 2002.10.25, 2002두5566; 2004.4.16, 2003두13878; 2005.5.13, 2004두14441 등 참조.

49) 위 각주 46 참조.

50) 이에 대해서는 대판 1998.12.8, 98두12642; 서울행정법원 2000.10.17, 98구35504 등 참조.

51) 위 각주 31, 32 참조.

52) 업무와 자살과의 인과관계를 부인한 예로는 대판 2012.3.15, 2011두24644 참조.

53) 대판 2001.2.27, 2000두8592 참조.

54) 대판 1994.1.14, 93누14943; 서울고법 1993.12.17, 93구24119 등 참조. 이러한 인과관계를 부인하는 결정으로는 대판 2003.3.28, 2003두124 참조.

재요양의 경우에 이러한 상황이 나타날 수 있으며, 이에 대해서는 위에서 언급하였다.[55]

Ⅱ. 직 업 병

「산재보험법」은 업무상의 재해 외에 업무상의 질병, 즉 직업병을 보호한다(법 제37조 제1항 제2호, 시행령 제34조). 직업병의 종류와 범위는 「근로기준법」에 목록화되어 있다(근로기준법 시행령 제44조 제1항, 별표 5). 이 목록에는 각종 직업병이 질병의 원인인 작업환경 및 직업병으로 손상되는 신체기관의 종류에 따라 열거되어 있다. 이 밖에 직업병 목록은 의학의 발전과 새로운 작업환경의 변화에 맞추어 보충될 수 있다. 먼저 열거된 질병 이외에 '산업재해보상보험 및 예방심의위원회의' 심의를 거쳐 고용노동부장관이 지정하는 질병을 직업병으로 인정할 수 있다(근로기준법 시행령 별표 5, 1. 자.). 또 직업병 목록이 불충분하여 개별적으로 발생할 수 있는 산재피해자의 불이익을 방지하기 위하여 일반조항을 두었다. 즉 그 밖에 업무로 인한 것이 명확한 질병은 직업병으로 인정될 수 있다(근로기준법 시행령 별표 5, 1. 차.). 이 밖에 진폐증에 관한 특별규정을 두었다. 즉 진폐에 걸릴 우려가 있는 작업으로서 암석, 금속이나 유리섬유 등을 취급하는 작업 등 고용노동부령이 정하는 분진작업에 종사하여 진폐에 걸리면 업무상 질병으로 본다(법 제91조의 2).

직업병 목록에 해당하는 경우 직업병으로 인정되기 위해서는 다음과 같은 조건 중 하나를 충족하여야 한다. 첫째, 근로자가 업무수행 과정에서 유해·위험요인을 취급하거나 유해·위험요인에 노출된 경력이 있어야 한다. 둘째, 유해·위험요인을 취급하거나 유해·위험요인에 노출되는 업무시간, 그 업무에 종사한 기간 및 업무 환경 등에 비추어 볼 때 근로자의 질병을 유발할 수 있다고 인정되어야 한다. 셋째, 근로자가 유해·위험요인에 노출되거나 유해·위험요인을 취급한 것이 원인이 되어 그 질병이 발생하였다고 의학적으로 인정되어야 한다(시행령 제34조 제1항).

직업병은 업무상의 재해와는 달리 장기적으로 진행되는 특징이 있다. 그렇기 때문에 해당 질병이 업무와 관련성이 있는가, 아니면 업무수행과 관계없는 개인의 건강조건에 의해서 발생한 것인가에 대해서 판단하는 것이 쉽지 않다. 직업병 목록은 이러한 인과관계의 확인과 관련된 어려움을 극복하기 위한 목적

55) 위 각주 29 참조.

을 갖는다. 즉 특정 직업에 종사하는 자에게 해당 업무와 관련하여 발생한다고 경험칙상 인정되는 질병을 목록화하고, 이 목록에 열거된 질병에 대해서는 인과관계를 추정한다. 소극적으로는 직업병 목록은 누구에게나 발생하는 질병을 산재보험의 보호대상에서 제외하는 기능을 갖는다.

직업병 목록에 열거된 질병이 발생한다고 해서 자동적으로 직업병이 인정되는 것은 아니다. 직업병 역시 고용관계에서 사용자 책임이 인정되는 피해를 보상하기 위한 제도이기 때문에 인과관계의 심사는 필요하다.[56] 다만 직업병 목록을 통해서 이 작업이 수월해진다. 따라서 근로자의 보호를 위하여 충실하게 운영되기 위해서는 직업병 목록에 열거된 질병이 발생하면 업무와의 인과관계에 대한 입증책임은 오히려 보험자가 부담하도록 하여야 한다. 그리고 해당 질병이 명백히 업무관계성을 갖지 않는 경우에 한하여 인과관계를 부인하여야 한다. 그러나 법원은 기본적으로 인과관계의 입증책임을 피해근로자에 지우고 있다.[57] 「산재보험법」은 업무상 질병 여부를 심의하기 위하여 근로복지공단 소속 기관에 업무상질병판정위원회를 두어 운영하고 있다(법 제38조).

제 3 절 가입자 및 수급자

Ⅰ. 가입자의 범위

1. 의무가입

산재보험에 가입자는 근로자를 사용하는 사업의 사업주이다(고용보험 및 산업재해보상보험의 보험료징수 등에 관한 법률 제5조 제3항).[58] 기본적으로 모든 사업의 사업주가 보험가입자이다. 다만 위험률, 규모 및 장소 등을 고려하여 대통령령이 정하는 사업은 가입대상에서 제외된다(법 제6조).

현재 실질적으로 모든 사업장의 사업주가 「산재보험법」에 가입하고 있다.

56) 예컨대 법원은 희귀질병으로서 발병 및 악화 원인이 밝혀지지 않은 경우 노동환경이 2차적인 발병원인이 될 수 있다는 소견만으로는 업무와 직업병 사이의 인과관계가 인정될 수 없다고 하고 있다. 대판 1999.1.26, 98두15757 참조.

57) 대판 2008.1.31, 2006두8204 참조. 입증책임을 부분적으로 완화하는 판결로는 대판 1994.8.26, 94누2633; 1997.2.28, 96누14833; 2004.4.9, 2003두12530 등 참조.

58) 이하 「보험료징수법」으로 줄인다.

다만 다음과 같은 경우에 「산재보험법」의 적용이 배제된다(시행령 제2조). 첫째, 농업·벌목업을 제외한 임업·어업·수렵업 중 법인이 아닌 자의 사업으로서 상시 5명 미만의 근로자를 사용하는 사업에는 「산재보험법」이 적용되지 않는다. 둘째, 다른 법률에 의하여 산업재해가 보호되는 집단에 대해서 「산재보험법」이 적용되지 않는다. 「공무원재해보상법」 또는 「군인재해보상법」에 의하여 재해보상이 행하여지는 사업, 「선원법」·「어선원 및 어선 재해보상보험법」 또는 「사립학교교직원연금법」에 의하여 재해보상이 행해지는 사업 등이 여기에 해당한다. 셋째, 산재발생의 위험이 없다고 의제되는 사업에 「산재보험법」이 적용되지 않는다. 가구내 고용활동이 여기에 해당한다.

건설공사와 같이 수차의 도급에 의하여 사업이 이루어지는 경우에는 원수급인이 산재보험 가입자인 사업주가 된다. 건설업에 있어서와 같이 복잡·다양한 공정이 복합되어 있는 경우에 하수급인을 가입자로 한다면 보험가입자가 명확하지 않아 신속한 보상이 이루어질 수 없고, 또 하수급인은 일반적으로 영세하고, 이동이 빈번하기 때문에 보험능력이 제한적이라고 본 것이다.[59] 다만 이 경우에도 하수급인이 「산재보험법」관계에서 배제되는 것은 아니며, 따라서 제3자의 행위로 인하여 재해가 발생하여 근로복지공단이 산재보상급여를 한 경우 근로복지공단이 손해배상청구권을 대위하는 제3자에 해당하지도 않는다.[60] 하수급인이 사업주가 되기 위해서는 근로복지공단의 승인을 얻어야 한다(보험료징수법 제9조).

「산재보험법」에서 사용자 책임의 위험은 보험의 원리에 따라 분산된다. 그리고 「산재보험법」의 비용부담자는 사용자이다. 이 점은 「산재보험법」에 의한 인적 보호대상을 확정하는 데 중요한 기준이 된다. 일반 사회보험의 경우 가입자의 보험능력이 중시되고, 또 특히 장기(長期)급여인 연금보험의 경우 가입자가 어느 정도 지속적으로 재정기여를 할 수 있어야 한다. 따라서 당해 근로활동이 지속적인 생활기반이라고 볼 수 없는 경우에는 그러한 활동을 사회보험법에 의한 보호의 대상에서 제외하는 것이 일반적이다. 실제 예컨대 「국민연금법」에서 일용근로자, 계절적 혹은 임시사업장에 고용되는 사람, 기한부로 고용된 사람 등은 직장가입대상에서 제외된다. 그러나 「산재보험법」은 사용자 책임보험의 성격을 갖기 때문에 사업장의 종류 혹은 규모에 따라서 보호하는 인적

59) 대판 2008.4.10, 2006다32910 참조. 이 규정에 대한 헌법적 판단으로는 헌재 2004.10.28, 2003헌바70, 16-2(하), 178면 이하 참조.

60) 대판 2016.5.26, 2014다204666 참조.

범위를 축소하는 것은 산재보험의 본질에 반한다.

고용관계에 있지 않은 사람, 예컨대 자영인이 「산재보험법」의 적용대상에서 배제되어야 하는 것은 아니다. 다만 이 경우 이제 「산재보험법」은 고용관계에서 발생하는 사용자의 책임을 분산하는 기능이라는 역사적 특성을 탈피하고 순수한 근로자 보호를 위한 제도로서의 성격을 갖게 된다. 독일 산재보험법이 여기에 해당하는 예이다.

2. 임의가입

산재보험에 임의적으로 가입하는 가능성도 열려 있다. 즉 위에 열거된 당연가입자가 아닌 사업주는 근로복지공단의 승인을 얻어 산재보험에 가입할 수 있다(보험료징수법 제5조 제4항). 기존에 산재보험에 가입되어 있던 사업주의 사업장이 산재보험 당연가입의 조건을 더 이상 충족하지 못하는 경우 가입관계가 당연히 소멸하는 것은 아니다. 즉 이때에는 일단 해당 사업장이 산재보험에 임의가입한 것으로 본다. 보험관계가 종료되기 위해서는 가입자가 근로복지공단의 승인을 얻어야 한다(보험료징수법 제6조 제2항, 제4항).

산재보험 가입과 관련하여 중소기업 사업주 및 노무제공자에 대해서는 특례를 두고 있다. 300명 미만의 근로자를 사용하는 중·소기업사업주는 근로복지공단의 승인을 얻어 자기 또는 유족을 보험급여를 받을 수 있는 자로 하여 보험에 가입할 수 있다(법 제124조, 시행령 제122조).

특수형태근로종사자, 플랫폼 종사자 등은 근로자와 유사하게 근로활동을 하지만 「근로기준법」상의 근로자에 해당하지는 않는다. 따라서 이들을 「산재보험법」에서 직군을 열거하여 가입대상으로 한 바 있다. 그러나 여전히 해석의 여지가 있었다. 이들은 여러 사업주의 주문에 의하여 근로를 행하기 때문에 무엇보다도 근로자의 특성인 '전속성'이 없기 때문이다. 이에 2022년 「산재보험법」이 개정되어 이들 근로자를 '노무제공자'로 포괄하여 가입대상으로 하였다(법 제91조의 15). 이에 따르면 '노무제공자'란 자신이 아닌 다른 사람의 사업을 위하여 노무제공을 요청받아, 혹은 사업주로부터 일하는 사람의 노무제공을 중개·알선하기 위한 전자적 정보처리시스템(온라인 플랫폼)을 통해 노무제공을 요청받아 자신이 직접 노무를 제공하고 그 대가를 지급받는 사람이다. 「산재보험법」상의 노무제공자의 범위는 업무상 재해로부터의 보호 필요성, 노무제공 형태 등을 고려하여 대통령령으로 정한다(법 제91조의 15). 현재 보험설계사, 건설기계를 직접 운전하는 사람, 학습지 방문강사, 골프장 캐디, 택배서비스 종사자, 퀵서비스 배송요원, 신용카드회원 모집인, 대리운전자, 관광안내원 등이 노무제공자로 열거되어 있다(시행령 제83조의 5).

임의가입의 경우 의무가입과는 달리 사업주의 신청 및 근로복지공단의 승인에 의하여 비로소 법률관계가 성립한다. 따라서 신청과 승인 중간 시기에 발생한 재해는 보호될 수 없는 문제가 있다.[61)]

Ⅱ. 근로자의 정의

1. 근로자의 개념의 상대성

「근로기준법」은 근로자에 대한 정의를 하고 있다. 이에 따르면 근로자란 "직업의 종류와 관계없이 임금을 목적으로 사업 또는 사업장에 근로를 제공하는 사람"을 말한다(근로기준법 제2조 제1호). 그러나 개별적인 경우에 근로자성을 판단하는 것은 간단하지 않다. 「근로기준법」에 따르면 근로관계가 성립하면 근로자는 사용자에 대한 임금청구권을, 그리고 사용자는 근로자에 대한 노무제공청구권을 가지며 일반적으로 근로자가 사용자에 대해서 인적 종속관계에 있다. 그러나 「근로기준법」상 근로자의 개념은 상대적이다. 왜냐하면 근로조건을 정하는 위치에 있는 고위직 경영자의 경우 하위직 근로자에 대해서는 사용자의 위치에 있지만, 사용자와의 관계에서는 근로자의 위치에 있기 때문이다. 또 노동시장의 변화에 따라 특수형태근로종사자 및 플랫폼 종사자 등 노무제공자는 「근로기준법」상의 근로자는 아니지만 사회적 보호의 필요성이 크기 때문에 이들을 산재보험의 가입대상에 포함시키기 위해서는 기존의 근로자와는 별개의 범주가 필요하게 되었다.

2. 인적 종속성

「산재보험법」상의 근로자는 사용자와의 관계에서 인적 종속성이 있어야 한다. 독립적으로 근로자 자신의 경제적 이익을 위한 행위 중에 발생한 재해는 보호되지 않는다.

근로자가 경영에 편입되어 있는가가 인적 종속성의 중요한 판단기준이다.

61) 이 점에 대한 헌법적 평가로는 헌재 2005.7.21, 2004헌바2, 17-2, 44면 이하 참조.

독자적인 경영책임을 지고 자신의 경제적 이익을 위해서 행위를 하는 자는 근로자의 범주에서 제외된다. 이때 경영에의 편입은 사용자의 근로자에 대한 지시권이 존재하는 경우 인정된다. 즉 근로자의 노동력이 사용자의 처분에 맡겨져 있어서, 근로자가 사용자의 지시·명령·감독에 의해서 업무를 수행하고 있는 경우에는 근로자성이 인정된다.

그러나 지시권이 존재하지 않는다고 해서 근로자성이 언제나 부인되는 것은 아니다. 근로의 종류에 따라서는 사용자의 구체적인 지시에 의해서가 아니고 근로자에게 어느 정도 독자적인 활동영역을 인정하고, 또 독자적인 책임하에 업무를 수행하는 경우가 있기 때문이다. 변호사·의사와 같은 자유직 근로자가 여기에 해당한다. 이들 근로자는 작업의 종류와 장소, 작업 및 휴식시간 등에 있어서 사용자의 지시로부터 자유로운 업무활동을 한다. 특히 오늘날 정보통신이 발달하면서 근로자가 사업장에서 고정적인 작업을 하기보다는 외형만을 보면 일종의 도급적 성격을 갖는 작업을 하는 유형이 빈번하게 되었다. 따라서 고위직 경영자도 경영참여기능에 적합하게 업무를 수행하는 경우에는 인적 종속성 및 그것을 징표하는 기업경영에의 편입을 인정하고, 사용자의 지시권에서 어느 정도 자유로운 위치에 있더라도 근로자로 인정된다.

구체적인 경우에 기능적으로 참여하는 근로자인가, 아니면 자신을 위한 경영행위를 하는 사용자인가를 구분하는 문제가 항상 명료한 것은 아니다. 이에 대해서는 다음과 같은 기준이 제시된다. 즉 근로자가 직접 경영위험을 부담하는가가 기업에의 편입 여부를 결정하는 중요한 기준이 된다. 기관에 의해서 선임되며 주주가 아닌 주식회사의 이사 혹은 대표이사,[62] 유한회사의 유한책임사원, 합자회사의 유한책임사원 등은 경영위험을 스스로 부담하지는 않는다.[63] 따라서 사용자에게 인적으로 종속되며, 재해보상과 관련하여 근로자로서 인정된다. 반면 실질적으로 기업주의 지위에 있는 주식회사의 이사, 대표이사, 합명·합자회사의 무한책임사원 등은 경영위험을 스스로 부담하기 때문에 타인을 위해서 업무를 수행한다고 볼 수 없고, 따라서 근로자의 범주에서 제외된다.

---

62) 예컨대 「국민연금법」 제3조 및 「국민건강보험법」 제3조는 법인의 이사 기타 임원을 국민연금과 국민건강보험에의 가입대상인 근로자의 범주에 명시적으로 포함시키고 있다.

63) 독일 연방사회법원의 확립된 판결이며, 동 법원은 "funktionsgerechte Teilhabe am Betrieb"이라는 표현을 쓰고 있다.

3. 정식 고용관계의 존재 여부

근로자의 범위를 확정하는 데 근로자가 사용자의 이익을 위해서 활동하였다는 사실이 중요한 기준이다. 따라서 근로자의 행위가 반드시 정식의 고용관계에 기초하여 이루어져야 하는 것은 아니다.[64] 이와 관련하여 현장실습생에 관한 한 입법적인 해결이 되어 있다. 즉 현장실습을 하고 있는 학생 및 직업훈련생 중 고용노동부장관이 정하는 자는 「산재보험법」상의 근로자로 본다(법 제123조). 정책적으로 보면 보호대상자의 범위를 고용노동부장관에 위임하기보다는 유사 고용관계에 있는 자를 보호대상자로 신축성있게 규율하는 것이 바람직하다.[65]

임금이 지불되는 고용관계인가 역시 근로자성을 판단하는 데에는 영향을 주지 않는다. 따라서 현장실습생과 같이 정식 고용관계에 있지 않지만, 고용관계와 유사한 형태로 근로를 행하던 중 재해를 입은 자 역시 보호된다.[66] 「산재보험법」이 사용자 책임보험의 성격을 가지고 있는 데 따른 당연한 결과이다.

Ⅲ. 외국인 근로자, 외국에서 근무하는 근로자

1. 외국인 근로자

외국인 근로자도 「산재보험법」이 적용되는 사업장에 근무하는 경우에는 보호를 받는다. 「국민건강보험법」이나 「국민연금법」은 외국인 근로자를 기본적으로 의무가입대상에 포함시키고 있다. 「산재보험법」에서도 사업장이 당연가입된다면 여기에 종사하는 외국인 근로자 역시 보호의 대상이 되어야 한다. 또 외국인 근로자가 불법취업한 경우에도 「산재보험법」이 적용된다.[67]

---

64) 그러나 판례는 이를 부인하고 있다. 대판 1994.9.23, 93누12770 참조. 이 판례에 대해서 자세히는 전광석, "산재보험법상의 근로자 개념", 법률신문 1995.1.23, 14면, 15면 참조.

65) 입법례에 따라서는 건강보험이나 연금보험에서와는 달리 산재보험에서는 근로의 대가로 임금을 취득하는가의 여부가 가입자를 확정하는 기준이 되지 않는다고 명시하는 경우가 있다. 예컨대 독일의 입법례가 여기에 속한다. 이에 대해서는 전광석, 독일사회보장법과 사회정책(박영사, 2008), 177면 참조.

66) 대판 1987.6.9, 86다카2920; 산재재심사례 88-143호, 1988.6.20 등 참조. 반면 이를 부인하는 결정도 있다. 산재재심사례 81-30호, 1981.4.20 참조.

67) 대판 1995.9.15, 94누12067 참조.

2. 외국에서 근무하는 근로자

외국에서 근무하는 우리나라 근로자에게 발생한 업무상의 재해에 대해서는 다음과 같이 두 가지로 나누어 규율하고 있다.

보험가입자가 대한민국 밖의 지역에서 행하는 사업에 근로시키기 위하여 파견하는 사람의 경우이다.[68] 이들은 공단에 보험 가입 신청을 하여 승인을 받으면 가입자의 사업장 근로자로 보아 「산재보험법」을 적용할 수 있다(법 제122조).

위에 해당하는 근로자를 제외하고 외국에서 근무하는 자에 대한 특례가 있다. 즉 해당 외국과 우리나라가 이에 대한 국제협정을 체결한 경우에는 고용노동부장관이 금융위원회와 협의하여 지정하는 보험회사로 하여금 독자적인 계산에 의하여 보험사업을 행하게 할 수 있다. 이 경우 보험급여는 「산재보험법」상의 급여보다 불리해서는 안 된다(법 제121조).

제 4 절 급여의 종류와 내용

Ⅰ. 예방과 재활

1. 예방과 재활 일반

「산재보험법」의 급여는 궁극적으로는 산업재해를 당한 자가 사회 및 직업에 다시 복귀하여 스스로 생활할 수 있도록 하여야 한다. 그리고 이에 충실하기 위해서는 직업재활 및 사회재활을 위한 급여를 지급하여야 한다. 또 산업재해가 근로자의 생활에 미치는 심각한 경제적 파급효과를 생각하면 산업재해를 사전에 예방하여야 한다. 「산재보험법」은 직업재활을 위한 조치를 규율하고 있다(법 제72조 이하). 그러나 재해예방 및 재활을 위한 예산비중은 아직 낮다. 「산재보험법」은 주로 산재피해자의 소득상실을 보상하는 데 치중하고 있다.[69]

68) 대판 2000.10.24, 98두18503 참조.

69) 2022년 산재보험기금 총지출에서 보상급여가 차지하는 비율은 약 83%에 이른다. 이는 비교법적으로 보면 매우 높은 비중이다. 시차가 있는 통계이기는 하지만 독일, 오스트리아, 스위스, 일본 등에서 연금급여가 차지하는 비율은 각각 51.4%, 45.7%, 46.7%, 43.6%이다. 물론 이 통계에서 연금급여가 보상급여 전체를 포괄하는 부분인지, 아니면 보상급여 중 일부인지는 불분명하다. 그렇더라도 보상급여는 상당 부분 연금급여일 것이기 때문에 우리와 비교하면 보상급여가 차지하는 비율은 낮다고 추정할 수 있다. 이에 비해서 산재보험에서 재해예방을 위한 지출예산은 극히

이러한 사업의 편중은 「산재보험법」의 목적에 충실하지 않다. 산재보험이 주로 사용자책임을 대체하는 경우에는 보상이 주된 사업일 수밖에 없다. 그러나 오늘날 산재보험은 산재 근로자의 보호에 독자적인 목적을 두어야 한다. 이를 위하여 산재보험은 소득보장과 함께 산재를 예방하고, 또 산재를 당한 근로자에게 재활조치를 취하여 정상적인 노동관계에 다시 진입할 수 있도록 하여야 한다. 1999년 「산재보험법」이 개정되어 입법목적에 이 점을 강조한 바 있다. 즉 "재해근로자의 재활 및 사회복귀를 촉진하기 위하여 이에 필요한 보험시설을 설치·운영하고, 재해예방과 그밖의 복지증진에 이바지"하는 것을 입법목적으로 명확히 하였다(법 제1조).

2. 직업재활 지원

재해근로자의 직업재활을 지원하기 위한 조치로서 직업재활급여, 직업훈련비용, 직업훈련수당 및 직장복귀지원금 등을 제공한다.

(1) 직업훈련비용 · 직업훈련수당

직업재활급여로서 장해급여를 받은 자가 취업을 위하여 직업훈련이 필요한 경우 실시하는 직업훈련에 드는 비용 및 직업훈련수당을 지급한다. 훈련대상자가 되기 위해서는 다음과 같은 요건을 갖추어야 한다. 첫째, 장해등급이 1급에서 12급까지에 해당하거나, 업무상의 사유로 발생한 부상 또는 질병으로 인하여 요양 중으로서 그 부상 또는 질병의 상태가 치유 후에도 장해등급 제1급부터 제12급까지에 해당할 것이라는 내용의 의학적 소견이 있어야 한다. 둘째, 현재 취업하지 않은 상태에 있어야 한다. 셋째, 다른 직업훈련을 받고 있지 않아야 한다. 넷째, 직업복귀계획을 수립하여야 한다(시행령 제68조 제1항). 훈련대상자에 대한 직업훈련은 공단과 계약을 체결한 직업훈련기관에서 실시하게 한다(법 제73조 제1항).

직업훈련비용은 직업훈련을 실시한 직업훈련기관에 지급한다. 다만 직업훈련기관이 「장애인고용촉진 및 직업재활법」에 의하여 직업적응훈련 혹은 직업능력개발훈련의 지원을 받는 경우, 「고용보험법」 및 「국민평생직업능력개발법」에 의하여 직업능력개발훈련의 지원을 받는 경우, 훈련대상자를 고용하려는 사업주가 직업훈련비용을 부담하는 경우, 그 밖에 다른 법령에 따라 직업훈련비용

낮은 수준에 있다. 예컨대 2022년 산재예방예산은 전체 지출예산의 약 12%에 불과하다. 고용노동부, 산재보험사업연보(2017), 194면 참조.

에 상당하는 비용을 받은 경우에는 「산재보험법」에 의한 직업훈련비용은 지급하지 않는다(시행령 제69조). 직업훈련비용의 금액은 고용노동부장관이 훈련비용, 훈련기간 및 노동시장의 여건 등을 고려하여 고시하는 금액의 범위에서 실제 드는 비용으로 한다. 직업훈련비용을 지급하는 훈련기간은 12개월 이내로 한다(법 제73조).

직업훈련수당은 직업훈련을 받는 훈련대상자에게 직업훈련으로 인하여 취업하지 못하는 기간에 대하여 지급한다. 1일당 직업훈련수당은 최저임금액에 상당하는 금액으로 한다. 휴업급여 혹은 상병보상연금을 받는 훈련대상자에게는 직업훈련수당은 지급하지 않는다. 훈련대상자가 「고용보험법」상의 구직급여를 받은 경우에도 직업훈련수당은 지급되지 않는다(시행령 제68조 제3항). 직업훈련수당은 장해보상연금과 조정된다. 즉 직업훈련수당을 받는 자가 장해보상연금 또는 진폐보상연금을 받는 경우에는 1일당 장해보상연금 또는 1일당 진폐보상연금과 1일당 직업훈련수당을 합한 금액이 해당 근로자의 장해보상연금 또는 진폐보상연금 산정에 적용되는 평균임금의 70%를 초과하면 그 초과하는 금액 중 직업훈련수당에 해당하는 금액은 지급하지 않는다(법 제74조).

(2) 직장복귀지원금 · 직장적응훈련비 · 재활운동비

업무상의 재해가 발생할 당시의 사업장에 복귀하는 장해급여를 받은 자에 대하여 사업주가 고용을 유지하거나 직장적응훈련 또는 재활운동을 실시하는 경우에 지원하는 급여로서(법 제72조 제1항 제2호), 직장복귀지원금, 직장적응훈련비 및 재활운동비가 지원된다(법 제75조). 이들 급여는 장해급여를 받은 자에 대하여 고용을 유지하거나 직장적응훈련 또는 재활운동을 실시하는 사업주에게 지급한다.

직장복귀지원금은 사업주가 장해급여를 받은 자에 대하여 요양종결일 또는 직장복귀일부터 6개월 이상 고용을 유지하고 임금을 지급한 경우에 지급된다. 장해급여를 받은 자가 요양종결 또는 직장복귀 후 6개월이 되기 전에 자발적으로 퇴직한 경우에는 퇴직한 날까지의 직장복귀지원금을 지급한다.

직장적응훈련비 및 재활운동비는 사업주가 장해급여를 받은 자에 대하여 해당 직무수행이나 다른 직무로 전환하는 데에 필요한 직장적응훈련이나 재활운동을 실시한 경우에 지급하며 다음과 같은 요건을 갖추어야 한다. 첫째, 요양종결일 또는 직장복귀일 직전 3개월부터 요양종결일 또는 직장복귀일 이후 6개월 이내에 직장적응훈련이나 재활운동을 시작하였어야 한다. 둘째, 직장적응훈련이나 재활운동이 끝난 후 6개월 이상 고용을 유지하였어야 한다. 장해급여를 받은 자가 직장적응훈련이나 재활운동이 끝난 후 6개월이 되기 전에 자발적으로 퇴직한 경우에는 고용유지에 관한 조건이 요구되지 않는다(시행령 제70조).

직장복귀지원금은 고용노동부장관이 임금수준 및 노동시장의 여건 등을 고려하여 고시하는 금액의 범위에서 사업주가 장해급여를 받은 자에게 지급한 임금액에 해당하는 액이다. 직장복귀지원금은 기간에 제한이 있다. 즉 지급기간은 12개월 이내로 한다. 직장적응훈련비 및 재활운동비는 고용노동부장관이 직장적응훈련 또는 재활운동에 드는 비용을 고려하여 고시하는 금액의 범위에서 실제 드는 비용에 해당하는 액이다. 이들 급여의 지급기간은 3개월 이내로 한다(법 제75조).

이들 급여는 다른 법률에 의하여 지급되는 같은 기능을 수행하는 급여와 조정된다. 즉 사업주가 그 장해급여를 받은 자에 대하여 「고용보험법」 제23조 등에 따른 지원을 받은 경우, 「장애인고용촉진 및 직업재활법」 제30조에 따른 장애인 고용장려금을 받은 경우, 「국민평생직업능력 개발법」 제20조 제1항에 따른 지원을 받은 경우, 그 밖에 다른 법령에 따라 직장복귀지원금, 직장적응훈련비 또는 재활운동비에 해당하는 금액을 받은 경우에는 직장복귀지원금, 직장적응훈련비 또는 재활운동비는 지급되지 않는다. 또 「장애인고용촉진 및 직업재활법」에 따른 고용의무가 있는 장애인을 고용한 경우, 그리고 직장복귀지원금을 받을 목적으로 장해급여자가 사업에 복귀하기 3개월 전부터 복귀 후 6개월 이내에 다른 장해급여자 또는 「장애인고용촉진 및 직업재활법」에 따른 장애인을 그 사업에서 퇴직하게 한 경우에는 직장복귀지원금을 지급하지 않는다(시행령 제71조).

3. 문제점 및 개선방향

산업재해의 예방과 재활사업에 대해서는 다음과 같은 두 가지 점을 지적할 수 있다. 첫째, 산업재해의 예방은 사업주에게 예방의무를 부과하고 이를 감독하는 방법으로 이루어진다. 그러나 재활조치의 경우 이를 단순히 시설조치를 중심으로 규율할 것이 아니라 산업재해를 당한 근로자에게 재활조치를 받을 권리를 부여하여, 이러한 조치를 취한 후 고용에 재진입할 수 있는 기회를 부여하여야 한다. 그리고 최종적으로 소득보장의 여부 및 정도를 결정하여야 한다. 이는 부분적으로 위에서 설명한 장해급여자 직장복귀지원제도에 의하여 실현되고 있다. 둘째, 위와 같은 조치는 재정적인 뒷받침이 필요하다. 그런데 전체 재정에서 재활에 투입되는 예산이 차지하는 비율이 낮기 때문에 입법적 전환이 현실화되지 못하고 있다.

산업재해 예방을 위해서 「산업안전보건법」상의 여러 조치가 법정화되어 있지만 현실적으로 이 조치들이 충실하게 집행되고 있지는 못하다. 또 「산업안전보건법」상의 산업안전조치의무가 사업주에게 일률적으로 부과되어, 이것이 사업주에게 산재예방을 위한 유인으로서 기여하지 못했다. 산업재해발생률에 따라 사업주의 부담을 개별적으로 차등화하여 산재예방을 유인할 수 있어야 한다. 현장에서 예방조치와 응급처치가 이루어질 수 있었다면 산업재해를 예방하거나 혹은 그 피해를 최소화할 수 있었던 사례가 보고되고 있다. 이 점을 생각하면 산업재해 예방조치 및 응급처치 등의 문제는 앞으로 일반 사회정책뿐 아니라 「산재보험법」에서도 특히 중점을 두어야 한다. 이 점을 인식하여 2004년 기금지출예산 총액의 5% 이상을 「산업안전보건법」에 의한 재해예방사업의 용도로 계상하도록 하였던 기존 법률을 개정하여 8% 이상을 「산업안전보건법」에 의한 재해예방사업 및 한국산업안전공단 출연금의 용도로 계상하도록 하였다. 또 정부는 산업재해 예방사업을 위하여 회계연도마다 기금지출예산 총액의 3%의 범위에서 정부의 출연금으로 세출예산에 계상하여야 한다(법 제95조 제3항 및 제96조 제2항 참조).

Ⅱ. 급여의 산정기초, 임금과의 연동

1. 급여의 산정기초

(1) 평균임금

「산재보험법」에 의해서 지급되는 현금급여의 산정기초는 근로자의 평균임금이다. 평균임금은 「근로기준법」이 개념을 정의하고 있다. 이에 따르면 평균임금이란 산정하여야 하는 사유가 발생한 날 이전 3개월 동안 해당 근로자에게 지급된 임금의 총액을 그 기간의 총일수로 나눈 금액을 말한다(근로기준법 제2조 제6호).

(2) 특 례

평균임금을 산정하는 데 기술적인 어려움이 있는 경우 혹은 평균임금을 급여의 산정기초로 하게 되면 보장이 불충분하게 되는 경우에는 몇 가지 특례를 인정하고 있다. 후자의 경우 일종의 최저급여를 보장하는 의미가 있다.

첫째, 해당 근로자의 근로행태가 특이하여 평균임금을 급여산정의 기초로 하는 것이 적당하지 않은 경우 대통령령이 정하는 산정방법에 따라 산정한 금액을 평균임금으로 본다(법 제36조 제5항). 예컨대 근로관계가 3개월 미만인 일용근로자, 그리고 둘 이상의 사업에서 근로하는 단시간 근로자가 여기에 해당된다(시행령 제23조).

둘째, 사업의 폐업·도산 등으로 근로자, 예술인 또는 노무제공자의 보수를 산정·확인하기 곤란한 경우, 보수 관련 자료가 없거나 명확하지 않은 경우 혹은 사업 또는 사업장의 이전 등으로 사업의 소재지를 파악하기 곤란한 경우에는 고용노동부장관이 정하여 고시하는 금액(기준보수)을 임금으로 한다. 이 경우 기준보수는 사업의 규모, 근로·노무형태 및 보수수준 등을 고려하여 「고용보험법」상의 고용보험위원회의 심의를 거쳐 시간·일 또는 월단위로 정하며, 사업의 종류별로 구분하여 정할 수 있다. 통상근로자에게는 월단위 기준보수를, 단시간 근로자 및 일급근로자에게는 시간단위 기준보수를, 예술인과 노무제공자에게는 월단위 기준보수를 적용한다(보험료징수법 제3조, 시행령 제3조).

셋째, 급여의 산정기준이 되는 평균임금이 고용노동부장관이 매년 고시하는 최고보상기준금액을 초과하거나 최저보상기준금액에 미달하는 경우에는 그 최고보상기준금액 또는 최저보상기준금액을 각각 근로자의 평균임금으로 본다. 최고보상금액과 최저보상금액은 각각 전체 근로자 임금평균액의 1.8배 및 2분의 1에 해당하는 금액이다(법 제36조 제7항). 2023년 현재 최고보상기준금액은 1일 246,036원, 최저보상기준금액은 1일 76,960원이다.[70] 휴업급여와 상병보상연금을 산정하는 경우에는 최저보상기준금액에 관한 규정은 적용하지 않는다. 다만 휴업급여의 경우 「최저임금법」상의 최저임금액이 급여의 하한으로 정해져 있다(법 제54조 제2항). 2023년 「최저임금법」상의 최저임금은 시간급 9,620원이다.

넷째, 진폐 등 직업병에 대한 급여에 대해서 평균임금을 적용하는 것이 근로자의 보호에 적당하지 않다고 인정되는 경우에는 대통령령으로 정하는 산정방법에 따라 산정하는 금액을 평균임금으로 한다(법 제36조 제6항).[71] 진폐의 경우 전체 근로자 평균임금액을 고려하여 고용노동부장관이 금액을 고시한다. 진폐 이외

70) 최고·최저보상기준 자체에 대해서 헌법재판소는 합헌으로 결정하였다. 헌재 2004.11.25, 2002헌바52, 16-2(하), 297면 이하 참조. 그러나 최고보상기준 도입 초기에 소급적으로 적용하는 규정에 대해서는 신뢰보호의 원칙에 위반된다는 이유로 위헌결정을 하였다. 헌재 2009.5.28, 2005헌바20등, 21-1(하) 446면 이하 참조. 이에 비해서 제도가 오랫동안 시행된 후 소급적용하는 사안에 대해서는 신뢰를 급격하게 침해하는 것은 아니라는 이유로 합헌결정을 하였다. 헌재 2014.6.26, 2012헌바382등, 26-1(하), 532면 이하 참조.

71) 이러한 적용례에 대해서는 대판 2012.1.12, 2011두2545 참조.

의 일정한 범위의 직업병의 경우에는 사업체 노동력 조사에 의한 임금 조사내용 중 해당 직업병에 걸린 근로자와 성별·직종 및 사업의 업종·규모가 비슷한 사업에 소속한 근로자의 월평균 임금총액을 1년 동안 합한 금액을 그 기간의 일수로 나눈 금액을 산정 기초로 한다(시행령 제25조 제2항).

2. 급여의 조정

「산재보험법」상의 연금은 최초 확정된 후 실질가치가 하락하는 것을 방지하기 위하여 조정된다. 연금급여는 평균임금을 전체 근로자의 임금 평균액의 증감률에 따라서 증감하는 방법으로 조정된다. 이러한 조정은 해당 근로자의 평균임금을 산정하여야 할 사유가 발생한 날부터 1년이 지난 이후부터 이루어진다. 해당 근로자가 60세에 도달한 이후에는 임금상승률이 아니라 소비자물가변동률에 따라 평균임금을 증감한다. 근로가능한 기간에는 임금의 변화에 상응하는 소득을 보장하고, 이후에는 구매력을 유지하는 취지이다. 전체 근로자의 임금 평균액의 증감률 및 소비자물가변동률의 산정 기준과 방법은 대통령령으로 정하며, 산정된 증감률 및 변동률은 매년 고용노동부장관이 고시한다(법 제36조 제3, 4항, 시행령 별표 2).

Ⅲ. 요양급여·간병급여, 휴업급여

1. 요양급여·간병급여

(1) 요양급여

요양급여는 「국민건강보험법」상 급여의 종류 및 내용과 거의 같다. 진찰 및 검사, 약제 또는 진료재료와 의지(義肢) 그 밖의 보조기의 지급, 처치·수술, 그 밖의 치료, 재활치료, 입원, 간호 및 간병, 이송 등이 그것이다. 「국민건강보험법」과는 달리 의지 그 밖의 보조기 등 현물급여가 추가되어 있다. 또 「산재보험법」에서는 "그 밖에 고용노동부령으로 정하는 사항"이 급여의 종류 및 내용에 추가되어 있다(법 제40조 제4항). 산재보험은 궁극적으로는 사회 및 직업재활을 통하여 산재근로자를 사회에 복귀시키는 목적을 갖기 때문에 이에 필요한 각종 재활급여를 고려하여야 한다. 「산재보험법」은 산업재해에 대한 보상과 더불어 재해근로자의 재활 및 사회복귀를 촉진시키는 것을 입법목적으로 명시하고 있다(법 제1조).

요양급여는 산재보험 의료기관에서 행해진다. 여기에는 공단에 두는 의료기관, 「의료법」상의 상급종합병원이 포함된다.[72] 또 인력 · 시설 · 장비 및 진료과목, 지역별 분포 등을 고려하여 고용노동부령이 정하는 「의료법」상의 의료기관, 그리고 공단이 지정하는 의료기관 및 보건소에서도 요양급여가 지급될 수 있다(법 제40조 제2항, 제43조).

요양급여를 받은 자가 치료를 받은 후 요양의 대상이었던 업무상의 질병 또는 부상이 재발하거나 악화하여 치료의 필요가 있는 경우에는 다시 요양급여를 받을 수 있다(재요양)(법 제51조).[73] 요양 중인 근로자에게 업무상의 재해로 이미 발생한 부상 혹은 질병이 추가로 발견되는 경우, 또 해당 부상 및 질병이 원인이 되어 새로운 질병이 발생한 경우에도 요양급여가 지급된다(추가상병)(법 제49조).

요양급여는 부상 또는 질병이 3일 이내의 요양으로 치유될 수 있는 때에는 지급되지 않는다(법 제40조 제3항). 이 경우 사용자의 책임하에 보호가 이루어진다. 경미한 사고에 대해서는 사용자의 책임을 인정하여 사용자가 재해예방의무를 이행하도록 유인하기 위한 규정이다. 요양급여는 완치될 때까지, 혹은 고정된 상태에 이르러 장해정도가 확정될 때까지 지급된다. 후자의 경우 장해급여가 이어서 지급된다. 요양급여가 지급되는 동안에는 근로자를 해고할 수 없다. 다만 사용자가 일시보상을 한 경우에는 해고로부터 더 이상 보호되지 않는다(근로기준법 제23조 제2항, 제84조).

(2) 간병급여

간병급여는 요양급여를 받은 자가 치유 후 의학적으로 상시 또는 수시로 간병이 필요하여 실제 간병을 받는 사람에게 지급된다(상시간병급여와 수시간병급여). 간병급여는 현금급여로 지급되며, 간병에 대한 비용보상으로서의 성격을 갖는다. 간병급여액은 고용노동부장관이 고시하며, 수시간병급여는 상시간병급여액의 3분의 2에 해당하는 금액으로 한다(법 제61조, 시행령 제59조, 별표 7).

2. 휴업급여

휴업급여는 요양급여를 받는 동안 휴업으로 인하여 일시적으로 상실되는 임금을 보상하기 위하여 지급되는 단기급여이다. 휴업급여는 취업하지 못한 기간이 3일 이내인 때에는 지급되지 않는다(법 제52조). 요양급여에서 설명한 것과 같은

72) 종합전문요양기관(상급종합병원)을 당연 산재보험 의료기관으로 하는 규정에 대한 헌법적 심사에 대해서는 헌재 2011.6.30, 2008헌마595, 23-1(하), 418면 이하 참조.

73) 이에 대해서는 위 각주 30 참조.

입법취지이다. 휴업급여를 받는 기간에는 해당 근로자를 해고할 수 없다.

휴업급여로는 당해 근로자의 평균임금의 70%에 해당하는 액이 지급된다. 근로자가 요양기간 중 일정 기간 또는 단시간 취업을 하는 경우에는 해당 취업기간에 해당하는 근로자의 평균임금에서 취업기간에 지급되는 임금을 뺀 금액의 80%가 휴업급여로서 지급된다(부분휴업급여). 휴업급여에는 최저급여기준이 정해져 있다. 즉 휴업급여액이 최저보상기준금액의 80% 이하인 경우에는 당해 근로자 평균임금의 90%에 해당하는 액을 휴업급여액으로 한다. 다만 이와 같이 산정된 휴업급여액이 최저보상기준금액의 80%를 넘는 경우에는 최저보상기준금액의 80%를 휴업급여액으로 한다. 또 위와 같이 산정된 휴업급여액이 「최저임금법」상의 최저임금액보다 적으면 최저임금액을 휴업급여액으로 한다(법 제54조). 근로자가 일정한 연령에 도달한 후에는 근로능력 등을 고려하여 휴업급여를 감액하여 지급할 수 있다. 61세, 62세, 63세, 64세, 그리고 65세 이후에는 각각 휴업급여액의 70분의 66, 70분의 62, 70분의 58, 70분의 54, 그리고 70분의 50에 해당하는 액이 휴업급여로서 지급된다(법 제55조, 별표 1).

재요양을 받는 자의 휴업급여는 재요양 당시의 임금을 기준으로 산정한 평균임금의 70%에 해당하는 금액으로 한다. 이 경우 휴업급여 지급액이 최저임금액보다 적거나 재요양 당시 평균임금 산정의 대상이 되는 임금이 없으면 최저임금액을 1일당 휴업급여 지급액으로 한다. 장해보상연금을 지급받는 사람이 재요양하는 경우에는 1일당 장해보상연금액과 재요양을 받는 사람에게 지급되는 휴업급여 지급액을 합한 금액이 장해보상연금의 산정에 적용되는 평균임금의 70%를 넘으면 그 넘는 금액 중 휴업급여에 해당하는 금액은 지급하지 않는다(법 제56조).

Ⅳ. 상병보상연금

요양급여가 개시된 후 2년이 지난 후 질병 또는 부상이 치유되지 않으면서, 중증요양상태가 남아 있고, 요양으로 인하여 취업하지 못한 경우에는 요양급여를 받으면서, 휴업급여 대신 상병보상연금이 지급된다.[74]

상병보상연금은 중증요양상태등급에 따라 차등지급된다. 중증요양상태등급

74) 개정 전 「산재보험법」에서는 상병보상연금의 요건으로 요양으로 인하여 취업하지 못할 것이 요구되지는 않았다. 이에 대해서는 대판 2000.9.8, 2000두3863; 2002.1.25, 2001두9073 등 참조.

은 3등급으로 나누어져 있다(법 제66조 제2항, 별표 4). 상병보상연금으로는 중증요양상태등급 1급, 2급 및 3급에 대해서 각각 평균임금의 329일분, 291일분, 257일분에 해당하는 액이 지급된다. 휴업급여와 마찬가지로 상병보상연금에 있어서도 최저급여제도가 적용된다. 상병보상연금의 산정기초인 근로자의 평균임금이 최저임금액의 70분의 100보다 적을 때에는 최저임금액의 70분의 100에 해당하는 금액을 평균임금으로 하여 산정한다. 이와 같이 산정된 1일당 상병보상연금액이 위에서 설명한 1일당 휴업급여 지급액보다 적은 경우에는 저소득 근로자에 적용되는 휴업급여액을 1일당 상병보상연금액으로 한다(법 제67조).

근로자가 일정한 연령에 도달한 후에는 근로능력 등을 고려하여 상병보상연금을 감액하여 지급할 수 있다. 예컨대 1급 중증요양상태등급의 경우 61세, 62세, 63세, 64세 및 65세 이후에 각각 365일에 대한 본래 지급일수 비율, 즉 365분의 329에 해당하는 비율에서 0.04, 0.08, 0.12, 0.16 및 0.20을 뺀 비율에 평균임금을 곱한 액이 상병보상연금으로 지급된다(법 제68조, 별표 5).

재요양을 시작한 지 2년이 지난 후에 중증요양상태에 해당하는 자에게는 휴업급여 대신 상병보상연금을 지급한다. 이 경우 상병보상연금을 산정할 때에는 재요양 기간 중의 휴업급여 산정에 적용되는 평균임금을 적용한다. 이때 평균임금이 최저임금액에 70분의 100을 곱한 금액보다 적거나 재요양 당시 평균임금 산정의 대상이 되는 임금이 없을 때에는 최저임금액의 70분의 100에 해당하는 금액을 그 근로자의 평균임금으로 보아 산정한다. 상병보상연금을 받는 사람이 장해보상연금을 받고 있으면 중증요양상태등급별 상병보상연금의 지급일수에서 장해등급별 장해보상연금의 지급일수를 뺀 일수에 평균임금을 곱하여 산정한 금액을 상병보상연금으로 지급한다. 노동능력을 완전히 상실하여 장해보상연금을 받는 근로자가 재요양하는 경우에는 상병보상연금은 지급되지 않는다(법 제69조).

Ⅴ. 장해급여

1. 장해급여의 종류와 내용

장해급여는 장기적인 임금대체급여이다. 「국민연금법」상의 장애연금과 기능이 중복되는 셈이다. 따라서 「산재보험법」상 장해연금과 「국민연금법」상의 장애연금의 지급사유가 중복될 때에는 「국민연금법」상의 장애연금은 2분의 1이 지급되는 데 그친다(국민연금법 제113조). 장해보상연금을 받는 자가 재요양을 받는 경우에도 재요양기간 중 장해보상연금의 지급은 정지되지 않는다(법 제60조 제1항). 장해보상연금은 최초 1년분 혹은 2년분의 2분의 1에 상당하는 금액을 미리 지급받을 수 있다. 노동능력을 완전히 상실한 경우에는 4년분의 2분의 1까지 미리 지급받을 수 있다(법 제57조 제4항). 위에서 언급했듯이 장해보상연금을 미리 지급받는 자가 재요양을 받는 경우에는 재요양기간 중 휴업급여 혹은 상병보상연금은 감액지급된다(법 제56조 제3항, 제69조 제2항).

(1) 장해보상연금과 장해보상일시금, 장해일시금, 진폐보상연금

장해급여의 종류로는 장해보상연금과 장해보상일시금이 있다. 이 밖에 진폐에 대해서 진폐보상연금에 관한 규정이 따로 적용된다. 장해급여는 장해등급에 따라 차등지급된다. 장해등급은 신체기능의 감소 정도에 따라 14급으로 나누어져 있다(법 별표 2). 장해등급 1급에서 7급에 해당하는 장해급여 수급권자는 장해보상연금을 선택할 수 있다(법 제57조 제2항, 시행령 제53조 제1항). 노동능력을 완전히 상실한 장해등급의 근로자에게는 장해보상연금이 지급된다(법 제57조 제3항). 노동능력을 완전히 상실한 장해등급은 장해등급 1급에서 3급까지를 말한다(시행령 제53조 제5항). 8급에서 14급까지에 해당하는 장해급여 수급권자에게는 일시금 형태로만 급여가 지급된다. 또 장해급여의 청구사유가 발생한 당시 대한민국 국민이 아닌 자로서 외국에 거주하고 있는 근로자에게도 장해보상급여가 일시금으로 지급된다(법 제57조 제3항).

장해보상연금으로는 장해등급 1급에서 7급에 해당하는 경우에 대해서 평균임금의 329일분, 291일분, 257일분, 224일분, 193일분, 164일분 및 138일분에 해당하는 액이 각각 지급된다. 또한 장해보상일시금으로는 장해등급 1급에서 14급에 해당하는 경우에 1,474일분, 1,309일분, 1,155일분, 1,012일분, 869일분, 737일분, 616일분, 495일분, 385일분, 297일분, 220일분, 154일분, 99일분 및 55일분에 해당하는 액이 각각 지급된다(법 별표 2). 장해보상급여를 산정함에 있어서 수급권자의 가족은 배려되지 않는다.

장해보상연금 수급권자의 수급권이 사망 혹은 국외 이주 등을 이유로 소멸하는 경우에는 장해일시금이 지급된다. 장해일시금은 이미 지급한 연금액을 지급 당시의 평균임금으로 나눈 일수의 합계가 장해보상일시금의 일수에 못미치면 그 못미치는 일수에 수급권 소멸 당시의 평균임금을 곱하여 산정한다(법 제57조 제5항, 제58조). 이는 장해근로자가 실제 수령한 액이 낮기 때문에 이를 보상하기 위한 급여이다.

기존에 장해가 있던 자에게 업무상의 부상 또는 질병으로 인하여 장해가 심해진 경우에는 심해진 장해에 해당하는 급여액에서 기존의 장해에 해당하는 금액을 공제하여 장해급여액을 결정한다(시행령 제53조 제4항). 따라서 이미 업무상 원인관계 없는 사고로 인하여 장해상태에 있는 자에게 산업재해가 발생하였어도 기존의 장해정도를 변화시킬 정도가 아니라면 장해급여가 인정되지 않는다.[75] 장해보상일시금이 지급되는 경우에는 심해진 장해에 해당하는 장해보상일시금의 일수에서 기존의 장해에 해당하는 장해보상일시금의 일수를 공제한 일수가 급여산정에 있어서 기준이 된다.[76] 장해보상연금이 지급되는 경우에는 심해진 장해에 해당하는 장해보상연금의 일수에서 기존의 장해에 해당하는 장해보상연금의 일수를 공제한 일수가 산정의 기초가 된다. 기존의 장해가 제8급에서 제14급에 해당하여 장해보상일시금을 지급받았던 경우에는 장해보상일시금의 일수에 100분의 22.2를 곱한 일수를 공제한 일수가 산정기초가 된다. 기존의 장해가 업무상의 재해이기 때문에 이에 대해서 장해보상연금을 지급받고 있었던 경우에는 심해진 장해에 대한 장해보상연금 전액이 지급된다(법 제59조 제2항).

진폐로 인하여 장해를 입은 자에게는 장해보상연금 대신 진폐보상연금이 지급된다. 진폐보상연금으로 진폐등급별로 정해진 진폐장해연금과 기초연금을 합산한 액이 지급된다. 진폐장해연금은 장해등급 1급, 5급 및 9급에 대해서 각각 평균임금의 132일분, 72일분 및 24일분에 상당하는 금액으로 한다. 진폐에 대해서는 평균임금의 산정에 있어서 특례가 있으며, 이에 대해서는 위에서 서술하였다(법 제36조 제6항). 기초연금은 최저임금액의 60%에 365를 곱한 액이다(법 제91조의3, 별표 6).

(2) 장해특별급여

사용자의 책임에 귀속되는 피해가 발생한 경우 원래 피해자는 사용자에 대해서 손해배상청구권을 행사할 수 있다. 현행 「산재보험법」은 이 경우 손해배상청구권을 행사하는 데 갈음하여 장해보상연금에 추가하여 장해특별급여를 받

75) 대판 2011.10.27, 2011두15640 참조.

76) 업무상 재해로 인하여 장해를 입은 자가 장해급여를 청구하지 않아 기존의 장해에 대해 보상을 받지 못하고 있다가 장해상태가 악화되어 장해등급이 변경된 후 비로소 장해연금을 청구한 경우에는 변경된 장해등급에 해당하는 장해보상연금을 지급하여야 하며, 이때 기존의 장해에 해당하는 장해보상일시금의 지급일수에 해당하는 장해보상연금을 공제해서는 안 된다. 기존의 장해에 대한 연금청구권이 시효로 인하여 소멸된 경우에도 마찬가지라는 것이 다수의견이다. 대판 2015.4.16, 2012두26142 참조.

을 수 있도록 하였다. 장해특별급여를 받기 위해서는 다음과 같은 조건이 충족되어야 한다. 첫째, 피해의 발생에 가입자, 즉 사업자의 고의 혹은 과실이 있어야 한다. 둘째, 근로자에게 장해등급 3급 이상 또는 3급 이상의 진폐장해등급에 해당하는 장해가 발생하였어야 한다. 셋째, 근로자와 보험가입자 사이에 장해특별급여에 대한 합의가 있어야 한다(법 제78조 제1항, 시행령 제73조 제1항). 장해특별급여가 지급되면 이에 해당하는 액은 전액 보험가입자로부터 징수된다(법 제78조 제3항). 장해특별급여를 받은 근로자는 같은 사유에 대하여 보험가입자에게 민법, 그 밖의 법령에 의한 손해배상을 청구할 수 없다(법 제78조 제2항).

장해특별급여는 평균임금의 30일분에 신체장해등급에 따라 유형화된 노동력상실률(시행령 별표 9)[77]과 취업가능기간에 따라 정해진 계수(시행령 별표 11)[78]를 곱하여 산정한 액에서 장해보상일시금을 공제하여 산정된다(시행령 제73조 제2항).

2. 급여산정방법에 대한 입법론적 고찰

「산재보험법」에서는 사고의 결과 신체 각 부위의 훼손정도에 따라 장해 등급을 정하고 이에 따라 장해의 정도를 판정하고 있다. 이러한 장해측정방법은 근로자로 하여금 산업재해의 정도를 예측케 하고, 그 결과 법적 안정성에 기여하는 측면이 있다. 또 행정적인 편의가 있다. 그러나 이와 같은 판정이 사회정책적으로 구체적인 타당성이 있는지에 대해서는 의문이 있다. 다음과 같은 이유에서이다.

산업재해로 인해서 기존의 생활유형이 파괴되는 상태는 예컨대 질병이 원인이 되는 경우에 비해서는 장기적(長期的)이다. 그렇다면 이를 보호하기 위한 장해급여는 장해 근로자가 변화된 신체 및 정신적인 능력으로 수행할 수 있는 업무의 종류를 염두에 두고, 이 변화된 직업환경이 개인의 근로생활에 실제로 미치는 영향을 고려하여 결정되어야 한다. 소득활동능력을 전혀 할 수 없는 상태를 완전장해로 하고, 이에 따른 장해급여가 지급되는 것은 당연하다. 그런데 신체의 완전성만을 기준으로 장해를 측정하고, 급여를 산정하는 방법은 다음과 같은 불합리가 있다. 첫째, 경미한 장해이지만 기존의 직업을 계속 수행하는

77) 현재 노동력상실률은 장해등급 1, 2, 3급에 대해서 모두 100%를 인정하고 있다. 시행령 별표 9 참조.

78) 이 계수는 라이프니츠식 계수로 환산되어 있다. 예컨대 취업가능월수 1개월에 대해서 0.9958, 12개월에 대해서 11.6812의 계수가 적용된다(시행령 별표 11 참조).

것이 불가능해진 경우 이러한 구체적인 상황이 고려되지 못한다. 둘째, 반대로 장해가 발생했지만 전혀 소득의 상실이 없는 경우에 단순히 추상적으로 신체의 불완전성이 존재한다는 이유만으로 장해급여가 지급될 수 있다. 셋째, 새로이 신체상황에 적합한 직업교육을 받는 데 실패하였거나, 혹은 새로운 조건에 적응하여 소득능력을 갖추게 되었으나 예컨대 불리한 노동시장의 상황 때문에 실제 소득활동을 할 수 없는 경우에도 이를 배려할 수 없다.

위와 같은 문제점은 단순한 장해의 측정방법만을 개선하여 해결되지는 않는다. 개인에게 장해가 발생한 후 남아 있는 구체적인 소득활동능력을 고려하여 장해정도를 측정하기 위해서는 남은 소득능력으로 소득활동을 할 수 있도록 하는 조치가 전제되어야 하기 때문이다. 보험자는 장해 근로자에게 적극적인 사회 및 직업재활조치를 취하여 새로이 소득능력을 갖출 수 있도록 급여의 종류를 보충하여야 한다. 또 국가는 산재근로자가 새로운 소득능력에 적합한 직업을 선택하고 수행할 수 있도록 적극적인 노동시장정책을 추진해야 한다.

결국 「산재보험법」에서 재활급여는 그 자체로서 의미가 있을 뿐 아니라 합리적인 장해정도의 측정을 위해서도 필요하다. 현재의 장해측정방법을 그대로 유지하려면 적어도 산업재해로 인하여 기존의 직업을 계속 유지할 수 없고, 그 결과 소득상실이 발생하는 특별한 경우에는 소득능력의 상실이라는 파급효과 외에 구체적인 소득의 상실이라는 위험 자체를 보호하여야 한다. 비교법적으로 보면 독일의 산재보험법에서는 산재발생 전후의 소득을 비교하여 상실된 소득부분을 보상한다. 다만 구체적으로 상실된 소득이 보상되는 것은 아니다. 피해근로자의 신체상태 및 지식 등을 고려하여 산업재해가 발생하기 이전에 노동시장에서 일반적으로 평가되는 소득과 유사한 수준의 소득을 취득할 수 있는 직업에 종사할 수 없는 경우에 보상이 이루어진다. 따라서 산업재해가 발생하였더라도 재활 등을 통하여 산재피해자가 이전의 소득과 비슷한 소득을 가져오는 직업을 가질 수 있다면 소득능력은 상실된 것이 아니고, 따라서 산재보험급여가 지급되지 않는다. 이 점에 대해서는 전통적인 추상적 손해산정방법을 비판하며 좀더 구체적인 손해산정이 제안되고 있기도 하다.[79)]

79) 이에 대해서는 Ulrich Becker, *Der Finanzausgleich in der gesetzlichen Unfallversicherung*(Nomos, 2004) 참조.

Ⅵ. 유족급여

1. 유족의 범위

산재보험에 가입한 사업장의 근로자가 업무상의 행위 중 사고로 사망한 경우 유족에게 유족급여가 지급된다. 「국민연금법」과는 달리 장해연금 수급권자가 사망한 경우 유족에게 유족연금이 지급되지는 않는다. 다만 경우에 따라서 유족일시금이 지급된다.[80)]

근로자의 실종은 사망으로 추정된다. 실종의 요건 및 실종기간은 「국민연금법」상의 실종에 대한 규정과 같다(법 제39조, 시행령 제37조). 사망이 추정되어 보험급여를 지급한 후에 그 근로자의 생존이 확인된 경우에는 급여를 받은 자가 선의(善意)인 때에는 받은 금액을, 악의(惡意)인 때에는 받은 금액의 2배에 해당하는 액을 반환하여야 한다(법 제39조 제2항). 이는 받은 금액만을 환수하도록 하고 있는 「국민연금법」과 차이가 있다(국민연금법 제57조). 그러나 이미 설명했듯이 기간에 제한이 없이 급여를 환수하는 입법은 타당성이 없어 보인다. 위에서 언급했듯이 「공무원연금법」에서는 일정한 경우에 체납처분을 하지 않고 결손처분을 할 수 있도록 하고 있다(공무원연금법 제37조 제3항).

유족급여의 지급대상인 유족은 사망 당시 근로자와 생계를 같이 하고 있던 배우자, 부모 또는 조부모, 자녀 또는 손자녀, 형제자매이다(법 제63조 제1항). 배우자에는 사실혼관계에 있는 배우자가 포함된다. 부모, 조부모는 60세 이상이어야 한다. 자녀에는 태아가 포함된다(법 제63조 제2항). 자녀와 손자녀가 수급권자가 되기 위해서는 25세 미만이어야 한다. 형제자매는 19세 미만이거나 60세 이상이어야 한다. 「장애인복지법」상의 장애인 중 고용노동부령이 정하는 장애등급 이상에 해당하는 경우에는 연령에 관계없이 수급권자가 될 수 있다. 다만 아래에서 설명하는 장해보상연금 수급권자나 유족보상연금 수급권자의 자격이 소멸하는 경우 지급되는 유족일시금의 경우, 그리고 유족급여로 연금을 받을 자격이 있는 자가 없는 경우에 지급되는 유족보상일시금의 경우에는 수급권자인 유족에게 위와 같은 연령 및 신체상의 요건은 요구되지 않는다(법 제65조). 유족보상연금은 배우자, 자녀, 부모, 손자녀, 조부모, 형제자매 중 최우선 순위자에게 지급된다(법 제63조 제3항). 유족보상일시금의 경우에는 근로자가 유언으로 보험급여를 받을 유족

80) 이에 대해서는 아래 2. (4) 유족일시금에 대한 설명 참조.

을 지정하면 그 지정에 따른다(법 제65조 제4항).

2. 유족급여의 종류와 내용

유족급여의 종류로는 장례비, 유족보상일시금 및 유족보상연금, 그리고 유족일시금, 진폐유족연금 등이 있다.

(1) 장례비

장례비는 장례비용을 보상하는 급여이다. 따라서 위에 열거된 유족에 한하지 않고 실제 장례를 치룬 자가 수급권자가 된다. 장례비로는 사망한 근로자의 평균임금의 120일분에 상당하는 금액이 지급된다. 유족이 아닌 자가 장례를 지낸 경우에는 평균임금의 120일분에 상당하는 금액의 범위 내에서 실제 소요비용을 지급한다(법 제71조). 장례비에는 최저기준과 최고기준이 정해져 있으며, 이를 미달하거나 초과할 수 없다. 장례비의 최고금액과 최저금액은 전년도 장례비 수급권자에게 지급된 1인당 평균 장례비 일액의 90일분에 각각 최고보상기준금액의 30일분, 그리고 최저보상기준금액의 30일분을 합한 액이다(시행령 제66조).[81]

(2) 유족보상연금과 유족보상일시금, 진폐유족연금

유족에게 부양대체급여로서 유족보상연금 혹은 유족보상일시금이 지급된다.[82] 유족급여는 원칙적으로 연금의 형태로 지급된다. 근로자의 사망 당시 유족보상연금 수급권자가 없는 경우에 유족보상일시금이 지급된다(법 제62조 제2항). 유족은 급여의 일부를 일시금으로 수령하고, 나머지를 연금의 형태로 지급받을 수 있다. 유족보상일시금의 50%를 일시금으로 지급받을 수 있으며, 이 경우 유족보상연금은 50%가 감액된다(법 제62조 제3항). 유족보상일시금을 수령하다가 후에 수령한 일시금을 반환하는 조건으로 수급방법을 연금방식으로 변경할 수는 없다.[83]

유족보상일시금으로는 일률적으로 사망한 근로자의 평균임금의 1,300일분이 지급된다. 유족보상연금으로는 기본금액과 가산금액을 합한 액이 지급된다(법 별표 3). 기본금액은 급여기초연액, 즉 근로자의 평균임금에 365를 곱한 액의 47%에 해

---

81) 장례비 최고보상기준에 대한 헌법적 판단으로는 헌재 2004.11.25, 2002헌바52, 16-2(하), 297면 이하 참조.

82) 유족급여의 법적 성격에 대해서 법원은 이를 본인의 청구권에서 파생하는 권리가 아니라 유족의 독자적인 권리로 보고 있다. 그 결과 본인의 청구권과 관련하여 부당이득반환의 사유가 발생한 경우에 이를 유족급여에서 공제할 수 없다. 대판 2005.2.23, 2005두11845 참조.

83) 대판 2005.7.8, 2003두13700 참조.

당하는 액이다. 가산금액은 가족을 지원하는 급여로서, 수급권자 및 근로자의 사망 당시 생계를 같이 하고 있던 유족보상연금 수급자격이 있는 자 1인당 급여기초연액의 5%를 합산한 금액이다. 가산금액에는 상한이 있다. 즉 가산금액의 합산액은 급여기초연액의 20%를 넘을 수 없다. 결국 4명에 한하여 가산금액산정에 반영된다. 유족보상연금의 산정방식을 공식화하면 다음과 같다.

유족보상연금 = [기본금액: 급여기초연액(평균임금 × 365) × 47/100]
+ [가산금액: 급여기초연액(평균임금 × 365) × 5/100 × a]
(a: 유족보상연금 수급자격이 있는 자의 수)

진폐근로자가 사망한 경우에는 유족보상연금 대신 진폐유족연금이 지급된다. 진폐유족연금은 사망 당시 진폐근로자에게 지급하고 있거나 지급하기로 결정된 진폐보상연금과 같은 금액으로 한다. 진폐유족연금은 위에서 설명한 유족보상연금을 초과할 수 없다. 진폐 진단을 받지 아니한 근로자가 진폐로 사망한 경우에 진폐유족연금은 기초연금과 진폐장해등급별로 산정한 진폐장해연금(별표 6)을 합산한 금액으로 한다(법 제91조의 4).

(3) 유족특별급여

가입자의 고의 혹은 과실에 의하여 산재가 발생하고 그로 인하여 근로자가 사망한 때에는 유족급여 외에 유족특별급여를 지급할 수 있다(법 제79조). 이 급여의 취지에 대해서는 장해특별급여에 대한 설명에서 지적하였다. 유족이 유족특별급여를 받은 때에는 같은 사유로 민법상의 손해배상청구권을 행사할 수 없다. 유족특별급여는 평균임금의 30일분에 유형화된 사망자 본인의 생활비를 뺀 후(시행령 별표 10), 여기에 표에 정해진 취업가능기간에 따라 정해진 계수(시행령 별표 11)를 곱하여 산정한 액에서 유족보상일시금을 뺀 금액이다(시행령 제74조).[84] 사망자 본인의 생계비 비율은 부양가족의 수에 따라 차등화되어 있다. 부양가족이 없는 자, 부양가족이 1인, 2인, 3인 이상 있는 자에 대해서 생계비 비율은 각각 40%, 35%, 30%, 25%로 정해져 있다. 유족특별급여로 지급된 액은 전액 보험가입자로부터 징수된다(법 제79조 제2항).

84) 위 각주 78 참조.

(4) 유족일시금

유족에게 지급되는 일시금으로는 두 가지 종류가 있다.

첫째, 장해보상연금을 받던 자가 조기에 사망하여 실제 수령한 연금액이 낮은 경우 이를 보상하기 위하여 일시금이 지급된다. 즉 사망한 장해연금수급권자에게 이미 지급한 연금액을 지급 당시 각각의 평균임금으로 나눈 일수의 합계가 장해보상일시금의 일수에 못미치는 경우 유족에게 일시금이 지급된다. 이 때 지급되는 일시금은 위에서 계산된 못미치는 일수에 수급권 소멸 당시 사망 근로자의 평균임금을 곱하여 산정된다(법 제57조 제5항).

둘째, 유족연금을 받던 자가 조기에 수급자격을 상실하였으나 다음 순위의 수급권자가 없는 경우에 유족연금 수급자격이 없는 다른 유족에게 일시금이 지급된다. 즉 유족연금 수급권자에게 이미 지급된 연금액을 지급 당시 각각의 평균임금으로 나눈 일수의 합계가 1,300일에 못미치면 일시금이 지급된다. 일시금은 위에서 계산된 못미치는 일수에 수급자격 상실 당시의 평균임금을 곱하여 산정된다(법 제62조 제4항).

3. 유족급여의 소멸 · 정지

유족보상연금 수급권자가 사망하거나 재혼한 때, 그 밖에 수급자격을 갖기 위해서 필요한 신체 혹은 연령상의 요건을 더 이상 충족시키지 못하는 경우 유족보상연금청구권은 소멸한다. 근로자의 사망 당시 대한민국 국민이었던 수급자격자가 국적을 상실하고 외국에 거주하거나 외국에서 거주하기 위하여 출국하는 경우, 또 대한민국 국민이 아닌 수급자격자가 외국에서 거주하기 위하여 출국하는 경우에 수급자격을 상실한다. 유족보상연금청구권이 소멸하면 같은 순위자 혹은 다음 순위자인 유족에게 청구권이 이전된다(법 제64조 제2항). 자녀에 한하여 승계권이 인정되는 「국민연금법」과 다른 점이다.

제 5 절 사용자책임과의 관계, 급여의 제한과 조정

Ⅰ. 사용자책임과의 관계

1. 현행법의 내용

(1) 산재보험급여청구권과 근로기준법상 사용자책임

「산재보험법」에서 급여청구권과 사용자책임과의 관계는 다음과 같다. 수급권자가 산재보험급여를 받았거나 받을 수 있는 때에는 같은 사유로 인한 가입자의 「근로기준법」상의 책임은 면제된다(법 제80조 제1항).[85] 「근로기준법」상의 보상책임과 「산재보험법」상의 가입자의 책임은 기능적으로는 같다. 따라서 피해 근로자가 보험급여 수급권을 갖는 경우 「근로기준법」상의 재해보상을 먼저 청구할 수는 없다.[86]

(2) 산재보험급여청구권과 민법상의 사용자책임

산재보험급여청구권과 사용자의 민법상의 책임과의 관계는 다음과 같다. 수급권자가 산재보험급여를 받은 경우 그 한도 내에서 보험가입자의 민법상의 손해배상책임은 면제된다. 산재보험급여가 연금으로 지급되는 경우에는 장해보상연금 혹은 유족보상연금을 받고 있는 자는 장해보상일시금 혹은 유족보상일시금을 받은 것으로 의제하여 해당 금액만큼 보험가입자의 배상책임은 면제된다(법 제80조 제2항).[87]

85) 대판 2005.1.14, 2004다59249 참조.

86) 이는 1993년 개정 법률에 의하여 도입되었다. 개정 전에는 피해 근로자는 「근로기준법」과 「산재보험법」의 급여를 선택적으로 청구할 수 있었으며, 근로자가 재해보상을 청구하여 사용자가 지급한 경우 사용자는 그 금액의 범위 안에서 국가에 대해서 구상권을 행사할 수 있었다. 이에 대해서는 대판 1994.5.24, 93다38826 참조.

87) 개정 전 「산재보험법」에서는 수급자가 장해연금을 받는 경우 아직 지급되지 않는 장해연금에 해당하는 부분이 가입자의 손해배상책임에서 면제되는가의 여부에 있어서 공제설과 비공제설이 대립해 있었다. 판례는 기본적으로 비공제설을 취하였다. 대판 1976.4.27, 75다1253; 1979.10.30, 79다1211; 1989.6.27, 88다카15512 등 참조. 그런데 이는 법문에 충실한 해석이기는 하지만 수급자가 일시금을 선택하는가, 아니면 연금을 선택하는가에 따라서 사용자책임이 면제되는 정도가 달라지는 불합리가 있었다. 현행법은 이 문제를 본문에서와 같은 방법으로 해결하였다. 연금 전액이 아닌 일시금을 공제의 대상으로 한 점에 대한 헌법적 평가로는 헌재 2005.11.24, 2004헌바97, 17-2, 437면 이하 참조.

수급권자는 민법상의 손해배상청구권을 먼저 행사할 수도 있다. 이때 수급권자가 보험가입자를 상대로 민법 등에 의하여 산재보험급여에 상당하는 금품을 받은 경우에는 그 금액의 한도 내에서 산재보험급여는 지급되지 않는다. 다만 수급권자가 지급받은 것으로 보게 되는 장해보상일시금 또는 유족보상일시금에 해당하는 연금액에 대해서는 급여배제에 관한 규정이 적용되지 않는다(법 제80조 제3항). 이 규정은 민법상의 손해배상책임이 「산재보험법」상의 연금급여를 대체할 수는 없도록 하여 재해근로자의 생활을 안정적으로 보장하려는 입법의도이다. 따라서 민법상의 손해배상청구권을 행사하는 경우 장해보상일시금 혹은 유족보상일시금에 해당하는 액을 초과하는 부분 혹은 「산재보험법」이 보호하지 않는 정신상의 손해가 주로 문제될 것이다.

손해배상을 행한 보험가입자는 수급권자가 보험자에 대해서 갖는 보험급여를 받을 권리를 대위한다(법 제89조).

위에서 설명한 바와 같이 사용자에게 실제 책임이 귀속되는 재해가 발생한 경우에는 장해보상연금 혹은 유족보상연금에 추가하여 장해특별급여 혹은 유족특별급여가 지급될 수 있다.

2. 법정책적 평가

(1) 근로기준법상 재해보상과의 관계

위와 같은 사용자책임과 관련된 규정 중 산재보험급여와 「근로기준법」상의 재해보상급여는 기능이 같기 때문에 산재보험급여를 지급받는 경우 사용자에게 「근로기준법」상의 재해보상책임이 면제되는 것은 당연하다. 산재보험급여는 「근로기준법」 제78조 이하의 재해보상의 내용에 비하여 근로자에게 유리하게 형성되어 있다. 예컨대 「산재보험법」상의 휴업급여와 유족보상이 재해근로자 평균임금의 70%와 1,300일분인 데 비해서, 「근로기준법」상의 급여수준은 각각 60%와 1,000일분이다. 또 장례비는 「산재보험법」에서는 평균임금의 120일분이지만, 「근로기준법」에서는 90일분이다. 따라서 근로자보호를 위하여 아무런 문제가 없다.

(2) 민법상 사용자책임과의 관계

가) 산재보험이 기능하기 위한 전제조건－사용자의 위험방지의무

산재보험이 사용자책임을 면제하는 의미가 실현되기 위해서는 보험급여가 사용자가 부담할 수도 있는 민법상의 손해배상책임을 대체하여야 한다. 재해근로자에게 사용자의 고의 혹은 과실의 입증 부담을 덜어 주어 근로자를 보호하고, 또 이로써 객관적으로는 피해의 발생과 책임귀속문제, 그리고 손해 산정 등의 문제를 둘러싼 사용자와 근로자 간의 '민법상의 분쟁'을 피하여 노사관계의 안정 및 산업평화를 이룰 수 있다. 다만 산재보험은 사용자가 재해예방조치를 취하고 또 재해예방에 협력한다는 신뢰관계를 기초로 하여 기능한다. 따라서 산업재해가 사용자의 고의에 의하여 발생한 경우에는 이러한 신뢰관계는 파괴되며, 이때에는 사용자의 책임이 면제될 수 없다.

나) 사용자책임의 체계적 법형성

현행법에서 기본적으로 산재보험급여가 사용자의 민법상의 책임을 대체하지는 않는다. 근로자는 사용자에게 민법상의 책임을 먼저 물을 수도 있고, 또 근로자에게 산재보험급여가 지급되더라도 사용자의 책임은 민법상의 책임 전체가 아닌 산재보험급여의 범위 내에서 면제되기 때문이다. 산재보험을 통하여 사용자의 민법상의 책임을 최종적으로 해결하는 규정을 두고 있기는 하다. 장해특별급여와 유족특별급여가 그것이다. 그러나 이러한 제도 자체가 체계적이지 않으며, 또 현실적으로 기능할 가능성도 별로 없다. 이 점에 대해서는 뒤에서 다시 설명한다.

a) 사용자의 고의로 산업재해가 발생한 경우

산업재해가 사용자의 고의에 의하여 발생한 경우 산재근로자는 사용자에게 제한 없이 손해배상책임을 물을 수 있다. 이 경우 이미 산재보험이 기능하기 위한 전제조건이 사라졌기 때문이다. 다만 이 경우에도 근로자를 신속하게 보호하기 위하여 보험자는 우선 산재보험급여를 지급하고, 그 범위 내에서 보험자는 근로자가 사용자에 대해서 갖는 손해배상청구권을 대위할 수 있다. 결국 사용자책임에 관한 현행법의 규정은 사용자의 고의에 의하여 산재가 발생한 경우에는 적용에 아무런 문제가 없다.

b) 사용자의 과실에 의하여 산업재해가 발생한 경우

사용자의 고의에 의하여 산업재해가 발생한 경우를 제외하고는 산재보험급여 수급권은 사용자의 민법상의 책임을 대체하도록 하는 것이 체계적이다. 이 점에서 「산재보험법」이 고의와 과실을 구분하지 않고 민법상의 사용자책임을 존속시키는 것은 문제가 있다.

산재보험의 객관적 목적, 즉 노사관계의 안정과 산업평화를 위하여 산재보험급여 수급권이 사용자책임을 대체하는 것은 필요하다. 문제는 이로써 근로자 보호라는 또 다른 목적과 충돌하는가의 여부이다. 일반적으로 하나의 행위를 통하여 보상의 요건과 배상의 요건이 함께 충족되는 경우 보상과 배상은 법적 원인관계가 다르기 때문에 병립할 수 있다. 조정의 문제가 발생할 뿐이다. 따라서 예컨대 헌법 제29조 제2항의 국가배상청구권과 관련하여 보상청구권이 성립되는 경우 배상청구권을 배제하는 것은 헌법에 위반된다.[88] 또 보다 일반적으로 보면 「공무원재해보상법」의 보상급여는 결코 사용자인 국가의 책임을 대체하는 것이 아니라 국가의 공무원에 대한 사회보장의 의무에서 형성되는 청구권이다.[89] 따라서 보상청구권이 배상청구권을 배제할 수는 없다. 그러나 이러한 논리는 산재보험에는 적용될 수 없다. 산재보험은 근로자에게 발생한 재해에 대해서 포괄적으로 사용자의 책임을 인정하고, 또 이는 무과실책임이다. 이 점에서 보면 민법상의 책임에 비해서는 근로자보호에 충실하며, 이에 대한 반대급부로서 사용자의 책임을 면제시키는 것이 체계적이다.

과실에 의하여 산업재해가 발생한 경우 산재보험급여가 지급되면 사용자의 근로자에 대한 책임은 면제되어야 할 것이다. 이때 비로소 무과실책임에 기초하여 산재보험급여 수급권을 형성하는 데에 상응하는 체계적합성이 유지되기 때문이다. 다만 사용자와 근로자와의 관계를 떠나서 이 경우 보험자가 사용자에게 책임을 묻는 것은 별개의 문제이다. 사회보장법에서 사회적 위험을 스스로 야기한 자에게 급여를 제한하는 것은 일반적이다.[90] 이러한 이념은 사회보험에서 보험자가 지급한 급여의 범위 내에서 가입자에게 구상권을 행사하는 형태로 실현된다. 다만 구상권 행사의 대상을 고의의 경우에 한정할 것인가, 중과실의 경우까지 확대할 것인가는 정책적 선택의 문제이다.

(3) 장해특별급여와 유족특별급여

장해특별급여와 유족특별급여를 통하여 민법상의 사용자책임을 대체하는 규정은 다음과 같은 이유에서 합리적이지 않다. 첫째, 산재보험급여가 사용자의

---

88) 이 점에 대해서는 예컨대 전광석, "국가배상법상 이른바 이중배상금지원칙의 위헌성", 전광석, 헌법판례연구(법문사, 2000), 133면 이하 참조. 다만 헌법재판소는 「국가배상법」의 이른바 이중배상금지규정이 헌법 자체에 근거가 있다는 이유로 합헌결정을 내려 왔다. 헌재 1994.12.29, 93헌바21, 6-2, 392면 이하; 1995.12.28, 95헌바3, 7-2, 841면 이하; 2001.2.22, 2000헌마38, 13-1, 289면 이하 등 참조.

89) 국가공무원법 제77조 참조.

90) 예컨대 국민건강보험법 제48조 제1항, 국민연금법 제82조 제1항, 고용보험법 제60조 등 참조.

책임을 전적으로 대체하는 것은 아니기 때문에 사용자의 고의 혹은 과실이 있는 경우 피해 근로자가 이러한 특별급여를 선택하고 민법상의 손해배상청구권을 포기할 가능성이 높지 않을 것이다. 둘째, 산업재해가 발생한 데에 사용자의 책임이 있는 경우에는 근로자보호를 위하여 산재보험급여를 지급하더라도 사용자 자신에게 책임을 물을 수는 있다. 그리고 사용자의 고의에 의하여 산업재해가 발생한 경우 일종의 손해배상에 대한 합의를 하고 특별급여를 제공하는 것은 합리적일 수 있다. 그러나 이러한 책임을 과실의 경우에도 묻는 것은 무과실책임의 성격을 갖는 산재보험수급권과 형평상 문제가 있다. 셋째, 산업재해가 발생하는 데에 사용자의 고의가 있는 경우 이미 사용자와 근로자의 신뢰관계는 상실된 것이다. 이때에도 보험자가 사용자의 책임을 부담하는 것은 체계적이지 않다. 그런데 현행법에서는 장해 혹은 유족특별급여를 제외하고 일반적인 보험급여의 비용을 보험자가 부담한다. 이는 사회보장법의 일반적인 원칙, 즉 해당 위험을 고의로 발생시킨 자에게는 급여가 지급되지 않는다는 원칙과 조화될 수 없다. 보험자가 지급한 산재보험급여의 전액을 징수하는 방법이 보다 체계적이다. 이에 비해서 사용자의 과실에 의하여 산업재해가 발생한 경우에는 이 점이 보험자와 사용자와의 사이에 구상권 성립에 영향을 줄 수는 있지만 무과실책임의 성격을 갖는 산재보험수급권의 성격상 특별급여를 통하여 사용자의 책임관계에 영향을 미치도록 하는 것은 체계적이지 않다.

위와 같은 논리에서 보면 현행법은 다음과 같은 두 가지 문제가 있다. 첫째, 사용자의 과실에 의하여 산업재해가 발생한 경우에도 장해특별급여 혹은 유족특별급여를 지급하고 이를 사용자가 부담하게 하여 보험자와 사용자와의 문제를 사용자와 근로자와의 법률관계에서 해결하는 체계일탈을 보이고 있다. 둘째, 사용자의 고의뿐 아니라 (경미한) 과실의 경우에도 사용자의 책임을 묻는 규정 자체가 문제가 있지만 이러한 일탈된 체계에 충실하기 위해서는 사용자는 산재보상 전체에 대한 책임을 부담하여야 한다. 이는 일반적으로 사회보장법에서 위험이 발생한 데에 가입자의 귀책사유가 있는 경우 급여를 제한하는 규정과 비교될 수 있다. 그런데 현행법은 이 경우 사용자에게 장해특별급여 혹은 유족특별급여의 액에 한하여 징수하도록 하고 있다.

Ⅱ. 수급권자의 책임과 급여의 제한, 급여의 환수

보험급여를 받을 자가 정당한 이유 없이 요양지시에 따르지 않거나 정당한 사유 없이 요양지시에 따르지 않아 부상·질병 또는 장해의 상태를 악화시키거나 치유를 방해한 경우 혹은 장해보상연금 수급권자가 장해등급 재판정 전에 자해 등 고의로 장해상태를 악화시킨 경우에는 급여의 전부 또는 일부를 지급하지 않을 수 있다(법 제83조 제1항). 또 수급권자가 정당한 사유없이 공단의 의료기관 변경 지시를 따르지 않은 경우, 장해등급 재판정요구에 응하지 않은 경우, 보고 및 서류제출 또는 신고를 하지 않은 경우, 질문이나 조사에 응하지 않은 경우, 또는 진찰요구에 따르지 않은 경우에는 보험급여의 지급을 일시 중지할 수 있다(법 제120조). 근로자가 고의, 자해행위 혹은 범죄행위 또는 그것이 원인이 되어 발생한 피해에 대해서는 급여가 지급되지 않는다. 「산재보험법」에서 이는 업무상의 재해로 보지 않는다(법 제37조 제2항).

산재보험에서는 사용자가 보험료를 납부할 의무가 있다. 다른 사회보험과는 달리 산재보험에서는 보험료를 납부하지 않았다는 이유로 수급권자인 근로자에 대한 급여가 제한되지는 않는다.[91] 사용자의 의무 불이행이 근로자 보호에 영향을 주어서는 안 되기 때문이다.

근로복지공단은 보험급여를 받은 자가 거짓이나 그 밖의 부정한 방법으로 보험급여를 받은 경우, 수급권자 또는 수급권이 있었던 자가 신고의무(제114조 제2-4항)를 이행하지 않아 부당하게 보험급여를 지급받은 경우, 그 밖에 잘못 지급된 보험급여가 있는 경우에는 급여액에 해당하는 금액을 징수하여야 한다.[92] 거짓이나 그 밖의 부정한 방법으로 보험급여를 받은 경우에는 급여액의 2배에 해당하는 금액을 징수한다. 이 경우 보험급여의 지급이 보험가입자·산재보험 의료기관 또는 직업훈련기관의 거짓된 신고, 진단 또는 증명으로 인한 것이면 그 보험가입자·산재보험 의료기관 또는 직업훈련기관도 연대하여 책임을 진다. 산재보험 의료기관이나 약국이 거짓이나 부정한 방법으로 진료비나 약제비를 받은

91) 대판 1999.4.9, 99두189; 1995.3.14, 93다42238 등 참조.

92) 잘못 지급된 보험급여에 해당하는 금액을 징수하는 처분을 할 때에는 당사자에게 고의 또는 중과실의 귀책사유가 있는지, 징수처분을 통하여 달성하고자 하는 공익과 당사자의 불이익을 비교·형량하여야 한다. 그 결과 징수처분의 적법성을 부인한 판례로는 대판 2014.7.24, 2013두27159 참조.

경우, 요양급여의 산정기준 및 합병증 등 예방을 위한 조치비용 산정기준을 위반하여 부당하게 진료비나 약제비를 지급받은 경우, 그밖에 진료비나 약제비를 잘못 지급받은 경우에 진료비나 약제비에 해당하는 금액을 징수한다. 거짓이나 그 밖의 부정한 방법으로 진료비나 약제비를 지급받은 경우에는 그 진료비나 약제비의 2배에 해당하는 금액을 징수한다(법 제84조).

Ⅲ. 급여의 조정, 건강보험의 우선 적용

1. 제3자에 대한 구상권 문제

제3자의 행위로 인해서 산업재해가 발생한 경우에도 급여는 지급된다. 다만 이때 공단은 급여액의 한도 내에서 수급권자가 제3자에 대해서 갖는 손해배상청구권을 대위한다(법 제87조 제1항). 이때 제3자란 보험자, 보험가입자인 사업주, 그리고 보험가입자와 함께 직·간접적으로 재해근로자와 산재보험관계가 없는 자를 말한다.[93] 건설공사와 같이 수차의 도급에 의하여 사업이 이루어지는 경우에 원수급인이 보험가입자이지만(보험료징수법 제9조) 하수급인이 산재보험관계에서 배제되는 것은 아니기 때문에 하수급인이 구상권 행사의 대상인 제3자에 해당하지는 않는다.[94]

제3자의 행위로 인하여 피해가 발생한 경우 수급권자에게 과실이 있어 손해배상액 산정에 있어서 과실상계를 하는 때 보험자는 과실상계 후 제3자에 대해서 구상권을 취득한다. 과실상계 전 구상권을 취득하게 되면 수급권자의 과실에 대한 부담을 보험자가 지는 결과가 되기 때문이다.[95] 제3자의 행위로 인하여 산업재해가 발생하였고, 이에 대해서 근로복지공단이 장해보상연금 혹은 유족보상연금을 지급한 경우 장해보상연금 혹은 유족보상연금 대신 지급받을 수 있었던 장해보상일시금 혹은 유족보상일시금 상당액에 관하여 근로복지공단은 수급권자의 제3자에 대한 손해배상청구권을 대위행사할 수 있다.[96]

보험가입자와 제3자가 공동불법행위를 하여 산업재해가 발생한 경우에는 보험자인 근로복지공단은 제3자에 대하여 보험급여액 전액을 구상할 수 없다. 이 경우에는 피해자가 배상받을 손해액 중 보험가입자의 과실비율 상당액을 보험

93) 대판 2008.4.10, 2006다32910 참조.
94) 대판 2016.5.26, 2014다204666 참조.
95) 대판 1989.4.25, 88다카5041; 1990.2.13, 89다5997 등 참조.
96) 대판 2001.11.30, 2001다666 참조.

급여액에서 공제하고 차액에 대해서 근로복지공단이 제3자로부터 구상한다.[97] 다만 근로복지공단이 대위할 수 있는 수급권자의 제3자에 대한 손해배상청구권은 근로복지공단이 지급한 보험급여와 동일한 성질의 것에 한한다. 따라서 유족보상일시금에 기하여 일실수입에 대한 손해배상청구권을 대위할 수 있으나, 장의비에 기하여 일실수입에 대한 손해배상청구권을 대위할 수는 없다.[98] 수급권자는 제3자에 대한 손해배상청구권을 먼저 행사할 수도 있다. 이 경우에 수급권자가 손해배상을 받으면 그 배상액의 범위 내에서 공단은 보험급여를 지급하지 않는다(법 제87조 제2항). 공단은 제3자에 의해서 실제 수급권자에게 지급된 범위에서 책임을 면한다. 손해배상청구권의 대위행사가 문제되는 제3자의 범위에 동료근로자는 제외된다.[99]

2. 다른 사회보장급여와의 조정

업무상 재해는 그 원인이 업무상의 행위에 있다는 점에서 차이가 있지만 위험의 실체는 질병, 부상, 장해, 사망 등「국민건강보험법」또는「국민연금법」이 보호하는 그것과 같다. 따라서 이들 사회보험법에 의해서 지급되는 급여와 조정이 되어야 한다.「국민연금법」상의 장애연금 또는 유족연금이「산재보험법」상의 장해급여 및 유족급여와 경합하는 경우「산재보험법」상의 급여가 우선 지급되고「국민연금법」상의 장애급여 및 유족급여는 2분의 1이 지급된다(국민연금법 제113조).

3. 건강보험의 우선 적용

업무상 재해로 인정되기 위해서는 근로복지공단의 이에 관한 결정이 있어야 한다. 그런데 이러한 결정이 있기까지 질병 및 부상에 대한 치료가 미루어질 수는 없다. 이에 근로복지공단이 요양급여에 관한 결정을 하기 전에는「국민건강보험법」또는「의료급여법」에 따른 의료급여를 받을 수 있도록 하였다. 근로자는「국민건강보험법」또는「의료급여법」에 따른 본인 일부 부담금을 산재보험 의료기관에 납부한 후에「산재보험법」에 의한 요양급여 수급권자로 결정된 경우에는 본인 일부 부담금 중 요양급여에 해당하는 금액을 공단에 청구할 수

97) 대판 2002.3.21, 2000다62322 참조.
98) 대판 2002.4.12, 2000다45419 참조.
99) 대판 2011.7.28, 2008다12408 참조.

있다(법 제42조).[100] 요양급여를 우선 지급한 국민건강보험공단 등은 근로복지공단에 비용을 청구할 수 있고, 건강보험 요양급여 등이 「산재보험법」상의 요양급여에 상당한 것으로 인정되면 근로복지공단은 그 요양급여에 해당하는 금액을 지급할 수 있다(법 제90조 제1항).

제 6 절 재 정

산재보험의 가장 중요한 재원은 보험료이다. 이 밖에 부분적으로 국고보조가 이루어진다.

고용노동부장관은 보험사업에 필요한 재원을 확보하고, 보험급여에 충당하기 위하여 '산업재해보상보험 및 예방기금'을 설치·운영한다. 기금은 보험료·기금운용수익금·적립금·기금의 결산상 잉여금·정부 또는 정부 아닌 자의 출연금 및 기부금·차입금 그 밖의 수입금을 재원으로 하여 조성된다. 정부는 산업재해예방사업의 수행을 위하여 회계연도마다 기금지출예산 총액의 100분의 3의 범위에서 정부의 출연금으로 세출예산에 계상하여야 한다(법 제95조). 같은 이유에서 '산업재해보상보험 및 예방기금' 지출예산 총액의 8% 이상을 「산업안전보건법」에 의한 재해예방사업 및 한국산업안전공단 출연금의 용도로 계상하여야 한다(법 제96조 제2항).

고용노동부장관은 보험급여에 소요되는 비용을 책임준비금으로 적립하여야 한다. 고용노동부장관은 회계연도마다 책임준비금을 산정하여 적립금 보유액이 책임준비금의 금액을 초과하면 그 초과액을 장래의 보험급여 지급 재원으로 사용하고, 부족하면 그 부족액을 보험료 수입에서 적립하여야 한다(법 제99조). 기금의 운용계획은 '산업재해보상보험 및 예방심의위원회'의 심의를 거쳐야 한다(법 제98조). 고용노동부장관은 기금의 결산보고서를 작성하여 기획재정부장관에게 제출하여야 한다(시행령 제95조).

100) 이때 국민건강보험공단의 근로복지공단에 대한 정산청구권의 소멸시효는 근로자가 건강보험공단으로 요양급여를 받은 때가 아니라 산업재해 요양승인의 결정을 받는 다음날로부터 진행한다. 대판 2014.11.27, 2014다44376 참조.

Ⅰ. 보 험 료

1. 보험료 결정요소, 순보험료율과 부가보험료율

산재보험 보험료는 가입자인 사업의 사업주가 전액 부담한다(보험료징수법 제13조 제1항 제2호). 이는 산재보험급여가 사용자의 책임을 보상하는 기능에 상응하는 재원조달방법이다. 보험료액을 결정하는 요소는 해당 사업장 근로자의 개인별 보수총액과 보험료율이다. 보험료율은 이원화되어 있다. 첫째, 같은 종류의 사업에 적용되는 보험료율이다. 둘째 출퇴근 재해보상을 위하여 적용되는 보험료율이다(보험료징수법 제13조 제5항). 결국 보험료는 보수총액에 사업종류별 산재보험료율과 출퇴근재해 산재보험료율을 더한 비율을 곱하여 산정된다. 보수총액의 추정액 또는 보수총액을 결정하기 곤란한 경우에는 대통령령이 정하는 바에 따라 고용노동부장관이 정하여 고시하는 노무비율을 사용하여 보수총액의 추정액 또는 보수총액을 결정할 수 있다(보험료징수법 제13조 제6항).[101] 건설업이나 벌목업과 같이 하도급이 여러 단계로 이루어지는 공정이 보편화되어 있어 사업 전체의 임금총액을 확정하기 어려운 경우가 여기에 해당한다.

산재보험에서 보험료율은 순보험료율(산재보험급여지출률＋추가지출률)과 부가보험료율로 구성된다. 보험료율은 아래에서 설명하는 산재예방요율에 따라 낮아질 수 있다. 보험료율은 사업의 종류별로 고용노동부령에 의해서 구분·결정된다. 예컨대 2022년 보험료율은 최저 0.6%(금융보험업 등), 최고 18.5%(석탄광업 및 채석업)이며, 전체 가입사업장의 평균 보험료율은 1.43%이다.[102]

순보험료율은 전체보험료율의 85%를 차지한다. 순보험료율은 산재보험급여지출률과 추가지출률로 구성된다. 산재보험급여 지출률은 사업장에서의 과거 3년간의 재해율, 즉 보수총액에 대한 보험급여총액의 비율이다. 보험료율을 결정하는 데 있어서는 보험급여에 드는 금액, 재해예방 및 재해근로자의 복지증진에 드는 비용 등이 함께 고려된다. 이때 보험급여에서 출퇴근 재해에 대한 보상급여금액은 제외된다(보험료징수법 제14조 제3항). 출퇴근 재해는 사업장의 작업환경, 그리고 사업주의 산업재해 예방에 의하여 영향을 받지 않기 때문이다. 사업의 종류에

101) 이 규정이 포괄위임에 해당하는가의 여부에 대한 헌법적 판단으로는 헌재 2004.11.25, 2002헌가10, 16-2(하), 228면 이하 참조.

102) 고용노동부, 산재보험사업연보(2022), 104면 이하 참조.

따라 보험료율이 지나치게 차이가 나는 것을 방지하기 위하여 특정 사업 종류의 산재보험료율이 전체 사업의 평균 산재보험료율의 20배를 초과하지 않도록 하여야 한다(보험료징수법 제14조 제5항). 또 보험료율의 변동률에도 제한을 두었다. 즉 특정 사업 종류의 산재보험료율을 인상 혹은 인하하는 경우에 전년도 보험료율의 30%의 범위 내에서 조정하여야 한다(보험료징수법 제14조 제6항). 일반적으로 같은 업종의 사업장에는 동일한 보험료율이 적용된다. '추가지출률'은 당해연도 보수총액 추정액에 대한 보상연금 및 산재보험급여의 개선 등 당해 보험연도에 추가로 지급될 금액을 고려한 조정액의 비율을 말한다.

부가보험료율은 보험사업을 하는 데 드는 비용으로, 전체보험료율의 15%를 차지한다. 이는 전 사업에 균등하게 사용하는 비용과 재해발생 정도에 따라 차등적으로 사용되는 비용으로 구분되어 결정된다.

「산재보험법」은 사업주의 산재예방을 위한 노력을 유인하기 위하여 개별 사업장 단위로 보험료율을 산재발생빈도에 따라 증감할 수 있도록 하였다(개별실적요율). 즉 과거 3년간 보험료액에 대한 보험급여비용의 비율이 85%를 넘거나 75% 이하인 경우에는 사업장규모에 따라 보험료율을 50%의 범위 내에서 인상 또는 인하할 수 있다(보험료징수법 제15조 제2항, 시행령 제16, 18조 및 별표 1). 이때에도 위에서 지적한 바와 같은 이유에서 보험급여비용에서 출퇴근 재해보상을 위한 급여비용은 제외된다. 또 보험급여산정에 있어서 직업재활급여에 드는 비용 혹은 사용자에게 귀책사유가 없는 비용은 제외된다. 사용자에게 귀책사유가 없는 비용에는 제3자의 행위에 따른 재해에 대한 보험급여액, 천재지변 또는 정전 등 불가항력적인 사유로 발생한 재해에 대한 보험급여액 등이 포함된다. 이 밖에 둘 이상의 사업장에 근무하는 단시간 근로자에게 재해가 발생한 경우에 이들에게 적용되는 특별히 산정된 평균임금(보험료징수법 시행령 제23조 제2호 및 제24조 제1항 제2호) 중 재해가 발생하지 않은 사업을 대상으로 산정한 평균임금이 차지하는 비율에 해당하는 보험급여비용은 제외된다(보험료징수법 시행령 제17조).

현재 보험료액에 대한 보험급여비용의 비율이 5% 이하인 경우 보험료율은 20%가 감해지며, 160%를 넘는 경우 20%가 증가한다.

출퇴근 재해에 적용되는 산재보험료율은 사업의 종류를 구분하지 않고 그 재해로 인하여 연금 등 산재보험급여에 드는 금액, 재해예방 및 재해근로자의 복지증진에 드는 비용 등을 고려하여 고용노동부령으로 정한다(보험료징수법 제14조 제7항). 2022년 출퇴근재해 보험료율은 0.1%이다.

2. 산재예방요율

보험료율을 해당 사업의 재해율에 기초하여 차등화하는 것은 사업자에게 재해예방을 유인하는 목적을 갖는다. 그러나 이것이 산업재해의 예방에 기여하는 정도는 제한적이었다. 첫째, 사업장에서 재해율의 차이는 어느 정도는 구조적인 원인이 있었기 때문에 이러한 상황에 관계 없이 보험료율을 달리하는 것이 합리적인가는 의문이었다. 둘째, 보험료율을 결정하는 보수총액, 보험급여비용, 보험료액은 모두 과거의 상황이며, 따라서 사용자의 산업재해 예방의 노력을 보여주는 요소로서 제한적인 의미를 갖는다. 이에 실제 사용자의 산재예방 실적을 보험료율의 결정에 반영하기 위하여 2013년 산재예방요율제도를 도입하였다. 이에 따르면 사업주가 근로자의 안전보건을 위하여 재해예방활동을 실시하고 이에 대하여 고용노동부장관의 인정을 받은 때에는 그 사업에 적용되는 산재보험료율의 100분의 30의 범위에서 인하한 비율을 다음 보험연도의 산재보험료율로 할 수 있다(보험료징수법 제15조 제5항).

Ⅱ. 국고보조

국가는 산재보험사업의 사무집행에 관한 비용을 일반회계에서 부담하고, 보험사업에 드는 비용의 일부를 지원할 수 있다. 사무집행에 대한 국고보조는 의무적이다(법 제3조 제1항). 반면 보험사업비용의 일부 보조는 임의적으로 이루어진다(법 제3조 제2항).

제 7 절 관리운영

「산재보험법」에 의한 보험사업은 고용노동부장관이 관장한다(법 제2조). 고용노동부 내에 설치되어 있는 '산업재해보상보험 및 예방심의위원회'가 산재보험에 관한 중요한 사항, 즉 요양급여의 산정 기준에 관한 사항, 산재보험료율의 결정에 관한 사항, '산업재해보상보험 및 예방기금'의 운용계획 수립에 관한 사항, 산업안전·보건 업무와 관련되는 주요 정책 및 산업재해 예방에 관한 기본계획 등을 심의한다. 위원회는 근로자를 대표하는 자, 사용자를 대표하는 자, 그리고 공익을 대표하는 자가 동수로 구성된다(법 제8조, 시행령 제3조 이하).

산재보험사업은 공법상의 법인인 근로복지공단에 위탁되어 시행되고 있다(법 제10조 이하). 근로복지공단은 자치운영의 원칙이 적용되는 자율적인 조직은 아니다. 예컨대 공단은 매 회계연도 사업운영계획과 예산에 관하여 고용노동부장관의 승인을 얻어야 한다(법 제25조).

Ⅰ. 근로복지공단의 조직

공단의 기관으로 이사장 1명, 4명의 상임이사를 포함한 15명 이내의 이사 및 1명의 감사가 있다(법 제16조 제1항). 이사장, 상임이사 및 이사는 이사회를 구성한다(법 제22조). 이사장은 공단을 대표하고, 공단의 업무를 총괄한다. 상임이사는 정관이 정하는 바에 의하여 공단의 업무를 분장하고, 이사장이 부득이한 사유로 직무를 수행할 수 없을 때에는 정관이 정하는 순위에 따라 그 직무를 대행한다. 감사는 공단의 회계와 업무를 감사한다(법 제18조).

Ⅱ. 근로복지공단의 구성

공단의 이사장은 고용노동부장관의 제청으로 대통령이 임면한다. 이사는 고용노동부장관이 임면한다. 감사는 기획재정부장관이 임면한다. 당연직 이사로는 기획재정부의 공단예산업무를 담당하는 3급 공무원 또는 고위공무원단에 속하는 일반직 공무원과 고용노동부의 산재보험사업을 담당하는 3급 공무원 또는 고위공무원단에 속하는 일반직 공무원이 선임된다(법 제16조). 이사장의 임기는 3년이고, 상임이사 및 이사, 그리고 감사의 임기는 2년이다. 이들은 각각 1년 단위로 연임할 수 있다(법 제17조).

Ⅲ. 국가의 감독

공단은 매 회계연도의 사업운영계획과 예산에 관하여 고용노동부장관의 승인을 얻어야 한다. 공단은 매 회계연도 종료 후 2개월 이내에 사업실적과 결산을 고용노동부장관에게 보고하여야 한다. 또 고용노동부장관은 공단에 대하여 사업에 대한 보고를 명하거나, 사업 또는 재산상황을 검사할 수 있으며, 필요하다고 인정할 때에는 정관의 변경을 명하는 등 감독상 필요한 조치를 취할 수 있다(법 제25조).

근로복지공단은 자치운영의 원칙이 적용되는 기관이 아니고 국가의 위탁을 받아 업무를 행하는 기관이므로 그만큼 자율성이 약하다. 따라서 국가는 법적 감독뿐 아니라 정책감독을 할 수 있다.

제 5 장 고용보험법

제 1 절 현대사회에서 고용문제와 고용보험법의 과제

Ⅰ. 사회보장과 고용문제

고용과 사회보장의 관계는 이중적이다. 먼저, 고용은 현대 사회보장이 기능하기 위한 전제조건이다. 사회보험은 근로자가 근로의 대가로 받는 임금의 일부를 보험료로 납부하고, 이를 재원으로 가입자에게 사회적 위험이 발생했을 때 급여를 한다. 따라서 아직 고용사회로 정착하지 못하고 있는 경우에는 그 사회에서 발생하는 사회적 위험은 적어도 사회보험의 방법을 통해서 극복될 수는 없다. 다음, 고용은 사회보장법의 보호대상이다. 오늘날 고용기회의 상실은 개인의 생활을 저해하는 전형적인 위험이기 때문이다. 고용의 중요성은 헌법에도 반영되어 있다. 헌법 제32조는 노동의 권리를 사회적 기본권으로서 보장하고 있다. 이 규정은 국가에게 사회적 및 경제적 방법을 통해서 고용을 창출하고, 이로써 모든 국민에게 고용의 기회를 보장하는 과제를 부과하고 있다.[1)]

고용기회의 상실이 개인생활에 미치는 영향은 다음과 같이 다양하다. 첫째, 실업은 개인의 경제적 기반을 상실시킨다. 근로자 개인과 부양가족의 생활이 더 이상 보장되지 못한다는 것이다. 둘째, 경제적 기반이 상실되면서 근로자의 임금의 일부를 보험료로 납부하여 운영되는 건강보험, 연금보험 등에서 개인이 배제되는 위험에 처하게 된다. 이른바 제2차적 사회적 위험이 발생한다. 셋째, 고용기회의 상실은 단순히 물질적인 영역에 파급효과를 갖는 데 그치지 않는다. 노동은 인격실현의 매체이기 때문에 고용기회의 상실은 인격실현의 기회를 박탈한다. 노동은 개인에게 사회적 생활의 중심을 이룬다. 노동은 사회적 참여를 실현하는 중요한 계기이며, 또 개인은 노동을 중심으로 시간 및 공간을 정렬한다. 따라서 실업은 사회적 소외의 원인이 되기도 한다.

고용정책은 위와 같은 다양한 내용의 위험을 보호·지원하는 방안을 포괄하

---

1) 헌법 제32조 노동의 권리의 실현구조에 대해서 자세히는 예컨대 전광석, "노동의 권리의 실현구조 – 헌법의 변천과 이론의 형성 및 전개", 한국에서의 기본권이론의 형성과 발전(박영사, 1997), 421면 이하 참조.

여야 한다. 고용문제의 특성에 비추어볼 때 전통적인 실업보험의 기능, 즉 실업으로 인한 소득상실을 보전하는 것만으로는 고용의 사회적 위험을 극복하기에 충분하지 않다.

Ⅱ. 고용보험법의 과제

1993년에 「고용보험법」이 제정되고 1995년 시행되면서 우리나라에서 전통적인 4대 사회보험이 완비되었다. 그리고 「고용보험법」은 처음부터 단순히 실업으로 인한 소득상실을 보전하는 데 그치지 않고 적극적인 고용알선을 통한 실업의 예방에 중점을 두었다.

우리나라에서 실업문제는 다양한 원인에 의하여 심각한 사회문제가 되었다. 첫째, 산업화에 필연적으로 수반하는 실업의 문제이다. 노동집약에서 자본집약적으로 산업구조가 개편되면서 산업사회에서 실업의 문제는 피할 수 없다. 산업화의 계기이며 결과이기도 한 기계화가 근로자의 노동력을 대체하였기 때문이다. 다만 지난 세기에는 산업의 팽창으로 인하여, 그리고 노동집약적 산업분야가 어느 정도 유지되면서 실업이 심각한 사회문제는 아니었다. 그러나 우리나라 역시 고도산업화단계를 거치면서 실업은 이미 일반적인 사회적 위험이 되었다. 둘째, 이른바 3D현상으로 지칭되고 있는 육체노동에 대한 기피현상으로 인하여 노동시장의 일부에 대한 진입이 회피되고, 이 회피집단이 실업자군을 형성하게 되었다. 셋째, 지난 세기 후반 이후 진행되고 있는 세계화로 인하여 국내에서 고용창출이 감소하고 있다. 국내기업의 해외이전으로 인하여 국내 고용수요가 감소하면서 이전에 알지 못했던 새로운 원인에 의한 실업문제가 일반화되어가고 있다. 넷째, 1990년대에 들어서면서 우리나라에서도 경제 및 기업의 구조조정, 노동시장의 유연화 등의 문제는 경영계와 노동계 간에 중요한 현안으로 등장하였다. 노동시장의 유연화가 필연적으로 노동의 희생을 수반할 것이라는 사실이 1993년 「고용보험법」의 제정을 촉진한 배경이었다.[2] 1997년 말 외환위기는 경제위기로 이어졌고, 이를 극복하기 위하여 강도 높은 기업의 구조조정이 이루어졌다. 이 과정에서 우리 사회는 과거에 경험하지 못한 높은 실업률을 경험하게 되었다. 실제 이후 개정된 「근로기준법」은 이른바 정리해고를

2) 이 점에 대해서 자세히는 예컨대 최영기/전광석/이철수/유범상, 한국의 노동법 개정과 노사관계(한국노동연구원, 2000), 250면 이하 참조.

제도화한 바 있다(근로기준법 제24조). 또 앞으로 우리 사회는 1980년대 이후 유럽에서 그러하듯이 높은 실업률이 지속될 것이라고 예측되고 있다. 2008년 이후 세계적인 재정위기는 또 한번의 구조조정과 대량실업을 가져왔다. 1993년 제정되고 1995년 시행된 「고용보험법」은 이러한 상황을 예정하고 있었던 것은 아니며, 따라서 새로운 상황에서 「고용보험법」의 대폭적인 개편이 불가피하였다.

「고용보험법」은 실업의 다양한 사회적 및 개인적 문제를 고려하여 실업급여뿐 아니라 각종 고용안정조치 및 직업능력개발사업을 실시할 것을 예정하였다. 실업급여 자체도 단순히 장기적인 생활보장을 하기보다는 고용안정조치 및 직업능력개발사업을 전제로 전직 및 재취업을 위한 잠정적인 생활보장을 목표로 하였다. 이때 고용정책은 실업의 사회적 위험을 극복하기 위해서 필요할 뿐 아니라 사회보장의 기능을 유지하기 위하여(고용에 기초한 사회보장), 나아가서 사회보장의 기능을 부분적으로 대체하는(고용에 의한 사회보장) 영역이라는 점이 인식되어야 한다.[3]

위와 같은 고용보험의 특성에 따라 실업자가 고용보험 가입자가 아니거나 혹은 수급자이지만 수급기간이 지난 때에는 고용보험에 의한 보호를 받을 수 없다. 그런데 오늘날 실업은 구조적인 성격을 띠고 있고, 또 규모가 크기 때문에 이를 국민기초생활보장에 의하여 보호하는 것은 적합하지 않다. 이에 오랜 논의 끝에 2020년 실업부조의 성격을 갖는 「구직자 취업촉진 및 생활안정지원에 관한 법률」이 제정되었고, 이는 2021년 시행되었다. 이 법의 규범적 성격은 공공부조법에 해당하지만 기능적으로는 고용보험법과 연계하여 형성·운영되어야 할 것이다.

「고용보험법」은 고용정책에 관련된 다른 법률과 기능적으로, 그리고 내용적으로 중복되는 면이 있다. 고용보험은 예컨대 「근로기준법」상의 퇴직금제도와 기능적으로 유사하다. 퇴직금은 기업에서 오랫동안 근무한 후 노후에 퇴직하는 사람에게는 노후소득을 어느 정도 보장하지만, 단기재직 후 퇴직하는 사람에게는 실업보험의 기능을 수행하였기 때문이다.[4] 「고용보험법」은 각종 직업훈련제도를 규율하는 법과도 내용상 중복된다. 사내(社內)직업훈련과 실업자직

3) 고용환경의 변화와 사회보장의 관계에 대한 종합적인 고찰로는 전광석, 복지국가론 – 기원·발전·개편(신조사, 2012), 225면 이하 참조.

4) 실제 조사에 따르면 우리나라에서 퇴직금이 전자보다는 후자의 기능을 수행해 왔다는 것을 알 수 있다. 즉 단기고용 후 퇴직하는 자에게 지급되는 비율이 장기고용 후 노령자에 대해서 지급되는 퇴직금의 비율에 비해서 훨씬 높았다.

업훈련을 규율대상으로 하고 있는 「국민평생직업능력개발법」, 그리고 「직업안정법」 등이 여기에 해당한다. 이 밖에도 장애인 및 고령자의 고용을 지원하기 위한 목적으로 제정된 「고용상 연령차별금지 및 고령자고용촉진에 관한 법률」, 그리고 「장애인고용촉진 및 직업재활법」 등 역시 「고용보험법」과 유사한 내용과 기능을 가지고 있다.

제 2 절 가 입 자

「고용보험법」에서는 가입자의 범위와 수혜자의 범위가 반드시 일치하는 것은 아니다. 특히 고용안정사업 중 고용정보의 제공 및 직업지도조치는 모든 구직자를 대상으로 한다. 그러나 「고용보험법」상의 대부분의 조치는 가입자를 대상으로 하기 때문에 아래에서는 다른 사회보험에서와 마찬가지로 가입자를 중심으로 보호의 인적 대상에 대한 규정을 정리하기로 한다.

Ⅰ. 의무가입대상자

사업의 사업주와 근로자는 「고용보험법」에 의무적으로 가입된다(고용보험 및 산업재해보상보험의 보험료징수 등에 관한 법률 제5조 제1항).[5] 「고용보험법」에서는 근로자뿐 아니라 사업주 역시 독자적인 가입대상이다.[6] 「고용보험법」에서 많은 조치들이 사업주를 대상으로 하고 있기 때문이다. 이는 다른 사회보험에서 근로자가 가입자이며, 사업주는 재정부담자로서 참여하는 것과 비교되는 점이다.

1995년 시행된 「고용보험법」은 처음에는 70인 이상(고용안정사업과 직업능력개발사업의 경우) 혹은 30인 이상(실업급여의 경우) 근로자를 고용하는 사업장에 적용되었다. 이후, 특히 1997년 말 외환위기를 맞아 대량실업이 발생하면서 적용대상이 급속히 확대되었다. 현재는 거의 모든 사업장에 「고용보험법」이 적용된다. 다만 고용보험의 특성상 다음과 같은 적용제외 대상자가 남아 있다. 먼저 사업의 규모 및 산업별 특성을 고려하여 일정한 사업장이 「고용보험법」의

5) 이하 「보험료징수법」으로 줄임.
6) 2018년 현재 14,550,000명이 고용보험사업 전체에 가입되어 있다. 고용노동부, 고용보험백서(2022), 49면 참조.

적용에서 제외된다(법 제8조).[7] 농업·임업 및 어업 중 법인이 아닌 자가 상시 4명 이하의 근로자를 사용하는 사업, 총공사금액이 2천만원 미만인 공사, 연면적이 100제곱미터 이하인 건축물의 건축 또는 연면적이 200제곱미터 이하인 건축물의 대수선에 관한 공사, 가구 내 고용활동 및 달리 분류되지 않는 자가소비 생산활동 등이 여기에 해당한다(시행령 제2조 제1항).

월 근로시간이 60시간 미만인 자 혹은 주 근로시간이 15시간 미만인 자에게는 「고용보험법」이 적용되지 않는다. 다만 3개월 이상 계속하여 근로를 제공하는 자와 일용근로자에게는 「고용보험법」이 적용된다(법 제10조 제2호, 시행령 제3조 제1항). 「고용보험법」의 입법목적을 고려하여 실업의 위험이 없는 집단, 즉 공무원, 사립학교 교직원, 별정우체국 직원 등에게는 「고용보험법」이 적용되지 않는다. 다만 일정한 범위의 별정직 공무원, 임기제공무원은 본인의 의사에 따라 고용보험의 실업급여에 가입할 수 있다(법 제10조 제3, 4호, 시행령 제3조의 2). 65세 이후에 고용되거나 자영업을 개시한 사람에게는 실업급여 및 육아휴직급여 등에 관한 규정은 적용하지 않는다. 다만 65세 전부터 피보험 자격을 유지하던 사람이 65세 이후에 계속하여 고용된 경우에는 피보험자격을 계속 유지한다.

「고용보험법」은 「외국인 근로자의 고용 등에 관한 법률」의 적용을 받는 외국인 근로자에게 적용된다. 다만 실업급여, 유아휴직급여 등은 「출입국관리법 시행령」에 따라 주재, 기업투자, 무역경영 등의 체류자격을 가진 자, 취업활동을 할 수 있는 체류자격을 가진 자, 외국인의 체류자격 중 재외동포나 영주의 체류자격을 가진 자 등이 신청에 의하여 가입할 수 있다(시행령 제3조 제2항).

「예술인 복지법」에 따라 문화예술용역 관련 계약을 체결하고 다른 사람을 사용하지 않고 자신이 직접 노무를 제공하는 사람과 이들을 상대방으로 하여 문화예술용역 관련 계약을 체결한 사업에 대해서는 「고용보험법」을 적용한다. 다만 이들에게는 고용안정사업·직업능력개발사업에 관한 규정은 적용되지 않는다(법 제77조의 2).

「근로기준법」의 근로자에 해당하지 않지만 다른 사람의 사업을 위하여 직접 노무를 제공하고 해당 사업주 또는 노무수령자로부터 일정한 대가를 지급받기로 하는 계약을 체결한 사람 중 대통령령으로 정하는 직종에 종사하는 사람(노무제공자)과 이들을 상대방으로 하여 노무제공계약을 체결한 사업에 대해서 「고

7) 이하에서 특별히 법률의 명칭에 대해서 언급이 없는 한 「고용보험법」을 말한다.

용보험법」을 적용한다. 이때에도 고용안정사업 · 직업능력개발사업에 관한 규정은 적용되지 않는다(법 제77조의 6).

Ⅱ. 임의가입대상자

의무가입대상이 아닌 사업장의 사업주 및 근로자는 임의로 고용보험에 가입할 수 있다. 다만 연령, 근로시간이 제한적이어서 적용제외되는 근로자는 임의가입대상자가 될 수 없다. 사업주가 근로자의 과반수의 동의를 얻고, 근로복지공단의 승인을 받으면 사업주와 근로자는 고용보험에 가입할 수 있다(보험료징수법 제5조 제2항). 의무가입사업장이 사업규모의 변동으로 인하여 의무가입의 요건을 충족시키지 못하게 된 때에도 자동적으로 가입관계가 해지되는 것은 아니다. 우선 이들 사업장은 임의가입된 것으로 의제된다. 보험의 해지를 위해서는 사업주는 근로자 과반수의 동의를 얻어 근로복지공단의 승인을 받아야 한다(보험료징수법 제6조 제4항).

자영업자도 공단의 승인을 받아 고용보험에 가입할 수 있다(보험료징수법 제49조의 2).

공무원은 실업의 위험이 없기 때문에 고용보험에 의무가입대상이 아니다. 그러나 별정직 및 임기제 공무원의 경우 신분보장이 되지 않기 때문에 신청에 의하여 고용보험에 가입할 수 있다.

제 3 절 고용보험법상 사업의 종류와 내용

고용보험사업의 종류는 크게 세 가지로 나누인다. 고용안정 · 직업능력개발사업, 그리고 실업급여와 육아휴직급여 및 출산전후휴가급여 그것이다.[8] 고용안정 · 직업능력개발사업은 실업을 예방하기 위한 적극적인 노동시장정책의 수단이다. 이에 비해 실업급여는 이미 발생한 실업으로 인한 소득상실을 보전하기 위한 급여이다. 육아휴직급여는 「근로기준법」상 출산전후 휴가기간이 60일에서 90일로 연장됨에 따라 새로이 도입되었다. 휴가기간의 연장이 일방적으로 사용자의 부담이 되지 않도록 육아휴직에 따른 임금손실에 대한 보상을 「고용보험법」이 부담한 것이다. 육아휴직급여가 새로이 도입되면서 기존의 사업자에

8) 2005년 12월 7일 법률개정 전까지 고용안정사업과 직업능력개발사업은 각각 독립하여 시행되었다. 법률개정에 의해서 두 사업을 통합하여 운영하도록 하였다.

대한 지원이었던 육아휴직장려금과의 조정이 필요하게 되었다.

고용안정·직업능력개발사업에서 직업알선·훈련 등 급여와 이에 드는 비용이 지원되는 반면, 실업급여와 육아휴직급여는 현금급여로 지급된다. 고용안정·직업능력개발사업이 근로자뿐 아니라 사업주에게도 제공되는 반면, 실업급여와 육아휴직급여는 근로자에 한하여 지급된다. 또 고용안정·직업능력개발사업은 가입자 개인을 보호하지만 동시에 고용구조를 개선하는 목적을 갖는다. 이러한 맥락에서 가입자뿐 아니라 전체 구직자를 대상으로 하는 사업이 이루어진다.

전체적으로 보면 고용보험사업 중 고용안정·직업능력개발사업은 근로자가 실업급여를 받는 상황을 예방하는 목적을 갖는다. 다만 이러한 예방 사업들은 현재 모두 재량규정으로 되어 있어 안정성을 결여하고 있다. 전체 고용보험사업은 다음 면의 도표와 같다.

Ⅰ. 고용안정·직업능력개발사업

1. 사업 개관

고용안정·직업능력개발사업은 경기변동·산업구조조정 등을 이유로 발생하는 실업을 사전에 예방하고, 취업을 촉진하며, 고용기회를 확대하고, 직업능력을 개발·향상하기 위한 기회를 제공한다. 그 밖에 고용안정과 사업주에 대한 인력확보를 지원한다.

특히 중소기업이 고용안정·직업능력개발사업에 있어서 우선적 지원의 대상이 된다(우선지원 대상기업)(법 제19조 제2항). 지원대상이 되는 중소기업의 규모는 근로자 수를 기준으로 결정된다. 산업의 종류에 따라서 기준이 다르다. 제조업의 경우 500명 이하, 광업과 운수 및 통신업, 그리고 건설업의 경우 300명 이하, 금융 및 보험업의 경우 200명 이하, 그 밖의 업종의 경우 100명 이하 사업장이 우선지원대상인 중소기업이다. 이외에 「중소기업기본법」 제2조 제1항 및 제3항의 기준에 해당하는 기업은 우선지원의 대상이 된다(시행령 제12조 제1, 2항, 별표1).

고용안정·직업능력개발사업은 개별적인 보호와 시설지원의 형태로 이루어진다. 개별적인 보호로는 고용창출지원, 고용조정지원, 잠재인력고용촉진, 건설업고용안정지원 등이 있다. 시설지원은 고용촉진시설에 대한 지원의 형태로 이루어진다. 일반적인 고용증진사업으로 고용정보의 제공 및 직업지도가 이루어

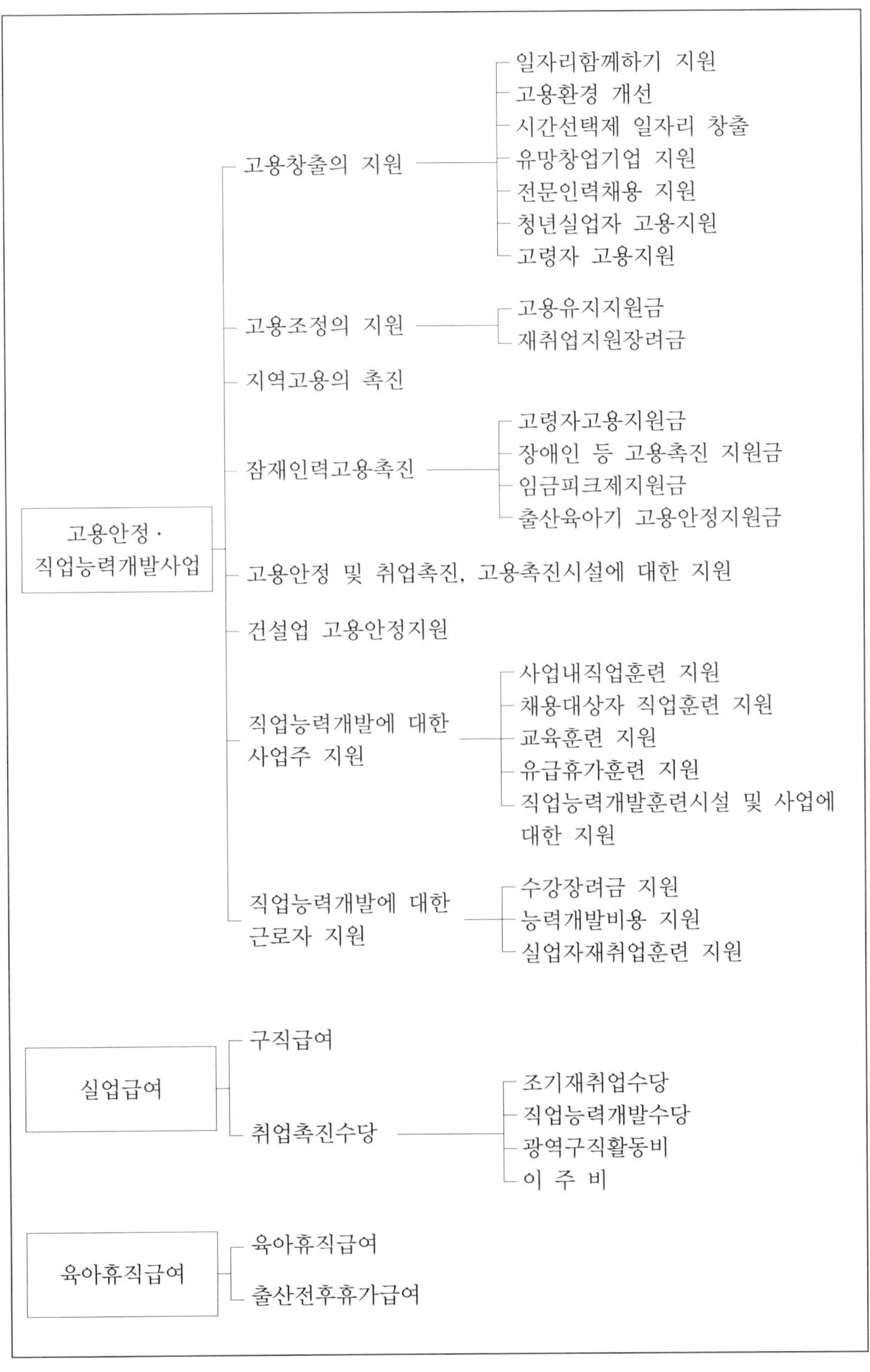

고용안정 · 직업능력개발사업
고용창출의 지원
일자리함께하기 지원
고용환경 개선
시간선택제 일자리 창출
유망창업기업 지원
전문인력채용 지원
청년실업자 고용지원
고령자 고용지원
고용조정의 지원
고용유지지원금
재취업지원장려금
지역고용의 촉진
잠재인력고용촉진
고령자고용지원금
장애인 등 고용촉진 지원금
임금피크제지원금
출산육아기 고용안정지원금
고용안정 및 취업촉진, 고용촉진시설에 대한 지원
건설업 고용안정지원
직업능력개발에 대한 사업주 지원
사업내직업훈련 지원
채용대상자 직업훈련 지원
교육훈련 지원
유급휴가훈련 지원
직업능력개발훈련시설 및 사업에 대한 지원
직업능력개발에 대한 근로자 지원
수강장려금 지원
능력개발비용 지원
실업자재취업훈련 지원
실업급여
구직급여
취업촉진수당
조기재취업수당
직업능력개발수당
광역구직활동비
이 주 비
육아휴직급여
육아휴직급여
출산전후휴가급여

진다. 이 밖에 고용안정·직업능력개발사업은 근로자의 직업활동 전기간에 걸쳐 직업능력을 개발하도록 지원하고, 또 사업 내에서도 교육훈련을 장려하여 실업을 사전에 예방하기 위한 사업을 수행한다. 이는 일반직업훈련의 성격을 갖는 사업이다.

2. 고용창출의 지원

이는 고용환경의 개선, 근무형태의 변경 등을 통하여 고용의 기회를 확대한 사업주를 지원하는 사업이다(법 제20조). 다음과 같은 경우 지원이 이루어진다.

고용창출의 지원은 사업주에게 임금의 일부를 지원하는 형태로 이루어진다. 지원의 대상은 다음과 같다. 첫째, 근로시간 단축, 교대근로 개편, 정기적인 교육훈련·안식휴가 부여 등을 통하여 실업자를 고용함으로써 근로자 수가 증가한 경우이다(일자리 함께하기). 이때 근로시간이 감소된 근로자에 대한 임금의 일부와 필요한 시설의 설치비 일부를 지원할 수 있다. 둘째, 고용노동부장관이 정하는 시설을 설치·운영하여 고용환경을 개선하고 실업자를 고용하여 근로자 수가 증가한 경우이다(고용환경개선). 이 때 시설 설치비의 일부도 지원할 수 있다. 셋째, 직무의 분할, 근무체계 개편 또는 시간제직무 개발 등을 통하여 실업자를 근로계약기간을 정하지 않고 시간제로 근무하는 형태로 새로이 고용하는 경우이다(시간선택제 일자리 창출). 넷째, 성장유망업종, 인력수급 불일치 업종, 국내복귀기업 또는 지역특화산업 등이 실업자를 고용하는 경우이다(유망창업기업지원). 성장유망업종 등에 대해서는 고용보험위원회에서 심의·의결한다. 다섯째, 특정업종에 해당하는 우선지원 대상기업이 전문인력을 고용하는 경우이다(전문인력채용지원). 지원대상인 특정업종에 대해서는 고용보험위원회가 심의·의결하며, 전문인력의 내용에 대해서는 고용노동부장관이 정한다. 여섯째, 임금피크제(시행령 제28조), 임금감액제도(시행령 제28조의 2), 그 밖의 임금체계 개편 등을 통하여 15세 이상 34세 이하의 청년 실업자를 고용하는 경우이다. 일곱째, 고용노동부장관이 「고용상 연령차별 금지 및 고령자고용촉진에 관한 법률」에 따른 고령자 또는 준고령자가 근무하기에 적합한 것으로 인정하는 직무에 고령자 또는 준고령자를 새로 고용하는 경우이다(시행령 제17조).

3. 고용조정의 지원

고용조정지원은 경기의 변동, 산업구조의 변화 등에 따른 사업규모의 축소, 사업의 폐업 또는 전환으로 인하여 고용조정이 불가피하게 된 사업주를 대상으로 한다(법 제21조). 사업집행시 특정 업종 및 지역을 우선적으로 지원할 수 있다(법 제21조 제3항).[9] 「고용정책 기본법」에 의해서 지원이 필요한 업종으로 지정된 업종, 혹은 지정지역의 사업주가 우선 지원의 대상이다(시행령 제18조). 사업의 전환이나 사업의 축소·정지·폐업으로 인하여 고용량이 현저히 감소하거나 감소할 우려가 있는 업종, 이들 업종이 특정 지역에 밀집되어 당해 지역의 고용사정이 현저히 악화되거나 악화될 우려가 있는 지역으로서 그 지역 근로자에 대한 실업의 예방, 재취업의 촉진 등의 조치가 필요하다고 인정되는 지역, 구직자의 다수가 다른 지역으로 이동하거나 또는 구직자의 수에 비해 고용기회가 현저하게 부족한 지역으로서 그 지역의 고용개발을 위한 조치가 필요하다고 인정되는 지역 등이 여기에 해당한다(고용정책기본법 시행령 제29조 제1항).

지원대상은 휴업, 휴직, 직업전환에 필요한 직업능력개발훈련, 인력 재배치 등이며, 이에 대해서 각각 고용유지지원금, 재취업지원장려금 등이 지급된다.

(1) 고용유지지원금

고용유지지원금은 고용조정으로 인하여 일시적으로 실업에 빠질 위험이 있는 근로자로 하여금 고용관계가 중단되지 않도록 하기 위하여 지급된다. 고용유지지원금은 사업주가 다음과 같은 고용유지조치를 취하는 경우에 지급된다(시행령 제19조). 첫째, 근로시간 조정, 교대제 개편 또는 휴업 등을 통하여 1개월 단위의 전체 피보험자 총 근로시간의 20%를 초과하여 근로시간을 단축하고, 그 단축된 근로시간에 대한 임금을 보전하기 위하여 금품을 지급하는 경우이다(근로시간단축지원금). 둘째, 1개월 이상 휴직을 부여하고, 휴직으로 인하여 해당 근로자의 임금이 50% 미만으로 감소한 경우이다(휴직지원금)(시행령 제21조의 2).

고용유지지원금을 받기 위해서 사용자는 근로자대표와 협의를 거쳐 수립된 고용유지조치계획을 고용노동부장관에게 신고하여야 한다. 근로자대표와 협의의 결과 합의가 존재하여야 하는 것은 아니다.[10] 또 변경하려는 고용유지조치

9) 자세히는 「고용정책 기본법」 제32조 및 동법 시행령 제29조 참조.
10) 이에 대해서는 유길상/이철수, 고용보험해설(박영사, 1995), 324면 참조.

의 내용이 경영악화 이전의 고용상태를 회복하기 위하여 고용유지조치기간을 단축하거나 고용유지대상자 수를 축소하는 등 근로자에게 불리한 내용이 아닌 경우에는 협의를 거칠 필요가 없다(시행령 제20조 제1항). 고용유지조치계획기간 중 사용자가 가입자인 근로자를 정리해고 혹은 권고사직시키는 경우에는 지원금은 지급되지 않는다.[11)]

근로시간단축지원금, 휴직지원금으로 단축 근로시간이 1개월 기간 동안 50% 미만인 경우에는 사업주가 피보험자에게 지급한 금품의 3분의 2(대규모기업의 경우에는 2분의 1)에 해당하는 금액이 지급된다. 단축 근로시간이 1개월 동안 50% 이상인 경우에는 일률적으로 사업주가 피보험자에게 지급한 금품의 3분의 2에 해당기간 금액이 지급된다.

고용유지지원금의 급여기간에는 제한이 있다. 즉 고용유지조치를 실시한 일수가 당해 보험연도의 기간 중에 180일이 될 때까지 지급된다(시행령 제21조 제2항).

고용유지지원금에는 최고한도액이 설정되어 있다. 이는 고용유지조치별 대상 근로자 1명당 고용노동부장관이 고시한다(시행령 제21조 제5항).

이밖에 고용조정이 불가피하게 된 사업주가 단체협약의 체결, 취업규칙의 변경, 근로계약의 변경 또는 그 밖의 상호 합의를 통해 해당 사업에 고용된 피보험자의 고용을 유지하기로 한 경우에는 예산의 범위에서 사업주에게 필요한 비용을 지원할 수 있다(시행령 제22조의 2).

(2) 재취업지원장려금

고용조정이 불가피하게 된 사업주가 단독 혹은 공동으로 당해 사업에서 고용조정·정년 또는 근로계약기간이 끝나 이직예정이거나, 이미 이직한 근로자가 신속히 재취업할 수 있도록 사업주가 직접 필요한 시설을 갖추거나 혹은 이러한 시설을 갖춘 외부기관에 위탁하여 재취업에 필요한 서비스를 제공하는 경우 재취업지원장려금이 지급된다.

재취업지원장려금의 금액은 사업주가 재취업지원서비스를 제공하는 데 소요된 비용의 일부에 해당하는 금액으로 한다(시행령 제22조).

4. 지역고용의 촉진

고용기회가 뚜렷이 부족하거나 산업구조의 변화 등으로 고용사정이 급속하

11) 행정심판위원회의결 98-6085 참조.

게 악화되고 있는 지역으로 사업을 이전하거나 사업을 신설 또는 증설하여 해당 지역의 실업 예방과 재취업 촉진에 기여한 사업주, 그 밖에 지역의 고용기회 확대에 필요한 조치를 한 사업주에게 이루어지는 지원이다(법 제22조).

지역고용촉진지원금이 지급되기 위해서는 다음과 같은 요건이 충족되어야 한다(시행령 제24조 제1항). 첫째, 지정기간 내에 사업이 이전·신설 또는 증설되어야 한다. 지정기간은 「고용정책기본법 시행령」 제29조 제3항에 의하여 고용노동부장관이 고시한다. 둘째, 지역고용계획을 수립하여 고용노동부장관에게 신고하고, 계획에 따라 사업이 시행되어야 한다. 셋째, 지역고용계획이 제출된 후 1년 6개월 내에 사업의 조업이 시작되어야 한다. 넷째, 사업의 조업이 시작된 날 현재 그 지정지역 또는 다른 지정지역에 3개월 이상 거주한 구직자를 피보험자로 고용하여야 한다. 다섯째, 그 고용기간이 6개월 이상이어야 한다. 여섯째, 「고용정책기본법」 제10조에 의하여 고용정책심의회에서 필요성이 인정된 사업이어야 한다.

지역고용촉진지원금으로는 고용된 근로자에게 지급된 임금의 2분의 1(대규모기업의 경우 3분의 1)에 해당하는 액이 지급된다. 지역고용촉진지원금의 지급기간 및 대상 근로자의 수에 있어서 제한이 있다. 지역고용촉진지원금은 조업시작일로부터 1년을 한도로 지급하되, 지정기간이 종료되면 지원도 종료된다. 지급대상은 200명에 대하여 위 규정에 따른 완전지원이 되며, 200명을 초과하는 경우 초과하는 인원의 100분의 30에 한하여 지원이 이루어진다(시행령 제24조 제3, 4, 5항).

5. 고령자·여성 등 고용촉진지원금

고령자 등과 같이 노동시장의 통상적인 조건하에서 취업이 특히 곤란한 사람의 고용을 촉진하기 위하여 이들을 새로이 고용하거나 고용안정에 필요한 조치를 취하는 사업주 및 해당 근로자에 대한 지원이 이루어진다(법 제23조). 고령자 고용연장지원금, 장애인·여성가장 등에 대한 고용촉진지원금 등이 예정되어 있다.

(1) 고령자 고용연장지원금

고령자 고용연장지원금은 정년을 폐지하거나 기존에 정한 정년을 60세 이상으로 1년 이상 연장한 사업주에게 지급한다(연장고용). 상시 사용하는 근로자 수가 300인 이상인 사업의 사업주는 지원대상에서 제외된다(시행령 제25조 제1항).

정년의 폐지 또는 연장고용의 경우 고용노동부장관이 고시하는 금액에 18개월 이상을 계속 근무하여 종전의 정년에 이른 후 정년폐지 또는 연장에 따라 계속 근무하는 근로자 수를 곱하여 산정한다. 고용연장지원금은 정년이 폐지된 경우에는 종전 정년일로부터 1년이 경과한 날의 다음날부터 1년, 정년이 연장된 경우에는 종전 정년일의 다음날부터 1년 혹은 2년 동안 지급한다(시행령 제25조 제4항).

60세 이상 고령자를 고용하는 사업주에게 고령자 고용지원금을 지원한다. 이를 위해서는 다음과 같은 요건을 충족하여야 한다. 첫째, 정년을 정하지 않은 사업장이어야 한다. 둘째, 1년 이상 고용된 만 60세 이상 월평균 근로자 수의 비율이 고용노동부장관이 정하는 비율 이상이어야 한다. 셋째, 위에서 설명한 고령자 연장고용을 위한 지원금을 받은 기간 내에 있지 않아야 한다. 60세 이상 고령자 고용지원금은 고용노동부장관이 고시한 금액에 60세 이상 고령자 고용비율을 초과하여 고용된 근로자 수를 곱하여 산정한다. 지원대상은 해당 사업의 근로자 수의 20%(대규모기업의 경우에는 10%)를 초과할 수 없다(시행령 제25조의 2).

(2) 장애인, 여성가장 등에 대한 고용촉진장려금

장애인, 여성가장 등 노동시장의 통상적인 조건에서는 취업이 특히 곤란한 사람의 취업을 촉진하기 위하여 이들을 고용한 사업주를 지원하는 급여이다. 지원을 받기 위해서는 직업안정기관 등에 구직등록하고 다음의 요건을 충족한 자를 피보험자로 6개월 이상 고용하여야 한다. 첫째, 노동시장의 통상적인 조건에서는 취업이 특히 곤란한 사람을 대상으로 하는 취업지원프로그램을 이수한 사람, 둘째, 「장애인 고용촉진 및 직업재활법」에 따른 중증장애인으로서 1개월 이상 실업상태에 있는 사람, 셋째, 가족 부양의 책임이 있는 여성 실업자 중 「국민기초생활보장법 시행령」에 따른 취업대상자 또는 「한부모가족지원법」에 따른 보호대상자에 해당하고 1개월 이상 실업상태에 있는 사람, 넷째, 섬지역에 거주하여 취업지원프로그램 참여가 어려운 사람으로서 1개월 이상 실업상태에 있는 사람이다.

고용촉진장려금은 매년 고용노동부장관이 임금상승률, 노동시장 여건 등을 고려하여 고시하는 금액에 고용된 피보험자 수를 곱하여 산정한다(시행령 제26조).

(3) 임금피크제 지원금

사업주가 근로자대표의 동의를 얻어 임금피크제, 즉 정년을 일정한 연령 이상으로 연장하면서 임금을 줄이는 제도를 시행하는 경우에 이 제도가 적용되는 근로자에게 임금피크제 지원금을 지급한다. 구체적으로 다음과 같은 경우가 여기에 해당한다. 첫째, 사업주가 근로자대표의 동의를 받아 정년을 60세 이상 혹은 56세 이상 60세 미만으로 연장하면서 55세 이후부터 일정 나이, 근속시점 또는 임금액을 기준으로 임금을 10% 이상 줄이는 제도를 시행하는 경우이다. 둘째, 사업주가 위와 같이 정년을 연장하고 임금을 줄이는 조치를 취하거나 재고용을 하면서 주당 근로시간을 15시간 이상 30시간 이하로 단축하는 경우이다. 셋째, 정년을 55세 이상으로 정한 사업주가 정년에 이른 사람을 재고용하면서 정년퇴직 이후부터 임금을 줄이는 경우이다. 이때 재고용기간이 1년 미만인 경우는 제외한다. 임금피크제지원금은 해당 사업주에 고용되어 18개월 이상 근무한 자를 대상으로 한다(시행령 제28조 제1, 2항).

임금피크제 지원금은 근로자의 피크임금과 당해연도 임금과의 차액 및 임금 인상률 등을 고려하여 고용노동부장관이 고시하는 금액으로 한다. 임금피크제 지원금의 지급기간은 임금피크제가 적용되는 날부터 5년이다(시행령 제28조 제3, 4항).

(4) 출산육아기 고용안정장려금

여성의 출산으로 인하여 발생하는 고용에 있어서의 불이익은 「근로기준법」상의 출산전후 휴가제도를 통해서 배려하고 있다. 이에 따르면 출산전후 휴가기간은 90일이며, 이 중 60일은 유급기간이다(근로기준법 제74조). 「남녀고용평등과 일·가정 양립 지원에 관한 법률」(이하 '남녀고용평등법'으로 줄임)은 이외에도 육아를 위해서 필요한 기간 동안 휴직할 수 있도록 보장하고 있다. 이에 따르면 육아휴직은 8세 이하 또는 초등학교 2학년 이하의 자녀를 양육하기 위해서 필요한 1년 이내의 기간으로 한다. 육아휴직을 이유로 해고나 그 밖의 불리한 처우를 해서는 안 되며, 육아휴직 기간에는 근로자를 해고할 수 없다. 사업주는 육아휴직을 마친 후에는 휴직 전과 같은 업무 또는 같은 수준의 임금을 지급하는 직무에 복귀시켜야 한다(남녀고용평등법 제19조). 「고용보험법」은 「남녀고용평등법」상의 육아휴직의 가능성을 보다 실효성있게 하기 위하여 사업주에게 출산육아기 고용안정장려금을 지급하고 있다. 출산여성뿐 아니라 실제 육아를 행하는 배우자에게도 육아휴가를 부여하는 「남녀고용평등법」과는 달리 「고용보험법」에서는 근로자만이 장려금 지급의 대상이다. 배우자가 고용보험에 가입되어 있지 않다면 수급자가 될 수 없기 때문이다.[12)]

가) 육아휴직지원금

「근로기준법」상의 출산전후휴가를 제외하고 30일 이상 육아휴직 혹은 육아기 근로시간 단축을 30일 이상 허용한 우선지원대상기업의 사업주가 장려금 지급의 대상이다(육아휴직지원금).

고용안정장려금은 육아휴직 등의 허용에 따른 사업주의 노무비용부담, 육아휴직 등의 대상자녀의 나이 등을 고려하여 고용노동부장관이 매년 고시하는 금액에 근로자가 사용한 육아휴직 등의 개월 수를 곱하여 산정한 금액으로 한다. 고용안정장려금 중 50%에 해당하는 금액은 육아휴직 등을 시작한 날에 지급하고, 나머지 금액은 사업주가 육아휴직 등이 끝난 후 6개월 이상 그 근로자를 피보험자로 계속 고용하는 경우에 한꺼번에 지급한다(시행령 제29조 제3항).[13)]

나) 대체인력채용지원금

피보험자인 근로자에게 육아휴직 등을 30일 이상 허용하고 사업주가 육아휴직 등의 시작일 전 2개월이 되는 날 이후 새로 대체인력을 고용하여 30일 이상 계속 고용하고, 육아휴직 등이 끝난 후 육아휴직 등을 사용한 근로자를 30일 이상 계속 고용한 경우, 임신 중에 60일을 초과하여 근로시간 단축을 허용하여 대체인력을 고용하고 근로자가 근로시간 단축 종료에 연이어 출산전후휴가, 유산·사산 휴가 또는 육아기 근로시간 단축을 시작한 이후에도 같은 대체인력을 계속 고용하여 그 대체인력을 고용한 기간은 30일 이상인 경우, 새로 대체인력을 고용하기 전 3개월부터 고용 후 1년까지 고용조정으로 다른 근로자를 이직시키지 않은 경우에 사업주에게 지원금이 지급된다(대체인력지원금).[14)]

대체인력지원금은 대체인력 채용에 따른 사업주의 노무비용부담을 고려하여 고용노동부장관이 사업 규모별로 고시하는 금액에 육아휴직 기간 중 대체인력을 사용한 개월 수를 곱하여 산정한 금액으로 한다(시행령 제29조 제4항).

---

12) 따라서 육아수당 혹은 육아휴직지원금은 고용보험과 같은 사회보험의 형태와 함께 조세를 재원으로 하는 일반제도를 통해서 지급하는 것이 보다 바람직하다. 예컨대 독일의 육아보조금(Erziehungsgeld)은 조세로 운영되는 사회보장급여로서, 출산여성 대신에 그 배우자가 실제로 육아를 담당하는 경우에도 지급하고 있다. 연방육아수당법(Bundeserziehungsgeldgesetz) 제1조 참조.

13) 2022년 현재 고시액은 근로자 1인당 월 30만원이다. 고용노동부, 고용보험백서(2022), 157면 참조.

14) 이 경우 대체인력 1인당 월 30~80만원이 지급된다. 고용노동부, 고용보험백서(2022), 155면 참조.

6. 고용안정 및 취업의 촉진, 고용촉진시설에 대한 지원

(1) 고용안정 및 취업의 촉진

고용노동부장관은 고용안정 및 취업의 촉진을 위하여 고용관리 진단 등 고용개선 지원사업, 창업촉진을 위한 지원사업 등을 직접 실시하거나, 이를 실시하는 자에게 필요한 비용을 지원 또는 대부할 수 있다(법 제25조). 이 밖에 고용안정 및 취업촉진을 위한 교육·홍보사업, 고용안정 및 취업촉진을 위한 직업소개·직업진로지도·채용지원·장기근속지원 및 전직지원서비스사업 등 취업지원사업, 고령자·여성·장애인 등의 고용환경개선사업, 건설근로자의 고용안정 등에 대한 지원사업, 기간제근로자·파견근로자·안전관리자·보건관리자·단시간근로자 등의 고용안정 지원사업, 단시간근로자로의 전환 지원사업, 고용환경개선을 통한 일·가정 양립지원사업, 고용유지조치에 따라 사업주가 피보험자의 임금을 보전하는 데에 드는 비용에 대한 대부사업 등을 행한다(시행령 제35조).

취업지원사업의 일환으로 무료 혹은 유료직업소개사업을 하는 자 및 직업정보제공사업을 하는 자에 대하여 사업비용을 지원할 수 있다(시행령 제36조). 고령자, 여성 또는 장애인 등 고용취약자의 고용안정 및 취업촉진을 위하여 시설 및 장비를 설치하거나 개선하려는 사업자는 필요비용의 일부를 지원 또는 대부받을 수 있다(시행령 제37조).

(2) 고용촉진시설에 대한 지원

고용을 안정 또는 촉진하고 사업주의 인력확보를 지원하기 위하여 어린이집, 고용촉진을 위한 상담시설 등을 설치·운영하는 경우에는 필요한 지원을 할 수 있다(법 제26조).

지원대상은 지방자치단체가 설치·운영하는 취업취약계층에 대한 고용서비스 제공에 필요한 시설, 고용노동부장관이 지정한 학교가 운영하는 취업지원시설, 고용노동부장관이 지정하는 특수목적고등학교와 특성화고등학교, 고령자인재은행 등을 포함한다. 고용촉진시설을 설치·운영하는 자에 대해서는 설치·운영에 필요한 비용의 일부를 지원할 수 있다. 또 어린이집의 운영비용의 일부를 지원하거나 설치비용을 융자하거나 지원할 수 있다. 이때 우선지원 대상기업의 사업주 및 장애아 또는 영아를 위한 어린이집을 설치하려는 사업주 또는 사업주단체에 대해서는 융자 또는 지원의 수준을 높게 정할 수 있다(시행령 제38조).

7. 건설업고용안정지원

특히 고용상태가 불안정한 건설업근로자를 위하여 사업주를 지원하고 있다. 고용상태의 개선을 위한 사업, 계속고용기회의 부여 등 고용안정을 위한 사업, 그 밖에 대통령령으로 정하는 고용안정사업 등이 지원의 대상이다. 이와 관련하여 사업주 단독으로 고용안정사업을 실시하기 어려운 경우에는 사업주 단체에 대해서도 지원할 수 있다(법 제24조).

8. 직업능력개발 훈련에 대한 지원

(1) 사업주 지원

사내에서 근로자를 상대로 「국민평생직업능력 개발법」에 의한 직업능력개발 훈련을 실시하는 사업주는 훈련비용에 대한 지원을 받을 수 있다(법 제27조 제1항). 지원의 대상인 훈련에는 다음과 같은 네 가지 종류가 있다.

첫째, 해당 사업에 고용된 피보험자를 위하여, 혹은 피보험자가 아닌 사람으로서 해당 사업주에게 고용된 사람을 위하여 실시하는 직업능력개발 훈련이다(사업내 직업훈련지원). 둘째, 해당 사업 또는 해당 사업과 관련되는 사업에서 고용하고자 하는 사람을 대상으로 실시하는 직업능력개발 훈련이다(채용대상자 직업훈련지원). 셋째, 직업안정기관에 구직등록한 사람을 대상으로 실시하는 직업능력개발 훈련이다(교육훈련지원). 넷째, 해당 사업에 고용된 피보험자에게 유급휴가를 주어 실시하는 직업능력개발 훈련의 경우에는 유급휴가기간 중에 지급한 임금에 대한 지원이 이루어진다(유급휴가훈련지원). 유급휴가훈련지원은 우선지원대상의 사업주와 상시 사용하는 근로자수가 150인 미만인 경우 사업주가 계속하여 5일 이상의 유급휴가를 주어 20시간 이상의 훈련을 실시하는 때, 혹은 사업주가 계속하여 30일 이상 유급휴가를 주어 120시간 이상 훈련을 실시하면서 대체인력을 고용하는 때에 이루어진다. 우선지원 대상기업 사업주가 아닌 경우에는 사업주가 1년 이상 재직하고 있는 근로자를 대상으로 계속하여 60일 이상의 유급휴가를 주어 180시간 이상의 훈련을 실시하여야 지원이 이루어진다. 사업주가 기능·기술을 장려하기 위하여 생산직 또는 관련 직에 종사하는 근로자로서 고용노동부장관이 고시하는 자를 대상으로 유급휴가를 주어 20시간 이상의 훈련을 실시하는 경우에도 훈련지원금이 지급된다. 휴가기간에는 통상임금에 해당하는 금액 이상의 임금이 지급되어야 한다(시행령 제41조 제1항).

직업능력개발 훈련에 대한 지원금액은 고용노동부장관이 정하는 기준에 해당하는 훈련비에 사업규모 등을 고려하여 고용노동부장관이 고시하는 비율을 곱하여 산정된다. 채용대상자 직업훈련지원 및 교육훈련지원의 경우에는 고용노동부장관이 고시하는 훈련수당이 합산된다. 유급휴가훈련의 경우에는 이 기간에 지급된 임금 및 대체인력에게 지급한 임금의 일부에 해당하는 금액이 합산된다. 「기간제 및 단시간근로자 보호 등에 관한 법률」에 의한 기간제 근로자, 「근로기준법」에 따른 단시간근로자, 「파견근로자보호 등에 관한 법률」에 따른 파견근로자, 일용근로자, 「고용상 연령차별금지 및 고령자고용촉진에 관한 법률」에 의한 고령자 또는 준고령자 등에 대해서는 직업능력개발 훈련을 실시하는 경우에 우대 지원할 수 있다(법 제27조 제2항). 그밖에 기능·기술을 장려하기 위하여 필요하다고 인정하여 생산직 또는 관련 직에 종사하는 근로자로서 고용노동부장관이 고시하는 사람을 교대제전환 이후 교대제의 적용을 받는 근로자로서 고용노동부장관이 고시하는 사람, 고용노동부장관이 정한 직업능력개발 훈련 및 평가를 받을 것을 조건으로 고용한 근로자를 대상으로 직업능력개발훈련을 실시하는 경우에도 지원수준을 높게 정할 수 있다(시행령 제41조 제2, 3항).

훈련비용에 대한 지원에는 상한이 정해져 있다. 즉 사업주가 지급받을 수 있는 직업능력개발 훈련비용의 연간 총액은 그 사업주가 당해 연도에 납부하여야 할 고용안정·직업능력개발사업의 보험료, 또는 그에 해당하는 개산보험료의 100분의 100(우선지원대상기업의 경우에는 100분의 240)에 해당하는 금액을 한도로 한다. 고용조정우선지원사업자에게 지급되는 비용의 상한은 사업자가 납부하여야 할 고용안정·직업능력개발사업의 보험료 또는 이에 해당하는 개산보험료의 100분의 130(우선지원대상기업의 경우에는 100분의 300)으로 할 수 있다(법 제28조, 시행령 제42조 제1항). 사업주가 자신의 사업 외의 다른 사업에 고용된 근로자를 대상으로 「국민평생직업능력 개발법」 제24조에 따라 고용노동부장관의 인정을 받은 훈련을 실시하는 경우에는 고용안정·직업능력개발사업의 보험료 또는 이에 해당하는 개산보험료의 100분의 80까지 다시 추가로 지급될 수 있다(시행령 제42조 제2항). 피보험자를 대상으로 실시하는 직업능력개발 훈련의 지원금, 채용대상자 직업훈련지원금, 교육훈련 지원금, 유급휴가훈련 지원금 등은 훈련비용지원 한도액에 포함되지 않는다(시행령 제41조 제4항).

피보험자의 직업능력 개발 및 향상을 위하여 필요하다고 인정되는 경우 직업능력개발 훈련시설의 설치 및 장비 구입에 필요한 비용, 그리고 사업의 실시에 필요한 비용을 지원할 수 있다(법 제30, 31조).

(2) 근로자 지원

위에서 설명한 직업능력개발을 위한 훈련에 있어 지원의 대상은 사업주이다. 이에 비해 실업자 및 실업예정자의 직업능력개발 훈련에 있어서는 직접 훈련을 받는 개인이 지원된다. 이들에게는 생계비를 대부할 수 있다(법 제29조).

피보험자가 재취업을 위하여 자기 비용으로 직업능력개발을 위한 훈련을 수강받는 경우 그 비용의 전부 또는 일부를 지원할 수 있다(수강장려금지원). 구체적인 대상자는 다음과 같다. 우선지원 대상기업에 고용된 피보험자, 기간제근로자 · 단시간근로자 · 파견근로자 · 일용근로자, 고령자 또는 준고령자 직업능력개발 훈련 및 평가를 받는 것을 조건으로 고용된 근로자, 자영업자인 피보험자, 이직 예정인 피보험자, 경영상의 이유로 90일 이상 무급 휴직 중인 피보험자, 대규모기업에 고용된 45세 이상인 피보험자, 사업주가 실시하는 직업능력개발 훈련을 수강하지 못한 기간이 3년 이상인 피보험자, 육아휴직 중인 피보험자 등이다(시행령 제43조 제1항).

지원이 대부의 형태로 이루어지는 경우도 있다. 즉 피보험자가 자기 비용으로 「근로자직업능력 개발법」에 의한 기능대학, 「평생교육법」 제33조 제3항의 전문대학 또는 대학졸업자와 동등한 학력 · 학위가 인정되는 원격대학형태의 평생교육시설 또는 「고등교육법」 제2조에 의한 학교에 입학하거나 재학하는 경우 그 학자금의 전부 또는 일부를 대부받을 수 있다(시행령 제45조 제1항). 우선지원 대상기업의 피보험자 중 성적이 우수한 자에게 학자금의 전부 또는 일부를 지원할 수 있다(시행령 제46조).

창업 또는 취업을 위하여 직업능력개발훈련의 수강이 필요하다고 인정되는 실업자에 대해서도 취업훈련을 실시할 수 있다(취업훈련지원). 이 경우 취업훈련에 소요되는 비용은 훈련을 받는 자 혹은 훈련을 실시하는 기관에 지급할 수 있다(시행령 제47조 제2항). 취업훈련을 수강하는 피보험자이었던 실업자에 대해서 훈련비의 전부 또는 일부를 대부할 수 있다(시행령 제47조 제4항). 직업능력개발훈련을 받는 실업자가 「고용보험법」상 구직급여의 수급자격이 없는 경우에는 훈련수당을 지급할 수 있다(시행령 제47조 제3항).

9. 직업능력개발의 촉진

고용노동부장관은 직업능력개발사업에 대한 기술지원 및 평가사업, 자격검정사업 및 숙련기술 장려사업을 직접 실시하거나 이를 실시하는 자에게 필요한 비용을 지원할 수 있다(法 제31조). 이 밖에 직업능력개발사업에 관한 조사·연구사업, 직업능력개발사업을 위한 교육·홍보사업, 직업능력개발을 위한 훈련 매체의 개발·편찬 및 보급사업, 사업주단체·근로자단체 등이 협력하여 실시하는 직업능력개발사업, 인적자원개발 우수기업 인증제 지원사업, 사업주·사업주단체 등이 직업능력개발훈련을 실시하는 둘 이상의 사업주와 협약을 체결하여 그 근로자를 위하여 수행하는 직업능력개발사업, 「국민평생직업능력 개발법」에 의하여 실시하는 그 밖의 직업능력개발의 촉진을 위한 사업실시에 대하여 필요한 비용이 지원될 수 있다(시행령 제52조).

10. 고용정보제공 및 고용지원기반 구축 등

고용조정을 위해서 사업자가 적극적인 사업을 통해서 전직 및 재배치 등의 노력을 하여야 할 뿐 아니라 근로자 자신이 고용시장에 대한 정보를 정확히 파악하고 있어야 한다. 그리고 이러한 방대한 고용정보의 제공, 직업지도, 상담 등은 국가의 고용정책의 핵심적인 과제이다. 고용노동부장관은 사업주 및 피보험자를 위하여 구인·구직·훈련 등 고용정보의 제공, 직업·훈련 상담 등 직업지도 및 직업소개, 고용안정·직업능력개발에 관한 기반의 구축 및 그에 필요한 전문인력의 배치 등의 사업을 할 수 있다. 필요한 경우 이러한 사업의 일부를 「직업안정법」상의 민간직업상담원으로 하여금 수행하게 할 수 있다(法 제33조).

각국의 고용정책의 역사를 보면 근로자의 자력(資力)의 유무에 따라서 직업알선 및 직업상담 등 고용에 필요한 서비스가 차단 혹은 감소하는 것을 방지하기 위하여 이 분야에서 국가의 독점적인 관할권을 형성하여 왔다.[15] 국제노

15) 「직업안정법」으로 개정되기 전의 「직업안정 및 고용촉진법」 제10조 제1항은 개인이 유료직업소개업을 하기 위해서 노동부장관의 허가를 받도록 하고 있었다. 이 규정을 통해서 개인의 직업선택의 자유가 침해되는가의 여부가 헌법소원의 대상이 된 바 있으며, 헌법재판소는 합헌결정을 내렸다. 헌재 1996.10.31, 93헌바14, 8-2, 422면 이하 참조. 독일에서는 이미 1922년에 공공직업알선제도를 일반화한 후, 1931년에는 직업알선에 있어서 민간영리활동을 금지시킨 바가 있다. 「연방고용촉진법」은 1994년 4월 1일 이전에는 연방고용공단의 직업알선분야에서의 독점적인 관할권을 명시적으로 인정하고 있었다(개정전 「연방고용촉진법」 제4조). 독일의 연방헌법재판소는 이 규정을 합헌으로 결정하였다. *BVerfGE* 21, 245; 70, 206 등 참조. 1994년 4월 1일 이후 독일

동기구(ILO)는 이미 1919년 협약 제2호를 통해서 국가의 고용책임을 명백히 한 바 있다.[16] 오랫동안 비난의 대상이 되었던 유료직업알선행위를 금지하고 직업알선에 있어서 국가가 점차적으로 독점적인 관할권을 갖도록 하는 의무는 1949년의 협약 제96호를 통해서 채택되었다.[17] 포괄적인 직업상담의 원칙과 계획을 수립하고 이를 점차적으로 실천에 옮기는 의무는 1975년의 협약 제142호가 규율하고 있다.[18] 우리나라에서도 직업알선·직업지도 및 상담 등의 분야에 보다 적극적인 국가활동이 필요하다. 궁극적으로는 모든 개인이 자유롭게 고용정보 및 상담 등에 접근할 수 있어야 한다.

11. 급여의 제한과 조정

(1) 급여의 제한

고용안정·직업능력개발사업의 각종 지원금은 근로자의 고용안정을 위하여 지급된다. 그런데 사업자는 지원금을 수령하기 위한 목적에서 허위의 고용관계를 성립시킬 수 있으며, 이 경우 고용보험이 남용된다. 이를 방지하기 위하여 「고용보험법」은 급여의 제한 및 환수 등에 관한 규정을 두고 있다.[19]

거짓이나 그 밖의 부정한 방법으로 고용안정·직업능력개발사업의 지원을 받은 자 또는 받으려는 자는 해당 지원금 중 지급되지 않은 금액 또는 지급받으려는 지원금을 지급하지 않는다. 이 경우 1년 이내의 범위에서 지원금의 지급을 제한하며, 지원받은 금액은 반환하여야 한다. 반환을 명하는 경우에는 지급받은 금액의 5배 이하의 금액을 추가로 징수할 수 있다(법 제35조).

보험료를 체납한 자에게는 고용안정 및 직업능력개발사업의 지원을 하지 않을 수 있다(법 제35조 제4항).

(2) 급여의 조정

고용유지지원금(법 제19조)의 지급요건을 충족시킨 사업주가 고용유지조치 기간

에서는 연방고용공단의 승인하에 민간직업알선이 허용되고 있다(제23조).

16) Convention concerning Unemployment, 1919.

17) Convention concerning Fee-Charging Employment Agencies, 1949.

18) Convention concerning Vocational Guidance and Vocational Training in the Development of Human Resources, 1975.

19) 헌법재판소는 「고용보험법」 제35조 제1항이 환수뿐 아니라 제한조치를 규정하고 있지만 제한의 내용과 정도에 대해서 구체적으로 규율하지 않고 대통령령에 위임한 것에 대해서 포괄위임이라는 이유로 위헌결정을 하였다. 헌재 2013.8.29, 2011헌바390, 25-2(상), 443면 이하 참조.

중 고용창출에 대한 지원, 고령자고용연장지원, 장애인·여성가장 등에 대한 고용촉진지원의 지급요건을 동시에 충족시키는 경우 고용유지지원금을 지급하고, 그 밖의 지원금 또는 장려금은 지급하지 않는다. 고용창출지원금, 지역고용창출지원금, 고령자고용연장지원금 또는 장애인·여성가장 등에 대한 고용촉진장려금의 지급요건을 동시에 충족시키는 경우 사업주의 신청에 따라 하나의 지원금 또는 장려금을 지급한다. 이러한 지원금을 지급받고 있는 사업주가 당해 지원금을 지급받는 동안 고용창출지원금, 지역고용촉진지원금, 고령자고용촉진지원금 또는 고령자고용연장지원금 또는 장애인·여성가장 등에 대한 지원금 또는 장려금의 지급요건에 해당하는 경우 사업주는 이러한 지원금 또는 장려금의 금액에 고용노동부장관이 고시하여 정하는 비율을 곱하여 산정한 금액을 지원받을 수 있다(시행령 제40조).

Ⅱ. 실업급여

실업급여는 고용안정·직업능력개발사업과는 달리 실업으로 인하여 발생한 소득상실을 보전하기 위한 목적을 갖는다. 「고용보험법」은 실업급여가 장기적인 소득보장이 아니라 새로 취업을 할 때까지 잠정적으로 소득상실을 보전하는 목적이 있다는 점을 강조하고 있다.

1. 급여의 조건

실업급여를 받기 위해서는 다음의 요건이 충족되어야 한다. 첫째, 실업이 발생하여야 한다. 둘째, 실업자가 직업수행의 의사와 능력을 가지고 구직활동을 하여야 한다. 셋째, 실업 이전 일정한 보험가입기간을 충족시켜야 한다. 넷째, 실업을 신고하여야 한다. 아래에서는 각각의 요건에 대해서 상세히 살펴본다.

(1) 실 업

실업은 가입자가 이직한 후 근로의 의사 및 능력이 있음에도 불구하고 취업하지 못한 상태를 말한다. 아래에서 급여의 제한과 관련하여 설명하듯이 실업은 비자발적인 이직(離職)을 말하며, 자발적인 이직은 실업으로 인정되지 않는다. 예술인 및 노무제공자의 경우 이직은 문화예술용역 관련 계약 또는 노무제공계약이 끝나는 것을 말한다. 구직급여를 받기 위해서는 이직 후 지체없이 직업안정기관에 출석하여 실업을 신고하여야 한다(법 제42조). 그리고 수급자격자가 실업한 상태에서 적극적으로 구직노력을 하고 있음을 직업안정기관의 장이 인정하여야 한다(법 제2조 제3호 및 제4호). 실업 인정과 관련하여 일용근로자에 대한 특례가 있다. 즉 일용근로자는 수급자격인정 신청일에 속한 달의 직전 달 초일부터 수급자격인정 신청일까지의 근로일 수의 합이 같은 기간 총일수의 3분의 1 미만이어야 한다. 혹은 건설일용근로자의 경우 수급자격인정 신청일 이전 14일간 연속하여 근로내역이 없어야 한다(법 제40조 제1항 제5호).

(2) 직업수행의 의사와 능력

「고용보험법」은 실업급여의 조건으로서 구직(求職)의 의사와 능력이 있어야 한다고 규율하고 있다. 그러나 엄격히 말하면 실업급여의 조건으로서 구직의 의사가 아니고, 알선된 직업을 수행할 의사와 능력이 있어야 한다. 「고용보험법」은 구직활동을 보호하는 것이 아니고 각자의 적성 및 능력에 상응하는 직업을 수행하는 상태를 보호하기 때문이다. 입법론적 개선이 필요하다.

가) 직업수행의사

직업수행의 의사를 객관적으로 판단하기 위해서 「고용보험법」은 구직자에게 직업안정기관에 출석할 의무를 부과하고 있다. 즉 구직자는 실업을 신고한 날부터 1주 내지 4주의 범위 내에서 직업안정기관의 장이 지정한 날에 출석하여 구직노력을 하였음을 신고하여야 한다. 직업안정기관의 장은 직전 실업인정일의 다음날부터 그 실업인정일까지의 각각의 날에 대하여 실업의 인정을 한다(법 제44조 제2항). 특별한 사정이 있어 직업안정기관에 출석할 수 없었던 경우에는 출석 및 신고의무는 면제된다. 질병·부상의 경우, 직업안정기관의 직업소개에 따른 구인자와의 면접, 직업안정기관이 지시한 직업능력개발훈련의 수행, 천재지변이나 그 밖의 부득이한 사유 등이 이러한 사정에 해당한다(법 제44조 제3항).

구직자에게 객관적으로 수행할 수 있는 직업이 알선되었음에도 불구하고 주관적으로 구직자의 기존의 사회적 지위 및 기존의 임금 등에 비추어 볼 때 해당 직업을 수행할 것을 기대할 수 없는 경우에 실업의 인정 여부가 문제된다. 「고용보험법」은 실업으로 인한 소득상실을 보상하는 데 그치지 않고 직업보호의 기능을 수행하여야 한다. 그렇기 때문에 기대가능성의 기준은 필요하다. 다만 이 문제는 상황의 다양성 때문에 일반적인 입법을 하기는 어려울 것이다. 또 여기에서는 되도록 실업급여지출을 줄이려는 고용보험 관리운영주체와 기존의 직업수준을 계속 유지하려는 가입자의 이해가 긴장관계에 있다.

「고용보험법」은 부분적으로 이 문제에 관한 규정을 두고 있다. 직업수행 의사는 수급자격자가 직업안정기관의 장이 소개하는 직업에 취직하는 것을 거부하거나 직업능력개발훈련을 거부하는 경우에는 부인된다. 그러나 정당한 사유가 있는 경우에는 취업과 훈련에 관한 이러한 의무는 면제된다. 즉 소개된 직업 또는 직업능력개발훈련 등을 받도록 지시된 직종이 수급자격자의 능력에 맞지 않는 경우, 취직하거나 직업능력개발훈련을 받기 위해서는 주거의 이전이 필요한데 그 이전이 곤란한 경우, 또 소개된 직업의 임금수준이 같은 지역의 같은 종류의 업무 또는 같은 정도의 기능에 대해서 지급되는 통상의 임금수준에 비하여 20% 이상 낮은 경우, 그 밖에 정당한 사유가 있는 경우에는 취직 또는 직업훈련을 거부하더라도 급여가 정지되지 않는다(법 제60조).

나) 직업수행능력

직업수행의 의사가 있더라도 직업수행의 능력이 존재하지 않는다면 실업급여의 청구권이 발생하지 않는다. 고용보험은 직업알선을 통하여 재취업을 하기까지 과도적으로 발생하는 소득상실을 보상하는 목적을 갖는다. 그런데 직업수행능력이 없다면 이러한 목적이 달성될 수 없기 때문이다. 「고용보험법」은 직업수행능력에 대한 기준을 직접 제시하고 있지는 않다. 그렇기 때문에 이 문제에 대한 판단은 해석론에 따를 수밖에 없다. 예컨대 직업수행을 어렵게 할 정도의 신체적인 혹은 정신적인 건강상태가 존재한다는 사실이 한 예가 될 것이다.[20] 「고용보험법」이 65세 이후에 고용된 자에 실업급여에 관한 규정을 적용하지 않도록 한 것은(법 제10조 제2항) 이들에게는 기존의 직업을 수행할 능력이 없다고 의제하고 있기 때문이다.

(3) 보험가입기간

피보험자가 실업급여를 받기 위해서는 일정한 보험가입기간을 충족시켜야 한다. 고용보험은 사회보험으로서 피보험자가 어느 정도 지속적인 재정기여를 하여야 하기 때문이다.

피보험자는 이직일 이전 18개월간(기준기간)에 고용보험에 가입한 기간(피보험

20) 예컨대 독일의 연방사회법원은 학교교육 중에 있는 자, 아동양육에 전념하여야 하는 자 및 범죄 후 복역 중에 있는 자 등에 대해서 직업수행능력을 부인하고 있다. *BSGE* 62, 166; 67, 269 등 참조.

단위기간)이 180일 이상이어야 한다(법 제40조 제1항 제1호, 제41조). 18개월 기간 중 질병·부상 등으로 인하여 계속하여 30일 이상 보수를 지급받을 수 없었고, 따라서 고용보험에 가입해 있지 않았던 경우에는 해당 사유가 존재했던 기간만큼 기준기간이 연장될 수 있다. 기준기간은 최장 3년까지 연장될 수 있다(법 제40조 제2항). 이 밖에도 사업장의 휴업, 임신·출산 및 육아를 이유로 한 휴직, 그리고 이에 준하는 것으로 고용노동부장관이 고시하는 사유 등이 있는 경우에 기준기간이 연장될 수 있다(시행령 제60조). 이직 당시 1주 소정 근로시간이 15시간 미만이고, 1주 소정 근로일수가 2일 이하인 경우, 이직일 이전 24개월 동안의 피보험 단위기간 중 90일 이상을 위와 같은 형태로 근로한 경우에 기준기간은 이직일 이전 24개월로 한다.

일용근로자에게 대해서는 특례가 적용된다. 즉 피보험단위기간 180일 중 수급자격의 제한 사유에 해당하는 사유로 이직한 경우 피보험기간 중 90일 이상을 일용근로자로 근로한 경우 구직급여의 수급자격을 갖는다(법 제40조 제1항 제6호).

(4) 실업의 신고

실업급여를 받기 위해서는 실업 후 지체없이 직업안정기관에 출석하여 실업을 신고하여야 한다. 실업을 신고할 때에는 동시에 구직을 신청하고, 또 수급자격의 인정을 신청하여야 한다(법 제42조).

2. 급여의 종류와 내용

(1) 급여의 종류 · 급여의 산정기초

실업급여의 종류로는 구직급여와 취업촉진수당이 있다. 취업촉진수당으로는 조기재취업수당, 직업능력개발수당, 광역 구직활동비, 이주비 등이 있다(법 제37조 제1, 2항). 구직급여는 기본적인 생활보장을 위한 급여이다. 취업촉진수당은 재취업을 위해서 필요한 실제 비용에 대한 지원금의 성격을 갖는다.

「고용보험법」에서 급여의 산정기초는 임금일액(기초일액)이다. 임금일액은 수급자격의 인정과 관련된 마지막 이직 당시 「근로기준법」상의 평균임금이다(법 제45조 제1항).[21] 따라서 「고용보험법」은 「산재보험법」상의 급여와 동일한 산정기초를 가지고 있다. 「산재보험법」에서와 마찬가지로 「고용보험법」에도 평균임금을 산정하는 것이 기술적으로 어려운 경우, 혹은 최저급여를 보장하기 위해 필요

21) 「근로기준법」 제2조 제1항 제6호에 의하면 평균임금이란 산정사유가 발생한 날 이전 3개월간 해당 근로자에게 지급된 임금의 총액을 그 기간의 총일수로 나눈 금액을 말한다.

한 경우에 특례가 적용된다. 첫째, 평균임금의 산정기간이 단기인 때에는 이를 기초로 평균임금을 산정하는 경우 기존의 소득수준에 비례하여 소득이 보장될 수 없다. 따라서 마지막 이직일 이전 3개월 이내에 피보험자격을 취득한 사실이 2회 이상인 경우에는 마지막 이직일 이전 3개월간 해당 근로자에게 지급된 임금 총액을 3개월의 총 일수로 나눈 금액을 기초일액으로 한다(법 제45조 제1항). 둘째, 위와 같이 산정된 금액이 근로자의 통상임금에 미달할 때에는 그 통상임금을 기초일액으로 한다(법 제45조 제2항). 셋째, 위와 같은 방법으로 기초일액을 산정하는 것이 곤란한 경우, 그리고 보험료를 「보험료징수법」에 따라 고용노동부장관이 고시하는 기준보수를 기준으로 낸 경우에는 기준보수를 기초일액으로 한다. 다만 보험료를 기준보수를 기준으로 낸 경우에도 위와 같은 방법으로 산정한 기초일액이 기준보수보다 많은 경우에는 기초일액을 기준으로 한다(법 제45조 제3항). 넷째, 기초일액이 「최저임금법」에 의한 최저임금보다 낮은 경우에는 최저기초일액을 기초일액으로 한다(법 제45조 제4항).

이 밖에 사업의 폐업·도산 등으로 인하여 보수를 산정·확인하기 곤란한 경우, 예술인 및 노무제공자의 보수액이 기준보수보다 적은 경우, 보수관련 자료가 없거나 명확하지 않은 경우, 사업 또는 사업장의 이전 등으로 인하여 사업의 소재지를 파악하기 곤란한 경우에 기준보수를 적용할 수 있다(보험료징수법 제3조 제1항, 시행령 제3조). 기준보수는 사업의 규모, 근로·노무형태 및 보수수준 등을 고려하여 고용보험위원회의 심의를 거쳐 정한다(보험료징수법 제3조 제2항). 기준보수의 구체적인 적용은 다음과 같다. 통상근로자로서 월정액으로 보수를 지급받는 근로자에 대하여는 월단위 기준보수를 적용한다. 단시간 근로자, 근로시간에 따라 보수를 지급받는 근로자, 근로일에 따라 일당 형식의 보수를 지급받는 근로자에 대해서는 주당 근로시간을 실제 근로한 시간으로 보아 시간단위 기준보수를 적용한다. 다만, 시간급근로자 또는 일급근로자임이 명확하지 않거나 주당 근로시간을 확정할 수 없는 경우에는 월단위 기준보수를 적용한다. 예술인과 노무제공자에게는 월단위 기준보수를 적용한다(보험료징수법 시행령 제3조 제2항).

기초일액에는 상한이 있다. 현재 기초일액의 상한액은 일액 11만원이다(법 제45조 제5항, 시행령 제68조). 즉 임금일액이 11만원을 초과하는 경우 11만을 임금일액으로 한다.

(2) 구직급여

가) 급여의 내용

a) 본인급여

aa) 급여산정의 기준과 내용 급여의 요건이 충족되면 실업의 신고일로부터 7일이 지난 후부터 구직급여가 지급된다. 다만 최종 이직 당시 건설 일용근로자였던 사람에 대해서는 실업의 신고일부터 구직급여를 지급한다(법 제49조). 이러한 대기기간은 집행기술적인 혹은 재정적인 이유로 설명될 수도 있겠으나 합리적인 이유는 발견되지 않는다.

구직급여로서 당해 수급자의 기초일액의 60%가 지급된다. 이와 같이 산정된 기초일액이 최저기초일액보다 낮은 경우에는 최저기초일액을 기초일액으로 한다. 이때 구직급여일액은 그 수급자격자의 기초일액의 80%로 한다(최저구직급여일액). 구직급여일액이 최저구직급여일액보다 낮은 경우에는 최저구직급여일액을 구직급여일액으로 한다(법 제46조). 구직급여의 급여기간은 수급권자의 보험가입기간 및 연령에 따라 다음 표와 같이 차등화되어 있다(법 별표 1, 2).

〈근로자인 피보험자의 구직급여의 소정일수〉

보험가입기간 / 이직일현재 연령	1년 미만	1년 이상 3년 미만	3년 이상 5년 미만	5년 이상 10년 미만	10년 이상
50세 미만	120일	150일	180일	210일	240일
50세 이상 및 장애인	120일	180일	210일	240일	270일

〈자영업자의 구직급여의 소정일수〉

구분	피보험기간			
	1년 이상 3년 미만	3년 이상 5년 미만	5년 이상 10년 미만	10년 이상
소정급여일수	120일	150일	180일	210일

구직급여를 받고 있던 자가 취직하여 고용보험에 가입한 후 다시 이직한 경우 지급되는 구직급여의 기초가 되는 보험가입기간에 대해서는 입법적인 해결을 하였다. 구직급여산정의 기초가 되는 보험가입기간은 당해 수급자격과 관련된 이직 당시의 적용사업에서의 고용기간을 말한다. 당해 사업에 고용되기 전

에 다른 적용사업에서 이직한 사실이 있는 경우 해당 고용기간에 대해서는 다음과 같이 차별적으로 보험가입기간의 인정 여부가 결정된다. 이직 시의 적용사업에서 보험가입자격을 재취득하기 전에 구직급여를 지급받은 사실이 있는 경우에는 그 구직급여와 관련된 이직일 이전의 고용기간은 보험가입기간에 산입되지 않는다. 이에 비해서 구직급여를 받은 바 없는 경우에는 이직일 이전의 고용기간은 보험가입기간의 계산에 산입된다. 다만 이 경우 이전 이직일로부터 3년 이내에 보험가입자격을 재취득하였어야 한다(법 제50조 제3, 4항).

구직급여는 이직일 이후 12개월 이내의 기간에 지급된다. 다만 임신·출산·육아 및 본인 혹은 배우자의 부상 또는 질병, 본인 및 배우자의 직계존비속의 질병·부상으로 인하여 취업할 수 없는 사실을 직업안정기관에 신고한 경우에는 구직급여가 지급될 수 있는 기간은 4년까지 연장될 수 있으며, 그 기간만큼 유예하여 지급한다. 「병역법」에 의하여 의무복무를 하는 경우, 범죄혐의로 인하여 구속 또는 형이 집행되는 경우, 그 밖에 이에 준하는 사유로서 고용노동부령이 정하는 경우에도 수급기간이 연장된다(법 제48조, 시행령 제70조).

bb) **급여의 연장** 별표에 규정된 급여기간은 다음과 같은 경우에 연장될 수 있다.

① 훈련연장급여: 직업훈련을 이유로 급여기간이 연장될 수 있다(훈련연장급여). 즉 직업훈련기관의 장이 지시한 직업훈련이 계속 중인 경우에는 소정급여일수를 초과하여 최장 2년 동안 구직급여가 연장될 수 있다(법 제51조, 시행령 제72조 제1항). 훈련연장급여를 지급하는 경우 일액은 해당 수급자격자의 구직급여일액의 100%이다(법 제54조 제2항). 훈련연장급여를 받는 자는 아래에서 설명하는 개별연장급여 및 특별연장급여를 동시에 받을 수는 없으며, 훈련연장급여가 종료된 후 개별연장급여 및 특별연장급여를 지급받을 수 있다(법 제55조 제2항).

② 개별연장급여와 특별연장급여: 근로자의 개별적인 상황과 일반적인 노동시장의 상황을 고려하여 구직급여의 급여 일수를 연장할 수 있다. 개별연장급여와 특별연장급여가 그것이다.

개별연장급여는 취업이 특히 곤란하고 생활이 어려운 수급자격자에 대해서 개별적으로 심사하여 소정 급여일수를 초과하여 지급될 수 있다(개별연장급여)(법 제52조). 개별연장급여를 지급받기 위해서는 다음과 같은 세 가지 요건을 충족하여야 한다. 첫째, 직업안정기관에 실업을 신고한 날부터 구직급여의 지급이 종료될 때까지 직업안정기관의 장의 직업소개에 3회 이상 응하였으나 취업되지 않은 경우이다. 이들이 연장급여를 받기 위해서는 18세 미만 혹은 65세 이상인 자, 「장애인고용촉진 및 직업재활법」에 의한 장애인, 1개월 이상 요양을 요하는 환자, 소득이 없는 배우자, 학업 중인 사람 등의 부양가족이 있어야 한다. 둘째, 급여기초 임금일액과 본인 및 배우자의 재산합계액이 각각 고용노동부장관이 고시하는 기준 이하이어야 한다. 이들에게 적용되는 연장기간은 60일이다(시행령 제73조).

특별연장급여는 실업이 급증하고 또 장기화되는 경우에는 구직급여가 근로자의 생활을 보장하는 데 불충분하다는 점을 고려한 제도이다. 특별연장급여는 수급자격신청률 등을 고려하여 고용사정이 호전될 것으로 예상되지 않는 경우에 지급된다. 구체적으로는 매월의 구직급여를 지급받은 사람의 수를 당해 월의 말일의 피보험자 수로 나누어 얻은 비율이 연속하여 3개월간 100분의 3을 초과하는 경우, 매월 구직급여 수급자격의 인정을 신청한 자의 수를 매월 말일의 피보험자 수로 나누어 얻는 비율(수급자격 신청률)이 연속하여 3개월간 100분의 1을 초과하는 경우, 그리고 매월의 실업률이 연속하여 3개월간 100분의 6을 초과하는 경우 등에 지급된다. 이 밖에 실업이 급증하여 고용사정이 급격하게 악화되었으며 이를 이유로 고용정책심의회에서 특별연장급여의 지급이 필요하다고 의결하는 경우에도 특별연장급여가 지급된다. 특별연장급여는 60일의 범위 내에서 고용노동부장관이 정하여 지급한다(법 제53조, 시행령 제74조). 다만 이직 후 일정한 기준 이상의 소득이 있어 생활이 안정되어 있다고 인정되는 자에게는 연장급여가 지급되지 않는다.

개별연장급여 및 특별연장급여를 지급하는 경우 일액은 해당 수급자격자의 구직급여일액의 70%에 해당하는 액으로 한다. 이때 구직급여일액이 최저구직급여일액보다 낮은 경우에는 최저구직급여일액을 구직급여일액으로 한다(법 제54조).

개별연장급여와 특별연장급여는 동시에 지급되지는 않는다. 전자를 수급하기 위해서는 후자의 지급이, 그리고 후자를 수급하기 위해서는 전자의 지급이 종료되어야 한다(법 제55조 제4항).

cc) **상병급여** 구직급여에는 질병보상금과 유사한 기능이 부여되어 있다. 즉 수급자격자가 부상·질병 또는 출산으로 인하여 직업수행능력이 없고, 따라서 실업으로 인정받지 못하는 기간에는 구직급여 대신 구직급여일액에 해당하는 상병급여가 지급된다. 상병급여를 지급받은 기간은 구직급여기간에 산입된다(법 제63조). 질병으로 인하여 직업수행능력이 없는 경우 정책론적으로는 건강보험과 고용보험의 관할이 경합한다. 건강보험에서 질병보상금이 지급되지 않기 때문에 이러한 위험을 고용보험이 부담하게 된 것이다.[22)]

dd) 국민연금 보험료 지원　「국민연금법」은 「고용보험법」에 의하여 구직급여를 받는 기간을 국민연금 가입기간으로 산입하고 있다. 이를 위해서는 18세 이상 60세 미만인 사람 중 가입자 또는 가입자였어야 하며, 또 재산 또는 소득이 보건복지부장관이 정하여 고시하는 기준 이하이어야 한다(국민연금법 제19조의 2 제1항). 이 경우 고용노동부장관은 국민연금 보험료를 25% 범위 내에서 지원할 수 있다(고용보험법 제55조의 2).

ee) 소득과의 조정　구직급여를 받는 자가 실업인정 대상기간 중에 취업을 한 경우에는 이를 신고하여야 한다(법 제47조). 개정 전 「고용보험법」은 이 경우 구직급여를 감액 지급하였다. 다만 노동유인을 감퇴시키지 않기 위하여 소득 전액이 아니라 구직급여일액의 60%를 초과하는 금액을 구직급여액에서 공제하였다(개정 전 법 제38조). 2002년 법률 개정으로 이러한 소득과의 조정에 관한 규정은 삭제되었다. 이로써 구직급여를 받을 자가 소득활동을 하는 경우 구직급여는 지급되지 않는다.

b) 유족급여

「고용보험법」은 구직급여의 산정에 가족의 규모에 따른 수요의 차이를 배려하지는 않는다. 다만 수급자격자가 사망한 경우 유족에게 미지급의 구직급여분을 지급한다. 유족급여청구권자는 배우자, 자녀, 부모, 손자녀, 조부모 또는 형제자매로서 수급자격자와 생계를 같이하고 있던 자이다. 배우자에게는 사실상의 혼인관계에 있는 자가 포함된다(법 제57조).

나) 급여의 제한과 조정

a) 급여의 제한

고용보험의 기능을 유지하기 위해서 피보험자에게 명시적 혹은 묵시적으로 부과되어 있는 책임을 위반한 경우 급여지급이 거부된다. 이러한 책임과 이에 대한 급여의 제한은 다음과 같이 유형화할 수 있다.

첫째, 실업급여의 사유가 발생한 데 가입자 본인의 귀책사유가 인정되는 경우이다(법 제58조). 이에 대한 판단은 고용노동부장관이 정한 기준에 따라 직업안정

22) 다만 「고용보험법」이 피보험자의 질병을 보호하기 위해서는 피보험자가 건강보험 가입자격을 계속 유지하도록 하여야 한다. 즉 고용보험이 피보험자의 건강보험에 대한 보험료 부담을 동시에 하여야 한다. 국민연금과 같은 연금제도에 대해서도 마찬가지이다. 예컨대 독일 사회법전 제3권 「고용촉진법」은 실업급여를 받는 자의 질병보험뿐 아니라 연금보험, 재해보험 등 사회보험에 대한 보험료부담을 급여의 내용에 포함시키고 있다. 제207조 및 제207a조 참조.

기관의 장이 행한다. 형법 또는 직무와 관련된 법률을 위반하여 금고 이상의 형의 선고를 받은 경우, 사업에 막대한 지장을 초래하거나 재산상 손해를 끼친 경우, 정당한 이유없이 근로계약 또는 취업규칙 등을 위반하여 장기간 무단결근한 경우 등이다.

둘째, 위에서 언급했듯이 구직급여는 비자발적 실업의 경우 지급된다. 따라서 본인의 사정으로 이직한 경우로서 전직 또는 자영업을 하기 위하여 이직한 경우, 위에서 언급한 본인의 중대한 귀책사유가 있는 자가 해고되지 않고 사업주의 권고로 이직한 경우, 그리고 그 밖에 고용노동부령에 정하는 정당한 사유에 해당하지 않는 사유로 이직한 경우에는 구직급여가 지급되지 않는다. 다음은 정당한 이유가 있는 이직으로, 이때에는 급여 지급이 제한되지 않는다; 채용 시 제시된 근로조건이나 채용 후 일반적으로 적용받던 근로조건보다 낮아지게 된 경우, 사업장에서 종교, 성별, 신체장애, 노조활동 등을 이유로 불합리한 차별대우를 받은 경우, 사업장에서 본인의 의사에 반하여 성희롱, 성폭력, 그 밖의 성적인 괴롭힘을 당한 경우, 사업장의 도산·폐업이 확실하거나 대량의 감원이 예정되어 있는 경우, 사업장의 이전 등으로 인하여 통상의 교통수단으로는 사업장으로의 왕복에 드는 시간이 3시간 이상인 경우, 부모나 동거 친족의 질병·부상 등으로 30일 이상 본인이 간호해야 하는 기간에 기업의 사정상 휴가나 휴직이 허용되지 않아 이직한 경우, 체력의 부족, 심신장애, 질병, 부상, 시력·청력·촉각의 감퇴 등으로 피보험자가 주어진 업무를 수행하는 것이 곤란하고, 기업의 사정상 업무종류의 전환이나 휴직이 허용되지 않아 이직한 것이 의사의 소견서, 사업주 의견 등에 근거하여 객관적으로 인정되는 경우 등.

셋째, 고용보험의 목적을 달성하기 위한 조치, 즉 알선되는 직업에 취직하는 것을 거부하거나, 혹은 지시된 직업능력개발훈련 등을 거부하는 경우에는 급여가 지급되지 않는다(법 제60조 제1항). 재취업촉진을 위한 직업지도를 거부하는 경우에도 마찬가지이다(법 제60조 제2항). 다만 이를 거부하는 데 정당한 사유가 있는 경우에는 그러하지 아니하다. 소개된 직업 또는 직업능력개발훈련 등을 받도록 지시된 직종이 수급자격자의 능력에 맞지 않는 경우, 취직하거나 직업능력개발 훈련 등을 받기 위하여 주거의 이전이 필요한데 그 이전이 곤란한 경우, 소개된 직업의 임금수준이 같은 지역의 같은 종류의 업무 또는 같은 정도의 기능에 대한 통상의 임금수준에 비해서 20% 이상 낮은 경우 등이 여기에 해당한다. 실업급여의 조건 중의 하나인 직업수행의사의 존재 여부는 이에 대한 수급권자의 기대가능성을 기준으로 신중한 이익형량이 이루어져야 한다.

거짓이나 그 밖의 부정한 방법으로 실업급여를 받았거나 받으려 한 사람에 대해서는 그 급여를 받은 날 또는 받으려 한 날부터 구직급여를 지급하지 않는다. 이와 같은 지급제한에 관한 규정은 그 급여와 관련된 이직 이후에 새로이 수급자격을 취득한 경우 그 새로운 수급자격에 의한 구직급여에 대해서는 적용되지 않는다. 이직 후 다시 고용보험의 피보험자가 되고, 이에 기초하여 형성된 급여의 지급에는 영향을 미치지 않는다는 것이다. 의무위반의 내용이 실업인정 대상기간 중 소득신고(법 제47조 제1항)에 관한 것일 때에는 지급제한에 관한 규정은 그 실업인정 대상기간에 한하여 적용된다. 그러나 이러한 의무위반이 2회 이상인 경우에는 실업인정 대상기간 전체에 대해서 급여가 지급되지 않는다(법 제61조). 거짓이나 그 밖의 부정한 방법으로 구직급여를 지급받은 자에 대해서 직업안정기관의 장은 지급받은 구직급여의 전부 또는 일부의 반환을 명할 수 있다. 또 거짓이나 그 밖의 부정한 방법에 의하여 지급받은 구직급여의 2배 이하의 금액을 추가로 징수할 수 있다. 거짓이나 그 밖의 부정한 방법이 사업주의 거짓된 신고·보고 또는 증명으로 인한 것인 때에는 구직급여액의 5배 이하의 금액을 추가로 징수할 수 있다. 이때 급여반환의무에 대해서 사업주와 그 구직급여를 지급받은 자는 연대하여 책임을 진다(법 제62조, 시행령 제81조).

이 밖에 「고용보험법」이 명시하고 있지는 않지만 파업으로 인하여 발생한 실업의 경우 원칙적으로 구직급여는 제한될 것이다. 파업으로 인하여 실업이 발생한 때에도 구직급여가 제공된다면 국가의 재정부담하에 사용자에 대한 노동쟁의가 행해지는 결과가 된다. 이는 국가의 자본과 노동에 대한 중립성의 원칙에 반하기 때문이다. 다만 파업유형 및 그 영향력이 다양화되면서 개별적인 경우에 파업으로 인한 실업인가의 여부에 대한 판단이 쉬운 것은 아니다.[23)]

1965년 국제노동기구 전문가위원회(The Committee of Experts on the Application of Conventions and Recommendations)는 파업으로 인하여 발생한 실업을 세 가

---

23) 이에 대해서는 International Labour Conference, Report of the Committee of Experts on the Application of Conventions and Recommendations. International Labour Conference 49. session Geneva(1965), 116면 이하 참조. 독일의 경우 1986년 자신의 근로영역이 아닌 제3자의 영역에서 발생한 파업을 간접적인 원인으로 하여 실업에 처한 근로자(이른바 "mittelbar Betroffene")에 대해서도 실업보험급여를 제한하는 내용으로 「고용촉진법」 제116조가 개정되면서 이에 대한 논의가 촉발된 바 있다. 이에 대해서는 예컨대 Ernst Benda, *Sozialrechtliche Eigentumspositionen im Arbeitskampf*(Nomos, 1986), 231면, 250면; Hugo Seiter, *Staatsneutralität im Arbeitskampf*(Schäffer, 1987); Gunther Schwerdtfeger, *Rechtsfragen zu §116 AFG n.F.*(Duncker & Humblot, 1990) 등 참조.

지로 분류하였다. 첫째, 적극적인 파업가담자에 대해서는 실업급여가 정지된다. 둘째, 파업작업장에 고용되어 있지 않으며 따라서 파업의 결과에 따라서 고용조건에 영향을 받지도 않는 집단에 대해서는 실업급여의 지급이 영향을 받지 않는다. 셋째, 파업에 적극적으로 참여한 것은 아니지만 파업결과에 따라 고용조건에 있어서 영향을 받는 집단이 있다. 전문가위원회는 이들 집단에게 실업급여가 지급되어야 한다고 권고하고 있다.

b) 급여의 조정

「고용보험법」의 상병수당은 「근로기준법」 제79조의 휴업보상, 「산업재해보상보험법」 제52조 이하의 휴업급여, 「국가배상법」 제3조 제2항의 휴업배상, 「의사상자 등 예우 및 지원에 관한 법률」 제8조의 보상금 등과 부분적으로 그 기능이 중복된다. 따라서 이들 급여의 요건을 충족하는 수급권자에게는 상병수당은 지급되지 않는다(법 제63조 제4항, 시행령 제82조 제2항).

(3) 취업촉진수당

가) 조기재취업수당 및 장려금

수급자격자가 본인의 구직급여일수에 해당하는 급여를 2분의 1 이상 남기고 안정된 직장에 재취업한 경우 혹은 영리를 목적으로 하는 사업을 하는 경우에 조기재취업수당이 지급될 수 있다. 이때 안정된 직장이란 12개월 이상 계속 고용된 경우 혹은 12개월 이상 계속하여 사업을 영위한 경우를 말한다. 다만 수급자격자가 최후에 이직한 사업주 또는 그와 관련된 사업주에게 재고용되거나 실업의 신고일 이전에 채용을 약속한 사업주에게 재고용된 경우에는 제외된다. 수급자격자가 안정된 직업에 재취업한 날 혹은 영리사업을 하는 날 이전 2년 기간 내에 조기재취업수당을 지급받은 사실이 있는 경우에는 조기재취업수당은 지급되지 않는다(법 제64조 제2항, 시행령 제84조). 조기재취업수당은 미지급된 구직급여에 대한 보상의 성격을 갖는다. 수급자격자를 조기에 재취업시켜 구직급여의 지급기간이 단축되도록 한 사람에게는 예산의 범위에서 장려금을 지급할 수 있다.

조기재취업수당은 당해 수급자격자의 구직급여일액에 미지급일수의 2분의 1을 곱한 액으로 한다(시행령 제85조).

나) 직업능력개발수당

직업능력개발수당은 수급자격자가 직업안정기관의 장의 지시에 의해서 직업능력개발훈련을 받는 경우 그 훈련 기간에 대하여 지급된다(법 제65조, 시행령 제88조 제1항). 직업능력개발수당으로는 교통비·식대 등 직업훈련수강에 필요한 비용을 감안하여 고용노동부장관이 결정하여 고시한 액이 지급된다(시행령 제88조 제2항).

다) 광역구직활동비

광역구직활동비는 수급자격자가 직업안정기관의 소개에 따라 광범위한 지역에서 구직활동을 하는 경우에 지급될 수 있다(법 제66조). 광역구직활동비는 구직을 위하여 방문하는 사업장의 사업주가 구직활동비용을 지급하지 않거나 혹은 그 금액이 광역구직활동비의 금액에 미달하는 경우에 한하여 지급된다. 또 구직을 위해서 방문하는 사업장이 일정 거리 이상이어야 한다(시행령 제89조). 광역구직활동비로 숙박비·운임 등 통상으로 소요되는 비용을 지급한다.

라) 이주비

이주비는 수급자격자가 직업안정기관이 소개한 직업에 취업하거나, 직업능력개발훈련 등을 받기 위하여 주거를 이전하는 경우 지급될 수 있다. 이주비는 수급자격자 및 그 수급자격자에 의존하여 생계를 유지하는 동거 친족의 이주에 일반적으로 드는 비용으로 한다(법 제67조). 이주비를 지급받기 위해서는 거주지 관할 직업안정기관의 장이 주거의 변경이 필요하다고 인정하고, 수급자격자를 고용하는 사업주가 주거이전비용을 지급하지 않거나 그 금액이 이주비에 미달하여야 한다. 이주비는 근로계약기간이 1년 이상인 경우에 한하여 지급된다(시행령 제90조).

마) 급여의 제한 및 반환

구직급여에 적용되는 급여의 제한 및 반환에 관한 규정은 취업촉진수당에 대해서도 적용된다(법 제68조).

Ⅲ. 육아휴직급여

2001년 「근로기준법」 등의 개정을 통하여 여성근로자에게 부여되는 출산전후 휴가기간이 기존의 60일에서 90일로 연장되었다(근로기준법 제74조). 이 중 최초 60일은 유급으로 한다. 「남녀고용평등법」은 「근로기준법」상 출산전후의 무급휴가에 해당하는 기간의 통상임금에 상당하는 금액을 지급할 수 있도록 하였다(남녀고용평등법 제18조 제1항). 또 사업주는 근로자가 8세 이하 또는 초등학교 2학년 이하의 자녀를 양육하기 위하여 휴직을 신청하는 경우에 이를 허용하여야 한다. 사업주는 육아휴직을 이유로 해고나 그밖의 불리한 처우를 하여서는 안되며, 육아휴직기간에는 당해 근로자를 해고하지 못한다. 육아휴직기간은 1년 이내로 한다(남녀고용평등법 제19조).

출산전후 휴가급여를 지급하기 위하여 필요한 비용은 국가재정이나 「사회보장기본법」에 의한 사회보험에서 분담할 수 있도록 하였다(남녀고용평등법 제18조 제3항). 그런데 이는 필연적으로 사용자에게 부담이 된다. 이에 휴가기간의 연장으로 인한 재정적 부담을 고용보험이 부분적으로 담당하기 위하여 「고용보험법」에 육아휴직급여와 출산전후 휴가급여가 도입되었다. 고용안정사업으로서 시행되는 임신·출산후 계속고용지원금은 육아휴직급여를 실효성있게 집행하도록 지원하는 기능을 수행한다.

1. 육아휴직급여

육아휴직급여의 수급자격자는 「근로기준법」 제74조의 규정에 의한 출산전후 휴가기간 90일을 제외하고 「남녀고용평등법」 제19조의 규정에 의한 육아휴직을 30일 이상 부여받은 가입자이다. 육아휴직급여를 지급받기 위해서는 피보험단위기간이 통산하여 180일 이상이어야 한다. 육아휴직급여로 70만원에서 150만원의 범위에서 「근로기준법」상의 통상임금의 80%에 해당하는 액이 지급된다(시행령 제95조). 육아휴직급여는 위에서 설명한 사업주에 대한 육아휴직지원과 기능이 중복된다. 따라서 「남녀고용평등법」에 따른 육아기 근로시간 단축을 30일 이상 실시한 경우에는 육아휴직급여 대신 육아기 근로시간 단축급여가 지급된다. 육아기 근로시간 단축급여는 육아휴직급여액에 단축된 근로시간의 비율을 곱하여 산정한다(법 제73조의 2, 시행령 제104조의 2).

육아휴직급여는 육아를 담당하는 부부 일방에 한하여 지급된다. 즉 부부 모두 고용보험에 가입하여 육아휴직급여의 조건을 충족한 경우에도 육아를 직접 담당하는 배우자가 아닌 타방 배우자에게는 육아휴직급여는 지급되지 않는다(법 제70조 제1항).

수급자가 육아휴직 기간 중 이직하거나 새로 취업한 경우에는 육아휴직급여는 지급되지 않는다(법 제73조 제1항).

2. 출산전후 휴가급여

출산전후 휴가급여는 「남녀고용평등법」 제18조의 규정에 의하여 「근로기준법」 제74조의 규정에 의한 출산전후 휴가를 부여받은 피보험자에게 지급된다. 이 규정은 유산 혹은 사산휴가를 받은 경우, 또 「남녀고용평등법」에 따른 배우자 출산휴가를 받은 경우에도 적용된다. 출산전후 휴가급여를 받기 위해서는 휴가가 끝난 날 이전에 피보험단위기간이 합산하여 180일 이상이어야 하며, 휴가를 시작한 날 이후 1개월부터 휴가가 끝난 날 이후 12개월 이내에 신청하여야 한다. 출산전후 휴가급여는「근로기준법」제74조의 규정에 의한 출산전후 휴가기간에 대해서 지급된다(법 제75조).

출산전후 휴가급여로는「근로기준법」상 통상임금에 상당하는 금액이 지급된다(법 제76조 제1항). 출산전후 휴가급여에는 상한과 하한이 정해져 있다. 상한액은 출산전후 휴가급여 수급자들의 평균적인 통상임금 수준, 물가상승률,「최저임금법」에 따른 최저임금, 그 밖에 고용노동부장관이 필요하다고 인정하는 사항 등을 고려하여 매년 고용노동부장관이 고시하는 금액으로 한다. 하한액은 출산전후 휴가기간 시작일 당시 적용되던 시간급 최저임금액보다 그 근로자의 시간급 통상임금이 낮은 경우에는 시간급 최저임금액을 시간급 통상임금으로 하여 산정된 출산전후 휴가급여 등의 지원기간 중 통상임금에 상당하는 금액으로 한다(시행령 제101조). 2022년 현재 상한액은 200만원이다.[24]

제 4 절 재 정

고용보험은 사회보험으로서 피보험자인 사업주 및 근로자가 부담하는 보험료로 재정이 운영된다(보험료징수법 제13조 제1항 제1호). 국가는 보험사업에 드는 비용의 일부를 일반 회계에서 부담하여야 하며, 관리운영에 드는 비용을 부담할 수 있다(법 제5조).

고용노동부장관은 보험사업에 필요한 비용을 충당하기 위하여 고용보험기금을 설치한다. 기금은 보험료수입과 징수금·적립금·기금운용수익금 등으로 조성한다(법 제78조). 기금은「국가재정법」의 규정에 의하여 고용노동부장관이 관리·운용한다(법 제79조). 고용노동부장관은 매년 기금운용계획을 수립하여 고용보험위원회 및 국무회의의 심의를 거쳐 대통령의 승인을 얻어야 한다. 또 고용노동부장관은 매년 기금의 운용 결과에 대하여 고용보험위원회의 심의를 거쳐 공표하여야 한다(법 제81조). 대량 실업의 발생이나 그 밖의 고용상태의 불안에 대비하기 위하여 고용노동부장관은 준비금으로서 여유자금을 적립하여야 한다. 고용안정·직업능력개발사업 계정 및 실업급여 계정의 연말 적립금은 각각 해당연도 지출

24) 고용노동부, 고용보험백서(2022), 258면 참조.

액의 1배 이상 1.5배 미만, 그리고 1.5배 이상 2배 미만이어야 한다(법 제84조).

「고용보험법」의 가장 중요한 재원은 근로자와 사업주가 부담하는 보험료이다. 근로자는 실업급여에 대한 보험료만을 부담한다. 실업급여의 보험료는 근로자와 사업주가 각각 반씩 부담하며, 고용안정 · 직업능력개발사업에 대한 보험료는 사업주가 전액 부담한다. 65세 이후에 고용되거나 자영업을 개시한 자에 대해서는 실업급여의 보험료가 면제된다(보험료징수법 제13조 제3항).

보험료액을 결정하는 요소는 보수액과 보험료율이다. 「고용보험법」에서 보수는 「소득세법」상의 근로소득에서 비과세소득을 공제한 금액이다(보험료징수법 제2조 제3호). 보험료율은 3%의 범위 내에서 대통령령으로 정하며, 고용안정 · 직업능력개발사업, 그리고 실업급여에 대해서 각각 달리 정해진다(보험료징수법 제14조 제1항). 고용안정 · 직업능력개발사업의 보험료율은 사업의 규모에 따라 차등화되어 있다. 즉 150명 미만의 근로자를 고용하는 사업장에는 0.25%, 150명 이상의 근로자를 고용하는 사업장으로서 우선지원대상기업에 해당하는 사업장에는 0.45%, 150명 이상 1,000명 미만의 근로자를 고용하는 사업장으로서 우선지원대상기업에 해당하지 않는 사업장에는 0.65%, 그리고 1,000명 이상의 근로자를 고용하는 사업장 및 국가 · 지방자치단체가 직접 행하는 사업에는 0.85%의 보험료율이 적용되고 있다. 실업급여의 보험료율은 일률적으로 1.8%이다(보험료징수법 시행령 제12조 제1항).

근로자는 고용보험사업 중 실업급여에 대해서만 보험료를 부담한다. 이에 따라 근로자가 부담하는 보험료는 본인의 보수총액에 실업급여에 대한 보험료율의 2분의 1을 곱하여 산정된다(보험료징수법 제13조 제2항). 반면 사업주는 당해 사업에 종사하는 근로자 보수의 총액에 고용안정 · 직업능력개발사업의 보험료율을 곱한 액, 그리고 보수총액에 실업급여의 보험료율의 2분의 1을 곱한 금액을 합하여 산정된 액을 보험료로서 부담한다(보험료징수법 제13조 제4항).

국가는 사업주와 근로자에 대해서 고용보험료의 일부를 예산의 범위에서 지원할 수 있다. 피보험자 수가 10명 미만인 사업에 고용되어 대통령령으로 정하는 금액 미만의 보수를 받고, 재산이 대통령으로 정하는 기준 미만이며, 또 「소득세법」상의 종합소득이 대통령령으로 정하는 기준 미만일 경우 보험료가 지원될 수 있다. 보험료의 지원 수준은 고용노동부장관이 사업주와 근로자 · 예술인 · 노무제공자가 부담하는 고용보험료의 범위에서 근로자 · 예술인 · 노무제공자의 보수수준 등을 고려하여 보건복지부장관과 협의하여 고시한다(보험료징수법 제21조, 시행령 제29조).

산재보험에서와 같이 고용보험에서도 보험료산정에 있어서 위험의 발생을 억제하기 위한 유인요소를 두고 있다. 즉 지난 3년간 실업급여에 대한 보험료 대비 실업급여의 지출금액이 일정한 기준을 초과하거나 미달하는 경우 보험료율을 40%의 범위 내에서 인상하거나 인하하여 적용할 수 있다(보험료징수법 제15조 제1항).

제 5 절 관리운영

고용보험은 고용노동부장관이 직접 관장한다(법 제3조). 따라서 「고용보험법」은 자치운영의 원칙이 적용되지 않으며, 국가의 사업으로서의 성격을 갖는 사회보험이다. 다만 사업주가 개별 사업을 집행함에 있어서 노동조합 또는 근로자대표와의 협의에 기초하여 수립된 계획에 따라 사업이 집행되는 경우 지원이 행해지기 때문에 간접적으로 노사협의가 요청된다.

고용보험의 시행에 관한 주요 사항을 심의하기 위하여 고용노동부에 고용보험위원회를 둔다. 고용보험위원회는 보험제도 및 보험사업의 개선에 관한 사항, 「보험료징수법」에 따른 보험료율의 결정에 관한 사항, 보험사업의 평가에 관한 사항, 기금운용 계획의 수립 및 기금의 운용 결과에 관한 사항, 그 밖에 위원장이 보험제도 및 보험사업과 관련하여 위원회의 심의가 필요하다고 인정하는 사항을 심의한다. 고용보험위원회는 위원장 1명을 포함한 20명 이내의 위원으로 구성한다. 위원장은 고용노동부차관이 되고, 위원은 근로자를 대표하는 사람, 사용자를 대표하는 사람, 공익을 대표하는 사람, 정부를 대표하는 사람 중에서 각각 같은 수(數)로 고용노동부장관이 임명하거나 위촉한다(법 제7조).

제 6 편

사회보상법

제 1 장 제도적 의의

전쟁희생자 및 그 유족을 국가가 보호하는 이념은 인류의 오랜 유산 중의 하나이다. 각국은 이러한 이념을 제도적으로 발전시켜 왔다.[1] 책임법적으로 보면 이러한 희생은 불법행위에 대한 국가배상책임의 구성요건이 될 수 없다. 전쟁희생은 일반적으로는 적국의 행위가 희생의 원인이다. 따라서 희생군인의 본국에 직접적으로 법적 책임이 귀속될 수는 없기 때문이다. 그러나 개인을 희생의 원인이 되는 상황에 처하도록 강요하였기 때문에 적어도 추상적으로는 국가책임을 인정하여야 한다.[2] 이러한 보장의 흠결 및 보장의 필요성에서 희생군인의 생활보장을 위하여 독자적인 사회보장법체계가 형성되어 왔다.

사회보상의 이념은 다음과 같이 일반화될 수 있었다. 즉 특별히 공동체 전체에 책임이 귀속되는 피해에 대해서 국가의 보상책임이 있다. 사회보상이 이와 같이 일반화되면서 사회보상의 구성요건은 점차 확대되어 왔다. 이제 사회보상의 구성요건을 전쟁 희생에 한정할 필요는 없다. 즉 국가가 개인에게 희생의 원인이 되는 상황을 강요하였거나(예컨대 전쟁희생) 혹은 적어도 유도하였거나(예컨대 접종피해), 또 혹은 국가가 희생을 방지해야 할 의무가 있음에도 불구하고 이를 게을리하여 개인에게 희생이 발생한 경우(예컨대 범죄피해) 모두 사회보상의 대상이 되어야 한다. 더욱 발전된 형태로서, 공공의 이익을 촉진하기 위한 행위 중에 발생한 희생에 대해서 보상이 이루어지기도 한다. 이러한 촉진급여의 성격을 갖는 보상은 우리나라에서는 아직 생소하다. 독일 사회보장법은 자원봉사 등의 활동 중 발생한 희생을 재해보험법상의 이른바 비진정재해보험(unechte Unfallversicherung)을 통하여 보호하고 있다. 이러한 급여는 재해보험법의 입법수단을 사용하고 있지만 실질적으로는 사회보상의 성격을 갖는다.[3]

위에서 설명한 바와 같이 사회보상의 구성요건은 다양하기 때문에 정확히

1) 이러한 이념은 1794년 프로이센일반란트법(Allgemeines Landesrecht für die Preußischen Staaten) 第74조 및 75조에 최초로 입법화되었다. 다만 이 규정은 희생자의 생활상황과는 무관하게 그 내용이 형성되었기 때문에 아직 사회보장법의 범주에 포함시킬 수는 없었다.

2) 헌법재판소는 국가유공자에 대한 보상의 근거를 헌법 제32조 제6항에서 도출하고 있다. 헌재 1994.6.30, 91헌마161, 6-1, 666면 참조. 그러나 헌법 제32조 제6항은 근로의 기회와 관련하여 국가유공자를 우대하는 규정이므로, 이 규정으로부터 국가유공자에 대한 일반적인 보호이념을 도출하는 것은 타당성이 없다.

3) 이에 대해서 자세히는 전광석, 독일사회보장법과 사회정책(박영사, 2008), 178면 이하 참조.

범주가 설정되어 있지 않다. 또 사회보상의 구상은 다양한 법에 산재해 있다. 그 결과 사회보상은 정치적 성격을 띠게 되었고, 또 구성요건 자체가 불분명하기 때문에 절대적 보호의 필요성보다는 평등의 사고에 의하여 외연이 확대되어 왔다. 이를 지도할 원칙을 제시하기 위하여 2005년 「국가보훈기본법」이 제정되었다. 우리나라에서는 「국가유공자 등 예우 및 지원에 관한 법률」과 「범죄피해자보호법」이 사회보상법에 해당한다. 또 국가유공자 중 독립유공자, 그리고 참전유공자에 대해서는 「독립유공자예우에 관한 법률」과 「참전유공자예우 및 단체설립에 관한 법률」이 보상의 구성요건 및 급여의 종류와 내용을 독자적으로 규율하고 있다. 「국가유공자 등 예우 및 지원에 관한 법률」 등은 국가유공행위 중 발생한 피해뿐 아니라, 국가 및 사회에 특별히 공헌하는 행위에 대해서 보상을 한다. 경우에 따라서는 희생을 전제로 하지 않고 보호가 행해진다.[4] 이 점에서 이 법은 전통적인 사회보상에 비해서 규율의 대상이 넓다. 「범죄피해자보호법」은 국가에게 범죄예방의무가 있고, 또 국가가 폭력을 독점하고 있음에도 불구하고 범죄를 사전에 예방하지 못한 책임을 묻는다는 점에서 국가의 책임은 간접적이다.[5] 따라서 범죄피해자보상에는 국가책임과 더불어 사회적 보호의 필요성이 혼재해 있다. 그만큼 범죄피해에 대한 보상에 있어서는 입법적 형성의 여지가 넓다.

사회보상은 기본적으로는 국가유공행위 중 발생한 희생을 대상으로 한다. 그런데 전통적으로 이해되는 국가유공행위 이외에 이와 유사한 행위를 원인으로 발생한 희생에 대해서는 보상이 되지 못하고 있었다. 이에 2011년 「보훈보상대상자 지원에 관한 법률」이 제정되어 2012년부터 시행되고 있다. 이 법률에 의하면 국가의 수호·안전보장 또는 국민의 생명·재산 보호와 직접적인 관련이 없는 직무수행이나 교육훈련 중 사망하거나 상이를 당한 군경, 공무원에게 사회보상급여가 지급된다.

접종피해에 대해서는 「감염병의 예방 및 관리에 관한 법률」이 부분적으로 보상규정을 두고 있다. 즉 예방접종을 받은 자가 그 예방접종으로 인하여 질병에 걸리거나 장애인이 된 때 혹은 사망한 때에는 국가는 이를 보상하여야 한다. 질병으로 인하여 진료를 받은 자에 대하여는 그 진료비 전액과 정액의 간

---

4) 사회보상의 대상에 대한 체계적인 서술로는 전광석, "국가유공자보상의 범위결정 및 보상의 원칙", 헌법학연구 제10집 제4호(2004), 특히 240면 이하 참조.

5) 이에 대해서 자세히는, 전광석, "범죄피해자구조청구권의 헌법체계내 위치의 문제와 사회보장법적 구체화문제에 관한 시론", 전광석, 사회보장법학(한림대출판부, 1993), 221면 이하 참조.

병비가, 장애인이 된 자에 대하여는 일시보상금이, 그리고 사망한 자의 유족에 대하여 일시보상금과 장제비가 지급된다(법 제71조). 이는 전통적인 희생보상청구권을 법리적 기초로 하고 있다. 입법례에 따라서는 접종피해에 대한 보상을 사회보장법에 포함하는 경우도 있다. 독일의 「연방전염병예방법」(Infektionsschutzgesetz)이 대표적인 예이다. 우리나라에서는 접종피해에 대한 보상이 사회보장법적으로 구체화되어 있는 것도 아니며, 또 이미 행정법적으로 희생보상청구권에 기초하여 설명되고 있으므로 이 책에서는 접종피해에 대한 보상을 사회보장법의 범주에서 제외한다.

「의사상자 등 예우 및 지원에 관한 법률」은 직무 외의 행위로서 타인의 생명·신체 또는 재산을 구하다가 사망 혹은 부상한 경우 보상을 행한다(법 제1조). 따라서 이는 이념적으로는 사회보상법에 해당한다. 다만 이에 대한 보상의 종류와 내용 등이 아직 사회보장법적으로 형성되어 있지는 않다. 법원은 동법상의 보상금을 순수한 예우급여로서 이해하고, 이에 기초하여 이들 급여가 「국가배상법」상의 손해액에서 공제되지 않는다고 판단한 바 있다.[6] 1980년 5·18 민주화운동 중 발생한 피해를 보상하기 위하여 「5·18민주화운동 관련자 보상 등에 관한 법률」, 그리고 「5·18민주유공자예우에 관한 법률」이 제정·시행되고 있다. 이 법률들 역시 구성요건을 중심으로 보면 사회보상법에 해당한다. 그러나 「5·18민주화운동 관련자 보상 등에 관한 법률」은 장기적으로 생활을 보장하는 급여를 지급하는 것은 아니다.[7]

사회보상급여는 국가의 일방적인 급여가 아니라 개인의 희생에 대한 반대급여이다. 따라서 법률에 의하여 형성된 사회보상급여는 재산권적 보호의 대상이 된다. 그러나 재산권을 근거로 특정한 내용의 사회보상급여에 대한 청구권이 도출되는 것은 아니다.[8]

사회보험과는 달리 사회보상에서는 처음부터 수급권자가 확정되어 있지는 않다. 즉 구성요건의 발생과 동시에 법률관계가 성립된다. 따라서 사회보상에서는 사전보호(事前保護)를 위한 법률관계, 예컨대 가입자의 보험료 납부의무, 혹은 보험자의 위험예방의무 등을 내용으로 하는 법률관계는 존재하지 않는다.

6) 대판 2000.2.27, 2000다46894 참조.

7) 이 점에 대해서 자세히는 전광석, "국가유공자보상의 범위결정 및 보상의 원칙", 민주주의와 인권 제9권 제2호(2009), 5면 이하 참조.

8) 헌재 1998.2.27, 97헌가10, 97헌바42등, 10-1, 15면 이하 참조. 이 점에 대해서 자세히는 예컨대 전광석, "국가유공자보상에 대한 헌법적 보호의 가능성", 헌법학연구 제6집 제4호(2000), 111면 이하 참조.

제 2 장　국가보훈기본법

제 1 절　국가보훈기본법 제정의 의의

사회보상은 정형화된 구성요건을 가지고 있지 않으며, 개방적이고, 또 여러 법에 산재해 규율되고 있다. 또 희생자의 보상심리가 작용하여 사회보상의 구성요건이 확대될 우려가 있다. 이에 객관적으로 보훈의 대상을 결정하는 원칙을 정립할 필요가 있었으며, 이를 위하여 2005년 「국가보훈기본법」이 제정되었다. 이러한 입법취지를 반영하여 국가보훈에 관한 다른 법률을 제정 또는 개정하는 경우에는 「국가보훈기본법」의 목적과 기본이념을 존중하여야 한다(법 제4조).

제 2 절　보훈의 대상 및 내용

「국가보훈기본법」은 국가를 위한 행위 중 발생한 특별한 희생 및 공헌을 예우하거나 지원한다. 다음과 같은 네 가지가 국가를 위한 행위에 해당한다. 첫째, 일제로부터 조국의 자주독립, 둘째, 국가의 수호 또는 안전보장, 셋째, 대한민국 자유민주주의의 발전, 넷째, 국민의 생명 또는 재산의 보호 등 공무수행(법 제3조 제1호)이다. 다만 보훈대상자가 「국가보훈기본법」에 의하여 직접 확정되는 것은 아니다. 즉 보훈대상자는 국가보훈대상자에 대한 예우 및 지원과 관련된 법령(국가보훈관계법령)에 의하여 결정된다(법 제3조 제3호, 제20조 제1항).

보훈은 대상자의 희생과 공헌의 정도에 상응하는 예우 및 지원이다(법 제18조). 보상금을 지급하는 경우에 그 수준은 전국 가구의 가계 소비지출액을 고려하여 결정한다(법 제19조 제1항). 예우 및 지원을 받을 권리는 원칙적으로 양도하거나 담보로 제공할 수 없으며, 이를 압류할 수 없다(법 제21조).

예우 및 지원을 받고자 하는 사람은 국가보훈관계법령이 정하는 바에 의하여 등록 또는 지원을 신청하여야 한다(법 제20조 제2항). 현재 대부분의 경우 실제 피해가 발생한 시점이 아니라 등록 및 신청을 한 때로부터 보호하도록 하고 있다. 이 점에 대해서 헌법재판소는 합헌결정을 한 바 있다. 등록제도의 입법취지로 헌법재판소는 다음과 같은 네 가지를 들고 있다. 첫째, 소요되는 예산을 예측하기 위해서 필요하다. 둘째, 국가유공보상의 사유가 발생한 시점을 기준으로 보호를 개시할 경우 과거사실을 중심으로 인과관계를 판정하기 어렵다. 셋째, 이미 대부분의 청구권자가 등록제도를 통해서 보호를 받고 있다. 넷째, 국가유공행위에 대한 소급적인 보호는 국가재정에 큰 부담이 된다.[1)]

제 3 절 국가보훈발전 기본계획 · 국가보훈위원회

국가보훈의 체계적인 시행을 위하여 국가보훈부장관은 관계 중앙행정기관의 장과 협의하고 국가보훈위원회의 심의를 거쳐 국가보훈발전 기본계획을 5년마다 수립하여야 한다. 여기에는 국가보훈발전의 기본목표 및 추진방향, 지원·보상·사회적 예우에 관한 세부 추진과제 및 추진방법, 재원의 조달 및 운용, 국제교류·협력 등이 포함되어야 한다(법 제8조).

국가보훈에 관한 주요 시책을 심의하기 위하여 국무총리 소속하에 국가보훈위원회를 둔다(법 제11조). 위원회는 위원장 1명과 부위원장 1명을 포함하여 35명 이내의 위원으로 구성한다. 위원장은 국무총리이다(법 제13조). 위원회는 국가보훈정책의 방향 설정, 기본계획의 수립 및 변경, 보훈문화 창달 및 애국심 고취, 보훈대상자의 신규 인정 등 국가보훈대상의 범위 및 기준 설정, 보상기준의 결정 등 국가보훈에 관한 중요사항, 국가보훈에 관한 중요정책의 조정에 관한 사항, 제대군인 지원정책 등에 관한 사항 등을 심의한다(법 제12조).

1) 헌재 1998.2.27, 97헌가10등, 10-1, 15면 이하(30면); 2011.7.28, 2009헌마27, 23-2(상), 104면 이하 등 참조.

제 3 장 국가유공자 등에 대한 예우 및 지원

제 1 절 보호되는 유공행위자

국가유공자결정은 신청주의에 따른다. 즉 국가유공자로 인정되기 위해서는 국가보훈부장관에게 등록을 신청하여야 한다. 국가보훈부장관은 보훈심사위원회의 심의·의결을 거쳐 국가유공자 인정 여부를 결정한다. 국가보훈부가 직접 발굴한 희생·공헌자의 경우, 전투 또는 이에 준하는 직무수행 중 상이를 입거나 사망한 경우, 혹은 당사자가 직접 등록을 신청할 수 없는 경우에는 국가보훈부 소속 공무원이 당사자의 동의를 얻어 등록을 신청할 수 있다. 국가유공자 등의 요건이 객관적인 사실에 의하여 확인된 경우에는 보훈심사위원회의 심의·의결을 거치지 않을 수 있다(법 제6조).[1)]

국가유공자로서 보호되기 위해서 반드시 신체손상이 존재할 필요는 없다. 단순유공행위에 대해서도 급여를 제공하는 경우가 있다. 유공행위자는 다음과 같다.

Ⅰ. 순국선열과 애국지사(법 제4조 제1항 제1, 2호)

한일합병 전후에서 해방 전까지 독립운동을 하거나(애국지사), 독립운동 중 순국한 자이다(순국선열)(독립유공자예우에 관한 법률 제4조 제1, 2호). 이들은 위와 같은 공로로 건국훈장·건국포장 또는 대통령표창을 받았어야 한다. 일반적인 국가유공자에 비해서 순국선열과 애국지사의 경우 건국훈장 등을 받았을 것을 요건으로 하는 것은 해당 공헌행위가 오래된 과거의 사실이므로 객관적인 사실확인이 어렵고, 또 부분적으로 가치판단이 필요하기 때문에 「상훈법」에 따른 절차를 통하여 결정의 합리성을 높이는 의미를 갖는다.[2)] 애국지사의 경우 반드시 신체손상이 있어야 하는 것은 아니다.

---

1) 이하에서 법률의 명칭에 대해서 특별히 언급이 없는 한 「국가유공자 등 예우 및 지원에 관한 법률」을 말한다.

2) 이에 대한 헌법적 평가에 대해서는 헌재 2010.6.24, 2009헌바111, 22-1(하), 529면 이하 참조.

Ⅱ. 전몰군경 · 전상군경 · 순직군경 · 공상군경 · 순직공무원 · 공상공무원 및 6 · 18 자유상이자 · 전투종사군무원(법 제4조 제1항 제3, 4, 5, 6, 14, 15호 및 제73, 74조)

군인, 경찰공무원 및 공무원이 전투 또는 이에 준하는 직무행위 중 사망 혹은 상이를 입고 전역하였거나, 국가의 수호·안전보장 또는 국민의 생명·재산 보호와 직접적인 관련이 있는 직무수행이나 교육훈련 중 사망 혹은 상해를 입고 전역한 경우, 혹은 공무상 질병으로 사망한 경우 보상의 대상이 된다(전몰군경·순직군경·순직공무원).[3] 전쟁피해의 특수한 형태의 질병인 고엽제피해에 대해서는 「고엽제후유의증 등 환자지원 및 단체설립에 관한 법률」이 규율하고 있다.

공무원에는 국가공무원과 지방공무원, 그리고 국가 또는 지방자치단체에서 일상적으로 공무에 종사하는 직원으로 「공무원연금법」의 적용을 받는 사람이 포함된다. 청원경찰, 청원산림보호직원, 국가 또는 지방자치단체에 설치되어 있는 위원회 등의 상임위원과 전임직원으로서 매월 정액의 보수 또는 이에 준하는 급여를 받는 사람, 그 밖에 국가 또는 지방자치단체의 정규공무원 외의 직원으로서 수행업무의 계속성과 매월 정액의 보수 지급 여부 등을 고려하여 인정할 필요가 있는 사람, 그리고 「4·16세월호참사 진상규명 및 안전사회 건설 등을 위한 특별법」 제2조 제2호에 따른 희생자로서 인사혁신처장이 인정하는 사람 등이 여기에 해당된다(시행령 제5조, 공무원연금법 시행령 제2조). 이들이 일정한 정도 이상의 상이등급에 해당하는 장애를 입고 퇴직하면 보상의 대상이 된다(전상군경·공상군경).[4] 다만 상이를 원인으로 퇴직할 것이 요구되지는 않는다. 따라서 재직 중 상이를 입고 일정한 기간 계속 재직한 후 퇴직한 경우에도 보상의 대상이 된다.[5]

---

3) 시행령 제3조, 별표 1 참조.

4) 판정기준에 대해서 자세히는 시행령 별표 1 참조. 군복무 중 운동경기를 하다가 부상을 입은 경우 공상으로 인정하지 않은 판례로는 대판 2010.9.9, 2010두7710; 2011.3.10, 2010두23309 등 참조. 이 판결에서 대법원은 해당 부상을 법 제6조에 의하여 등록되는 유공자의 요건에는 해당하지 않고, 법 제73조의 2의 "… 불가피한 사유 없이 본인의 과실이나 본인의 과실이 경합된 사유로 사망 또는 상이를 입은…" 경우에 해당한다고 보았다. 이 후자의 규정은 지금은 개정을 통하여 삭제되었다. 이 규정에 대해서 자세히는 예컨대 이무상, "체력단련행위 중 공상을 당한 의무복무 병(兵)에 대한 지원공상군경으로의 보상", 저스티스(2010.10), 236면 이하 참조.

5) 서울행정법원 2000.7.7, 99구26265 참조.

민간인의 전쟁피해는 일반적으로 보상의 대상이 아니다.[6] 다만 다음과 같은 경우에는 보상의 대상에 해당한다. 첫째, 군사상 목적으로 외국에 파견된 군무원 또는 공무원으로서 전투 또는 이에 준하는 직무수행 중 사망 혹은 상이를 입은 경우이다. 둘째, 정부의 승인을 얻어 전투나 군작전에 종군하는 기자가 종군 중 사망 혹은 상이를 입은 경우이다. 셋째, 구(舊)「전시근로동원법」에 의하여 동원된 사람, 청년단원, 향토방위대원, 소방관, 의용소방관, 학도병, 그 밖의 애국단체원으로서 전투, 이에 준하는 행위 혹은 이와 관련된 교육훈련 중 사망 혹은 상이를 입은 경우이다(법 제74조 제1항). 이와 같은 규정은 예시적이다. 예컨대 6·25 전쟁 중 전투 및 이에 준하는 직무에 사실상 종사한 경우 보상의 요건을 충족시킨다.[7]

급여청구권이 성립하기 위해서는 직무행위 또는 유공행위와 사고, 그리고 희생이라는 구성요건이 존재하여야 하며, 이와 더불어 유공행위와 사고, 그리고 사고와 희생 간에 인과관계가 인정되어야 한다. 이러한 인과관계는 교육훈련 또는 직무수행이 직접적인 원인이 되어 부상 또는 질병을 일으키는 경우는 물론이고, 기존의 질병이 교육훈련이나 직무수행으로 인한 과로 혹은 무리 등이 겹쳐서 재발 또는 악화된 경우에도 긍정된다.[8] 직무수행 외의 이와 관련된 준비 또는 정리 행위 및 직무수행을 위하여 목적지까지 이동하거나 직무수행 종료 후 근무지 등으로 이동하는 행위 중 발생한 사고 또는 재해로 사망하거나 상이를 입은 경우에도 보상의 대상이 된다(보훈보상대상자법 시행령 별표 1 제1호).[9] 이러한 점에서 국가유공자법은 「산재보험법」과 유사한 구조를 가지고 있다.

복무 중 자살한 군인 혹은 경찰도 부분적으로 국가유공자로 인정되고 있다. 자살 군인이 국가유공자로 인정되기 위해서는 다음과 같은 요건이 갖추어져야 한다. 첫째, 구타 등 가혹행위가 있어야 한다. 둘째, 가혹행위와 정신적 고통 및

6) 예컨대 독일의 「연방부양법」(Bundesversorgungsgesetz)은 민간인 역시 보호의 대상으로 하고 있다(동법 제1조 제2a항). 다만 민간인의 경우 전투에 직접 종사하는 군인에 비해서 인과관계를 확인하는 것이 쉬운 것은 아니다. 이에 대해서는, *BSGE* 2, 29; 2, 265; 13, 272; 58, 38 등 참조.

7) 대판 2000.11.24, 98두11083 참조.

8) 대판 1991.6.28, 91누2359; 2007.9.21, 2007두11252; 행정심판위원회의결 99-4149. 1999.8.23 등 참조. 군복무 중 납북되어 일정 시간이 흐른 후 유족의 신청에 의하여 실종선고를 받았더라도 납북과 사망의 간주 사이에 인과관계가 확인되는 것은 아니기 때문에 국가유공자로 인정되지 않는다. 대판 2011.9.29, 2011두9317 참조.

9) 그러나 군인이 직무행위와 관련이 없는 행위로 인하여 부상을 입은 후 군병원에서 입원치료와 치료를 받던 중 사망한 것은 직무행위와 관련된 준비행위로서 특정될 수 없기 때문에 보훈보상의 대상이 되지는 않는다. 대판 2023.4.13, 2022두60257 참조.

스트레스 사이에 인과관계가 있어야 한다. 셋째, 자살행위가 정신적 고통으로 인해 자유로운 의지를 벗어난 것이며, 자해행위에 해당하지 않아야 한다.[10] 그러나 실제 대부분의 경우에 자살한 군인 등은 국가유공자로 인정되지 않는다.[11]

현재 「국가유공자 등 예우 및 지원에 관한 법률」에서는 출퇴근 중의 사고를 직무상의 사고로 인정하고 있다.[12] 인과관계의 확인에 있어서 본인의 공동과실은 청구권의 성립에 영향을 미치지 않는다.[13] 이 점은 산재보험에서의 인과관계론과 같다.

공상군경에 준하여 보상이 되는 사람으로 6·18 자유상이자가 있다(법 제73조). 북한의 군인 또는 군무원으로서 6·25 전쟁 중 국군 또는 유엔군에 포로가 되어 포로수용소에 수용되어 있던 사람이 대한민국을 지지하다가 북한을 지지하는 사람으로부터 상이를 입은 경우, 그리고 대한민국에 귀순할 목적으로 포로수용소를 탈출하다가 상이를 입은 경우가 여기에 해당한다. 이들이 보상을 받기 위해서는 해당 상이가 대통령령이 정하는 상이등급에 해당하여야 하며, 보훈심사위원회에서 6·18 자유상이자로 의결되어야 한다.

Ⅲ. 군사유공행위자 · 참전유공자(법 제4조 제1항 제7, 8, 9, 10호)

무공수훈자, 보국수훈자 및 6·25 참전 재일학도의용군인이 여기에 해당한다. 무공수훈자는 무공훈장을 받은 사람이다. 국가공무원과 지방공무원, 그리고 국가나 지방자치단체에서 일상적으로 공무에 종사하는 직원이 무공훈장을 받은 경우에는 전역하거나 퇴직한 경우에 한하여 수급대상자가 된다. 보국수훈자는 군인으로서 보국훈장을 받고 전역한 사람, 그리고 군인 외의 사람으로서 간첩체포, 무기개발 및 그 밖에 대통령령으로 정하는 사유로 보국훈장을 받은 사람을 말한다. 국가공무원, 지방공무원, 그리고 국가나 지방자치단체에서 일상적으로 공무에 종사하는 직원의 경우 간첩체포 등의 사유로 보국훈장을 받고 퇴직하여야 수급자에 해당한다. 6·25 참전 재일학도의용군인은 대한민국 국민으

10) 대판 1999.6.8, 99두3331; 2004.5.14, 2003두13595 등 참조.

11) 대판 2004.3.12, 2003두2205; 2003.11.14, 2002두4136; 2004.3.26, 2003두14789; 2006.9.14, 2005두14578; 2004.2.27, 2003두12202; 2004.3.12, 2003두10404; 2004.3.25, 2003두6702 등 참조.

12) 서울고법 1995.6.14, 94구32445; 행정심판위재결 96-449. 1996.8.16 등 참조.

13) 따라서 예컨대 음주 중에 발생한 사고에 있어서도 단순히 음주상태가 존재한다고 해서 직무성이 처음부터 배제되는 것은 아니다. 대판 1992.2.25, 91누8920; 서울고법 1995.6.14, 94구32445 등 참조.

로서 일본에 거주하던 사람으로서 한국전쟁 중 국군이나 유엔군에 지원 입대하여 6·25 전쟁에 참전하고 제대한 사람을 말한다. 이들에게는 신체손상이 존재할 것이 요구되지 않는다.

참전유공자는 「참전유공자예우 및 단체설립에 관한 법률」 제2조 제2호에 해당하는 사람으로서 이 법 제5조에 따라 등록된 사람, 그리고 「고엽제후유의증 등 환자지원 및 단체설립에 관한 법률」 제4조 또는 제7조에 따라 등록된 사람이다.

Ⅳ. 4·19혁명 희생자(법 제4조 제1항 제11, 12, 13호)

1960년 4월 19일을 전후(前後)한 혁명에 참여하여 사망하였거나 혹은 대통령령이 정하는 상이등급에 해당하는 장애를 입은 자가 여기에 해당한다. 4·19혁명공로자로서 건국포장을 받은 경우에는 신체손상이 존재할 것이 요구되지 않는다.

Ⅴ. 그 밖의 유공행위자(법 제4조 제1항 제16, 17, 18호)

여기에는 국가사회발전에 현저한 공이 있는 사람으로서 그 공로와 관련하여 순직한 사람(국가사회발전 특별공로순직자), 그 공로와 관련하여 대통령령이 정하는 상이등급에 해당하는 장애를 입은 사람(국가사회발전 특별공로상이자), 사망 및 장애를 입지는 않았지만 국가사회발전에 현저한 공이 있는 사람(국가사회발전 특별공로자) 등이 포함된다. 건국공헌자, 국권의 신장 및 우방과의 친선에 공헌을 세운 사람, 국가의 민주발전 및 사회정의의 구현에 기여한 사람, 그 밖의 사유로 국가와 사회발전에 헌신적으로 이바지하여 국가발전에 뚜렷한 공로가 있는 사람 등이 여기에 속한다(시행령 제6조 제2항). 이들이 급여대상자가 되기 위해서는 국무회의에서 의결되어야 한다. 이러한 급여는 희생에 대한 국가의 책임이 희박하다는 점에서 보상보다는 예우의 성격이 강하다.

제 2 절　급여의 종류와 내용

Ⅰ. 기본원칙

국가유공자의 희생 혹은 공헌의 정도에 따라 보상하되, 생활수준과 연령 등을 고려하여 보상의 정도를 달리할 수 있다(법 제7조). 국가유공자예우제도는 부분적으로는 공공부조의 성격을 띠고 있다.

Ⅱ. 급여의 종류와 내용

1. 서　론

국가유공자보상은 현금급여인 보훈급여금과 그 밖의 지원급여로 지급된다. 보훈급여금에는 유공자 및 그 유족의 장기적인 생활보장을 위한 보상금과 수당 및 사망일시금이 있다. 그 밖에 교육지원, 취업지원, 의료지원 및 대부형태의 급여가 있다. 「독립유공자예우에 관한 법률」은 그 내용이 「국가유공자 등 예우 및 지원에 관한 법률」과 유사하므로 설명을 생략한다.

법에 정한 경우에 유공행위자의 유족 또는 가족에게 급여가 지급된다. 유족 또는 가족의 범위에는 배우자, 자녀, 부모, 성년인 직계비속이 없는 조부모, 60세 미만 직계존속과 성년인 형제자매가 없는 미성년 제매(弟妹) 등이 포함된다. 배우자에는 사실혼 관계에 있는 사람이 포함된다. 자녀의 경우, 양자는 국가유공자가 직계비속이 없어 입양한 사람 1명만 자녀로 본다. 부모의 경우 생부 또는 생모 외에 국가유공자를 양육하거나 부양한 사실이 있는 부 또는 모의 배우자가 있을 때에는 국가유공자를 양육하거나 부양한 1명만을 부 또는 모로 본다. 조부모의 경우 성년인 직계비속이 생활능력이 없는 정도의 장애인이거나 현역병 등으로 의무복무하는 경우에는 성년인 직계비속이 없는 것으로 본다. 또 미성년 제매의 경우에도 60세 미만의 직계존속과 성년인 형제자매가 있지만 생활능력이 없는 정도의 장애인이거나 현역병 등으로 의무복무 중인 경우에는 60세 미만의 직계존속과 성년인 형제자매가 없는 것으로 본다(법 제5조).[14)]

14) 장애인 판단기준에 대해서는 시행령 별표 2 참조.

2. 보훈급여금

(1) 보 상 금

가) 대상자

전상군경, 공상군경, 재일학도의용군인, 4·19혁명부상자 및 특별공로상이자 본인에게 보상금이 지급된다(법 제12조 제1항 제1호).[15]

전몰군경, 순직군경, 4·19혁명사망자 및 특별공로순직자의 유족, 그리고 재일학도의용군인이 사망한 경우 유족에게 보상금이 지급된다(법 제12조 제1항 제2, 3호). 이때 유족 중 자녀는 25세 미만인 자녀에 한한다. 다만 생활능력이 없는 정도의 장애가 있는 경우에는 25세가 된 이후에도 보상금을 받을 수 있다. 생활능력이 없는 정도의 장애가 있는 제매(弟妹) 역시 성년이 되어도 보상금을 받을 수 있다(법 제12조 제2항, 시행령 제21조).[16]

「독립유공자예우에 관한 법률」에 의하면 순국선열과 애국지사, 그리고 그 유족 중 1명에게 보상금이 지급된다. 1945년 8월 14일 이전에 독립유공자가 사망한 때에는 손자녀에게도 1명에 한하여 보상금이 지급된다. 1945년 8월 15일 이후에 독립유공자가 사망한 때에는 사망한 독립유공자의 유족으로 최초로 등록할 당시 자녀가 모두 사망한 경우에 한하여 손자녀 1명에게 보상금이 지급된다(독립유공자예우에 관한 법률 제12조 제2항).[17]

보상금을 받을 유족의 순위는 배우자, 자녀, 부모, 조부모, 미성년 제매의 순서로 한다. 같은 순위인 유족이 2명 이상인 경우에는 같은 순위의 유족 간 협의에 의하여 1명을 보상금을 받을 사람으로 지정하여 보상금을 지급한다. 보상금을 받을 유족에 해당하는 사람이 없는 경우에는 국가유공자를 주로 부양하

15) 공상군경과 비교하여 공상공무원이 연금지급대상에서 제외된 것이 평등의 원칙과 조화되는가 하는 문제가 제기될 수 있다. 이에 대해서 헌법재판소는 합헌결정을 한 바 있다. 헌재 2001.6.28, 99헌바32, 13-1, 1242면 이하 참조. 이 밖에 구「참전유공자예우에 관한 법률」에서「국가유공자법」에 의한 보훈급여금을 지급받는 경우 참전명예수당을 지급하지 않고, 그 결과 전상유공자가 아닌 참전유공자만이 참전명예수당을 받을 수 있도록 한 규정에 대해서도 합헌결정을 하였다. 헌재 2010.10.28, 2009헌마272, 22-2(하), 264면 이하 참조.

16) 생활능력이 없는 것으로 인정되는 장애의 존재에 대한 판단에 대해서는 시행령 별표 2 참조.

17) 헌재 2011.4.28, 2009헌마610, 23-1(하), 117면 이하 참조. 이 결정에서 헌법재판소는 1945년 8월 14일 이전에 사망한 독립유공자의 손자녀에 한하여 보상금을 지급하였던 규정을 합헌으로 판단하였다. 이후 헌법재판소는 독립유공자의 손자녀 1명에 한하여 보상금을 지급하며, 또 같은 순위의 유족이 2명 이상인 경우에 나이가 많은 손자녀를 우선하는 규정에 대해서는 헌법불합치 결정을 하였다. 헌재 2013.10.24, 2011헌마724, 25-2(하), 270면 이하 참조.

거나 양육한 사람에게 보상금을 지급한다. 이에 해당하는 사람이 없는 경우에는 나이가 많은 사람에게 보상금을 지급한다. 연금을 받을 유족이 사망한 때, 유족의 요건을 더 이상 충족시키지 못한 때, 1년 이상 행방불명인 때에는 그 다음 순위의 유족에게 급여를 지급한다(법 제13조).

나) 보상금산정

보상금은 상이의 정도와 유족의 종류에 따라 차등지급된다. 상이등급 7급 이상에 해당하는 경우 상이등급에 따라 월 568,000원부터 3,506,000원 사이에서 보상금이 차등지급된다. 재일학도의용군인에게는 월 1,535,000원의 보상금이 지급된다. 전몰군경 및 순직군경의 유족의 경우 배우자에게는 월 1,847,000원, 25세 미만 자녀 또는 미성년 제매에게는 월 2,142,000원, 부모 또는 조부모에게는 월 1,815,000원의 보상금이 지급된다. 상이등급 6급 전상군경, 공상군경 등의 유족의 경우 배우자에게는 월 588,000원, 25세 미만 자녀 또는 미성년 제매에게는 월 848,000원, 부모 또는 조부모에게는 월 557,000원이 지급된다(법 제12조 제5항, 시행령 제22조, 시행령 별표 4).

(2) 생활조정수당

국가유공자나 그 유족에게 생활 수준을 고려하여 보상금 지급순위 선순위인 자 1인에게 생활조정수당을 지급할 수 있다(법 제14조). 생활조정수당의 지급기준이 되는 생활정도는 일반의 표준생계비, 민간의 임금 및 물가의 변동 등을 고려하여 국가보훈부장관이 정한다.

생활조정수당으로 가족이 2~3명인 때 소득인정액이 가구당 가계지출비의 100분의 30 미만인 경우, 100분의 30 이상 100분의 40 이하인 경우, 그리고 100분의 40 초과 100분의 50 이하인 경우 각각 28만 3천원, 25만 2천원, 22만원이 지급된다. 가족이 4명 이상인 때에는 위 각각의 소득기준에 대해서 33만 6천원, 30만 5천원, 27만 3천원이 지급된다(시행령 제25조 및 별표 5).

(3) 그 밖의 급여

가) 중상이 부가수당

전상군경, 공상군경, 4·19혁명부상자 및 특별공로상이자 중 대통령령으로 정하는 상이등급 이상으로 판정된 사람에게는 중상이 부가수당을 지급한다. 이 수당은 월액으로 하며, 그 지급액, 지급방법, 그 밖에 지급에 필요한 사항은 대통령령으로 정한다(법 제16조).

나) 간호수당

상이등급 1급 및 2급에 해당하여 다른 사람의 보호가 없이는 활동이 어려운 사람에게 간호수당을 지급한다(법 제15조). 1급 상이자에 대해서는 상시간호수당으로서 월 2,915,000원, 2급 상이자에 대해서는 수시간호수당으로서 월 1,944,000원이 지급된다(시행령 제26조, 별표 5의2).

다) 부양가족수당

전상군경, 공상군경, 4·19혁명부상자 및 특별공로상이자 중 일정한 상이등급 이상에 해당하는 경우 및 재일학도의용군인, 이들이 사망한 경우 그 배우자, 전몰군경·순직군경·4·19혁명사망자 및 특별공로순직자의 자녀 등에게 부양가족이 있는 경우 그 수에 따라 부양가족수당을 지급한다. 자녀의 경우 미성년자에 한한다. 다만 미성년 자녀가 성년이 된 경우에도 대통령령으로 정하는 생활능력이 없는 정도의 장애가 있으면 부양가족의 범위에 포함한다(법 제15조의 2).

라) 무공영예수당

60세 이상 무공수훈자에 대하여는 무공영예수당이 지급된다.[18] 무공수훈자가 보상금지급대상 혹은 「참전유공자예우에 관한 법률」에 의하여 참전영예수당의 지급대상에 해당하는 경우에는 본인의 선택에 따라 하나의 급여를 지급한다. 무공영예수당으로는 무공훈장의 등급에 따라 월 45만원 내지 47만원이 지급된다(법 제16조의 2, 시행령 제27조의 2, 별표 5의 4).

마) 6 · 25 전몰군경자녀수당

1953년 7월 27일 이전 및 「참전유공자예우에 관한 법률」이 규정하는 전투기간 중에 전사하거나 순직한 전몰군경 또는 순직군경의 자녀 중 1명에 대하여 6·25전몰군경자녀수당이 지급된다. 자녀가 2명 이상이면 자녀 간 협의에 의하여 자녀 중 1명을 지정한 경우에는 그 사람에게 6·25전몰군경자녀수당을 지급한다. 이에 해당하는 사람이 없는 경우에는 전사하거나 순직한 전몰군경 또는 순직군경을 주로 부양한 자녀에게 6·25전몰군경자녀수당을 지급한다. 이 수당은 다른 자녀에게는 이전되지 않는다.

18) 무공영예수당의 수급요건을 60세 이상으로 한 규정에 대한 헌법적 판단으로는 헌재 2007.3.29, 2004헌마207, 19-1, 276면 이하 참조.

6·25전몰군경자녀수당으로 유족이 보상금을 전혀 지급받지 않았던 경우 또는 유족인 미성년자녀가 보상금을 받다가 성년이 되어 보상금 수급권이 소멸된 경우에는 기본급 월 1,536,000원에 위로가산금 80,000원을 더한 액이, 그 밖의 경우에는 월 1,307,000원 혹은 439,000원이 지급된다(법 제16조의 3, 시행령 제27조의 3, 별표 5의 5).

바) 그 밖의 수당

위의 수당 외에 연령 등을 고려하여 고령수당, 2명 이상 사망수당, 전상수당 등이 지급된다(법 제11조 제2항 제7호, 시행령 제23조).

(4) 사망일시금

보상금수급자인 국가유공자가 사망한 경우, 혹은 보상금수급자인 유족이 사망한 때에는 사망일시금이 지급된다. 사망일시금은 보상금 지급순위에 따라 지급한다. 유족이 없으면 사망 당시 생활을 같이 하고 있던 친족 중 상속인이 될 자의 신청에 의하여 상속인에게 지급한다(법 제17조, 시행령 별표 6). 다만 보상금 수급자인 유족이 사망한 때에는 당해 보상금을 받을 수 있는 다른 유족이 없는 경우에 한하여 사망일시금이 지급된다. 이 경우 사망 당시 생활을 같이 하고 있던 친족 중 상속인이 될 자의 신청에 의하여 그 상속인에게 지급한다. 상속인이 될 자도 없는 경우에는 장제를 행한 자에게 지급될 수 있다. 사망일시금의 액은 유공행위의 종류와 희생의 정도에 따라 차등산정된다.

전상군경·공상군경·4·19혁명부상자 및 특별공로상이자 본인 및 그 유족이 사망한 경우 1,704,000원 내지 1,127,000원이, 그리고 재일학도의용군인 등이 사망한 경우 1,127,000원이 사망일시금으로 지급된다(시행령 별표 6).

보상금 혹은 수당을 받을 자가 사망 혹은 행방불명이 된 경우에 확정된 보상금 및 수당은 위에서 설명한 사망일시금의 지급례에 따라서 지급한다(법 제18조).

3. 각종 지원조치

현금급여 이외의 지원조치로서 교육지원, 취업지원, 의료지원, 대부 등이 행해진다.

(1) 교육지원

국가유공자 자신과 사망한 국가유공자의 배우자, 자녀, 미성년 제매(弟妹) 등이 교육지원의 대상이다. 자녀 및 미성년 제매 등은 30세 이전에 취학하는 경우에 한하여 교육지원을 받는다. 무공수훈자, 보국수훈자, 4·19혁명공로자 및 특별공로자 등과 이들의 자녀, 또 전상군경, 공상군경, 4·19혁명부상자, 공상공무원 및 특별공로상이자 등의 경우 일정한 상이등급 미만으로 판정된 사람의 자녀에게 생활수준을 고려하여 교육지원 여부를 결정한다(법 제22조). 이들에 대해서 중·고등학교 및 대학교, 그 밖에 평생교육시설 및 「학점인정 등에 관한 법률」상의 교육훈련기관 등에서 교육지원이 이루어진다(법 제22조의 2). 「초·중등교육법」에 의한 중학교·고등학교는 학년별로 학생정원의 3퍼센트의 범위 내에서 교육지원대상자를 취학시켜야 한다. 지원대상자의 지역별 분포상태에 따라 필요한 경우 취학비율은 6퍼센트까지 할 수 있다(법 제23조).

교육지원대상자의 교육에 필요한 수업료, 입학금 및 그 밖의 학비는 면제한다(법 제25조). 교육지원대상자가 외국인학교 등에 취학하는 경우에는 예산의 범위 내에서 수업료의 일부를 보조할 수 있다. 현재 중학생, 인문계 및 실업계 고등학생에 대해서 각각 연 124,000원, 144,000원, 그리고 186,000원이 지급된다. 대학생에 대해서는 연 2,360,000원이 학자금으로 지급된다. 특수학교에서 교육을 받는 경우 연 534,000원 내지 718,000원이 지급된다(법 제25조의 2, 시행령 별표 7).[19] 사립대학에서 입학금 및 수업료를 면제하는 경우에는 면제한 금액의 반액을 국가가 보조한다(법 제25조).

(2) 취업지원

취업지원은 우선채용과 직업훈련의 형태로 이루어진다.

가) 우선채용

국가유공자 및 국가유공자의 유족은 취업지원실시기관에 우선 채용된다. 취업지원대상자는 전상군경·공상군경·무공수훈자·보국수훈자·재일학도의용군인·4·19혁명부상자·4·19혁명공로자·공상공무원·특별공로상이자 및 특별공로자와 그 배우자, 그리고 전몰군경·순직군경·4·19혁명사망자·순직공무원 및 특별공로순직자의 배우자 및 자녀 등이다. 전몰군경 등의 자녀, 전상군경 및 재일학도의용군인의 자녀 등에 대해서 국가기관 등에 채용, 보훈특별고용 등의 지원을 하는 경우 자녀 1명에 한하여 실시한다.[20]

---

19) 이는 국내 교육기관에서의 교육에 대한 지원이며, 국외 교육기관에서의 교육에 대해서는 지원을 하지 않았던 데에 대해서 합헌결정이 이루어진 바 있다. 헌재 2003.5.15, 2001헌마565, 15-1, 568면 이하 참조.

20) 이와 같이 예외적으로 1인에 한해 손자녀를 취업지원의 대상으로 하는 규정에 대한 헌법적 평가

취업지원실시기관은 국가기관, 지방자치단체, 군부대 및 국·공립학교, 일상적으로 하루에 20명 이상을 고용하는 공·사기업체 또는 공·사단체, 그리고 사립학교이다. 다만 대통령령이 정하는 제조업체로서 200명 미만을 고용하는 기업체는 제외된다(법 제30조).

국가기관, 지방자치단체, 군부대 및 국·공립학교에서는 일반직공무원 정원의 20%의 범위에서, 교육기관 중 사립학교에서는 교원 외 직원정원의 10% 이상으로, 그리고 공·사기업체 또는 공·사단체에서는 3%에서 8%의 범위에서 대상업체별 고용비율 이상으로 취업지원대상자를 우선적으로 채용하여야 한다. 공공기관, 지방공단 등에서는 고용비율을 9%까지 확대할 수 있다(법 제32, 33조, 제33조의 2, 시행령 제50조, 별표 9).

취업지원은 채용시험시 가점(加點)을 하는 방법으로 이루어진다. 가점대상은 국가기관 및 지방자치단체 등에서 6급 이하 일반직공무원 또는 연구사, 지도사, 특정직공무원, 기간제근로자, 공사기업체·공사단체의 모든 직급, 사립학교 교직원 등이다. 다만 계약직공무원은 가점대상에서 제외된다(시행령 별표 8).[21] 가점은 각 과목당 만점의 10% 혹은 5%를 가산하여 이루어진다. 전상군경, 공상군경, 무공수훈자, 보국수훈자, 재일학도의용군인, 4·19혁명부상자, 4·19혁명공로자, 공상공무원, 특별공로상이자 및 특별공로자와 그 가족, 그리고 전몰군경, 순직군경, 4·19혁명사망자, 순직공무원 및 특별공로순직자의 유족에 대해서는 10%의 가산점이 주어진다. 그 밖의 취업지원대상자의 경우 5% 가산점이 주어진다. 가점을 받아 채용시험에 합격하는 자의 수는 해당 채용시험 선발예정인원의 30%를 초과할 수 없다.[22] 채용시험의 합격자를 결정함에 있어 합격인원을 초과하여 동점자가 있는 경우에는 취업지원대상자를 우선하여 합격시켜야 한다(법 제31조, 시행령 제48조, 별표 8).

실질적으로 취업보호가 이루어지도록 다음과 같은 사후 조치를 취하고 있다. 취업대상자가 퇴직하거나 해임 또는 해고된 때에는 취업지원실시기관은 국

에 대해서는 헌재 2006.6.29, 2006헌마87, 18-1(하), 523면 이하 참조.

21) 계약직공무원을 가점대상에서 제외하는 규정에 대한 헌법적 평가에 대해서는 헌재 2012.11.29, 2011헌마533, 24-2(하), 194면 이하 참조.

22) 헌법재판소는 처음에는 국가유공자 취업보호를 위한 가산점제도에 대해서는 합헌결정을 하였다. 헌재 2001.2.22, 2000헌마25, 13-1, 386면 이하 참조. 그러나 이후 헌법 제32조 제6항에 의하여 근로의 기회에 있어서 우선적 보호를 받는 범위는 국가유공자와 상이군경 본인, 그리고 전몰군경의 유가족에 한정되며, 따라서 국가유공자의 유족에게 가산점을 부여하는 것은 헌법에 근거가 없다는 이유로 헌법불합치결정을 하였다. 헌재 2004.2.23, 2004헌마675등, 18-1(상), 280면 이하 참조. 헌법재판소는 이미 이전에 제대군인의 취업보호를 위한 가산점제도에 대해서는 위헌결정을 한 바 있다. 헌재 1999.12.23, 98헌바33, 11-2, 732면 이하 참조.

가보훈부장관에게 이를 통보하여야 한다(법 제37조 제2호). 이들 취업자에 대하여 직급의 부여·보직·승진·승급 등에 있어서 채용의무에 따른 채용을 하였다는 이유로 불이익한 대우를 해서는 안 된다. 차별취급을 한 경우 국가보훈부장관은 시정을 요구할 수 있다. 시정을 요구받은 취업지원 실시기관은 시정조치를 하고 그 결과를 국가보훈부장관에게 통보하여야 한다(법 제36조). 이들에 대한 실질적인 직업보호를 위한 조치이다.

국가보훈부장관은 고용비율에 미달한 업체에 고용할 사람을 선택할 수 있도록 취업지원 대상자를 복수로 추천하여야 한다. 이러한 추천을 받은 업체는 추천받은 사람 중에서 고용할 사람을 선택하여 국가보훈부장관에게 통보하여야 한다. 이러한 통보를 한 경우 국가보훈부장관은 업체에 고용을 명할 수 있다. 업체가 정당한 사유 없이 통보를 하지 않은 경우에는 국가보훈부장관이 복수로 추천한 취업지원 대상자 중 선택한 사람을 고용할 것을 명할 수 있다(법 제34조)(보훈특별고용). 보훈특별고용에 의한 지원은 연령상의 제한이 있다. 즉 취업지원연령은 35세까지이다(시행령 제56조).

다음과 같은 경우에는 취업지원을 일정한 기간 동안 제한하거나 그 횟수를 제한할 수 있다. 고용명령에 의한 취업통지를 받고 정당한 사유없이 취업하지 않은 경우 혹은 고용명령에 의하여 취업한 후 정당한 사유없이 6개월 미만을 근무하고 퇴직한 경우에는 6개월간 취업지원을 제한한다. 취업하지 않은 혹은 퇴직하는 정당한 사유에는 1개월 이상의 치료를 필요로 하는 부상 또는 질병이 있는 경우, 보훈특별고용 통지를 받은 업체 등의 감원이나 휴업 등의 사유로 고용이 지연되어 해당 업체 등에 취업하기를 포기하거나 업체 등의 긴박한 경영상의 사유로 퇴직하거나 해고된 경우, 채용신체검사에 불합격한 경우, 3개월 이상 임금이 체불(滯拂)된 경우, 그리고 취업하려는 직종 또는 취업한 직종에서 요구하는 기술이나 자격이 없는 등 국가보훈부장관이 인정하는 상당한 사유가 있는 경우가 포함된다. 근무태만·직무유기 또는 부정행위의 사유로 징계에 의하여 면직된 경우에는 1년간 취업지원을 제한한다(법 제34조의 2, 시행령 제58조).

나) 직업훈련 및 능력개발 장려금

국가유공행위 중 상이를 입은 자는 취업에 필요한 기술을 습득할 수 있도록 직업재활훈련을 받는다. 국가보훈부장관은 「국민평생직업능력 개발법」에 의하여 직업능력개발훈련을 실시하는 기관에 취업지원대상자를 추천하여 직업능력개발훈련을 받게 하여야 한다. 이 경우 「직업교육훈련 촉진법」에 의하여 우선

실시 비율의 범위 내에서 고용노동부장관과 협의하여 취업지원대상자의 수를 결정한다. 직업재활훈련과 직업능력개발훈련에 필요한 비용은 국가가 부담한다(법 제38조).

취업에 필요한 자격이나 능력 등을 개발하기 위하여 필요한 지원이 이루어진다. 국가보훈부장관은 예산의 범위에서 그 비용의 전부 또는 일부를 지원하거나 장려금을 지급할 수 있다(법 제39조, 시행령 제61조의 4).

(3) 의료지원

전상군경, 공상군경, 4·19혁명부상자, 공상공무원 및 특별공로상이자에게는 해당 상이부분에 대하여 국가 의료시설 또는 지방자치단체 의료시설, 혹은 다른 의료기관에 위탁하여 의료지원을 행한다. 여기에는 응급진료, 통원진료 및 입원진료가 모두 포함된다(법 제42조, 시행령 제62조). 의료지원은 유공행위 중 발생한 질병에 한하여 이루어지는 것은 아니다. 다만 본인의 고의에 의하여 발생한 질병은 의료지원의 대상이 아니다. 의료지원에 필요한 비용은 원칙적으로 국가가 부담한다. 치료가 지방자치단체의 의료시설에서 행해지는 경우에는 지방자치단체가 치료비용의 50%를 부담한다(법 제42조 제3항, 시행령 제62조 제3항). 전상군경, 공상군경, 4·19혁명부상자, 공상공무원 및 특별공로상이자 중 상이등급 6등급 미만으로 판정된 사람이 상이처 외에 질병에 걸려 의료진료를 받는 경우에는 본인이 부담할 진료비용 중 10%를 부담한다. 다만 응급증상이 발생하여 응급진단을 받는 경우에는 국가가 비용을 전액 부담한다(법 제42조 제4항, 시행령 제63조의 2).

이 법에 의한 의료지원대상자가 아닌 국가유공자, 그 배우자 혹은 가족이 보훈병원에서 치료를 받은 경우에는 치료비용을 면제하거나 60%의 범위 내에서 감액할 수 있다(법 제42조 제5항, 시행령 제64조 제1항). 무공수훈자, 재일학도의용군인, 재일학도의용군의 유족 중 75세 이상인 사람 1명 등은 보훈병원 이외의 위탁 의료기관에서 진료를 받을 수 있다. 이 경우 건강보험 본인부담비용의 60%가 감면된다. 건강보험 진료비용을 본인이 모두 부담하는 경우에는 진료비 감면이 이루어지지 않는다(법 제42조 제7항, 시행령 제64조 제2, 3항). 의료지원 대상자가 이 법이 정하는 의료시설의 의사가 발행한 처방전에 의하여 약국에서 의약품을 조제받은 경우 약제비용의 전액 또는 감면비율에 해당하는 금액을 면제받는다(시행령 제64조의 2).

전상군경, 공상군경, 4·19혁명부상자, 공상공무원 및 특별공로상이자가 신체장애로 인하여 보철구가 필요한 경우 보철구가 지급된다(법 제43조의 2, 시행령 제67조).

국가보훈부장관은 전상군경·공상군경·4·19혁명부상자·공상공무원 및 특별공로상이자를 위하여 의학적 재활과 재활체육에 관한 시책을 마련하고 사업을 행한다. 의학적 재활은 개인의 권리가 아니라 사업의 형태로 규정되어 있다. 이 밖에 국가보훈부장관은 의학적 재활과 재활체육의 진흥을 위하여 필요한 경우 한국보훈복지의료공단 등에 사업을 위탁할 수 있다. 이 경우 국가보훈부장관은 공단 등에 예산의 범위에서 그 경비의 전부 혹은 일부를 보조할 수 있다(법 제44조). 또 국가보훈부장관은 국가유공자, 그 유족 또는 가족의 심리적 안정과 사회 적응을 위하여 심리상담 등 심리재활서비스에 관한 시책을 마련하고, 그 사업을 수행하여야 한다(법 제44조의 2).

(4) 대부, 주택의 분양, 보조금

국가유공자 및 그 유족 중 보상금을 받는 자, 그리고 보상금을 받는 유족이 없는 경우 유족범위에 속하는 자 중 선순위자는 농토구입, 주택비용(주택구입, 대지구입, 주택신축, 주택개량, 주택임차 등), 사업, 생활안정 등의 목적으로 국가로부터 낮은 이자로 장기저리로 대부를 받을 수 있다(법 제49조). 대부의 재원은 「보훈기금법」의 규정에 의한 국가유공자지원자금이다(법 제48조).

대부금의 이자율은 연리 2% 내지 5%의 범위 내에서 국가보훈부장관이 정한다(법 제51조, 시행령 제68조). 다만 시행령에 열거된 특별한 경우 대부금의 이자율은 연리 1%를 초과할 수 없다. 담보재산에 대해서 저당권을 실행하는 경우 저당권 실행기간 중의 미상환대부금, 담보재산에 대한 저당권 실행 결과 미상환대부금이 있는 경우 미상환대부금, 보훈급여금 또는 그 밖에 담보를 제공하거나 보증인을 세우고 대부를 받은 자에게 대부금반환청구소송을 제기한 경우 그 소송기간 중의 미상환 대부금, 천재지변·재해·생계곤란, 질병 또는 이에 준하는 사유로 대부금의 상환기간을 연장하는 경우의 상환유예기간 중의 미상환대부금 등이 여기에 해당한다(시행령 제68조).

대부금의 상환기간은 대부금의 용도에 따라서 차등화되어 있다. 농토구입대부금은 3년 거치 후 12년 기간에, 주택대부의 대부금은 20년의 기간에(주택개량 및 임차대부의 경우에는 7년), 사업대부의 대부금은 15년의 기간에, 그리고 생활안정대부의 대부금은 5년의 기간에 각각 분할상환하여야 한다. 대부를 받은 자가 대부금을 상환하기 곤란하다고 인정되면 3년의 범위 안에서 상환기간을 연장할 수 있다(법 제53조, 시행령 제70조).

국가보훈부장관은 대부 대상자에게 주택을 공급하기 위하여 필요하면 국가유공자지원자금을 재원으로 주택을 건축하여 분양·임대 또는 관리할 수 있다(법 제54조, 시행령 제74조). 대부 대상자 중 농토구입대부나 주택대부(대지구입대부 및 주택개량대부는 제외한다)를 받는 자에게는 예산의 범위에서 보조금을 지급할 수 있다. 천재지변·재해 또는 이에 준하는 사유로 농토·주택 등이 유실되거나 훼손된 자, 그리고 생계가 극히 곤란하여 대부금만으로 대부의 목적 달성이 곤란한 자가 지급대상이다(법 제55조, 시행령 제75조).

(5) 그 밖의 지원

국가유공자 및 유족은 65세 이상의 남성 또는 60세 이상의 여성으로서 부양의무자가 없는 경우 국가의 양로시설에서 양로지원을 받는다(양로지원)(법 제63조). 국가유공자, 그 배우자, 유족 중 부모 등에 대해서는 「노인장기요양보험법」에 따른 재가급여 혹은 시설급여를 받는 경우 생활수준을 고려하여 본인부담비용의 일부를 보조할 수 있다(요양지원에 대한 보조)(법 제63조의 2). 이밖에 국가보훈부장관은 국가유공자와 그 유족 또는 가족의 원활한 일상생활을 위하여 가정에서 가사활동, 건강관리 및 정서활동 등을 지원하는 보훈재가복지서비스를 제공할 수 있다(법 제63조의 2). 국가유공자의 미성년 자녀와 미성년 제매 중 부양의무자가 없는 사람 또는 부양의무자가 양로지원을 받고 있는 사람에 대하여는 양육지원을 할 수 있다(양육지원). 양육지원은 국가의 양육시설에서 이루어진다. 양육지원을 받고 있는 사람으로서 19세가 되어 고등학교·대학 등에 재학 중이거나 19세가 되는 해에 고등학교·대학 또는 이에 준하는 학교에 입학하는 경우에는 학교를 졸업할 때까지 계속 양육지원을 할 수 있다. 양로지원과 양육지원에 소요되는 비용은 국가가 부담한다(법 제64조).

국가유공자는 수송시설 이용 및 고궁 등의 이용에 있어서 이용료를 받지 않거나 요금할인의 혜택을 받는다. 수송시설을 무료로 또는 할인하여 이용할 수 있도록 제공한 자에게는 예산의 범위에서 보조금을 지급할 수 있다(법 제66조, 시행령 제85조; 법 제67조, 시행령 제86조, 별표 10).

이 법상의 대부 대상자에게는 국가 또는 지방자치단체에 의하여 건설되는 주택, 그리고 국가 혹은 지방자치단체의 재정, 「주택도시기금법」에 따른 주택도시기금의 지원을 받아 건설되는 주택을 우선적으로 공급하게 할 수 있다. 이때 무주택기간, 생활수준 등을 고려한다(법 제68조, 시행령 제87조).

Ⅲ. 급여의 제한 및 조정

1. 급여의 제한

국가유공자보상의 원인이 되는 피해의 발생에 본인의 귀책사유가 인정되는 경우에는 보상청구권은 성립하지 않는다. 불가피한 사유 없이 본인의 고의 혹은 중과실, 또는 관련 법령 및 소속 상관의 명령을 현저히 위반하여 피해가 발생한 경우, 공무를 이탈한 상태에서 피해가 발생한 경우, 장난·싸움 등 직무수행으로 볼 수 없는 사적 행위가 원인이 되어 피해가 발생한 경우가 여기에 해당한다(법 제4조 제6항).[23] 이 밖에 국가유공자가 이 법에 의한 명령에 위반하거나, 품위손상행위를 한 경우에는 3년의 범위내에서 보상의 일부 또는 전부를 하지 않는다. 이를 위해서는 보훈심사위원회의 의결을 거쳐야 한다(법 제78조 제1항). 품위손상행위란 국가유공자의 신분을 이용하여 부당한 혜택을 강요하거나 이를 알선하는 행위, 폭행·협박, 기물파손 또는 그 밖의 방법으로 공무집행을 방해하는 행위를 말한다(시행령 제98조 제1항).

국가유공자가 형법상의 범죄를 범하여 금고 이상의 실형의 선고를 받고 형이 확정된 경우에 선고받은 실형의 기간 동안 보훈급여금은 지급되지 않는다. 이러한 제한은 과실의 경우에는 적용되지 않는다(법 제78조 제2항, 시행령 제98조 제2항). 특히 「국가보안법」을 위반하여 금고 이상의 실형의 선고를 받고 그 형이 확정된 사람, 형법 제87조에서 제90조까지, 제92조에서 제101조까지 또는 제103조를 위반하여 금고 이상의 실형을 선고받고 형이 확정된 사람, 형법 제250조 내지 제253조의 죄 및 미수죄, 제264조의 죄, 제279조의 죄 및 미수죄, 제285조의 죄 및 미수죄, 제287조 내지 제292조, 제294조의 죄, 제297조 내지 제301조, 제301조의 2 내지 제303조·제305조의 죄, 제332조 내지 제336조의 죄 또는 그 미수죄, 제337조 내지 제339조의 죄 또는 제337조·제388조 전단·제339조의 미수죄, 제

23) 그러나 업무에 기인하는 우울증에 시달려 자살할 경우 법원은 급여제한사유에 해당하지 않는다는 판결을 한 바 있다. 대판 2006.1.27, 2005두7426 참조. 자살이 자해행위에 해당하지 않다는 판결로는 대판 1999.6.8, 99두3331; 2004.5.14, 2003두13595 등이 있다. 이에 비해서 자살이 자해행위에 해당한다는 판결로는 대판 2003.6.13, 2003두1325; 2003.9.5, 2002두11; 2003.11.14, 2002두4136; 2004.3.26, 2003두14789; 2004.3.12, 2003두10404; 2004.3.12, 2003두2205 등이 있다. 이미 위에서 언급했듯이 이 점을 「산재보험법 시행령」은 명백히 법제화하였다. 즉 업무상 스트레스로 인하여 정신과 치료를 받는 자 혹은 업무상 재해로 인하여 요양 중인 자가 자살을 한 경우 이는 업무상 재해로 인정된다(산재보험법 시행령 제36조).

341조의 죄 및 미수죄, 제351조의 죄 또는 그 미수죄, 제363조의 죄 등을 범하여 금고 1년 이상의 실형의 선고를 받고 그 형이 확정된 사람, 상습적으로 품위손상행위를 한 사람 등에게는 이 법의 적용이 배제되고 그 밖에 다른 법률에 의한 모든 보상을 행하지 않는다(법 제79조, 시행령 제98조). 다른 사회보장법에 비해서 이와 같이 제한사유가 넓은 것은 사회보상이 국가적 연대의 이념에 기초하고 있기 때문에 국가에 위해(危害)한 행위를 한 경우 이를 제재하는 의미를 갖는다.

2. 급여의 조정

(1) 일반론

「공무원재해보상법」상의 급여요건과 국가유공자보상의 요건이 함께 충족되는 경우에는 후자가 우선 지급되고, 차액이 있으면 차액만이 지급된다. 공무원이 재직 중 공무로 사망하거나 공무상 질병 또는 부상으로 사망한 경우 지급되는 순직유족연금과 위험직무순직유족급여 수급자에게 국가유공자보상을 함께 지급하는 경우에는 이를 빼지 않는다(공무원재해보상법 제20조 제5항). 또 「군인재해보상법」상의 급여는 국가유공자보상과 조정되지 않는다(군인재해보상법 제18조 제3항).

보훈급여금을 받을 자가 한국보훈복지의료공단에서 운영하는 양로시설 또는 양육시설에서 국가의 부담으로 지원을 받고 있는 때에는 보상금 일부의 지급이 정지된다. 지급정지되는 본인보상금의 경우 상이의 정도에 따라서, 그리고 유족보상금의 경우 상이의 정도 및 유족의 종류에 따라서 차등화되어 있다(법 제20조, 시행령 제31조, 별표 6의2).[24]

「국가유공자보상법」에 따른 연금수급자가 타인의 불법행위로 인하여 사망하여 유족이 손해배상청구권을 상속한 경우 손해배상청구권과 유족연금은 조정·지급된다.[25]

---

24) 개정전 법률은 이 경우 보상금 및 생활조정수당, 그리고 간호수당의 지급을 정지하도록 하였다. 이 규정에 대해서 헌법재판소는 합헌결정을 한 바 있다. 헌재 2000.6.1, 98헌마216, 12-1, 622면 이하. 이 결정에 대해서 자세히는 전광석, "국가유공자보상에 대한 헌법적 보호의 가능성", 헌법학연구 제6집 제4호(2000), 134면 이하 참조.

25) 연금수급자가 타인의 불법행위로 인하여 사망하여 그 유족이 불법행위로 인한 손해배상청구권을 상속한 경우에는 손해배상액을 산정함에 있어서 유족연금액은 공제된다. 다만 공제되는 유족연금액의 범위는 사망한 자가 기대여명기간이 끝날 때까지 받았을 금액에 한정되고, 그 뒤 유족이 불법행위로 인한 사망과 관계없이 받았을 유족연금액은 이에 포함되지 않는다. 대판 2002.5.28, 2002다5019 참조.

(2) 국가배상청구권과의 관계

헌법 제29조 제2항은 군인·군무원 등 특수 신분을 가진 자가 공무원의 불법행위로 인하여 손해를 받은 경우에 다른 법률에 의하여 보상을 받은 경우에는 국가배상청구권을 행사할 수 없도록 하고 있다(이른바 이중배상금지의 원칙). 이때 보상을 행하는 대표적인 법률이 「국가유공자 등 예우 및 지원에 관한 법률」이다. 그러나 「국가유공자 등 예우 및 지원에 관한 법률」이 이와 같은 급여의 조정에 관하여 직접 규율하고 있지는 않다. 현재 법원은 피해자가 이미 국가배상을 받은 경우에는 「국가유공자법」에 의한 보상을 받을 수 있는 것으로 해석하고 있다.[26]

제 3 절 재정 및 관리운영

국가유공자에 대한 보상은 국가적 연대에 기초하여 시행되기 때문에 국가의 일반예산을 재원으로 운영된다. 관리운영은 국가보훈부장관이 직접 담당한다.

---

26) 대판 2017.2.3, 2014두40012 참조.

제 4 장 범죄피해자 구조

제 1 절 이론적 근거와 제도적 필요성

범죄피해자 구조는 법치국가원리에 바탕을 둔 국가책임보다는 복지국가원리에 근거를 두고 있다.[1] 범죄피해는 국가가 범죄예방에 충실하지 못한 결과 발생한 것이다. 그러나 치안유지의 실패가 국가의 정당성을 감소시키는 원인은 되어도, 범죄피해에 대한 국가의 보상책임은 국가책임이론에서는 도출되지 않는다.

범죄피해자 구조는 기존의 제도가 범죄피해라는 사회적 문제를 해결하는 데 불충분하였기 때문에 창설되었다. 기존에 범죄피해에 대한 구제방법은 민법상의 불법행위로 인한 손해배상청구권이었다(민법 제750조). 그러나 가해자가 불명하거나 가해자가 자력(資力)이 없는 경우 또는 피해자에게 소송능력이 없는 경우에는 불법행위로 인한 손해배상청구권은 실질적으로 권리구제수단이 될 수 없다.

범죄피해자구조청구권이 1987년 헌법에 도입되면서 이를 구체화하기 위하여 「범죄피해자구조법」이 제정되었다. 이 법은 범죄피해를 회복하기 위하여 필요한 상담, 의료제공, 법률구조, 취업관련 지원 및 당해 사건의 수사·재판 등에 참여할 기회를 부여하였다. 그러나 범죄피해자 구조의 요건이 엄격하였으며, 구조방법이 현금급여에 국한되었다. 이에 2005년 「범죄피해자보호법」이 제정되었다. 이후 「범죄피해자구조법」과 「범죄피해자보호법」이 함께 적용되다가 2010년 「범죄피해자보호법」의 개정을 통하여 기존의 「범죄피해자구조법」은 폐지되고 범죄피해에 대한 구조에 대해서는 「범죄피해자보호법」이 통일적으로 규율하고 있다. 아래에서는 이 법에 따라 범죄피해자 구조의 내용을 살펴본다.

---

1) 이에 대해서 자세히는, 전광석, "범죄피해자구조청구권의 헌법체계내 위치의 문제와 사회보장법적 구체화문제에 관한 시론", 전광석, 사회보장법학(한림대출판부, 1993), 221면 이하 등 참조. 같은 취지의 결정으로는 헌재 2011.12.29, 2009헌마354, 23-2(하), 80면 참조.

제 2 절 보호되는 위험

범죄피해자 구조제도에 의해서 보호되는 위험은 타인의 범죄행위로 인하여 발생한 피해자의 사망·장해 혹은 중상해이다. 「범죄피해자보호법」이 보호하는 위험의 구조는 범죄의 발생과 범죄피해라는 두 개의 구성요건요소와 이 두 구성요건요소 사이의 인과관계로 구성되어 있다. 이를 구분해서 설명한다.

Ⅰ. 타인의 범죄행위

범죄행위가 발생한 공간적 범위 및 범죄인의 인적 범위는 법률에 정해져 있다. 대한민국의 영역 안 또는 대한민국의 영역 밖에 있는 대한민국의 선박 또는 항공기에서 발생한 범죄에 의한 피해가 이 법에 의한 구조의 대상이다(법 제3조 제1항 제4호).[2] 국가의 공권력이 미치는 지역에서 발생한 범죄피해에 한해서 국가에게 책임을 물을 수 있기 때문이다.

피해의 원인이 되는 범죄의 종류는 사람의 생명 또는 신체를 해하는 범죄에 한정되어 있다. 결국 형법상의 범죄 중에는 살인, 상해, 폭행, 강간, 강도 등에 의한 피해가 주로 구조의 대상이다. 예컨대 재산을 침해하는 죄를 저질러 그것을 간접적인 원인으로 하여 타인의 신체 또는 생명을 해한 경우에는 구조의 대상이 되지 않는다. 공갈, 협박 등의 범죄행위가 피해자에게 충격(Shock)을 유발하고 이어서 사망한 경우가 좋은 예이다.

「범죄피해자보호법」상의 범죄의 개념은 형법상의 범죄의 개념과 일치하지는 않는다. 즉, 형법 제9조, 제10조 제1항, 그리고 제12조의 규정에 의하여 형사책임이 면제되어 처벌되지 않는 형사미성년자 및 심신장애자의 행위, 강요된 행위에 의한 피해도 구조대상이다. 또 형법 제22조 제1항 긴급피난의 법리에 의해 위법성이 면제되어 범죄로 되지 않는 행위에 의한 피해 역시 구조의 대상이다. 그러나 위법성조각사유인 형법 제20조 및 제21조의 정당행위 및 정당방위에 해당하여 범죄를 구성하지 않는 행위는 「범죄피해자보호법」상의 범죄의

2) 이하에서 법률의 명칭에 대해서 특별한 언급이 없는 한 「범죄피해자 보호법」을 말한다.

범주에서 제외된다.

「범죄피해자 보호법」상의 범죄는 고의에 의한 것이어야 한다(법 제3조 제1항 제4호). 과실에 의한 범죄피해까지 국가가 예방할 수 없기 때문이다. 과실에 의한 범죄피해가 보상의 대상에서 제외되므로 예컨대 방법상의 착오, 허용구성요건의 착오 등에 의한 범죄피해는 보상되지 않는다.

Ⅱ. 범죄피해

범죄피해의 종류 및 범위 역시 부분적으로 법률에 확정되어 있다. 사람의 생명 또는 신체를 해하는 범죄행위로 인하여 발생한 피해 중 사망과 장해 및 중상해가 구조의 대상이다(법 제3조 제1항 제4호). 범죄행위로 인하여 발생된 재산상의 피해는 구조의 대상이 아니다. 신체 또는 생명의 피해와는 달리 재산상의 피해는 복구가 가능하다는 것이 입법취지인 듯하다.

장해란 부상 또는 질병이 치유된 후 또는 그 증상이 고정된 상태에 이른 후에도 신체상의 비정상상태가 남아 있는 경우를 말한다. 신체손상의 정도는 14등급으로 나뉘어져 있다(법 제3조 제1항 제5호, 시행령 제2조, 별표 1). 중상해는 범죄행위로 인하여 신체나 그 생리적 기능에 손상을 입은 것으로서 사람의 생명 및 기능과 관련이 있는 주요 장기에 손상이 발생한 경우, 신체의 일부가 절단 또는 파열되거나 중대하게 변형된 경우, 그 밖에 신체나 그 생리적 기능이 손상되어 1주 이상 입원치료가 필요한 경우, 그리고 이에 준하는 중증의 정신질환으로서 3일 이상 입원치료가 필요한 경우를 말한다. 중상해는 해당 부상이나 질병을 치료하는 데에 필요한 기간이 2개월 이상인 경우이다(법 제3조 제1항 제6호, 시행령 제3조).

「범죄피해자보호법」은 범죄의 실체적 진실을 확인하는 데 기여하는 목적도 있다. 즉 자기 또는 타인의 형사사건에 대한 수사 또는 재판에 있어서 고소·고발 등 수사단서의 제공, 진술·증언 또는 자료제출과 관련하여 이를 저지하기 위한 목적의 범죄로 인하여 피해가 발생한 때 보상의 대상이 된다(법 제16조 제2호). 범죄와 관련된 진술을 촉진시키기 위한 의도이다. 이 경우 적어도 법문을 기준으로 보면 급여의 조건이 일반적인 범죄행위로 인하여 발생한 피해에 대한 구조의 경우와 다르다. 이에 대해서는 후술한다.

외국인에게 발생한 범죄피해에 대한 보상은 상호주의에 따른다. 즉 외국인은 해당 국가에서 한국인에게 범죄피해구조를 인정하는 보증이 있는 경우에 한하여 구조의 대상이 된다(법 제23조).[3] 상호주의가 국제법에 우호적인 태도는 아니며, 또 사회정책적인 타당성을 결여하고 있다는 점에 대해서는 이미 언급하였다. 예컨대 유럽재판소(EuGH)는 상호주의를 채택하고 있던 프랑스의 해당 법률이 국적에 따른 차별이라는 판결을 내린 바 있다. 이 판결의 영향을 받아 독일의 「범죄피해자보상법」은 1993년 개정되어, 독일에 거주하는 외국인에게는 상호주의를 적용하지 않고 보호하도록 하였다. 이러한 조건을 충족시키지 못하는 경우에도, 즉 예컨대 여행 중인 외국인에게도 재량에 의해서 보상할 수 있도록 하였다.

상호주의의 적용에 있어서 다음과 같은 문제는 해석을 필요로 한다. 피해자 본인 혹은 유족이 외국인인 경우 상호주의가 적용된다. 이에 비해서 외국인인 피해자가 사망한 경우 대한민국 국민인 유족은 보호의 대상이 된다. "외국인인 피해자 혹은 유족"은 본인급여의 경우 피해자가 외국인인 때, 유족급여의 경우 유족이 외국인인 때를 말한다. 따라서 대한민국 국민인 유족에게는 상호주의가 적용되지 않는다. 보다 근본적으로 보면 상호주의는 청구권을 제한하는 원칙이다. 즉 청구권의 성립 자체를 부인하지는 않는다. 대한민국 국민에게 성립된 청구권을 제한하기 위해서는 이를 정당화하는 특별한 사유가 있어야 한다. 그런데 상호주의는 국내법의 외국인에 대한 적용 원칙이기 때문에 상호주의가 대한민국 국민의 청구권을 제한하는 근거가 될 수는 없다.

Ⅲ. 범죄행위와 범죄피해 사이의 인과관계

범죄피해는 타인의 범죄행위의 결과로 발생한 것이어야 한다. 따라서 범죄행위가 범죄피해자 스스로에게 책임 있는 사유로 발생한 경우에는 범죄의 발생을 방지하는 의무를 게을리했다는 이유로 국가에 책임을 물을 수 없다. 또 피해자 자신이 범죄를 유발하였거나 당해 범죄피해의 발생에 피해자의 귀책사유가 있는 경우에는 급여가 제한된다. 이에 대해서는 아래에서 급여의 제한과 관련하여 설명한다.

범죄로 인한 피해가 확정된 후 악화된 경우 최초의 범죄행위와의 인과관계가 인정되면 구조금지급의 대상이 되어야 한다. 장해 혹은 중상해를 입고 후에 해당 범죄행위로 인하여 다시 장해를 입거나 사망한 경우에는 제2차적인 피해

3) 이 규정에 대한 헌법적 판단으로는 헌재 2011.12.29, 2009헌마354, 23-2(하), 801면 이하 참조.

를 구조의 대상으로 인정하고 있다(법 제22조 제1항, 시행령 제25조 제2항).

제 3 절 급여의 종류와 내용

Ⅰ. 급여의 조건

보상급여가 지급되기 위해서는 위에서 설명한 바와 같은 구성요건과 인과관계가 인정된 후 다음과 같은 조건이 충족되어야 한다. 즉 범죄피해자가 가해자에게 피해의 전부 또는 일부를 배상받지 못하는 경우이다(법 제16조 제1호).

형사사건 등에 관련된 진술 등을 저지하기 위하여 행해지는 범죄로 인한 피해가 보호된다. 즉 자기 또는 타인의 형사사건의 수사 또는 재판에서 고소·고발 등 수사단서를 제공하거나 진술, 증언 또는 자료제출을 하다가 피해자가 된 경우에 구조금이 지급된다(법 제16조 제2호).

Ⅱ. 급여의 종류와 내용

범죄피해에 대해서 일시금으로 구조금이 지급된다.[4] 이는 연금급여에 비해서 피해자의 장기적인 생활보장을 위해서 적합한 방법은 아니다. 범죄피해가 장해 혹은 중상해인 경우 본인에게 장해구조금 및 중상해구조금이, 그리고 사망의 경우에는 유족에게 유족구조금이 지급된다. 장해구조금을 이미 지급받은 사람이 당해 범죄행위로 인하여 사망한 경우에는 유족구조금이 지급된다. 이때 유족구조금으로는 이미 지급된 장해구조금의 액이 공제되어 지급된다. 또 중상해를 입은 사람이 해당 범죄행위로 인하여 사망하거나 장해를 입은 경우에는 유족구조금 또는 장해구조금을 지급한다. 이때 유족구조금 또는 장해구조금에서 이미 지급한 중상해구조금은 공제된다(시행령 제25조).

1. 유족구조금

유족구조금은 배우자, 피해자가 사망한 당시 피해자의 수입에 의해서 생계

4) 예컨대 독일의 「범죄피해자보상법」은 범죄피해자에 대해서 연금급여를 지급하고 있다. 이에 대해서 자세히는 전광석, "서독의 범죄피해자보상법", 법조(1990.10), 특히 183면 이하 참조.

를 유지하고 있던 유족에게 지급된다. 유족구조금에 대한 청구권은 유족 중 배우자, 자녀, 부모, 손자·손녀, 조부모, 형제자매의 순위로 갖는다. 배우자에는 사실상의 배우자가 포함된다. 태아는 유족의 범위를 적용함에 있어서 이미 출생한 것으로 본다(법 제18조).

유족구조금은 피해자의 사망 당시 월급액 혹은 월실수입액 또는 평균임금에 24개월 이상 48개월 이하의 범위에서 유족의 수와 연령 및 생계유지상황 등을 고려하여 일정 개월 수를 곱한 금액으로 한다. 월급액이나 월실수입액은 평균임금의 2배를 상한액으로 한다(법 제22조 제4항). 배우자 및 자녀의 경우 40개월, 피해자의 수입으로 생계를 유지하고 있던 유족의 경우 32개월, 그 밖의 유족의 경우 24개월을 기준금액에 곱한 액으로 한다. 이 금액은 유족의 수 및 생계유지상황에 따라서 다시 조정된다. 유족구조금액은 평균임금의 48개월분을 넘을 수 없다(법 제22조 제1항, 시행령 제22조, 별표 4).

2. 장해구조금

장해구조금과 중상해구조금은 피해자가 신체에 손상을 입은 당시의 월급액 혹은 월실수입액 또는 평균임금에 2개월 이상 48개월 이하의 범위에서 피해자의 장해 또는 중상해의 정도와 부양가족의 수 및 생계유지상황 등을 고려하여 일정한 개월 수를 곱한 금액으로 한다. 월급액이나 월실수입액이 평균임금액의 2배를 넘을 수 없다. 예컨대 장해등급 1급의 경우 기준금액에 40개월, 장해등급 10급의 경우 기준금액에 4개월을 곱한 금액으로 한다. 이 금액은 부양가족의 수 및 생계유지상황에 따라 다시 조정된다. 중상해구조금은 기준금액에 중상해의 치료에 필요하다고 인정되는 개월 수를 곱하여 산정된다. 이는 다시 부양가족의 수와 생계유지상황에 따라 조정된다. 장해구조금 및 중상해구조금 역시 상한액이 있다. 장해구조금과 중상해구조금은 평균임금의 40개월분을 넘을 수 없다(법 제22조 제2항, 시행령 제23, 24조, 별표 5).

Ⅲ. 급여의 제한과 조정

1. 급여의 제한

다음과 같은 경우에 급여의 전부 또는 일부가 지급되지 않는다. 가해자와 피해자가 일정한 친족관계, 즉 부부, 직계혈족, 4촌 이내의 친족, 동거친족 등의 관계에 있을 때에는 급여가 지급되지 않는다. 가해자와 피해자가 위에서 열거한 관계 이외의 친족관계에 있는 때에는 구조금의 일부가 지급되지 않는다(법 제19조 제1, 2항).

피해자 자신에게 범죄의 발생에 귀책사유가 있는 경우 구조금의 전부 또는 일부가 지급되지 않는다. 즉 해당 범죄행위를 교사 혹은 방조한 행위, 과도한 폭행·협박 또는 중대한 모욕 등 해당 범죄행위를 유발하는 행위, 해당 범죄행위와 관련하여 현저하게 부정한 행위, 해당 범죄행위를 용인하는 행위, 집단적 또는 상습적으로 불법행위를 행할 우려가 있는 조직에 속하는 행위, 범죄행위에 대한 보복으로 가해자 또는 그 친족이나 그 밖에 가해자와 밀접한 관계가 있는 사람의 생명을 해치거나 신체를 중대하게 침해하는 행위가 있었을 때에는 구조급여는 지급되지 않는다(법 제19조 제3항). 한편 폭행·협박 또는 모욕 등 해당 범죄를 유발하는 행위, 해당 범죄행위의 발생 또는 증대에 가공한 부주의한 행위 또는 부적절한 행위가 확인될 때에는 구조금의 일부를 지급하지 않는다(법 제19조 제4항). 이 밖에 구조피해자 또는 그 유족과 가해자 사이의 관계, 그 밖의 사정을 고려하여 구조금의 전부 혹은 일부를 지급하지 않을 수 있다. 다만 위와 같은 사유가 있는 경우에도 구조금을 지급하지 않는 것이 사회통념에 위배된다고 인정할 만한 특별한 사정이 있는 경우에는 구조금의 전부 또는 일부를 지급할 수 있다(법 제19조 제5, 6항).

다음과 같은 경우에는 유족구조금의 지급이 제한된다. 즉 피해자를 고의로 사망케 한 유족, 피해자의 사망 전에 그가 사망하면 유족구조금을 받을 수 있는 선순위 혹은 같은 순위의 유족이 될 사람을 고의로 사망케 한 유족, 피해자가 사망한 후 유족구조금 수급권자인 선순위 혹은 같은 순위의 유족을 고의로 사망케 한 유족은 유족구조금 수급권자가 될 수 없다(법 제18조 제4항). 친족간의 범죄로 인하여 발생한 피해에 대해서는 유족구조금 청구권이 성립되지 않는 것과는 달리 여기서는 유족구조금 청구권의 성립 자체에는 영향이 없다. 다만 해당 유족의 구조금 청구권이 박탈될 뿐이다.

2. 급여의 조정

범죄피해자 또는 유족에게 당해 범죄피해를 원인으로 하여 다른 법령에 의한 급여가 지급되는 경우에는 범죄피해자구조금은 보충적으로 지급된다. 즉 국가는 다른 법령의 규정에 의해서 지급되는 금액이 범죄피해자구조금의 액에 미치지 못하는 경우에 한하여 그 차액을 지급한다(법 제20조 및 시행령 제16조). 여기서 보상 또는 지급의 근거가 되는 법령은 「산업재해보상보험법」, 「공무원재해보상법」, 「군인재해보상법」, 「사립학교교직원연금법」 등 사회보장법과 그 밖에 「국가배상법」, 「근로기준법」, 「선원법」, 「어선원 및 어선 재해보상보험법」, 「자동차손해배상보장법」, 「의사상자 등 예우 및 지원에 관한 법률」, 「의용소방대 설치 및 운영에 관한 법률」, 「국가공무원법」, 「지방공무원법」, 「사립학교법」 등이다.

피해자가 가해자로부터 해당 범죄행위로 인한 손해배상을 받은 경우에도 급여는 조정된다. 국가가 이미 피해자에게 구조금을 지급했으면 국가는 지급된 구조금의 한도내에서 피해자가 가해자에게 갖는 손해배상청구권을 대위한다(법 제21조).

제 4 절 재정 및 관리운영

범죄피해자 구조는 범죄를 방지할 일반적인 의무가 있는 국가가 그 의무를 게을리하여 발생한 피해를 보상하는 제도이다. 따라서 그 재원은 국가의 일반예산이다. 범죄피해자 구조에 대한 심사 및 결정은 각 지방검찰청에 설치되어 있는 범죄피해구조심의회가 담당한다(법 제24조).

범죄피해구조금에 대한 신청은 해당 구조대상 범죄피해의 발생을 안 날부터 3년, 발생한 날부터 10년이 지나면 할 수 없다(법 제25조 제2항). 「범죄피해자 보호법」은 결정기간에 대해서 구체적인 규정을 두고 있지는 않다. 법의 흠결이다. 범죄로 인한 피해의 정도에 대한 결정 시기를 범죄발생 시기로 할 것인가, 혹은 보상결정 시기로 할 것인가에 대해서는 명시적인 규정이 없다. 범죄피해로 인하여 피해자가 장래의 생활에 지장을 받는 정도가 보상의 기준이 되어야 하며, 따라서 범죄피해의 결정 시기는 범죄발생 시기가 아니고 구조결정 시기이어야 한다.

제 7 편

공공부조법

제 1 장 공공부조법체계의 정책적 특수성

공공부조법은 빈곤을 보호하고, 따라서 절대적인 정의를 실현하여야 한다. 가입자가 납부한 보험료에 어느 정도 상응하게 급여의 수준이 형성되며, 따라서 상대적 평등을 실현하는 제도인 사회보험과 비교된다. 빈곤정책에는 객관적으로 정책을 형성하기 어렵게 하는 다음과 같은 법적·정치심리적 요소들이 내재해 있다.

제 1 절 상대적 기준의 결여

최저생활보장을 위한 정책에는 상대적 기준이 결여되어 있다. 사회보험이나 사회보상에서는 급여의 산정에 있어서 개인이 부담하는 보험료 혹은 국가를 위한 희생의 정도와 같은 상대적 기준이 적용된다. 그리고 이와 같이 사회보험 및 사회보상급여는 개인의 자기기여 또는 희생에 대한 반대급부이기 때문에 재산권적 보호의 대상이 된다. 이에 비해서 빈곤정책에 있어서는 인간다운 최저생활의 보장이라는 절대적인 기준이 존재할 뿐이다. 그런데 빈곤 및 최저생활의 개념은 가치관련적이고, 또 불확정적이며 가변적이다. 빈곤정책에서 절대적 빈곤, 상대적 빈곤, 주관적 빈곤 등의 다양한 기준 및 개념들이 사용되는 것이 좋은 예이다. 이러한 이유에서 최저생활보장을 위한 정책은 정치적 성격이 강하다. 또 설혹 빈곤정책이 객관적으로 타당하게 형성되었더라도 집행에는 또 다른 어려움이 따른다.

우리 공공부조법은 선정기준의 명확성에 있어서는 점진적인 개선을 하여 왔다. 1999년 이전 「생활보호법」은 수급자를 선정하는 특별한 기준이 없이 예산상황에 맞추어 수급자를 선정하였다. 1999년 제정된 「국민기초생활보장법」은 최저생계비를 선정기준으로 도입하였다. 그러나 최저생계비는 정책적으로 결정되기 때문에 어느 정도는 자의적인 기준이 되었다. 2014년 개정 법률은 기준중위소득을 수급자 선정의 기준으로 변경하였다(법 제8조 제2항). 이로써 빈곤의 개념이 상대화되어 평등의 이념이 적용되었으며, 동시에 선정기준이 명확해졌다.

제 2 절 정치적 성격

최저생활보장을 위한 정책은 민주주의와 밀접하게 관련되어 있다. 어느 정도 사회보장제도가 갖추어지고 있는 단계에서는 빈곤정책은 사회보험의 대상자에 비해서 양적·질적으로 비중이 작은 주변집단을 대상으로 한다. 민주주의는 국가권력의 정당성이 국민에 있는 정치체제이다. 이때 국민의 의사는 다수의 의사로 나타난다. 따라서 민주주의는 현실적으로 어느 정도는 유권자 지향적이다. 주기적인 정당성 심사를 거쳐야 하는 민주주의에서 양적으로 소수이며, 정치적 영향력이 제한적인 빈민은 현실적으로 과소대표되는 것이 일반적이다. 그만큼 빈민 및 빈곤정책은 현실정치에서 주목을 받지 못한다.

우리나라의 경우에도 예외가 아니어서 1980년대 후반 이후 사회정책이 확대되면서 정치적·정책적으로 주로 사회보험이 중심에 있었다. 1961년 제정된 「생활보호법」은 1982년 개정된 후 변화를 겪지 않다가 1997년에 와서야 다시 부분적으로 개정되었을 뿐이다. 그리고 1999년 「국민기초생활보장법」이 제정되면서 근본적인 변화를 겪었다. 「국민기초생활보장법」은 제정 이후 곧 개혁의 필요성이 인식되었지만 2014년에 와서야 비로소 또 한번의 개정이 이루어졌다. 객관적으로 타당한 빈곤정책이 수행되기 위해서는 민주주의가 사회화되어야 한다. 그런데 민주주의에서 이러한 사회적 고려를 반영하는 제도적 장치가 결여되어 있으며, 이것이 빈곤정책에 내재해 있는 문제점이다. 균형있는 빈곤정책이 실시되기 위해서는 일반적인 정치적 관점과 복지정치적 관점이 서로 균형있게 반영되어야 하며, 특히 최저생활보장의 과제는 다른 어떠한 국가과제에 비해서 우선적으로 배려되어야 한다.

제 3 절 기본권 관련성

최저생활을 보장하기 위해서는 개인의 개별적인 상황이 구체적으로 보호되어야 한다. 이를 위하여 국가는 개인의 개별적인 생활을 조사하여 파악하고 구체적인 보호의 방법을 구상하여야 한다. 그런데 이때 개인의 자유와 보장이 교환되는, 그리고 개인의 자유가 제한될 가능성이 많다. 공공부조는 궁극적으로는 개인이 자유를 행사하기 위하여 필요한 최소한의 조건을 보장하여야 한다. 그런데 자유를 침해하는 내용을 조건으로 하여 최저생활을 보장하는 것은 제도의 본질과 조화될 수 없다. 또 최저생활을 보장하기 위하여 필요한 급여를 지급받기 위한 조건에 대해서 개인에게는 선택의 가능성이 없다. 이를 거부하는 경우 생존 및 생활을 할 수 없게 되기 때문이다. 이와 같은 이유에서 공공부조에서 개인의 자유와 관련성을 갖는 급여의 조건에 대해서는 신중한 심사를 하여야 한다.

제 2 장 기 본 원 칙

제 1 절 보편성의 원칙

공공부조법은 원인에 관계 없이 모든 국민에게 인간다운 최저생활을 보장하여야 한다. 질병·장애·노령·실업 등 특정한 원인에 의해서 발생한 상황을 보호하는 사회보험 혹은 공동체에 책임이 있는 행위 중에 발생한 희생을 보호하는 사회보상과 다른 점이다. 「국민기초생활보장법」은 기존의 「생활보호법」과는 달리 근로능력의 유무에 관계 없이 스스로의 능력으로 최저생활을 할 수 없는 모든 국민을 보호의 대상으로 하고 있으며, 이로써 보편성의 원칙을 실현하고 있다. 다만 이와 같이 근로능력이 있는 경우에도 수급자격을 인정하게 되면서 근로빈민에게 적극적으로 근로유인을 하여 노동시장에 편입을 지원하는 새로운 과제를 갖게 되었다.

제 2 절 보충성의 원칙

빈곤은 우선 시장경제가 허용하는 모든 수단, 또는 사회보상과 사회보험과 같은 사회보장급여를 모두 투입하여 극복되어야 한다. '보충성의 원칙'에 따르면 이러한 방법으로도 개인의 빈곤을 극복할 수 없을 때 비로소 공공부조에 의한 보호가 이루어진다. 사회적 위험이 발생하면 개인이 스스로 이를 극복할 능력이 있는가를 묻지 않고 추상적으로 보호의 필요성이 있는 것으로 의제하는 사회보험 또는 사회보상과 다른 점이다.

공공부조의 보충적인 급여로서의 성격을 「국민기초생활보장법」은 생계급여의 조건과 관련하여 세 가지로 표현하고 있다. 첫째, 수급권자는 먼저 자기 자신의 소득, 재산 및 근로능력 등을 최대한 활용하여야 한다. 둘째, 자신의 다른 사회보장급여를 먼저 소진하여야 한다. 셋째, 부양의무자의 부양의무가 먼저 실현되어야 한다(법 제3조).[1]

---

1) 이하 법률의 명칭에 대해서 특별한 언급이 없는 한 「국민기초생활보장법」을 말한다.

제 3 절 개별성의 원칙

사회보험이 충실히 시행되고 있는 국가에서 빈곤은 대부분의 경우 비전형적인 생활위험이 발생한 결과이다. 질병·장애·노령·실업 등 전형적인 생활위험에 대한 추상적인 보호는 사회보험을 통해서 이루어지기 때문이다. 「국민기초생활보장법」에서 현재의 개별적인 상황을 기준으로 수급자가 선정된다. 또 급여의 종류 및 형태, 그리고 급여 수준은 수급자의 현재의 구체적인 사실상의 생활을 보호하는 데 기여하여야 한다.

위와 같은 이유에서 사회적 위험이 현실화되면 추상적으로 보호의 필요성이 의제되고 급여의 수준이 법에 정해져 있는 사회보상 혹은 사회보험과는 달리, 공공부조에서는 구체적인 수요심사(needs test)와 자산조사(means test)를 실시한다. 또 현물 혹은 현금급여만으로는 스스로 거동할 수 없는 사람의 장기요양과 같은 수요를 보호하는 데 한계가 있으므로 공공부조에서는 현금급여 및 현물급여와 함께 서비스 급여가 중요한 비중을 차지한다.

오늘날 근로빈곤과 노인빈곤이 보편화되면서 이러한 빈곤의 문제를 국민기초생활보장의 과제로 하는 것이 더 이상 타당하지 않게 되었다. 이는 국민기초생활보장이 감당하기에는 어려운 보편적인 사회 문제가 되었고, 또 국민기초생활보장과는 독자적인 보호의 방법이 적용되어야 하기 때문이다. 즉 개별적인 상황이 전형적인 위험의 성격을 띠게 되면서 이를 특별히 보호하는 법이 필요하게 되었다. 이에 2007년 「기초노령연금법」이 제정되었고, 이는 2014년 「기초연금법」으로 이름을 바꾸어 개정되었다. 기초연금은 처음부터, 그리고 지금도 국민연금을 보충하여 노인소득을 보충하는 일종의 사회수당인가, 국민기초생활보장을 보충하여 노인빈곤을 보호하는 목적을 갖는가에 대한 논란이 있다. 이 책에서는 이를 특별 공공부조법으로 분류하여 설명한다. 근로빈곤을 보호하기 위해서는 2020년 「구직자취업촉진 및 생활안정지원에 관한 법률」이 제정되었다. 이 법은 「고용보험법」을 보충하여 고용을 지원하고 지원 기간 동안에 현금을 지급하여 빈곤을 보호하는 특별 공공부조의 성격을 갖는다.

제 4 절 공공부조급여에 대한 법적 청구권성

전통적으로는 빈곤은 잠재적으로 범죄, 그리고 질서문란의 원인이 되기 때문에 질서유지를 위하여 보호한다는 관념이 지배하였다. 그러나 최저생활을 기본권으로 보장하고 있는 헌법에서는 인간다운 생활의 보호 그 자체가 공공부조의 입법목적이어야 한다. 따라서 공공부조급여는 더 이상 국가정책에 따른 반사적 이익이 아니다. 즉 개인은 공공부조급여에 대한 주관적 권리를 갖는다.

일반적으로 사회적 기본권에서 구체적인 청구권을 도출할 수는 없다고 이해되고 있다. 최저생활을 보장하기 위한 구체적인 급여의 내용·형태 및 수준에 대한 청구권 역시 헌법으로부터 직접 도출되는 것은 아니다. 그러나 최저생활을 보장받을 권리는 다른 사회적 기본권의 이념과 실현구조에 있어서 차이가 있으며, 이 점이 충실히 배려되어야 한다.[2] 첫째, 이념적으로 보면 최저생활을 보장받을 권리는 절대적으로 보장되어야 한다. 둘째, 최저생활을 보장받을 권리는 일반적인 사회적 기본권과는 달리 그 규범적 내용이 헌법해석을 통하여 어느 정도 확인될 수 있다. 셋째, 최저생활을 보장받을 권리는 사용자 등 다른 개인의 권리와 조정이 필요하지 않다. 즉, 사회적 기본권을 실현하는 데 작용하는 규범적 한계가 어느 정도 극복될 수 있다. 넷째, 최저생활을 보장받을 권리는 그 권리의 중요성에 비추어볼 때 국가의 재정능력이 실현에 장애가 된다고 볼 수도 없다. 재정적인 한계는 절대적이지 않고 재정부담과 분담의 우선순위에 관한 상대적 결정의 문제이기 때문이다.

최저생활보장을 위한 급여에 대한 주관적 권리성은 정책형성 및 집행에 있어서 다음과 같이 반영되어야 한다. 첫째, 입법자는 최저생활을 보장하기 위한 중요한(본질적인) 사항, 즉 급여의 조건·급여의 종류 및 내용을 법률에 규정하여야 한다. 둘째, 보호의 조건이 강행규정으로 형성된 경우에는 이 급여에 대해서 개인은 사법적으로 소구(訴求)할 수 있는 권리를 갖는다.[3] 이러한 조치는 그동안 역사적으로 빈민구호에 수반되었던 낙인, 관료화 등의 문제를 어느 정

2) 이에 대해서 자세히는 전광석, 사회보장법과 헌법재판(집현재, 2021), 298면 이하 참조.

3) 이 원칙이 실정법화된 대표적인 나라가 독일이다. 독일사회법전 제12권 제17조 제1항 참조. 이러한 입법의 변화는 1954년 사회부조법 사안에 대한 관할법원인 연방행정법원이 사회부조급여에 대한 청구권을 인정하는 판결을 한 후(*BVerwGE* 1, 159), 이를 반영하여 이루어졌다.

도 극복할 수 있는 중요한 계기가 된다. 법적 구성요건을 충족시킬 경우 개인에게 청구권이 인정된다면 행정청의 재량은 축소되며, 이로써 낙인과 관료화의 문제는 어느 정도 완화될 수 있기 때문이다. 또 개인은 법률에 의하여 급여의 지급 여부 및 그 수준을 예측할 수 있기 때문에 법적 안정성이 강화된다.

제 3 장 일반 공공부조법

제 1 절 국민기초생활보장법

Ⅰ. 국민기초생활보장법상의 수급권자

1. 서 론

「국민기초생활보장법」에 의한 수급권자가 되기 위해서는 세 가지 요건을 충족시켜야 한다. 첫째, 소득인정액이 개별급여별로 규정된 선정기준에 미달하여야 한다. 선정기준은 기준중위소득을 기준으로 결정된다. 둘째, 부양의무자가 없거나, 부양의무자가 있어도 부양능력이 없거나 부양을 받을 수 없어야 한다. 교육급여와 주거급여에 대해서는 부양의무기준은 적용되지 않는다. 셋째, 이 법에 의한 급여는 다른 법령에 의한 보호에 비해서 보충적이다. 즉 다른 법령에 의한 보호가 우선적으로 시행된다.

국내에 체류하는 외국인은 대한민국 국민과 혼인하여 본인 또는 배우자가 임신 중이거나 대한민국 국적의 미성년 자녀를 양육하고 있는 경우, 그리고 배우자의 대한민국 국민인 직계존속과 생계나 주거를 같이 하는 경우 수급권자가 될 수 있다. 대한민국 국민인 배우자와 이혼하거나 그 배우자가 사망한 사람으로서 대한민국 국적의 미성년 자녀를 양육하고 있는 사람 또는 사망한 배우자의 태아를 임신하고 있는 사람도 수급권자가 될 수 있다. 외국인이 수급권자가 되기 위해서는 「출입국관리법」 제31조에 따라 외국인 등록을 하여야 한다(법 제5조의 2, 시행령 제4조). 난민으로 인정되어 국내에 체류하는 외국인은 본인의 신청에 따라 「국민기초생활보장법」에 의한 보호를 받는다. 이때 「사회보장기본법」에 의한 상호주의가 적용되지 않는다(난민법 제31, 32조). 난민신청자의 경우 신청 이후 6개월이 넘지 않는 범위에서 생계비를 지원할 수 있다. 또 법무부장관은 건강검진을 받게 하거나 그 비용을 지원할 수 있으며, 응급의료 및 의료서비스에 관한 정보를 하도록 노력하여야 한다. 난민신청자 및 가족 중 미성년자는 국민과 같은 수준의 초등교육 및 중등교육을 받을 수 있다(난민법 제40조 이하, 시행령 제17조 이하).

아래에서 보는 바와 같은 기준에 의하여 2021년 현재 약 236만명에게 급여가 지급되고 있다. 생계급여 수급자가 148만 명, 의료급여 수급자가 144만 명, 주거급여 수급자가 216만 명, 교육급여 수급자가 31만 명이다.

2. 소득기준

(1) 소득인정액

「국민기초생활보장법」상의 소득기준은 소득인정액이다. 즉 수급권자가 되기 위해서는 소득인정액이 개별급여별 선정기준에 미달하여야 한다. 소득인정액이란 개별가구의 소득평가액과 재산의 소득환산액을 합산한 금액을 말한다(법 제2조 제9호).

(2) 개별가구의 소득평가액

개별가구란 「주민등록법」 제6조 제1항 제1호에 따른 거주자 중 「주민등록법 시행령」 제6조 제1항에 따른 세대별 주민등록표에 등재된 사람으로 구성된 가구를 말한다. 이 밖에 세대구성원의 배우자, 미혼자녀 중 30세 미만인 사람, 그 밖에 세대구성원 중 생계를 책임지는 자가 부양의무자인 경우 생계 및 주거를 같이 하는 사람 등이 포함된다. 배우자에는 사실상 혼인관계에 있는 사람이 포함된다. 다만 다음과 같은 사람은 개별가구에서 제외된다. 현역군인 등 법률상 의무의 이행을 위하여 다른 곳에서 거주하면서 의무이행과 관련하여 생계를 보장받고 있는 사람, 외국에 최근 180일 동안 통산하여 60일을 초과하여 체류하고 있는 사람, 「형의 집행 및 수용자의 처우에 관한 법률」 및 「치료감호 등에 관한 법률」 등에 따른 교도소 · 구치소 · 치료감호시설 등에 수용 중인 사람,[1] 장애인거주시설 · 노인주거복지시설 및 노인의료복지시설 · 아동복지시설 · 정신재활시설 · 노숙인 재활시설 및 노숙인 요양시설 등 법 제32조의 규정에 의한 보장시설에서 급여를 받고 있는 사람, 실종선고 절차가 진행 중인 사람, 가출 또는 행방불명의 사유로 경찰서 등 행정관청에 신고된 후 1개월이 지났거나 가출 또는 행방불명 사실을 특별자치시장 · 특별자치도지사 · 시장 · 군수 · 구청장이 확인한 사람, 그 밖에 세대구성원과 생계 및 주거를 달리한다고 특별자치시장 · 특별자치도지사 · 시장 · 군수 · 구청장이 확인한 사람 등이다(시행령 제2조).

개별가구의 소득평가액은 보장기관이 급여의 결정 및 실시 등에 사용하기

1) 이들을 개별가구에서 제외하고 그 결과 수급자격이 인정되지 않는 규정에 대한 헌법적 평가로는 헌재 2011.3.31, 2009헌마617, 23-1(상), 416면 이하; 2012.2.23, 2011헌마123, 24-1(상), 365면 이하 등 참조.

위하여 산출한 금액을 말한다. 이는 실제소득을 기준으로 산정되지만, 실제소득과는 차이가 있다. 실제소득에서 장애·질병·양육 등 가구특성에 따른 지출요인, 근로를 유인하기 위한 요인, 그 밖에 추가적인 지출요인에 해당하는 금액을 빼고 산정한다(법 제6조의 3).

소득평가액 산정의 기초는 실제소득이다. 실제소득은 근로소득과 사업소득 및 재산소득, 그리고 이전소득을 합산한 금액이다. 퇴직금·현상금·보상금 등 정기적으로 지급되는 것으로 볼 수 없는 금품이나 보육·교육, 그 밖에 이와 유사한 성질의 서비스 이용을 전제로 제공받는 보육료·학자금, 그 밖에 이와 유사한 금품 역시 실제소득의 산정에서 제외된다(시행령 제5조 제2항). 근로소득 중 「소득세법」의 규정에 의하여 비과세되는 근로소득은 원칙적으로 제외된다(기초공제). 그러나 비과세소득 중 「소득세법」 제12조 제3호 더목의 규정에 의하여 비과세되는 급여, 「소득세법 시행령」 제16조 제1항 제1호의 규정에 의하여 비과세되는 급여는 근로소득 산정에 포함된다. 재산소득에는 임대소득, 이자소득, 연금소득 등이 포함된다. 이전소득에는 친족 혹은 후원자 등으로부터 정기적으로 받는 일정 금액 이상의 금품, 「국민연금법」·「기초연금법」·「공무원연금법」·「공무원재해보상법」·「군인연금법」·「별정우체국법」·「사립학교교직원연금법」·「고용보험법」·「산업재해보상보험법」·「국민연금과 직역연금의 연계에 관한 법률」·「보훈보상대상자 지원에 관한 법률」·「독립유공자예우에 관한 법률」·「국가유공자 등 예우 및 지원에 관한 법률」·「고엽제후유의증 등 환자지원 및 단체설립에 관한 법률」·「자동차손해배상보장법」·「참전유공자 예우 및 단체설립에 관한 법률」, 「구직자 취업촉진 및 생활안정지원에 관한 법률」 등에 따라 정기적으로 지급되는 각종 수당·연금·급여 또는 그 밖의 금품 등이 포함된다(시행령 제5조 제1항).

소득평가액은 위와 같이 산정된 실제소득에서 다음과 같은 금품을 뺀 금액이다. 먼저 현재 구체적으로 생활을 보장하는 기능을 수행하는 「장애인연금법」에 따른 기초급여액 또는 부가급여액, 「장애인복지법」에 따른 장애수당, 장애아동부양수당 및 보호수당, 그리고 「한부모가족지원법」에 따른 아동양육비, 의료비 등이 제외된다. 이 밖에 장애인이 장애인 지역사회재활시설 및 장애인 직업재활시설에 참가하여 얻은 소득의 경우 50%, 학생·장애인·노인 및 18세 이상 24세 이하인 사람이 얻은 근로소득 및 사업소득 등의 경우 소득금액의 30%에 해당하는 액이 실제소득에서 공제된다.[2] 이 밖에 개별가구의 특성에 따라

2) 이와 같이 장애수당 등이 실제소득에서 공제되기 때문에 최저생계비 결정에 있어서 장애로 인한

추가지출이 필요하다고 인정되어 보건복지부장관이 정하는 금품이 공제된다(시행령 제5조의 2).

(3) 재산의 소득환산액

재산의 소득환산액은 개별가구의 재산가액에서 기본재산액 및 부채를 공제한 금액에 소득환산율을 곱하여 산정한다. 소득으로 환산되는 재산의 범위에는 일반재산, 금융재산, 자동차가 포함된다(법 제6조의3 제2항, 시행령 제5조의 3).[3]

일반재산의 범위는 다음과 같다. 「지방세법」 제104조 제1호부터 제3호까지의 규정에 의한 토지, 건축물과 주택이다. 다만, 종중재산·마을공동재산, 그 밖에 이에 준하는 공동의 목적으로 사용하는 재산은 제외된다. 「지방세법」 제104조 제4호 및 제5호의 규정에 의한 선박 및 항공기, 주택·상가 등에 대한 임차보증금. 여기에는 전세금이 포함된다. 이 밖에 100만원 이상의 가축·종묘 등 동산 등이 포함된다. 금융재산으로는 현금, 수표, 어음, 주식, 국·공채 등 유가증권, 예금, 적금, 부금, 보험 및 수익증권 등(금융자산) 등이 포함된다. 이 밖에 「지방세법」 제124조에 의한 자동차가 포함된다. 다만 장애인 사용 자동차 등은 제외된다.

위와 같은 재산의 범위는 다음과 같은 절차를 거쳐 소득환산액으로 결정된다. 일반재산에서 기본재산액 등을 뺀 금액에 소득환산율을 곱한 액을 산정한다. 기초생활의 유지에 필요하다고 본 기본재산액, 그리고 임대보증금 및 금융회사 등으로부터 받은 대출금과 부채 등이 여기에 해당하며 구체적인 사항은 보건복지부장관이 정하여 고시한다. 2023년 현재 기본재산액은 대도시, 중소도시 및 농어촌에 있어서 각각 6,900만원, 4,200만원, 그리고 3,500만원으로 차등화되어 있다. 금융재산의 경우 금융회사 등과의 계약에 따라 해당 용도로만 사용할 수 있도록 개설된 계좌에 입금한 금액을 뺀 금액에 소득환산율을 곱한 액을 산정한다. 차감의 대상이 되는 금융재산의 용도는 주택 구입비 또는 임대비, 본인 또는 자녀의 고등교육비·기술훈련비, 사업의 창업 및 운영자금 등을 말한다(시행령 제21조의 2 제3항). 자동차의 경우에도 소득환산율을 곱한 액이 산정된다.

2023년 현재 소득환산율은 일반재산, 금융재산, 그리고 자동차에 대해서 각

추가지출비용을 반영하지 않은 것이 장애인의 인간다운 생활을 할 권리를 침해하지 않는다는 것이 헌법재판소의 태도이다. 헌재 2004.10.28, 2002헌마328, 16-2(하), 195면 이하 참조.

3) 재산의 소득환산제도 자체, 그리고 구체적인 규율내용을 보건복지부장관에 위임하는 조항에 대한 헌법적 평가에 대해서는 헌재 2012.2.23, 2009헌바47, 24-1(상), 95면 이하 참조.

각 월 4.17%, 6.26% 및 100%이다. 다만 주거용 재산에 대해서는 낮은 소득환산율, 즉 1.0%가 적용된다. 이는 주거용 재산을 처분하여 최저생계를 유지할 것을 기대할 수 없기 때문이다. 위 각각의 재산에 대한 소득환산액을 합산하여 최종적으로 재산의 소득환산액이 결정된다(시행령 제5조의 3, 제5조의 4).

(4) 기준 중위소득

기존에 「국민기초생활보장법」에서 수급자의 선정기준으로 최저생계비를 적용하였다. 이는 절대적 빈곤의 개념에 기반한 것이었다. 2014년 개정 법률은 상대적 빈곤개념을 도입하였다. 이로써 복지이념과 동시에 '평등한 복지'의 이념이 실현되었다. 수급자 선정기준으로 기존의 최저생계비 대신에 기준 중위소득이 적용된다. 기준 중위소득은 국민 가구소득의 중위값을 말한다. 이는 「통계법」에 따라 통계청이 공표하는 통계자료의 가구경상소득, 즉 근로소득, 사업소득, 재산소득, 이전소득을 합산한 소득의 중간값에 최근 가구소득 평균증가율, 가구규모에 따른 소득수준의 차이 등을 반영하여 가구규모별로 산정한다. 기준 중위소득은 매년 중앙생활보장위원회의 심의·의결을 거쳐 고시한다(법 제2조 제11호, 제6조의 2). 2023년 가구규모별 기준 중위소득은 다음과 같다.

1인가구	2인가구	3인가구	4인가구	5인가구	6인가구	7인가구
2,077,892원	3,456,155원	4,434,816원	5,400,964원	6,330,688원	7,227,981원	8,107,515원

2014년 개정 법률은 기존의 통합보호로부터 전환하여 급여의 종류별로 선정기준을 달리하도록 하였다. 이에 기본급여인 생계급여 외에 주거급여, 의료급여, 교육급여, 해산급여, 장제급여 및 자활급여에 대해서는 급여의 종류별로 수급자 선정기준과 최저보장수준을 결정한다. 이는 매년 중앙생활보장위원회의 심의·의결을 거쳐 공표한다(법 제6조). 생계급여 수급권자는 소득인정액이 생계급여 선정기준 이하인 사람으로 한다. 이 경우 생계급여 선정기준은 기준 중위소득의 30% 이상에서 결정된다(법 제8조). 교육급여의 선정기준은 기준 중위소득의 50% 이상으로 한다(법 제12조). 주거급여의 선정기준은 「주거급여법」에 의하여 기준 중위소득의 100분의 43 이상으로 한다(주거급여법 제5조). 의료급여의 선정기준은 기준 중위소득의 40% 이상으로 한다(법 제12조의 3). 해산급여와 장제급여는 생계급여, 주거급여, 의료급여 중 하나 이상의 급여를 받는 수급자에게 실시한다(법 제13, 14조).

2023년 기준 중위소득의 30%인 생계급여 선정기준은 다음과 같다.

1인가구	2인가구	3인가구	4인가구	5인가구	6인가구	7인가구
623,368원	1,036,846원	1,330,445원	1,620,289원	1,899,206원	2,168,394원	2,432,255원

위와 같은 선정기준을 충족시키지 못하는 경우에도 생활이 어려운 사람으로서 일정 기간 보호의 필요가 있다고 인정되는 자는 수급권자가 될 수 있다. 다만 이는 재량규정으로 보건복지부장관 또는 소관 중앙행정기관의 장이 보호의 여부를 결정하고, 이들에게는 법이 정하는 급여의 전부 또는 일부를 지급한다(법 제14조의 2). 이들을 방치하는 경우, 빈민으로 전락할 가능성을 염두에 둔 예방적인 보호조치이다.

3. 부양관계

(1) 부양의무자의 범위

부양의무자는 수급권자를 부양할 책임이 있는 사람으로서 수급권자의 1촌의 직계혈족 및 그 배우자를 말한다(법 제2조 제5호). 「국민기초생활보장법」상의 부양의무자의 범위는 민법에 비해서는 좁다. 민법 제974조에 따르면 직계혈족 및 그 배우자 간, 그리고 생계를 같이 하는 기타 친족 간에 서로 부양의무가 있다. 이와 같이 부양의무자의 범위가 민법상의 그것에 비해서 좁은 것은 합리적이다.

부양의무자가 부양의무를 이행할 경우 본인의 정상적인 생활이 저해된다면 국가가 부양의무를 강제할 수는 없다. 수급권자의 빈곤문제를 해결하기 위해서 부양의무자가 최저생활을 할 수 없는 상황에 처할 수 있기 때문이다. 결국 구체적인 부양의무의 범위는 부양의무자의 생활상황을 고려하여 결정하여야 한다. 예컨대 아동·노인 등을 부양하는 부양의무자의 경우 그렇지 않은 사람에 비해서는 부양의무의 범위가 좁을 수밖에 없다. 이러한 관점에서 부양의무자의 의무범위가 검토되어야 한다. 「국민기초생활보장법」은 부양의무자가 없거나, 부양의무자가 있어도 부양능력이 없거나 혹은 부양을 받을 수 없는 경우에 수급자격을 부여하고 있다.

(2) 부양능력이 없는 경우

「국민기초생활보장법」은 부양능력이 없는 경우를 유형화하여 이 경우에는 부양의무자의 존재에 관계없이 보호를 행하도록 하고 있다. 첫째, 부양의무자가 수급자인 경우이다. 둘째, 실제소득에서 질병, 교육 및 가구특성을 고려하여 보건복지부장관이 고시하는 금액을 뺀 금액(차감된 소득)이 기준 중위소득 미만인 사람 혹은 고용계약기간이 1개월 미만인 일용근로자 등으로서 재산의 소득환산액이 보건복지부장관이 고시하는 금액에 미달하는 경우이다. 실제소득에서 차감되는 금액에는 의료비, 교육비, 채무변제액, 부양의무자의 직계존비속이 아닌 자 중에서 「국민기초생활보장법 시행령」 제7조에 따른 근로능력이 없는 자가 자신의 주거에서 거주하는 경우 해당 가구원 수의 기준 중위소득의 100분의 40 이하에 해당하는 금액, 기타 가구특성에 따라 추가적인 지출이 필요하다고 인정되어 보건복지부 장관이 정하는 금품 등이 포함된다. 셋째, 차감된 소득이 수급권자 기준 중위소득의 40%와 해당 부양의무자 기준 중위소득을 합한 금액 미만이고, 재산의 소득환산액이 수급권자 및 부양의무자 각각의 중위소득이 100분의 18에 미달하는 사람이 차감된 소득에서 부양의무자 기준 중위소득에 해당하는 금액을 뺀 금액의 범위에서 보건복지부장관이 정하는 금액을 수급권자에게 정기적으로 지원하는 경우이다. 재산을 소득으로 환산하는 경우 기본재산액이 공제된 후 소득환산율을 곱하여 산정된다. 넷째, 직계존속 또는 「장애인연금법」에 의한 중증장애인인 직계비속을 자신의 주거에서 부양하는 경우이다. 다만 여기에 속하는 부양의무자는 개별가구에 속하지 않는 다른 직계혈족에 한하여 부양능력이 없는 것으로 본다. 이들이 자신이 속한 개별가구를 기준으로 부양능력이 없는 것으로 인정되기 위해서는 아래에서 설명하는 요건을 충족시켜야 한다(법 제8조의 2 제1항, 시행령제5조의 6).

부양의무자의 부양능력을 판단함에 있어서 다음과 같은 경우에는 부양능력 인정기준을 완화하여 정할 수 있다. 부양의무자가 혼인한 딸이거나 혼인한 딸의 직계존속인 경우, 부양의무자 가구에 중증장애인이 있는 경우, 그리고 노인, 장애인, 한부모가족 등 가구의 특성으로 인하여 특히 생활이 어렵다고 보건복지부장관이 정하는 경우이다(시행령 제5조의 6 제2항).

(3) 현실적으로 부양할 수 없는 경우

부양의무자가 있어도 현실적인 이유에서 부양을 받을 수 없는 경우에는 부양의무자의 존재 여부에 불구하고 보호를 행한다. 즉, 부양의무자가 「병역법」에 의하여 징집 또는 소집된 경우, 「해외이주법」에 의한 해외이주자에 해당하는 경우, 「형의 집행 및 수용자의 처우에 관한 법률」 및 「치료감호 등에 관한 법률」 등에 의한 교도소·구치소·치료감호시설 등에 수용 중인 경우, 「국민기초생활보장법」상의 보장시설에서 급여를 받고 있는 경우, 실종선고의 절차가 진행 중인 경우, 가출 또는 행방불명으로 경찰서 등 행정관청에 신고된 후 1개월이 지났거나 가출 또는 행방불명 사실을 시장·군수·구청장이 확인한 경우, 부양을 기피 또는 거부하는 경우, 그 밖에 수급권자가 부양을 받을 수 없는 것으로 보건복지부장관이 정하는 경우 등이 여기에 해당한다(법 제8조의2 제2항).

(4) 부양의무자의 비용부담

수급권자에게 부양능력이 있는 부양의무자가 있는 경우 보장비용을 지급한 보장기관은 부양의무의 범위 내에서 부양의무자로부터 전부 또는 일부의 비용을 징수할 수 있다(법 제46조). 이때 보장기관은 부양의무자 스스로가 보호를 필요로 하는 상황이 발생하지 않도록 배려하여야 한다.

4. 다른 급여와의 관계

「국민기초생활보장법」상의 급여는 수급권자가 다른 법령에 의하여 급여를 받을 권리가 있는 경우 보충적으로 지급된다. 공공부조급여는 최후의 사회안전망에 해당하기 때문이다. 다만 다른 법령에 의한 보호의 수준이 「국민기초생활보장법」상의 급여의 수준에 미치지 못하는 경우에는 나머지 부분에 대해서는 수급권자의 권리가 상실되지 않는다(법 제3조 제2항).

Ⅱ. 의료급여 수급권자

의료급여 수급권자에는 기본적으로 「국민기초생활보장법」에 의한 수급자가 포함된다. 「재해구호법」에 의한 이재민으로 보건복지부장관이 의료급여가 필요하다고 인정한 사람, 「의사상자 등 예우 및 지원에 관한 법률」에 의한 의상자 및 의사자의 유족, 「입양특례법」에 의하여 국내에 입양된 18세 미만의 아동 역시 의료급여 수급권자가 된다. 「독립유공자예우에 관한 법률」, 「국가유공자 등 예우 및 지원에 관한 법률」 및 「보훈보상대상자 지원에 관한 법률」의 적용을 받고 있는 사람과 그 가족으로서 국가보훈부장관이 의료급여가 필요하다고 추천한 사람 중에서 보건복지부장관이 의료급여가 필요하다고 인정한 사람, 「무형유산의 보전 및 진흥에 관한 법률」에 의하여 지정된 국가무형유산의 보유자 및 그 가족 등은 문화재청장이 보호가 필요하다고 추천한 자 중 보건복지부장관이 의료급여가 필요하다고 인정한 경우 의료급여 수급권자가 된다. 「북한이탈주민의 보호 및 정착지원에 관한 법률」의 적용을 받고 있는 사람 및 그 가족, 「5·18 민주화운동 관련자 보상 등에 관한 법률」에 의하여 보상금을 받는 자와 그 가족 역시 보건복지부장관이 보호의 필요가 있다고 인정하는 경우에 의료급여 수급권자가 된다. 「노숙인 등의 복지 및 자립지원에 관한 법률」에 따른 노숙인도 수급권자가 된다(의료급여법 제3조 제1항). 「난민법」에 따른 난민인정자로서 「국민기초생활보장법」에 의한 의료급여 수급권자의 범위에 해당하면 의료급여 수급권을 갖는다(의료급여법 제3조의 2). 이 밖에 생활유지의 능력이 없거나 생활이 어려운 사람으로서 대통령령이 정하는 사람이 수급권자이다. 일정한 거소가 없는 사람으로서 경찰관서에서 무연고자로 확인된 사람, 그 밖에 보건복지부령이 정하는 사람이 여기에 해당한다(의료급여법 시행령 제2조). 이들에게는 의료급여증이 발급된다(의료급여법 제8조).

의료급여 수급권자는 1종 수급권자와 2종 수급권자로 나누어 급여의 내용과 기준을 달리한다.

위에서 열거한 수급권자는 기본적으로 모두 1종 수급권자이다. 다만 「국민기초생활보장법」의 수급권자 중 1종 수급권자의 범위는 제한되어 있다. 즉 18세 미만인 사람, 65세 이상인 사람, 「장애인고용촉진 및 직업재활법」 제2조 제2호에 해당하는 중증장애인, 질병·부상 또는 그 후유증으로 치료 또는 요양이 필요한 사람 중 근로능력평가를 통하여 근로능력이 없다고 판정한 사람, 세대의 구성원을 양육·간병하는 사람, 임신 중에 있거나 분만 후 6개월 미만의 여자, 「병역법」에 의한 병역의무를 이행 중인 사람 등이 1종 수급권자이다. 이 밖에 각종 보장시설(국민기초생활보장법 제32조)에서 급여를 받고 있는 사람, 보건복지부장관이 정하는 결핵질환, 희귀난치성질환 또는 중증질환을 가진 사람 역시 1종 수급권자이다. 국민기초생활보장 수급자는 아니지만 일정한 거소가 없는 사람으로서 경찰관서에서 무연고자로 확인된 사람, 1종 의료급여가 필요하다고 인정하는 사람도 1종 수급권자가 된다(의료급여법 시행령 제3조 제2항).

2종 수급권자는 다음과 같다. 「국민기초생활보장법」의 수급자 중 1종 수급권자에 해당하지 않는 사람, 보건복지부령이 정하는 사람으로서 보건복지부장관이 2종 의료급여가 필요하다고 인정하는 사람 등이다(의료급여법 시행령 제3조 제3항).

Ⅲ. 차상위자

「국민기초생활보장법」은 수급권자에 해당하지는 않지만 소득인정액이 낮기 때문에 수급권자로 될 위험을 예방하기 위하여 재량에 의하여 이들을 보호할 수 있도록 하였다. 소득인정액이 기준 중위소득의 50% 이하인 사람이 차상위자에 해당한다(법 제2조 제10호, 시행령 제3조). 차상위자에게는 자활급여가 지급될 수 있다. 차상위자의 근로능력, 취업상태 및 가구 여건 등을 고려하여 예산의 범위 내에서 자금의 대여, 직업훈련, 취업알선, 자활근로, 창업지원 및 자산형성지원 등의 급여가 실시된다. 생계급여와 해산급여는 제외된다(법 제7조 제3항, 시행령 제5조의 5).

Ⅳ. 급여의 종류와 내용

1. 급여의 종류와 내용

「국민기초생활보장법」상의 급여는 수급자의 연령, 가구규모, 거주지역, 그 밖의 생활여건 등을 고려하여 급여의 종류별로 보건복지부장관이 정하거나, 급여를 지급하는 중앙행정기관의 장이 보건복지부장관과 협의하여 정한다(법 제4조 제2항). 급여는 수급자에게 건강하고 문화적인 최저생활을 유지할 수 있도록 하여야 한다(법 제4조 제1항). 이는 구체적으로 다음과 같은 내용을 갖는다. 급여는 우선 수급자의 물질적인 생활을 보장하여야 한다. 우리 헌법이 예정하는 인간은 사회에서 고립된 개인주의적 인간도, 또 단체에 함몰된 집단주의적 인간도 아닌 사회적 관련성을 갖는 인격체이다. 그렇다면 급여는 개인이 사회경제적 생활에 참여하여 자유를 실현하는 능력을 보장하거나 회복시키고, 그 결과 사회통합이 실현되어야 한다. 이러한 결론은 헌법 제9조의 문화국가조항에 확고한 헌법적 보충근거를 가지고 있다.

급여는 원칙적으로 개별가구를 단위로 행해지며, 중증장애인 등에 대해서는 필요한 경우에는 개인 단위로 행할 수 있다(법 제4조 제3항). 거주지역에 따라 최저생활비용에 차이가 있다는 사실을 반영하여, 지방자치단체는 조례에 정하는 바에 따라 「국민기초생활보장법」상에 따른 급여의 범위와 수준을 초과하여 실시할 수 있다. 이 경우 해당 보장기관은 보건복지부장관 및 소관 중앙행정기관의 장에게 알려야 한다(법 제4조 제4항).[4)]

4) 이러한 가능성을 확인하는 판례로는 예컨대 대판 1997.4.25, 96추244 참조.

급여의 종류별로 최저보장수준이 공표된다. 최저보장수준은 보건복지부장관 또는 소관 중앙행정기관의 장이 중앙생활보장위원회의 심의·의결을 거쳐 매년 8월 1일까지 공표된다(법 제6조 제2항).

급여의 구체적인 종류로는 생계급여, 주거급여, 의료급여, 교육급여, 해산급여, 장제급여, 자활급여 등이 있다(법 제7조 제1항). 수급권자에게 이들 급여의 전부 또는 일부를 실시한다.

(1) 생계급여

1) 생계급여의 종류 · 방법 · 수준 등

생계급여는 수급자의 기초적인 생계수단을 보호하기 위한 급여로서 의복, 음식물, 연료비 및 그 밖에 일상생활을 유지하는 데에 기본적으로 필요한 수요를 보장하여야 한다(법 제8조). 급여는 원칙적으로 현금급여, 예외적으로 현물급여로써 지급된다. 수급품은 매월 정기적으로 지급된다. 수급품은 수급자에게 직접 지급한다. 다만, 보장시설이나 타인의 가정에 위탁하여 생계급여를 하는 경우에는 위탁받은 자에게 이를 지급할 수 있다. 이 경우 보장기관은 정기적으로 수급자의 수급 여부를 확인하여야 한다. 생계급여는 수급자의 소득인정액 등을 고려하여 차등지급된다(법 제9조 제1~4항).

생계급여는 원칙적으로 수급자의 주거에서 행한다. 다만, 주거가 없거나 있어도 그곳에서는 급여의 목적을 달성할 수 없는 경우, 또 본인이 희망하고 있는 경우에는 「사회복지사회법」에 의한 사회복지시설이나 타인의 가정에 위탁하여 보호할 수 있다(법 제10조 제1항). 보장시설의 장은 보건복지부장관이 정하는 최저기준 이상의 급여를 하여야 한다. 위탁받은 수급자에게 급여를 행함에 있어서 성별·신앙 또는 사회적 신분 등을 이유로 차별해서는 안 되며, 종교상의 행위를 강제해서는 안 된다. 보장시설의 장은 수급자의 자유로운 생활을 보장하여야 한다(법 제33조). 거실의 임차료, 그 밖에 거실의 유지에 필요한 비용은 수급품에 가산하여 지급한다. 이 경우 주거급여가 행하여진 것으로 본다(법 제10조 제2항).

생계급여 최저보장수준은 생계급여와 소득인정액을 포함하여 생계급여 선정기준 이상이 되도록 하여야 한다(법 제8조 제3항). 예컨대 소득인정액이 없는 1인 가구의 생계급여 최저보장수준은 2023년 623,368원이다.

2) 조건부급여

근로능력이 있는 수급자에게는 생계급여가 조건부로 지급될 수 있다. 즉 수급자에게 자활에 필요한 사업에 참가할 것을 조건으로 하여 생계급여를 실시할 수 있다(조건부수급자)(법 제9조 제5항). 근로능력이 있는 조건부수급자는 18세 이상 64세 이하의 수급자를 말한다. 다만, 「장애인고용촉진 및 직업재활법」상의 중증장애인, 질병·부상 또는 그 후유증으로 치료 또는 요양이 필요한 사람 중 근로능력 평가를 통하여 근로능력이 없다고 판정된 사람, 그 밖에 근로가 곤란하다고 보건복지부장관이 정하는 사람은 제외된다(시행령 제7조).

근로능력이 있는 경우에도 가구 혹은 개인의 여건상 자활사업에 참가하기 곤란한 사람에게는 조건부과를 유예할 수 있다. 미취학 자녀, 질병·부상 또는 장애 등으로 인하여 거동이 곤란한 가구원, 치매 등으로 인하여 특히 보호가 필요한 가구원을 양육·간병 또는 보호하는 수급자, 학교에 재학 중인 사람, 「장애인고용촉진 및 직업재활법」상의 장애인 직업재활 실시기관 및 한국장애인고용공단이 실시하는 고용촉진 및 직업재활 사업에 참가하고 있는 장애인, 임신중이거나 분만 후 6개월 미만인 여자, 사회복무요원 등 법률상 의무를 이행중인 사람 등이 여기에 해당한다. 근로 또는 사업에 종사하는 대가로 소득을 얻고 있는 사람으로서 주당 평균 3일(1일 6시간 이상에 한한다) 이상 근로에 종사하거나 주당 평균 4일 이상의 기간 동안 22시간 이상 근로에 종사하는 자, 「부가가치세법」 제8조의 규정에 의하여 사업자 등록을 하고 그 사업에 종사하고 있는 사람 역시 제외된다. 환경변화로 적응기간이 필요하다고 인정되는 자 역시 조건부과를 유예할 수 있다. 즉 「병역법」에 의한 입영예정자 또는 전역자, 「형의 집행 및 수용자의 처우에 관한 법률」 및 「치료감호 등에 관한 법률」 등에 의한 교도소·구치소·치료감호시설 등에서 출소한 사람, 보장시설에서 퇴소한 사람, 「초·중등 교육법」 및 「고등교육법」상의 학교 졸업자, 질병·부상 등으로 2개월 이상의 치료를 받고 회복 중인 사람 등이 제외된다. 이 경우 조건유예기간은 3개월로 한정한다. 이 밖에 조건부 수급자로 하기 곤란하다고 보건복지부장관이 정하는 사람에게 조건부과가 유예될 수 있다(시행령 제8조).

조건부 수급자가 참가하여야 하는 자활사업은 직업훈련, 취업알선 등의 제공, 자활근로, 「직업안정법」상 직업안정기관의 장이 제시하는 사업장에의 취업, 「고용정책기본법」상의 공공근로사업, 지역자활센터의 사업, 자활기업의 사업, 개인 또는 공동 창업, 근로의욕 제고 및 근로능력의 유지를 위한 자원봉사, 그 밖에 수급자의 자활에 필요하다고 보건복지부장관이 정하여 고시하는 사업을 말한다(시행령 제10조).

조건부 수급자로 결정된 경우 이로부터 1개월 내에 시장·군수·구청장은 생계급여가 자활지원계획(법 제28조)에 따라 자활사업에 참가하는 것을 조건으로 한다는 것을 조건부수급자에게 제시하여야 한다(시행령 제11조). 자활사업에의 계속 참가 여부에 따라 3개월마다 생계급여 지급 여부 및 급여액을 결정한다. 조건부 수급자가 조건 이행을 중도에 포기하거나 거부하는 등의 사유가 있는 경우에는 그 결과를 지체 없이 서면으로 통보하여야 한다(시행령 제15조).

(2) 주거급여

주거급여는 수급자에게 주거안정에 필요한 임차료, 수선유지비, 그 밖의 수급품을 지급하는 형태로 이루어진다. 주거급여에 관하여 필요한 사항은 「주거급여법」에서 정한다(법 제11조). 주거급여는 국토교통부가 관할한다.

임차료의 지급기준은 수급자의 가구규모, 소득인정액, 거주형태, 임차료 부담 수준 및 지역별 기준임대료를 고려하여 국토교통부장관이 정한다(주거급여법 제7조). 현재 소득인정액이 생계급여 선정기준에 미달하는 수급자에게는 기준 임대료 전액이, 그리고 소득인정액이 생계급여 선정기준을 초과하는 수급자에게는 기준임대료에서 자기부담분을 뺀 액이 지급된다. 이때 자기부담분은 소득인정액에서 생계급여 선정기준을 뺀 액의 30%에 해당하는 금액이다. 기준임대료는 지역별 및 가구규모별로 차등화되어 있다. 예컨대 2023년 서울지역(1급지) 4인 가구의 기준임대료는 510,000원이다.

주택 등을 소유하고 거주하는 사람에게는 수선유지비가 지급된다. 수선유지비의 지급기준은 수급자의 가구규모, 소득인정액, 수선유지비 소요액, 주택의 노후도 등을 고려하여 국토교통부장관이 정한다(주거급여법 제8조). 수선유지비는 현물급여로 지원된다. 3년, 5년, 7년 단위로 경보수, 중보수, 대보수가 지원된다. 소득인정액에 따라 기준 수선비용의 100% 내지 80%가 지원된다.

(3) 교육급여

교육급여는 초등학교, 중학교, 고등학교 및 이에 준하는 특수학교, 평생교육시설에 입학하거나 재학하는 사람에게 지급된다. 교육급여는 교육부장관이 소관한다. 교육급여로 수급자에게 입학금, 수업료, 학용품비, 그 밖의 수급품이 지급된다. 교육급여 수급자가 다른 법령에 따라 의무교육을 받거나 학비를 감면 또는 지원받는 경우에는 이에 해당하는 학비는 지원하지 않는다(법 제12조, 시행령 제16조).

교육지원과 관련해서는 보건복지부의 국민기초생활보장사업과 교육부의 저소득층 교육지원사업이 협력하여 사업을 관할한다.

교육급여의 수급자를 선정함에 있어서는 부양의무기준은 적용되지 않는다. 교육급여에 의한 지원은 대부분 의무교육을 대상으로 하기 때문에 부양의무를 기준으로 대상자를 선정하는 것이 바람직하지 않고, 또 실제 부양의무자 기준을 적용하는 경우 주로 조부모의 부양능력을 기준으로 선정 여부가 결정되는데 조부모에게 손자녀에 대한 교육의무를 부담시키는 것이 타당하지 않기 때문이다.

(4) 해산급여와 장제급여

해산급여는 수급자의 조산 및 분만 전후에 필요한 조치와 보호를 취하는 형태로 이루어진다(법 제13조). 해산급여는 현금으로 지급된다. 해산급여는 보장기관이 지정하는 의료기관에 위탁하여 실시할 수 있다.

수급자가 사망한 경우에는 장제급여로서 검안·운반·화장 또는 매장, 그밖에 장제에 필요한 비용이 지급된다. 장제급여는 장제에 실제 소요된 비용을 지원한다. 따라서 실제 장제를 행한 자에게 지급된다(법 제14조).

(5) 자활급여

자활급여는 근로능력이 있는 수급자에게 자활의 기초를 마련해 주기 위한 급여이다. 이를 위해서 다음과 같은 조치들이 취해진다.

자활에 필요한 금품을 지급하거나 대여할 수 있다. 사업의 창업 및 운영자금, 취업에 필요한 기술훈련비, 그 밖에 보건복지부장관이 자활을 위하여 필요하다고 인정하는 비용이 대여될 수 있다(법 제15조 제1항 제1호, 시행령 제17조). 자활에 필요한 시설 및 장비를 대여하기도 한다(법 제15조 제1항 제5호).

자활급여는 궁극적으로는 수급자가 정상적인 소득활동을 할 수 있도록 하여야 한다. 이를 위하여 「국민기초생활보장법」은 근로기회를 제공받기 위하여 혹은 독립적인 사업을 행하기 위하여 필요한 각종 조치를 취하고 있다. 필요한 경우 근로능력의 향상 및 기능습득을 지원한다. 수급자를 직업훈련기관에 위탁하여 직업훈련을 받도록 하고, 훈련에 필요한 준비금·수당·식비 등을 지원한다(법 제15조 제1항 제2호, 시행령 제18조 제1항). 또 취업을 알선하는 등 이와 관련된 정보를 제공한다. 여기에는 직업상담 및 직업적성검사 등이 포함된다. 이들 지원은 필요한 경우 시설에 위탁하여 행할 수 있다(법 제15조 제1항 제3호, 제2항, 시행령 제19조). 자활근로 등 자활을 위한 근로기회를 직접 제공하기도 한다. 이를 위하여 수급자에게 공익성이 높은 사업이나 지역주민의 복지향상을 위하여 필요한 사업에서 유급으로 근로기회를 제공할 수 있다(법 제15조 제1항 제4호, 시행령 제20조). 창업이 지원되기도 한다. 이는 창업교육, 기능훈련 및 기술·경영지도 등의 형태로 이루어진다(법 제15조 제1항 제6호, 시행령 제21조).

마지막으로 자활에 필요한 자산형성이 지원된다. 자산형성 지원의 대상은 사업소득 및 근로소득이 기준 중위소득의 일정 비율 이상인 사람 중에서 수급자 및 차상위자의 가구 여건 및 취업상태를 고려하여 선정되며, 이들에게 지원대상자의 근로소득 등에 따라 차등하여 지급한다(시행령 제21조의 2). 수급자는 금융기관에 주택구입비 및 임대비, 본인 혹은 자녀의 고등교육비 및 기술훈련비, 창업 및 운영자금의 조성을 목적으로 저축을 하여야 한다. 이 경우 보장기관은 수급자의 자산형성을 지원하기 위하여 지원금을 적립한다. 보장기관은 지원대상자의 사업소득 또는 근로소득이 증가하여 소득인정액이 기준 중위소득의 일정비율을 초과하는 경우 또는 기업 등에 채용되거나 창업하여 보건복지부장관이 고시하는 금액 이상의 소득이 있는 경우에 적립된 지원금을 지급할 수 있다. 보장기관은 지원대상자에게 채무관리, 자산관리, 신용관리, 재무설계 등의 교육을 할 수 있다(법 제15조 제1항 제7호, 시행령 제21조의 2).

사업지원과 관련해서는 특히 자활기업이 지원의 대상이 된다. 자활기업에게 사업자금을 융자하거나 국공유지를 우선 임대할 수 있으며, 국가나 지방자치단체가 실시하는 사업을 우선적으로 위탁하거나, 공공기관의 장은 자활기업이 생산하는 물품, 제공하는 용역 및 수행하는 공사를 우선적으로 구매할 수 있다. 이 밖에 이들의 자활을 촉진하기 위한 각종 사업이 이루어진다. 자활기업은 수급자와 차상위자를 2명 이상 포함하여 설립·운영할 수 있다(법 제18조).

자활급여 수급자의 자활을 촉진하기 위하여 지역자활센터를 지정할 수 있다. 자활지원사업에 경험과 능력이 있는 사회복지법인, 사회적 협동조합 등 비영리법인과 단체가 지역자활센터로 지정될 수 있다. 여기에서는 자활의욕을 고취하기 위한 일반적인 교육과 특히 자활을 위한 직업교육 및 취업알선, 생업을 위한 자금융자 알선, 자영창업 지원 및 기술·경영지도, 자활기업의 설립·운영 지원 등이 이루어진다. 이 밖에 자활을 위한 정보제공·상담이 이루어진다. 지역자활센터를 지원하기 위하여 설립·운영비용을 지원하고, 국·공유재산을 무상으로 임대할 수 있으며, 보장기관이 실시하는 사업을 지역자활센터에 우선적으로 위탁할 수 있다(법 제16조).

자활촉진 및 필요한 사업을 수행하기 위하여 한국자활복지개발원을 둘 수 있다. 자활복지개발원은 자활지원을 위한 사업의 개발 및 평가, 자활지원을 위한 조사·연구 및 홍보사업, 광역 및 지역자활센터, 그리고 자활기업의 기술·경영 지도 및 평가, 자활 관련 기관 간의 협력체계 및 정보네트워크 구축·운영, 취업·창업을 위한 자활촉진 프로그램 개발 및 지원, 수급자 및 차상위자의 고용촉진, 그리고 자활기금의 적립 사업 등에 따른 고용지원서비스의 연계 및 사회복지서비스의 지원 대상자 관리, 수급자 및 차상위자의 자활촉진을 위한 교육·훈련, 국가 또는 지방자치단체로부터 위탁받은 자활 관련 사업 등을 행한다(법 제15조의 2, 제15조의 3).

위와 같은 자활지원을 통하여 실제 수급자 및 차상위자가 취업을 할 수 있어야 한다. 이를 위하여 수급자 및 차상위자를 고용하는 사용자를 지원할 수 있다. 즉 상시근로자의 일정비율 이상을 수급자 및 차상위자로 채용하는 기업은 정부로부터 지원을 받을 수 있다. 현재 상시근로자의 100분의 20 이상을 수급자 및 차상위자로 채용하는 기업이 지원의 대상이다. 이들에게는 자활기업에 대한 지원과 같은 내용의 지원을 할 수 있다(법 제18조의 6, 시행령 제26조).

(6) 의료급여

의료급여의 종류는 「국민건강보험법」상의 급여의 종류와 동일하다. 의료급여에 있어서도 임의비급여는 원칙적으로 금지되며, 일정한 조건을 갖춘 경우에 예외적으로 허용된다.[5] 예외적으로 허용되는 조건에 대해서는 「국민건강보험법」에 관한 서술에서 다룬 바 있다. 의료급여의 방법·절차·범위·한도 등 의료급여의 기준은 보건복지부령으로 정하고, 의료수가기준과 그 계산방법 등은 보건복지부장관이 정한다(의료급여법 제7조).

1종 의료급여대상자는 통원 및 입원치료가 모두 기본적으로 무료로 제공된다. 다만 약제에 대해서는 진료기관에 따라 1회당 1,500원, 2,000원 혹은 2,500원, 그리고 외래진료의 경우에는 1회당 1,000원 혹은 2,000원의 본인부담금이 있다.[6] 전산화단층촬영(CT), 자기공명영상진단(MRI), 양전자방출단층촬영(PET) 등의 경우 급여비용의 5%를 본인이 부담한다. 그러나 18세 미만인 사람,

5) 「의료급여법」에서 임의비급여에 관한 사안에 대해서는 대판 2012.9.13, 2010두27974 참조.

6) 1종 의료급여대상자에 적용되는 본인부담금에 대한 헌법적 심사로는 헌재 2009.9.24, 2007헌마1092, 21-2(상), 780면 이하; 2009.11.26, 2007헌마734, 21-2(하), 593면 이하 등 참조.

임산부, 무연고자, 노숙인, 보건복지부장관이 정하여 고시하는 결핵질환, 희귀난치성질환 또는 중증질환을 가진 사람의 경우 본인 부담이 면제된다.

2종 의료급여대상자의 경우에는 일부 본인부담이 있다. 본인부담분은 통원치료와 입원치료, 그리고 진료기관의 종류에 따라 달리 책정되어 있다. 먼저 1차 및 2차 진료기관에서 통원치료를 받는 경우 진료의 종류에 따라 정액으로 의료급여기관 1회 방문당 1,000원 혹은 1,500원을 본인이 부담한다. 전산화단층촬영(CT), 자기공명영상진단(MRI) 등의 경우에는 급여비용의 15%를 본인이 부담한다. 이에 비해 입원치료를 받는 경우에는 10%, 3차 진료기관에서 진료를 받는 경우 해당 비용의 15%를 본인이 부담한다. 암환자 등 중증환자의 경우 급여비용의 95%를 기금이 부담한다.

급여비용 중 본인부담금이 매 30일간 2만원(1종수급권자) 혹은 20만원(2종수급권자)을 초과하는 경우에는 시장·군수·구청장은 초과하는 금액의 50%에 해당하는 액을 수급자에게 지급한다. 이 규정은 지급금액이 2,000원 이상인 경우에 한하여 적용된다(의료급여법 시행령 제13조 제5항). 또 급여대상 본인부담금에서 본인부담보상금을 차감한 금액이 1종수급권자인 경우 매 30일간 5만원, 그리고 2종 수급권자의 경우 연간 80만원을 초과하는 경우에는 그 초과금액은 기금에서 부담한다. 「의료법」 제33조 제1항 제4호에 따라 가정간호를 받는 경우, 수급권자가 선택하는 1~2개 병의원에 한정하여 진료를 받는 경우에는 본인부담금은 면제된다(선택병의원제). 이는 중복진료 등으로 인한 급여의 남용을 방지하고 수급권자를 집중적으로 관리할 수 있도록 유인하는 목적을 갖는다(시행규칙 제19조의 4).

건강보험에 있어서와 마찬가지로 자연분만 및 제왕절개분만에 대한 의료급여 및 6세 미만의 아동에 대한 입원진료에 있어서는 본인일부부담이 면제된다(의료급여법 시행령 제13조, 별표 1). 출산장려를 위하여 「의료급여법」은 임신 및 출산에 관련된 진료비용 중 본인이 부담하는 비용을 지원한다. 임신·출산 진료비로 하나의 태아를 임신·출산한 경우에 100만원, 둘 이상의 태아를 임신·출산한 경우에 140만원이 지급된다. 진료비 지원은 비급여대상에도 사용할 수 있다(의료급여법 시행규칙 제8조의 2).

「의료급여법」에 의한 급여 일수에는 제한이 있다. 즉 기본적으로 연간 400일을 상한으로 한다. 급여일수는 입원일수, 투약일수, 투약 없는 급여일수를 합하여 산정한다. 급여일수 상한에 관한 규정은 장기간 입원 또는 복합적인 투약 등으로 불가피한 사정이 있는 경우에는 적용되지 않을 수 있다. 또 중복투약으로 인하여 건강상 위해가 발생할 우려가 있는 자로서 진료를 받을 병의원을 선택하여 제한하는 경우에 차기연도 말까지 급여일수를 연장받을 수 있다(시행규칙 제8조의 3 제2, 3항, 제8조의 4).

의료급여 수급자는 저소득자이기 때문에 본인부담이 과다하여 실질적으로 의료급여를 받지 못하는 상황이 발생할 수 있다. 이를 방지하기 위하여 「의료급여법」은 대지급제도(代支給制度)를 두고 있다. 즉 본인부담비용에 대해서 수급권자 또는 부양의무자가 신청하여 의료급여기금에서 대지급할 수 있다. 대지급금의 상환은 무이자로 한다(의료급여법 제20, 21조, 시행규칙 제27조).

건강보험법에 있어서와 마찬가지로 의료기관은 개설과 동시에 의료급여기관이 된다. 의료기관은 1차, 2차 및 3차 의료급여기관으로 구분된다(의료급여법 제9조). 의료급여를 행한 의료급여기관은 건강보험심사평가원에 급여비용에 대한 심사청구를 하며, 이는 의료급여기금에서 부담하는 급여비용을 시장·군수·구청장에게 청구한 것으로 본다. 건강보험심사평가원은 심사의 내용을 시장·군수·구청장에게 통보하고 이에 기초하여 급여비용을 지급한다(의료급여법 제11조, 시행규칙 제20, 21조).[7]

2. 급여의 제한과 조정

(1) 급여의 제한

수급자가 협조의무를 이행하지 않는 경우 급여를 제한한다. 수급자 선정을 위하여 보장기관은 조사 또는 자료제출을 요구할 수 있는데 이를 2회 이상 거부·방해 또는 기피하거나 검진 지시에 따르지 않는 경우 급여 신청을 각하할 수 있다(법 제22조 제8항). 보장기관은 급여의 적정성을 확인하기 위하여 매년 1회 이상 수급권자 혹은 부양의무자에게 필요한 자료의 제출을 요구할 수 있는데, 이를 2회 이상 거부·방해 또는 기피하거나 검진 지시에 따르지 않는 경우에는 급여를 정지 또는 중지할 수 있다(법 제23조 제3항). 근로능력이 있는 수급자에게는 자활사업에 참여할 것을 조건으로 생계급여를 지급하고 있다. 이를 이행하지 않는 경우에는 이를 이행할 때까지 수급자 본인의 생계급여의 전부 혹은 일부를 지급하지 않는다(법 제30조 제2항).

수급자에 대한 급여의 전부 또는 일부가 필요없게 된 때 혹은 수급자가 급여

7) 의료급여기관이 부당하게 처방을 하여 손해를 발생시킨 경우에 부당이득 징수처분을 받고 부과금을 징수당한 의료급여기관이 징수처분이 당연무효라고 주장하여 부과금 상당의 부당이득반환을 청구하는 경우, 시·군·구의 업무를 위탁받아 급여비용을 지급하는 국민건강보험공단이 아니라 의료기관에 징수처분을 하고 부과금을 징수한 시장·군수·구청장이 속한 시·군·구가 청구의 상대방이다. 대판 2014.3.27, 2013다87475 참조.

의 전부 또는 일부를 거부한 때에는 급여의 전부 혹은 일부가 중지된다(법 제30조 제1항). 엄격히 말하면 '급여의 중지 등'이라는 표제를 가진 법 제30조의 제1항과 제2항은 분리되어야 한다. 제1항은 급여의 필요가 없게 된 경우 급여가 중지된다는 내용이다. 이에 비해서 제2항은 수급자의 비난가능한 행위를 제재하는 규정이다. 위와 같은 이유로 급여신청을 각하하는 경우, 급여를 중지 및 정지하는 경우에는 보장기관은 그 이유를 구체적으로 밝혀 서면으로 수급자에게 통지하여야 한다(법 제29조 제2항).

의료급여는 질병 또는 부상이 수급권자 자신의 고의 또는 중대한 과실로 인한 범죄행위에 기인하거나 혹은 수급자가 고의로 사고를 발생시켜 그것을 원인으로 하여 질병 또는 부상이 발생한 때에는 지급되지 않는다. 수급권자가 정당한 이유 없이 법률상의 혹은 의료급여기관의 진료에 관한 지시에 따르지 않는 경우에도 급여가 제한된다. 이러한 경우에도 보건복지부장관이 필요하다고 인정하는 경우에는 의료급여를 행할 수 있다(의료급여법 제15조). 이러한 지급제한 사유 및 그것의 정당성에 대해서는 「국민건강보험법」에 관한 장에서 설명하였다.

생계급여는 개인에게 최저생활을 보장하는 급여이다. 그런데 협조의무를 이행하지 않는다는 이유로 급여의 일부 또는 전부를 중지한다는 것이 무슨 의미를 갖는가에 대해서 신중하게 검토하여야 한다. 최저생활을 보장하기 위한 급여를 제한하는 것은 인간의 존엄을 침해하기 때문이다. 또 행위자에 대한 법적 비난이 그러한 비난의 여지가 없는 가족구성원에 미치는 효과를 고려하여야 한다.

(2) 급여의 조정

공공부조급여는 보충성을 갖기 때문에 다른 법률에 따른 급여 혹은 부양의무자의 부양급여가 있는 경우 이는 공공부조급여에 우선하고, 또 그만큼 공공부조급여는 공제되어 지급된다(법 제3조).

제3자의 행위에 의하여 질병 또는 부상이 발생한 경우 수급권자에게 의료급여를 한 때에는 보장기관은 급여비용의 범위 안에서 수급권자의 제3자에 대한 손해배상청구권에 관하여 수급자를 대위한다. 수급자가 제3자로부터 이미 손해배상을 받은 때에는 그 배상액의 한도 안에서 의료급여를 하지 않는다(의료급여법 제19조).

Ⅴ. 재 정

기초생활보장사업은 국가의 일반과제이므로 국가 혹은 지방자치단체가 일반목적을 수행하기 위해서 징수하는 조세를 재원으로 하여 운영된다. 기초생활보장사업에 소요되는 비용은 다음과 같이 국가 및 지방자치단체 간에 분담된다(법 제43조).

국가 또는 시·도가 직접 행하는 보장업무에 소요되는 비용은 국가 또는 해당 시·도가 부담한다. 시·군·구의 경우 비용의 종류에 따라 다음과 같이 차별적으로 규율되어 있다. 먼저 인건비와 사무비, 생활보장위원회의 운영에 드는 비용은 해당 지방자치단체가 부담한다. 실제 보장업무에 드는 비용에 대해서는 국가와 지방자치단체가 분담한다. 지방자치단체의 종류에 따라서 다음과 같은 범위 내에서 분담비율에 있어서 차이가 있다. 실제 분담비율을 결정할 때에는 지방자치단체의 재정여건, 사회보장비 지출 등을 고려한다. 시·군·구의 경우에는 그 총액의 100분의 40 이상 100분의 90 이하를 국가가 부담하고, 국가부담분을 제외한 나머지 비용의 100분의 30 이상 100분의 70 이하를 광역시 및 도가 부담한다. 다만 특별자치시·특별자치도는 시·군·구 보장비용의 총액 중 국가의 부담분을 뺀 금액을 모두 부담한다.

의료급여 비용은 국고보조금, 지방자치단체의 출연금 등을 재원으로 형성되는 기금에 의하여 운용된다(의료급여법 제25조). 이때 국고보조금의 비율은 기금소요 재원의 80%로 한다. 다만 특별시의 경우 그 비율은 50%로 한다(보조금의 예산 및 관리에 관한 법률 시행령 별표 1).

Ⅵ. 관 리 운 영

1. 지방자치단체

생활보장사업은 수급권자 혹은 수급자가 거주하는 지방자치단체의 장이 실시한다. 교육급여는 시·도 교육감이 실시한다(법 제19조). 생활보장사업은 개인의 현재 생활을 구체적으로 보호하여야 하므로 주소가 일정하지 않은 수급권자 혹은 수급자에 대해서는 현재 거주지를 관할하는 시장·군수 및 구청장이 실시한다. 생활보장사업의 구체적인 조사·결정 등의 업무를 수행하게 하기 위해서 사회복지 전담공무원이 배치된다.

2. 생활보장위원회

생활보장사업과 관련된 기획 · 조사 · 실시 등에 관한 사항을 심의 · 의결하기 위하여 생활보장위원회를 설치한다. 생활보장위원회는 보건복지부와 시 · 도 및 시 · 군 · 구에 각각 설치한다(법 제20조 제1항).

중앙생활보장위원회는 위원장을 포함하여 16명 이내의 위원으로 구성된다. 보건복지부장관이 위원장이 된다. 공공부조 또는 사회복지와 관련된 학문을 전공한 전문가로서 대학의 조교수 이상인 사람 또는 연구기관의 연구원으로 재직 중인 사람, 공익을 대표하는 사람, 관계 행정기관 소속의 3급 이상 공무원 또는 고위공무원단에 속하는 일반직 공무원 등이 위원으로 참여한다(법 제20조 제3항). 중앙생활보장위원회에서는 주로 기초생활보장 종합계획의 수립, 소득인정액 산정방식과 기준 중위소득의 결정, 급여의 종류별 수급자 선정기준과 최저보장수준의 결정, 급여기준의 적정성 등 평가 및 실태조사에 관한 사항, 급여의 종류별 누락 · 중복, 차상위계층의 지원사업 등에 관한 조정, 자활기금의 적립 · 관리 및 사용에 관한 지침 수립 등을 심의 · 의결한다(법 제20조 제2항).

시 · 도 및 시 · 군 · 구 생활보장위원회의 위원은 시장, 도지사 또는 시장 · 군수 · 구청장이 위촉 · 지명한다. 사회보장에 관한 학식과 경험이 있는 사람, 공익을 대표하는 사람, 관계행정기관 소속의 공무원 등이 위원으로서의 자격이 있다. 시 · 도 및 시 · 군 · 구 생활보장위원회의 구체적인 기능과 운영에 대해서는 대통령령으로 정한다(법 제20조 제4, 6항). 의료급여 사업에 있어서는 생활보장위원회에 상응하는 구성과 기능을 가지고 있는 의료급여심의위원회가 보건복지부와 시 · 도 및 시 · 군 · 구에 설치되어 있다(의료급여법 제6조).

3. 신청주의와 직권주의

보장급여는 수급권자 또는 그 친족, 그 밖의 관계인이 관할 시장, 군수 또는 구청장에게 신청하여 이루어진다. 그러나 모든 수급권자가 신청능력이 있는 것은 아니므로 직권에 의해 보호될 수 있다. 이 경우 수급권자의 동의를 구하여야 한다. 수급권자가 급여신청을 하거나 직권에 의한 급여신청에 동의한 경우에는 수급권자와 부양의무자는 소득파악을 위한 자료 또는 정보제공에 동의하여야 한다. 사회복지 전담공무원은 신청인이 급여에 관한 정보 부족 등으로 인하여 불이익을 받지 않도록 수급권자의 선정기준, 급여의 내용 및 신청방법 등을 알기 쉽게 설명하여야 한다(법 제21조).

급여의 특성에 따른 합리적이고 충실한 보호를 하여 사각지대를 줄이기 위해서는 개별적인 급여를 관할하는 부서 간에 종합적으로 입법목적을 달성하기 위한 협력과 조정이 필요하다. 부분적으로 사업 내용이 중복되면서 행정부담이 증가하는 문제를 극복하여야 한다. 이에 보건복지부가 전체적인 조정과 협력을 담당한다. 예컨대 소관 중앙행정기관의 장은 최저생활을 보장하기 위하여 3년마다 기초생활보장 기본계획을 수립하여 보건복지부장관에게 제출하고, 보건복지부장관은 기본계획을 평가하고 그 결과를 종합하여 기초생활보장 종합계획을 수립하여야 한다(법 제20조의 2).

수급권자 선정의 불합리를 방지하고, 급여의 적정성을 확인하기 위하여 급여의 신청이 있는 경우 사회복지 전담공무원으로 하여금 부양의무자의 유무 및 부양능력 등 부양의무자와 관련된 사항, 수급권자 및 부양의무자의 소득·재산에 관한 사항, 수급권자의 근로능력, 취업상태, 자활욕구, 그리고 수급권자의 건강상태, 가구의 특성 등 생활실태에 관한 사항 등을 조사한다(법 제22조). 보장기관은 위와 같은 사항을 매년 1회 이상 정기적으로 조사하여야 하며, 필요하다고 인정하는 경우에는 보장기관이 지정하는 의료기관에서 검진을 받게 할 수 있다(법 제23조).

제 2 절 긴급복지지원법

Ⅰ. 긴급지원이 필요한 위기 상황

공공부조는 보호를 필요하는 사람에게 적시에 적절한 급여를 지급하여 현재의 개별적인 수요를 구체적으로 보호하여야 한다. 위기상황에 처하게 되었지만 신속히 보호될 수 없는 경우, 혹은 급여의 요건이 충족되지 않은 경우에 임시적으로 최저생활을 보장하기 위하여 「긴급복지지원법」이 시행되고 있다.

본인 또는 본인과 생계 및 주거를 같이 하는 구성원이 생계를 유지할 수 없는 사유는 다음과 같다; 주소득자의 사망, 가출, 행방불명, 구금시설에 수용되는 등의 사유로 소득을 상실한 경우, 중한 질병 또는 부상을 당한 경우, 가구구성원으로부터 방임(放任) 또는 유기(遺棄)되거나 학대 등을 당한 경우, 가정폭력을 당하여 가구구성원과 함께 원만한 가정생활을 하기 곤란하거나 가구구성원으로부터 성폭력을 당한 경우, 화재 또는 자연재해 등으로 인하여 거주하는 주택 또는 건물에서 생활하기 곤란하게 된 경우, 주소득자 또는 부소득자의 휴업, 폐업 또는 사업장의 화재 등으로 인하여 실질적인 영업이 곤란하게 된 경우, 주소득자 또는 부소득자의 실직으로 소득을 상실한 경우 등이다. 이 밖에 보건복지부령으로 정하는 기준에 따라 지방자치단체의 조례로 정한 사유가 발생한 경우, 보건복지부장관이 정하여 고시하는 사유가 발생한 경우 등도 포함된다(법 제2조). 가구원의 보호·양육·간호 등의 사유로 소득활동이 미미한 경우, 「국민기초생활보장법」에 따른 급여가 중지된 경우, 「국민기초생활보장법」에 따라 급여를 신청하였으나 급여의 실시 여부와 내용이 결정되기 전이거나 수급자로 결정되지 않은 경우, 수도·가스 등의 공급이 그 사용료의 체납으로 인하여 상당한 기간 동안 중단된 경우, 사회보험료·주택임차료 등이 상당한 기간 동안 체납된 경우 등이 여기에 해당한다.

「긴급복지지원법」에 의하여 위기상황에 처한 사람에게 신속하게 지원이 이루어진다. 이는 보충적인 급여이기 때문에 다른 법률, 예컨대 「재해구호법」, 「국민기초생활보장법」, 「의료급여법」, 「사회복지사업법」, 「가정폭력방지 및 피해자보호 등에 관한 법률」, 「성폭력방지 및 피해자보호 등에 관한 법률」에 따라 동일한 내용의 지원을 받는 경우에는 「긴급복지지원법」에 따른 지원은 하지 않는다(법 제3조).

국내에 체류하는 다음과 같은 외국인은 긴급지원을 받을 수 있다; 대한민국 국민과 혼인 중인 사람, 대한민국 국민인 배우자와 이혼하거나 그 배우자가 사망한 사람으로서 대한민국 국적을 가진 직계존비속을 돌보고 있는 사람, 「난민법」에 따른 난민으로 인정된 사람, 본인의 귀책사유 없이 화재, 범죄, 천재지변으로 피해를 입은 사람, 그 밖에 보건복지부장관이 긴급한 지원이 필요하다고 인정하는 사람(법 제5조의 2, 시행령 제1조의 2).

긴급지원 대상자와 친족 등은 지원을 요청할 수 있다. 또 누구든지 긴급지원 대상자를 발견한 때에는 신고하여야 한다(법 제7조). 국가 및 지방자치단체는 위기상황에 처한 사람을 발굴하기 위하여 연 1회 이상 조사를 하여야 한다(법 제7조의 2).

Ⅱ. 긴급지원의 종류와 내용

긴급지원 대상자에게 직접지원 혹은 연계지원을 행한다. 직접지원으로 생계지원, 의료지원, 주거지원, 사회복지시설 이용지원, 교육지원, 그밖에 연료비나 위기상황을 극복하기 위하여 필요한 비용 또는 현물지원을 행한다.

생계지원으로 가구구성원의 수 등을 고려하여 보건복지부장관이 정하여 고시하는 금액이 지급된다. 의료지원으로 의료기관이 검사 또는 치료 등의 의료서비스를 지원한다. 시장·군수·구청장은 「국민건강보험법」과 「의료급여법」에 따른 본인부담금 등을 고려하여 보건복지부장관이 정하여 고시하는 금액의 범위에서 의료서비스 제공에 필요한 금액을 의료기관에 지급한다. 주거지원으로 대상자에게 임시거소를 제공하거나 거소 확보에 필요한 비용을 지원할 수 있다. 교육지원으로 「초중등교육법」상의 학교, 평생교육시설에서 수업료, 입학금, 학교운영 지원비 및 학용품비를 지급한다.

연계지원으로 대한적십자사, 사회복지공동모금회 등과 연계하여 지원을 행하고, 이에 관한 상담·정보제공, 그밖의 지원을 한다(법 제9조, 시행령 제2조 이하).

생계지원은 3개월간, 그밖의 지원은 1개월간 행하며, 1개월씩 두 번 연장할 수 있다. 생계지원은 위기상황이 계속되는 경우 긴급지원심의위원회의 심의를 거쳐 총 6개월을 초과하지 않는 범위에서 연장할 수 있다. 의료지원은 질병 또는 부상을 검사·치료하기 위한 범위에서 한번 실시하며, 교육지원도 한번 실시한다. 주거지원은 총 12개월을 넘지 않는 범위에서 연장할 수 있고, 의료지원은 총 두 번, 교육지원은 총 네 번을 초과하지 않는 범위에서 연장할 수 있다(법 제10조).

Ⅲ. 사후 적정성 심사, 급여의 반환

긴급지원을 받았거나 받고 있는 대상자는 소득 또는 재산 등을 기준으로 긴급지원의 적정성 심사를 받는다. 소득 기준은 「국민기초생활보장법」상 최저생계비의 100분의 185 이하이다. 재산 기준은 재산의 합계액 및 금융재산이 보건복지부장관이 정하여 고시하는 금액 이하이어야 한다(법 제13조, 시행령 제7조). 사후심사는 지원 결정일로부터 1개월 이내에 실시한다(법 제13조). 긴급지원이 적정하지 않은 것으로 결정된 경우에는 지원을 중단하고 지원한 비용의 전부 또는 일부를 반환하게 할 수 있다(법 제15조 제2항).

대상자가 거짓이나 그 밖의 부정한 방법으로 지원을 받은 때에는 긴급지원심의위원회의 결정에 따라 지체 없이 지원을 중단하고 지원한 비용의 전부 또는 일부를 반환하게 하여야 한다. 또 심사 결과 긴급지원이 적정하지 않은 경우에는 지원을 중단하고 지원한 비용의 전부 또는 일부를 반환하게 할 수 있다(법 제15조).

Ⅳ. 관리 운영

긴급지원은 대상자의 거주지를 관할하는 시장·군수·구청장이 행한다. 다만 대상자의 거주지가 분명하지 않은 경우에는 지원 요청을 받은 시장·군수·구청장이 지원을 행한다(법 제6조). 긴급지원 연장 결정, 긴급지원의 적정성 심사, 긴급지원의 중단 또는 지원비용의 환수 결정을 심의·의결하기 위하여 시·군·구에 긴급지원심의위원회를 둔다(법 제12조). 긴급지원 업무를 수행하기 위하여 필요한 비용은 국가 및 지방자치단체가 분담한다(법 제17조).

제 4 장 특별 공공부조법

제 1 절 기초연금법

Ⅰ. 입법목적

「노인복지법」은 생계급여를 필요로 하는 노인에게 노인수당을 지급하였다. 노인수당은 선정기준과 급여수준에 있어서 노인보호를 위한 독자적인 제도라기보다는 생계급여를 보충하는 데 그쳤다. 1998년 「노인복지법」을 개정하면서 보호가 필요한 노인의 지속적인 생활안정을 도모하기 위하여 경로연금을 새로이 도입하였다. 그러나 경로연금 역시 연금의 명칭을 가졌을 뿐 기존의 노인수당과 큰 차이가 없었다. 이에 2007년 「기초노령연금법」이 제정되어 이에 따라 기초노령연금이 도입되었다. 기존의 경로연금에 비하여 기초노령연금은 구체적인 청구권으로 형성되었다. 또 경로연금은 정액으로 지급되었던 반면 기초노령연금은 국민연금의 연금산정기초와 연계하여 산정되었다. 기초노령연금은 1998년에 이어 2007년 국민연금의 수준이 낮아지면서 국민연금이 특히 저소득층에는 기초생활을 보장하지 못할 것이라는 점을 염두에 두고 이를 보충하는 의미를 가졌다. 이 법은 2014년 「기초연금법」으로 개칭 · 개정되었다.

기초연금은 한편으로는 국민연금의 수급자격이 없거나 연금액이 최저생활을 위한 수준에 미달하는 노인의 생활안정을, 그리고 다른 한편 「국민기초생활보장법」이 부양의무에 대한 보충적인 급여이기 때문에 이러한 급여조건을 충족시킬 수 없는 노인의 최저생활을 보장하는 목적을 갖는다.

Ⅱ. 수급권자

기초연금 수급권자는 65세 이상의 사람으로서 소득인정액이 보건복지부장관이 정하는 금액, 즉 선정기준액에 미달하여야 한다(기초연금법 제3조). 「공무원연금법」, 「공무원재해보상법」, 「사립학교교직원연금법」 및 「군인연금법」, 「군인재해보상법」 등에 의하여 소득을 장기적으로 보호하는 급여를 받는 사람에게는 기초연금이 지급되지 않는다(기초연금법 제3조 제3항).

소득인정액은 본인 및 배우자의 소득평가액과 재산의 소득환산액을 합산한 금액을 말한다. 소득평가액과 재산의 소득환산액을 산정하는 소득 및 재산의 범위는 대통령령으로 정하고, 소득평가액과 재산의 소득환산액의 구체적인 산정방법은 보건복지부령으로 정한다.[1] 소득평가액을 산정하는 기초가 되는 소득에는 근로소득, 사업소득, 재산소득, 공적이전소득 등이 포함된다.「독립유공자예우에 관한 법률」,「국가유공자 등 예우 및 지원에 관한 법률」,「보훈보상대상자 지원에 관한 법률」에 따른 보상금 중 소득평가산정 제외 기준액을 한도로 하는 보상금, 이들 법과「참전유공자 예우 및 단체설립에 관한 법률」에 따른 생활조정수당, 간호수당, 무공영예수당, 참전명예수당 등은 산정대상에서 제외된다. 재산에는 일반재산과 금융재산이 포함된다(시행령 제2, 3조).

선정기준액은 노인가구의 소득·재산수준과 생활실태, 물가상승률 등을 고려하여 전년도 12월 31일까지 보건복지부장관이 결정·고시한다. 배우자가 있는 노인가구의 선정기준액 및 저소득자 선정기준액은 배우자가 없는 노인가구의 선정기준액 및 저소득자 선정기준액의 100분의 160에 해당하는 액으로 한다(시행령 제4조 제2항).「기초연금법」은 수급자의 규모를 법에 직접 정하고 있다. 즉 선정기준액을 정하는 경우 65세 이상인 사람 중 기초연금 수급자가 100분의 70 수준이 되도록 한다(기초연금법 제3조 제2항). 2023년 선정기준액은 노인단독가구와 노인부부가구의 경우 각각 2,020,000원 및 3,232,000원이다.

Ⅲ. 급여의 내용

1. 기준연금액과 기초연금

기초연금은 신청에 의하여, 월단위로 지급된다(법 제14조).

기초연금은 기준연금액과 국민연금 급여액을 고려하여 산정한다. 기준연금액은 30만원이며, 이는 전국소비자물가 변동률을 고려하여 매년 고시한다. 2023년 기준연금액은 323,180원이다. 저소득자를 위하여 특례를 두었다. 즉 65세 이상인 사람 중 소득인정액이 100분의 40 이하인 사람에게 적용되는 기준연금액은 30만원으로 한다(법 제5조의2).

1) 이와 같이 기초연금의 수급요건의 중요한 내용을 고시에 위임하는 규정에 대해서 헌법재판소는 합헌결정을 하였다. 헌재 2016.2.25, 2015헌바191, 28-1(상), 156면 이하 참조.

기초연금액은 국민연금 수급권자 및 「국민연금과 직역연금의 연계에 관한 법률」에 따른 연금수급권자에게 지급되는 경우와 그 밖의 경우를 구분하여 산정된다. 첫째, 국민연금 수급자에게 지급되는 기초연금액은 기준연금액에서 「국민연금법」상의 기본연금액 산정요소 중 균등부분(소득재분배급여금액, 이른바 A값)에 3분의 2를 곱한 금액을 뺀 금액에 기준연금액의 2분의 1에 해당하는 부가연금액을 더한 금액으로 한다(기초연금법 제5조 제5항). 연계연금 수급권자에게 지급되는 기초연금은 기준연금액에서 소득재분배급여 금액과 연계퇴직금액에 2분의 1을 곱한 금액을 합한 금액의 3분의 2를 곱한 금액을 뺀 금액에 기준연금액의 2분의 1에 해당하는 부가연금액을 더한 금액으로 한다(기초연금법 제5조 제6항). 최저보장을 위한 규정을 두었다. 즉 이들 수급권자에게 지급되는 연금액이 기준연금액의 100분의 150 미만인 경우에는 기준연금액을 기초연금액으로 한다. 또 이들 수급권자에게 지급되는 연금액이 기준연금액의 100분의 150 초과 100분의 200 이하인 경우에는 기준연금액의 100분의 250인 금액에서 국민연금 및 연계연금을 뺀 금액과 기초연금액 중 큰 금액을 기초연금액으로 한다(기초연금법 제6조, 시행령 제10조). 이들에게 지급되는 기초연금액에는 상한이 있다. 즉 위에서 산정한 기초연금액이 기준연금액을 초과하면 기준연금액을 기초연금액으로 한다(기초연금법 제7조). 둘째, 그 밖에 국민연금 수급자가 아닌 사람, 장애인연금 수급권자, 국민기초생활보장급여 수급자의 경우에는 기준연금액이 기초연금으로 지급된다(기초연금법 제5조 제7항).

2. 급여의 조정

본인과 배우자가 모두 기초연금 수급자인 경우에는 각각의 기초연금액에서 기초연금액의 100분의 20에 해당하는 금액을 감액한다.

소득이 일정 수준 이상인 경우 기초연금액과 조정이 된다. 즉 소득인정액과 기초연금액을 합산한 금액이 선정기준액 이상인 경우에는 선정기준액을 초과하는 금액의 범위에서 기초연금액의 일부를 감액할 수 있다. 저소득자 기초연금 수급자의 경우 수급권자의 소득인정액과 해당 기초연금액을 합산한 금액이 저소득자 선정기준액과 기준연금액을 합산한 금액 이상인 경우에는 기초연금액의 일부를 감액할 수 있다. 선정기준액에서 소득인정액을 뺀 금액이 기준연금액의 10% 이하인 경우, 그리고 이를 넘는 경우 기준연금액의 10%에 해당하는 금액, 그리고 선정기준액에서 소득인정액을 뺀 금액을 기초연금으로 한다. 본인과 배우자 모두 기초연금 수급자로서 본인 및 배우자의 소득인정액과 기초연금액을 더한 액이 선정기준액을 넘는 경우에는 다음과 같이 조정된다. 즉 선정기준액에서 소득인정액을 뺀 금액이 기준연금액의 20%에 해당하는 금액 이하인 경우, 그리고 이를 넘는 경우에 각각 기준연금액의 20%에 해당하는 금액, 그리고 선정기준액에서 소득인정액을 뺀 금액이 기초연금액으로 지급된다. 본인 및 배우자가 모두 저소득자 기초연금 수급권자인 경우에는 본인 및 배우자의 소득인정액과 감액한 본인 및 배우자의 기초연금액을 합산한 금액을 모두 더한 금액이 저소득자 선정기준액과 일반 기초연금 수급권자의 기준연금액에 100분의 160을 곱한 금액을 더한 금액을 초과하는 경우에 기초연금액이 감액된다. 이 경우 본인 및 배우자의 기초연금액을 합산한 금액에서 그 초과분을 뺀 금액을 지급한다. 감액 지급되는 기초연금은 본인 및 배우자의 기초연금액에 비례하도록 배분하여 본인 및 배우자에게 각각 지급한다. 다만 본인과 배우자 중 1명에게 지급하는 금액이 기준연금액의 100분의 10 미만이 되는 경우에는 기준연금액의 100분의 10에 해당하는 금액을 지급한다(기초연금법 제8조, 시행령 제11조).

기초연금 수급권자가 국적을 상실하거나 국외로 이주한 때, 기초연금 수급자에 해당하지 않게 된 때에는 수급권을 상실한다(기초연금법 제17조).

Ⅳ. 급여의 제한

기초연금 수급권자가 국적을 상실하거나 국외로 이주한 때, 기초연금 수급권자에 해당하지 않게 된 때에는 수급권을 상실한다(기초연금법 제17조).

기초연금 수급자가 금고 이상의 형을 선고받고 교정시설 또는 치료감호시설에 수용중인 기간 동안에는 연금의 지급을 정지한다. 기초연금 수급자가 행방불명되거나 실종되는 등 사망한 것으로 추정되는 경우, 그리고 국외 체류기간이 60일 이상 지속되는 경우에도 기초연금의 지급을 정지한다(기초연금법 제16조).

Ⅴ. 재 정

기초연금의 지급을 위해서 드는 비용은 국가와 지방자치단체가 부담한다. 국가는 지방자치단체의 노인인구 비율 및 재정여건을 고려하여 40% 이상 90% 이하의 범위에서 재정을 부담한다. 예컨대 지방자치단체의 재정자주도가 90% 이상이고 노인인구비율이 14% 미만인 경우 국가가 40%를 부담한다. 재정자주도가 80% 미만이고 노인인구비율이 20% 이상인 경우에는 국가가 90%를 부담한다(기초연금법 제25조, 시행령 별표 2).

제 2 절 구직자 취업촉진 및 생활안정지원에 관한 법률

Ⅰ. 제도 도입

오늘날 실업은 전형적인 사회적 위험이 되었다. 1995년 시행된 「고용보험법」은 사회보험으로서 적용 대상이 제한적이었고, 또 실업을 사전에 예방하는 데 중점을 두어 구직급여의 지급 기간이 짧았다. 1999년 시행된 국민기초생활보장은 최저생활을 보장하는 데 집중하였고 자활보호는 주로 근로능력이 없는 사람을 대상으로 하였다. 특히 청년실업이 증가하고 노인취업을 촉진하여야 하는 상황에서는 새로운 실업부조에 관한 입법이 필요하게 되었다. 이에 2020년 「구직자 취업촉진 및 생활안정지원에 관한 법률」(이하 '구직자취업촉진법'으로 줄임)이 제정되었고, 이는 2021년 시행되었다. 사실 기존에 이와 같은 목적을 갖는 국민취업패키지가 시행되었지만 이는 법적 근거가 없었기 때문에 제도적 안정성이 결여되었다.

「구직자 취업촉진법」은 한편으로는 고용보험을 보충하고, 다른 한편 국민기초생활보장에 앞서 근로능력이 있는 사람의 취업을 지원하여 국민기초생활보장에 의한 보호를 받지 않고 자립할 수 있도록 지원하는 과제를 갖는다. 이에 상응하여 급여의 종류로 취업지원서비스와 구직촉수당이 제공된다. 이는 비교법적으로는 독일 사회보장법에서 고용촉진(Arbeitsfoerderung)에 포함되어 있던 실업부조(Arbeitslosenhilfe)를 분리하고 사회부조 중 소득능력이 있는 사람에 대한 생활보호와 통합하여 사회법전 제2권(SGB II) '구직자를 위한 기초보장(Grundsicherung für Arbeitssuchende)'을 독립 법률로 제정한 것과 같은 맥락이다.

Ⅱ. 수급권자

취업지원서비스를 받기 위해서는 다음과 같은 요건 모두를 갖추어야 한다. 첫째, 근로능력과 구직의사가 있지만 취업하지 못한 상태이어야 한다. 둘째, 취업지원을 신청할 때 15세 이상 64세 이하이어야 한다. 셋째, 가구 단위 월평균 총소득이 「국민기초생활보장법」상의 기준 중위소득의 100분의 100 이하이어야 한다. 월평균 총소득의 산정에는 이자소득, 배당소득, 사업소득 및 근로소득, 그리고 「국민연금법」·「공무원연금법」 등에 따라 정기적으로 지급되는 연금이 반영된다. 다만 비과세되는 근로소득은 제외된다. 15세 이상 34세 이하인 사람에게는 이 기준은 기준 중위소득이 100분의 120 이하로 완화된다(구직자취업촉진법 제6조 제1항, 시행령 제2조). 「고용정책기본법」상의 취업취약계층에 대해서 취업지원서비스가 특히 필요한 경우에는 고용정책심의회의 심의를 거쳐 취업지원서비스의 요건을 별도로 정할 수 있다(구직자취업촉진법 제6조 제3항, 고용정책기본법 제6조 제1항 제6호).

구직촉진수당의 수급 자격을 갖기 위해서는 우선 취업지원서비스의 수급 요건을 갖추어야 한다. 소득심사는 취업지원서비스에 비해서 엄격하다. 가구 단위의 월평균 총소득이 기준 중위소득의 100분의 60 이하이어야 한다. 또 토지·건물·자동차 등의 재산 합계액이 4억원 이하이어야 한다. 마지막으로 취업경력이 있어야 한다. 즉 취업지원 신청일 이전 취업한 기간이 100일 또는 800시간이 되어야 한다. 다른 요건을 갖추고 있으나 재산 기준을 충족하지 못하는 사람, 소득 기준을 충족하지 못하지만 재산 기준을 갖춘 사람에 대해서는 노동시장의 여건, 구직촉진수당의 지원 필요성 등을 고려하여 예산의 범위에서 구직촉진수당을 지급할 수 있다(구직자취업촉진법 제7조 제1,2항, 시행령 제3조). 학업, 군복무 등으로 인하여 즉시 취업이 어려운 사람, 「국민기초생활보장법」의 생계급여 수급자, 「고용보험법」에 따른 구직급여를 받고 있거나 이를 마지막으로 받은 이후 6개월이 지나지 않은 사람, 「고용정책기본법」에 따른 재정지원 일자리 사업 중 대통령령이 정한 사업에 참여하고 있거나 참여 기간 이후 6개월이 지나지 않은 사람에게는 수급자격을 인정하지 않을 수 있다(구직자취업촉진법 제7조 제3항).

취업지원서비스의 수급자격을 인정받기 위해서는 고용노동부장관에게 이를 신청하여야 하며, 이때 구직촉진수당의 인정을 함께 신청하여야 한다(구직자취업촉진법 제8조).

Ⅲ. 취업지원서비스

취업지원서비스를 제공함에 있어서 우선 고용노동부장관은 수급자격자와 협의하여 개인별 취업활동계획을 수립하여야 한다. 여기에는 취업지원프로그램 또는 구직활동지원 프로그램에 관한 사항이 포함되어야 한다. 이때 수급자격자에게 직업안정기관 방문, 진로 상담 및 직업심리 상담의 참여, 상담에 필요한 자료 제공의 의무를 부과할 수 있다. 정당한 사유 없이 이러한 의무를 이행하지 않은 경우에는 수급자격의 인정을 철회할 수 있다(구직자취업촉진법 제12조).

취업지원으로 수급자격자의 취업 의욕을 높이기 위하여 심리상담 및 취업심리 상담을 할 수 있다. 직업능력의 개발을 위하여 직업훈련·창업지원·해외취업지원 또는 일경험 프로그램을 지원할 수 있으며, 여기에는 「국민평생 직업능력 개발법」에 따라 실시되는 직업능력개발훈련 또는 기능대학의 교육·훈련과정과 사업, 「산업현장 일학습병행 지원에 관한 법률」에 따른 일학습 병행, 「장애인고용촉진 및 직업재활법」에 따른 직업지도, 직업적응훈련 또는 직업능력개발훈련, 일경험 습득 및 경력형성을 목적으로 하는 프로그램, 심리안정·집단상담 프로그램, 정신건강 증진·양육 지원, 결혼이민자 사회통합, 금융지원 등 복지 및 금융 지원 프로그램, 그 밖에 고용노동부장관이 정하는 직업훈련, 창업지원 또는 해외취업지원을 위한 프로그램 등이 포함된다(구직자취업촉진법 제13조, 시행규칙 제8조).

구직활동을 지원하기 위하여 일자리 소개 및 이력서 작성·면접 기법 등을 제공할 수 있다(구직자취업촉진법 제14조). 구직촉진수당의 수급자격이 없는 사람이 취업지원서비스에 참여하는 경우 예산의 범위에서 취업활동비용을 지원할 수 있다. 취업활동계획의 수립에 드는 비용, 취업지원 프로그램 또는 구직활동지원 프로그램의 이행에 드는 비용 등이 지원된다(구직자취업촉진법 제16조, 시행규칙 제12조). 취업지원의 서비스 기간은 1년으로 하며, 계속 참여가 필요한 경우 6개월 범위에서 기간을 연장할 수 있다(구직자취업촉진법 제15조). 적극적으로 수급자격자의 취업을 유인하기 위하여 일정한 기간 중에 취업한 경우에는 취업성공수당을 지급할 수 있다(구직자취업촉진법 제17조).

Ⅳ. 구직촉진수당

구직촉진수당의 수급자격자가 취업활동계획의 수립에 참여하여 계획 수립을 완료하거나 취업지원서비스를 이행하는 경우 구직활동 및 생활안정을 지원하기 위하여 구직촉진수당을 지급한다(구직자취업촉진법 제18조, 시행령 제8조). 구직촉진수당으로 월 단위로 월 50만원이 6개월 동안 총 300만원을 한도로 지급된다. 이는 최대 1년까지 연장 지급될 수 있지만 총지급액이 300만원을 초과할 수 없다(구직자취업촉진법 제20조). 수급자가 소득활동을 통하여 얻은 소득이 월 단위 지급액을 초과하는 경우 해당 구직촉진수당을 감액하거나 지급을 정지할 수 있다. 구직촉진수당의 지급정지

횟수가 3회가 되는 때에는 수급자격의 인정을 철회하고 취업지원을 중단한다(구직자취업촉진법 제21조).

수급자가 취업활동계획을 따르지 않을 때에는 구직촉진수당의 지급을 중단할 수 있다. 취업활동계획의 일부를 이행하지 않는 경우에는 구직촉진수당의 일부를 감액할 수 있다(구직자취업촉진법 제26조). 수급자가 거짓이나 그 밖의 부정한 방법으로 구직촉진수당 등을 지급받은 경우 이후의 구직촉진수당 등을 지급하지 않으며, 거짓이나 그 밖의 부정한 방법으로 지급받은 구직촉진수당 등의 지급결정을 취소한다. 구직촉진수당 등의 지급결정 취소를 받은 수급자는 그 결정이 있은 날부터 5년 동안 취업지원을 신청할 수 없다(구직자취업촉진법 제27조). 거짓이나 그 밖의 부정한 방법으로 구직촉진수당 등을 지급받아 지급결정의 취소를 받은 수급자는 지급받은 구직촉진수당 등의 전부 또는 일부를 반환하여야 한다. 이 경우 고용노동부장관은 거짓이나 그 밖의 부정한 방법으로 지급받은 구직촉진수당에 해당하는 금액을 추가로 징수할 수 있다(구직자취업촉진법 제28조, 시행규칙 제19조 제1항).

제 8 편

사회복지 관련법

제 1 장 제도적 의의

사회복지체계는 신체·연령 등의 이유로 스스로의 능력으로는 정상적인 생활을 영위할 수 없거나, 혹은 인격실현에 어려움이 있는 집단에게 주로 경제적 및 서비스지원을 통해서 생활을 보장하는 목적을 갖는다. 사회복지 급여는 원칙적으로는 공공부조와는 달리 수요심사 및 자산심사가 이루어지지 않거나, 이루어지는 경우에도 공공부조에 비해서는 완화되어야 한다.[1] 이 점을 현행 사회복지관련법들은 제도적·이념적으로 충분히 반영하고 있지 못하다. 사회복지체계에 속하는 법으로 「아동복지법」, 「노인복지법」, 「장애인복지법」 등이 있다. 2018년 아동복지의 특별법으로 「아동수당법」이 제정되었으며, 「아동수당법」은 소득 및 수요심사를 거치지 않고 사회수당의 성격을 갖는 아동수당을 지급한다. 이에 비해서 「기초연금법」상의 기초연금은 노인에 특별히 적용되는 공공부조의 성격이 강하다. 따라서 이 책에서 특별 공공부조로서 서술한 바 있다.

우리나라에서 사회복지법의 조치는 사회보장법의 제도적 요청과는 거리가 멀게 형성되어 있다. 첫째, 현행 각종 사회복지와 관련된 법률들은 사회보장법에 포섭되기 어려울 정도로 급여가 충실하지 않다. 즉 보호대상자의 사회적 문제를 해결하기 위해서 필요한 직접적인 급여가 불충분하다. 사회복지관련법들은 오히려 일반적인 보호조치를 열거하고 있는 정도에 그치고 있다. 「아동복지법」상의 금지행위에 관한 규정이 좋은 예이다. 그 결과 가족의 부담을 경감하여 가족을 보호하는 기능에 충실하지 못하다. 둘째, 현행 사회복지와 관련된 급여들은 대부분 재량급여이며, 따라서 사회복지관련법이 개인의 권리를 도출하는 근거로서 기능할 수 없게 되어 있다. 셋째, 사회복지관련법이 부분적으로 직접급여를 하는 경우에도 공공부조를 보충하는 정도에 머무르며, 공공부조법과 구분되는 독자적인 입법내용을 가지고 있지 못하다. 아래에서 설명하는 장애인연금, 장애수당 등이 특히 그러하다. 이상적으로는 「국민기초생활보장법」은 아동·노인 및 장애인 등의 최저생활을 보장하고, 사회복지 관련법들은 소득 및 재산상황과는 독립하여 아동·노인·장애인 등이 정상적인 사회생활에

1) 사회복지의 체계적 특성에 대해서는 예컨대 전광석, "사회복지법의 규범체계와 과제", 「법제연구」 제41호(2011) 참조.

편입할 수 있도록 개선하여야 한다.

이 밖에 보호대상자의 구체적인 생활을 보호하는 데 세법상의 각종 소득공제가 중요한 역할을 한다. 우리 세법에서는 예컨대 60세 이상 직계존속부양자에 대해서 소득공제를, 그리고 70세 이상 노인부양자에 대해서 추가로 소득공제를 하고 있다. 또 장애인에 대해서도 각종 소득공제를 하고 있다.[2] 실제 부양비용에 충실하게 소득공제를 하여 실질적인 보호가 되어야 한다.

2) 소득세법 제50조 이하 참조.

제 2 장 아동복지법과 아동수당법

제 1 절 아동복지법

Ⅰ. 입법목적

「아동복지법」은 국가가 아동을 보호하고, 건전하게 육성할 책임을 구현한다. 아동복지는 아동이 건전한 인격체로 성장할 수 있도록 지원한다는 점에서는 헌법상의 인간의 존엄을 실현하는 국가의 적극적인 과제이다. 또 아동은 가정에서 보호를 필요로 하며, 따라서 가족부담을 증가시키는 요소라는 점을 보면 아동복지는 헌법 제36조 가족보호의 국가책임을 구현하여야 한다. 이러한 목적을 달성하기 위하여 「아동복지법」은 요보호아동뿐 아니라 아동 일반을 보호의 대상으로 하여야 한다. 또 직접 급여뿐 아니라 아동의 건전한 성장을 위하여 각종 시설보호를 통한 보호조치가 필요하다.

「아동복지법」에서 직접적인 급여에 의한 개별적인 보호조치는 전혀 찾아볼 수 없다. 「아동복지법」은 주로 시설보호를 규정하고 있다. 이로써 아동보호에 있어서 사회적 관점을 반영하는 데에는 한계가 있다. 시설보호는 아동 일반에 대해서 개방적으로 운영되기 때문이다. 또 「아동복지법」은 주로 금지규정을 통하여 아동보호를 꾀하고 있다. 이미 언급했듯이 이는 아동복지의 특유한 조치가 아니고, 일반적인 아동보호조치에 해당한다. 사회보장법에 특유한 보다 적극적인 필요하다.

국가의 아동보호는 필연적으로 부모의 아동에 대한 양육권과 충돌한다.[1] 아동에 대한 우선적인 양육권은 부모에게 있지만 부모의 양육권이 남용되거나 적절하게 행사되지 못할 때 국가가 이를 방치해서는 안된다. 이와 관련하여 「아동복지법」은 친권상실제도를 두고 있다.

아동 및 보호자 등에 대한 조치는 개인에게는 사생활의 일부를 이룬다. 따라서 아동복지사업 또는 아동복지전담기관을 포함하여 아동복지업무에 종사하였거나 종사하는 자는 직무상 알게 된 비밀을 누설하여 개인의 사생활의 비밀

1) 헌재 2000.4.27, 98헌가16등, 12-1, 446면 이하 참조.

을 침해하지 않아야 한다. 직무상 알게 된 비밀을 직무상 목적외의 용도로 이용해서도 안 된다(법 제65조).[2)]

Ⅱ. 보호대상자

「아동복지법」상 아동은 18세 미만의 사람이다(법 제3조 제1호). 「아동복지법」은 아동 일반을 대상으로 하는 조치와 보호대상 아동을 대상으로 하는 조치를 규정하고 있다. 이때 보호대상 아동이란 보호자가 없거나 보호자로부터 이탈된 아동 또는 보호자가 아동을 학대하는 경우 등 그 보호자가 아동을 양육하기에 부적당하거나 양육할 능력이 없는 경우의 아동을 말한다(법 제3조 제4호). 이 밖에 보호자, 즉 친권자, 후견인 또는 아동을 현재 보호·양육·교육하거나 그 의무가 있는 사람 또는 업무·고용 등의 관계로 사실상 아동을 보호·감독하는 사람 역시 보호의 대상이 된다(법 제3조 제3호).

Ⅲ. 급여의 종류와 내용

1. 개 관

아동에 대한 일반적인 보호조치로는 아동복지시설의 설치·운영, 보건소 운영, 시설보호조치 등이 있다. 또 결손가정의 아동을 보호하기 위해서 후견인 선정을 통한 보호조치를 시행하고 있다. 반면 아동에 대한 개별적인 보호조치는 없는 실정이다.

2. 아동보호서비스, 친권보호, 입소조치

아동복지 전담공무원, 민간전문인력 또는 아동위원은 보호대상 아동 및 그 보호자에 대한 상담·지도를 하고, 보호자 또는 대리양육을 원하는 연고자에 대하여 그 가정에서 아동을 보호·양육할 수 있도록 필요한 조치를 취한다. 이와 같은 보호조치가 아동보호를 위하여 적합하지 않은 경우 보호대상 아동을 가정에 위탁하거나, 아동복지시설에 입소시키는 조치를 취한다. 약물 및 알콜중독, 정서·행동·발달장애, 성폭력·아동학대 피해 등으로 인하여 특수한 치료나 요양 등의 조치가 필요한 경우에는 전문치료기관 또는 요양소에 입원 또는 입

2) 이하 법률의 명칭에 대한 특별한 언급이 없는 한 「아동복지법」을 말한다.

소 조치를 취한다. 또 「국내입양에 관한 특별법」 및 「국제입양에 관한 법률」에 따른 입양과 관련하여 필요한 조치를 취할 수 있다. 이와 같은 보호조치를 하기 전에 보호대상 아동에 대한 상담, 건강검진, 심리검사 및 가정환경에 대한 조사를 실시하여야 한다. 지방자치단체의 장은 위와 같은 조치를 하는 경우 보호대상 아동의 개별 보호·관리계획을 세워야 하며, 이때 보호대상 아동의 보호자를 참여시킬 수 있다(법 제15조 제4항). 이와 같은 조치를 할 때 아동의 최상의 이익이 되도록 하여야 하며(법 제15조 제1항), 해당 보호대상 아동의 의사를 존중하고, 보호자가 있을 때에는 그 의견을 들어야 한다.

지방자치단체의 장은 보호조치 중에 있는 보호대상 아동의 양육상황을 매년 점검하여야 하며, 그 결과 보호대상 아동의 복리를 위하여 필요하거나 해당 보호조치가 적절하지 않은 경우에는 지체 없이 보호조치를 변경하여야 한다(법 제15조의 3).

보호대상 아동이 18세에 달하였거나 보호목적이 달성되었다고 인정되면 보호조치를 종료하거나 퇴소시켜야 한다(법 제16조). 다만 18세에 달한 보호대상 아동이 보호조치를 연장할 의사가 있는 경우에는 보호기간을 해당 아동이 25세까지 연장하여야 한다. 또 보호조치 중인 아동이 다음 각 호의 어느 하나에 해당하면 보호기간을 추가로 연장할 수 있다. 대학 이하의 학교에 재학 중인 경우, 아동양육시설 또는 「국민평생직업능력 개발법」에 따른 직업능력개발훈련시설에서 직업 관련 교육·훈련을 받고 있는 경우에 보호기간이 연장된다. 그 밖에 위탁가정 및 각종 아동복지시설에서 그 사람을 계속하여 보호·양육할 필요가 있다고 대통령령으로 정하는 경우에 보호기간이 연장된다. 장애·질병 등을 이유로 보호기간의 추가 연장이 필요하다고 인정하는 경우, 보호기간이 연장된 사람의 지적 능력이 보건복지부장관이 정하는 범위에 해당하는 등 자립 능력이 부족한 경우, 취업 준비 등을 이유로 보호기간이 연장된 사람이 보호기간의 추가 연장을 요청하여 1년 이내의 범위에서 보호기간을 추가 연장하는 경우 등이 여기에 해당한다(법 제16조의3, 시행령 제22조).

아동의 친권자가 친권을 남용하거나 현저한 비행(非行)이나 아동학대, 그 밖에 친권을 행사할 수 없는 중대한 이유가 있으며, 아동의 복지를 위해서 필요한 때에는 지방자치단체의 장 또는 검사는 법원에 친권행사의 제한 또는 친권상실의 청구를 할 수 있다. 아동복지시설의 장 및 학교의 장 등은 지방자치단체의 장 또는 검사에게 법원에 친권행사의 제한 또는 친권상실의 선고를 청구하도록 요청할 수 있다. 이 경우 아동의 의견을 존중하여야 한다(법 제18조). 친권자 혹은 후견인이 없는 아동이 발견된 경우 복지를 위하여 필요한 때에는 법원에 후견인의 선임을 청구하여야 한다. 이 경우 역시 아동의 의견을 존중하여야 한다. 기존의 후견인이 아동을 학대하는 등 현저한 비행을 저지른 경우에는 후견인의 변경을 법원에 청구하여야 한다(법 제19조). 공공아동보호시설에 있는 미성년자에 대해서는 해당 시설의 장이 후견인이 되며, 사설아동보호시설에 있는 미성년자의 경우에는 시설이 소재한 곳의 지방자치단체의 장이 후견인을 지정한다(보호시설에 있는 미성년자의 후견직무에 관한 법률 제3조).

국가와 지방자치단체는 특히 아동에 대한 가정위탁사업을 활성화하여야 한다. 이를 위하여 가정위탁지원센터를 둔다. 지방자치단체의 장은 비영리법인을 지정하여 가정위탁지원센터의 운영을 위탁할 수 있다(법 제48, 49조, 시행령 제47조 이하).

3. 각종 행위의 금지

아동이 신체적 및 정신적으로 건전하게 성장하도록 하기 위하여 다음과 같은 행위가 금지된다(법 제17조). ① 아동을 매매하는 행위, ② 아동에게 음란한 행위를 시키거나, 이를 매개하는 행위, 또는 아동에게 성적 수치심을 주는 성희롱 등의 성적 학대행위, ③ 아동의 신체에 손상을 주거나 신체의 건강 및 발달을 해치는 신체적 학대행위, ④ 아동의 정신건강 및 발달에 해를 끼치는 정서적 학대행위, ⑤ 자신의 보호·감독을 받는 아동을 유기하거나 의식주를 포함한 기본적 보호·양육·치료 및 교육을 소홀히 하는 방임행위, ⑥ 장애를 가진 아동을 공중에 관람시키는 행위, ⑦ 아동에게 구걸을 시키거나 아동을 이용하여 구걸하는 행위, ⑧ 공중의 오락 또는 흥행을 목적으로 아동의 건강 또는 안전에 유해한 곡예를 시키는 행위 또는 이를 위하여 아동을 제3자에게 인도하는 행위, ⑨ 정당한 권한을 가진 알선기관 외의 자가 아동의 양육을 알선하고 금품을 취득하거나 금품을 요구 또는 약속하는 행위, ⑩ 아동을 위하여 증여 또는 급여된 금품을 그 목적 외의 용도에 사용하는 행위 등이 금지된다. 위에서 이미 언급했듯이 이들 조치는 일반적인 아동보호조치에 해당한다.

4. 아동학대의 예방 및 방지

「아동복지법」은 아동학대를 예방하고 방지하는 데 필요한 다양한 규정을 두고 있다. 아동학대란 보호자를 포함한 성인이 아동의 건강 또는 복지를 해치거나 정상적 발달을 저해할 수 있는 신체적·정신적·성적 폭력이나 가혹행위, 그리고 아동의 보호자가 아동을 유기하거나 방임하는 행위이다(법 제3조 제7호). 성적 학대에 대한 판단은 행위자 및 피해 아동의 의사·성별·연령, 피해 아동이 성적 자기결정권을 행사할 수 있을 능력, 행위자와 피해 아동의 관계, 행위에 이르게 된 경위, 구체적인 행위 태양, 행위가 피해 아동의 인격 발달과 정신 건강에 미칠 수 있는 영향 등 구체적인 사정을 종합적으로 고려하여 판단한다.[3)]

국가와 지방자치단체는 아동학대를 예방하고 방지하는 데 필요한 정책을 수립·시행하고 실태를 조사하여야 한다. 또 아동학대에 대한 신고체제를 구축하여 운영하고, 피해 아동의 가정에 대한 지원을 하여야 한다. 지방자치단체에 피해 아동의 발견 및 보호의 업무를 수행하기 위하여 아동학대전담공무원을 두어야 한다(법 제22조). 아동권리보장원의 장 또는 아동보호전문기관의 장은 아동의 안전 확보와 재학대 방지, 건전한 가정기능의 유지 등을 위하여 피해아동 및 보호자를 포함한 피해아동의 가족에게 상담, 교육 및 의료적·심리적 치료 등의 필요한 지원을 제공하여야 한다. 이때 피해 아동의 이익을 최우선으로 고려하여야 한다. 또 아동학대 행위자에 대하여 상담·교육 및 심리적 치료 등 필요한 지원을 제공하여야 하며, 아동학대 행위자는 상담·교육 및 심리적 치료 등에 성실히 참여하여야 한다(법 제29조, 제29조의 2).

아동학대 관련범죄로 인하여 형 또는 치료감호를 선고받아 확정된 사람에 대해서 법원은 이후 10년의 범위 내에서 아동관련기관을 운영하거나 아동관련기관에 취업 또는 사실상 노무를 제공할 수 없도록 관련 범죄 사건의 판결과 동시에 선고하여야 한다. 재범의 위험성이 현저히 낮거나 혹은 그 밖에 취업을 제한할 필요가 없는 특별한 사정이 있는 경우에는 아동관련 기관 운영 및 취업 제한에 관한 규정을 적용하지 않을 수 있다(법 제29조의 3).[4)]

5. 아동지원서비스

여기에는 아동 안전 및 건강지원과 취약계층 아동통합서비스지원 및 자립지원 등이 있다. 건강지원과 관련하여 보건소는 전염병 예방조치, 건강상담, 신체

3) 대판 2015.7.9, 2013도7787 참조.

4) 유사한 내용의 취업제한조치를 규정하고 있는 구「아동·청소년의 성보호에 관한 법률」규정에 대해서 헌법재판소는 위헌결정을 내린 바 있다. 헌재 2016.3.31, 2013헌마585등, 28-1(상), 453면 이하 참조.

검사와 보건위생에 관한 지도, 영양개선 등의 업무를 수행한다(법 제36조). 취약계층 아동에 대해서 보건, 복지, 보호, 교육, 치료 등을 종합적으로 지원하는 통합서비스를 실시한다(법 제37조). 보호대상아동에 대한 위탁보호가 종료되거나 아동복지시설에서 퇴소한 경우 이후의 자립을 지원하기 위하여 자립에 필요한 주거·생활·교육·취업 등의 지원, 자립에 필요한 자립정착금 및 자립수당 지급, 자산의 형성 및 관리지원 등의 조치를 시행한다(법 제38조). 보호대상 아동의 자립을 촉진하기 위하여 아동권리보장원의 장, 가정위탁지원센터의 장 및 아동복지시설의 장은 보호하고 있는 15세 이상의 아동을 대상으로 매년 자립지원계획을 수립하여야 한다. 또 계획을 수행하는 종사자를 대상으로 자립지원에 관한 교육을 실시하여야 한다(법 제39조).

Ⅳ. 재 정

국가 또는 지방자치단체가 행하는 아동복지사업의 재정은 일반예산에서 충당된다. 국가와 지방자치단체는 아동복지시설에서 행해지는 보호조치에 소요되는 비용의 전부 또는 일부를 보조할 수 있다(법 제59조). 아동복지시설의 설치 및 운영과 프로그램의 운용에 필요한 비용 또는 수탁보호 중인 아동의 양육 및 보호관리에 필요한 비용, 보호대상 아동의 가정위탁 보호에 따른 비용, 아동복지사업의 지도, 감독, 계몽 및 홍보에 필요한 비용, 아동학대 신고의무교육에 소요되는 비용, 아동학대 피해에 대한 상담 및 신체적·정신적 치료에 드는 비용, 취약계층 아동에 대한 통합서비스지원에 필요한 비용, 보호대상 아동의 자립지원에 필요한 비용, 자산형성지원 사업에 필요한 비용, 아동복지단체의 지도·육성에 필요한 비용이 비용보조의 대상이다.

보조금 지급에 있어서 국가와 지방자치단체의 부담비율은 「보조금의 예산 및 관리에 관한 법률 시행령」에 의해서 결정된다(별표 1). 지방자치단체의 장 혹은 아동복지시설의 장이 아동보호 조치를 위하여 비용을 지출한 경우 비용의 전부 혹은 일부를 부양의무자로부터 징수할 수 있다. 그러나 본인 혹은 부양의무자가 다른 법령에 의하여 생계비를 지원받는 경우에는 징수금액을 줄이거나 징수하지 않을 수 있다(법 제60조, 시행령 제55조).

Ⅴ. 관리운영

종합적인 아동정책을 수립하고 관계부처의 의견을 조정하며, 정책의 이행을 감독·평가하기 위하여 국무총리 소속하에 아동정책조정위원회가 설치되어 있다. 위원회는 위원장을 포함한 25명 이내의 위원으로 구성한다. 위원장은 국무총리이다. 위원회는 기획재정부장관·교육부장관·법무부장관·행정안전부장관·문화체육관광부장관·산업통상자원부장관·보건복지부장관·고용노동부장관·여성가족부장관 및 아동관련 단체의 장이나 아동에 대한 학식과 경험이 풍부한 자 중 위원장이 위촉하는 15명 이내의 위원으로 구성한다(법 제10조). 위원회의 심의안건에 대한 사전심사 및 관계부처의 의견을 조정하기 위하여 위원회에 아동정책실무위원회를 둔다(시행령 제11조).

아동정책조정위원회는 다음 사항을 심의·조정한다. 아동정책기본계획의 수립에 관한 사항, 아동의 권익 및 복지증진을 위한 기본방향에 관한 사항, 아동정책의 개선과 예산지원에 관한 사항, 아동정책에 관한 관련 부처간 협조에 관한 사항, 아동관련 국제조약의 이행 및 평가·조정에 관한 사항, 그 밖에 위원장이 부의하는 사항 등이다(법 제10조 제2항).

아동정책에 대한 종합적인 수행과 아동복지 관련 사업의 효과적인 추진을 위하여 필요한 정책의 수립을 지원하고 사업평가 등의 업무를 수행할 수 있도록 독립 법인으로 아동권리보장원을 설립한다. 아동권리보장원은 다음과 같은 업무를 수행한다; 아동정책 수립을 위한 자료 개발 및 정책 분석, 아동정책 기본계획 수립 및 시행계획의 평가 지원, 아동정책조정위원회 운영 지원, 아동정책영향평가 지원, 아동보호서비스에 대한 기술지원, 아동학대의 예방과 방지를 위한 업무, 가정위탁사업 활성화 등을 위한 업무, 지역 아동복지사업 및 아동복지시설의 원활한 운영을 위한 지원, 「국내입양에 관한 특별법」 및 「국제입양에 관한 법률」에 따른 입양체계의 구축과 운영을 위한 업무(법 제10조의 2).

국가와 지방자치단체는 아동 관련 정책이 아동복지에 미치는 영향을 분석·평가하고, 이를 아동 관련 정책의 수립·시행에 반영하여야 한다(법 제11조의 2).

「아동복지법」상 각종 보호는 국가 및 지방자치단체가 시행한다(법 제4조). 보건복지부장관은 3년마다 아동의 종합실태를 조사하여 그 결과를 공표한다. 이는 아동정책기본계획과 아동정책시행계획에 반영하여야 한다. 아동의 양육 및 생활환경, 언어 및 인지발달, 정서적·신체적 건강, 아동안전, 아동학대 등이 조사의 대상이다(법 제11조). 지방자치단체에 아동복지에 관한 중요한 사항을 심의하기 위하여 아동복지심의위원회를 둔다(법 제12조). 아동에 대한 각종 보호조치는 아동복지전담공무원이 담당한다. 아동복지전담공무원의 업무는 다음과 같다. 아동에 대한 상담 및 보호조치, 가정환경의 조사, 아동복지시설에 대한 지도·감독, 아동범죄 예방을 위한 현장확인 및 지도·감독 등이다. 전담공무원의 업무를 지원하기 위하여 민간전문인력을 둘 수 있다(법 제13조 제3항).

국가와 지방자치단체 외에 민간단체가 아동복지시설을 설치할 수 있다. 민간단체가 시설을 설치하는 경우 기초지방자치단체의 장에게 신고하여야 한다(법 제50조). 「아동복지법」에 따른 아동복지시설은 다음과 같다. 아동양육시설, 아동일시보호시설, 아동보호치료시설, 공동생활가정, 자립지원시설, 아동상담소, 아동전용시설, 지역아동센터, 아동보호전문기관, 가정위탁지원센터, 아동권리보장원, 학대피해아동쉼터 등이다(법 제52조).

민간차원의 아동복지를 권장하기 위하여 각종 지원을 하고 있다. 국가 및 지방자치단체는 위에서 설명한 바와 같이 아동복지사업에 소요되는 비용의 전부 또는 일부를 보조할 수 있다. 이들 보조금은 보조금의 교부조건을 위반한 때, 거짓이나 그 밖의 부정한 방법으로 보조금의 교부를 받은 때, 아동복지시설의 경영에 관하여 개인의 영리를 도모하는 행위를 한 때, 보조금의 사용 잔액이 있을 때, 그리고 「아동복지법」 또는 「아동복지법」에 따른 명령을 위반한 때에는 보조금의 전부 또는 일부에 대해서 반환명령을 할 수 있다(법 제61조). 국가 또는 지방자치단체는 아동복지시설을 운영하는 법인에 대하여 필요하다고 인정되는 경우에 국유·공유재산을 무상(無償)으로 대부하거나 사용·수익하게 할 수 있고, 이들이 사용하는 토지·건물, 시설설치 및 운영에 드는 비용 등에 대해서 조세 기타 공과금을 감면할 수 있다(법 제62, 63조).

아동복지사업에는 국가 또는 지방자치단체와 더불어 민간이 설치·운영하는 시설이 함께 참여하고 있다. 따라서 이 경우 국가의 민간시설에 대한 감독이 중요하다. 보건복지부장관, 시·도지사 또는 시장·군수·구청장은 필요하다고 인정할 경우 관계 공무원 혹은 전담공무원으로 하여금 아동복지시설과 아동의 주소·거소, 아동의 고용장소 또는 금지행위를 위반할 우려가 있는 장소 등에 출입하여 아동 또는 관계인에 대하여 필요한 조사를 하거나 질문을 하게 할 수 있다(법 제66조). 그 결과에 따라 다음과 같은 경우에 시설의 개선, 6개월 이내의 사업의 정지, 위탁의 취소 또는 시설의 장의 교체, 시설폐쇄 등의 명령을 내릴 수 있다(법 제56조). 시설이 설치기준에 미달하는 경우, 사회복지법인 또는 비영리법인이 설치·운영하는 시설에 있어서 해당 사회복지법인 또는 비영리법인의 설립허가가 취소된 경우, 설치목적의 달성이나 그 밖의 사유로 시설을 계속하여 운영할 필요가 없다고 인정되는 경우, 보호대상 아동에 대한 아동학대행위가 확인된 경우, 거짓이나 그 밖의 부정한 방법으로 경비의 지원을 받은 경우, 아동복지시설의 사업정지 기간 중에 사업을 한 경우, 그 밖에 「아동복지법」 또는 「아동복지법」에 따른 명령을 위반한 경우가 위와 같은 명령을 발동하는 사유이다. 위탁의 취소 또는 시설의 폐쇄 명령을 하는 경우에는 청문을 거쳐야 한다(법 제67조).

제 2 절 아동수당법

아동수당은 아동양육에 따르는 가족의 부담을 경감하고 아동의 건강한 성장환경을 조성하는 목적으로 도입되었다. 아동수당의 지급대상은 8세 미만의 아동이며 아동수당은 소득심사를 거치지 않고 모든 아동을 수급대상으로 한다는 점에서 사회수당에 해당한다. 아동수당으로 매월 10만원이 지급된다. 2세 미만의 아동에게는 매월 50만원 이상을 지급할 수 있다. 현재 1세 미만의 아동에게는 100만원, 1세 이상 2세 미만의 아동에게는 매월 50만원이 지급된다(아동수당법 제4조, 시행령 제2조). 아동수당은 기본적으로 현금으로 지급된다. 다만 지방자치단체의 조례로 다른 방법, 예컨대 상품권으로 지급할 수 있다. 아동수당은 수급 아동 혹은 그 보호자에게 지급한다(아동수당법 제10조, 시행령 제10조).

다음과 같은 경우에 아동수당의 지급을 정지한다. 수급아동의 국외 체류 기간이 90일 이상인 경우, 수급아동이 행방불명되거나 실종되어 30일 이내에 생사를 확인할 수 없는 경우, 수급아동이 「주민등록법」에 따라 거주불명으로 등록된 경우(아동수당법 제13조, 시행령 제13조). 수급아동의 보호자가 서류 또는 자료를 제출하지 않거나 거짓의 서류 또는 자료를 제출한 경우, 조사·질문을 거부·방해 또는 기피하거나 거짓 답변을 한 때에는 아동수당의 지급을 정지할 수 있다(아동수당법 제14조, 시행령 제14조).

제 3 장 노인복지법

제 1 절 입법목적

노령에 이르면 신체 및 정신기능이 저하되는 건강상의 문제가 나타난다. 「노인복지법」은 특히 이 점을 강조하여, 노인질환의 사전예방 및 조기발견, 그리고 치료 및 요양을 입법목적으로 하고 있다. 또 노령에 이르면 거동능력이 감소 혹은 상실되고, 이로써 외부와의 접촉이 어렵게 되며, 소득능력이 감소되면서 경제적 어려움이 나타난다. 이에 「노인복지법」은 노인의 취업알선을 보호한다(노인복지법 제2조 제2항).[1] 노인의 고용을 촉진하기 위하기 위하여 2008년 「고용상 연령차별금지 및 고령자고용촉진에 관한 법률」이 제정·시행되었다. 노인문제는 노인을 부양하는 가족에게는 부담이 된다. 노인복지는 아동복지와 마찬가지로 한편으로는 노인 개인의 인간다운 생활을 보장하고, 다른 한편으로는 국가의 적극적인 조치를 통하여 가족에게 노인부양의 부담을 덜어주고, 이로써 가족의 존속과 유지를 보호하여야 한다.

노인장기요양의 문제는 2008년 시행된 「노인장기요양보험법」이 담당하면서, 이에 대한 「노인복지법」의 부담은 줄어들었다. 그러나 노인장기요양보험의 가입자가 아닌 노인의 장기요양, 또 신체활동 및 가사활동 이외의 사회경제적 활동의 지원은 여전히 「노인복지법」의 과제로 남아 있다.

기존의 「노인복지법」상의 경로연금을 대체하여 소득보장을 위하여 2007년 「기초노령연금법」이 제정되었다. 이 법은 2014년 「기초연금법」으로 이름을 바꾸고 개정되었다. 이 법은 국민연금의 수급자가 아직 제한적이고, 또 「국민기초생활보장법」에서는 부양의무기준을 충족시키지 못하는 경우가 많기 때문에 노인에 대한 실질적인 생활안정을 지원하는 입법목적을 갖는다. 그러나 기초연금은 소득 심사를 거쳐 지급되고 급여수준이 낮기 때문에 노인의 특성에 따라 「국민기초생활보장법」을 보충하여 최저생활을 보장하도록 형성되어 있기 때문에 이 책에서는 특별 공공부조로서 위에서 서술한 바 있다.

---

1) 이하 법률의 명칭에 대하여 특별한 언급이 없는 한 「노인복지법」을 말한다.

제 2 절 보호대상자

「노인복지법」의 보호대상자는 65세 이상의 노인이다. 그러나 65세에 이르지 않은 사람도 노쇠현상이 현저하여 특별히 보호할 필요가 있는 때에는 보호대상자에 포함될 수 있다(법 제28조 제2항).

제 3 절 급여의 종류와 내용

Ⅰ. 개 관

일반적인 보호조치로서 노인상담, 노인복지사업, 경로사업이 실시된다. 노인의 일자리를 지원하고 사회활동을 촉진하기 위하여 기존 「노인복지법」에서 이에 관한 규정을 분리하여 2023년 「노인 일자리 및 사회활동 지원에 관한 법률」(이하 '노인일자리법')이 제정되었다. 이는 제도적 보호로서, 개인에게 청구권을 부여하는 것은 아니다. 개별적인 보호조치로는 65세 이상 노인에게 건강진단과 경로우대를 실시하고 있다. 이러한 개별적인 보호조치는 모두 재량규정으로 되어 있어, 실제 보호의 여부는 행정적 재량에 맡겨져 있다.

Ⅱ. 상담, 노인복지사업

노인은 상담 등의 보호를 받는다(법 제28조). 이를 위하여 특별자치도와 시·군·구에 노인복지상담원을 둔다(법 제7조, 시행령 제12조 이하). 노인보호는 되도록 거택에서 이루어지는 것이 바람직하므로 복지시설기관은 요보호노인이 가정에서 계속 생활하면서 필요한 보호와 지원을 받을 수 있도록 재가노인복지증진을 위한 사업을 실시하여야 한다. 재가노인복지사업으로 신체적 및 정신적 장애로 인하여, 혹은 가족의 보호를 받을 수 없는 이유로 거동하기 곤란한 노인을 대상으로 방문요양서비스, 주·야간보호서비스, 단기보호서비스, 방문목욕서비스 등이 시행된다(법 제38조). 홀로 사는 노인이 증가하면서 이들에 대한 방문요양과 돌봄서비스 및 안전확인 등의 보호조치를 취하여야 한다(법 제27조의 2). 보건복지부장관은 홀로 사는 노인에 대한 돌봄과 관련된 사업을 수행하기 위하여 독거노인종합지원센터를 설치·운영할 수 있다(법 제27조의 3).

노인복지시설로는 노인주거복지시설, 노인의료복지시설, 노인여가복지시설, 재가노인복지시설, 노인보호전문기관, 노인일자리 지원기관, 학대피해노인 전용쉼터 등이 있다(법 제31조). 거택에서 보호를 받기가 곤란한 노인은 주거복지시설에 입소하여 보호를 받을 수 있다. 노인복지주거시설로 양로시설, 노인공동생활가정, 노인복지주택 등이 있다(법 제32조). 건강상의 문제 때문에 일상생활에 불편을 겪는 노인들에 대해서는 노인의료복지시설에서 보호가 이루어진다. 특히 치매·중풍 등 노인성질환을 가지고 있는 노인들을 위하여 전문요양시설이 운영된다. 노인의료복지시설로는 노인요양시설, 노인요양공동생활가정 등이 있다(법 제34조). 노인의 사회활동을 촉진하고, 노인의 소외를 극복하기 위하여 각종 여가복지시설이 설치된다. 노인복지관, 경로당, 노인교실 등이 여기에 해당한다(법 제36조).

노인의 사회참여를 위하여 지역봉사활동의 기회를 넓히고 적절한 일자리가 알선되어야 하며, 이를 위하여 국가 또는 지방자치단체는 노인에게 적합한 직종의 개발과 보급을 위하여 노력하여야 한다(법 제23조). 노인이 지역봉사를 희망하는 경우에 지역봉사지도원으로 위촉하여, 이들로 하여금 민원인에 대한 상담 및 조언, 도로의 교통정리, 주·정차단속의 보조, 자연보호 및 환경침해행위 단속의 보조와 청소년 선도, 충효사상, 전통의례 등 전통문화의 전수교육, 국가유산의 보호 및 안내, 노인에 대한 교통안전 및 교통사고예방 교육 등을 담당하게 할 수 있다. 국가 또는 지방자치단체는 노인지역봉사지도원의 활동을 지원하고 예산의 범위안에서 활동비 등을 지급할 수 있다(법 제24조, 시행령 제18조).

Ⅲ. 건강진단, 경로우대 및 생업지원

65세 이상의 노인은 건강진단과 보건교육을 받을 수 있다(법 제27조). 노인에 대한 건강진단은 2년에 1회 이상 지정기관에서 실시한다. 국·공립병원, 보건소 등에서는 대상자의 건강상태에 따라 1차 및 2차로 구분하여 실시한다. 이들 기관에서 보건교육을 실시하는 경우 복지실시기관은 예산의 범위 안에서 소요비용을 지원할 수 있다(시행령 제20조).

노인은 국가 또는 지방자치단체의 운송시설 등 공공시설을 무료로 또는 할

인하여 이용할 수 있다. 철도 등의 이용요금은 30% 내지 100% 할인되고, 고궁 및 국·공립박물관 등에서 입장료가 면제된다(법 제26조, 시행령 별표 1). 노인의 일상생활에 관련된 사업을 경영하는 자에게 노인에게 이용요금을 할인하도록 권유할 수 있으며, 노인에게 이용요금을 할인하는 경우 국가 또는 지방자치단체는 비용을 지원할 수 있다(법 제26조).

국가, 지방자치단체 및 그 밖의 공공단체가 운영하는 매점이나 자동판매기 등의 설치를 허가 또는 위탁하는 경우 65세 이상의 노인을 우대한다. 국가, 지방자치단체, 그 밖의 공공단체는 소관 공공시설에 청소, 주차관리, 매표 등의 사업을 위탁하는 경우에는 65세 이상 노인을 100분의 20 이상 채용한 사업체를 우선적으로 고려할 수 있다(법 제25조).

Ⅳ. 일자리 및 사회활동 지원

국가와 지방자치단체는 노인에게 일자리 및 사회활동의 기회를 개발·보급하기 위하여 시책을 마련하여야 한다. 보건복지부장관은 관계 중앙행정기관의 장과 협의하여 5년마다 노인 일자리 및 사회활동 지원을 위한 기본계획을 수립하고, 매년 시행계획을 수립하여야 한다. 기본계획에는 노인 일자리 및 사회활동 지원의 기본방향, 노인 일자리 및 사회활동의 현황 및 실태, 노인 일자리 및 사회활동의 활성화를 위한 기반조성에 관한 사항, 노인 일자리 및 사회활동의 개발 및 보급에 관한 사항, 노인 일자리 및 사회활동 관련 교육·훈련에 관한 사항 등이 포함되어야 한다(노인일자리법 제5,6조).

노인의 능력과 적성에 맞는 노인 일자리 및 사회활동 지원사업을 전문적·체계적으로 수행하기 위한 노인일자리 전담기관을 둔다. 노인인력 개발기관, 노인일자리 지원기관, 노인취업 알선기관 등이 있다. 노인일자리 전담기관은 노인 일자리 및 사회활동의 개발 및 보급, 노인 일자리 및 사회활동에 관한 상담 및 연계, 정보 제공, 노인 일자리 및 사회활동 지원사업 참여자에 대한 교육·훈련, 공동체사업단의 설립 및 운영 등을 행한다. 국가 및 지방자치단체는 노인일자리 전담기관에 대하여 그 운영 및 사업수행에 필요한 경비를 보조할 수 있다(노인일자리법 제9조).

취업을 지원하기 위하여 보건복지부장관은 취업을 원하는 노인에게 구인·구직에 관한 정보 제공, 상담, 교육 등을 지원할 수 있다(노인일자리법 제10조). 국가 및 지방자치단체는 일정 기준 이상의 노인을 채용하는 기업을 창업하는 자에게 창업에 필요한 재정지원, 상담 및 교육, 정보 제공 등의 지원사업을 할 수 있다(노인일자리법 제11조). 국가 및 지방자치단체는 노인에 의한 상품의 생산·판매, 서비스의 제공 등을 목적으로 하는 공동체 사업단을 설립·운영하는 경우 설립 및 운영에 필요한 재정을 지원하고, 경영·기술·세무·노무·회계 등의 분야에 대한 전문적인 자문을 지원할 수 있다(노인일자리법 제12조). 일정한 기준 이상의 노인을 채용한 기업은 노인친화기업·기관으로 지정되고, 보건복지부장관은 이들 기업에 인건비, 장려금 지급 등 필요한 지원을 할 수 있다. 또 노인친화기업·기관이 노인의 취업에 적합하도록 시설을 개선할 경우 그 비용의 전부 또는 일부를 지원할 수 있다(노인일자리법 제13조).

국가 및 지방자치단체는 노인이 취약계층 지원 및 지역사회 공익증진 활동 등을 하면서 소득을 보전할 수 있는 사업(노인공익활동사업)을 실시할 수 있다. 이때 「국민기초생활 보장법」에 따른 수급 자격여부, 「기초연금법」에 따른 기초연금 수급 자격여부 및 수급액 등을 고려하여 저소득 노인이 우선적으로 참여할 수 있도록 하여야 한다(노인일자리법 제15조). 국가 및 지방자치단체는 노인들의 숙련된 기술, 전문성 및 경험 등을 활용하여 지역사회에 기여할 수 있는 사업(노인역량활용사업)을 실시할 수 있다(노인일자리법 제16조).

노인일자리 사업을 실질적으로 지원하기 위하여 국가 및 지방자치단체는 노인일자리 전담기관, 노인친화기업·기관, 또는 공동체사업단이 생산하는 제품 또는 서비스의 판매·이용을 촉진하고, 또 이를 우선 구매하기 위하여 필요한 조치를 마련하여야 한다(노인일자리법 제17,18조).

이밖에 국가 및 지방자치단체는 노인 일자리 및 사회활동 지원사업 참여자와 노인일자리 전담기관 종사자에 대하여 필요한 교육을 제공하고 이를 지원하며, 노인 일자리 및 사회활동에 관한 긍정적 인식을 확산하고 일반 국민의 이해를 높일 수 있도록 홍보하여야 한다(노인일자리법 제19,20조).

노인의 능력과 적성에 맞는 노인 일자리 및 사회활동 지원을 전문적·체계적으로 수행하기 위하여 한국노인인력개발원을 설립한다. 한국노인인력개발원은 노인일자리 전담기관 종사자의 양성 및 연수, 노인 일자리 및 사회활동 지원사업에 대한 지원 및 평가, 노인 일자리 및 사회활동에 관한 조사 및 연구, 노인 일자리 및 사회활동 지원사업 참여자 등에 대한 안전사고 예방 및 보상, 노인 일자리 및 사회활동 지원사업 참여자 보호를 위한 상담 및 법률적 지원

등의 사업을 행한다(노인일자리법 제24조).

Ⅴ. 노인학대금지

전통적인 가족관과 노인에 대한 존경의 의식이 옅어지면서 노인학대가 사회문제가 되었다. 이에 「노인복지법」은 노인학대금지를 명시하였다. 노인학대란 노인에 대하여 신체적·정신적·정서적·성적 폭력 및 경제적 착취 또는 가혹행위를 하거나 유기 또는 방임하는 것을 말한다(법 제1조의2 제4호). 노인의 신체에 폭행을 가하거나 상해를 입히는 행위, 노인에게 성적 수치심을 주는 성폭행·성희롱 등의 행위, 자신의 보호·감독을 받는 노인을 유기하거나 의식주를 포함한 기본적 보호 및 치료를 소홀히 하는 방임행위, 노인에게 구걸을 하게 하거나 노인을 이용하여 구걸하는 행위, 노인을 위하여 증여 또는 급여된 금품을 그 목적 외의 용도에 사용하는 행위 등이 금지된다(법 제39조의 9).

누구든지 노인학대를 알게 된 때에는 노인보호전문기관 또는 수사기관에 신고할 수 있다. 특히 의료인 및 의료기관의 장, 방문요양과 돌봄이나 안전확인 등의 서비스 종사자, 노인복지시설의 장 및 그 종사자와 노인복지상담원, 장애인복지시설에서 장애노인에 대한 상담·치료·훈련 또는 요양업무를 수행하는 사람, 가정폭력관련 상담소 및 가정폭력피해자 보호시설의 장과 종사자, 사회복지전담공무원 및 사회복지관, 부랑인 및 노숙인 보호를 위한 시설의 장과 종사자, 장기요양기관의 장과 종사자, 119구급대의 구급대원, 건강가정지원센터의 장과 종사자, 다문화가족지원센터의 장과 종사자, 성폭력피해상담소 및 성폭력피해자보호시설의 장과 종사자, 응급구조자, 의료기사 등은 직무상 노인학대를 알게 된 때에는 즉시 노인보호전문기관 또는 수사기관에 신고하여야 한다(법 제39조의 6).

국가 및 지방자치단체는 노인학대를 예방하고 수시로 신고를 받을 수 있도록 긴급전화를 설치하여야 한다(법 제39조의 4). 국가와 지방자치단체는 노인학대에 관한 업무를 담당하는 노인보호전문기관을 설치하여야 한다. 국가는 중앙노인보호전문기관을, 광역지방자치단체는 지역노인보호전문기관을 설치·운영한다(법 제39조의 5).

제 4 절 재 정

노인일자리전담기관의 설치·운영 또는 위탁에 소요되는 비용은 이를 설치·운영하거나 운영을 위탁한 국가 또는 지방자치단체가 부담한다(시행령 제22조). 노인주거복지시설, 노인요양시설, 노인요양공동생활가정, 노인여가복지시설, 재가노인복지시설, 노인보호전문기관, 학대피해노인 전용쉼터의 설치·운영에 소요되는 비용에 대해서는 국가 또는 지방자치단체가 보조할 수 있다(법 제47조, 시행령 제24조). 상담·입소 및 건강진단 등의 조치에 드는 비용은 국가 또는 지방자치단체가 부담한다(법 제45조 제2항). 구체적인 보조금 지급에 있어서 국가와 지방자치단체의 부담비율은 「아동복지법」에 있어서와 마찬가지로 「보조금의 예산 및 관리에 관한 법률 시행령」에 의해서 결정된다(별표 1).

이들 조치에 드는 비용은 그 전부 또는 일부를 당해 노인 또는 부양의무자에게 부담시킬 수 있다(법 제46조). 이 점 역시 「노인복지법」과 공공부조법과의 유사성을 보여준다. 비용징수를 한다는 것은 이러한 조치가 부양의무에 대해서 보충적으로 제공된다는 의미를 갖기 때문이다.

제 5 절 관리운영

노인의 생활안정 지원 및 복지증진의 책임은 국가 및 지방자치단체에 있다(법 제4조 제1항). 노인주거복지시설은 국가와 지방자치단체가 설치할 수 있다(법 제33조 제1항). 민간단체는 광역 혹은 기초지방자치단체의 장에게 신고하고 노인주거복지시설, 노인의료복지시설, 노인여가복지시설, 재가노인복지시설 등을 설치할 수 있다(법 제33조 제2항, 제35조 제2항, 제37조 제2항, 제39조 제2항).

노인복지를 위한 상담·지도·조사 등은 시·군·구에 임용되어 있는 노인복지상담원이 수행한다. 노인복지상담원은 사회복지사 3급 이상의 자격이 있는 자 중에서 지방자치단체의 장이 공무원으로 임용한다. 지방자치단체의 장이 필요하다고 인정하는 경우 아동복지상담원, 장애인복지상담원 또는 사회복지에 관한 업무를 담당하는 공무원으로 하여금 노인복지상담원을 겸직하게 할 수 있다(법 제7조, 시행령 제12, 13조).

노인복지시설을 설치·운영하는 사람은 노인 등의 신체활동 또는 가사활동을 지원하는 업무 등을 전문적으로 수행하는 요양보호사를 두어야 한다(법 제39조의 2).

아동복지사업에서와 마찬가지로 노인복지사업에도 민간시설이 참여하고 있으며, 이에 대한 국가의 감독의 기준 및 내용이 중요하다. 복지실시기관은 노인복지시설을 설치·운영하는 자로 하여금 당해 시설 또는 사업에 관하여 필요한 보고를 하게 하거나 관계 공무원으로 하여금 당해 시설 또는 사업의 운영상황을 조사하게 하거나 장부 기타 관계서류를 검사하게 할 수 있다(법 제42조). 경우에 따라서는 사업의 정지 또는 폐지 등의 조치를 취할 수 있다(법 제43조). 사업의 폐지를 명하는 경우에는 청문을 실시하여야 한다(법 제44조).

제 4 장 장애인복지법

제 1 절 입법목적

장애인은 스스로의 능력으로는 정상적인 사회생활을 하기 어렵기 때문에 사회의 주변인으로 남게 될 위험이 있다. 따라서 장애인이 일반 국민과 마찬가지로 인격을 실현할 수 있도록 하고, 또 부당한 차별대우를 받지 않도록 국가는 장애인을 적극적으로 보호하여야 한다(장애인복지법 제4조, 제8조).[1] 「장애인복지법」은 장애인을 사회에 통합하여 일반인과 함께 사회의 일원으로서 정상적인 사회생활을 할 수 있도록 조치를 취하고 있다. 장애인이 여러 생활영역에서 보호받기 위해서는 해당 생활영역의 당사자들의 협력이 필요하다. 이에 「장애인복지법」은 국가 외에 국민에게 장애인의 인격을 존중하고 장애인의 사회통합에 협력하도록 하고 있다. 이를 위하여 국가와 지방자치단체는 일반 국민을 대상으로 장애인에 대한 인식개선을 위한 교육 및 공익광고 등 홍보사업을 시행하고, 각급 학교의 장 및 공공단체의 장은 장애인에 대한 인식개선을 위하여 교육을 실시하여야 한다(법 제3조, 제10조, 제25조).

아동 및 노인과 마찬가지로 장애인에 대한 학대 및 성범죄를 방지하기 위한 조치가 강화되었다(법 제59조의 3 이하). 또한 이미 발생한 장애로 인한 불이익을 최소화하는 데 그치지 않고 적극적으로 장애를 예방하기 위한 조치를 하여야 한다(법 제17조). 이 밖에도 장애인이 가족의 구성원이며, 또 가족에게 부담이 된다는 점을 고려하여 장애인보호에 있어서 부모, 배우자, 그 밖의 보호자의 의견을 존중하고, 참여를 보장하여야 한다(법 제5조).

장애인의 정상적인 사회생활을 보호하기 위해서는 의료조치 및 신체적 재활뿐 아니라, 경제생활에서 인격을 실현할 수 있도록 직업재활이 함께 이루어져야 한다. 또 장애인이 사회주변환경에 적응하여 통합될 수 있도록 사회적 재활이 시행되어야 한다. 1998년 12월 9일 보건복지부는 '장애인 인권선언'을 선포한 바 있다. 여기에서도 장애인의 사회참여가 장애인정책의 중요한 목표로서 선언되어 있다. 이를 실현하기 위하여 「장애인복지법」은 현금급여를 통하여 소

---

1) 이하 법률의 명칭에 대하여 특별한 언급이 없는 한 「장애인복지법」을 말한다.

득을 보장하여야 하며, 각종 현물 및 서비스급여를 통하여 자기생활능력을 갖추도록 하여야 한다.

장애인정책의 과제 중 특히 직업재활을 위하여는 「장애인고용촉진 및 직업재활법」(이하 '장애인고용촉진법'이라 함)이 제정되어 시행되고 있다. 또 장애인이 특수한 상황에 적합한 교육을 받을 수 있도록 「장애인 등에 대한 특수교육법」이, 장애인의 일상 활동을 보호하여 자립생활을 지원하기 위하여 「장애인활동지원에 관한 법률」(이하 '장애인활동지원법'이라 함)이, 그리고 장애인의 창업과 기업활동을 촉진하여 장애인의 경제적·사회적 지위를 제고하기 위하여 「장애인기업활동촉진법」이 시행되고 있다. 「장애인연금법」은 중증장애인의 소득보장을 위하여 제정되었다. 2014년 특히 생활의 모든 국면에서, 그리고 생애 전체에 대한 보호와 지원을 필요로 하는 발달장애인을 위하여 「발달장애인 권리보장 및 지원에 관한 법률」이 제정되었다.

장애인이 국가의 일방적인 지원을 통하여 사회에 통합되는 데에는 한계가 있다. 오히려 장애인이 장애에도 불구하고 정상적인 생활을 할 수 있도록 주변환경을 조성하여야 한다. 이를 위하여 「장애인차별금지 및 권리구제 등에 관한 법률」(이하 '장애인차별금지법'이라 함)이 시행되고 있다. 개별 생활영역에서 장애인평등은 「장애인·노인·임산부 등의 편의증진보장에 관한 법률」 및 「교통약자의 이동편의증진법」 등을 통하여 실현되고 있다.

제 2 절 장애인복지의 종합적 실현

Ⅰ. 장애인정책의 이념: 복지와 평등

장애인정책은 복지와 평등의 이념을 실현하여야 한다. 이 중 복지의 이념은 주로 「장애인복지법」에 의하여, 그리고 평등의 이념은 「장애인차별금지법」에 의하여 실현된다. 복지와 평등의 이념은 독자성을 갖지만 실제에 있어서는 상호 기능을 보완하는 관계에 있다. 그렇기 때문에 장애인복지를 중심으로 장애인정책을 수행하는 나라의 경우 장애인평등(차별금지)정책의 논의 여지는 축소된다. 독일이 좋은 예이다. 이에 비해서 기존에 장애인복지의 법제가 발달하지 않은 국가에서 장애인평등법을 제정할 경우 규율의 범위는 포괄적이고 방대하다. 미국의 장애인법(Americans with Disabilities Act: ADA)이 좋은 예이다. 이 점에 대한 이해가 우선 필요하다.

1. 장애인복지

장애인복지의 이념은 헌법 제34조 제5항에 반영되어 있다. 헌법 제34조 제5항은 장애인에 대한 포괄적인 사회보장의 의무를 선언하고 있다. 즉 "신체장애자 및 질병·노령 기타의 사유로 생활능력이 없는 국민은 법률이 정하는 바에 의하여 국가의 보호를 받는다." 이 조문은 사실 장애인에 대한 이해에 있어서 문제가 있다. 장애인을 신체장애자로 한정하여 규정하고, 또 장애 그 자체가 아니라 생활능력이 없는 장애인을 보호의 대상으로 하고 있어, 장애인정책의 내용과 목표가 이중적으로 제한되어 있다. 그렇더라도 이 조문에 기초하여 헌법재판소는 장애인에 대한 보호는 우리 법체계 내에서 확고히 정립된 기본질서라고 보고 있다.[2)]

장애인복지는 기본적으로는 절대적 목표의 성격을 갖는다. 즉 장애로 인하여 발생하는 특별한 수요를 충실히 보호하여야 한다. 그 결과 장애인이 비장애인과 평등한 상황에 처하게 되는가는 장애인복지의 1차적인 관심은 아니다. 이때 어떠한 종류와 내용의 장애에 대해서, 어떠한 종류와 내용 및 수준의 급여를 제공하여 보호할 것인가는 정책 판단의 대상이다. 그런데 이러한 정책 결정이 객관적으로, 그리고 특히 주관적으로 장애인의 모든 수요를 충족시킬 수는 없기 때문에 장애인복지는 필연적으로 복지의 사각지대를 발생시킨다. 이 점에서 보면 개별적인 장애인복지조치는 불평등의 원인이 되기도 한다. 이러한 복지의 사각지대는 다음에서 보는 바와 같이 장애인차별금지법을 통하여 어느 정도 극복될 수 있다.

2. 장애인평등

모든 국민은 법앞에 평등하다(헌법 제11조). 따라서 장애 그 자체를 이유로 한 차별은 허용되지 않는다. 특히 헌법이 명시적으로 보호하고 있는 고용영역에서 장애를 이유로 한 차별은 허용되지 않는다. 비교법적으로 보면 이 점을 1994년 개정된 독일 헌법은 헌법 제3조 제3항에 제2문을 신설하여 명시하였다. 즉 "누

2) 헌재 1999.12.23, 98헌마363, 11-2, 791면; 2002.12.18, 2002헌마52, 14-2, 904면 이하 등 참조.

구도 장애를 이유로 불이익한 취급을 받지 않는다."[3)]

장애인평등은 기본적으로 상대적인 목표의 성격을 갖는다. 즉 장애인과 비장애인의 평등을 실현하여야 한다. 장애인평등은 이념적으로는 장애인복지와 구분된다. 장애인복지는 비장애인과의 관계가 아니라 장애 그 자체의 보호를 목표로 하기 때문이다. 그러나 장애인차별금지법이 장애인과 비장애인을 모든 기준에 따라 평등하게 할 수는 없다. 현실적으로 장애인과 비장애인의 평등을 실현시키는 기준이 선택되어야 한다. 이와 같은 이유에서 장애인평등은 점진적으로 실현되며, 이 과정에서 과도기적으로 불평등이 발생하는 것은 피할 수 없다. 그런데 이러한 불평등으로 인하여 장애인의 특별한 상황을 보호할 수 없는 경우에는 복지조치를 통하여 보충되어야 한다.[4)]

Ⅱ. 장애인복지의 다원적 보장

장애인복지는 장애인복지에 특유한 목적이 있는 제도, 즉 「장애인복지법」 혹은 「장애인고용촉진법」 등만의 과제는 아니다. 거시적으로 보면 사회보장 전체에서 장애를 예방하거나, 혹은 장애가 이미 발생한 경우 소득보장 및 재활조치를 통하여 장애인이 다시 사회에 복귀하여 정상적인 생활을 할 수 있도록 하여야 한다.

건강보험은 질병에 대한 단기적인 치료에 목적이 있기 때문에 장애문제와 직접적인 관련은 없는 듯이 보인다. 그러나 질병은 장애의 원인이 될 수 있기 때문에 건강보험은 질병을 예방하여 장애가 발생하지 않도록 하여야 한다. 그러한 점에서 건강보험에 다양한 예방급여가 확대되어야 한다. 특히 신생아에 대한 질병예방조치는 조기에 장애를 방지하는 데 필수적이다. 이 밖에 질병과 장애를 확연히 구별하기가 어렵기 때문에 질병 치료에 뒤따르는 재활급여를 건강보험에 충실하게 도입하여야 한다. 이 경우 개인의 법적 지위도 향상되는 부수적인 효과가 있다. 「장애인복지법」상의 급여는 아직 법적 권리로서 확립되어 있지 않은 반면, 건강보험급여에 대해서는 개인이 법적 청구권을 갖기 때문이다.

3) 헌재 1999.12.23, 98헌마363, 11-2, 732면 이하 참조.

4) 장애인정책에서 복지와 평등의 관계에 대해서는 전광석, "헌법과 장애인정책: 복지와 평등의 이념적 보완관계를 중심으로", 전광석(편), 한국사회와 장애인정책(인간과 복지, 2011), 35면 이하 참조.

장애인정책과 관련하여 산재보험의 중요성도 간과될 수 없다. 많은 나라에서 장애인복지정책은 산재보험의 일환으로 형성되었다. 산업재해를 원인으로 한 장애발생빈도가 높기 때문이다. 따라서 산재보험은 산업재해로 인한 장애의 발생을 예방하고, 또 장애인을 의료적·직업적으로 그리고 사회적으로 사회에 복귀시켜 정상적인 생활을 할 수 있도록 다양한 조치를 마련하고 집행하여야 한다. 산업재해를 원인으로 발생한 장애에 대해서 재활조치가 취해질 수 있게 되면 장애에 대한 전문적인 보호가 집중적으로 이루어질 수 있다. 따라서 효율적인 장애인복지정책의 한 축을 형성하게 된다. 이로써 「장애인복지법」의 과제를 경감시켜 「장애인복지법」의 목표설정과 집행이 보다 집중력을 가질 수 있다.

위와 같은 인식은 국민연금 등 연금보험에도 동일하게 적용되어야 한다. 연금보험은 노령·장애·사망 등을 보호한다. 연금보험의 궁극적인 목표는 사회적 위험이 발생한 경우에 사회적 위험이 발생하기 이전의 정상적인 생활로 회복시키는 데 있다. 이를 위해서는 우선 사회적 위험이 발생한 개인 혹은 유족에게 연금을 제공하여 소득보장을 하여야 한다. 장애에 관한 한 연금급여의 목표는 재활조치를 통해서 보충되어야 한다. 재활조치는 장애를 당한 수급권자가 다시 사회에 복귀하여 적응하는 데 필수적이기 때문이다. 또 재활조치를 통하여 수급자가 다시 정상적인 소득활동을 하는 경우 연금지급의 부담을 덜기 때문에 연금재정을 안정화시키는 효과도 있다.

위와 같이 장애인이 1차적으로 해당 사회보험에서 보호될 수 있는 경우에는 이는 전문적이고 효율적이라는 장점이 있다. 이 외에도 사회보험급여는 개인이 납부한 보험료에 대한 반대급여로서 재산권적 보호를 받기 때문에 보다 안정적이다.

공공부조법 역시 장애인가정이 일반 가정에 비해서 빈곤가구에서 차지하는 비율이 높은 점을 염두에 두면 장애인복지와 관련하여 중요한 역할을 수행한다. 장애인은 사회보험법이나 「장애인복지법」의 보호대상이다. 그러나 이들 제도에 의해서 보호되기 위하여 필요한 조건을 갖추지 못하고, 또 빈곤상태에 있는 경우 최후로는 공공부조법이 보호하여야 한다. 이때 공공부조법은 소득보장뿐 아니라 장애인에 대한 서비스급여를 통해서 사회에 참여할 수 있는 기회를 보장하여야 한다. 그러한 점에서 현행 공공부조법이 현금 혹은 현물급여에 한정하고 서비스급여를 급여의 종류로서 예정하고 있지 않은 점은 개선되어야 한다.

제 3 절 보호대상자

Ⅰ. 장애의 개념

「장애인복지법」에 의한 보호대상자를 확정하기 위해서는 우선 장애의 개념을 이해하여야 한다. 장애의 개념을 입법적으로 확정하는 것은 간단하지 않다. 이 점에서 장애의 개념을 정의하는 데에는 질병과 유사한 어려움이 있다. 장애는 1차적으로 자연적인 현상이기는 하지만 다른 한편 정책적인 결정의 대상이다. 장애를 장애와 유사한 다른 현상과 구별하여 보호하는 기준이 필요하다.

1. 의학적 및 병리학적 이해

장애의 개념정의는 세계보건기구(WHO)에 의하여 시도되어 왔다. 세계보건기구에서 초기에 장애는 주로 의학적 및 병리학적 관점에서 이해되었다. 장애에 대한 의학적 및 병리학적 이해방법은 1975년 국제연합의 ‘장애인의 권리 선언’(Declaration on the Rights of Disabled Persons)에 기초가 되었다. 이에 따르면 장애로 인정되기 위해서는 다음과 같은 세 가지 조건이 충족되어야 한다(ICIDH-1980). 첫째, 신체적·정신적 및 심리적인 손상 혹은 비정상적인 상태가 존재하여야 한다(impairments). 둘째, 이러한 상태를 원인으로 일상 생활을 통상적인 방법으로 수행하기 위해서 필요한, 신체의 각 부위에 부여된 기능이 상실 혹은 감소되어야 한다(disabilities). 셋째, 이와 같은 이유로 개인이 일반인과 같은, 또 일반인과 함께 정상적인 생활을 영위할 수 없어야 한다(handicaps).[5]

이와 같은 이해에 따르면 장애는 개인의 결함을 원인으로 하며, 그 결과 개인이 교육 및 고용, 그리고 사회통합에 있어 문제를 갖는 현상이다. 이 경우 국가는 장애인 개인의 생활을 보장하고 적응능력을 갖추도록 지원하여야 한다. 장애인정책은 장애인 그 자신의 상황을 대상으로 한다는 것이다. 이러한 관점에서 보면 극단적으로 장애인 개인의 치료 및 재활의 가능성이 없다면 해당 장애인의 사회통합은 불가능하고, 장애인정책은 수용보호의 형태로 이루어질

---

5) World Health Organization, *International Classification of Impairments, Disabilities and Handicaps* (Genf, 1980) 참조.

수밖에 없다. 실제 우리 입법사에서 보면 1981년 제정된 「심신장애자복지법」은 주로 시설수용을 지원하는 법으로서 장애에 대한 의학적 및 병리학적 이해에 기초하여 제정되었다.

2. 사회적 이해

1990년대에 들어오면서 장애에 대한 이해가 변화하였다. 이제 장애인이 주변의 생활환경에서 겪는 환경적 장애를 제거하는 데에 중점을 두게 되었다. 장애를 이해하는 데 있어서 여전히 '비정상적인 상태'와 '기능장애'가 중요한 개념요소이다. 그러나 생활의 장애를 제거하는 데에 사회적 책임이 있다는 점이 인식되었다. 이로써 재활의 개념도 개인적인 차원에서 환경개선을 통한 재활로 확대되었다. 그 결과 장애는 장애인에게 정상적인 삶을 누리게 하는 사회적 배려가 실패한 결과라고 이해하게 되었다.

장애의 개념을 사회적으로 이해하면서 장애인이 정책 주체로서 자리잡게 되었다. 이러한 이해에 따르면 장애인을 정책의 객체로 하는 조치보다는 장애인이 비장애인과 함께 공동생활을 할 수 있어야 한다는 요청이 우선한다. 실제 세계보건기구는 장애인의 사회통합을 강조하여 이러한 조치가 장애인으로 하여금 주변환경에 적응하는 능력뿐 아니라 장애인의 환경에 직접 개입하여 사회통합을 용이하게 하고, 장애인 자신뿐 아니라 가족 및 사회구성원이 재활급여의 계획 및 집행에 함께 참여할 것을 요청하고 있다(참여모델). 이러한 맥락에서 장애인특수시설에 대한 비판적인 검토가 필요하게 되었다.

장애에 대한 사회적 이해는 1993년 국제연합의 '장애인의 평등한 기회보장을 위한 표준안'(Standard Rules on the Equalization of Opportunities for Persons with Disabilities)에 반영되었으며, 2001년 세계보건기구의 '장애인분류안'(ICF-2001)에 집대성되었다.

3. 정 리

세계보건기구를 중심으로 장애에 대한 이해가 변화하면서 장애를 전통적인 의료 및 재활적 개념이 아니라, 사회적 맥락에서 파악하고, 이로써 장애에 대한 보호의 차원을 확대하게 되었다.

위와 같은 장애의 개념정의가 추상적으로 수긍할 수 있더라도 정책의 결정 및 집행에 있어서 곧 적용할 수 있는 것은 아니다. 특히 장애와 질병, 질병 중

장기적인 요양을 필요로 하는 질병과의 구별은 쉽지 않다. 또 장애와 노령으로 인하여 요양을 필요로 하는 상태와의 구별에 있어서도 정책적인 결정을 필요로 한다. 특히 이미 요양을 특유하게 보호하는 사회보장제도가 존재하는 경우 요양을 필요로 하는 상태와 장애의 구분은 실천적인 의미를 갖는다. 이와 같이 장애의 개념이 정책적 관련성을 갖기 때문에 장애인정책의 범주와 내용에 대한 결정이 어느 정도는 인위적이며, 장애의 본질에 기초한 판단은 그만큼 어렵다. 말을 바꾸어 하면 장애는 법적, 그리고 정책적 보호의 대상이지만, 또한 장애는 법적 및 정책적 결정의 결과로서의 측면이 있다.

이에 대한 좋은 예를 1961년 간행된 「한국장해아동조사보고서」에서 찾아볼 수 있다. 여기에서는 장애의 종류로 15개가 분류되어 있다. 절단, 마비, 맹인, 농아, 농, 정신병, 간질, 정신박약, 말더듬이, 언청이, 곱추, 번족, 혼혈아 등이 그것이다. 그런데 이 중 예컨대 '언청이'는 오늘날 장애는 아니며 치료가능한 질병이다. 또 이를 더 이상 '언청이'라고 하지 않고 '구순열'이라고 하고 있다. 이는 장애의 개념이 상대적이라는 것을 보여준다. 또 '혼혈아'를 장애라고 분류한 것 역시 설명을 필요로 한다. 장애의 개념정의에 있어서 사회적 가치판단이 중요한 영향을 미칠 수 있다. 이는 장애의 개념이 자연적이라기보다는 인위적인 성격이 강하다는 것을 보여준다.

장애의 개념 확정과 관련된 어려움은 다음과 같은 두 가지 방법으로 어느 정도 대처되고 있고, 또 이러한 방법이 필요하다. 첫째, 장애의 개념을 개방화하는 방법이다. 이에 따르면 「장애인복지법」이 일정한 장애 기준을 제시하지만, 이들 기준을 충족시키지 못하는 경우에도 유사한 상황에 있으면 보호하는 보충적인 규정을 두는 방법이다. 예컨대 독일의 사회법전 제9권 제2조는 "장애정도가 50% 이상이고 사회법전의 장소적 적용범위 내에 합법적으로 거주·상시 체류하거나 혹은 법률상의 고용상태에 있는" 중증장애인뿐 아니라 유사 중증장애인, 즉 "장애정도가 50%에 이르지 않지만 30% 이상이며, 중증장애인의 다른 요건을 충족시키는 경우로서 고용보장을 위한 조치가 없으면 법률상의 고용의 기회를 취득 혹은 유지하지 못하는 상태"를 보호의 대상으로 함께 규정하고 있다.[6] 둘째, 장애의 실체법적 내용을 확정하기 어렵다는 점에 착안하여 통일적인 장애의 결정기준을 적용할 수 있도록 절차 및 조직법적 정비를 하는

6) 이 밖에 장애개념의 개방성에 대해서는 예컨대 김두식, "누가 장애인인가: 장애모델과 장애의 개념", 인권과 정의 Vol. 305(2002), 131면 이하 참조.

것이다. 이때 장애의 구체적인 유형별 분류는 일종의 예시규정이 된다. 또 이 경우 장애 여부 및 정도에 대한 결정기준이 산발적이어서 보호의 여부 및 정도에 있어서 나타날 수 있는 차별이 방지될 수 있다.

장애인정책을 구체적으로 결정·집행하기 위해서는 현실적으로 존재하는 장애를 유형화하고, 또 각 유형별로 장애의 정도를 확정하여 보호의 종류 및 내용을 결정하여야 한다. 그런데 장애를 유발하는 환경의 변화와 장애를 예방 및 치료하는 의료기술의 발전, 그리고 장애인의 사회적 역할에 대한 재인식 등에 비추어 볼 때 장애의 종류를 유형화하는 작업은 계속적인 보충과 수정을 필요로 한다. 예컨대 과거 「장애인복지법」은 지체장애, 시각장애, 청각장애, 언어장애, 정신장애의 다섯 가지를 분류하였으나, 1999년 시행령 개정을 통하여 열 가지 종류로 장애의 유형을 확대하였다. 뇌병변장애, 신장장애, 심장장애, 정신지체, 발달장애 등이 추가되었다. 2003년 장애의 유형은 다시 5가지가 보충되었다. 호흡기장애, 간장애, 안면장애, 장루 및 요루장애, 간질장애 등이 그것이다. 2019년에는 그동안 장애정도를 측정하는 기준이었던 장애등급제를 폐지하였다. 장애의 종류와 정도가 각 생활영역에서 미치는 영향이 다양하기 때문에 획일적인 기준에 따른 보호 및 지원을 하는 것이 타당하지 않다고 보았기 때문이다.

장애의 정도를 결정하는 것이 인위적이라는 데에는 제도적인 다원성도 작용한다. 「장애인복지법」상의 장애의 정도에 대한 결정은 보건복지부장관이, 그리고 「장애인고용촉진법」에서 장애의 정도에 대한 결정은 주로 고용노동부장관이 하는 것이 좋은 예이다.[7)]

Ⅱ. 장애인복지법상의 보호대상자

1. 장 애 인

「장애인복지법」이 보호하는 장애인이란 신체 및 정신적인 장애로 인하여 오랫동안 일상생활 또는 사회생활에 상당한 제약을 받는 자를 말한다(법 제2조). 「장애인복지법」은 장애를 판정하기 위한 구체적인 기준을 열거하고 있다. 장애의

7) 장애인복지법 시행령 제2조 제2항, 장애인고용촉진법 시행령 제4조 등 참조. 예컨대 독일의 경우 장애등급결정은 부양청(Versorgungsamt)에서 통일적으로 행하고 있다. 사회법전 제9권 제69조 제1항 참조.

판단기준은 지체장애, 뇌병변장애, 시각장애, 청각장애, 언어장애, 지적장애, 자폐성장애, 정신장애, 신장장애, 심장장애, 호흡기장애, 간장애, 안면장애, 장루·요루장애, 뇌전증장애 등으로 구분된다. 한 팔, 한 다리 또는 몸통의 기능에 영속적인 장애가 있는 사람, 두 발의 발가락을 모두 상실한 사람 등이 지체장애인에 해당한다. 나쁜 눈의 시력이 0.02 이하인 사람, 두 눈의 시야가 각각 주시점에서 10도 이하로 남은 사람 등이 시각장애인에 해당한다. 청각장애인은 두 귀의 청력손실이 각각 60 데시벨 이상인 사람이다. 정신발육이 항구적으로 지체되어 지적 능력의 발달이 불충분하거나 불완전하고 자신의 일을 처리하는 것과 사회생활에의 적응이 상당히 곤란한 사람이 지적장애인이다(시행령 별표 1).

2. 장애인 실태

장애인정책을 실시하기 위한 실태조사는 3년에 한번씩 보건복지부장관에 의하여 실시된다(법 제31조). 장애인 및 그 법정대리인 혹은 보호자는 장애상태를 지방자치단체에 등록하여야 하며, 등록 장애인이 「장애인복지법」상의 요건을 충족시키는 경우 장애인등록증을 교부한다(법 제32조). 이때 보호자란 장애인을 보호하고 있는 장애인복지시설의 장, 그 밖에 장애인을 사실상 보호하고 있는 사람을 말한다(시행령 제20조). 장애인의 장애인정 및 장애사정 업무를 담당하기 위하여 보건복지부에 장애판정위원회를 둔다(법 제32조 제4항).

2022년말 현재 등록 장애인은 265만 2,860명이다. 그러나 실제 장애인인구는 이보다 훨씬 많을 것으로 추정되고 있다.

1990년대 이후 우리 사회에서 장애인 인구 자체가 증가할 뿐 아니라 장애인에 대한 인식 변화에 따라 장애인등록률이 상승하고 있다. 예컨대 2000년에서 2017년 사이에는 장애인등록 인구가 96만명에서 255만명으로 증가하여 증가률이 약 270%에 달하였다. 이는 같은 기간 전체인구 증가율 3.8%의 35.4배에 해당한다. 장애인 출현률은 2006년 4.2%, 그리고 2019년에는 5.4%로 증가하였다.

제 4 절 급여의 종류와 내용

국가 및 지방자치단체는 장애인의 복지를 위하여 각종 시설을 설치·운영하여야 한다. 사회복지법인, 기타 비영리법인은 시장·군수·구청장에게 신고하고 장애인복지시설을 설치한다(법 제59조). 국가 및 지방자치단체는 장애를 예방하기 위하여 장애의 원인과 예방에 관한 조사 연구를 촉진하고, 모자보건사업을 강화하며, 장애의 원인이 되는 질병을 조기에 발견하고 치료하여 장애를 예방하기 위한 시책을 강구하여야 한다. 교통사고, 산업재해, 약물중독 및 환경오염 등이 장애의 원인이 되므로 이를 예방하기 위하여 필요한 조치를 취하여야 한다(법 제17조). 장애인에 대해서 각종 기능치료와 심리치료 등 재활의료를 제공하고, 장애인 보조기구 등을 제공하여야 한다(법 제18조). 장애인이 일반인과 같은 사회생활을 원활히 할 수 있도록 장애인의 상황에 맞는 사회적응훈련을 실시하여야 한다(법 제19, 20, 21조). 오늘날 정보에의 접근은 장애인의 사회통합을 위하여 필수적이다. 국가와 지방자치단체는 장애인의 정보접근을 보장하도록 노력하여야 한다(법 제22조).

장애인의 경제생활을 보호하기 위하여 세제상의 조치, 공공시설의 이용료의 할인조치 등이 이루어져야 한다(법 제30조). 또 장애인이 선거권을 실제 행사할 수 있도록 편의시설 등을 설치하여야 한다(법 제26조). 「공직선거법」도 이에 관한 규정을 두고 있다. 즉 선거운동을 위한 방송광고에 있어서 후보자는 청각장애 선거인을 위한 한국수화언어 또는 자막을 방영할 수 있다(공직선거법 제70조 제6항). 다만 이는 아직 의무조항은 아니다.[8] 이 밖에 장애인의 문화활동, 체육활동 및 관광활동 등을 지원하여야 한다(법 제28조).

Ⅰ. 재활조치, 교육 및 직업훈련

보건복지부 및 지방자치단체는 장애인에 대한 검진 및 재활상담을 하여야 한다. 이들 기관은 필요한 경우 다른 의료기관에 의료적 조치 및 보건지도를 의뢰하거나 장애인복지시설에서 주거편의·상담·치료·훈련, 또 공공직업능력개발훈련시설이나 사업장 내 직업훈련시설에서 하는 직업훈련 또는 취업알선을 필요로 하는 자를 관련 시설이나 직업안정업무기관에 소개하는 등의 서비스를 받도록 하여야 한다. 위와 같은 조치를 위하여 재활상담을 하는 경우 필요한 때에는 장애인복지상담원으로 하여금 당해 장애인의 가정, 혹은 장애인이 주거편의, 상담, 치료, 훈련 등의 필요한 서비스를 받는 시설이나 의료기관을 방문

8) 헌재 2009.5.28, 2006헌마285, 21-1(하), 726면 이하 참조.

하여 상담하게 하거나 필요한 지도를 하게 할 수 있다(법 제34조). 장애인에 대한 상담 및 지원을 하기 위하여 시 · 군 · 구에 장애인복지상담원을 둔다(법 제33조).

국가와 지방자치단체는 장애인에게 전문진로교육을 실시하여야 한다. 각급 학교의 장은 장애를 이유로 입학지원을 거부하거나 입학시험 합격자의 입학을 거부하는 등의 불리한 조치를 취해서는 안된다. 또 모든 교육기관은 장애인의 입학과 수학 등에 있어서 편리하도록 장애의 종류와 정도에 맞추어 시설을 정비하는 등의 조치를 취하여야 한다(법 제20조). 장애인이 부양하는 자녀 또는 장애인인 자녀에게 중학교와 고등학교, 특수학교의 입학금 및 수업료, 그 밖에 교육에 드는 비용을 지급할 수 있다. 자녀교육비는 장애인인 부모 혹은 장애인 학생의 부모의 소득과 재산을 고려하여 보건복지부장관이 정한다(법 제38조, 시행규칙 제23조). 국가와 지방자치단체는 장애인이 적성과 능력에 맞는 직업에 종사할 수 있도록 직업지도, 직업능력평가, 직업적응훈련, 직업훈련, 취업알선, 고용 및 취업 후 지도 등을 하여야 한다(법 제21조). 또 장애인은 사업을 시작하거나 필요한 지식과 기능을 익히는 것을 지원하기 위하여 자금을 대여받을 수 있고, 매점 · 자동판매기 설치 등 생업지원을 받을 수 있으며, 자립훈련비를 지급받을 수 있다(법 제41, 42, 43조). 국가는 장애인을 고용하도록 노력하여야 하며, 장애인을 고용하도록 권고할 수 있다(법 제46조).

장애인재활을 위한 장애인복지시설로 장애인 거주시설, 장애인 지역사회재활시설, 장애인 직업재활시설, 장애인 의료재활시설, 장애인 쉼터, 피해장애아동 쉼터, 장애인 생산품판매시설 등이 설치 · 운영되고 있다(법 제58조, 시행령 제36조).

Ⅱ. 산후조리도우미, 보조기구지원 등

임산부인 여성장애인과 신생아의 건강관리를 위하여 산전 · 산후조리를 돕는 도우미를 지원할 수 있다(법 제37조).

의지(義肢), 보조기, 휠체어, 보청기, 점판 및 점필(點筆), 흰지팡이, 그 밖의 보장구를 교부 · 대여 또는 수리하거나, 구입 및 수리에 필요한 비용에 대해서도 본인부담이 곤란한 경우 지원이 행해질 수 있다(법 제65조 이하).

Ⅲ. 정보접근권

장애인이 사회에 통합하여 자기결정에 기초하여 생활을 영위하기 위해서는 필요한 정보에 접근할 수 있어야 한다. 이를 위하여 국가와 지방자치단체는 전기통신 및 방송시설 등을 개선하도록 노력하여야 한다(법 제22조).

국가와 지방자치단체는 방송국의 장 등 민간사업자에 대하여 뉴스, 국가적 주요 사항의 중계 등 대통령령이 정하는 방송프로그램에 청각장애인을 위한 한국수어 또는 폐쇄자막과 시각장애인을 위한 화면해설 또는 자막해설 등을 방영하도록 요청하여야 한다. 보도방송, 선거방송, 각종 기념일의 의식과 행사의 중계방송 등이 적용대상이다(시행령 제14조). 국가와 지방자치단체는 국가적인 행사 그 밖의 교육, 집회 등 대통령령이 정하는 행사를 개최하는 경우에는 청각장애인을 위한 한국수어 통역 및 시각장애인을 위한 점자 및 인쇄물 접근성 바코드가 삽입된 자료 등을 제공하여야 하며, 민간이 주최하는 행사의 경우에는 한국수어통역과 점자 및 인쇄물 접근성 바코드가 삽입된 자료 등을 제공하도록 요청할 수 있다. 국경일 행사 및 각종 기념일이 적용대상이다(시행령 제15조). 방송국의 장 등 민간사업자 및 민간행사주최자는 정당한 이유가 없는 한 이에 따라야 한다.

국가와 지방자치단체는 시각장애인과 시청각장애인이 쉽게 정보에 접근하고 의사소통을 할 수 있도록 점자도서, 음성도서, 점자정보단말기 및 무지점자단말기 등을 보급하도록 노력하여야 한다. 또 장애인의 특성을 고려하여 정보통신망 및 정보통신기기의 접근·이용이 필요한 지원 및 도구의 개발·보급 등 필요한 시책을 강구하여야 한다(법 제22조).

Ⅳ. 고용촉진

1. 장애인고용의무

장애인의 고용을 촉진하기 위하여 장애인에게 적합한 직종을 개발·보급하고, 직업지도 등을 행하여야 한다. 특히 국가 및 지방자치단체는 직접 경영하는 사업장에 장애인을 고용하도록 노력하여야 한다(법 제21. 46조). 이에 대해서 자세히는 「장애인고용촉진 및 직업재활법」(이하 「장애인고용 촉진법」이라 함)이 규율하고 있다. 이에 따르면 국가 및 지방자치단체는 소속 공무원 정원 및 신규 채용인원에 대하여 일정 비율 이상을 장애인으로 고용하여야 한다. 이 비율은 2024년 이후 3.6%이다. 신규 채용에 있어서 직종별 장애인 공무원의 수가 의무고용비율 미만인 경우에는 의무고용비율은 그 2배로 한다. 채용에 있어서 장애인에게는 응시상한 연령이 조정된다. 즉 중증장애인의 경우에는 3세, 그 밖의 장애인의 경우에는 2세를 연장하여 응시상한연령으로 한다(장애인고용촉진법 제27조). 다만 직무의 성격상 장애인의 근무가 부적합한 직무분야·직종·직급에 대해서는 채용의무조항을 적용하지 않는다. 이러한 적용제외는 공안직군 공무원·검사·경찰·소방·경호공무원 및 군인 등에 한정된다(장애인고용촉진법 제27조 제4항).

일정한 규모 이상의 일반 기업체에게도 장애인 고용의무를 부과하고 있다. 즉 상시 50인 이상 근로자를 고용하는 사업장의 사업주는 근로자 총수의 5%의 범위 내에서 의무적으로 장애인을 고용하여야 한다. 의무고용률은 전체 인구 중 장애인의 비율, 전체 근로자 총수에 대한 장애인 근로자의 비율, 장애인 실업자의 수 등을 고려하여 5년마다 정한다. 이 비율은 2019년 이후 3.1%이다(장애인고용촉진법 제28조, 시행령 제25조).[9] 「공공기관의 운영에 관한 법률」에 의한 공공기관 중 공기업 및 준공공기관으로 지정받은 공공기관의 의무고용률은 2019년 이후 3.4%로 한다. 여기에는 다음과 같은 예외가 있다. 즉 특정한 장애인의 능력에 적합하다고 인정되는 직종에 대하여는 고용비율을 대통령령으로 따로 정할 수 있다. 이에 따르면 안마사의 경우 중증시각장애인 고용비율을 70% 이상으로 하며, 그 밖의 시각장애인의 비율을 30% 이하로 한다(장애인고용촉진법 시행령 별표 1).

중증장애인의 고용을 촉진하기 위하여 사업주가 중증장애인을 고용하는 경우 의무고용인원인 장애인을 계산함에 있어서 2배로 인정한다. 이때 1개월 동안의 소정근로시간이 60시간 미만인 중증장애인은 제외된다(장애인고용촉진법 제28조의3, 시행령 제26조의 2).

2. 장애인고용부담금 · 장애인고용장려금

의무고용률에 미달하는 사업주는 장애인고용부담금을 납부하여야 한다. 이때 사업주는 사업의 실질적인 경영주체를 의미하며, 개인경영인의 경우 경영주, 법인경영인의 경우에는 법인 자체를 말한다.[10] 다만 상시 50인 이상 100인

---

9) 장애인고용의무 및 이의 실효성을 확보하기 위하여 부과되는 장애인고용부담금에 대한 헌법적 판단으로는 헌재 2003.7.24, 2001헌바96, 15-2(상), 58면 이하; 2012.3.29, 2010헌바432, 24-1(상), 494면 이하 등 참조.

10) 헌재 2012.3.29, 2010헌바432, 24-1(상), 505면 참조. 따라서 예컨대 학교법인의 사립학교를 운영하는 경우에 「장애인고용촉진법」상의 '사업주'는 각급학교가 아니라 학교법인을 말한다.

미만의 근로자를 사용하는 사업주는 납부의무 적용사업주에서 제외된다. 또 「장애인복지법」에 의한 직업재활시설, 장애인표준사업장 등에 도급을 주어 그 생산품을 납품받는 사업주 등에 대해서는 부담금을 감면할 수 있다(장애인고용촉진법 제33조 제1, 4항).

부담금은 의무고용률에 미달하는 근로자 수에 부담기초액을 곱하여 산정된다. 부담기초액이란 장애인을 고용하는 경우 추가로 드는 시설·장비의 설치 및 수리에 드는 비용, 고용관리비용, 그 밖에 장애인 고용을 위하여 특별히 드는 비용 등의 평균액을 기초로 산정된다. 이는 매년 고용정책심의회의 심의를 거쳐 고용노동부장관이 고시한다. 부담기초액은 당해연도 최저임금액의 60% 이상이어야 한다. 2023년 현재 부담기초액은 1,207,000원이다. 고용부담금은 실제 장애인고용률(매월 상시 고용하고 있는 근로자의 총수에 대한 고용하고 있는 장애인 총수의 비율)에 따라 부담기초액의 2분의 1 범위 내에서 가산할 수 있다. 장애인을 상시 1명 이상 고용하지 않은 달이 있는 경우에는 그 달에 대한 사업주의 부담기초액은 「최저임금법」에 따라 월 단위로 환산한 최저임금액으로 한다(장애인고용촉진법 제33조 제3항).

의무고용률을 초과하여 장애인을 고용하는 경우 혹은 고용의무 사업장이 아닌 사업장의 사업주가 장애인을 고용하는 경우에는 장애인고용장려금이 지급된다. 장려금은 의무고용률을 초과하여 고용된 장애인 총수에 지급단가를 곱하여 산정된다. 지급단가는 최저임금액의 범위내에서 부담기초액, 장애인고용부담금의 납부의무 적용 여부, 그 장애인 근로자에게 지급하는 임금, 고용기간 및 장애 정도 등을 고려하여 정한다. 중증장애인 및 여성장애인의 지급단가는 우대하여 정하여야 한다(장애인고용촉진법 제30조).

장애인이 훈련을 효과적으로 받기 위해서 필요한 경우 자립훈련비가 지급될 수 있다(법 제43조). 또 필요한 경우 장애인이 장애인직업재활실시기관에서 직업훈련을 받도록 하여야 한다. 특히 중증장애인의 자립능력을 향상시키기 위하여 적극적으로 직업재활을 실시하여야 한다(장애인고용촉진법 제9조 이하). 직업적응훈련·직업능력개발훈련을 받는 장애인에게는 훈련비와 훈련수당 등이 지급된다(장애인고용촉진법 제10조 이하).

V. 자립지원

「장애인복지법」은 장애인이 외부의 도움을 받지 않고도 정상적인 생활을 할 수 있도록 자립을 위한 지원프로그램을 규정하고 있다. 국가와 지방자치단체는 장애인의 자기결정에 의한 자립생활을 지원하기 위하여 활동지원사의 파견 등 활동보조서비스 또는 장애인보조기구의 제공, 그 밖의 편의 및 정보제공 등 필요한 시책을 강구하여야 하며, 장애인의 자립생활을 실현하기 위하여 장애인자립생활지원센터를 운영한다. 장애인의 일상생활 또는 사회생활을 원활히 할 수 있도록 활동지원급여를 지원할 수 있다(법 제53, 54, 55조). 임신 등으로 인하여 이동이 불편한 여성장애인에게는 임신 및 출산과 관련한 진료 등을 위한 경제적 부담능력 등을 고려하여 활동보조인의 파견 등 활동보조서비스를 지원할 수 있다. 이 밖에 장애인이 장애를 극복하는 데 도움이 되도록 장애동료 간 상호대화나 상담의 기회를 제공하여야 한다.

장애인이 사업 혹은 취업을 위하여 필요한 지식 및 기능을 습득하는 것이 필요한 경우 지원을 행할 수 있다. 이러한 지원은 자금대여의 형태로 이루어질 수 있다(법 제41조). 생업자금, 생업이나 출퇴근을 위한 장애인사용 자동차 구입비, 취업에 필요한 지도 및 기술훈련비, 기능회복 훈련에 필요한 장애인 보조기구 구입비, 사무보조기기 구입비 등에 대해서 자금이 대여될 수 있다(시행령 제24조).

장애인의 생업을 지원하기 위한 여러 프로그램이 마련되어 있다. 국가, 지방자치단체 및 그 밖의 공공단체가 운영하는 매점이나 자동판매기 등의 설치를 허가 또는 위탁하는 경우, 또는 담배소매인으로 지정하는 경우 장애인을 우대한다. 장애인이 우표류 판매업 계약신청을 하면 우편관서는 장애인을 우선적으로 배려하여야 한다(법 제42조). 이 밖에 국가 또는 지방자치단체, 그 밖의 공공단체는 장애인복지시설과 장애인복지단체에서 생산한 물품을 우선적으로 구입하여야 한다(법 제44조).

VI. 장애인 편의시설보장

국가는 장애인이 공공시설 및 교통수단을 안전하고 편리하게 이용할 수 있도록 하여야 한다. 또 공공시설 등의 이동편의를 위하여 한국수어통역, 안내보조 등 인적 서비스 제공에 관한 시행을 강구하여야 한다. 국가는 교통시설 및 기타 공공시설을 설치하는 경우 장애인의 편의를 위하여 시설의 구조 등을 결정함에 있어서 장애인에게 필요한 배려를 하여야 한다. 이들 장애인보호를 위한 조치에 대해서는 「장애인차별금지법」, 「장애인·노인·임산부 등의 편의증진 보장에 관한 법률」, 「교통약자의 이동편의증진법」 등이 자세히 규율하고 있다.

시각·청각 등 장애를 가진 자와 이동이 불편한 장애인을 위하여는 피난용 통로확보, 점자·음성 및 문자 안내판의 설치, 긴급 통보시스템 등 안전대책을 강구하여야 한다(법 제23, 24조). 장애인이 사용하는 자동차에 대해서 조세감면 등 필요한 지원을 할 수 있으며, 장애인보조견의 훈련·보급을 지원하여야 한다(법 제39, 40조).

장애인이 정책결정에 있어서 중심에 위치할 수 있도록 장애인의 선거권행사의 편의를 위한 조치를 취하여야 한다(법 제26조). 주택의 보급과 문화, 체육 및 관광활동에 대한 장애인의 접근을 보장하고 시설 및 설비, 그밖의 활동을 정비하고 지원하여야 한다(법 제27, 28조). 또 장애인이 공공시설을 자유롭게 이용할 수 있도록 50% 내지 100% 이용료 할인의 혜택이 주어진다(시행령 별표 2).

Ⅶ. 장애인활동지원

장애인복지는 지금까지 주로 시설보호 및 시설지원 등 일반적인 형태로 이루어져 왔다. 그런데 장애인은 장애를 이유로 일상생활 및 사회생활을 자립적으로 영위하기 어려운 상황에 있으며, 따라서 이에 대한 구체적인 보호가 필요하다. 2008년 노인장기요양보험이 도입되면서 유사한 상황에 있는 장애인에 대한 보호가 함께 논의된 바 있으며, 이러한 인식이 2011년 「장애인활동 지원에 관한 법률」(이하 「장애인활동 지원법」이라 함)의 제정으로 이어졌다.

「장애인복지법」상의 장애인으로서 혼자서 일상생활과 사회생활을 영위하기 어려운 장애인으로서 「노인장기요양보험법」상 노인이 아니며, 6세 이상인 사람이 지원의 대상이다. 다만 「장애인활동지원법」에 따른 수급자였다가 65세 이후에 혼자서 사회생활을 하기 어려운 사람, 노인성 질병으로 장기요양급여를 수급하는 65세 미만인 사람은 장애인활동지원의 수급자격을 갖는다.[11] 활동지원급여와 유사한 다른 급여를 받고 있거나, 「국민기초생활보장법」에 의한 보장시설에 입소한 경우, 「의료법」에 따른 의료기관에 입원한 경우, 「형의 집행 및 수용자의 처우에 관한 법률」 또는 「치료감호 등에 관한 법률」에 따른 교정시설 또는

11) 기존에는 「노인장기요양보험법」에 따른 수급자격이 있는 사람을 「장애인활동 지원에 관한 법률」에 따른 수급자격이 있는 사람에서 제외하였기 때문에 노인성 질병이 있는 65세 미만인 사람은 「노인장기요양보험법」에 따른 수급자격이 있을 뿐 「장애인활동 지원에 관한 법률」에 따른 수급자격은 인정되지 않았다. 헌법재판소는 「장애인활동 지원에 관한 법률」에 따른 지원의 내용이 그 범위가 넓고 수준이 높음에도 불구하고 이들은 지원대상에서 제외하는 것은 특히 평등원칙에 위반된다는 이유로 불합치결정을 하였으며, 이에 위와 같이 수급자격에 관한 규정이 개정되었다. 헌재 2020.12.23, 2017헌가22등, 32-2, 574면 이하 참조.

치료감호시설에 수용된 경우에는 지원의 대상에서 제외된다(장애인활동지원법 제2조 제1호, 제5조, 시행령 제4조).

활동지원을 신청하면 보건복지부장관 또는 지방자치단체의 장은 신청인의 서비스 이용현황 및 욕구, 일상생활 수행능력, 인지·행동 등 장애 특성 및 신청인의 가구특성, 거주환경, 사회활동 등 사회적 환경, 필요한 서비스의 종류와 내용, 신청인과 부양의무자의 소득 및 재산 등 생활수준 등에 관한 서비스지원 종합조사를 실시하고, 지원 여부 및 내용을 결정한다(장애인활동지원법 제7조, 장애인복지법 제32조의 4). 수급자격 인정 여부 및 활동지원 등급을 심의하기 위하여 시·군·구에 장애인활동지원 수급자격심의위원회를 둘 수 있다(장애인활동지원법 제8조). 수급자격의 유효기간은 3년으로 한다. 지방자치단체의 장은 종합조사 사항 등을 고려하여 유효기간을 1년의 범위에서 늘릴 수 있다(장애인활동지원법 제12조, 시행령 제15조).

지원대상자에게 활동보조, 방문목욕, 방문간호, 야간보호 등의 서비스가 지원된다(장애인활동지원법 제16조). 활동지원은 가내 일상생활뿐 아니라 사회활동 참여 등을 지원하여 노인장기요양급여에 비해서는 그 범위가 넓다. 지원급여는 활동지원등급 등을 고려하여 월 한도액의 범위에서 지급한다. 활동지원급여의 월 한도액은 기본급여와 추가급여를 더한 금액으로 한다. 기본급여는 활동지원등급에 따라 산정하며, 추가급여는 임신·출산 사실에 따라 산정한다. 예외적으로 수급자가 가족인 활동지원인력으로부터 활동지원급여를 받는 경우에는 월 한도액의 2분의 1의 범위에서 금액을 줄일 수 있다. 월 한도액에 대해서 자세히는 「장애인활동지원급여비용 등에 관한 고시」가 정하고 있다. 월한도액은 구간별로 차등 산정된다. 2023년 현재 월한도액은 16구간으로 나누어져 있으며 최고 7,475,000원, 최저 734,000원이다. 이는 노인장기요양급여에 있어서 월한도액에 비해서는 훨씬 높다(장애인활동지원법 제18조,시행규칙 제15조).

장애인활동지원을 담당하는 활동지원기관을 설치·운영하기 위해서는 지방자치단체장의 지정을 받아야 하며, 지방자치단체의 장은 지역적 분포, 적정공급규모, 지원대상자 수 등을 고려하여 적정 수의 활동지원기관을 지정하여야 한다(장애인활동지원법 제20조). 활동지원기관은 활동지원인력의 수급이 원활하지 않는 등의 타당한 사유가 있는 경우 외에는 활동지원급여 제공의 요청을 거부할 수 없다(장애인활동지원법 제22조). 지방자치단체의 장은 활동지원기관이 지원급여의 제공기준, 절차, 방법 등에 따라 적정하게 활동지원급여를 제공하였는지를 평가하고 그 결과를 공개하는 등의 조치를 취할 수 있다(장애인활동지원법 제25조).

장애인활동지원은 장애인활동지원인력(활동지원사)에 의하여 이루어진다(장애인활동지원법 제27조). 활동지원사 교육기관에서 교육과정을 수료한 사람, 혹은 「노인복지법」상의 요양보호사, 「사회복지사업법」상의 사회복지사, 「의료법」상의 간호사 및 간호조무사 등이 활동지원사의 자격을 갖는다. 방문목욕지원의 경우 요양보호사 중 1급 자격을 가진 사람, 방문간호지원의 경우 2년 이상 경력이 있는 간호사, 3년 이상의 간호보조업무 경력이 있고 교육기관에서 소정의 교육을 이수한 간호조무사, 치과위생사 등이 담당한다(장애인활동지원법 제27조, 시행령 제19, 20조).

활동지원급여에 대해서 일부 본인부담이 있다. 「장애인활동지원법」에 따른 급여의 범위 및 대상에 포함되지 않는 활동지원급여, 활동지원급여의 월 한도액을 초과하는 활동지원급여에 대한 비용은 수급자 본인이 전부 부담한다. 본인부담은 급여비용의 15%의 범위에서 이루어지며, 수급자와 부양의무자의 소득 및 재산 등 생활수준에 따라 차등화되어 있다. 현재 차등화의 실제 기준은 수급자가 직장가입자 또는 세대주인 지역가입자인 경우 수급자와 그 배우자의 월별 보험료를 합산한 액이며, 그 외의 경우에는 부양의무자의 보험료액이다. 예컨대 이 금액이 기준 중위소득의 70%에 해당하는 보험료액을 넘지 않는 경우에는 활동지원급여의 월한도액의 4%, 기준 중위소득의 180%에 해당하는 보험료액을 넘는 경우에는 활동지원급여의 월한도액의 10%를 본인이 부담한다(시행규칙 별표 6). 「의료급여법」상의 수급자, 「국민기초생활보장법」상의 차상위계층, 그 밖에 소득 및 재산 등 생활수준이 보건복지부장관이 정하는 금액 이하인 경우, 천재지변 등의 사유로 생계가 곤란한 사람의 경우에는 정액의 본인부담금을 부담한다. 「국민기초생활보장법」상의 생계급여 수급자 및 의료급여 수급자는 본인부담이 없다(장애인활동지원법 제33조, 시행령 제23조).

Ⅷ. 장애인 학대 및 장애인에 대한 성범죄 방지

장애인학대 및 성범죄에 대한 인식이 높아지면서 이를 방지하기 위한 다양한 조치를 취하고 있다. 누구든지 장애인 학대 및 장애인 대상 성범죄를 알게 된 때에는 중증장애인권익옹호기관 또는 지역장애인옹호기관, 그리고 수사기관에 신고할 수 있다. 특히 사회복지 전담공무원, 사회복지시설의 장과 그 종사자, 장애인활동지원기관의 장과 종사자, 의료기관의 장, 어린이집 원장 등 보육교직원 등이 그 직무상 장애인학대 및 장애인 대상 성범죄를 알게 된 경우에는 지체 없이 중앙장애인권익옹호기관 혹은 지역장애인권익옹호기관이나 수사기관에 신고하여야 한다(법 제59조의 4).

장애인에 대한 다음과 같은 학대행위는 금지된다: 장애인에게 성적 수치심을 주는 성희롱·성폭력 등의 행위, 장애인의 신체에 폭행을 가하거나 상해를 입히는 행위, 장애인을 폭행, 협박, 감금, 그 밖에 정신상 또는 신체상의 자유를 부당하게 구속하는 수단으로써 장애인의 자유의사에 어긋나는 노동을 강요하는 행위, 자신의 보호·감독을 받는 장애인을 유기하거나 의식주를 포함한 기본적 보호 및 치료를 소홀히 하는 방임행위, 장애인에게 구걸을 하게 하거나 장애인을 이용하여 구걸하는 행위, 장애인을 체포 또는 감금하는 행위, 장애인의 정신건강 및 발달에 해를 끼치는 정서적 학대행위, 장애인을 위하여 증여 또는 급여된 금품을 그 목적 외의 용도에 사용하는 행위, 공중의 오락 또는 흥행을 목적으로 장애인의 건강 또는 안전에 유해한 곡예를 시키는 행위(법 제59조의 9).

「아동복지법」 및 「노인복지법」에서와 마찬가지로 법원은 장애인학대 관련 범죄나 성범죄로 형 또는 치료감호를 선고하는 경우에 그 형 또는 치료감호의 전부 또는 일부의 집행을 종료하거나 집행이 유예 또는 면제된 날로부터 10년의 범위 내에서 장애인복지시설을 운영하거나 장애인관련기관에 취업 또는 사실상 노무를 제공할 수 없도록 하는 명령을 사건의 판결과 동시에 선고하여야 한다. 다만 재범의 위험성이 현저히 낮은 경우, 그 밖에 취업을 제한할 필요가 없는 특별한 사정이 있는 경우에는 위와 같은 제한 규정을 적용하지 않는다(법 제59조의 3).[12)]

Ⅸ. 장애수당과 장애인연금

1. 장애수당

장애 정도와 경제적 수준을 고려하여 장애인에게 수당을 지급할 수 있다(법 제49조). 실제 장애수당을 수급할 수 있는 자는 18세 이상의 등록장애인 중 「국민기초생활보장법」에 의한 생계급여 수급자와 의료급여 수급자 또는 차상위계층으로서 장애로 인한 추가적 비용보전이 필요한 자이다(시행령 제30조 제1항). 중증장애인은 아래에서 설명하는 「장애인연금법」에 의한 연금을 지급받는다. 2017년 장애

12) 유사한 내용의 취업제한조치를 규정하고 있는 구 아동·청소년의 성보호에 관한 법률 규정에 대해서 헌법재판소는 위헌결정을 내린 바 있다. 헌재 2016.3.31, 2013헌마585등, 28-1(상), 453면 이하 참조.

수당으로 장애정도와 소득수준에 따라 월 3만원 혹은 6만원이 지급되었다.

장애아동의 양육이 가족에게 경제적 부담이 된다는 점을 고려하여 장애아동에게 장애아동수당, 장애인을 보호하는 자에게 보호수당이 지급될 수 있다(법 제50조).

장애아동수당은 「국민기초생활보장법」상의 수급권자 혹은 차상위 계층으로서 18세 미만인 장애인에게 지급된다. 장애아동수당으로 중증장애아동의 경우 국민기초생활보장 생계 또는 의료급여 수급자에게 월 22만원, 국민기초생활보장 주거 또는 교육급여 수급자 혹은 차상위계층에게 월 17만원이 지급된다. 경증장애아동의 경우 월 11만원이 지급된다.

2. 장애인연금

장애인 중 특히 중증장애인의 생활안정을 위하여 2010년 「장애인연금법」이 제정되었다. 장애수당은 공공부조를 보충하는 의미 정도를 가졌으며, 장애인의 특별한 소득상황을 보호하는 독자적인 입법목적을 갖지 못했다.

장애인연금의 수급대상은 등록 장애인 중 근로능력이 상실되거나 현저하게 감소된 중증장애인이다(장애인연금법 제2조 제1호, 시행령 제2조). 수급권자가 되기 위해서는 18세 이상의 중증장애인으로서 소득인정액이 소득·재산·생활수준과 물가상승률 등을 고려하여 보건복지부장관이 고시하는 선정기준액에 미달하여야 한다. 배우자가 있는 중증장애인의 경우 산정기준액은 배우자가 없는 경우에 비해서 1.6배로 한다(장애인연금법 제4조, 시행령 제4조). 2023년 선정기준액은 중증장애인 가구의 경우 월 소득인정액 1,220,000원, 배우자가 있는 중증장애인 가구의 경우 월 소득인정액 1,952,000원이다. 국민기초생활급여와는 달리 장애인연금에서는 배우자의 소득 및 재산상황만이 급여조건 및 급여내용에 영향을 미친다. 기초연금과 마찬가지로 「장애인연금법」은 수급자의 규모를 법률에 직접 정하고 있다. 즉 보건복지부장관이 선정기준액을 정하는 경우에 18세 이상의 중증장애인 중 수급자가 70% 수준이 되도록 한다(장애인연금법 제4조 제2항).

「공무원연금법」, 「공무원재해보상법」, 「군인연금법」, 「군인재해보상법」, 「사립학교교직원연금법」 등에 따라 연금을 받을 자격이 있는 사람과 그 배우자에게는 장애인연금을 지급하지 않는다(장애인연금법 제4조 제3항).

장애인연금은 기초급여와 부가급여로 구성된다. 기초급여는 근로능력의 상실 또는 현저한 감소로 인하여 줄어드는 소득을 보전하기 위한 급여이다. 부가급여는 장애로 인하여 추가로 드는 비용의 전부 또는 일부를 보전하기 위한 급여이다(장애인연금법 제5조).

2023년 기초급여액은 323,180원이다. 수급권자와 배우자가 모두 기초급여를 받는 경우에는 각각의 기초급여액의 20%가 감액된다(장애인연금법 제6조). 또 소득인정액과 기초급여액을 합한 금액이 선정기준액 이상인 경우에는 감액된 급여가 지급된다. 선정기준액에서 소득인정액을 뺀 금액이 2만원 이하인 경우에는 2만원, 그리고 2만원 이상인 경우에는 선정기준액에서 소득인정액을 뺀 금액으로 하되, 2만원을 단위로 절상한 금액이 지급된다. 수급권자와 배우자가 모두 기초급여를 지급받는 경우에 선정기준액과 소득인정액의 차액이 4만원 이하인 경우에는 4만원, 그리고 4만원 이상인 경우에는 선정기준액에서 소득인정액을 뺀 금액으로 하되, 4만원 단위로 절상한 금액이 지급된다(시행령 제5조).

부가급여는 수급권자와 그 배우자의 소득 수준 및 장애로 인한 추가비용을 고려하여 월정액으로 지급된다. 예컨대 「국민기초생활보장법」상의 수급자인 경우 연령에 따라서 8만원 혹은 기초연금액에 8만원을 더한 액이, 차상위계층의 경우 7만원이 지급되고 있다(시행령 별표).

「기초연금법」에 따른 기초연금을 지급받는 경우에는 「장애인연금법」상의 기초급여는 지급되지 않는다(장애인연금법 제6조 제5항). 또 장애인연금을 받는 중증장애인에게는 장애수당을 지급하지 않는다(장애인복지법 제49조 제2항).

제5절 재 정

의료비지급, 자녀교육비의 지급, 자립훈련비의 지급, 장애수당의 지급, 장애아동수당 및 보호수당, 활동지원급여의 지원, 국가 및 지방자치단체의 장애인복지시설의 설치·운영에 드는 비용은 국가와 지방자치단체가 부담하되, 장애인복지시설기관이 부담하게 할 수 있다. 이때 국가 및 지방자치단체의 부담비율은 「보조금관리에 관한 법률 시행령」이 정하는 바에 따른다. 국가와 지방자치단체는 장애인이 장애인복지시설을 이용하는 데 드는 비용의 전부 또는 일부를 부담할 수 있으며, 시설 이용자의 자산과 소득을 고려하여 본인부담금을 부과할 수 있다(법 제79조, 시행령 제42조).

장애인에 대한 검진 및 재활상담 후 의료, 그리고 보건지도조치가 취해지는 경우에는 장애인복지실시기관은 당해 장애인 또는 그 부양의무자에게 비용의 전부 또는 일부를 부담시킬 수 있다. 해당 장애인이나 부양의무자가 「국민기초생활보장법」상의 생계급여 수급자 혹은 의료급여 수급자인 경우에는 금액을 경감하거나 면제할 수 있다(법 제80조 제1항, 시행령 제43조). 「노인복지법」에서 언급했듯이 이 점은 「장애인복지법」이 공공부조법과 유사하게 형성되어 있다는 것을 보여주고 있다. 비용징수를 한다는 것은 이러한 조치가 부양의무에 대해서 보충적으로 제공되는 것이라는 의미를 갖기 때문이다.

장애인연금의 비용은 국가와 지방자치단체가 부담하며, 이때 특별시와 광역시·도의 부담비율은 50%와 70%로 한다(장애인연금법 제21조, 시행령 제14조).

제 6 절 관리운영

「장애인복지법」상 각종 지원의 책임은 국가 및 지방자치단체가 진다(법 제9조 제1항). 이에 따라 국가 또는 지방자치단체는 장애인복지시설을 설치할 수 있다. 민간단체가 장애인복지시설을 설치할 수도 있다. 이를 위해서는 기초지방자치단체의 장에게 신고하여야 한다(법 제59조). 장애인고용촉진사업을 효율적으로 시행하기 위하여 한국장애인고용공단이 설립·운영되고 있다(장애인고용촉진법 제43조 이하).

장애인복지시설에 대해서는 국가 혹은 지방자치단체의 감독권이 미친다. 즉 보건복지부장관 또는 시·도지사는 장애인복지시설을 설치·운영하는 자로 하여금 소관업무 및 시설이용자의 인권실태 등을 지도·감독하며, 필요한 경우 시설에 관한 보고 또는 서류제출을 명하거나, 소속 공무원으로 하여금 당해 시설의 운영상황·장부, 그 밖의 서류를 조사·검사하게 하거나 질문할 수 있다. 그 결과 경우에 따라서는 시설의 개선, 사업의 정지, 시설의 장의 교체 혹은 시설의 폐쇄 등을 명할 수 있다(법 제61, 62조).

장애인복지를 위한 종합정책을 수립하고 관계 부처간의 의견을 조정하며, 정책의 이행을 감독·평가하기 위하여 장애인정책조정위원회가 설치되어 있다. 장애인정책조정위원회는 장애인복지정책의 기본방향, 제도개선과 예산지원, 중요한 특수교육정책의 조정, 장애인 고용촉진정책의 조정, 장애인 이동보장 정책조정, 장애인 정책추진과 관련된 재원조달, 관련부처의 협조 등을 심의·조정한다(법 제11조). 장애인정책조정위원회는 국무총리 소속하에 둔다. 국무총리가 위원장, 보건복지부장관이 부위원장이 되며, 위원장과 부위원장을 포함하여 30인

이내의 위원으로 구성된다. 위원은 당연직위원과 장애인관련단체의 장 또는 장애인문제에 관한 학식과 경험이 풍부한 자 중에서 위원장이 위촉하는 위원으로 구성된다. 당연직 위원은 기획재정부장관, 교육부장관, 행정안전부장관, 국가보훈부장관, 문화체육관광부장관, 산업통상자원부장관, 고용노동부장관, 여성가족부장관, 국토교통부장관, 국무조정실장, 법제처장 및 위원회의 심의사항과 관련하여 위원장이 지정하는 중앙행정기관의 장이 된다. 위촉위원 중 2분의 1 이상은 장애인으로 한다(시행령 제3조).

지방자치단체에는 지방장애인복지위원회를 설치한다(법 제13조, 시행령 제12조). 장애인복지사업은 실제 시 · 군 · 구에 지방공무원으로 임용되어 있는 장애인복지상담원이 담당하고 있다. 이들에게는 장애인의 인격을 존중하고, 업무상 알게 된 비밀을 누설하지 않을 의무가 있다(법 제33조, 시행령 제21조).

제 9 편

국제사회보장법

제 1 장 국제사회보장법의 형성

산업화 이전에는 거주지의 이동은 예외적인 현상이었다. 농경사회에 정착하지 못한 일부 계층, 징계의 성격을 갖는 유형 혹은 무형의 압력을 통해서 기존 거주지 및 생활공동체에서 제외된 자들이 이러한 운명에 처해졌다. 따라서 이들은 경제적인 곤궁상태에 처해 있었을 뿐 아니라 사회적 및 정치적으로도 저열한 평가의 대상이 되었다. 빈곤에 대한 이와 같은 사회적 태도는 독일의 경우에는 「1794년 프로이센 일반란트법」(Allgemeines Landesrecht für die Preußischen Staaten von 1794)의 제2장 제19조에 대표적으로 흔적을 남겼다. 동법은 제1조에서 국가의 빈곤정책의무를 선언하면서 제3조에서 노동의 의무를 규정하고 제4조에서는 이방인인 빈민을 추방할 수 있도록 하였다.[1] 일본의 1934년 「구호법」도 같은 입법례를 남겼다.

서구에서 19세기 중반 이후 전개된 산업화는 개인의 생활유형에 커다란 변화를 가져왔다. 공장화가 진전되면서 종속노동이 일반화되고 기술의 전문화가 심화되면서 사용자는 필요한 인력이 해당 지역에 없는 경우 외부에서 노동력을 얻어야 했다. 또 노동자 역시 거주지역에서 노동력에 대한 수요가 없는 경우 수요를 따라 거주지역 밖으로 이동하였다. 노동사회의 출현이 곧 노동력의 지역간(interlocal) 및 국제간(international) 이동이라는 현상을 낳았던 것이다.

노동력의 자유로운 이동에 대한 경제적 필요성은 헌법적으로 보면 거주·이전의 자유를 통해서 규범적으로 정착되었다. 거주·이전의 자유가 경제적 생활을 규율하는 기본권으로 도입되는 역사적 배경이다. 여기에는 다음과 같은 논의가 뒤따랐다. 즉 경제질서에 편입된 외부노동력을 사회질서, 특히 사회보험에 포섭할 것인가 하는 문제이다. 이 질문은 어렵지 않게 다음과 같은 이유에서 긍정되었다. 첫째, 산업사회에서 필요한 노동력의 자유로운 이동은 생산활동의 자유로운 수행뿐 아니라 사회보장법적 지위에 불이익이 따르지 않을 때에 실질적으로 보장된다. 둘째, 공정경쟁의 차원에서 외국인 노동력에 대한 사회보장법적 배려가 필요했다. 만약 외국인 근로자를 사회보장법에서 배제한다면 외국인을 고용하는 사용자는 경쟁에 있어서 내국인을 고용하는 사용자에 비

1) 이에 대해서 자세히는 전광석, 독일 사회보장법과 사회정책(박영사, 2008), 33면 이하; Michael Stolleis, *Quellen zur Geschichte des Sozialrechts*(Musterschmidt, 1976), 63면 이하 등 참조.

해서 유리하게 된다. 이들 사용자에게는 외국인 노동자에 대한 사회보험가입의 무가 면제되고, 이로써 사회보험료라는 기업부담이 줄어들기 때문이다. 그렇기 때문에 특히 노동자 및 노동조합이 경쟁법적 논리에 기초하여 사회보장법에서 외국인과 내국인을 동등하게 취급할 것을 강력히 요구하였다. 이 문제는 이미 20세기 초 각종 국제노동자대회에서 집중적으로 논의되었다.[2] 이와 같은 맥락에서 국제노동기구(ILO)의 초기 입법에 속하는 1919년의 권고 제2호 및 1925년의 협약 제19호 등에서 내국인과 외국인의 평등이 채택되었다.

사회보장의 국제협력이 위와 같은 경제정책의 보조수단인 것만은 아니다. 자유로운 인적 교류를 통한 국가 간의 상호이해의 증대는 인류의 오랜 염원인 전쟁없는 평화로운 세계를 일구는 데 필수적인 요소이다. 즉 사회보장의 국제협력은 국제정치적인 평화의 전제조건이었다. 1차 세계대전 종전을 위한 평화조약은 상징적으로 국제노동기구의 설립을 조약의 내용에 포함시켰다.[3] 2차 세계대전에서 유례없는 규모의 인명 살육을 경험한 인류는 또 한번 야심적인 사회보장에 관한 국제협력의 프로그램을 입안하고 각국에 동참할 것을 호소하였다.[4] 이 모든 것이 상징적으로 사회정의를 통한 세계평화의 당위성을 다시 확인시키는 것이었다. 국제노동기구 헌장 전문은 이를 다음과 같이 선언하고 있다. "...universal and lasting peace can be established only if it is based on social justice; ...."

사회보장의 국제협력은 외국여행의 규모가 커지면서 여행 중 질병이 발생한 경우 여행자를 보호하기 위해서도 필요하다.

2차 세계대전 이후 사회보장 국제협력의 필요성 및 가능성은 세계 곳곳에서 지역경제공동체가 설립되면서 본격적으로 논의되기 시작하였다. 지역공동체가 단일시장을 목표로 하는 경우 경제공동체와 사회정책과의 상관성이 필연적으로 논의의 대상이 되기 때문이다.[5] 그리고 이러한 지역공동체의 구성원이 아

2) 이 점에 대해서 자세히는 예컨대 전광석, 국제사회보장법론(법문사, 2002), 69면 이하 참조.

3) 1919년 베르사이유 평화조약 제8장 제387조~제427조. 이에 대하여서 자세히는 전광석, 위 각주 2의 책, 75면 이하 참조.

4) 1944년 필라델피아에서 개최된 국제노동기구 총회에서 사회보장강령이 채택되었다. 여기서 당시 미국 대통령 루즈벨트는 국제평화질서와 사회보장의 상관관계를 다음과 같이 웅변적으로 연설하고 있다. "Poverty anywhere constitutes a danger to prosperity everywhere", Samuel I. Roseman, *The Public Paper and Address of Franklin D. Roosebelt*, Vol. IX(Victory and Threshhold of Peace)(1950), 127면 참조.

5) 유럽공동체가 초기에는 사회정책분야를 공동체의 과제로서 명시하지는 않았지만 유럽의 경제통합을 위해서 사회정책적 지원이 필수적이라는 사실은 처음부터 인식되었다. 1992년 유럽연합에

닌 국가로서는 가장 밀도 높은 사회보장 국제협력이 어떠한 형태로 가능한가를 관찰하고, 적용 가능성을 중심으로 평가하는 계기가 된다. 직접적인 법적 의미는 없더라도 정책형성의 중요한 모델을 제공한다는 것이다. 현재 유럽연합(EU)에서 사회공동체 형성의 시도 및 한계, 그리고 자유로운 노동력의 이동을 뒷받침하기 위한 사회정책적 모델에 대한 논의가 대표적인 예이다.[6]

관한 조약(이른바 마스트리히트조약)을 통해서 개정된 유럽공동체설립조약은 제3조에서 사회정책을 명시적으로 유럽공동체의 과제영역으로 추가하였다.

6) 이에 대해서 자세히는 예컨대 전광석, 위 각주 2의 책, 96면 이하, 197면 이하 참조.

제 2 장 국제사회보장법의 개념

제 1 절 개념이해방법

국제사회보장법의 개념을 정리하는 방법은 이론적으로 보면 여러 가지가 있다. 다음과 같은 기준에 따라서 정리를 시도해 본다.

Ⅰ. 국내지정규범

외국과 관련된 사회보장사안에서 여러 나라의 법이 동시에 적용될 가능성이 있는 경우 본국법과 외국법 중 적용 법률을 결정하여야 한다. 이러한 외국과 관련된 사안에서 적용되는 준거법(Sachnorm)을 지정하는 국내지정규범(Kollisionsnorm)을 국제사회보장법이라고 정의할 수 있다. 이는 전통적으로 법의 충돌(conflict of laws)을 해결하기 위하여 준거법을 지정하는 국제사법에 따른 이해방법이다.

Ⅱ. 국제법상의 지정규범 · 준거법 통일규범

국제사회보장법이 국제법에 해당한다는 이해에 따라 국제사회보장법의 개념을 정의할 수 있다. 즉 사회보장사안에 대한 국내입법이 국내사회보장법이며, 사회보장사안에서 지정규범에 대한 국제법적 규율 및 준거법을 통일하기 위한 국제법적 규율이 국제사회보장법이라는 것이다. 그러나 사회보장사안에서 법의 충돌을 해결하는 국내입법이 국제사회보장의 중요한 영역이라는 점을 감안하면 법의 제정주체를 기준으로 하는 위와 같은 이해방법은 너무 협소하다.

Ⅲ. 사회보장국제법

이는 외국과의 사회보장사안을 규율하는 준거법을 지정하는 규범뿐 아니라 준거법 자체, 그리고 사회보장에 관한 국제기준을 제시하는 규범 역시 국제사회보장법에 포함하여 이해하는 방법이다. 이는 편의상 사회보장국제법(Sozialvölkerrecht)이라고 부를 수 있다.

국제법 및 초국가기구의 규범 중 지정규범에 대한 통일적인 규율 및 준거법의 통일적인 발전을 통해서 외국과 관련된 사안에서 나타나는 불합리를 제거하기 위하여 제정되는 규범을 국제사회보장법에 포함시키는 데에는 이론의 여지가 없다. 그러나 그 밖에 각국의 실질적인 사회보장의 수준을 균등하게 발전시키는 목적으로 국제기구에서 제시되는 사회보장기준에 관한 규범이 국제사회보장법에 포섭되는가에 대해서는 논란이 있다. 왜냐하면 이와 같은 규범은 외국과 관련된 사회보장사안을 직접 규율하는 것은 아니기 때문이다. 그러나 사회보장의 기준에 관한 국제법이 사회보장의 실질적인 내용을 형성하는 기능에 그치는 것은 아니다. 즉 국가 간의 지정규범의 통일 및 사회보장 국제협력을 위하여 준거법을 균등하게 발전시키는 목적이 동시에 내재해 있다. 따라서 사회보장의 국제기준에 관한 규범이 국제사회보장법의 범주에서 제외된다고 할 수는 없다.

제 2 절 평 가

규율대상을 중심으로 국제사회보장법을 이해하는 시도는 문제를 보는 시각이 너무 협소하다. 국제사회보장법은 국내법의 적용범위를 정하고 국내법의 국제적 효력을 보장하는 과제가 있다. 이 밖에 실체법적인 원칙으로서 평등의 원칙, 노동력의 자유로운 이동 등을 보장하여야 한다.[1] 그런데 절차법적인 성격을 갖는 지정규범만을 관찰의 대상으로 하는 경우에는 국제사회보장법의 과제가 충실히 파악될 수 없다. 국제사회보장법은 지정규범과 준거법의 기능적인 상관관계를 주목하여 형성되어야 한다.

국제사회보장법의 국제법적 성격만을 부각시키는 견해도 옳지 않다. 국내법과 외국법의 적용 경합으로 인하여 나타나는 불합리는 1차적으로는 국내입법자가 국내법의 적용범위를 정하여 해결하여야 하기 때문이다. 사회보장기준을 정하는 국제협약 역시 궁극적인 목적은 이를 국내법적으로 실현시키는 데에 있

1) 국제사회보장법의 과제에 대해서는 Eberhard Eichenhofer, *Internationales Sozialrecht*(C. H. Beck, 1994), 8면 이하 참조.

다. 따라서 이 경우에도 여전히 궁극적인 분석의 대상은 국내사회보장법이다. 다만 국제법과 국내사회보장법의 기능적인 상관관계에 대해서는 충분히 주목하여야 한다. 한편으로 사회보장의 국제기준은 국내법적 절차를 통하여 비로소 실현된다. 다른 한편 오늘날 국내사회보장법은 사회보장에 관한 국제법의 영향에서 완전히 벗어나서 발전할 수는 없다.

제3절 정 리

위와 같은 평가에 기초하여 국제사회보장법의 개념을 정의하면 다음과 같다.[2] 즉 국제사회보장법이란 외국과 관련된 사회보장사안을 규율하는 모든 규범 및 사회보장의 국제기준을 제시하는 모든 규범을 말한다. 기능적으로 보면 '지정규범'과 '준거법'을 포괄하며, 법원(法源)을 중심으로 보면 '국내법'과 '국제법'을 포함한다. 규율내용을 중심으로 보면 국제사회보장법은 '외국과의 사회보장 관련 사안을 규율할 뿐 아니라 '사회보장의 실질적인 국제기준'을 제시한다. 사실 사회보장의 실질적인 기준을 제시하는 규범의 경우 외국과의 관련성은 표면적으로는 나타나지 않는다. 그러나 이러한 협약도 각국의 사회보장에서 외국과의 관련성을 염두에 두고 비준한 것이라고 할 수 있다. 그렇기 때문에 이러한 규범도 국제사회보장법의 범주에 포함시킬 수 있다.

다음과 같이 편의적으로 개념을 분류할 수도 있다. 먼저 준거법을 지정하는 국내법을 '가장 좁은 의미에서 국제사회보장법'으로 이해할 수 있다. 여기에 준거법을 지정하는 국제조약, 그리고 준거법을 통일적으로 적용하기 위한 국제조약 및 국제기구에서 제시되는 기준이 '좁은 의미의 국제사회보장법'을 구성한다. 그리고 여기에 실질적인 사회보장의 기준을 포괄하는 경우 '넓은 의미의 국제사회보장법'이라고 할 수 있다. 이러한 개념을 이해하기 위한 좋은 예가 국제노동기구의 입법이다. 국제노동기구의 입법 중 준거법을 통일하기 위한 협약인 협약 제19호, 제48호, 제118호, 제157호 등은 좁은 의미의 국제사회보장법에 해당한다. 반면 국제노동기구의 1952년 「사회보장의 최저기준에 관한 협약 제102호」는 외국과 관련된 사회보장사안을 규율하는 것이 아니고, 각국에 사회보장의 기준을 제시하며, 따라서 좁은 의미의 국제사회보장법에 해당하지

2) 이에 대해서 자세히는 전광석, 국제사회보장법론(법문사, 2002), 123면 이하 참조.

않는다. 그러나 넓은 의미에서 국제사회보장법에는 해당한다. 또 사회보장사안에 대한 국제법적인 규율을 통칭해서 사회보장국제법이라고 부를 수 있다. 사회보장국제법이라는 개념은 특히 국제법의 국내법에 대한 영향력을 분석·평가하는 데 중요한 개념도구가 된다.

위와 같은 논의는 다음과 같이 도식화될 수 있다.

1. 국내 지정규범
2. 국제법상의 지정규범 및 준거법을 통일하기 위한 국제규범
3. 실질적인 사회보장기준을 제시하는 국제규범

1=가장 좁은 의미에서의 국제사회보장법
1+2=좁은 의미의 국제사회보장법
1+2+3=넓은 의미의 국제사회보장법
2+3=사회보장국제법

이 책에서는 우리 사회보장법과 관련된 국제사회보장법을 설명하는 데 서술의 범위를 한정한다.[3)]

3) 국제노동기구(ILO), 국제연합(UN) 등에서 제시된 사회보장국제법적 기준에 대해서 자세히는 전광석, 위 각주 2의 책 참조.

제 3 장 한국의 국제사회보장법

우리 사회보장법은 국제사회보장의 사안을 아직 본격적·체계적으로 규율하고 있지는 않다. 따라서 아래에서는 우리나라에서 국제사회보장법적 규율의 대상이 될 수 있는 문제를 제기하고, 이어 현행법에서 국제사회보장법에 해당하는 규정들을 정리한다.

제 1 절 구체적인 문제의 제기

우리나라에서도 1960년대 이후 태동했으며 1970년대 후반 이후 본격적으로 인식되기 시작한 국가의 사회보장과제는 서구에 비해서 시기적으로 늦기는 했지만 현재 다양한 사회보장법을 통해서 실현되고 있다. 동시에 국제교류가 활발해지면서 사회보장분야에 있어서 외국과의 관련성, 그리고 국제협력의 필요성이 인식되고 있다. 몇 가지 사례를 살펴 보면서 이 분야에서의 연구 및 정책개발의 필요성을 검토해 본다.

Ⅰ. 사회보장 국제기준과 한국사회보장법

우리 사회의 발전단계에서 이미 근대화의 초기부터 성장과 분배정책의 긴장관계가 항상 있어 왔다. 그리고 80년대 후반부터는 사회정책의 빈곤 및 성장정책과의 불균형이 지적되어 왔다. 사회정책의 형성에 있어서 우선 사회문제가 면밀히 분석·평가되고 이에 대한 정책적 대응이 개발되어야 한다. 이때 사회보장의 국제기준은 상황에 적합한 기준을 찾는 데 있어서 중요한 정책적 지침, 그리고 비교법적 자료를 제공한다.[1] 우리의 사회발전단계에서 어떤 사회보장 급여가 도입되어야 하는가? 사회보장 급여는 구체적으로 어떠한 내용을 가져야 하는가? 우리의 국제적인 위상에 적합한 사회보장의 내용은 무엇이며, 앞으로의 발전방향은 어떠한 것인가? 등의 문제가 그것이다. 이때 사회보장의 국

1) 이러한 관점에서 국제사회보장법 연구의 필요성에 대해서는 예컨대 전광석, 국제사회보장법론(법문사, 2002), 9면 이하, 22면 이하 참조.

제기준은 사회정책에 관한 논의를 탈정치화하고, 이로써 보다 합리적이고 객관적인 정책지침이 될 수 있다.

Ⅱ. 국제사회보장법과 한국사회보장법

1970년대 초반 이후 우리 근로자들이 외국에 진출하여 취업하는 경우가 활발해졌다. 이들 노동자는 국내사회보장법의 적용대상인가, 아니면 해당 취업국가의 사회보장법이 적용되는가? 만약 이들에게 취업지 국가의 사회보장법이 적용된다고 할 때 이들이 귀국하는 경우 사회보장법적인 지위는 어떻게 되는가? 납부한 보험료가 반환되는가? 급여청구권을 충족시킨 경우 급여를 한국에서 받는가? 1980년대 후반 이후로는 외국인의 국내 취업 역시 급증하였다. 이들에게도 똑같은 질문이 제기된다. 이들은 본국 사회보장법의 적용대상인가, 아니면 대한민국의 사회보장법이 적용되는가? 우리나라의 사회보장법이 적용될 때 사회보장법상의 급여청구권을 취득하고 본국으로 귀국한 경우 급여는 본국에서 지급받을 수 있는가, 아니면 우리 영토에 거주하는 경우에만 급여가 지급되는가? 이 질문을 사회보장법의 각 영역별로 구체화시켜 보자.

건강보험 가입자인 대한민국 국민에게 외국에서 여행 중 질병이 발생한 경우 건강보험급여를 받을 수 있는가? 받는다면 누구로부터 받는가? 이때 질병이 급성질병이기 때문에 급히 치료를 요하는 경우에는 건강보험급여로서 외국의료기관으로부터 치료를 받을 수 있는가? 치료를 받는다고 하는 의미는 무엇인가? 즉 외국에서 외국의 의료기관에서 서비스급여를 받는가, 아니면 우선 비용을 지불하고 국내에서 비용에 대한 보상을 받는가? 국내에서 질병이 발생한 사람이 질병의 치료를 위해서 외국 의료진의 도움이 필요할 때 건강보험급여로서 외국에서 의료급여를 받을 수 있는가? 반대로 이 모든 경우에 국내에 체류하는 외국인은 어떻게 취급되는가?

「국민연금법」상 가입자는 국내거주요건이 요구된다(국민연금법 제6조). 귀국을 예정하고 외국의 지점에 파견근무하는 근로자는 위 규정에 따라 국민연금 가입자격이 정지되는가? 아니면 이들은 예외적으로 계속 우리 「국민연금법」상의 가입자인가? 외국에서 대한민국 기업이 아닌 외국기업에 취업해 있는 자는 어떠한가? 국민연금청구권을 획득하고 외국에 거주하는 경우 급여는 외국으로 지급되는가, 아니면 정지되는가? 이런 상황에 외국인이 처한 경우 어떠한 법적 조치가 예정되어 있는가?

산재보험과 관련해서는 국내에 취업한 중국교포들은 산재보험에 의해서 보호되는가? 이 질문이 긍정되더라도 이들이 산업재해를 입은 후 중국으로 귀국한 경우 중국에서 한국 산재보험급여를 받을 수 있는가? 불법취업한 중국교포가 업무 중 산업재해를 당한 경우에도 보호를 받을 수 있는가? 산재급여로서 요양급여가 지급되는 경우에 중국에서 이러한 급여를 받을 수 있는가, 이때 급여의 기준은 한국의 산재보험법인가, 중국의 산재보험법인가?

실업급여를 받기 위해서는 직업안정기관에 신고를 하고 알선하는 직업을 수행할 수 있어야 한다. 그런데 만약 해당 실업자가 구직을 위하여 외국에 체류하는 경우에는 어떠한 법적 취급을 할 것인가? 특히 외국에서 취업 가능성이 높은 경우에는 어떻게 할 것인가?

국가유공자보상급여는 기본적으로 국가적 연대를 기반으로 한다. 그럼에도 불구하고 외국인이 국가유공자보상급여의 수급자가 될 수 있는가? 「범죄피해자보호법」의 문제는 보다 복잡하다. 「범죄피해자보호법」은 우리 영토에서 발생한 범죄로 인한 피해를 구조의 대상으로 하고 있다. 이때 범죄의 주체가 국내인에 한정되는가, 외국인의 범죄로 인한 피해 역시 구조의 대상이 되는가, 국내인의 피해만이 구조대상인가, 아니면 외국인의 범죄피해 역시 구조의 대상이 되는가?

「국민기초생활보장법」은 모든 국민에게 최저생활을 보장하는 목적을 갖는다. 이는 국내거주 국민에 한하여 적용되는가, 아니면 국경을 초월하여 우리 국민의 최저생활을 보장하는가? 이 질문이 긍정된다 하더라도 다음과 같은 문제가 제기된다. 외국에서 행해지는 최저생활보장의 수준은 해당 외국의 상황을 기준으로 결정되는가, 아니면 국내 「국민기초생활보장법」상의 수준이 적용되는가? 최저생활보장은 국제인권에 해당한다. 그렇기 때문에 우리 정부는 국내체류 외국인에게도 최저생활을 보장하는가? 따라서 「국민기초생활보장법」에 상호주의를 적용한다면 이는 일반적으로 승인된 국제법규에 위반되는가?

제 2 절 국제사회보장법의 현황

Ⅰ. 국 내 법

1. 총론적 규율

국제사회보장법 중 총론적 규율이 법제화되어 있지는 않다. 좁은 의미의 국제사회보장법, 즉 지정규범에 대한 근본적인 결정이 결여되어 있다는 것이다. 다만 「사회보장기본법」은 제8조에서 국제사회보장법에 해당하는 규정을 두고 있다. 즉 "국내에 거주하는 외국인에게 사회보장제도를 적용할 때에는 상호주의의 원칙에 따르되, 관계 법령에서 정하는 바에 따른다." 결국 「사회보장기본법」은 외교 원칙인 상호주의를 규정하고, 국제사회보장법의 중요한 기능인 준거법을 정하는 기준에 대해서는 언급을 하고 있지 않다. 그렇기 때문에 우리나라에서 국제사회보장법의 형성은 결국 개별 실정법의 과제이다.

독일에서는 국제사회보장법의 기본원칙이 사회법전 제1권 제30조 제1항에 규정되어 있다. 이에 따르면 사회법전이 적용되는 지역에 거주지를 갖고 있거나 상시 체류하는 자에게 독일 사회법전이 적용된다. 동조 제2항은 제1항에 대한 다음과 같은 두 가지의 유보적인 결정을 하고 있다. 첫째, 국제조약 또는 초국가기구에 의한 규율이 제1항에 규율된 원칙에 우선한다. 둘째, 사회법전의 다른 특별법에서 동 원칙이 수정될 수 있다. 이에 근거하여 사회법전 중 사회보험법 총칙에 해당하는 사회법전 제4권은 제3조에서 제6조가 사회보험법에 적용되는 국제사회보장법의 기본원칙을 사회법전 제1권과는 달리 규율하고 있다. 즉 여기에서는 고용지를 기준으로 사회보험법의 적용 여부를 결정하고, 외국과의 관계에서 국내법을 확대 혹은 축소적용하는 가능성을 규율하고 있다. 사회법전 제1권에서와 같이 사회보험법에서도 국제조약 및 개별적인 사회보험법에 의해서 다른 원칙이 적용될 가능성이 인정되어 있다.

2. 개별 규정

모든 국내 사회보장법은 묵시적 혹은 명시적으로 국제사회보장법의 법원(法源)이다. 왜냐하면 모든 법은 실질적인 내용 외에 시간적·장소적 및 인적 범위를 규율하는데, 특히 인적 및 장소적 적용범위는 국제사회보장법의 중요한 규율내용이기 때문이다.

전반적으로 우리 사회보장법은 국적과 거주지를 연결점으로 채택하여, 사회보장청구권의 국제적 보장에 있어서 폐쇄적이다. 또 외국인에게 가입자격을 개방한 경우에도 급여에 있어서 상호주의를 적용하여 사회정책적으로, 그리고 헌법적으로 타당성을 결여하고 있다. 앞으로 적극적인 입법개선과 더불어 다른 나라와의 국제협약을 체결하여 사회보장의 국제화에 노력하여야 한다.

「국민건강보험법」은 가입자격으로 대한민국 국적과 국내 거주요건을 요구하고 있다(국민건강보험법 제5조). 대한민국 국적을 상실하거나 국내에 거주하지 않게 되면 가입자격이 상실된다(국민건강보험법 제10조 제1항 제2호, 제3호). 외국인의 보험가입은 제한적으로 인정되고 있다. 외국인은 직장가입자 혹은 지역가입자가 된다. 「출입국관리법」 제31조의 규정에 의하여 외국인 등록을 한 사람, 그리고 「재외동포의 출입국과 법적 지위에 관한 법률」 제6조에 의하여 국내거소신고를 한 사람으로서 직장가입자 적용사업장에 근무하는 경우, 그리고 공무원·교직원으로 임용 또는 채용된 경우에는 직장가입자가 된다(국민건강보험법 제109조 제2항, 시행령 제76조 제1항). 그 밖의 외국인으로서 「주민등록법」에 따라 등록한 사람, 또는 「출입국관리법」 제31조에 따라 외국인 등록을 한 사람으로서 체류자격이 있는 사람은 지역가입자가 된다(국민건강보험법 제109조 제3항). 급여의 지급장소는 엄격히 국내로 한정되어 있다. 따라서 가입자가 국외에 여행 중이거나 국외에서 업무에 종사하는 경우 급여가 중단된다(국민건강보험법 제54조 제1호, 제2호).[2)]

「국민연금법」 역시 가입자격으로 국적과 국내거주를 요구하고 있다. 즉 국내에 거주하는 18세 이상 60세 미만의 국민이 국민연금의 가입대상이다(국민연금법 제6조). 따라서 국적을 상실하거나 국외로 이주하게 된 때에는 가입자격이 상실된다(국민연금법 제12조 제1항 제2호, 동조 제2항 제2호, 동조 제3항 제2호, 제13조 제3항 제2호). 외국인의 경우 상호주의에 따라 국민연금에 가입 여부가 결정된다. 「국민연금법」이 적용되는 사업장에 고용되어 있는 외국인과 그 밖의 국내에 거주하는 외국인은 사업장 가입자 혹은 지역가입자가 된다. 다만 국민연금에 상응하는 연금에 관하여 외국인의 본국법이 대한민국 국민에게 적용되지 않는 경우에는 해당 외국인에게 「국민연금법」은 적용되지 않는다(국민연금법 제126조 제1항).

외국인에 대한 급여에 있어서도 부분적으로 상호주의가 적용된다. 즉 외국

2) 건강보험의 가입자격의 확대 및 외국으로의 급여지급의 가능성에 대한 해석론 및 정책론적인 논의에 대해서는 예컨대 전광석, 위 각주 1의 책, 303면 이하 참조.

인인 가입자에게는 반환일시금에 관한 규정은 외국인의 본국법이 대한민국 국민에게 반환일시금에 상응하는 일정 금액을 일시금으로 지급하는 경우에 한하여 적용된다. 「외국인 근로자의 고용 등에 관한 법률」에 의한 외국인 근로자로서 「국민연금법」이 적용되는 사업장에 사용된 자, 「출입국관리법」에 의하여 산업연수활동을 할 수 있는 체류자격을 가지고 연수 중에 있는 자로서 「국민연금법」이 적용되는 사업장에 사용된 자에게도 반환일시금에 관한 규정이 적용된다(국민연금법 제126조 제2항). 외국인 가입자는 대부분 연금수급자격을 충족시키지 못하고, 따라서 반환일시금 지급대상일 것이기 때문에 실질적으로 외국인에 대한 급여에 있어서는 상호주의가 대부분 적용된다고 보아야 한다.

위와 같은 가입자격 및 급여에 적용되는 상호주의는 사회보장 국제협정에 대해서는 보충적으로 적용된다. 즉 외국인의 본국과 체결된 사회보장에 관한 협정에 다른 규정이 있는 경우에는 그 규정이 정하는 바에 따른다(국민연금법 제127조). 지금까지 우리 정부는 캐나다, 미국, 독일, 헝가리, 프랑스, 호주, 체코, 아일랜드, 벨기에, 폴란드, 슬로바키아, 불가리아, 루마니아, 오스트리아, 덴마크, 인도, 스페인, 스웨덴, 튀르키예, 브라질, 핀란드, 퀘벡, 페루, 룩셈부르크, 슬로베니아, 크로아티아, 우루과이, 뉴질랜드, 아르헨티나, 노르웨이, 필리핀, 베트남 등과 사회보장협정을 체결하여 가입기간을 합산하여 연금청구권을 성립시키고 연금을 지급할 수 있도록 하였다(가입기간 합산 협정). 이에 비해서 이란, 영국, 중국, 네덜란드, 일본, 이탈리아, 우즈베키스탄, 몽골, 스위스, 칠레 등과는 보험료를 면제하여 가입자가 이중으로 보험료를 납부하지 않도록 하는 제한적인 협력을 내용으로 하는 협정을 체결한 바 있다(보험료 면제 협정).

「산재보험법」에서는 외국인 근로자도 「산재보험법」이 적용되는 사업장에 근무하는 경우 보호의 대상이 된다.[3] 외국에서 근무하는 우리나라 근로자에게 발생한 업무상의 재해에 대해서는 다음과 같이 두 가지로 나누어 규율되어 있다. 첫째, 이 법에 의한 보험가입자가 대한민국 밖의 지역에서 행하는 사업에 근로시키기 위하여 근로자를 파견하는 사람이다. 이들은 공단에 보험 가입 신청을 하여 승인을 받으면 가입자의 사업장 근로자로 보아 「산재보험법」을 적용할 수 있다(산재보험법 제122조). 둘째, 이들을 제외하고 외국에서 근무하는 자에 대한 특례가 있다. 이들에게는 우리 「산재보험법」이 당연히 적용되지는 않는다. 해당 외국과 우리나라가 국제협정을 체결한 경우에는 고용노동부장관이 금융위원

3) 이에 대해서 자세히는 전광석, 위 각주 1의 책, 358면 이하 참조.

회와 협의하여 지정된 보험회사로 하여금 독자적인 계산에 의하여 이 법에 의한 보험사업을 하게 할 수 있다. 이 경우 보험급여는 「산재보험법」상의 급여보다 불리하게 할 수 없다(산재보험법 제121조). 그러나 위 모든 경우에 있어서 급여의 지급에 관한 규정은 결여되어 있다.

「출입국관리법 시행령」 제12조 및 제23조 등에 의하여 취업활동을 할 수 있는 체류의 자격을 가진 자에게는 「고용보험법」이 적용된다. 다만 「출입국관리법 시행령」 제12조에 의하여 체류자격을 가진 외국인의 고용보험 가입은 상호주의에 따른다(고용보험법 시행령 제3조의 3 제2항). 고용보험의 급여지급 장소 등에 관한 규정은 없다.

「국민기초생활보장법」에 있어서 국내에 체류하는 외국인으로서 대한민국 국민과 혼인하여 본인 또는 배우자가 임신 중이거나 대한민국 국적의 미성년 자녀를 양육하고 있는 경우, 배우자의 대한민국 국민인 직계존속과 생계나 주거를 같이 하는 경우에 수급권자가 될 수 있다(국민기초생활보장법 제5조의 2). 장소적 적용범위에 관한 규정은 없다.

Ⅱ. 국 제 법

1. 일반적으로 승인된 국제법규

헌법 제6조에 따르면 일반적으로 승인된 국제법규는 국내법과 같은 효력을 갖는다. 따라서 일반적으로 승인된 국제법규 중 사회보장에 직접적인 관련성은 갖는 것은 물론이고, 일반원칙도 국제사회보장법의 해석 및 법형성에 영향을 줄 수 있다.

2. 국제조약

국제사회보장법의 가장 중요한 법원은 국제조약이다. 우리나라는 위에서 언급한 바와 같이 여러 나라들과 국제협정을 체결하였다. 이 조약에 나타난 인적 대상, 보호되는 위험, 급여의 종류와 내용·수준 및 지급방법 등이 본격적으로 정리·평가되어야 한다.[4)]

넓은 의미에서 국제조약에는 국제기구에 의한 입법이 포함된다. 우리 사회보장법의 형성에 직접적으로 영향을 미치는 것은 국제기구의 입법 중 우리가

4) 이에 대해서는 전광석, 위 각주 1의 책, 333면 이하 참조.

비준한 것이다. 이 중 사회보장에 직·간접적으로 관련된 것으로는 1964년 '일반고용정책에 관한 협약 제122호'와 1983년 '장애인의 재활 및 고용에 관한 협약 제159호', 그리고 1925년 '산업재해보상에 있어서 내외국인 평등에 관한 협약 제19호' 등이 있다.

Ⅲ. 초국가법

초국가법은 국내법적 절차를 거치지 않고 회원국 국민에게 직접 적용된다는 점에서 국제법과는 그 효력이 다르고, 또 그만큼 집약적인 사회보장 국제협력을 위한 법원(法源)이 된다. 초국가법으로는 유럽연합법이 있다. 유럽연합법은 우리에게 직접적인 관련성이 있는 것은 아니다. 그러나 유럽연합법 역시 위에서 이미 지적한 이유에서, 즉 정책론적 관점에서 우리 사회보장법 및 국제사회보장법의 형성에 중요한 비교법적 자료가 될 것이기 때문에 지속적인 연구가 필요하다.

[부록 Ⅰ] 사회보장기본법(시행 2021.12.9.)(법률 제18215호, 2021.6.8., 일부개정)

제1장 총 칙

제1조(목적) 이 법은 사회보장에 관한 국민의 권리와 국가 및 지방자치단체의 책임을 정하고 사회보장정책의 수립·추진과 관련 제도에 관한 기본적인 사항을 규정함으로써 국민의 복지증진에 이바지하는 것을 목적으로 한다.

제2조(기본 이념) 사회보장은 모든 국민이 다양한 사회적 위험으로부터 벗어나 행복하고 인간다운 생활을 향유할 수 있도록 자립을 지원하며, 사회참여·자아실현에 필요한 제도와 여건을 조성하여 사회통합과 행복한 복지사회를 실현하는 것을 기본 이념으로 한다.

제3조(정의) 이 법에서 사용하는 용어의 뜻은 다음과 같다.

1. "사회보장"이란 출산, 양육, 실업, 노령, 장애, 질병, 빈곤 및 사망 등의 사회적 위험으로부터 모든 국민을 보호하고 국민 삶의 질을 향상시키는 데 필요한 소득·서비스를 보장하는 사회보험, 공공부조, 사회서비스를 말한다.
2. "사회보험"이란 국민에게 발생하는 사회적 위험을 보험의 방식으로 대처함으로써 국민의 건강과 소득을 보장하는 제도를 말한다.
3. "공공부조"(公共扶助)란 국가와 지방자치단체의 책임 하에 생활 유지 능력이 없거나 생활이 어려운 국민의 최저생활을 보장하고 자립을 지원하는 제도를 말한다.
4. "사회서비스"란 국가·지방자치단체 및 민간부문의 도움이 필요한 모든 국민에게 복지, 보건의료, 교육, 고용, 주거, 문화, 환경 등의 분야에서 인간다운 생활을 보장하고 상담, 재활, 돌봄, 정보의 제공, 관련 시설의 이용, 역량 개발, 사회참여 지원 등을 통하여 국민의 삶의 질이 향상되도록 지원하는 제도를 말한다.
5. "평생사회안전망"이란 생애주기에 걸쳐 보편적으로 충족되어야 하는 기본욕구와 특정한 사회위험에 의하여 발생하는 특수욕구를 동시에 고려하여 소득·서비스를 보장하는 맞춤형 사회보장제도를 말한다.
6. "사회보장 행정데이터"란 국가, 지방자치단체, 공공기관 및 법인이 법령에 따라 생성 또는 취득하여 관리하고 있는 자료 또는 정보로서 사회보장 정책 수행에 필요한 자료 또는 정보를 말한다.

제4조(다른 법률과의 관계) 사회보장에 관한 다른 법률을 제정하거나 개정하는 경우에는 이 법에 부합되도록 하여야 한다.

제5조(국가와 지방자치단체의 책임) ① 국가와 지방자치단체는 모든 국민의 인간다운 생활을 유지·증진하는 책임을 가진다.

② 국가와 지방자치단체는 사회보장에 관한 책임과 역할을 합리적으로 분담하여야 한다.

③ 국가와 지방자치단체는 국가 발전수

준에 부응하고 사회환경의 변화에 선제적으로 대응하며 지속가능한 사회보장제도를 확립하고 매년 이에 필요한 재원을 조달하여야 한다.

④ 국가는 사회보장제도의 안정적인 운영을 위하여 중장기 사회보장 재정추계를 격년으로 실시하고 이를 공표하여야 한다.

제6조(국가 등과 가정) ① 국가와 지방자치단체는 가정이 건전하게 유지되고 그 기능이 향상되도록 노력하여야 한다.

② 국가와 지방자치단체는 사회보장제도를 시행할 때에 가정과 지역공동체의 자발적인 복지활동을 촉진하여야 한다.

제7조(국민의 책임) ① 모든 국민은 자신의 능력을 최대한 발휘하여 자립·자활(自活)할 수 있도록 노력하여야 한다.

② 모든 국민은 경제적·사회적·문화적·정신적·신체적으로 보호가 필요하다고 인정되는 사람에게 지속적인 관심을 가지고 이들이 보다 나은 삶을 누릴 수 있는 사회환경 조성에 서로 협력하고 노력하여야 한다.

③ 모든 국민은 관계 법령에서 정하는 바에 따라 사회보장급여에 필요한 비용의 부담, 정보의 제공 등 국가의 사회보장정책에 협력하여야 한다.

제8조(외국인에 대한 적용) 국내에 거주하는 외국인에게 사회보장제도를 적용할 때에는 상호주의의 원칙에 따르되, 관계 법령에서 정하는 바에 따른다.

제2장 사회보장에 관한 국민의 권리

제9조(사회보장을 받을 권리) 모든 국민은 사회보장 관계 법령에서 정하는 바에 따라 사회보장급여를 받을 권리(이하 "사회보장수급권"이라 한다)를 가진다.

제10조(사회보장급여의 수준) ① 국가와 지방자치단체는 모든 국민이 건강하고 문화적인 생활을 유지할 수 있도록 사회보장급여의 수준 향상을 위하여 노력하여야 한다.

② 국가는 관계 법령에서 정하는 바에 따라 최저보장수준과 최저임금을 매년 공표하여야 한다.

③ 국가와 지방자치단체는 제2항에 따른 최저보장수준과 최저임금 등을 고려하여 사회보장급여의 수준을 결정하여야 한다.

제11조(사회보장급여의 신청) ① 사회보장급여를 받으려는 사람은 관계 법령에서 정하는 바에 따라 국가나 지방자치단체에 신청하여야 한다. 다만, 관계 법령에서 따로 정하는 경우에는 국가나 지방자치단체가 신청을 대신할 수 있다.

② 사회보장급여를 신청하는 사람이 다른 기관에 신청한 경우에는 그 기관은 지체 없이 이를 정당한 권한이 있는 기관에 이송하여야 한다. 이 경우 정당한 권한이 있는 기관에 이송된 날을 사회보장급여의 신청일로 본다.

제12조(사회보장수급권의 보호) 사회보장수급권은 관계 법령에서 정하는 바에 따라 다른 사람에게 양도하거나 담보로 제공할 수 없으며, 이를 압류할 수 없다.

제13조(사회보장수급권의 제한 등) ① 사회보장수급권은 제한되거나 정지될 수 없다. 다만, 관계 법령에서 따로 정하고 있는 경우에는 그러하지 아니하다.

② 제1항 단서에 따라 사회보장수급권이 제한되거나 정지되는 경우에는 제한 또는 정지하는 목적에 필요한 최소한의 범위에 그쳐야 한다.

제14조(사회보장수급권의 포기) ① 사회보장수급권은 정당한 권한이 있는 기관에 서면으로 통지하여 포기할 수 있다.

② 사회보장수급권의 포기는 취소할 수

있다.

③ 제1항에도 불구하고 사회보장수급권을 포기하는 것이 다른 사람에게 피해를 주거나 사회보장에 관한 관계 법령에 위반되는 경우에는 사회보장수급권을 포기할 수 없다.

제15조(불법행위에 대한 구상) 제3자의 불법행위로 피해를 입은 국민이 그로 인하여 사회보장수급권을 가지게 된 경우 사회보장제도를 운영하는 자는 그 불법행위의 책임이 있는 자에 대하여 관계 법령에서 정하는 바에 따라 구상권(求償權)을 행사할 수 있다.

제3장 사회보장 기본계획과 사회보장위원회

제16조(사회보장 기본계획의 수립) ① 보건복지부장관은 관계 중앙행정기관의 장과 협의하여 사회보장 증진을 위하여 사회보장에 관한 기본계획(이하 "기본계획"이라 한다)을 5년마다 수립하여야 한다.

② 기본계획에는 다음 각 호의 사항이 포함되어야 한다.

1. 국내외 사회보장환경의 변화와 전망
2. 사회보장의 기본목표 및 중장기 추진 방향
3. 주요 추진과제 및 추진방법
4. 필요한 재원의 규모와 조달방안
5. 사회보장 관련 기금 운용방안
6. 사회보장 전달체계
7. 그 밖에 사회보장정책의 추진에 필요한 사항

③ 기본계획은 제20조에 따른 사회보장위원회와 국무회의의 심의를 거쳐 확정한다. 기본계획 중 대통령령으로 정하는 중요한 사항을 변경하려는 경우에도 같다.

제17조(다른 계획과의 관계) 기본계획은 다른 법령에 따라 수립되는 사회보장에 관한 계획에 우선하며 그 계획의 기본이 된다.

제18조(연도별 시행계획의 수립·시행 등) ① 보건복지부장관 및 관계 중앙행정기관의 장은 기본계획에 따라 사회보장과 관련된 소관 주요 시책의 시행계획(이하 "시행계획"이라 한다)을 매년 수립·시행하여야 한다.

② 관계 중앙행정기관의 장은 제1항에 따라 수립한 소관 시행계획 및 전년도의 시행계획에 따른 추진실적을 대통령령으로 정하는 바에 따라 매년 보건복지부장관에게 제출하여야 한다.

③ 보건복지부장관은 제2항에 따라 받은 관계 중앙행정기관 및 보건복지부 소관의 추진실적을 종합하여 성과를 평가하고, 그 결과를 제20조에 따른 사회보장위원회에 보고하여야 한다.

④ 보건복지부장관은 제3항에 따른 평가를 효율적으로 하기 위하여 이에 필요한 조사·분석 등을 전문기관에 의뢰할 수 있다.

⑤ 시행계획의 수립·시행 및 추진실적의 평가 등에 필요한 사항은 대통령령으로 정한다.

제19조(사회보장에 관한 지역계획의 수립·시행 등) ① 특별시장·광역시장·특별자치시장·도지사 또는 특별자치도지사·시장(「제주특별자치도 설치 및 국제자유도시 조성을 위한 특별법」 제11조 제1항에 따른 행정시장을 포함한다)·군수·구청장(자치구의 구청장을 말한다. 이하 같다)은 관계 법령으로 정하는 바에 따라 사회보장에 관한 지역계획(이하 "지역계획"이라 한다)을 수립·시행하여야 한다.

② 지역계획은 기본계획과 연계되어야 한다.

③ 지역계획의 수립·시행 및 추진실적의 평가 등에 필요한 사항은 대통령령으로 정한다.

제20조(사회보장위원회) ① 사회보장에 관한 주요 시책을 심의·조정하기 위하여 국무총리 소속으로 사회보장위원회(이하 "위원회"라 한다)를 둔다.

② 위원회는 다음 각 호의 사항을 심의·조정한다.

1. 사회보장 증진을 위한 기본계획
2. 사회보장 관련 주요 계획
3. 사회보장제도의 평가 및 개선
4. 사회보장제도의 신설 또는 변경에 따른 우선순위
5. 둘 이상의 중앙행정기관이 관련된 주요 사회보장정책
6. 사회보장급여 및 비용 부담
7. 국가와 지방자치단체의 역할 및 비용 분담
8. 사회보장의 재정추계 및 재원조달 방안
9. 사회보장 전달체계 운영 및 개선
10. 제32조제1항에 따른 사회보장통계
11. 사회보장정보의 보호 및 관리
12. 제26조제4항에 따른 조정
13. 그 밖에 위원장이 심의에 부치는 사항

③ 위원장은 다음 각 호의 사항을 관계 중앙행정기관의 장과 지방자치단체의 장에게 통지하여야 한다.

1. 제16조제3항에 따라 확정된 기본계획
2. 제2항의 사항에 관하여 심의·조정한 결과

④ 관계 중앙행정기관의 장과 지방자치단체의 장은 위원회의 심의·조정 사항을 반영하여 사회보장제도를 운영 또는 개선하여야 한다.

제21조(위원회의 구성 등) ① 위원회는 위원장 1명, 부위원장 3명과 행정안전부장관, 고용노동부장관, 여성가족부장관, 국토교통부장관을 포함한 30명 이내의 위원으로 구성한다.

② 위원장은 국무총리가 되고 부위원장은 기획재정부장관, 교육부장관 및 보건복지부장관이 된다.

③ 위원회의 위원은 다음 각 호의 어느 하나에 해당하는 사람으로 한다.

1. 대통령령으로 정하는 관계 중앙행정기관의 장
2. 다음 각 목의 사람 중에서 대통령이 위촉하는 사람
   가. 근로자를 대표하는 사람
   나. 사용자를 대표하는 사람
   다. 사회보장에 관한 학식과 경험이 풍부한 사람
   라. 변호사 자격이 있는 사람

④ 위원의 임기는 2년으로 한다. 다만, 공무원인 위원의 임기는 그 재임 기간으로 하고, 제3항제2호 각 목의 위원이 기관·단체의 대표자 자격으로 위촉된 경우에는 그 임기는 대표의 지위를 유지하는 기간으로 한다.

⑤ 보궐위원의 임기는 전임자 임기의 남은 기간으로 한다.

⑥ 위원회를 효율적으로 운영하고 위원회의 심의·조정 사항을 전문적으로 검토하기 위하여 위원회에 실무위원회를 두며, 실무위원회에 분야별 전문위원회를 둘 수 있다.

⑦ 실무위원회에서 의결한 사항은 위원장에게 보고하고 위원회의 심의를 거쳐야 한다. 다만, 대통령령으로 정하는 경미한 사항에 대하여는 실무위원회의 의결로써 위원회의 의결을 갈음할 수 있다.

⑧ 위원회의 사무를 효율적으로 처리하기 위하여 보건복지부에 사무국을 둔다.

⑨ 이 법에서 규정한 사항 외에 위원회, 실무위원회, 분야별 전문위원회, 사무국

의 구성·조직 및 운영 등에 필요한 사항은 대통령령으로 정한다.

제4장 사회보장정책의 기본방향

제22조(평생사회안전망의 구축·운영) ① 국가와 지방자치단체는 모든 국민이 생애 동안 삶의 질을 유지·증진할 수 있도록 평생사회안전망을 구축하여야 한다.

② 국가와 지방자치단체는 평생사회안전망을 구축·운영함에 있어 사회적 취약계층을 위한 공공부조를 마련하여 최저생활을 보장하여야 한다.

제23조(사회서비스 보장) ① 국가와 지방자치단체는 모든 국민의 인간다운 생활과 자립, 사회참여, 자아실현 등을 지원하여 삶의 질이 향상될 수 있도록 사회서비스에 관한 시책을 마련하여야 한다.

② 국가와 지방자치단체는 사회서비스 보장과 제24조에 따른 소득보장이 효과적이고 균형적으로 연계되도록 하여야 한다.

제24조(소득 보장) ① 국가와 지방자치단체는 다양한 사회적 위험 하에서도 모든 국민들이 인간다운 생활을 할 수 있도록 소득을 보장하는 제도를 마련하여야 한다.

② 국가와 지방자치단체는 공공부문과 민간부문의 소득보장제도가 효과적으로 연계되도록 하여야 한다.

제5장 사회보장제도의 운영

제25조(운영원칙) ① 국가와 지방자치단체가 사회보장제도를 운영할 때에는 이 제도를 필요로 하는 모든 국민에게 적용하여야 한다.

② 국가와 지방자치단체는 사회보장제도의 급여 수준과 비용 부담 등에서 형평성을 유지하여야 한다.

③ 국가와 지방자치단체는 사회보장제도의 정책 결정 및 시행 과정에 공익의 대표자 및 이해관계인 등을 참여시켜 이를 민주적으로 결정하고 시행하여야 한다.

④ 국가와 지방자치단체가 사회보장제도를 운영할 때에는 국민의 다양한 복지 욕구를 효율적으로 충족시키기 위하여 연계성과 전문성을 높여야 한다.

⑤ 사회보험은 국가의 책임으로 시행하고, 공공부조와 사회서비스는 국가와 지방자치단체의 책임으로 시행하는 것을 원칙으로 한다. 다만, 국가와 지방자치단체의 재정 형편 등을 고려하여 이를 협의·조정할 수 있다.

제26조(협의 및 조정) ① 국가와 지방자치단체는 사회보장제도를 신설하거나 변경할 경우 기존 제도와의 관계, 사회보장 전달체계에 미치는 영향, 재원의 규모·조달방안을 포함한 재정에 미치는 영향 및 지역별 특성 등을 사전에 충분히 검토하고 상호협력하여 사회보장급여가 중복 또는 누락되지 아니하도록 하여야 한다.

② 중앙행정기관의 장과 지방자치단체의 장은 사회보장제도를 신설하거나 변경할 경우 신설 또는 변경의 타당성, 기존 제도와의 관계, 사회보장 전달체계에 미치는 영향, 지역복지 활성화에 미치는 영향 및 운영방안 등에 대하여 대통령령으로 정하는 바에 따라 보건복지부장관과 협의하여야 한다.

③ 중앙행정기관의 장과 지방자치단체의 장은 제2항에 따른 업무를 효율적으로 수행하기 위하여 필요하다고 인정하는 경우에는 관련 자료의 수집·조사 및 분석에 관한 업무를 다음 각 호의 기관 또는 단체에 위탁할 수 있다.

1. 「정부출연연구기관 등의 설립·운영 및 육성에 관한 법률」에 따라 설립된 정부출연연구기관
2. 「사회보장급여의 이용·제공 및 수급권자 발굴에 관한 법률」 제29조에 따른 한국사회보장정보원
3. 그 밖에 대통령령으로 정하는 전문기관 또는 단체

④ 중앙행정기관의 장과 지방자치단체의 장은 제2항에 따른 협의가 이루어지지 아니할 경우 위원회에 조정을 신청할 수 있으며, 위원회는 대통령령으로 정하는 바에 따라 이를 조정한다.

⑤ 보건복지부장관은 사회보장급여 관련 업무에 공통적으로 적용되는 기준을 마련할 수 있다.

제27조(민간의 참여) ① 국가와 지방자치단체는 사회보장에 대한 민간부문의 참여를 유도할 수 있도록 정책을 개발·시행하고 그 여건을 조성하여야 한다.

② 국가와 지방자치단체는 사회보장에 대한 민간부문의 참여를 유도하기 위하여 다음 각 호의 사업이 포함된 시책을 수립·시행할 수 있다.

1. 자원봉사, 기부 등 나눔의 활성화를 위한 각종 지원 사업
2. 사회보장정책의 시행에 있어 민간 부문과의 상호협력체계 구축을 위한 지원사업
3. 그 밖에 사회보장에 관련된 민간의 참여를 유도하는 데에 필요한 사업

③ 국가와 지방자치단체는 개인·법인 또는 단체가 사회보장에 참여하는 데에 드는 경비의 전부 또는 일부를 지원하거나 그 업무를 수행하기 위하여 필요한 지원을 할 수 있다.

제28조(비용의 부담) ① 사회보장 비용의 부담은 각각의 사회보장제도의 목적에 따라 국가, 지방자치단체 및 민간부문 간에 합리적으로 조정되어야 한다.

② 사회보험에 드는 비용은 사용자, 피용자(被傭者) 및 자영업자가 부담하는 것을 원칙으로 하되, 관계 법령에서 정하는 바에 따라 국가가 그 비용의 일부를 부담할 수 있다.

③ 공공부조 및 관계 법령에서 정하는 일정 소득 수준 이하의 국민에 대한 사회서비스에 드는 비용의 전부 또는 일부는 국가와 지방자치단체가 부담한다.

④ 부담 능력이 있는 국민에 대한 사회서비스에 드는 비용은 그 수익자가 부담함을 원칙으로 하되, 관계 법령에서 정하는 바에 따라 국가와 지방자치단체가 그 비용의 일부를 부담할 수 있다.

제29조(사회보장 전달체계) ① 국가와 지방자치단체는 모든 국민이 쉽게 이용할 수 있고 사회보장급여가 적시에 제공되도록 지역적·기능적으로 균형잡힌 사회보장 전달체계를 구축하여야 한다.

② 국가와 지방자치단체는 사회보장 전달체계의 효율적 운영에 필요한 조직, 인력, 예산 등을 갖추어야 한다.

③ 국가와 지방자치단체는 공공부문과 민간부문의 사회보장 전달체계가 효율적으로 연계되도록 노력하여야 한다.

제30조(사회보장급여의 관리) ① 국가와 지방자치단체는 국민의 사회보장수급권의 보장 및 재정의 효율적 운용을 위하여 다음 각 호에 관한 사회보장급여의 관리체계를 구축·운영하여야 한다.

1. 사회보장수급권자 권리구제
2. 사회보장급여의 사각지대 발굴
3. 사회보장급여의 부정·오류 관리
4. 사회보장급여의 과오지급액의 환수 등 관리

② 보건복지부장관은 사회서비스의 품질기준 마련, 평가 및 개선 등의 업무를 수행하기 위하여 필요한 전담기구를 설

치할 수 있다.

③ 제2항의 전담기구 설치·운영 등에 필요한 사항은 대통령령으로 정한다.

제31조(전문인력의 양성 등) 국가와 지방자치단체는 사회보장제도의 발전을 위하여 전문인력의 양성, 학술 조사 및 연구, 국제 교류의 증진 등에 노력하여야 한다.

제32조(사회보장통계) ① 국가와 지방자치단체는 효과적인 사회보장정책의 수립·시행을 위하여 사회보장에 관한 통계(이하 "사회보장통계"라 한다)를 작성·관리하여야 한다.

② 관계 중앙행정기관의 장과 지방자치단체의 장은 소관 사회보장통계를 대통령령으로 정하는 바에 따라 보건복지부장관에게 제출하여야 한다.

③ 보건복지부장관은 제2항에 따라 제출된 사회보장통계를 종합하여 위원회에 제출하여야 한다.

④ 사회보장통계의 작성·관리에 필요한 사항은 대통령령으로 정한다.

제32조의2(사회보장 재정추계 및 사회보장통계 등에 대한 민간위탁) 보건복지부장관은 제5조제4항에 따른 사회보장 재정추계 및 제32조에 따른 사회보장통계 업무를 효율적으로 수행하기 위하여 필요하다고 인정하는 경우에는 관련 자료의 수집·조사 및 분석에 관한 업무 등을 다음 각 호의 기관 또는 단체에 위탁할 수 있다.

1. 「정부출연연구기관 등의 설립·운영 및 육성에 관한 법률」에 따라 설립된 정부출연연구기관
2. 그 밖에 대통령령으로 정하는 전문기관 또는 단체

제33조(정보의 공개) 국가와 지방자치단체는 사회보장제도에 관하여 국민이 필요한 정보를 관계 법령에서 정하는 바에 따라 공개하고, 이를 홍보하여야 한다.

제34조(사회보장에 관한 설명) 국가와 지방자치단체는 사회보장 관계 법령에서 규정한 권리나 의무를 해당 국민에게 설명하도록 노력하여야 한다.

제35조(사회보장에 관한 상담) 국가와 지방자치단체는 사회보장 관계 법령에서 정하는 바에 따라 사회보장에 관한 상담에 응하여야 한다.

제36조(사회보장에 관한 통지) 국가와 지방자치단체는 사회보장 관계 법령에서 정하는 바에 따라 사회보장에 관한 사항을 해당 국민에게 알려야 한다.

제 6 장　사회보장정보의 관리

제37조(사회보장정보시스템의 구축·운영 등) ① 국가와 지방자치단체는 국민편익의 증진과 사회보장업무의 효율성 향상을 위하여 사회보장업무를 전자적으로 관리하도록 노력하여야 한다.

② 국가는 관계 중앙행정기관과 지방자치단체에서 시행하는 사회보장수급권자 선정 및 급여 관리 등에 관한 정보를 통합·연계하여 처리·기록 및 관리하는 시스템(이하 "사회보장정보시스템"이라 한다)을 구축·운영할 수 있다.

③ 보건복지부장관은 사회보장정보시스템의 구축·운영을 총괄한다.

④ 보건복지부장관은 사회보장정보시스템 구축·운영의 전 과정에서 개인정보보호를 위하여 필요한 시책을 마련하여야 한다.

⑤ 보건복지부장관은 관계 중앙행정기관, 지방자치단체 및 관련 기관·단체에 사회보장정보시스템의 운영에 필요한 정보의 제공을 요청하고 제공받은 목적의 범위에서 보유·이용할 수 있다. 이 경우 자료의 제공을 요청받은 자는 정당

한 사유가 없으면 이에 따라야 한다.

⑥ 관계 중앙행정기관 및 지방자치단체의 장은 제2항의 사회보장정보와 관련하여 사회보장정보시스템의 활용이 필요한 경우 사전에 보건복지부장관과 협의하여야 한다. 이 경우 보건복지부장관은 관련 업무에 필요한 범위에서 정보를 제공할 수 있고 정보를 제공받은 관계 중앙행정기관 및 지방자치단체의 장은 제공받은 목적의 범위에서 보유·이용할 수 있다.

⑦ 보건복지부장관은 사회보장정보시스템의 운영·지원을 위하여 전담기구를 설치할 수 있다.

제38조(개인정보 등의 보호) ① 사회보장 업무에 종사하거나 종사하였던 자는 사회보장업무 수행과 관련하여 알게 된 개인·법인 또는 단체의 정보를 관계 법령에서 정하는 바에 따라 보호하여야 한다.

② 국가와 지방자치단체, 공공기관, 법인·단체, 개인이 조사하거나 제공받은 개인·법인 또는 단체의 정보는 이 법과 관련 법률에 근거하지 아니하고 보유, 이용, 제공되어서는 아니 된다.

제7장 보칙

제39조(권리구제) 위법 또는 부당한 처분을 받거나 필요한 처분을 받지 못함으로써 권리 또는 이익을 침해받은 국민은 「행정심판법」에 따른 행정심판을 청구하거나 「행정소송법」에 따른 행정소송을 제기하여 그 처분의 취소 또는 변경 등을 청구할 수 있다.

제40조(국민 등의 의견수렴) 국가와 지방자치단체는 국민생활에 중대한 영향을 미치는 사회보장 계획 및 정책을 수립하려는 경우 공청회 및 정보통신망 등을 통하여 국민과 관계 전문가의 의견을 충분히 수렴하여야 한다.

제41조(관계 행정기관 등의 협조) ① 국가와 지방자치단체는 사회보장 관련 계획 및 정책의 수립·시행, 사회보장통계의 작성 등을 위하여 관련 공공기관, 법인, 단체 및 개인에게 자료제출 등 필요한 협조를 요청할 수 있다.

② 위원회는 사회보장에 관한 자료 제출 등 위원회 업무에 필요한 경우 관계 행정기관의 장에게 협조를 요청할 수 있다.

③ 제1항 및 제2항에 따라 협조요청을 받은 자는 정당한 사유가 없으면 이에 따라야 한다.

제42조(사회보장 행정데이터의 제공 요청) ① 위원회는 사회보장 정책의 심의·조정 및 연구를 위하여 관계 기관의 장에게 사회보장 행정데이터가 모집단의 대표성을 확보할 수 있는 범위에서 다음 각 호에 해당하는 사회보장 행정데이터의 제공을 요청할 수 있다. 이 경우 사회보장 행정데이터의 제공을 요청받은 관계 기관의 장은 특별한 사유가 없으면 이에 따라야 한다.

1. 사회보험, 공공부조 및 사회서비스에 관한 다음 각 목의 자료 또는 정보
   가. 국민연금·건강보험·고용보험·산업재해보상보험 등 사회보험에 관한 자료 또는 정보
   나. 국민기초생활보장·기초연금 등 공공부조에 관한 자료 또는 정보
   다. 아이돌봄서비스·장애인활동지원서비스 등 사회서비스에 관한 자료 또는 정보
2. 「고용정책 기본법」 제15조제1항에 따른 고용·직업에 관한 정보
3. 「국세기본법」 제81조의13 및 「지방세기본법」 제86조에 따른 과세정보로

서 다음 각 목의 정보
가. 「소득세법」 제4조제1항에 따른 소득 및 같은 법 제127조에 따른 원천징수
나. 「조세특례제한법」 제100조의2에 따른 근로장려금 및 같은 법 제100조의27에 따른 자녀장려금의 결정·환급 내역
다. 「지방세법」에 따른 재산세
4. 「주민등록법」 제30조제1항에 따른 주민등록전산정보자료
5. 그 밖에 위원회의 업무 수행을 위하여 필요하다고 대통령령으로 정하는 자료 또는 정보

② 제1항에 따라 요청할 수 있는 사회보장 행정데이터의 구체적인 내용 및 모집단의 대표성을 확보할 수 있는 범위 등에 관한 사항은 대통령령으로 정한다.

③ 제1항에 따라 사회보장 행정데이터를 제공하는 경우 「개인정보 보호법」 제2조제1호다목에 따른 가명정보로 제공하여야 한다.

④ 위원회가 제1항에 따라 제공받은 사회보장 행정데이터의 처리 및 보호에 관하여는 이 법에서 정하는 사항을 제외하고는 「개인정보 보호법」에 따른다.

제43조(사회보장 행정데이터 분석센터)

① 보건복지부장관은 제42조에 따라 제공받은 사회보장 행정데이터의 원활한 분석, 활용 등을 위하여 사회보장 행정데이터 분석센터를 설치·운영할 수 있다.

② 사회보장 행정데이터 분석센터의 설치·운영 등에 필요한 사항은 보건복지부령으로 정한다.

부칙 〈법률 제18215호, 2021.6.8.〉

이 법은 공포 후 6개월이 경과한 날부터 시행한다.

[부록 Ⅱ] 헌법재판소 결정례

1. 개별 사회보장법 분류

Ⅰ. 사회보험법

[국민건강보험법(의료보험법)]

- 헌재 1997.12.24, 95헌마390(의료보험법 제31조 제2항 위헌확인), 9-2, 817면 이하.
- 헌재 1998.2.27, 96헌마134(의료보험법 제49조 제3항 위헌확인 등), 10-1, 176면 이하.
- 헌재 1998.5.28, 96헌가1(의료보험법 제33조 제1항 위헌제청), 10-1, 1, 510면 이하.
- 헌재 2000.1.27, 99헌바23(의료보험법 제29조 제3항 위헌소원), 12-1, 62면 이하.
- 헌재 2000.6.29, 99헌마289(국민건강보험법 제33조 제2항 등 위헌확인), 12-1, 913면 이하.
- 헌재 2000.12.24, 2000헌마659(의료보험 진료수가 및 약제비 산정 기준 중 개정규정 위헌확인), 12-2, 437면 이하.
- 헌재 2001.8.30, 2000헌마668(국민건강보험법 제5조 등 위헌확인), 13-2, 287면 이하.
- 헌재 2002.6.27, 2001헌가30(구 공무원 및 사립학교교직원의료보험법 제34조 제1항 위헌제청), 14-1, 573면 이하.
- 헌재 2002.10.31, 99헌바76등(구 의료보험법 제32조 제1항 등 위헌소원), 14-2, 410면 이하.
- 헌재 2003.6.26, 2001헌마699(국민건강보험법 제63조 제2항 위헌확인), 15-1, 756면 이하.
- 헌재 2003.10.30, 2000헌마801(국민건강보험법 제62조 제3항 등 위헌확인), 15-2(하), 106면 이하.
- 헌재 2003.12.18, 2001헌마543(보건복지부 고시 제2001-32호 위헌확인), 15-2(하), 581면 이하.
- 헌재 2003.12.18, 2002헌바1(구 국민의료보험법 제41조 제1항 위헌소원), 15-2(하), 441면 이하.
- 헌재 2004.8.26, 2003헌바58등(국민건강보험법 제27조 위헌소원), 16-2(상), 260면 이하.
- 헌재 2005.2.24, 2003헌마31등(국민건강보험법 제49조 제4호 위헌확인), 17-1, 254면 이하.
- 헌재 2007.4.26, 2005헌바51(국민건강보험법 제63조 제4항 등 위헌소원), 19-1, 444면 이하.
- 헌재 2007.8.30, 2006헌마417(건강보험요양급여행위 및 그 상대가치점수고시 위헌확인), 19-2, 341면 이하.

- 헌재 2007.10.4, 2006헌마648(국민건강보험법 제63조 제2항 위헌확인), 19-2, 423면 이하.
- 헌재 2008.4.24, 2006헌마990(건강보험요양급여행위 및 그 상대가치점수 고시 중 제2부 제17장 위헌확인), 20-1(상), 698면 이하.
- 헌재 2008.7.31, 2007헌바85(의료법 제53조 등 위헌소원), 20-2(상), 205면 이하.
- 헌재 2009.2.26, 2006헌바90(국민건강보험법 제85조 등 위헌소원), 21-1(상), 38면 이하.
- 헌재 2009.10.29, 2008헌바86(구 의료보험법 제41조 제7항 등 위헌소원), 21-2(하), 194면 이하.
- 헌재 2010.9.30, 2008헌마758(요양급여의 적용기준 및 방법에 관한 세부사항(약제) 개정고시 위헌확인), 22-2(상), 739면 이하.
- 헌재 2010.10.28, 2008헌마408(요양급여비용 심사청구소프트웨어의 검사 등에 관한 기준 위헌확인), 22-2(하), 150면 이하.
- 헌재 2011.6.30, 2010헌마121(보건복지가족부 고시 제2009-216호 위헌확인), 23-1(하), 511면 이하.
- 헌재 2011.6.30, 2010헌바375(국민건강보험법 제52조 제1항 등 위헌소원), 23-1(하), 390면 이하.
- 헌재 2011.8.30, 2008헌마757(국민건강보험법 제33조 제2항 등 위헌확인), 23-2(상), 450면 이하.
- 헌재 2012.5.31, 2009헌마299(국민건강보험법 제33조 제2항 등 위헌확인), 24-1(하), 505면 이하.
- 헌재 2012.5.31, 2011헌바127(국민건강보험법 제53조 제1항 위헌소원), 24-1(하), 480면 이하.
- 헌재 2012.6.27, 2010헌마716(보건복지부 고시 제2009-79호 위헌확인), 24-1(하), 754면 이하.
- 헌재 2012.8.23, 2011헌마443등(국민건강보험법 제5조 제1항 제2호 위헌확인), 24-2(상), 663면 이하.
- 헌재 2012.11.29, 2011헌마814(국민건강보험법 제79조 제1항 제1의2호 위헌확인), 24-2(하), 240면 이하.
- 헌재 2013.7.25, 2010헌바51(국민건강보험법 제5조 제1항 등 위헌소원), 25-2(상), 40면 이하.
- 헌재 2013.9.26, 2010헌마204등(보건복지가족부 고시 위헌확인 등), 25-2(하), 1면 이하.
- 헌재 2014.3.27, 2011헌마577(국민건강보험 요양급여의 기준에 관한 규칙 제9조 제1항 [별표] 제2호 가목 등 위헌확인), 26-1(상), 508면 이하.
- 헌재 2014.5.29, 2011헌바384(국민건강보험법 제6조 제2항 제4호 등 위헌소원), 26-

1(하), 295면 이하.

- 헌재 2015.7.30, 2014헌바298등(구 국민건강보험법 제57조 제1항 등 위헌소원), 27-2(상), 244면 이하.
- 헌재 2016.12.29, 2015헌바199(국민건강보험법 제72조 위헌소원), 28-2(하), 436면 이하.
- 헌재 2018.8.30, 2014헌마368(건강보험 요양급여내역 제공 요청 및 제공행위 등 위헌확인), 30-2, 363면 이하.
- 헌재 2019.2.28, 2017헌바245(국민건강보험법 제71조 위헌소원), 31-1, 73면 이하.
- 헌재 2019.8.29, 2017헌바262(구 국민건강보험법 제61조 등 위헌소원), 31-2(상), 136면 이하.
- 헌재 2020.4.23, 2017헌바244(국민건강보험법 제53조 제3항 제1호 위헌소원), 32-1(상), 319면 이하.
- 헌재 2023.3.23, 2018헌바433등(국민건강보험법 제47조의 2 제1항 등 위헌소원 등), 35-1(상), 671면 이하.
- 헌재 2023.9.26, 2019헌마1165(국민건강보험법 제109조 제10항 등 위헌확인), 헌재공보(2023), 1473면 이하.

[노인장기요양보험법]

- 헌재 2017.6.29, 2016헌마719(노인장기요양보험법 제35조의 2 제1항 본문 등 위헌확인), 29-1, 328면 이하.
- 헌재 2021.8.31, 2019헌바73(노인장기요양보험법 제39조 제1항 등 헌법소원), 33-2, 123면 이하.

[국민연금법]

- 헌재 1996.10.4, 96헌가6(공공자금관리기금법 제5조 제1항 위헌제청), 8-2, 308면 이하.
- 헌재 2001.2.22, 99헌마365(국민연금법 제75조 등 위헌확인), 13-1, 301면 이하.
- 헌재 2001.4.26, 2000헌마390(국민연금법 제6조 등 위헌확인), 13-1, 977면 이하.
- 헌재 2004.6.24, 2002헌바15(구 국민연금법 제67조 제1항 위헌소원 등), 16-1, 719면 이하.
- 헌재 2007.4.26, 2004헌가29등(국민연금법 제3조 제1항 제3호 등 위헌제청 등), 19-1, 349면 이하.
- 헌재 2008.11.27, 2006헌가1(국민연금법 제63조 제1항 제1호 단서 위헌제청), 20-2(하), 138면 이하.
- 헌재 2012.5.31, 2009헌마553(국민연금과 직역연금의 연계에 관한 법률 부칙 제2조 제2항 제1호 위헌확인), 24-1(하), 529면 이하.
- 헌재 2013.10.24, 2012헌마906(국민연금법 부칙 제8조 위헌확인), 25-2(하), 327면 이하.

- 헌재 2014.5.29, 2012헌마248(국민연금법 제77조 제1항 위헌확인), 26-1(하), 416면 이하.
- 헌재 2015.2.26, 2013헌바419(국민연금과 직역연금의 연계에 관한 법률 부칙 제2조 위헌소원), 27-1(상), 166면 이하.
- 헌재 2016.12.29, 2015헌바182(국민연금법 제64조 위헌소원), 28-2(하), 391면 이하.
- 헌재 2019.2.28, 2017헌마432(국민연금법 제73조 제1항 제2호 등 위헌확인), 31-1, 204면 이하.
- 헌재 2020.5.27, 2018헌바129(구 국민연금법 제85조 제2호 위헌소원), 32-1(하), 299면 이하.

[특수직역연금법]

- 헌재 1992.9.16, 92헌마185(군인연금법 제7조 위헌확인), 4, 582면 이하.
- 헌재 1992.11.25, 92헌마258(군인연금법 제16조 제9항 위헌확인), 4, 834면 이하.
- 헌재 1994.2.18, 94헌마12(군인연금법 부칙 제1조 위헌확인), 6-1, 17면 이하.
- 헌재 1994.4.28, 93헌마151(군인연금청구거부취소처분 등), 6-1, 455면 이하.
- 헌재 1994.6.30, 92헌가9(군인연금법 제21조 제5항 위헌제청), 6-1, 543면 이하.
- 헌재 1995.7.21, 94헌바27등(공무원연금법 제64조 제1항 위헌소원), 7-2, 82면 이하.
- 헌재 1996.10.31, 93헌바55(군인연금법 제16조 제9항 위헌소원), 8-2, 457면 이하.
- 헌재 1998.12.24, 96헌바73(공무원연금법 제30조 제1항 위헌소원), 10-2, 856면 이하.
- 헌재 1999.4.29, 97헌마333(공무원연금법 제3조 제2항 위헌확인), 11-1, 503면 이하.
- 헌재 1999.9.16, 97헌바28(군인연금법 제2조 단서 및 제16조 제4항 등 위헌소원), 11-2, 272면 이하.
- 헌재 1999.9.16, 98헌바46(공무원연금법 제3조 제1항 등 위헌소원), 11-2, 306면 이하.
- 헌재 2000.3.30, 99헌바53, 2000헌바9, 98헌마401등(공무원연금법 제32조 위헌소원, 민사소송법 제579조 제4호 위헌확인), 12-1, 344면 이하.
- 헌재 2000.6.29, 98헌바106(공무원연금법 제47조 제1호 등 위헌소원), 12-1, 833면 이하.
- 헌재 2002.2.28, 2000헌바69(군인연금법 제16조 제6항 등 위헌소원), 14-1, 129면 이하.
- 헌재 2002.7.18, 2000헌바57(공무원연금법 제64조 제3항 위헌소원), 14-2, 1면 이하.
- 헌재 2002.11.28, 2000헌바70(공무원연금법 제51조 제1항 위헌소원), 14-2, 626면 이하.
- 헌재 2003.6.26, 2001헌바54(공무원연금법 제61조의 2 등 위헌소원), 15-1, 703면 이하.
- 헌재 2003.9.25, 2001헌바22(군인연금법 제21조 제5항 제2호 위헌제청), 15-2(상), 231면 이하.
- 헌재 2003.9.25, 2001헌바94등(공무원연금법 제47조 제3호 위헌소원, 공무원연금법 제47조 제2호 위헌제청), 15-2(상), 254면 이하.
- 헌재 2003.9.25, 2001헌마93등(공무원연금법 제27조 제3항 등 위헌확인), 15-2(상),

319면 이하.

- 헌재 2003.9.25, 2001헌마194(군인연금법 제17조의 2 제1항 등 위헌확인), 15-2(상), 391면 이하.
- 헌재 2004.5.27, 2003헌마851(군인연금법 개정 청원에 대한 부작위 확인), 16-1, 699면 이하.
- 헌재 2005.6.30, 2004헌바42(공무원연금법 제43조의 2 위헌소원), 17-1, 973면 이하.
- 헌재 2005.12.22, 2004헌가24(구 군인연금법 제21조 제5항 제3호 위헌제정), 17-2, 625면 이하.
- 헌재 2007.3.29, 2005헌바33(공무원연금법 제64조 제1항 제1호 위헌소원), 19-1, 211면 이하.
- 헌재 2007.10.25, 2005헌바68(군인연금법 제21조 제5항 제1호 위헌소원 등), 19-2, 447면 이하.
- 헌재 2008.2.28, 2005헌마872등(공무원연금법 제47조 제2항 등 위헌확인), 20-1(상), 279면 이하.
- 헌재 2008.3.27, 2006헌마1041(공무원연금법 제55조 제1항 위헌확인), 20-1(상), 412면 이하.
- 헌재 2009.3.26, 2009헌가5등(구 군인연금법 제21조 제5항 제2호 위헌제청), 21-1(상), 312면 이하.
- 헌재 2009.5.28, 2008헌바107(공무원연금법 제81조 제1항 위헌소원), 21-1(하), 712면 이하.
- 헌재 2009.7.30, 2007헌바113(공무원연금법 제47조 등 위헌소원), 21-2(상), 225면 이하.
- 헌재 2009.7.30, 2007헌바139등(군인연금법 제7조 위헌소원 등), 21-2(상), 245면 이하.
- 헌재 2009.7.30, 2008헌가1등(군인연금법 제33조 제1항 제1호 위헌제청 등), 21-2(상), 18면 이하.
- 헌재 2009.11.26, 2008헌마691(공무원연금법 제33조 제1항 위헌확인), 21-2(하), 668면 이하.
- 헌재 2010.4.29, 2009헌바102(사립학교교직원연금법 제2조 등 위헌확인), 22-1(하), 37면 이하.
- 헌재 2010.6.24, 2008헌바128(군인연금법 제23조 제1항 위헌소원), 22-1(하), 473면 이하.
- 헌재 2010.7.29, 2008헌가15(사립학교교직원연금법 제42조 제1항 위헌제청), 22-2(상), 16면 이하.
- 헌재 2010.7.29, 2009헌가4(구 군인연금법 제21조 제3항 제2호 등 위헌제청), 22-2(상), 95면 이하.
- 헌재 2011.8.30, 2008헌마343(군인연금 퇴직급여금 감액 위헌확인), 23-2(상), 402면 이하.

- 헌재 2011.11.24, 2010헌마510(공무원연금법 제51조 등 위헌확인), 23-2(하), 513면 이하.
- 헌재 2012.6.27, 2011헌바115(군인연금법 제3조 제1항 제4호 가목 위헌소원), 24-1(하), 731면 이하.
- 헌재 2012.8.23, 2010헌마197(공무원연금법 부칙 제7조 제2항 등 관련 입법부작위 위헌확인), 24-2(상), 609면 이하.
- 헌재 2012.8.23, 2010헌바425(공무원연금법 제3조 제1항 제1호 등 위헌소원), 24-2(상), 490면 이하.
- 헌재 2012.8.23, 2011헌바169(공무원연금법 부칙 제14조 제2항 위헌소원), 24-2(상), 540면 이하.
- 헌재 2013.8.29, 2010헌바241(공무원연금법 제64조 제1항 제1호 위헌소원), 25-2(상), 377면 이하.
- 헌재 2013.8.29, 2010헌바354등(공무원연금법 제64조 제1항 제1호 위헌소원), 25-2(상), 382면 이하.
- 헌재 2013.8.29, 2011헌바391등(공무원연금법 부칙 제7조 제1항 위헌소원 등), 25-2(상), 454면 이하.
- 헌재 2013.9.26, 2010헌가89등(사립학교교직원연금법 제42조 제1항 위헌제청 등), 25-2(상), 586면 이하.
- 헌재 2013.9.26, 2011헌바100(군인연금법 제33조 제1항 제1호 등 위헌소원), 25-2(상), 661면 이하.
- 헌재 2013.9.26, 2011헌바272(공무원연금법 제33조 제1항 위헌소원), 25-2(상), 683면 이하.
- 헌재 2013.9.26, 2013헌바170(사립학교교직원연금법 제42조 제1항 등 위헌소원), 25-2(상), 761면 이하.
- 헌재 2014.3.27, 2012헌마404(사립학교교직원연금법 제47조 제2항 등 위헌확인), 26-1(상), 523면 이하.
- 헌재 2014.5.29, 2012헌마515(공무원연금법 제3조 제2항 등 위헌확인), 26-1(하), 423면 이하.
- 헌재 2014.5.29, 2012헌마555(공무원연금법 제30조 등 위헌확인), 26-1(하), 435면 이하.
- 헌재 2015.4.30, 2013헌마435(군인연금법 제23조 위헌확인), 27-1(하), 79면 이하.
- 헌재 2015.6.25, 2013헌바17(군인연금법 부칙 제1항 등 위헌소원), 27-1(하), 427면 이하.
- 헌재 2015.7.30, 2014헌바371(군인연금법 제21조의 2 제1항 위헌소원), 27-2(상), 256면 이하.
- 헌재 2015.12.23, 2013헌바259(구공무원연금법 제46조 제1항 제1호 등 위헌소원), 27-2(하), 542면 이하.

- 헌재 2016.2.25, 2015헌가15(사립학교교직원연금법 제31조 제2항 위헌제청), 28-1(상), 13면 이하.
- 헌재 2016.3.31, 2015헌바18(공무원연금법 제23조 제2항 위헌소원), 28-1(상), 414면 이하.
- 헌재 2016.6.30, 2014헌바365(공무원연금법 제64조 제1항 제1호등 위헌소원), 28-1(하), 516면 이하.
- 헌재 2016.7.28, 2015헌바20(군인연금법 제33조 제2항 위헌소원), 28-2(상), 104면 이하.
- 헌재 2016.12.29, 2015헌바208등(구 군인연금법 제23조 제1항 등 위헌소원), 28-2(하), 456면 이하.
- 헌재 2017.7.27, 2015헌마1052(공무원연금법 제47조 제1항 제2호 위헌확인), 28-2(상), 201면 이하.
- 헌재 2017.11.30, 2016헌마101등(공무원연금법 부칙 제5조 위헌확인 등, 29-2(하), 192면 이하.
- 헌재 2017.12.28, 2016헌바341(사립학교교직원 연금법 제54조 제1항 위헌소원, 29-2(하), 357면 이하.
- 헌재 2018.4.26, 2016헌마54(공무원연금법 제46조의 4 등 위헌확인), 30-1(상), 701면 이하.
- 헌재 2018.7.26, 2016헌마260(공무원연금법 제32조 위헌확인), 30-2, 98면 이하.
- 헌재 2019.2.28, 2017헌마403등(공무원연금법 제64조 제1항 등 위헌확인), 31-1, 188면 이하.
- 헌재 2020.4.23, 2018헌마402(구 공무원연금법 제64조 제1항 제1호 등 위헌소원), 32−1(상), 351면 이하.
- 헌재 2020.6.25, 2018헌마865(공무원연금법 제45조 제4항 위헌확인), 32-1(하), 441면 이하.
- 헌재 2022.1.27, 2019헌바161(구 공무원연금법 제47조 제1항 위헌확인), 34-2, 243면 이하.
- 헌재 2022.6.30, 2019헌바150(구 군인연금법 제16조 제5항 위헌확인), 34-1, 619면 이하.
- 헌재 2022.8.31, 2019헌가31(구 공무원연금법 제59조 제1항 제2호 위헌제청), 34-2, 157면 이하.
- 헌재 2022.9.29, 2021헌가28(군인연금법 제29조 제1항 제2호 위헌확인), 34-2, 619면 이하.

[산업재해보상보험법]

- 헌재 1993.9.27, 93헌마45(요양불승인처분취소), 5-2, 362면 이하.
- 헌재 1996.8.29, 95헌바36(구 산업재해보상보험법 제4조 단서 위헌소원), 8-2, 90면 이하.

- 헌재 2000.6.1, 98헌바8(산업재해보상보험법 제94조 제2항 위헌소원), 12-1, 590면 이하.
- 헌재 2003.7.24, 2002헌바51(산업재해보상보험법 제5조 단서 위헌소원), 15-2(상), 103면 이하.
- 헌재 2004.9.23, 2003헌마231등(산업재해보상보험법 제38조 제6항 등 위헌확인), 16-2(상), 586면 이하.
- 헌재 2004.10.28, 2003헌바70(산업재해보상보험법 제9조 제1항 등 위헌소원), 16-2(하), 178면 이하.
- 헌재 2004.11.25, 2002헌가10(산업재해보상보험법 제62조 제2항 위헌제청), 16-2(하), 228면 이하.
- 헌재 2004.11.25, 2002헌바52(산업재해보상보험법 제36조 제6항 등 위헌소원), 16-2(하), 297면 이하.
- 헌재 2005.7.21, 2004헌바2(구산업재해보상보험법 제10조 제2호 위헌소원), 17-2, 44면 이하.
- 헌재 2005.11.24, 2004헌바97(산업재해보상보험법 제48조 제2항 후단 위헌소원), 17-2, 437면 이하.
- 헌재 2009.5.28, 2005헌바20등(산업재해보상보험법 제38조 제6항 위헌소원 등), 21-1(하), 446면 이하.
- 헌재 2010.7.29, 2009헌마51(산업재해보상보험법 부칙 제6조 위헌확인), 22-2(상), 443면 이하.
- 헌재 2011.6.30, 2008헌마595(산업재해보상보험법 제43조 제1항 제2호 위헌확인), 23-1(하), 418면 이하.
- 헌재 2011.11.24, 2009헌바356등(구 산업재해보상보험법 부칙 제8조 등 위헌확인), 23-2(하), 258면 이하.
- 헌재 2013.9.26, 2012헌가16(산업재해보상보험법 제37조 제1항 제1호 다목 위헌제청), 25-2(상), 630면 이하.
- 헌재 2014.2.27, 2012헌바469(산업재해보상보험법 제91조의 4 제2항 등 위헌소원), 26-1(상), 241면 이하.
- 헌재 2014.2.27, 2013헌바12등(산업재해보상보험법 제36조 제1항 단서 등 위헌소원), 26-1(상), 256면 이하.
- 헌재 2014.6.26, 2012헌바382등(산업재해보상보험법 제36조 제7항 등 위헌소원 등), 26-1(하), 532면 이하.
- 헌재 2015.6.25, 2014헌바269(산업재해보상보험법 제37조 제1항 제1호 등 위헌소원 등), 27-1(하), 484면 이하.
- 헌재 2016.9.29, 2014헌바254(산업재해보상보험법 제37조 제1항 제1호 다목 등 위헌소원), 28-2(상), 316면 이하.
- 헌재 2018.1.25, 2016헌바466(산업재해보상보험법 제6조 단서 위헌소원), 30-1(상),

102면 이하.

- 헌재 2018.12.27, 2017헌바231(산업재해보상보험법 제51조 제1항 등 위헌소원), 30-2, 717면 이하.
- 헌재 2019.9.26, 2018헌바218등(산업재해보상보험법 제37조 제1항 제3호 등 위헌소원 등), 31-2(상), 298면 이하.
- 헌재 2021.9.30, 2019헌바409(산업재해보상보험법 부칙 제1조 등 위헌소원), 33-2, 298면 이하.
- 헌재 2023.3.23, 2022헌바139등(구 고용보험 및 산업재해보상보험의 보험료징수 등에 관한 법률 제49조의 3 제2항 본문 위헌소원), 35-1(상), 739면 이하.

[고용보험법]

- 헌재 2012.12.27, 2010헌바406(고용보험법 제10조 제3호 위헌소원), 24-2(하), 346면 이하.
- 헌재 2013.8.29, 2011헌바390(구 고용보험법 제35조 제1항 위헌소원), 25-2(상), 443면 이하.
- 헌재 2016.3.31, 2014헌가2등(구 고용보험법 제35조 제1항 위헌제청), 28-1(상), 324면 이하.
- 헌재 2018.6.28, 2017헌마238(고용보험법 제10조 제1호 위헌확인), 30-1(하), 719면 이하.
- 헌재 2023.2.23, 2018헌바240(고용보험법 제70조 제2항 본문 위헌소원), 35-1(상), 57면 이하.

Ⅱ. 사회보상법

- 헌재 1992.10.31, 92헌바42(국가유공자예우등에관한법률 시행령 제17조 제1항 위헌소원), 4, 708면 이하.
- 헌재 1992.12.8, 92헌아3(국가유공자예우등에관한법률 시행령 제17조 제1항 위헌소원(재심)), 4, 845면 이하.
- 헌재 1993.4.13, 93헌마74(국가유공자예우등에관한법률 제4조 등 위헌확인), 5-1, 214면 이하.
- 헌재 1994.3.23, 94헌마32(국가유공자예우등에관한 법률 제70조 위헌확인), 6-1, 199면 이하.
- 헌재 1994.6.30, 91헌마161(국가유공자예우등에관한법률 제4조 등에 대한 헌법소원), 6-1, 653면 이하.
- 헌재 1995.7.21, 93헌가14(국가유공자예우등에관한법률 제9조 본문 위헌제청), 7-2, 1면 이하.
- 헌재 1998.2.27, 97헌가10, 97헌바42등(병합)(국가유공자 등 예우에 관한 법률 제9조

위헌제청 등), 10-2, 15면 이하.

- 헌재 1999.1.28, 98헌마16(상이등급구분 신체검사 등외판정 처분취소), 11-1, 65면 이하.
- 헌재 1999.12.23, 98헌바33(구 국가유공자예우등에관한법률 제70조 등 위헌소원), 11-2, 732면 이하.
- 헌재 2000.4.27, 99헌마76(국가유공자 등 예우 및 지원에 관한 법률 제4조 위헌확인), 12-1, 556면 이하.
- 헌재 2000.6.1, 98헌마216(국가유공자등예우및지원에관한법률 제20조 제2항 등 위헌확인), 12-1, 622면 이하.
- 헌재 2000.7.20, 98헌가4(고엽제후유의증환자지원등에 관한 법률 제6조 제1항 위헌제청), 12-2, 1면 이하.
- 헌재 2001.2.22, 2000헌마25(국가유공자등예우및지원에관한법률 제34조 제1항 위헌확인), 13-1, 386면 이하.
- 헌재 2001.6.28, 99헌바32(구 국가유공자등예우및지원에관한법률 제12조 제1항 위헌소원), 13-1, 1242면 이하.
- 헌재 2002.12.18, 2001헌마546(국가유공자등예우및지원에관한법률 제16조의 3 제1항 단서 위헌확인), 14-2, 890면 이하.
- 헌재 2003.5.15, 2001헌마565(국가유공자 등 예우 및 지원에 관한 법률 제25조 위헌확인), 15-1, 568면 이하.
- 헌재 2003.5.15, 2002헌마90(국가유공자 등 예우 및 지원에 관한 법률 시행령 제22조 위헌확인), 15-1, 581면 이하.
- 헌재 2003.7.24, 2002헌마522등(참전유공자예우에 관한 법률 제6조 제1항 위헌확인), 15-2(상), 169면 이하.
- 헌재 2003.11.27, 2003헌바39(국가유공자 등 예우 및 지원에 관한 법률 제12조 제2항 위헌소원), 15-2(하), 297면 이하.
- 헌재 2006.2.23, 2004헌마675등(국가유공자등 예우 및 지원에 관한 법률 제31조 제1항 등 위헌확인), 18-1(상), 269면 이하.
- 헌재 2006.6.29, 2005헌마44(독립유공자예우에 관한 법률 제16조 등 위헌확인), 18-1(하), 319면 이하.
- 헌재 2006.6.29, 2006헌마87(국가유공자등 예우 및 지원에 관한 법률 제29조 위헌확인), 18-1(하), 510면 이하.
- 헌재 2006.11.30, 2005헌바25(국가유공자등 예우 및 지원에 관한 법률 제9조 위헌소원), 18-2, 471면 이하.
- 헌재 2007.3.29, 2004헌마207(국가유공자등 예우 및 지원에 관한 법률 제16조의 2 제1항 위헌확인), 19-1, 276면 이하.
- 헌재 2007.4.26, 2004헌바60(구 국가유공자 예우 등에 관한 법률 제5조 제2항 등 위헌소원), 19-1, 427면 이하.

- 헌재 2007.12.27, 2006헌바34(독립유공자 예우에 관한 법률 제12조 제2항 위헌소원), 19-2, 787면 이하.
- 헌재 2008.10.30, 2006헌바80(국가유공자 등 예우 및 지원에 관한 법률 제6조 제3항 등 위헌소원), 20-2(상), 806면 이하.
- 헌재 2008.12.26, 2008헌마345(국가유공자 등 예우 및 지원에 관한 법률 제29조 제2항 제2호 단서 위헌확인), 20-2(하), 945면 이하.
- 헌재 2009.3.26, 2008헌바105(국가유공자 등 예우 및 지원에 관한 법률 제12조 제4항 등 위헌소원), 21-1(상), 457면 이하.
- 헌재 2009.4.30, 2006헌마1322(특수임무수행자보상에 관한 법률 등 위헌확인), 21-1(하), 246면 이하.
- 헌재 2010.5.27, 2009헌바49(구 국가유공자 예우 및 지원에 관한 법률 제5조 등 위헌소원), 22-1(하), 244면 이하.
- 헌재 2010.6.24, 2009헌바111(독립유공자 예우에 관한 법률 제4조 제2호 위헌소원), 22-1(하), 529면 이하.
- 헌재 2010.10.28, 2009헌마272(구 참전유공자 예우에 관한 법률 제6조 제1항 위헌확인), 22-2(하), 264면 이하.
- 헌재 2011.4.28, 2009헌마610(구 독립유공자 예우에 관한 법률 제12조 제2항 위헌확인), 23-1(하), 117면 이하.
- 헌재 2011.6.30, 2008헌마715등(고엽제후유의증 환자 지원 등에 관한 법률 부칙 제2조 위헌 확인), 23-1(하), 430면 이하.
- 헌재 2011.7.28, 2009헌마27(국가유공자 등 예우 및 지원에 관한 법률 제9조 제1항 위헌확인), 23-2(상), 104면 이하.
- 헌재 2011.12.29, 2009헌마354(범죄피해자구조법 제2조 제1호등 위헌확인), 23-2(하), 795면 이하.
- 헌재 2012.5.31, 2011헌마241(국가유공자 등 예우 및 지원에 관한 법률 제6조의 4 제1항 등 위헌확인), 24-1(하), 671면 이하.
- 헌재 2012.11.29, 2011헌마533(국가유공자 등 예우 및 지원에 관한 법률 시행령 제48조 별표 8 관련 입법부작위 위헌확인), 24-2(하), 194면 이하.
- 헌재 2013.10.24, 2011헌마724(독립유공자예우에 관한 법률 제12조 제2항 등 위헌확인), 25-2(하), 263면 이하.
- 헌재 2014.4.24, 2011헌바228(고엽제후유의증환자지원 등에 관한 법률 제2조 제4호 등 위헌소원), 26-1(하), 16면 이하.
- 헌재 2015.6.25, 2013헌마128(국가유공자 등 예우 및 지원에 관한 법률 시행규칙 제8조의 3 별표 4 위헌확인), 27-1(하), 553면 이하.
- 헌재 2015.9.24, 2015헌바48(독립유공자예우에 관한 법률 제8조 위헌소원), 27-2(상), 613면 이하.

- 헌재 2016.4.28, 2014헌바442(참전유공자 예우 및 단체설립에 관한 법률 제19조 단서 위헌소원), 28-1(상), 632면 이하.
- 헌재 2016.9.29, 2014헌마541(국가유공자 등 예우 및 지원에 관한 법률 제31조 제3항 위헌확인), 28-2(상), 510면 이하.
- 헌재 2016.10.27, 2014헌마254등(국가유공자 등 예우 및 지원에 관한 법률 시행령 제48조 별표 8 위헌확인), 28-2(상), 701면 이하.
- 헌재 2016.12.29, 2016헌바263(국가유공자 등 예우 및 지원에 관한 법률 제4조 제1항 제6호 위헌소원), 28-2(하), 629면 이하.
- 헌재 2018.1.25, 2016헌마319(독립유공자 예우에 관한 법률 제12조 제2항 위헌확인), 30-1(상), 161면 이하.
- 헌재 2018.6.28, 2016헌가14(보훈보상대상자 지원에 관한 법률 제11조 제1항 제2호 등 위헌제청), 30-1(하), 339면 이하.
- 헌재 2018.6.28, 2015헌마304(독립유공자 예우에 관한 법률 제12조 제2항 등 위헌확인), 30-1(하), 635면 이하.
- 헌재 2018.11.29, 2017헌바252(국가유공자 등 예우 및 지원에 관한 법률 제16조의 3 제1항 위헌소원), 30-2, 602면 이하.
- 헌재 2019.6.28, 2018헌바189(국가유공자 등 예우 및 지원에 관한 법률 제4조 제1항 제6호 등 위헌소원), 31-1, 679면 이하.
- 헌재 2021.3.25, 2018헌가6(국가유공자 등 예우 및 지원에 관한 법률 제3조 제2항 제1호 등 위헌제청), 33-1, 281면 이하.
- 헌재 2021.5.27, 2018헌바277(구 독립유공자 예우에 관한 법률 제5조 제2항 단서 위헌소원), 33-1, 546면 이하.

Ⅲ. 사회복지관련법

- 헌재 1992.6.9, 92헌마105(장애인복지법 제34조 등에 대한 헌법소원), 4, 290면 이하.
- 헌재 2002.12.18, 2002헌마52(저상버스도입의무 불이행 위헌확인), 14-2, 904면 이하.
- 헌재 2003.7.24, 2001헌바96(구 장애인고용촉진 등에 관한 법률 제35조 제1항 본문 등 위헌소원), 15-2(상), 58면 이하.
- 헌재 2003.7.24, 2002헌바82(장애인고용촉진 및 직업재활법 제24조 제1항 단서 위헌소원), 15-2(상), 131면 이하.
- 헌재 2005.2.3, 2004헌바10(사회복지사업법 제23조 제2항 등 위헌소원), 17-1, 97면 이하.
- 헌재 2007.10.25, 2006헌마1236(장애인차량 엘피지 지원폐지 위헌확인), 19-2, 513면 이하.
- 헌재 2012.3.29, 2010헌바432(구 장애인고용촉진 및 직업재활법 제2조 제4호 등 위헌소원), 24-1(상), 494면 이하.

- 헌재 2014.1.28, 2012헌마654(사회복지사업법 제7조 제3항 제7호 가목 등 위헌확인), 26-1(상), 169면 이하.
- 헌재 2015.6.25, 2014헌마674(고용상 연령차별금지 및 고령자고용촉진에 관한 법률 제19조 위헌확인), 27-1(하), 598면 이하.
- 헌재 2015.7.30, 2012헌마1030(사회복지사업법 제35조의 2 위헌확인), 27-2(상), 332면 이하.
- 헌재 2015.10.21, 2014헌바266(아동복지법 제17조 제5호 등 위헌소원), 27-2(하), 58면 이하.
- 헌재 2016.2.25, 2013헌바260(장애인복지법 제87조 제8호 등 위헌소원), 28-1(상), 83면 이하.
- 헌재 2016.2.25, 2015헌바191(기초연금법 제2조 제4호 등 위헌소원), 28-1(상), 156면 이하.
- 헌재 2016.6.30, 2015헌바46(노인복지법 제32조 제1항 제1호 위헌소원), 28-1(하), 571면 이하.
- 헌재 2018.2.22, 2017헌마322(장애인활동지원 급여비용 등에 관한 고시 제3장 급여비용 및 산정기준 1. 활동보조 중 (1) 등 취소, 30-1(상), 342면 이하.
- 헌재 2018.6.28, 2017헌마130등(아동복지법 제29조의 3 제1항 위헌확인 등), 30-1(하), 696면 이하.
- 헌재 2020.12.23, 2017헌가22등(장애인활동지원에 관한 법률 제5조 제2호 본문 위헌제청), 32-2, 574면 이하.

Ⅳ. 공공부조법

- 헌재 1997.5.29, 94헌마33(1994년 생계보호기준 위헌확인), 9-1, 543면 이하.
- 헌재 2004.10.28, 2002헌마328(2002 국민기초생활보장 최저생계비 위헌확인), 16-2(하), 195면 이하.
- 헌재 2009.9.24, 2007헌마1092(의료급여법 시행령 별표 제1호 가목 등 위헌확인), 21-2(상), 765면 이하.
- 헌재 2009.11.26, 2007헌마734(의료급여법 제10조 등 위헌확인), 21-2(하), 576면 이하.
- 헌재 2011.3.31, 2009헌마617등(국민기초생활보장법 시행령 제2조 제2항 제3호 위헌확인, 23-1(상), 416면 이하.
- 헌재 2011.11.24, 2009헌마415(의료급여법 제7조 제2항 후문 등 위헌확인), 23-2(하), 487면 이하.
- 헌재 2012.2.23, 2009헌바47(국민기초생활보장법 제2조 제8호 등 위헌소원), 24-1(상), 95면 이하.
- 헌재 2012.2.23, 2010헌바127(의료급여법 제3조 제1항 제1호 등 위헌소원), 24-1(상), 123면 이하.

- 헌재 2012.2.23, 2011헌마123(수용자 급여정지 위헌확인), 24-1(상), 365면 이하.
- 헌재 2017.11.30, 2016헌마448(국민기초생활보장법 제15조 위헌확인), 29-2(하), 211면 이하.
- 헌재 2018.7.26, 2016헌마431(의료급여법 제7조 제2항 위헌확인), 30-2, 112면 이하.
- 헌재 2019.12.27, 2017헌마1299(국민기초생활보장법 제6조의 3 제3항 등 위헌확인), 31-2(하), 251면 이하.
- 헌재 2020.4.23, 2017헌마103(의료급여수가의 기준 및 일반기준 제7조 제1항 본문 제7조 제1항 등 위헌확인), 32-1(상), 403면 이하.
- 헌재 2020.5.27, 2018헌바398(기초연금법 제3조 제3항 위헌소원 등), 32-1(하), 312면 이하.

2. 주문 분류

[위헌 혹은 인용결정]

- 헌재 1998.5.28, 96헌가1(의료보험법 제33조 제1항 위헌제청), 10-1, 1, 510면 이하.
- 헌재 1999.12.23, 98헌바33(구 국가유공자예우등에관한법률 제70조 등 위헌소원), 11-2, 732면 이하.
- 헌재 2002.6.27, 2001헌가30(구 공무원및사립학교교직원의료보험법 제34조 제1항 위헌제청), 14-1, 573면 이하.
- 헌재 2003.9.25, 2001헌가22(군인연금법 제21조 제5항 제2호 위헌제청), 15-2(상), 231면 이하.
- 헌재 2003.9.25, 2001헌바94등(공무원연금법 제47조 제3호 위헌소원, 공무원연금법 제47조 제2호 위헌제청), 15-2(상), 254면 이하.
- 헌재 2005.12.22, 2004헌가24(구 군인연금법 제21조 제5항 제3호 위헌제정), 17-2, 625면 이하.
- 헌재 2009.3.26, 2009헌가5등(구 군인연금법 제21조 제5항 제2호 위헌제청), 21-1(상), 312면 이하.
- 헌재 2009.5.28, 2005헌바30등(산업재해보상보험법 제38조 제6항 위헌소원 등), 21-1(하), 446면 이하.
- 헌재 2010.7.29, 2009헌가4(구 군인연금법 제21조 제3항 제2호 등 위헌제청), 22-2(상), 95면 이하.
- 헌재 2011.6.30, 2008헌마715등(고엽제후유의증 환자 지원 등에 관한 법률 부칙 제2조 위헌 확인), 23-1(하), 430면 이하.
- 헌재 2012.6.27, 2010헌마716(보건복지부 고시 제2009-79호 위헌확인), 24-1(하), 754면 이하.
- 헌재 2013.8.29, 2010헌바354등(공무원연금법 제64조 제1항 제1호 위헌소원), 25-

2(상), 382면 이하.

- 헌재 2013.8.29, 2011헌바390(구 고용보험법 제35조 제1항 위헌소원), 25-2(상), 443면 이하.
- 헌재 2013.8.29, 2011헌바391등(공무원연금법 부칙 제7조 제1항 위헌소원 등), 25-2(상), 454면 이하.
- 헌재 2016.3.31, 2014헌가2등(구 고용보험법 제35조 제1항 위헌제청), 28-1(상), 324면 이하.
- 헌재 2018.6.28, 2017헌마130등4(아동복지법 제29조의 3 제1항 위헌확인 등), 30-1(하), 696면 이하.

[한정위헌결정]

- 헌재 1994.6.30, 92헌가9(군인연금법 제21조 제5항 위헌제청), 6-1, 543면 이하.
- 헌재 2002.7.18, 2000헌바57(공무원연금법 제64조 제3항 위헌소원), 14-2, 1면 이하.
- 헌재 2003.12.18, 2002헌바1(구 국민의료보험법 제41조 제1항 위헌소원), 15-2(하), 441면 이하.

[헌법불합치결정]

- 헌재 2006.2.23, 2004헌마675등(국가유공자등 예우 및 지원에 관한 법률 제31조 제1항 등 위헌확인), 18-1(상), 269면 이하.
- 헌재 2007.3.29, 2005헌바33(공무원연금법 제64조 제1항 제1호 위헌소원), 19-1, 211면 이하.
- 헌재 2009.7.30, 2008헌가1등(군인연금법 제33조 제1항 제1호 위헌제청 등), 21-2(상), 18면 이하.
- 헌재 2010.6.24, 2008헌바128(군인연금법 제23조 제1항 위헌소원), 22-1(하), 473면 이하.
- 헌재 2010.7.29, 2008헌가15(사립학교교직원연금법 제42조 제1항 위헌제청), 22-2(상), 16면 이하.
- 헌재 2013.10.24, 2011헌마724(독립유공자예우에 관한 법률 제12조 제2항 등 위헌확인), 25-2(하), 263면 이하.
- 헌재 2016.2.25, 2015헌가15(사립학교교직원연금법 제31조 제2항 위헌제청), 28-1(상), 13면 이하.
- 헌재 2016.7.28, 2015헌바20(군인연금법 제33조 제2항 위헌소원), 28-2(상), 104면 이하.
- 헌재 2016.9.29, 2014헌바254(산업재해보상보험법 제37조 제1항 제1호 다목 등 위헌소원), 28-2(상), 316면 이하.
- 헌재 2016.12.29, 2015헌바182(국민연금법 제64조 위헌소원), 28-2(하), 391면 이하.
- 헌재 2016.12.29, 2015헌바208등(구 군인연금법 제23조 제1항 등 위헌소원), 28-2(하),

456면 이하.
- 헌재 2018.6.28, 2016헌가14(보훈보상대상자 지원에 관한 법률 제11조 제1항 제2호 등 위헌제청), 30-1(하), 339면 이하.
- 헌재 2018.8.30, 2014헌마368(건강보험 요양급여내역 제공 요청 및 제공행위 등 위헌확인), 30-2, 363면 이하.
- 헌재 2019.9.26, 2018헌바218등(산업재해보상보험법 제37조 제1항 제3호 등 위헌소원 등), 31-2(상), 298면 이하.
- 헌재 2020.12.23, 2017헌가22등(장애인활동지원에 관한 법률 제5조 제2호 본문 위헌제청), 32－2, 574면 이하.
- 헌재 2021.3.25, 2018헌가6(국가유공자 등 예우 및 지원에 관한 법률 제3조 제2항 제1호 등 위헌제청), 33-1, 281면 이하.
- 헌재 2022.1.27, 2019헌바161(구 공무원연금법 제47조 제1항 위헌확인), 34-1, 1면 이하.
- 헌재 2023.3.23, 2018헌바433등(국민건강보험법 제47조의 2 제1항 등 위헌소원 등), 35-1(상), 671면 이하.
- 헌재 2023.9.26, 2019헌마1165(국민건강보험법 제109조 제10항 등 위헌확인), 헌재공보(2023), 1473면 이하.

[기각 혹은 합헌결정]
- 헌재 1994.6.30, 91헌마161(국가유공자예우등에관한법률 제4조 등에 대한 헌법소원), 6-1, 653면 이하.
- 헌재 1995.7.21, 93헌가14(국가유공자예우등에관한법률 제9조 본문 위헌제청), 7-2, 1면 이하.
- 헌재 1995.7.21, 94헌바등(공무원연금법 제64조 제1항 위헌소원), 7-2, 82면 이하.
- 헌재 1996.8.29, 95헌바36(구 산업재해보상보험법 제4조 단서 위헌소원), 8-2, 90면 이하.
- 헌재 1996.10.4, 96헌가6(공공자금관리기금법 제5조 제1항 위헌제청), 8-2, 308면 이하.
- 헌재 1996.10.31, 93헌바55(군인연금법 제16조 제9항 위헌소원), 8-2, 457면 이하.
- 헌재 1997.5.29, 94헌마33(1994년 생계보호기준 위헌확인), 9-1, 543면 이하.
- 헌재 1997.12.24, 95헌마390(의료보험법 제31조 제2항 위헌확인), 9-2, 817면 이하.
- 헌재 1998.2.27, 97헌가10, 97헌바42등(병합)(국가유공자 등 예우에 관한 법률 제9조 위헌제청 등), 10-2, 15면 이하.
- 헌재 1998.12.24, 96헌바73(공무원연금법 제30조 제1항 위헌소원), 10-2, 856면 이하.
- 헌재 1999.4.29, 97헌마333(공무원연금법 제3조 제2항 위헌확인), 11-1, 503면 이하.
- 헌재 1999.9.16, 97헌바28(군인연금법 제2조 단서 및 제16조 제4항 위헌소원), 11-2, 272면 이하.

- 헌재 2000.1.27, 99헌바23(의료보험법 제29조 제3항 위헌소원), 12-1, 62면 이하.
- 헌재 2000.3.30, 99헌바53, 2000헌바9, 98헌마401등(공무원연금법 제32조 위헌소원, 민사소송법 제579조 제4호 위헌확인), 12-1, 344면 이하.
- 헌재 2000.6.1, 98헌마216(국가유공자등예우및지원에관한법률 제20조 제2항 등 위헌확인), 12-1, 622면 이하.
- 헌재 2000.6.1, 98헌바8(산업재해보상보험법 제94조 제2항 위헌소원), 12-1, 590면 이하.
- 헌재 2000.6.29, 98헌바106(공무원연금법 제47조 제1호 등 위헌소원), 12-1, 833면 이하.
- 헌재 2000.6.29, 99헌마289(국민건강보험법 제33조 제2항 등 위헌확인), 12-1, 913면 이하.
- 헌재 2000.7.20, 98헌가4(고엽제후유의증환자지원등에 관한 법률 제6조 제1항 위헌제청), 12-2, 1면 이하.
- 헌재 2000.12.24, 2000헌마659(의료보험 진료수가 및 약제비 산정 기준 중 개정규정 위헌확인), 12-2, 437면 이하.
- 헌재 2001.2.22, 99헌마365(국민연금법 제75조 등 위헌확인), 13-1, 301면 이하.
- 헌재 2001.2.22, 2000헌마25(국가유공자등예우및지원에관한법률 제34조 제1항 위헌확인), 13-1, 386면 이하.
- 헌재 2001.4.26, 2000헌마390(국민연금법 제6조 등 위헌확인), 13-1, 977면 이하.
- 헌재 2001.6.28, 99헌바32(구 국가유공자등예우및지원에관한법률 제12조 제1항 위헌소원), 13-1, 1242면 이하.
- 헌재 2001.8.30, 2000헌마668(국민건강보험법 제5조 등 위헌확인), 13-2, 287면 이하.
- 헌재 2002.2.28, 2000헌바69(군인연금법 제16조 제6항 등 위헌소원), 14-1, 129면 이하.
- 헌재 2002.10.31, 99헌바76등(구 의료보험법 제32조 제1항 등 위헌소원), 14-2, 410면 이하.
- 헌재 2002.12.18, 2001헌마546(국가유공자등예우및지원에관한법률 제16조의 3 제1항 단서 위헌확인), 14-2, 890면 이하.
- 헌재 2003.5.15, 2002헌마90(국가유공자 등 예우 및 지원에 관한 법률 제25조 위헌확인), 15-1, 568면 이하.
- 헌재 2003.5.15, 2001헌마565(국가유공자 등 예우 및 지원에 관한 법률 시행령 제22조 위헌확인), 15-1, 581면 이하.
- 헌재 2003.6.26, 2001헌마699(국민건강보험법 제63조 제2항 위헌확인), 15-1, 756면 이하.
- 헌재 2003.7.24, 2001헌바96(구 장애인고용촉진 등에 관한 법률 제35조 제1항 본문 등 위헌소원), 15-2(상), 58면 이하.
- 헌재 2003.7.24, 2002헌마522등(참전유공자예우에 관한 법률 제6조 제1항 위헌확인), 15-2(상), 169면 이하.

- 헌재 2003.7.24, 2002헌바51(산업재해보상보험법 제5조 단서 위헌소원), 15-2(상), 103면 이하.
- 헌재 2003.7.24, 2002헌바82(장애인고용촉진 및 직업재활법 제24조 제1항 단서 위헌소원), 15-2(상), 131면 이하.
- 헌재 2003.9.25, 2001헌마93등(공무원연금법 제27조 제3항 등 위헌확인), 15-2(상), 319면 이하.
- 헌재 2003.10.30, 2000헌마801(국민건강보험법 제62조 제3항 등 위헌확인), 15-2(하), 106면 이하.
- 헌재 2003.11.27, 2003헌바39(국가유공자 등 예우 및 지원에 관한 법률 제12조 제2항 위헌소원), 15-2(하), 297면 이하.
- 헌재 2003.12.18, 2001헌마543(보건복지부 고시 제2001-32호 위헌확인), 15-2(하), 581면 이하.
- 헌재 2004.6.24, 2002헌바15(구 국민연금법 제67조 제1항 위헌소원 등), 16-1, 719면 이하.
- 헌재 2004.8.26, 2003헌바58등(국민건강보험법 제27조 위헌소원), 16-2(상), 260면 이하.
- 헌재 2004.10.28, 2002헌마328(2002 국민기초생활보장 최저생계비 위헌확인), 16-2(하), 195면 이하.
- 헌재 2004.10.28, 2003헌바70(산업재해보상보험법 제9조 제1항 등 위헌소원), 16-2(하), 178면 이하.
- 헌재 2004.11.25, 2002헌가10(산업재해보상보험법 제62조 제2항 위헌제청), 16-2(하), 228면 이하.
- 헌재 2004.11.25, 2002헌바52(산업재해보상보험법 제36조 제6항 등 위헌소원), 16-2(하), 297면 이하.
- 헌재 2005.2.3, 2004헌바10(사회복지사업법 제23조 제2항 등 위헌소원), 17-1, 97면 이하.
- 헌재 2005.2.24, 2003헌마31등(국민건강보험법 제49조 제4호 위헌확인), 17-1, 254면 이하.
- 헌재 2005.6.30, 2004헌바42(공무원연금법 제43조의 2 위헌소원), 17-1, 973면 이하.
- 헌재 2005.7.21, 2004헌바2(구산업재해보상보험법 제10조 제2호 위헌소원), 17-2, 44면 이하.
- 헌재 2005.11.24, 2004헌바97(산업재해보상보험법 제48조 제2항 후단 위헌소원), 17-2, 437면 이하.
- 헌재 2006.6.29, 2005헌마44(독립유공자예우에 관한 법률 제16조 등 위헌확인), 18-1(하), 319면 이하.
- 헌재 2006.6.29, 2006헌마87(국가유공자등 예우 및 지원에 관한 법률 제29조 위헌확

인), 18-1(하), 510면 이하.

- 헌재 2006.11.30, 2005헌바25(국가유공자등 예우 및 지원에 관한 법률 제9조 위헌소원), 18-2, 471면 이하.
- 헌재 2007.3.29, 2004헌마207(국가유공자등 예우 및 지원에 관한 법률 제16조의 2 제1항 위헌확인), 19-1, 276면 이하.
- 헌재 2007.4.26, 2004헌가29등(국민연금법 제3조 제1항 제3호 등 위헌제청 등), 19-1, 349면 이하.
- 헌재 2007.4.26, 2004헌바60(구 국가유공자 예우 등에 관한 법률 제5조 제2항 등 위헌소원), 19-1, 427면 이하.
- 헌재 2007.8.30, 2006헌마417(건강보험요양급여행위 및 그 상대가치점수고시 위헌확인), 19-2, 341면 이하.
- 헌재 2007.10.25, 2005헌바68(군인연금법 제21조 제5항 제1호 위헌소원 등), 19-2, 447면 이하.
- 헌재 2008.2.28, 2005헌마872등(공무원연금법 제47조 제2항 등 위헌확인), 20-1(상), 279면 이하.
- 헌재 2008.7.31, 2007헌바85(의료법 제53조 등 위헌소원), 20-2(상), 205면 이하.
- 헌재 2008.11.27, 2006헌가1(국민연금법 제63조 제1항 제1호 단서 위헌제청), 20-2(하), 138면 이하.
- 헌재 2008.12.26, 2008헌마345(국가유공자 등 예우 및 지원에 관한 법률 제29조 제2항 제2호 단서 위헌확인), 20-2(하), 945면 이하.
- 헌재 2009.3.26, 2008헌바105(국가유공자 등 예우 및 지원에 관한 법률 제12조 제4항 등 위헌소원), 21-1(상), 457면 이하.
- 헌재 2009.4.30, 2006헌마1322(특수임무수행자보상에 관한 법률 등 위헌확인), 21-1(하), 246면 이하.
- 헌재 2009.5.28, 2008헌바107(공무원연금법 제81조 제1항 위헌소원), 21-1(하), 712면 이하.
- 헌재 2009.7.30, 2007헌바113(공무원연금법 제47조 등 위헌소원), 21-2(상), 225면 이하.
- 헌재 2009.7.30, 2007헌바139등(군인연금법 제7조 위헌소원 등), 21-2(상), 245면 이하.
- 헌재 2009.9.24, 2007헌마1092(의료급여법 시행령 별표 제1호 가목 등 위헌확인), 21-2(상), 765면 이하.
- 헌재 2009.10.29, 2008헌바86(구 의료보험법 제41조 제7항 등 위헌소원), 21-2(하), 194면 이하.
- 헌재 2009.11.26, 2007헌마734(의료급여법 제10조 등 위헌확인), 21-2(하), 576면 이하.
- 헌재 2010.4.29, 2009헌바102(사립학교교직원연금법 제2조 등 위헌확인), 22-1(하), 37면 이하.
- 헌재 2010.5.27, 2009헌바49(구 국가유공자 예우 및 지원에 관한 법률 제5조 등 위헌

소원), 22-1(하), 244면 이하.

- 헌재 2010.6.24, 2009헌바111(독립유공자예우에 관한 법률 제4조 제2호 위헌소원), 22-1(하), 529면 이하.
- 헌재 2010.9.30, 2008헌마758(요양급여의 적용기준 및 방법에 관한 세부사항(약제) 개정고시 위헌확인), 22-2(상), 739면 이하.
- 헌재 2010.10.28, 2008헌마408(요양급여비용 심사청구소프트웨어의 검사 등에 관한 기준 위헌확인), 22-2(하), 150면 이하.
- 헌재 2010.10.28, 2009헌마272(구 참전유공자 예우에 관한 법률 제6조 제1항 위헌확인), 22-2(하), 264면 이하.
- 헌재 2011.3.31, 2009헌마617등(국민기초생활보장법 시행령 제2조 제2항 제3호 위헌확인, 23-1(상), 416면 이하.
- 헌재 2011.4.28, 2009헌마610(구 독립유공자 예우에 관한 법률 제12조 제2항 위헌확인), 23-1(하), 117면 이하.
- 헌재 2011.6.30, 2008헌마595(산업재해보상보험법 제43조 제1항 제2호 위헌확인), 23-1(하), 418면 이하.
- 헌재 2011.6.30, 2010헌바375(국민건강보험법 제52조 제1항 등 위헌소원), 23-1(하), 390면 이하.
- 헌재 2011.7.28, 2009헌마27(국가유공자 등 예우 및 지원에 관한 법률 제9조 제1항 위헌확인), 23-2(상), 104면 이하.
- 헌재 2011.11.24, 2009헌바356등(구 산업재해보상보험법 부칙 제8조 등 위헌확인), 23-2(하), 258면 이하.
- 헌재 2011.11.24, 2010헌마510(공무원연금법 제51조 등 위헌확인), 23-2(하), 513면 이하.
- 헌재 2011.12.29, 2009헌마354(범죄피해자구조법 제2조 제1호 등 위헌확인), 23-2(하), 795면 이하.
- 헌재 2012.2.23, 2009헌바47(국민기초생활보장법 제2조 제8호 등 위헌소원), 24-1(상), 95면 이하.
- 헌재 2012.2.23, 2011헌마123(수용자 급여정지 위헌확인), 24-1(상), 365면 이하.
- 헌재 2012.3.29, 2010헌바432(구 장애인고용촉진 및 직업재활법 제2조 제4호 등 위헌소원), 24-1(상), 494면 이하.
- 헌재 2012.5.31, 2009헌마299(국민건강보험법 제33조 제2항 등 위헌확인), 24-1(하), 505면 이하.
- 헌재 2012.5.31, 2009헌마553(국민연금과 직역연금의 연계에 관한 법률 부칙 제2조 제2항 제1호 위헌확인), 24-1(하), 529면 이하.
- 헌재 2012.5.31, 2011헌마241(국가유공자 등 예우 및 지원에 관한 법률 제6조의 4 제1항 등 위헌확인), 24-1(하), 671면 이하.
- 헌재 2012.5.31, 2011헌바127(국민건강보험법 제53조 제1항 위헌소원), 24-1(하), 480

면 이하.

- 헌재 2012.6.27, 2011헌바115(군인연금법 제3조 제1항 제4호 가목 위헌소원), 24-1(하), 731면 이하.
- 헌재 2012.8.23, 2010헌마197(공무원연금법 부칙 제7조 제2항 등 관련 입법부작위 위헌확인), 24-2(상), 609면 이하.
- 헌재 2012.8.23, 2010헌바425(공무원연금법 제3조 제1항 제1호 등 위헌소원), 24-2(상), 490면 이하.
- 헌재 2012.8.23, 2011헌마443등(국민건강보험법 제5조 제1항 제2호 위헌확인), 24-2(상), 663면 이하.
- 헌재 2012.8.23, 2011헌바169(공무원연금법 부칙 제14조 제2항 위헌소원), 24-2(상), 540면 이하.
- 헌재 2012.11.29, 2011헌마533(국가유공자 등 예우 및 지원에 관한 법률 시행령 제48조 별표 8 관련 입법부작위 위헌확인), 24-2(하), 194면 이하.
- 헌재 2012.11.29, 2011헌마814(국민건강보험법 제79조 제1항 제1의2호 위헌확인), 24-2(하), 240면 이하.
- 헌재 2013.7.25, 2010헌바51(국민건강보험법 제5조 제1항 등 위헌소원), 25-2(상), 40면 이하.
- 헌재 2013.9.26, 2010헌가89등(사립학교교직원연금법 제42조 제1항 위헌제청 등), 25-2(상), 586면 이하.
- 헌재 2013.9.26, 2012헌가16(산업재해보상보험법 제37조 제1항 제1호 다목 위헌제청), 25-2(상), 630면 이하.
- 헌재 2013.9.26, 2011헌바100(군인연금법 제33조 제1항 제1호 등 위헌소원), 25-2(상), 661면 이하.
- 헌재 2013.9.26, 2011헌바272(공무원연금법 제33조 제1항 위헌소원), 25-2(상), 683면 이하.
- 헌재 2013.9.26, 2013헌바170(사립학교교직원연금법 제42조 제1항 등 위헌소원), 25-2(상), 761면 이하.
- 헌재 2013.9.26, 2010헌마204등(보건복지가족부 고시 위헌확인 등), 25-2(하), 1면 이하.
- 헌재 2013.10.24, 2012헌마906(국민연금법 부칙 제8조 위헌확인), 25-2(하), 327면 이하.
- 헌재 2014.2.27, 2012헌바469(산업재해보상보험법 제91조의 4 제2항 등 위헌소원), 26-1(상), 241면 이하.
- 헌재 2014.2.27, 2013헌바12등(산업재해보상보험법 제36조 제1항 단서 등 위헌소원), 26-1(상), 256면 이하.
- 헌재 2014.3.27, 2012헌마404(사립학교교직원연금법 제47조 제2항 등 위헌확인), 26-1(상), 523면 이하.
- 헌재 2014.4.24, 2011헌바228(고엽제후유의증환자지원 등에 관한 법률 제2조 제4호 등

위헌소원), 26-1(하), 16면 이하.

• 헌재 2014.5.29, 2011헌바384(국민건강보험법 제6조 제2항 제4호 등 위헌소원), 26-1(하), 295면 이하.
• 헌재 2014.5.29, 2012헌마248(국민연금법 제77조 제1항 위헌확인), 26-1(하), 416면 이하.
• 헌재 2014.5.29, 2012헌마515(공무원연금법 제3조 제2항 등 위헌확인), 26-1(하), 423면 이하.
• 헌재 2014.5.29, 2012헌마555(공무원연금법 제30조 등 위헌확인), 26-1(하), 435면 이하.
• 헌재 2014.6.26, 2012헌바382등(산업재해보상보험법 제36조 제7항 등 위헌소원 등), 26-1(하), 532면 이하.
• 헌재 2015.2.26, 2013헌바419(국민연금과 직역연금의 연계에 관한 법률 부칙 제2조 위헌소원), 27-1(상), 166면 이하.
• 헌재 2015.4.30, 2013헌마435(군인연금법 제23조 위헌확인), 27-1(하), 798 이하.
• 헌재 2015.6.25, 2013헌바17(군인연금법 부칙 제1항 등 위헌소원), 27-1(하), 427면 이하.
• 헌재 2015.6.25, 2014헌바269(산업재해보상보험법 제37조 제1항 제1호 등 위헌소원 등), 27-1(하), 484면 이하.
• 헌재 2015.6.25, 2013헌마128(국가유공자 등 예우 및 지원에 관한 법률 시행규칙 제8조의 3 별표 4 위헌확인), 27-1(하), 553면 이하.
• 헌재 2015.6.25, 2014헌마674(고용상 연령차별금지 및 고령자고용촉진에 관한 법률 제19조 위헌확인), 27-1(하), 598면 이하.
• 헌재 2015.7.30, 2014헌바298등(구국민건강보험법 제57조 제1항 등 위헌소원), 27-2(상), 244면 이하.
• 헌재 2015.7.30, 2014헌바371(군인연금법 제21조의 2 제1항 위헌소원), 27-2(상), 256면 이하.
• 헌재 2015.7.30, 2012헌마1030(사회복지사업법 제35조의 2 위헌확인), 27-2(상), 332면 이하.
• 헌재 2015.9.24, 2015헌바48(독립유공자예우에 관한 법률 제8조 위헌소원), 27-2(상), 613면 이하.
• 헌재 2015.10.21, 2014헌바266(아동복지법 제17조 제5호 등 위헌소원), 27-2(하), 58면 이하.
• 헌재 2015.12.23, 2013헌바259(구 공무원연금법 제46조 제1항 제1호 등 위헌소원), 27-2(하), 542면 이하.
• 헌재 2016.2.25, 2013헌바260(장애인복지법 제87조 제8호 등 위헌소원), 28-1(상), 83면 이하.
• 헌재 2016.2.25, 2015헌바191(기초연금법 제2조 제4호등 위헌소원), 28-1(상), 156면

이하.

- 헌재 2016.3.31, 2015헌바18(공무원연금법 제23조 제2항 위헌소원), 28-1(상), 414면 이하.
- 헌재 2016.4.28, 2014헌바442(참전유공자 예우 및 단체설립에 관한 법률 제19조 단서 위헌소원), 28-1(상), 632면 이하.
- 헌재 2016.6.30, 2014헌바365(공무원연금법 제64조 제1항 제1호 등 위헌소원), 28-1(하), 516면 이하.
- 헌재 2016.6.30, 2015헌바46(노인복지법 제32조 제1항 제1호 위헌소원), 28-1(하), 571면 이하.
- 헌재 2016.9.29, 2014헌마541(국가유공자 등 예우 및 지원에 관한 법률 제31조 제3항 위헌확인), 28-2(상), 510면 이하.
- 헌재 2016.10.27, 2014헌마254등(국가유공자 등 예우 및 지원에 관한 법률 시행령 제48조 별표 8 위헌확인), 28-2(상), 701면 이하.
- 헌재 2016.12.29, 2015헌바199(국민건강보험법 제72조 위헌소원), 28-2(하), 436면 이하.
- 헌재 2016.12.29, 2016헌바263(국가유공자 등 예우 및 지원에 관한 법률 제4조 제1항 제6호 위헌소원), 28-2(하), 629면 이하.
- 헌재 2017.6.29, 2016헌마719(노인장기요양보험법 제35조의 2 제1항 본문 등 위헌확인), 29-1, 328면 이하.
- 헌재 2017.7.27, 2015헌마1052(공무원연금법 제47조 제1항 제2호 위헌확인), 28-2(상), 201면 이하.
- 헌재 2017.11.30, 2016헌마101등(공무원연금법 부칙 제5조 위헌확인 등, 29-2(하), 192면 이하.
- 헌재 2017.11.30, 2016헌마448(국민기초생활보장법 제15조 위헌확인), 29-2(하), 211면 이하.
- 헌재 2017.12.28, 2016헌바341(사립학교교직원연금법 제54조 제1항 위헌소원, 29-2(하), 357면 이하.
- 헌재 2018.1.25, 2016헌바4664(산업재해보상보험법 제6조 단서 위헌소원), 30-1(상), 102면 이하.
- 헌재 2018.1.25, 2016헌마319(독립유공자 예우에 관한 법률 제12조 제2항 위헌확인), 30-1(상), 161면 이하.
- 헌재 2018.2.22, 2017헌마322(장애인활동지원 급여비용 등에 관한 고시 제3장 급여비용 및 산정기준 1. 활동보조 중 (1) 등 취소, 30-1(상), 342면 이하.
- 헌재 2018.4.26, 2016헌마54(공무원연금법 제46조의 4 등 위헌확인), 30-1(상), 701면 이하.
- 헌재 2018.6.28, 2015헌마304(독립유공자 예우에 관한 법률 제12조 제2항 등 위헌확인), 30-1(하), 635면 이하.

- 헌재 2018.6.28, 2017헌마238(고용보험법 제10조 제1호 위헌확인), 30-1(하), 719면 이하.
- 헌재 2018.7.26, 2016헌마431(의료급여법 제7조 제2항 위헌확인), 30-2, 112면 이하.
- 헌재 2018..7.26, 2016헌마260(공무원연금법 제32조 위헌확인), 30-2, 98면 이하.
- 헌재 2018.11.29, 2017헌바252(국가유공자 등 예우 및 지원에 관한 법률 제16조의 3 제1항 위헌소원), 30-2, 602면 이하.
- 헌재 2018.12.27, 2017헌바231(산업재해보상보험법 제51조 제1항 등 위헌소원), 30-2, 717면 이하.
- 헌재 2019.2.28, 2017헌마432(국민연금법 제73조 제1항 제2호 등 위헌확인), 31-1, 204면 이하.
- 헌재 2019.2.28, 2017헌바245(국민건강보험법 제71조 위헌소원), 31-1, 73면 이하.
- 헌재 2019.6.28, 2018헌바189(국가유공자 등 예우 및 지원에 관한 법률 제4조 제1항 제6호 등 위헌소원), 31-1, 679면 이하.
- 헌재 2019.2.28, 2017헌마403등(공무원연금법 제64조 제1항 등 위헌확인), 31-1, 188면 이하.
- 헌재 2019.8.29, 2017헌바262(구 국민건강보험법 제61조 등 위헌소원), 31-2(상), 136면 이하.
- 헌재 2019.12.27, 2017헌마1299(국민기초생활보장법 제6조의 3 제3항 등 위헌확인), 31－2(하), 251면 이하.
- 헌재 2020.4.23, 2017헌마103(의료급여수가의 기준 및 일반기준 제7조 제1항 본문 제7조 제1항 등 위헌확인), 32-1(상), 403면 이하.
- 헌재 2020.4.23, 2018헌마402(구 공무원연금법 제64조 제1항 제1호 등 위헌소원), 32－1(상), 351면 이하.
- 헌재 2020.4.23, 2017헌바244(국민건강보험법 제53조 제3항 제1호 위헌소원), 32-1(상), 319면 이하.
- 헌재 2020.5.27, 2018헌바129(구 국민연금법 제85조 제2호 위헌소원), 32-1(하), 299면 이하.
- 헌재 2020.5.27, 2018헌바398(기초연금법 제3조 제3항 위헌소원 등), 32-1(하), 312면 이하.
- 헌재 2020.6.25, 2018헌마865(공무원연금법 제45조 제4항 위헌확인), 32-1(하), 441면 이하.
- 헌재 2021.5.27, 2018헌바277(구 독립유공자 예우에 관한 법률 제5조 제2항 단서 위헌소원), 33-1, 546면 이하.
- 헌재 2021.8.31, 2019헌바73(노인장기요양보험법 제39조 제1항 등 헌법소원), 33-2, 123면 이하.
- 헌재 2022.1.27, 2019헌바161(구 공무원연금법 제47조 제1항 위헌확인), 34-1, 1면 이하.

• 헌재 2022.6.30, 2019헌바150(구 군인연금법 제16조 제5항 위헌확인), 34-1, 619면 이하.
• 헌재 2022.8.31, 2019헌가31(구 공무원연금법 제59조 제1항 제2호 위헌제청), 34-2, 157면 이하.
• 헌재 2022.9.29, 2021헌가28(군인연금법 제29조 제1항 제2호 위헌확인), 34-2, 619면 이하.
• 헌재 2023.2.23, 2018헌바240(고용보험법 제70조 제2항 본문 위헌소원), 35-1(상), 57면 이하.
• 헌재 2023.3.23, 2022헌바139등(구 고용보험 및 산업재해보상보험의 보험료징수 등에 관한 법률 제49조의 3 제2항 본문 위헌소원), 35-1(상), 739면 이하.

[각하결정]
• 헌재 1992.6.9, 92헌마105(장애인복지법 제34조 등에 대한 헌법소원), 4, 290면 이하.
• 헌재 1992.9.16, 92헌마185(군인연금법 제7조 위헌확인), 4, 582면 이하.
• 헌재 1992.10.31, 92헌바42(국가유공자예우등에관한법률 시행령 제17조 제1항 위헌소원), 4, 708면 이하.
• 헌재 1992.11.25, 92헌마258(군인연금법 제16조 제9항 위헌확인), 4, 834면 이하.
• 헌재 1992.12.8, 92헌아3(국가유공자예우등에관한법률 시행령 제17조 제1항 위헌소원(재심)), 4, 845면 이하.
• 헌재 1993.4.13, 93헌마74(국가유공자예우등에관한법률 제4조 등 위헌확인), 5-1, 214면 이하.
• 헌재 1993.9.27, 93헌마45(요양불승인처분취소), 5-2, 362면 이하.
• 헌재 1994.2.18, 94헌마12(군인연금법 부칙 제1조 위헌확인), 6-1, 17면 이하.
• 헌재 1994.3.23, 94헌마32(국가유공자예우등에관한 법률 제70조 위헌확인), 6-1, 199면 이하.
• 헌재 1994.4.28, 93헌마151(연금청구거부취소처분 등), 6-1, 455면 이하.
• 헌재 1998.2.27, 96헌마134(의료보험법 제49조 제3항 위헌확인 등), 10-1, 176면 이하.
• 헌재 1999.1.28, 98헌마16(상이등급구분 신체검사 등외판정 처분취소), 11-1, 65면 이하.
• 헌재 1999.9.16, 98헌바46(공무원연금법 제3조 제1항 등 위헌소원), 11-2, 306면 이하.
• 헌재 2000.4.27, 99헌마76(국가유공자 등 예우 및 지원에 관한 법률 제4조 위헌확인), 12-1, 556면 이하.
• 헌재 2002.11.28, 2000헌바70(공무원연금법 제51조 제1항 위헌소원), 14-2, 626면 이하.
• 헌재 2002.12.18, 2002헌마52(저상버스도입의무 불이행 위헌확인), 14-2, 904면 이하.
• 헌재 2003.6.26, 2001헌바54(공무원연금법 제61조의 2 등 위헌소원), 15-1, 703면 이하.
• 헌재 2003.9.25, 2001헌마93등(공무원연금법 제27조 제3항 등 위헌확인), 15-2(상), 319면 이하.
• 헌재 2003.9.25, 2001헌마194(군인연금법 제17조의 2 제1항 등 위헌확인), 15-2(상),

391면 이하.

- 헌재 2004.5.27, 2003헌마851(군인연금법 개정 청원에 대한 부작위 확인), 16-1, 699면 이하.
- 헌재 2004.9.23, 2003헌마231등(산업재해보상보험법 제38조 제6항 등 위헌확인), 16-2(상), 586면 이하.
- 헌재 2007.4.26, 2005헌바51(국민건강보험법 제63조 제4항 등 위헌소원), 19-1, 444면 이하.
- 헌재 2007.10.4, 2006헌마648(국민건강보험법 제63조 제2항 위헌확인), 19-2, 423면 이하.
- 헌재 2007.10.25, 2006헌마1236(장애인차량 엘피지 지원폐지 위헌확인), 19-2, 513면 이하.
- 헌재 2007.12.27, 2006헌바34(독립유공자예우에 관한 법률 제12조 제2항 위헌소원), 19-2, 787면 이하.
- 헌재 2008.3.27, 2006헌마1041(공무원연금법 제55조 제1항 위헌확인), 20-1(상), 412면 이하.
- 헌재 2008.4.24, 2006헌마990(건강보험요양급여행위 및 그 상대가치점수 고시 중 제2부 제17장 위헌확인), 20-1(상), 698면 이하.
- 헌재 2008.10.30, 2006헌바80(국가유공자 등 예우 및 지원에 관한 법률 제6조 제3항 등 위헌소원), 20-2(상), 806면 이하.
- 헌재 2009.2.26, 2006헌바90(국민건강보험법 제85조 등 위헌소원), 21-1(상), 38면 이하.
- 헌재 2009.11.26, 2008헌마691(공무원연금법 제33조 제1항 위헌확인), 21-2(하), 668면 이하.
- 헌재 2010.7.29, 2009헌마51(산업재해보상보험법 부칙 제6조 위헌확인), 22-2(상), 443면 이하.
- 헌재 2011.6.30, 2010헌마121(보건복지가족부 고시 제2009-216호 위헌확인), 23-1(하), 511면 이하.
- 헌재 2011.8.30, 2008헌마343(군인연금법 퇴직급여금 감액 위헌확인), 23-2(상), 402면 이하.
- 헌재 2011.8.30, 2008헌마757(국민건강보험법 제33조 제2항 등 위헌확인), 23-2(상), 450면 이하.
- 헌재 2011.11.24, 2009헌마415(의료급여법 제7조 제2항 후문 등 위헌확인), 23-2(하), 487면 이하.
- 헌재 2012.2.23, 2010헌바127(의료급여법 제3조 제1항 제1호 등 위헌소원), 24-1(상), 123면 이하.
- 헌재 2012.12.27, 2010헌바406(고용보험법 제10조 제3호 위헌소원), 24-2(하), 346면 이하.

- 헌재 2013.8.29, 2010헌바241(공무원연금법 제64조 제1항 제1호 위헌소원), 25-2(상), 377면 이하.
- 헌재 2014.1.28, 2012헌마654(사회복지사업법 제7조 제3항 제7호 가목 등 위헌확인), 26-1(상), 169면 이하.
- 헌재 2014.3.27, 2011헌마577(국민건강보험 요양급여의 기준에 관한 규칙 제9조 제1항 [별표] 제2호 가목 등 위헌확인), 26-1(상), 508면 이하.
- 헌재 2021.9.30, 2019헌바409(산업재해보상보험법 부칙 제1조 등 위헌소원), 33-2, 298면 이하.

판례색인

국내판례

[헌법재판소 결정]

[대법원 판결]

[하급심 판결]

독일판례

[독일연방헌법재판소 판결]

[독일행정법원 판결]

[독일연방사회법원 판결]

사항색인

[ㅅ]

[ㅇ]

[ㅈ]

[ㅊ]

[ㅌ]

[ㅍ]

[ㅎ]

[영문]

저자 소개

〔약　력〕

연세대학교 법과대학 및 동대학원(법학사, 법학석사)
독일 뮌헨대학교 법과대학(법학박사)
한림대학교 법학과 교수
헌법재판소 연구위원
헌법재판소 헌법재판연구원장
한국사회정책학회 회장, 한국헌법학회 회장, 한국사회보장법학회 회장,
한국헌법판례학회 회장, 한국공법학회 부회장
현재 연세대학교 법학전문대학원 명예교수

〔저　서〕

Das Recht der sozialen Sicherheit und seine verfassungsrechtlichen Rahmenbedingungen in der Bundesrepublik Deutschland und in der Republik Korea(Nomos, 1990)
복지국가의 기원(역)(교육과학사, 1992; 법문사, 2005)
사회보장법학(한림대출판부, 1993)
독일사회보장법론(법문사, 1994)
법학개론(공저)(박영사, 1995. 전정3판 2018)
환경오염의 법적 구제와 개선책(공저)(소화, 1996)
한국 가족정책의 이해(공저)(학지사, 1996)
한국의 노동법 개정과 노사관계－'87년 이후 노동법 개정사를 중심으로(공저)(한국노동연구원, 2000)
헌법판례연구(법문사, 2000)
판례헌법(공저)(신조사, 2002)
국제사회보장법론(법문사, 2002)
독일사회보장법과 사회정책(박영사, 2008)
사회변화와 입법(공저)(오름, 2008)
한국사회와 장애인정책－복지와 차별금지－(편저)(인간과 복지, 2011)
지속가능성과 법학의 과제(편저)(연세대 출판부, 2012)
사회복지법연구(공저)(경인문화사, 2019)(세종도서 학술부문(2019) 선정)
복지국가론－기원, 발전, 개편－(신조사, 2012)
한국헌법학의 개척자들(집현재, 2015)(대한민국 학술원 우수학술도서(2016) 선정)
헌법의 기초(집현재, 2016, 제3판 2021)
사회보장법(공저)(신조사, 2011, 제7판 2022)
국가와 질병 관리 역사(공저)(이화여대 출판문화원, 2022)(세종도서 학술부문(2022) 선정)
한국헌법론(제17판, 집현재, 2023)
한국사회보장법의 역사(집현재, 2019)
연세의 법학자들(Ⅰ)(공저)(연세대 대학출판문화원, 2020)
사회보장법과 헌법재판(집현재, 2021)

한국사회보장법론 [제13판]

1997년 8월 28일 초 판 발행
1999년 4월 25일 제 2 판 발행
2000년 8월 10일 제 3 판 발행
2002년 2월 18일 제 4 판 발행
2003년 8월 30일 제 5 판 발행
2005년 8월 30일 제 6 판 발행
2007년 3월 20일 제 7 판 발행
2010년 2월 25일 제 8 판 발행
2012년 1월 10일 제 9 판 발행
2014년 6월 2일 제10판 발행
2016년 9월 9일 제11판 발행
2019년 6월 26일 제12판 발행
2024년 4월 8일 제13판 발행

저 자 전 광 석
발행인 위 호 준
발행처 도서출판 **집현재**
04091 서울특별시 마포구 토정로 222
한국출판콘텐츠센터 422-8호
전화 (02) 332-4922 FAX (02) 6442-6906
홈페이지: www.jhjbook.co.kr
E-mail: jyp4922@naver.com
출판등록 2010년 10월 22일
등록번호 제105-91-57581호

정가 39,000원 ISBN 979-11-92436-14-2